中国政府采购年鉴

2010

《中国政府采购年鉴》编委会 编

中国财政经济出版社

图书在版编目（CIP）数据

中国政府采购年鉴．2010/《中国政府采购年鉴》编委会编．—北京：中国财政经济出版社，2010.1

ISBN 978-7-5095-2681-1

Ⅰ．中…　Ⅱ．中…　Ⅲ．政府采购-中国-2010-年鉴　Ⅳ．F812.45-54

中国版本图书馆CIP数据核字（2010）第253411号

责任编辑：伍景华　　　责任校对：黄亚青

封面设计：郁　佳　　　版式设计：兰　波

中国财政经济出版社出版

URL：http：//www.cfeph.cn

E-mail：cfeph@cfeph.cn

社址：北京市海淀区阜成路甲28号　邮政编码：100142

编辑部电话：010-88190906　发行处电话：010-88190406

北京联兴盛业印刷股份有限公司印刷　各地新华书店经销

787×1092毫米　16开　36.75印张　906 000字

2010年11月第1版　2010年11月北京第1次印刷

定价：238.00元

ISBN 978-7-5095-2681-1/F·2281

中国政府采购年鉴

编辑委员会

编辑说明

一、本书收录了 2009 年 1 月 1 日至 12 月 31 日期间全国政府采购工作运行、发展的主要情况，收录了全年政府采购工作的重要文献和资料。

二、“法规、文件选编”栏目的“地方 2009 年政府集中采购目录”中，部分省份因故未提供相关资料。因循惯例，本书所收录的各地政府集中采购目录均按各地提供的文件原样刊登，未求格式统一。

三、“统计资料”中的各项统计数据由财政部国库司提供。

四、“地方政府采购机构及信息发布媒体”栏目中，未列出机构或未列出地（市）级机构的地区均为未提供此项资料者。

五、为行文方便，本书将《中华人民共和国政府采购法》简称为《政府采购法》，将《中华人民共和国招标投标法》简称为《招标投标法》。

本书的编辑出版工作得到相关中央及地方各级财政部门的大力支持，也得到了财政系统外有关人士与部门的关注与帮助，在此一并致以诚挚的谢意！

中国财政经济出版社年鉴出版中心

二〇一〇年十二月

2009年4月，全国政府采购工作会议在湖北省武汉市召开。湖北省常务副省长李宪生致欢迎辞，财政部部长助理张通出席会议并作重要讲话。

2009年6月，财政部政府采购信息化建设调研座谈会召开。

2009年6月，财政部政府采购支持中小企业发展调研会召开。

2009年11月，辽宁省副省长滕卫平视察辽宁省政府采购中心。

2009年3月，山东省政协副主席、党组副书记乔延春在山东省省级机关采购中心进行工作调研。

2009年，安徽省财政厅陈先森厅长在安徽省政府采购中心调研。

2009年3月，北京市政府采购中关村自主创新产品第一次签约大会召开。

2009年12月，南京政府采购展览会在南京召开，图为“推动自主创新、扶持中小企业发展政府采购政策功能发布会”现场。

2009年3月，浙江省政府采购工作座谈会召开。

2009年3月，湖北省政府采购管理工作现场会召开。

2009年12月，宁夏2009年度基本药物（基本部分）统一招标采购开标大会召开。

2009年5月，辽宁省政府采购协会2009年第一次理事会议召开。

2009年2月，湖南省政府采购协会第一次会员代表大会暨成立大会召开。

2009年，新疆维吾尔自治区区域联动资源共享试点单位协调会议召开。

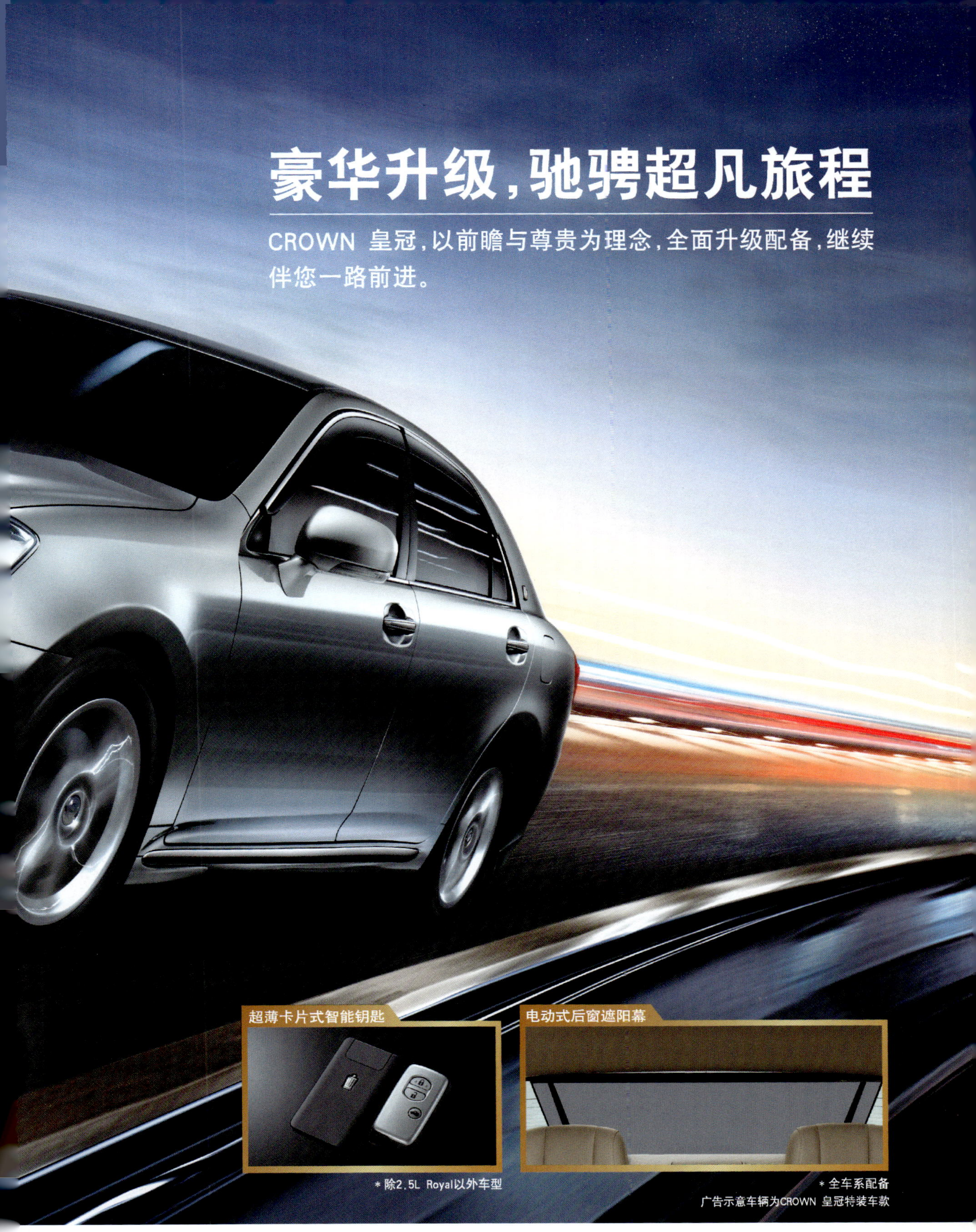
豪华升级，驰骋超凡旅程
CROWN 皇冠，以前瞻与尊贵为理念，全面升级配备，继续伴您一路前进。
超薄卡片式智能钥匙
电动式后窗遮阳幕
* 除2.5L Royal以外车型
* 全车系配备
广告示意车辆为CROWN 皇冠特装车款

The all-new
BMW 5 Series Li

523Li
528Li
535Li

Sheer
Driving Pleasure

大·从容
无微不至的保护 为您与您的家人
EVA紧急制动辅助系统
前后四轮盘式制动(前通风盘)
TCS牵引力控制系统
标配215mm宽胎
6安全气囊
前后贯穿式侧气帘
前座侧气囊
前排全尺寸双气囊
前后排4个三点限力式安全带
前座安全带未系人性化提醒功能
前排安全带预张紧系统
Tri-S三段式安全转向柱
前排脚部保护装置
随动转向智能双氙灯系统
近光双氙气灯
逻辑化舒适顶灯
高穿透性前雾灯
光感式智能防眩目后视镜
多状态自适应高度衡定照明
狮眼随动转向氙气大灯
大灯自清洗装置
前排脚部空间照明
车身同色外后视镜带转向灯
前门底部门槛照明
欧洲标准ISOFIX儿童
408
厂家建议零售价12.19万-16.99万
广告车型:2.0L尊贵版

关爱到对他人的呵护，408独到的6+X安全系统（主动、被动、预防、儿童、行人、防盗+

共享200年荣耀！

PEUGEOT

MOTION & EMOTION

厢 | 307三厢 | 408

尖端科技 触手可及
智跑
KIA
东风悦达·起亚
都/市/智/先/锋
SPORTAGE R
智跑
东风悦达起亚汽车有限公司
全国呼叫中心：800-828-5985
网址：www.dyk.com.c
SOUL秀尔
FORTE福瑞迪
SPORTAGE狮跑
CERATO赛拉图
CERATO赛拉图欧风
RIO锐欧

长安星光4500

中国物流行业协会推荐经济车型

高油价经济时代，空置率高严重影响现代物流运营效率和利润空间。新经济商用车—长安星光4500，集微客的经济性、轻客的超强装载于一身，解决现代物流空置率和运输成本居高不下的困扰，大大提升运营效率，让您每一天轻松赚取更多利润！

装载功能=标准轻客

车身长达4.4米，座位数7–11人，相当于一般轻客的装载功能

秉承“车身空间利用最大化”的设计理念，4.4米的车身，具备了微车无法比拟的超大空间：车内可用容积达4.83m³(3.24m/1.465m/1.35m)，具备了轻客的装载能力。

采用欧式“对开后门”设计，首创260度对开背门，可直接使用叉车上下货物，大大提高了装载便利性；同时，车身小于轻客，操控、行驶灵活，轻松应对城市交通拥挤难题，为快捷物流提供坚实支撑，最大限度提高了运输效率。

经济实用=微型客车

微客的价格，使用成本低，空载率低，更加经济实用

搭载1.3L16气门高性能全铝发动机，百公里耗油仅7.9L（轻客油耗达14L左右），油耗成本远远低于轻客。

有效解决轻客空置率和运输成本居高不下的困扰，大大提升运营效率，让您每一天轻松赚取更多利润！

底盘功能=标准轻客

大梁截面增加，材料更厚，底盘承载能力达到轻客水平

超强、超宽底盘大梁[127(高)*77(宽)*2(厚)mm]，尤其是宽达77mm的纵梁比轻客的大梁更宽（普通轻客大梁仅为60mm），且大梁截面增加，材料更厚，承受载荷更大，大大提高了整车的耐用性和承载性。

安全性能>平头轻客

前轮前置，遇冲击时前置的轮胎及大梁能够有效地吸收、减缓对驾驶仓的撞击

高强度坚固车身结构，轿车化制动系统，更加结实耐用，安全可靠。车身前端采用双相高强度冷连轧钢板，强度是普通钢板的两倍，能更好保护驾乘人员安全。

长安商用
领先技术 信赖品质

集团客户销售热线：023-67591278
亲情服务热线:4008840066 023-67086666
长安汽车股份有限公司网址：www.changan.com.cn

长安·亲情服务
亲情 感动 快捷

长安商用
一家一户一长安
长安金牛星
高级微客
集大成·新典范
激昂上市
逻辑平衡力学安全设计 | SL动力学艺术外观 | A+超级大空间
权威级AUT品质控制 | STT智能混合动力
S-S
start/stop怠速启停技术
全铝合金发动机
A+级超大空间
毫米级缝隙工程
人机工程学
3D流体力学技术
C-NCAP
五星独秀 傲立同级
什么样的微客堪称高级？让长安金牛星来告诉您。国内首款通过五星安全碰撞测试的微车，首款施行超长三包标准的微车，塑造起了安全、服务的行业新标杆。
权威级AUT品质控制、SL动力学艺术外观、STT智能混合动力、逻辑平衡力学安全设计、A+级超大空间五大优势，向您全面诠释高级微客的定义。
长安金牛星，一部高级微客，用十足的魅力面对您，感动您！
本广告最终解释权归长安汽车股份有限公司所有
长安商用
领先技术 信赖品质
集团客户销售热线：023-67591278
亲情服务热线:4008840066 023-67086666
长安汽车股份有限公司网址：www.changan.com.cn
长安·亲情服务
亲情 感动 快捷

www.c5.citroen.com.cn
www.citroen.com.cn
动态舒适典范
——逸控起伏 悦享平顺
9代传承 GENERATION
EC+2.3L+6AT 钻石组合
ESP 全系标配
5IS 多维超静音系统
ALW 航空激光焊接
8+ 安全气囊 3.0L 旗舰型
GOLDEN PROPORTION 黄金比例外形
东风雪铁龙 中国羽毛球队高级赞助商
客户服务热线 400 886 6688 具体配置以东风雪铁龙授权经销商展厅实车为准

陕汽集团
品 质 成 就 未 来
陕汽通家
福送天下 情暖万家
陕汽通家重量级微车
军车品质 / 重卡功底 / 轿车化设计
福家 STJ6400
陕汽通家
陕西通家汽车股份有限公司
营销中心地址：西安市幸福北路71号
财富热线：800-840-6128
24小时 客户服务热线
400-686-3118

安全有护 安心自在
警察
POLICE
公安
狮跑
法院
赛拉图
全新公务车，全力保障都市安全
低碳出行、构建环境友好社会——东风悦达起亚在行动！
KIA
东风悦达·起亚
东风悦达起亚汽车有限公司
全国呼叫中心：800-828-5985
网址：www.dyk.com.cn
CERATO 赛拉图欧风
RIO 锐欧
Optima 远舰

目　录

五、2009 年地方政府采购中心工作概况

六、2009 年全国政府采购工作统计资料

七、2009 年全国和地方政府采购管理法规、重要文件选编

八、2009年全国政府采购管理工作大事记

九、2009年全国政府采购甲级代理机构名录

十、2009年政府采购理论研究文选

一、2009年度全国政府采购管理工作重要文献

进一步贯彻落实科学发展观 深入推进政府采购制度改革

——财政部部长助理张通在2009年全国政府采购工作会议上的讲话

（2009年4月22日）

同志们：

这次全国政府采购工作会议的主要任务是：以党的十七届三中全会、十一届全国人大二次会议、中央经济工作会议和全国财政工作会议精神为指导，按照科学发展观的要求，认真学习贯彻国务院办公厅《关于进一步加强政府采购管理工作的意见》（国办发［2009］35号）文件，总结回顾2008年政府采购工作，科学分析、准确把握当前政府采购制度改革面临的形势和任务，研究深化改革和应对加入世界贸易组织（WTO）《政府采购协议》（以下简称GPA）谈判工作的措施，部署2009年政府采购工作。希望通过这次会议，进一步统一思想认识，坚定改革信心，不断推动政府采购制度改革事业深入发展。下面，我讲几点意见，供大家参考。

一、2008年政府采购工作简要回顾

2008年是中国发展历程中极不平凡的一年。面对国际国内复杂多变的经济环境、历史罕见的自然灾害和经济运行中出现的各种新情况和新问题，在各级党委、政府的正确领导下，财政部门、集中采购机构以科学发展观为统领，开拓进取，不断创新，在规范操作运行、提高采购透明度、加强监督管理、提升采购效率和采购质量，以及GPA谈判等方面都取得了新的进展，在实现政府采购由规范财政支出行为、提高资金使用效益向发挥政策功能和市场导向作用转变方面迈出了坚实的步伐，政府采购制度改革工作取得了新的成效。主要表现在以下几个方面：

（一）开展专项检查，积极构建政府采购监督机制

为全面贯彻落实《政府采购法》，推进政府采购制度改革，根据国务院领导批示精神，2008年5～10月，财政部会同监察部、审计署和国家预防腐败局首次在全国范围内开展了政府采购执行情况专项检查。在各地区、各部门的支持和配合下，专项检查各项工作圆满完成。一是实现了专项检查的既定目标。此次专项检查共检查了中央、省、市、县四级27.5万个采购单位、近2400个集中采购机构和1100个采购代理机构。通过自查自纠，采购单位和采购代理机构受到了深刻的法制教育和政府采购制度规定教育，自觉堵塞管理与操作执行中的漏洞，依法行政、依法采购的意识和能力明显增强。通过重点检查，基本摸清和掌握了

政府采购领域中存在的问题，查找到了改革在法律制度、管理体制、监督机制、操作执行等方面存在的缺失和薄弱环节，为进一步完善政府采购管理体制奠定了基础，促进了廉政建设。二是全面梳理和总结了制度建设工作情况。《政府采购法》实施后，财政部会同有关部门就采购预算、招标投标、评审专家、供应商投诉、节能环保等方面制定了40多个规章制度。各省、市、县级政府和大部分中央部门都结合各自情况制定了相应的具体实施办法。据统计，全国各地区、各部门制定政府采购制度办法90591个，其中，中央单位8621个，地方81970个（省级10460个，市级20361个，县级51149个）。三是初步建立和形成了政府采购执行监督工作机制。在专项检查工作中，从中央到地方，财政、监察、审计等部门通力合作，相互配合，在深化改革思路和措施等方面达成诸多共识，建立了良好的工作机制，为日后建立完善的监督检查机制奠定了基础。中央纪委领导对此给予了充分肯定。专项检查完成后，财政部、监察部、审计署和国家预防腐败局联合向国务院上报了《关于政府采购专项检查工作情况的报告》，报告了中央单位政府采购违规违纪行为案例，提出了进一步深化改革的政策建议。国务院随后以办公厅名义下发了《关于进一步加强政府采购管理工作的意见》。这些工作，标志着财政、监察、审计和预防腐败部门联动加强政府采购监督管理的新机制正在形成，促进了政府采购监督管理向制度化、常态化、专业化方向发展。

（二）迅速建立应急机制，抗震救灾紧急采购高效顺畅

汶川特大地震发生后，为全力保证抗震救灾物资的需要，各级财政部门建立了快速采购的应急机制，一方面，为民政、红十字会、卫生等重要救灾部门的紧急采购项目提供绿色通道，简化办事手续，确保紧急采购及时开展。集中采购机构迅速制定特事特办方案，与供应商联系货源，加班加点组织采购活动，确保物资采购及时到位。另一方面，紧急制定相应办法。在不影响抗震救灾工作的前提下，为保障物资的安全和采购程序的规范，财政部商中央纪委、监察部、审计署紧急制定了《关于加强汶川地震救灾采购管理的紧急通知》，对紧急采购和灾后恢复重建中的采购行为作出了规范性管理规定，要求紧急采购结果必须公布，建立救灾采购举报登记处理制度等，确保救灾资金的安全和规范使用。全国各个地区，特别是四川、重庆、云南、陕西、甘肃等灾区财政部门和集中采购机构，均在第一时间作出快速反应，建立起24小时值班制度，本着特事特办的原则，采取“先采购、后补手续”的办法，许多工作人员不顾个人安危，坚守岗位，有力保障了抗震救灾工作的顺利进行。在灾后恢复重建对口支援工作中，各省市财政部门和集中采购机构认真履行职责，加强工作协调，采购保障与监管一起抓，为抗震救灾物资采购提供了有效保障，促进了灾后恢复生产和重建工作。

（三）不断扩大政府采购范围和规模，经济效益和社会效益大幅提高

据初步统计，2008年全国政府采购规模达5900多亿元，同比增长27%，资金节约率11.3%。内蒙古、黑龙江、安徽、广西等省积极探索将工程纳入政府采购管理。其中，内蒙古自治区财政厅出台了《内蒙古自治区政府采购工程管理暂行办法》。2008年，内蒙古自治区政府采购总规模达到133.8亿元，工程政府采购规模66.93亿元，占采购总规模的比重为50.02%。广西自治区财政厅以改进完善部门预算编制和运作机制为制高点，大胆探索政府采购预算管理模式，实现了政府采购规模和范围双突破。2008年政府采购规模为157.18亿元，其中，工程采购达83.66亿元，占政府采购规模的53.23%。云南省财政厅为配合中央扩大内需政策的实施，迅速制定并下发了《关于做好扩大内需中央投资项目政府采购工作的通知》，对许多涉及民生的政府投资项目实施了政府采购。此外，河北、辽宁、吉林、河南等省还将中小学义务教育免费教科书、农机和农险采购等都纳入政府采购范围。

（四）采取措施抓落实，政府采购政策功能得到进一步发挥

一年来，财政部门、集中采购机构以扩大内需和实施积极财政政策为契机，会同有关部门，大力推动政府采购政策功能的发挥，加大了政策实施的落实力度，取得了积极成效。

在支持国内产业方面：财政部在《政府采购进口产品管理办法》的基础上，印发了《关于政府采购进口产品管理有关问题的通知》，对进口产品审核管理中的一些具体问题作了进一步明确，使进口产品审核规定得到落实。一些地方还结合区域实际，制定了政府采购国有品牌等配套办法，推动和促进了国内产业的发展。湖北省财政厅在2009年省级协议供应商招标工作中，明确规定计算机协议供应商只招国内品牌，汽车、服务器、打印机、复印机、摄影摄像机、办公家具等采购项目，凡属中国自主品牌的产品，在评分标准中赋权值5%。

在支持节能环保方面：财政部联合有关部门扩大了节能产品政府采购清单、环境标志产品政府采购清单范围，节能清单共计30种产品，包括496家企业的14423个产品型号/系列；环境标志清单将产品由过去的14类2823种增加到21类6876种。同时，在明确规定政府采购节能产品项目（含工程项目）只能采购清单中产品的基础上，建立了供应商承诺和退出机制，要求供应商保证在清单有效期内正常供货，违者将被从节能清单中删除并两年内不准再进入等。

在支持自主创新方面：继续落实《自主创新产品政府首购和订购管理办法》、《自主创新产品预算管理办法》等制度规定，积极响应不同领域对政府采购扶持功能的要求，在支持自主创新品牌、推动保护政府机构信息系统安全、支持自主可控国产软件、推动TD－SCDMA发展、完善综合运输体系促进小排量汽车发展等方面进行了有益探索。各级集中采购机构在组织实施集中采购活动中，贯彻落实采购政策各项规定的意识明显增强，在采购文件制定、评审办法和评审标准中基本做到了体现政策功能要求，政策功能实施效果明显增强。北京、江苏、山东等省都制定了自主创新产品目录。浙江省由省政府办公厅统一制发了《关于建立政府优先强制采购节能环保和自主创新产品制度的通知》，浙江省财政厅在全省范围内开展了自主创新和节能环保产品的专项调查，还在相关办法中设置了加分因素。河北省财政厅创新引入“政府采购政策功能系数”，通过公式计算确定优惠幅度，保障了优先采购政策的有效落实。2008年，全省政府采购进口产品占采购总规模的比重控制在1.2%，节能环保产品占同类产品比重达到80%，政府采购民生项目中仅购买中小学免费教材就超过6亿元。

（五）继续推进制度建设与创新，政府采购制度管理体系更加完善

辽宁、江苏、福建、新疆等省都陆续围绕预防腐败工作制定了一系列的规章制度。湖北省财政厅制定了一整套《政府采购文件编制规范》、《政府采购廉洁自律十不准规定》和《政府采购工作规范》等制度，对政府采购各个环节进行了规范和监督。福建省财政厅制定了《政府采购公开招标评审规范》，对公开招标活动评审环节作出了明确规定。天津市财政局为了加强对合同验收环节的管理，制定了《政府采购项目验收管理规定》。新疆自治区财政厅出台了《政府采购预防职务违法违纪工作规程》，要求政府采购代理机构、评审专家和采购单位在参与政府采购项目招标活动时必须填写“廉洁自律承诺书”，供应商必须填写

"反商业贿赂承诺书"，以有效增强政府采购当事人廉洁从政的自律意识。2008 年对 9 家违规供应商进行了一年不许进入政府采购市场的处罚。青海省政府采购中心为加强对评审专家的监督，出台了《青海省政府采购中心专家打分复核制度》，在组成专家委员会的同时，成立了以政府采购中心、采购管理办公室、纪检监察部门三家组成的评分复核小组，对专家的打分进行复查核实。

（六）加快推进操作执行规范管理，采购运行机制更加科学

上海市财政局从体制、机制和制度创新入手，将合同管理与支付管理、诚信管理、规范管理、履约跟踪、制度创新相结合，进一步夯实了政府采购合同管理等基础管理工作。1999～2008 年，上海市累计签订各类政府采购合同近 25 万份，仅 2008 年签订的政府采购合同就达 3 万多份。江西省财政厅加强财政直接支付管理，对采购人使用财政性资金采购政府采购目录内的货物、工程和服务的资金支付交由政府采购管理部门进行采购程序审核，对违法违规采购的行为一律不予支付资金，实现了集中采购规模以每年 20% 的比例快速增长。湖南省财政厅创新监管手段，效仿交警对违规驾驶员所采取的扣分模式，加强对中介代理机构的考核评价，考核内容涉及 21 类 60 余项，从根本上扭转了对代理机构监管手段缺失、措施不力、监管难于到位的不利局面。天津市采购中心着力完善管理标准，不断规范采购程序，2008 年制定了《各业务部门工作流程指南》和《采购业务关键环节复核制度》等近十项管理规定，设定了 172 道工序，各项业务工作更加有据、有序、有力。山西省采购中心建立了一套政府集中采购"一二八"运行机制，即以政府集中采购"三段式"管理模式为主线，以规范和效率两大主题为内涵，采取八项具体措施，不断加强规范化管理。辽宁省、安徽省采购中心坚持以提升采购业务操作和执行的规范化水平为核心，不断加强机构自身建设，全面推行目标责任管理，有效带动了各项工作的开展。

（七）积极利用信息技术，电子化政府采购建设迈出重要步伐

一年来，一些地方高度重视电子化政府采购建设，利用信息化技术，不断规范政府采购行为的认识进一步提高，并且将电子化政府采购作为深化政府采购制度改革的重要技术手段和内容予以落实。北京、浙江、河南、广东等省、市，山东烟台、河北邯郸等地市，建立了涵盖全省（市）政府采购管理交易全过程各个环节的电子化系统。其中，广东的电子交易同步监控系统还实现了与纪检监察、审计等相关部门的链接，使政府采购监管部门、纪检监察和审计部门可以实时对采购活动进行全方位、全过程的监控。福建省财政厅已建立起以"福建省政府采购网"一个网络系统为支撑、监督管理与操作执行两个平台并行、多个功能模块协调统一的覆盖全省的政府采购信息化综合系统。实现了在线监管、评审专家库网络化管理和远程随机抽取、对省级政府采购项目开标现场实行电子监控等多项功能。江苏省苏州市财政局开发了政府采购网上监管系统，主要由信息传输、统计分析、绩效评估等 13 个模块组成，拥有全程监管、预警纠错、统计分析和绩效评估四大功能。2008 年，通过"政府采购网上监管系统"，对已发生的 1567 项政府采购项目实施了全程监控，预先发现可能存在的问题 231 项，经过提醒纠正了 221 项。许多地方如广西、深圳等的集中采购机构从组织操作角度，对协议供货、定点采购等集中采购组织形式实施电子化操作，探索了网上竞价和拍卖方式，实现了网上下载文件、网上投标、评审专家语音自动通知等功能，提高了采购效率。

回顾一年来的工作，政府采购制度改革伴随着经济体制改革的发展不断与时俱进。可以说，2008年是坚持应采尽采、强化依法采购、操作执行水平不断提高的一年，是坚持“管采分离”、锐意改革创新、完善监督管理运行机制的一年，是坚持发挥政策功能、狠抓实施效果、服务国家经济和社会发展大局的一年，是坚持依法处罚、实施专项检查、进一步严肃采购制度规定的一年，是坚持以人为本、加强培训、使队伍素质进一步提升的一年。这些成绩的取得，是各级党委、政府重视的结果，是各级财政部门、集中采购机构和有关部门同心同德、团结奋斗的结果，也是社会各界大力支持的结果。在此，我代表财政部向为此付出辛勤努力工作的有关部门和同志们表示诚挚的感谢！

在肯定成绩的同时，我们也要清醒地看到，当前政府采购领域存在不少问题，有些问题还相当严重。比如还存在着规避采购、制度规定执行不到位、政府采购预算编制不完全、大量工程未实现政府采购、部分政府采购价格高效率低、部分代理机构采购活动不规范等问题。与此同时，一些深层次矛盾和问题已逐步显现，一些机制性矛盾和体制性问题交织在一起，采购市场竞争秩序不规范，监管和执行操作不到位，采购诚信体系不健全等，影响了采购事业的发展。产生这些问题的原因是多方面的，有法律制度、管理体制不够完善等客观原因，也有认识不到位、违规操作等主观原因。因此，我们要深刻认识改革的严峻性和复杂性，增强忧患意识和危机意识，振奋精神，利用有利条件，继续团结协作，努力做好政府采购制度改革工作。

二、正确认识新时期政府采购制度改革的形势和任务

当前，政府采购制度改革已由初创阶段进入全面发展阶段，同时，中国加入GPA的谈判也进入应对工作期。因此，政府采购改革的环境和形势发生了很大变化，可以说改革进入了关键期。我们要科学判断和全面把握新形势，抓住时代特征和机遇，乘势而上，全力推进政府采购制度改革进程。

（一）政府采购制度改革进入了新的发展期

当前，为应对国际金融危机，党中央、国务院出台了一系列政策措施，政府采购的作用进一步发挥，政府采购制度进入新的发展期。首先，扩大内需4万亿元投资计划中的10项措施，绝大部分都与政府采购密切相关，预计未来几年采购规模和范围将会大幅增长，政府采购迎来了促进经济社会发展、融入普通民众生活的大好时机。其次，全球贸易萎缩、各种保护主义抬头的现实情况，要求我们利用国际通行做法，既反对贸易保护主义，又加速推进中国政府采购制度改革，进一步发挥政府采购的政策功能作用，在政府采购领域制定有效措施提高国内企业核心竞争力。再次，全面推进产业结构调整和优化升级，制定汽车等10个重点产业调整和振兴计划，都对政府采购提出了新的政策要求，既要通过政府采购政策的实施，推动和促进相关产业的发展，又要抓住政府采购发展元素日益增多这一战略机遇，扩大政府采购制度实施范围，统一政府采购政策，拓展发挥政府采购政策功能的空间。我们要承担起新时期赋予的历史使命，认清职责，努力在新的历史起点上开创政府采购改革新局面。

（二）未来任务依然繁重艰巨

在2008年1月召开的全国政府采购工作会议上，我在讲话中阐述了中国政府采购制度改革的思路，从制度建设、操作执行规范、监管方式创新、队伍素质提高、推进电子化政府采购和进一步健全采购方式等六个方面提出了未来几年改革的主要任务。回过头来看，无论完成以上哪一项任务，涉及面都非常广，难度都很大。从目前面临的形势看，随着改革的深

入推进和应对加入 GPA 谈判的需要，一方面，要求我们要加快制度创新，要对现行的一些法律、法规和制度办法等进行修订。另一方面，改革越向前推进，触及的矛盾越深，碰到的难题越大，阻力就越大，对工作的要求就越高越细。因此，我们要充分认识到改革的艰巨性、长期性和复杂性，立足当前，着眼未来，多做打基础、利长远的工作；要适应改革的要求，坚定信心，增强紧迫感，力争在巩固已取得改革成绩和专项检查工作成果的基础上，强基固本，使中国政府采购发展水平再上新台阶。

三、关于 2009 年政府采购制度改革的主要工作

2009 年是实施“十一五”规划的关键之年，也是政府采购制度改革的关键年。4 月 10 日，国务院办公厅《关于进一步加强政府采购管理工作的意见》（国办发［2009］35 号），从七个方面对加强政府采购管理工作提出了要求。因此，2009 年政府采购制度改革工作的总体要求是：坚持以科学发展观为统领，深入贯彻落实国务院《意见》精神，着力提高政府采购法规制度的执行力，着力发挥政府采购的政策功能作用，着力维护政府采购“三公”及透明度原则，着力推进政府采购电子化建设，着力建立和完善加入 GPA 谈判应对工作机制，以优异成绩迎接新中国成立 60 周年。重点抓好以下工作：

（一）以加强规范操作为目的，加强政府采购法律制度建设

建立和完善以《政府采购法》为核心的规章制度体系，不仅是深化政府采购制度改革的客观需要，也是实现依法行政、依法采购的必然要求。一是要集中力量修改和完善已上报国务院的《政府采购法实施条例》，要借条例制定之机，认真研究法律规定不协调、管理体制不清楚及规定不具体等方面的问题，并争取予以明确。二是针对实际处罚工作中出现的处罚规定缺乏可操作性和处罚规定不完备，造成违法难究的问题，财政部将会同监察等有关部门研究制定《政府采购违法违纪行为处分处罚办法》、《政府采购供应商监督管理办法》，以加强对采购人、采购代理机构、评审专家和供应商违规违纪行为的处罚。三是为规范政府采购活动和填补政府采购管理制度的缺失，要研究制定政府采购文件编制规范指南、采购合同格式文本和《政府采购非招标采购方式管理办法》。四是修订政府采购代理机构资格认定办法，货物、服务招标投标，投诉处理等部门规章办法。地方可根据实际工作需要制定相关配套办法。

（二）以管采分离为核心，强化集中采购监管与操作执行力度

政府采购管理与操作执行职能分离，是政府采购管理体制规范化的具体体现。要进一步建立和完善财政部门、集中采购机构、采购人职责清晰、运转协调的工作机制。财政部门要更新管理理念，要履行好监督管理职责，做到依法管理、监管有规。采购人和集中采购机构要依法执行政府采购，做到操作有方。在政府采购活动中监督管理和操作执行必须并重，决不能将二者对立起来，既要发挥监督管理的职能作用，又要发挥操作执行的能动作用，监督管理、操作执行要同时发挥作用，才能实现政府采购制度改革目标，才能保障政府采购制度改革健康发展。

（三）以专项检查为契机，加强政府采购动态监控机制建设

针对政府采购操作执行中存在易发生不规范和腐败等问题的环节和漏洞，要加强监管，要借助电子化政府采购信息系统，不断完善对采购预算和采购计划、采购过程的监控、资金支付和处罚等动态过程的监控，要形成事前、事中和事后一体的监督体系。要充分发挥财政、监察、审计部门的监督管理职责和优势，形成有效的监管合力。要建立信息披露制度，对代理机构、供应商和评审专家不良行为要以适当方式向社会公告；要制定政府采购违法违纪行为处分处罚办法，加大对采购当事人违法违纪行为的处罚力度；要实施政府采购市场禁入制度，推进政府采购市场诚信体系建设。

（四）以服务经济和社会发展为目标，进一步发挥政府采购政策功能作用

在中国“十一五”规划中，政府采购作为宏观经济的调控手段，与财税、金融手段并列提出，这表明政府采购在国家宏观经济生活中的地位越来越重要，也是政府采购制度向政策功能转变的客观要求。在已出台的许多国家重大经济政策和产业发展规划以及体制改革意见中，都对政府采购提出了政策要求。我们要抓住中央“保增长、扩内需、调结构”宏观政策赋予政府采购的大好机遇，在继续抓好节能环保、进口产品审核等政府采购政策实施与完善工作的基础上，抓紧研究制定中小企业政府采购管理办法和自主品牌汽车等产业政府采购管理办法，以及支持国家宏观调控、扩大内需、调整结构等经济政策的政府采购功能措施，进一步落实政府采购各项政策要求。

（五）以强化监督管理为重点，进一步加强依法采购的执行度

强化监督处罚是促进操作执行能力、提高管理水平的一个重要措施和手段。要加强对政府采购政策功能实施的监督管理，建立各项政策的指标评价体系，跟踪各项政府采购政策功能实施情况，对执行情况和效果进行督导检查，保证政策规定落到实处。要做好政府采购预算和采购计划编报的相互衔接工作，确保采购严格按政府采购预算的项目和数额执行，做到应采尽采，物有所值。要重点加强操作执行环节评审工作的监督管理，通过扩大专家库专家数量，改进政府采购评审办法，完善评审专家分类标准，建立代理机构和评审专家考核评议制度。对采购人、采购代理机构、评审专家、供应商和有关人员在评审工作中出现的违规违纪行为要依法予以严惩。要逐步实现采购文件编制标准化和政府采购合同格式的统一化，研究制定政府采购文件编制规范指南和采购合同格式文本。要巩固和扩大政府采购范围和规模，将部门和单位使用以财政性资金作为还款来源的借（贷）款进行的采购纳入政府采购管理。要制定工程项目实行政府采购管理与实施的办法，明确规定，不实行招标投标的政府采购工程项目，必须按政府采购规定执行，实行招标投标的要研究制定除招标投标外按政府采购执行的途径和办法。

（六）以信息技术为保障，提高政府采购的质量和效率

政府采购的电子化是规范政府采购操作执行、提高监管水平的有效手段。要进一步加大电子化政府采购工作力度，加快研究全国电子化政府采购管理交易系统建设规划工作，明确系统建设思路、框架，明确统一建设与各地方管理程序、集中采购自动化操作流程相互关系和运行机制。财政部门要切实加强对政府采购信息化建设的统一领导和组织，要以管理功能完善、交易公开规范、管理操作数据统一、网络安全可靠为目标，建设全国统一的电子化政府采购管理交易系统，逐步实现政府采购管理交易信息共享和全流程电子化操作。各级财政部门和集中采购机构要重视政府采购网站建设，在管理好本地区政府采购网站的基础上，争取年内实现与中国政府采购网的互连互通。集中采购机构要按操作流程建立自动化操作系统，提高执行的工作效率和水平。

当前和今后一个时期政府采购制度改革的任务十分艰巨，我们要抓好国务院办公厅《关于进一步加强政府采购管理工作的意见》的贯彻落实，增强执行力。这里，我再强调几点。

第一，进一步加强领导，确保各项工作顺利开展。各部门、各地方财政厅（局）领导要充分认识新时期新形势下做好政府采购制度改革工作的重要意义和作用，把政府采购工作摆上重要议事日程。尤其要加强对加入 GPA 谈判工作的领导，按照统一部署和工作要求抓好落实工作。

第二，以人为本，加强政府采购队伍建设。一是要继续加强政府采购监管部门机构的建设。随着国家宏观调控措施的进一步实施和 GPA 谈判的深入进行，政府采购承担的任务越来越多，发挥的作用越来越大。我希望各级财政部门一定要高度重视这个问题，积极采取措施，加强和完善政府采购监管机构设置，强化工作薄弱环节，明确职责关系，为做好政府采购工作提供组织保障。总的原则是，政府采购组织建设只能增强，不能减弱。二是要加强集中采购机构从业人员能力建设。集中采购工作的不断发展，对从业人员的素质要求越来越高。各地区、各部门要建立系统的教育培训制度，增强政府采购从业人员依法采购的职业道德观念。财政部要会同有关部门着手研究政府采购从业人员执业资格制度的建立工作，逐步实行持证上岗和执业考核，推动政府采购从业人员职业化进程，不断提高综合素质，建立一支德才兼备、廉洁高效的专业队伍。

第三，加强协调配合，形成执行与监管合力。政府采购制度改革是一项系统工程，仅靠财政一家无法完成改革任务，需要方方面面的支持和配合。财政部门和集中采购机构在工作目标和方向上具有一致性，是政府采购工作的两个方面，各有分工，互相侧重，具有很好的配合基础，希望进一步紧密联系，相互支持，共同做好政府采购工作。要加强与其他监管部门的关系。《政府采购法》第六十八、六十九条赋予了审计、监察部门对政府采购活动的监督职责，从改革实践看，监察部门通过加强执法监察、效能监察等方式侧重于事前和事中监督，审计部门通过预算审计和专项审计等手段侧重于事中和事后监督，审计发现的问题移交监察部门处理。两者既有侧重，又有联系，在推进政府采购制度改革中都发挥了重要作用。财政部门要进一步加强与这些部门的配合，完善财政部门综合性监督与纪检监察、审计部门专业性监督相结合的工作机制，充分发挥这些专业监督部门的职能作用，形成相互协调配合的监督合力。

第四，加强调查研究，创新工作机制。围绕中心，服务大局，充分发挥政府采购在国家宏观调控中的重要作用，是新形势新任务对政府采购工作提出的新要求。而适应新形势、新任务、新要求，把握工作的主动性，提高议大事、谋大局的能力，就必须深入实践、深入市场进行调查研究，不断增强我们研究新情况、把握新趋势、解决新问题的能力。各级财政部门和集中采购机构应当在法律框架下，研究探讨政府采购改革思路和改革方案，提出合理化政策建议。要围绕当前应对国际金融危机，实现政府采购政策功能的最大化等重点问题深入开展研究，通过案例分析找出解决问题的方案和措施。要鼓励支持各地、各部门根据法律规定创新工作机制、制度和方法，并将研究成果应用于工作实践。

进一步推进政府采购制度改革需要各有关部门、各级财政、各政府采购执行单位和中介机构的大力支持。让我们以党的十七大精神为指导，深入贯彻落实科学发展观，振奋精神，团结拼搏，扎实工作，乘势而上，以更加坚定的信心、更加积极的态度、更加有力的措施，圆满完成各项政府采购工作任务，以优异的成绩迎接新中国成立 60 周年！

2009年全国政府采购工作会议总结讲话

财政部国库司司长　詹静涛

（2009年4月23日）

同志们：

两天的全国政府采购工作会议开得很好，时间紧凑，内容丰富，效率很高，圆满地完成了各项任务。下面，我就会议情况和会上大家提出的一些问题，以及如何贯彻落实会议精神，讲几点意见。

一、关于会议的基本情况

这次会议，是在政府采购系统深入学习贯彻国务院办公厅《关于进一步加强政府采购管理工作的意见》（国办发［2009］35号）、加快推进政府采购制度改革进程的重要时刻，召开的一次重要会议。两天会议中，张通部长助理作了重要讲话，各地方围绕张助理的讲话和地方政府采购工作实际进行了讨论，通报了2008年《政府采购协议》（以下简称GPA）研究谈判的情况，10个地方财政部门和集中采购机构交流了工作经验，5个中央部门和地方财政厅（局）对GPA工作情况进行了交流。此外，会议还印发了各地方财政部门和集中采购机构开展政府采购工作的经验交流材料，这些材料都是各地财政部门和集中采购机构从实际出发，创造性开展工作的有益探索和实践总结，凝聚着政府采购战线同志们的智慧和汗水，具有典型示范意义，希望能对我们的工作有很好的借鉴作用。

通过大会讨论与交流，与会代表一致认为，张助理讲话非常切合实际，既明确了改革思路和改革原则，也提出了推进改革的措施，具有很强的针对性和操作性，对做好2009年以至今后一个时期的政府采购工作具有重要的指导作用。

与会代表一致认为，这次会议主题和内容更加突出和集中。这次会议主题就是如何贯彻落实国务院办公厅《关于进一步加强政府采购管理工作的意见》文件精神，研究如何推进政府采购制度改革和应对加入《政府采购协议》（GPA）谈判工作，很多思路和内容是第一次提出，需要在今后工作中进一步贯彻落实。

与会代表一致认为，财政部在全国专项检查工作完成后和国务院办公厅《关于进一步加强政府采购管理工作的意见》下发之际召开这次会议，非常及时，国务院有关部门也派员参加了这次会议，表明了国务院有关部门对政府采购工作的重视，大家表示，回去以后，将认真贯彻国务院办公厅《关于进一步加强政府采购管理工作的意见》和张助理的重要讲话精神，全面落实各项工作任务。

这次会议是一次承上启下的会议，大家充分认识到，只要坚持解放思想，开拓创新，把握好新的发展机遇，发挥好自身的优势和潜力，就能够实现张助理提出的“用三到五年左右的时间，使中国政府采购发展水平再上新台阶”的目标。

二、关于会议关注的几个问题

（一）关于《政府采购法》实施条例制定工作

《政府采购法》实施六年多来，政府采购制度体系一直是由法律、若干财政部门规章和规范性文件组成，缺少承上启下行政法规层面的制度规范。为改变这种行政法规的缺失与政府采购制度快速发展不相适应的状况，2005 年，财政部向国务院上报了《中华人民共和国政府采购法实施条例（送审稿）》（财法［2005］1 号），但由于种种原因，条例一直未能出台。随着形势的变化，各有关方面包括人大政协两会代表强烈呼吁尽快出台政府采购实施条例，以适应政府采购发展需要。2009 年，国务院已将该项工作列入《国务院 2009 年立法工作计划》（国办发［2009］2 号），力争年内完成。由于条例送审稿上报时间较长，这期间又有新的情况和问题需要解决，所以，下一步完善和修改条例送审稿是一项重要工作。我们要通过完善和修改，一方面，尽可能解决目前《政府采购法》和招标投标法不协调问题，清晰两法适用范围和管理职责，另一方面，要解决目前《政府采购法》中规定不明确、不具体、不好操作的问题。为此，财政部已经向国务院法制办建议，将两法实施条例送审稿同步进入立法程序，同步征求意见，同步修改。当然，不能说出台一个条例就能解决政府采购制度改革面临的所有问题，但条例的出台对于在政府采购的各个环节上形成完整、系统的制度管理及操作执行链条，进一步推进改革工作具有重要意义。希望各地认真总结近年来改革中的经验、做法和问题，积极提出切实可行的意见和建议，配合财政部做好条例完善修改工作。

（二）关于发挥政府采购政策功能

发挥政府采购政策功能，对于扩大政府采购影响力和提升政府采购制度地位有着重要作用。从国家目前出台的一系列产业发展规划等宏观调控措施和两会代表提出的议案来看，重视和发挥政府采购政策功能作用，已经在全社会范围内形成一定的共识。所以，政府采购不仅是指一般的行政机关购买行为，而是具有很强的行政性和政策性，国务院办公厅《关于进一步加强政府采购管理工作的意见》专门对此提出要求。因此，各级财政部门要抓住正在实施的扩大内需、建设节约型社会等宏观政策这个机遇，研究制定相关政府采购制度规定，不断拓宽政府采购政策功能实施领域。要严格规范进口产品审核工作，凡国家明确规定禁止进口的产品一律不批，对需要进口的产品要严格手续和程序。要将政府采购政策功能落实情况作为重要监管、监察和审计内容，对规避政府采购、违反政府采购政策规定的单位和个人，依照有关规定予以处理。要建立科学的评价机制，把政策功能取得的成效反映出来，宣传出去。要继续做好自主创新政府采购政策落实工作。目前，我们正在会同科技部、工业和信息化产业部加强研究自主创新产品标准制定和认定工作，当前许多地方在落实自主创新政策上采取了积极措施，有的地区还出台了本地区的自主创新产品目录。我们希望各地区在法律和制度规定框架下，继续研究落实自主创新政策的配套措施，坚持充分竞争，反对地区保护和行业垄断，实现好本地区局部改革与全国整体发展相结合的目标。集中采购机构要不折不扣地将实施的各项政策规定贯彻到每个采购项目和活动中，严格执行节能环保等产品清单（目录）等政策规定，确保政策规定落到实处。同时，集中采购机构要注意总结和搜集政策规定在实际操作执行中的效果和存在问题，及时向财政部门提出建议，以增强政策规定的实际作用。

（三）关于电子化政府采购建设

电子化政府采购建设的重要意义我们已经阐述过多次，目前已基本形成共识，国务院办公厅《关于进一步加强政府采购管理工作的意见》和张助理讲话对此作了进一步明确和要求，我在这里不作重复。需要强调的是，根据国际通行做法和成功经验，建设电子化政府采购系统，要掌握一个基本原则，那就是在全国范围内统一。全国统一是指在全国范围内，政府采购管理基本原则和要求、交易规则、采购方式、评审标准，采购文件和采购合同标准格式及有关专家、供应商产品信息等系统模块标准统一、格式统一和交易平台统一。至于各个地区或中央系统内部的预算编制、计划报送、方式审批和进口产品审核、资金支付、监督等具体管理流程，提交采购需求、发布采购公告、采购文件上传下载等采购操作执行流程，各采购单位的用户管理及信息维护等系统模块由各地区依据全国统一标准，根据本地区实际情况和管理水平建立相应系统，与统一平台链接后形成全国政府采购管理交易平台，实现信息互动、信息共享。所以，建立全国统一的管理交易系统，不是一个系统代替另一个系统，也不是地方各级政府采购监管部门和集中采购机构无事可做。2009年，财政部将此作为一项重点工作，财政部国库司在2月份以文件形式作了问卷调查，准备在收集整理各方意见的基础上，召开座谈会，充分听取各方面意见，尽快形成思路和规划，以加强电子化政府采购工作的指导与规划。近几年，中央和地方在实践中都不同程度开发了一些系统，发挥了相应的作用，积累了有益的经验，但目前这些系统彼此独立，存在标准不统一、内容不完整、格式程序不一致等问题。应该说这些问题都有客观存在的原因，下一步将重点研究全国统一系统与各地区、各集中采购机构已有系统的整体规划和发展步骤问题。总之，中国电子化政府采购管理交易系统建设是我们共同的事业，需要同心协力，树立“一盘棋”的思想观念，为全面启动全国电子化政府采购管理交易系统建设作出新贡献。

（四）关于管采分离管理体制和工作机制

无论是从建立相互监督制约机制和制度理念设计，还是从具体实践效果上看，在中国现阶段，实行政府集中采购和管采分离管理体制是正确选择。政府采购实行集中采购与分散采购相结合的管理模式，既是法律规定，也是符合中国政府采购管理水平的客观要求，是中国具体国情所决定的。我们认为，当前不是要不要取消这种管理体制的问题，而是如何进一步加强管采分离管理体制建设，推动政府采购健康发展的问题。

1. 准确定位是完善管采分离管理体制的基础和核心。我们曾反复强调，财政政府采购监管部门和集中采购机构共属一项事业，监督管理和操作执行是政府采购工作的两个方面，是政府采购制度改革的基本力量。任何一项制度都需要通过规范的操作执行去实现，而操作执行好坏关系着政府采购制度的声誉。所以，财政部门要履行好监督管理职责，以监督促管理。从某种意义上讲，管理就是服务，财政部门要在制度规则、管理环境、经费保障等方面为集中采购机构提供支持和保障，有利于集中采购机构工作的开展，真正做到寓管理于服务之中。集中采购机构在采购活动第一线，要通过专业化操作，将各项制度规定落实到每项具体采购活动中，确保采购各个环节程序规范合规，对采购人超出法规制度规定的不合理要求也不迁就，只有通过管理与操作执行双方互动，形成合力，才能有效实现公开透明、高效和采购结果最佳等政府采购制度目标。

2. 鼓励在法律框架下进行改革和创新。创新是改革的灵魂，创新是推动改革的根本动力。鼓励和支持地方结合实际在推进政府采购制度改革中进行创新，是我们始终坚持的观点。依法行政要求我们，任何一项改革创新应当在法律框架下进行，这是保证改革方向的问题。如果背离了改革方向，那就是走回头路。十多年来政府采购制度改革的成就充分证明，我们依法建立的管采分离、机构分设、政事分开、相互制约的管理体制和工作机制是正确的，其他任何这方面的创新，必须围绕和坚持管采分离这一管理体制。

3. 引入集中采购机构竞争机制。集中采购通过对通用产品的归集并统一组织实施，可以实现规模效益。但由于现行集中采购运行机制上缺乏竞争，采购单位对政府采购集中采购价格、效率、服务等方面问题也时有反映。为了从机制上解决这一问题，国务院办公厅《关于进一步加强政府采购管理工作的意见》明确提出："在集中采购业务代理活动中要适当引入竞争机制，打破现有集中采购机构完全按行政隶属关系接受委托业务的格局，允许采购单位在所在区域内择优选择集中采购机构，实现集中采购活动的良性竞争。"通过在集中采购业务中引入竞争机制，采购单位可以在所在区域内择优选择集中采购代理机构，有利于逐步形成省、地、县之间集中采购活动的竞争，改变现有的完全按照行政隶属关系划分业务范围的格局，通过竞争机制来推进、壮大集中采购工作，在竞争中提高促使集中采购机构改进服务，提高效率，降低价格。讨论中，有的同志提出竞争机制应当突出绩效和服务的竞争，这样更有利于集中采购机构的发展。我们认为，这个意见有道理。因此，各地方在研究推进这项工作时，要充分考虑这一点，做到有计划、有步骤，既积极又稳妥，逐步实施。

（五）关于在制度建设中发挥集中采购机构作用

在讨论中，许多集中采购机构代表提出，国务院和财政部关于加强操作执行规范化管理工作的要求是正确的，抓住了深化和完善政府采购制度的关键。为了落实和做好这项工作，要加强相应的规章制度建设，这也是确保操作执行规范化、精细化的基础和依据。集中采购机构多年在采购第一线承担具体的采购活动，对操作执行环节的情况和问题比较清楚，在财政部研究制定办法的力量相对比较薄弱的情况下，可以发挥集中采购机构的作用。因此，建议财政部在研究制定涉及具体操作执行方面的制度办法时，应当听取集中采购机构的意见，或者委托集中采购机构帮助研究起草，这样既可以发挥集中采购机构的优势，增强制度建设的组织力量，也可以增强制度办法的可操作性，加快制度建设的速度。我们认为，这一建议非常好，政府采购制度建设是一项综合性很强的工作，涉及方方面面，各级财政部门都应该充分重视集中采购机构的意见。我们将在今后制度研究等工作中，加强与集中采购机构的沟通与联系，充分听取意见，组织集中采购机构研究制定有关办法，共同做好集中采购工作。

（六）关于政府采购信息统计工作

政府采购信息是政府采购政策执行情况的有效反映，是重要的决策依据，信息统计工作是政府采购管理的一项重要基础工作。当前，政府采购正处于由规范财政支出行为、提高资金使用效益向发挥政策功能和市场导向作用转变过程中，采购规模越来越大，科学、准确地收集整理基础信息更显得尤为重要。讨论中，大家普遍认为，政府采购信息统计是政府采购管理的一项重要内容，与管理和操作不可分割，但现行的政府采购信息统计报表和系统是改革之初制定的指标体系和编报方式，反映政府采购政策功能发挥情况的指标欠缺，已有的政策功能指标也存在指标设计不科学、难于填报等问题，已经不能很好地反映政府采购制度改革和管理的需要和水平，希望财政部尽快完善政府采购信息统计指标体系和编报方式。我们认为，这些意见提得非常好。为此，我们将在前期已经开展调查研究的基础上，认真修改完善政府采购的信息统计指标和报表格式，进一步改进政府采购信息统计系统。希望各地区各部门提高对政府采购信息统计工作的认识，加强对该项工作的组织和领导，将其作为一项重要工作抓实抓好。

总之，这次会议开得很成功，特别是张通同志的重要讲话，务请同志们好好学习领会。希望大家回去后，及时把会议情况向有关领导汇报。要在认真传达会议内容的基础上，结合本地区实际，安排部署好下一步的工作，务求实效，真正把会议精神落到实处。同时，要以国务院办公厅《关于进一步加强政府采购管理工作的意见》为重点内容，加大宣传力度，营造良好氛围，形成有利于推动改革发展的强大合力。同志们，政府采购工作地位重要、任务繁重、责任重大，我们要进一步增强做好工作的责任感和使命感，紧紧围绕经济和社会发展大局，振奋精神，乘势而上，扎实做好各项工作，努力开创政府采购制度改革事业新局面！

二、2009年全国政府采购管理工作概述

2009 年政府采购工作概况

财政部

2009 年，各级政府和财政部门以科学发展观为统领，按照推进财政科学化、精细化管理的要求，以贯彻落实国务院办公厅《关于进一步加强政府采购管理工作的意见》（国办发[2009] 35 号）为重点，有效应对和化解政府采购工作中的各种挑战和矛盾，在完善法制体系、强化政策功能、提升监管水平和加强信息化建设等方面取得了新的积极进展，政府采购的可持续发展能力进一步增强。

一、政府采购范围和规模不断扩大

随着国家积极财政政策的全面实施，全国财政支出较上年增长 21.2%，政府采购规模也保持了快速增长。各级财政部门加强监管，扩展政府采购范围，在将一些民生项目纳入政府采购后，将市政道路、绿化、公共设施等工程项目实施政府采购，不断加大服务类采购的力度（见图 1）。全国政府采购规模由 2005 年的 2927 亿元增加到 2009 年的 7413.2 亿元，年平均增长 26.1%（见图 2、图 3），资金节约率约 11% 左右。

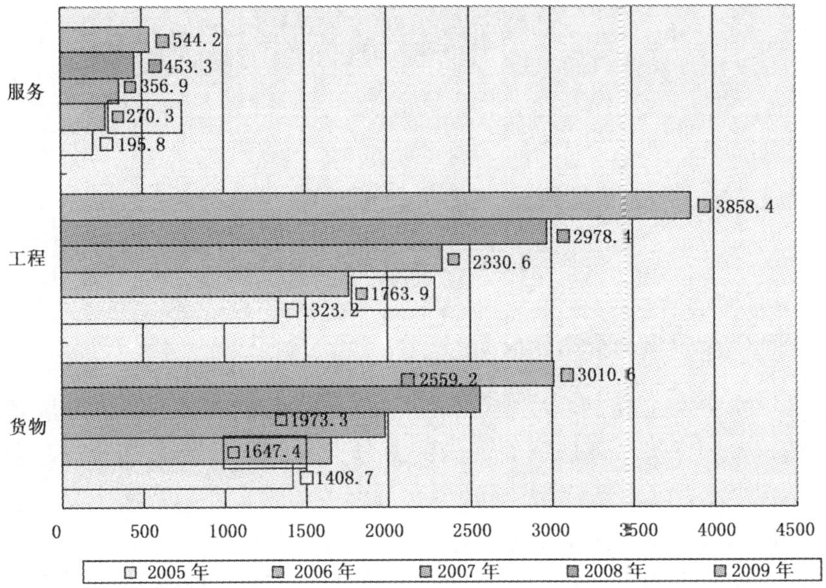

图 1　2005～2009 年货物、工程、服务采购规模对比图

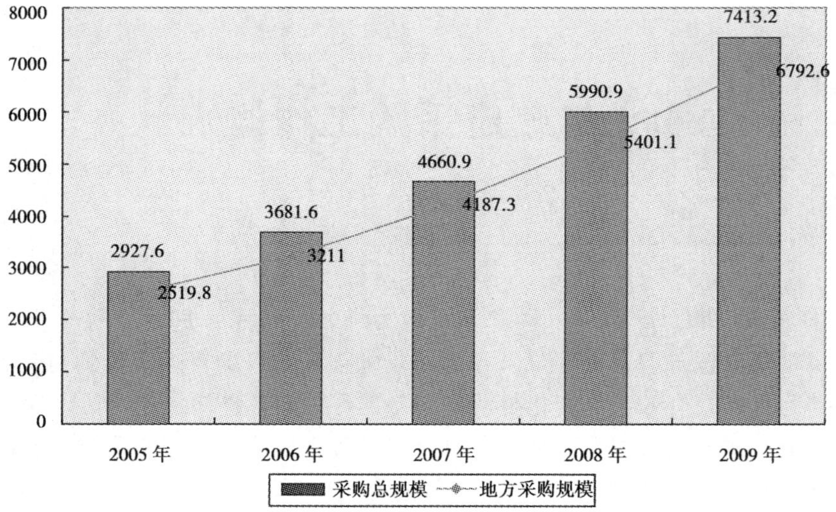

图 2　2005～2009 年全国政府采购总规模和地方采购规模图

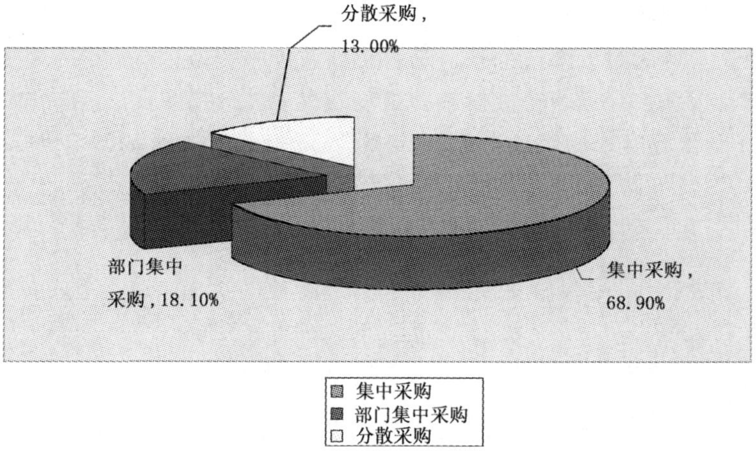

图 3　2009 年全国政府采购规模图

二、政府采购制度建设取得新进展

2009 年，财政部继续把法律制度建设作为一项重要工作来抓，组织力量完成了对 2005 年上报国务院的《政府采购法实施条例（送审稿）》的再修改和报审工作，以及《政府采购代理机构资格认定办法》（财政部第 31 号令）的修改完善工作。在对中央政府采购工作管理方面，下发专门办法对中央集中采购工作、中央单位政府采购方式审批予以规范。地方法规制度建设也取得了较大进展，各级财政部门结合本地实际，根据《政府采购法》的规定制定了专项管理办法和具体操作规程。

三、政府采购管采分离成效显著

按照《政府采购法》关于政府采购管理职能与操作职能相分离的要求，全国政府采购管理机构与操作机构分离工作取得了阶段性进展。到 2009 年底，中央、省、市、县四级政府基本上在财政部门设立了政府采购管理机构，全国 36 个地区（省、自治区、直辖市、计划单列市）中的 30 个地区和大部分地市设置了集中采购机构。政府采购管理机构、采购单位和集中采购机构的工作职责分工日趋合理，“管采分离、机构分设、政事分开、相互制约”的工作机制基本形成，初步建立了采购管理机构统一监督管理下的集中采购机构和采购单位具体操作执行的采购管理体制。

四、政府采购政策功能进一步强化

2009 年，财政部抓住国家扩大内需政策给予政府采购发挥政策功能的良好契机，积极落实国家通过政府采购支持节能减排、环境保护、自主创新、重点产业调整和振兴等方面的政策措施。在促进节能环保方面，会同国家发展改革委、环保部调整了环境标志产品、节能产品政府采购范围，完善了公示制度、供应商承诺机制和退出机制。同时对两家公司列入清单产品的举报问题进行了调查处理。在促进自主创新方面，配合科技部下发了《科技部 国家发展改革委 财政部关于开展 2009 年国家自主创新产品认定工作的通知》，启动国家自主创新产品认定工作。在扶持中小企业方面，会同工业和信息化部研究政府采购扶持中小企业管理暂行办法，在北京、黑龙江开展政府采购领域引入信用担保试点。在支持服务外包产业方面，积极开展政府采购支持服务外包产业发展的政策研究，配合有关部门制定出台了《关于鼓励政府和企业发包促进我国服务外包产业发展的指导意见》。在保障信息安全方面，会同国家质检总局、国家认监委联合发布了《关于调整信息安全产品强制性认证实施要求的公告》，规定从 2010 年 5 月 1 日开始，在《政府采购法》规定范围内对信息安全产品实施强制认证。

五、依法采购水平全面提升

公开招标作为主要采购方式的主导地位不断巩固。2009 年，全国采用公开招标方式的采购规模为 5576.4 亿元，占全国采购总规模的 75.2%，比 2005 年增长了近 10%。政府采购预算基本实现了与部门预算同步统一编制，无预算采购等现象明显减少。采购资金实行国库集中支付的力度和规模越来越大，违规采购和不正当交易行为明显减少。评审专家抽取和使用更加科学合理。截至 2009 年，全国已建立专家库数量 2934 个，专家人数超过 20 万人，通过随机抽取、加强培训等措施，实现了管理与使用分离、专家资源共享。代理机构资格认定有序进行，截至 2009 年底，全国有超过 2000 家经中央、省两级财政部门认定资格的社会中介机构从事政府采购招标等业务代理工作。

六、监管工作进一步加强

各级财政部门认真履行监管职责，围绕着政府采购操作执行环节和重点岗位以及社会关注的热点问题，积极改进和创新监管模式，建立社会监督员制度，不断加大检查、考核和处罚力度，在建立多层面多环节的动态监控机制和促进廉政建设方面取得了新突破。加强对集中采购工作的监管和指导，加强政府采购实施计划与预算、执行情况的衔接。继续做好政府采购供应商投诉处理工作，建立了律师事务所横向协助、专家审查委员会纵向把关的投诉处理工作机制，进一步规范了供应商投诉处理程序。全年共处理投诉、举报以及协助处理行政复议共 71 起。对违规和不良行为的处罚力度不断加大，首次处罚了 4 名评审专家，开出了首张供应商“罚单”，两家企业 3 年内被禁止参加政府采购活动。

七、政府采购信息化建设迈出坚实步伐

大力推动全国电子化政府采购管理交易系统建设，财政部成立电子化政府采购业务系统建设工作组，初步形成了全国电子化政府采购管理交易系统建设的总体思路。加大中国政府采购网建设力度，要求各省市分网站执行统一域名规定，加强政府采购信息发布考核，推动在全国范围内互联互通。对政府采购信息统计系统进行了升级改造，并研究开发了政府采购计划管理模块。财政部还对中央单位变更政府采购方式审批管理系统进行了升级改造，大大提高了采购方式审批和进口审核工作效率，有效规范了申报行为和审批行为。许多地方也不同程度地实现了政府采购管理与操作的电子化，促进了政府采购“阳光工程”的建设。

八、积极开展加入 GPA 谈判工作

2009 年是中国开展加入《政府采购协议》（GPA）谈判的第二年。财政部积极组织谈判问题研究，稳妥开展对外谈判工作。2009 年 10 月，经国务院批准，财政部向世界贸易组织提交了《中国加入 WTO〈政府采购协议〉进展情况》，表明中国加入 GPA 的立场，阐明修改出价面临的困难，提出修改出价的基本思路。一年来，财政部与美国、欧盟等 GPA 成员开展了 17 场次双边谈判。世界贸易组织秘书处和 GPA 参加方对中国提交修改出价思路给予了高度肯定。财政部还在首届中美战略与经济对话、中美投资协定、中美商贸联委会，以及中欧完善 1985 年贸易协定谈判中，就中国加入 GPA 及有关政府采购政策提出中方立场。配合商务部开展世界贸易组织对华贸易政策审议工作。同时，财政部还不断加强政府采购领域的国际交流合作。举办了中欧政府采购培训班，参加联合国贸易法委员会政府采购工作组会议，APEC 政府采购专家组会议。举办赴瑞士 GPA 培训班，参加世界贸易组织的政府采购亚太区域研讨班。通过参加这些交流活动，向国际社会展示中国政府采购改革成果，参与有关政府采购国际规则的制定，及时掌握国际上政府采购改革的最新动态。

发挥审计“免疫系统”功能 推进政府采购事业健康发展

审计署

2009 年，全国各级审计机关以科学发展观为指导，围绕《国务院办公厅关于进一步加强政府采购管理工作的意见》（国办发〔2009〕35 号），依法履行审计监督职责，切实发挥审计“免疫系统”功能，推进政府采购事业健康发展。

一、2009 年政府采购审计的主要工作

2009 年全国各级审计机关从推进财政体制改革、促进依法行政、加强反腐倡廉工作的高度，在各类相关审计项目中结合开展了政府采购审计工作，有力配合有关部门进行了政府采购制度执行情况检查，促进政府采购行为规范透明，推动政府采购制度进一步完善。

（一）结合各类审计项目，将政府采购实施和管理情况纳入常规性审计监督范围

2009 年，全国各级审计机关在各类相关审计项目中，坚决揭露和查处各地区、各部门以及有关单位在政府采购活动中存在的重大违法违规、损失浪费和涉嫌商业贿赂问题，及时发现和纠正政府采购制度执行不到位、采购程序操作不规范情况，对发现的典型性、倾向性问题进行深入分析，加强与相关主管部门沟通，为中央和地方政府提供政策研究和决策参考意见，促进从体制、机制层面推动政府采购制度的进一步完善。2009 年，审计署在对 56 个中央部门 2008 年度预算执行情况审计和对部分地区、部门贯彻实施中央扩大内需促进经济平稳较快发展政策措施实施情况及效果审计调查等审计项目中，将政府采购制度执行和具体实施情况作为一项重要内容，开展了相关检查。31 个省（自治区、直辖市）审计厅（局）以及新疆生产建设兵团审计局也结合本级预算执行审计、经济责任审计、政府投资项目审计等审计项目，加大了对财政部门、预算执行单位及财政投资的重点建设项目开展政府采购情况的检查力度，对政府采购预算编制、资金拨付、使用和管理等进行全过程监督。海南、深圳、上海等省（市）审计厅（局）还专门组织开展了有关政府采购制定执行情况的专项审计和审计调查。江西省审计厅与江西省财政厅联合印发《江西省省直单位政府采购管理实施办法》，将政府采购审计制度化、经常化。北京市审计局通过制定《关于中关村科技园区政府采购自主创新产品试点资金审计监督暂行办法》，将相关政府采购审计纳入制度化轨道，为有效发挥政府采购对自主创新的促进作用提供审计保障。

（二）密切配合相关部门，结合各专项治理深入推进政府采购审计监督

在 2008 年配合财政部、监察部和国家预防腐败局开展政府采购执行情况专项检查的基础上，审计署向有关部门提出了进一步加强政府采购管理工作的意见建议。2009 年以来，党中央、国务院陆续部署开展了加强党政机关厉行节约、“小金库”专项治理、工程建设领

域突出问题专项治理以及中央扩大内需促进经济增长政策落实检查等专项工作，审计部门作为各专项工作的牵头或参与部门，积极配合其他部门，将政府采购情况作为参与专项工作检查重点之一，在各项检查中注意加强政府采购预算编制完整性和科学性的监督，促进工程项目和货品物资“应采尽采”和合理控制采购支出，保障采购活动规范有序。2009 年，甘肃、安徽、天津等省（市）审计机关还继续参与了本地区财政、监查等部门组织的政府采购专项检查。在上述各专项工作中，各级审计机关充分发挥职业优势，积极创新工作方法，为各专项工作的顺利完成提供了有力支持，推动了政府采购制度的贯彻执行，促进了政府采购制度的改革完善。

二、2009 年政府采购审计发现的主要问题及整改情况

近几年，通过各部门的共同努力，贯彻落实《政府采购法》、推进政府采购制度改革已积累了大量宝贵经验，完成了许多卓有成效的工作，政府采购法制化、制度化、电子化建设步伐进一步加快。但审计过程中发现，当前各地政府采购工作发展还不平衡，政府采购制度在具体执行中还存在一些问题，需要进一步规范。

一是政府采购预算编制方面，存在预算编制不规范、不完整问题，部门或单位仍然存在未编制部门集中采购目录和执行计划的问题，无预算采购情况也较为普遍。政府采购预算是执行政府采购的约束性要求，不严格按照预算管理规定编制政府采购预算，会造成政府采购实际操作过程中随意性增大，影响政府采购制度的执行到位，也影响预算的约束力和严肃性。

二是政府采购程序执行方面，一些部门和单位还存在随意变更采购方式，未经批准实行非公开招标、缩短招标时间或在招标文件中提出排他性指标，随意追加合同、调整协议供货产品或用高价产品替换低价中标产品，虚假招标套取财政资金，以及以涉密为由规避政府采购等问题。

三是在政府采购管理方面，部分地区还存在政府采购采购规模偏小、范围偏窄，管采体制尚未完全分离，专家评审机制有待完善等问题。

各级审计机关以审计报告等形式对上述问题进行了揭示和反映。其中：审计署将中央部门预算执行审计中发现的政府采购制度执行方面的问题，纳入向国务院报送的审计结果报告以及代表国务院向全国人大常委会所作的审计工作报告，并向社会进行了公告；各省（市）审计机关也将政府采购审计情况作为向本级政府和人大报告的年度审计结果报告、审计工作报告的重要内容，其中河南省审计厅 2009 年还将政府采购审计情况作为单独内容进行了重点报告。

各级审计机关认真履行审计监督职责，积极发挥审计保障国家社会健康运行的“免疫系统”功能，在严肃揭露问题的同时，对问题形成原因进行了深入分析，向有关部门和被审计单位提出了健全细化政府采购制度相关法规，研究完善政府采购预算的编报内容和方式、强化政府采购的预算管理、加强单位内部控制、严格执行政府采购规定程序等建议，受到有关部门和单位的重视。财政部印发了《中央单位变更政府采购方式审批管理暂行办法》的通知，明确中央单位因特殊情况采用公开招标以外其他采购方式的审批办法；对因采购任务涉及国家秘密需变更采购方式的，明确涉密事项的证明机关。上海市财政局针对审计部门开展政府采购管理实施情况审计调查提出的问题，制订并发布了《关于公开招聘本市政府采购评审专家的通知》和《关于规范市级政府采购运行管理的通知》两个文件，进一步规范采购流程，提高采购效率。新疆维吾尔自治区财政部门针对审计提出问题，制订了《关于进一步做好政府采购工作的意见》、《关于重新征集自治区政府采购各环节工作有关问题的通知》等六项规定，严格政府采购预算和计划编制，规范政府采购工作程序和评标体制。山西省政府和有关部门从编实编细政府采购预算、规范政府采购预算审核流程、完善政府采购项目库建设、加快推进政府采购办公自动化管理系统建设四个方面来提高政府采购预算编制的科学化、精细化水平。广东省审计、财政部门会同其他有关部门重新界定了政府采购相关专项资金的支付方式，结合财政体制改革，进一步完善了国库集中支付管理制度，积极构建和完善政府采购的预算编制、执行及监督等全过程支出管理体系。

三、发挥审计“免疫系统”功能，进一步推进政府采购事业健康发展

从本质上讲，审计是一个国家经济社会运行的“免疫系统”，发挥着预防、揭示和抵御经济社会运行中的障碍、矛盾和风险的功能。下一阶段政府采购审计工作，各级审计机关将以党的十七届四中全会、十七届中央纪委五次会议和中央经济工作会议的精神为指导，以科学发展观为指引，通过发挥审计“免疫系统”功能，进一步加大政府采购等财政审计监督力度，提高审计的宏观性和建设性，促进政府采购事业健康发展。

一是加强对政府采购制度执行情况的全过程监督，促进提高财政资金使用效益。审计机关作为独立的经济监督部门，将积极促进国家法律法规、方针政策的贯彻落实，维护国家经济安全。在政府采购审计过程中，除对预算执行及相关的财政财务收支活动进行检查以外，还将依据《政府采购法》等法律法规探索开展政府采购绩效审计，对政府采购活动、采用的采购方式、执行采购程序，以及各有关采购当事人实行全过程、全方位的监督，促进提高政府采购资金使用效益。审计工作中，坚持揭露违法违规问题与关注体制机制层面问题“两手抓”，通过对问题的揭示推动体制机制完善，促进政府采购工作更加公开透明和规范有序。

二是继续加大对政府采购活动中重大违法违规问题和经济犯罪案件线索的查处力度，推动反腐倡廉的制度建设。在各项目审计中，继续推进政府采购审计工作的常规化、制度化，同时通过加强中央扩大内需、促进经济平稳较快发展等一系列重大决策部署执行情况的监督检查，结合工程建设领域突出问题专项治理、“小金库”专项治理等工作，进一步关注部门和单位执行政府采购活动的合法、合规性，严肃查处政府采购制度执行过程中的各类违纪违法问题，推动落实问责制。

三是强化政府采购相关制度执行情况的监督，推进国家宏观调控政策的贯彻落实。审计部门将继续配合有关部门加强节能减排、自主创新等产业政策贯彻落实情况的检查，跟踪政府采购相关政策的实施情况，以督促被审计部门和单位整改审计查出问题、落实审计建议为着力点，促进各地区、各部门进一步完善政府采购相关制度，认真落实节能环保、自主创新、进口产品审核等相关制度，加大强制采购节能产品和优先采购国内产品，积极研究支持促进中小企业发展，以此贯彻好扩大内需、调整结构等相关宏观经济政策，保证政策规定落到实处。

三、2009年中央单位政府采购管理部门工作概况

工业和信息化部

【**概述**】2009 年是工业和信息化部成立以来的第一个完整会计年度。在相关领导的高度重视下，工业和信息化部相关部门和单位切实贯彻“依法采购、健全制度、严格管理”的原则，认真履行政府采购工作职能，以加强制度建设为基础，制定政府采购规章制度，逐步完善政府采购管理的制度体系；加强对政府采购预算编制和执行的管理，提高政府采购预算资金的使用效益；以创建服务型政府为宗旨，积极办理直属单位政府采购方式变更、进口项目审核报批工作；规范政府采购基础管理工作，加强政府采购队伍建设，推动工业和信息化部政府采购工作全面发展。

【**加强规章制度建设，健全政府采购制度**】工业和信息化部自 2008 年成立后，原属于国防科学技术工业委员会管理的七所高校划归工业和信息化部管理，原有的政府采购管理办法已不能满足实际需要。为满足政府采购管理工作新的要求，根据工业和信息化部所属单位类型较多、资金来源较广的实际情况，依据《政府采购法》和财政部颁发的《中央单位政府采购管理实施办法》等法律法规，制定《工业和信息化部政府采购办法》。该办法明确政府采购管理的主要内容、主管司局以及职责分工，强调加强政府采购基础管理工作、建立和完善内部监督约束机制，重点要求所属单位科学编制政府采购预算、严格依法采购，提高政府采购预算资金的使用效益。该办法的及时出台，为所属单位开展政府采购管理工作提供依据和保障，对于建立和规范工业和信息化部政府采购管理运行机制起到重要作用。

【**政府采购范围不断扩大，政府采购规模稳步增长**】工业和信息化部严格执行国家关于政府采购的有关法律法规和国务院印发的年度政府集中采购目录，并结合本部门制定的政府采购管理办法，努力做好政府采购各项工作。2009 年，工业和信息化部政府采购预算约为 290918.23 万元，其中预算内资金约为 233359.76 万元，预算外资金约为 2068.16 万元，自筹资金约为 55490.31 万元，预算内资金约占 80.21%；实际采购金额约为 268699.25 万元，其中预算内资金约为 213803.98 万元，预算外资金约为 1916.52 万元，自筹资金约为 52978.75 万元，预算内资金占 79.57%。通过实施政府采购，工业和信息化部 2009 年累计节约资金约为 22218.99 万元，资金节约率为 7.64%，极大地提高财政资金的使用效益。按照采购项目划分，实际发生货物类采购金额约为 131953.82 万元，节约资金约为 9623.71 万元，节约率 6.8%；工程类采购约为 131976.67 万元，节约资金约为 11700.01 万元，节约率为 8.14%；服务类采购约为 4768.76 万元，节约资金约为 895.27 万元，节约率为 15.81%。按照组织形式划分，集中采购金额约为 30267.80 万元，部门集中采购金额约为 9215.80 万元，分散采购金额约为 229215.65 万元，分别占总采购金额的 11.26%、3.43% 和 85.31%。

【**突出重点、建设政府采购模范单位**】工业和信息化部所属七所高校规模较大，资金较多，其规范的政府采购管理工作将起到示范作用。七所高校分别成立以校领导为组长的政府采购管理领导小组，设立政府采购和招投标办公室，按照“统一机制，严格程序，集体把关，分级负责”的原则，坚持分步实施、先易后难、积极推进的工作宗旨，开拓创新，大力拓展政府采购范围，提升采购规模。各高校在严格遵守国家法律法规的基础上，分别制定符合学校实际的政府采购管理办法和招投标实施细则；严格按照政府采购目录范围开展采购工作，依法选取采购方式，对需要变更政府采购方式和进口项目，严格按照国家规定履行报批程序；依法签订采购合同、支付资金和验收项目。国务院机关事务管理局政府采购中心通过对政府采购网上的高校政府采购数据进行比较，认为工业和信息化部所属七所高校政府采购数据真实、全面，采购范围广、规模大，严格按照国家规定执行政府采购工作，政府采购管理的规范化、制度化程度较高。为此，国务院机关事务管理局政府采购中心特组织工业和信息化部财务司及部属七所高校政府采购负责人召开 2009 年政府采购工作经验交流会，表彰工业和信息化部在政府采购管理工作中的突出成绩，希望通过相互交流，将好的经验引入到高校政府采购管理工作中，为加强高校政府采购管理工作提供有力依据。

【及时转发文件、传达政策】政府采购是一项政策性极强的工作，为保证下属单位在政府采购中切实依法采购，工业和信息化部财务司及时转发国务院、财政部、国家机关事务管理局等单位有关政府采购管理的文件，保障各单位和部门能及时严格按照有关政策依法开展政府采购工作。

【严格审核、及时报批政府采购方式变更申请】工业和信息化部严格按照《中央单位变更政府采购方式审批管理暂行办法》、《政府采购进口产品管理办法》和《工业和信息化部政府采购管理办法》的规定，认真做好政府采购方式变更和进口项目的审核、报批工作。2009 年，工业和信息化部审核报批政府采购方式变更项目共 97 项，涉及金额 9891.15 万元，报批进口项目 385 项，涉及金额 25149.21 万元，财政部批复 480 项。

【认真做好政府采购信息统计工作】工业和信息化部成立后直属单位大量增多，且多为京外单位，为按时保质完成财政部政府采购信息统计工作，工业和信息化部及时下发相关文件，催收资料，并就直属单位在信息统计过程中遇到的问题及时与财政部有关政策和技术部门沟通，协助其解决问题，上报数据。在统计政府采购信息后，工业和信息化部认真审核汇总相关资料，详细编写政府采购信息统计情况，就差异问题与相关单位认真核实，查找原因，形成分析报告，反映政府采购中存在的问题，提出相关处理意见和建议，及时上报财政部。此项工作获得财政部政府采购信息统计工作一等奖。

【开展政府采购执行情况自查工作】为进一步贯彻落实《政府采购法》，了解和掌握政府采购执行中存在的问题，进一步推动和深化政府采购制度改革，促进廉政建设，工业和信息化部要求各所属单位开展政府采购执行情况自查。自查内容包括：内部制度建设和监督制约机制落实情况；政府采购预算及实施计划编制和执行情况；政府集中采购项目和部门集中采购项目的执行情况；政府采购方式、采购程序和评审专家使用情况；政府采购合同签订、履行、验收和资金支付情况等。通过对部分单位自查情况的信息汇总，针对政府采购工作中存在的问题，要求相关单位提出整改意见，督促整改工作，务求实效，建立依法操作、依法采购的长效管理机制。

【加强政府采购管理人员队伍建设】加强对政府采购业务人员的培训工作，组织相关业务人员参与政府采购工作培训班。一方面进一步贯彻《政府采购法》及相关法律法规，提高采购人员的法律意识，保证各单位严格按照国家规定执行采购，履行政府采购方式变更和进口项目的报批程序；另一方面提供相互交流与学习的平台，各单位取长补短，进一步提升工业和信息化部政府采购工作的管理水平。

（工业和信息化部财务司供稿，谭富林执笔）

国土资源部

【概述】2009 年，国土资源部严格执行国务院和财政部的相关文件要求，坚持“公开、公正、公平”的基本原则，积极督导国土资源部各直属单位的政府采购活动，取得明显成效。2009 年，国土资源部所属 52 个单位编报政府采购预算为 88103 万元，实现采购金额为 84787 万元。政府采购金额与预算相比，节约资金 3316 万元，节约率为 3.76%。

从采购项目和采购品目看，货物类、服务类采购金额比重较大。货物类、工程类和服务类采购金额占采购总金额的比例分别为 44%、10% 和 46%。

从采购组织形式看，政府集中采购规模平稳增长，以部门集中采购为主。2009 年政府集中采购金额占采购总金额的比例为 23%，比 2008 年增长 4%，主要原因是各单位按照规定都实施了协议供货、汽车定点加油、定点维修、定点保险以及会议定点等政府集中采购形式。部门集中采购金额占采购总金额的 76%；单位分散采购金额占采购总金额的 1%。

从采购方式看，公开招标采购方式占主导地位。通过公开招标完成的采购金额占采购总金额的比例已达到 73%；邀请招标完成的采购金额占采购总金额的 1%；竞争性谈判完成的采购金额占采购总金额的 2%；询价完成的采购金额占采购总金额的 3%；单一来源完成的采购金额占采购总金额的 21%。

从政府采购产品产地看，国内产品占主导。全年采购国内产品占采购总金额的 84%；进口产品占采购总金额的 16%，进口产品全部为货物采购，其中集中采购、部门集中采购、分散采购分别占进口产品采购总金额的 2.8%、97% 和 0.2%。政府采购进口产品全部履行了报批手续。

从采购节能环保产品看，各单位节能环保意识不断加强。节水、节电产品全年采购金额占同类产品采购总金额的 94%；环保产品全年采购金额占同类产品采购总金额的 98%。

【加强政府采购制度建设】2009 年国土资源部相继转发《国务院办公厅关于印发中央预算单位 2009～2010 年政府集中采购目录及标准的通知》、《国务院办公厅关于进一步加强政府采购管理工作的意见》、《财政部关于进一步做好中央单位政府集中采购工作有关问题的通知》等文件，根据文件精神和国土资源部政府采购的实际情况，提出了加强国土资源部政府采购管理的有关规定。根据中央国家机关政府采购中心关于做好 2009 年政府采购协议供货项目和定点采购项目的文件要求，提出进一步做好国土资源部政府集中采购工作的要求和明确的实施意见，从制度上规范国土资源部所属各单位的政府采购行为。

【严格政府采购预算编制工作】 国土资源部非常重视政府采购预算的编制工作，要求各直属单位必须在政府采购活动开始前编制政府采购预算，政府采购基本上按照政府采购预算执行。根据国务院办公厅制定印发的政府集中采购目录及标准，明确国土资源部部门集中采购项目范围和限额标准，制定部门集中采购项目组织实施基本程序，部门集中采购行为不断规范，2009 年，部门集中采购金额占采购总金额的比例已达 76%。

【提高政府采购透明度】 国土资源部在执行政府采购过程中，坚持以公开招标为主的政府采购方式，只要是达到公开招标限额标准的项目，都要实行公开招标。2009 年，公开招标完成的采购金额占采购总金额的比例已达到 73%。公开招标已成为政府采购的主要采购方式。对超过公开招标数额标准而采用非公开招标方式以外的邀请招标、竞争性谈判和询价和单一来源采购方式的，全部按要求报财政部审批。

【推进工程类项目政府采购规范化】 鉴于工程采购具有不同于货物采购的特点，国土资源部在推进工程类项目政府采购的过程中，在执行《政府采购法》相关程序的同时，坚持按照《招标投标法》和配套法规的规定进行招标投标。有效地规范工程项目的政府采购行为。

（国土资源部财务司供稿，王玉翠执笔）

环 境 保 护 部

【概述】 2009 年，环境保护部不断扩展政府采购范围和采购规模，规范政府采购监管工作，建立健全规章制度，不断提升政府采购管理工作水平和业务能力，圆满地完成了本部门的政府采购工作。2009 年，财政部批复环境保护部政府采购预算 64559.44 万元，其中协议供货预算 4278.04 万元。2009 年已执行预算 36294.31 万元，其中，货物类预算为 27065.91 万元，工程类为 4853.43 万元，服务类为 4374.97 万元。采购预算执行率为 56.2%。

2009 年环境保护部实际采购金额为 20178.32 万元，其中，货物类采购金额为 12098.45 万元，工程类为 4230.50 万元，服务类为 3849.37 万元。实际采购金额与已执行的采购预算 36294.30 万元相比，共节约资金 16115.99 万元，节约率为 44.40%。其中，货物类节约率为 55.30%，工程类节约率为 12.83%，服务类节约率为 12.01%。由此可见，政府采购特别是在货物采购中，节约资金效果显著。

从采购方式上看，在实际采购金额 20178.32 万元中，公开招标的采购金额为 13704.99 万元，占实际采购的 67.92%；邀请招标 44.86 万元，占实际采购的 0.22%；竞争性谈判 530.53 万元，占实际采购的 2.63%；询价 4499.44 万元，占实际采购的 22.30%；单一来源采购 1398.50 万元，占实际采购的 6.93%。说明在环境保护部的采购活动中公开招标是主要的采购方式，占总采购量的 2/3 以上。

节能、节水产品采购金额为1022.72万元，同类产品采购总金额为1251.07万元，节能、节水产品采购比重为81.75%。

【政府采购管理规范化、精细化】为认真贯彻落实中共中央办公厅、国务院办公厅《关于开展工程建设领域突出问题专项治理工作的意见》（中办发［2009］27号），进一步规范环境保护部机关及直属单位、派出机构的招标采购活动，2009年环境保护部计划对招标代理机构进行筛选。

环境保护部有关同志走访其他部委，对选取的方式以及管理模式进行调研，最终选择通过公开比选的方式，选取环境保护部招标代理机构备选短名单。具体做法是：首先编制比选文件，并经专家论证和部内报批；在环境保护部网站和中国环境报上发布比选公告，要求参加单位必须是同时拥有国家发改委、财政部、建设部、商务部四个部委的甲级资质的招标代理机构，并按期递交申请文件；负责政府采购的业务司局和驻部纪检监察局共同主持召开专家评审会。评分内容包括公司综合实力、项目业绩、采购业务组织和实施能力、保密廉政措施等。通过评选，有六家资质全、信誉好、能力强的采购代理公司，中选环境保护部招标代理机构备选短名单。

评选工作结束后，环境保护部下发《关于委托采购代理机构实施采购有关事项的通知》（环财函［2009］72），指导各部门及单位委托采购代理机构开展采购工作。该通知要求各单位在开展采购活动时以随机抽取方式在招标代理合作机构名单中选择，并签订委托协议。采购代理机构依法接受环境保护部机关各部门、在京各派出机构及直属单位委托，从事货物、工程和服务的招标、竞争性谈判、询价等采购代理业务，以及采购咨询、培训等相关专业服务。

规范选取方式并且选择业务素质高的采购代理公司不仅提高环境保护部项目招标质量和进度，同时也是建立长效的防腐机制，把关口前移，着眼防范，从源头上防治腐败，对于加强招标机构和人员的规范管理，促进环境保护部机关及直属单位招投标工作的顺利开展具有重要意义。

【加强队伍建设，提高业务素质】为进一步规范部机关及直属单位招标投标行为，提高环境保护部系统政府采购人员政策业务水平，3月19日，环境保护部在北京举办由直属单位和派出机构采购人员参加的政府采购培训班。培训班邀请财政部国库司政府采购管理处的同志就《政府采购法》以及规章制度进行解读，同时邀请了招标代理机构的专业人员对招投标过程中经常遇到的问题进行讲解和答疑。通过培训，加深环保系统采购人员对政府采购政策的理解和把握，提高招标投标工作的能力和水平，规范采购程序和方法，填补采购工作中的漏洞，取得显著效果。

【建立监督机制，促进廉政建设】为深入学习实践科学发展观活动，加强对政府采购活动的监督检查，促进廉政建设，驻部纪检监察局会同政府采购业务主管司对环境保护部直属单位以及地方环保部门的招投标工作开展调研活动。通过听取上述单位具体情况，广泛征求基层采购人员意见和建议，分析和研究招标活动的特点、难点和重点环节，在此基础上草拟《环境保护部政府采购活动监督管理暂行办法》，力求将监督管理工作贯穿政府采购活动的始终，把编标、招标、评标、合同的签订和执行等关键环节作为监督检查的重点，保证监督管理工作的连续性、有效性。

（环境保护部规划财务司供稿，王圻执笔）

交 通 运 输 部

【概述】 2009 年，政府采购工作以科学发展观为指导，认真贯彻落实《国务院办公厅关于进一步加强政府采购管理工作的意见》，围绕“强化依法采购、扩大采购规模、发挥政策功能、加强监督检查”等四个方面开展工作。在认真执行政府采购各项法律法规的同时，继续强化政府采购的预算约束力，加强预算执行的管理，政府采购行为日益规范，采购规模不断增长，采购范围不断扩大，在提高资金使用效益，支持节能环保、自主创新等方面取得了成效。2009 年，政府采购总额达到 28.74 亿元，采购规模快速增长，较上年同比增长 30%。各类采购项目占采购总额的比重发生明显变化，工程类项目采购的比重呈现上升趋势，较上年增加 20 个百分点。优先采购本国产品、节能减排、环境保护等政策功能得到落实。国内产品采购金额占采购总额的 97%，节能节水产品采购占同类产品采购总额的 89%，环保产品采购占同类产品采购总额的 90%。

【落实各项政府采购制度】 一是巩固 2008 年政府采购执行情况专项检查成果，采取切实可行的措施，加强管理，完善政府采购内部管理制度和工作机制，明确相关职能部门责任，建立依法采购的长效机制，杜绝检查发现问题的再度发生。大力推进政府采购领域规范化和反腐倡廉工作，促进政府采购工作的健康发展。二是及时转发国务院、财政部、中央政府采购中心政府采购的相关文件，并根据部属单位实际情况提出明确要求，为更好的完成政府采购工作提供政策依据和法律保障。三是严格按照政府集中采购目录规定的范围实施政府集中采购，加强对分散采购的管理，努力做到政府采购项目应采尽采，政府采购规模保持持续增长。四是严格执行各项审核审批制度。印发《关于进一步做好部属行政事业单位政府采购进口产品和变更政府采购方式管理工作的通知》，要求各单位必须履行相应的报批手续后才能进行采购。2009 年，经财政部批准采购进口设备 7 项，变更采购方式 3 项。

【发挥政府采购政策功能】 从政府采购政策功能上支持国家宏观调控，贯彻好扩大内需、调整结构等经济政策，认真落实采购本国产品，节能环保、自主创新产品等政策功能。一是严格执行优先采购本国产品的政策。按照《政府采购法》的有关规定，凡国内产品能够满足需求的都必须采购国内产品。2009 年国内产品采购总额达到 27.9 亿元，较上年同比增长 32%。二是落实优先采购节能环保、自主创新产品政策。要求凡采购涉及节能环保清单中的产品，必须执行优先采购环境标志产品和强制采购节能产品制度。2009 年，节能节水产品采购金额占同类产品采购总金额的比例较上年增加 17%，环保产品采购金额占同类产品采购总金额的比例较上年增加 5%。

【强化政府采购预算管理】 坚持从政府采购预算入手，运用预算约束力来规范政府采购行为，从三个方面做好政府采购预算管理工作。一是做好预算编制工作。要求部属单位按照《政府采购法》的规定和财政部门预算管理的要求，将政府采购项目全部编入部门预算，并召开预算汇审会，对政府采购预算进行审核，确保预算编制的科学性和合理性。二是做好预算调整工作。要求部属单位对年度预算执行中涉及变动的项目，必须及时调整政府采购预算并报财政部备案之后方可执行。三是做好预算执行情况分析工作。审核汇总各单位 2009 年政府采购信息统计报表，并对政府采购预算执行情况进行分析，及时反映政府采购工作运行状况。

【加强培训、宣传和交流工作】为不断提高政府采购相关人员的政策执行能力和业务管理水平，更好地适应政府采购工作的形式和要求，采取多种形式开展培训、宣传和交流活动。一是组织部属单位财务人员及负责政府采购人员，参加中央国家机关政府采购中心举办的政府集中采购初级和中级业务培训班，从政府采购的相关政策、业务基础知识、具体操作流程等方面，提高一线操作人员的业务水平。二是在交通财会网上开设政府采购专栏，将所有不涉密的政府采购文件在该栏目中发布，为各单位有关人员查询、学习提供方便，做好政策的宣传工作。三是参加财政部举办的 2009 年中央单位政府采购工作会议，以及中央国家机关政府采购中心举办的中央单位政府集中采购工作座谈会等，与有关中央部门交流经验。四是对部分部属单位开展调研，就政府采购制度建设与管理机构、预算和计划、集中采购和部门集中采购、进口产品和变更采购方式审批、政策功能、信息统计、监督检查等问题，广泛听取意见和建议，为进一步做好政府采购工作奠定基础。

【开展监督检查工作】加强对部属各单位政府采购工作的日常监督检查。结合预算执行情况审计、经济责任审计、财务会计工作检查以及“小金库”专项治理等工作，对有关单位开展政府采购活动情况进行抽查，对政府采购操作执行中易发生问题的环节加强监管。通过开展监督检查活动，提高各单位领导对政府采购工作的重视程度，促进各单位进一步完善政府采购的内部管理制度，对规范政府采购行为起到了较好的效果。

【GPA 研究工作取得阶段性成果】一是按照财政部的总体要求，在工程组和服务组牵头部门水利部和商务部的具体部署下，明确 2009 年研究工作目标及工作进度安排。二是根据交通运输部机构改革情况，对 GPA 研究工作组成员作了相应调整，组织召开研究工作组会议，对 2009 年研究工作方案、阶段性研究成果、研究过程中面临的疑点和难点等问题进行交流讨论，为研究工作顺利开展提供保障。三是参加财政部、水利部和商务部组织的研讨会和工作会议，掌握 GPA 谈判和研究工作的最新信息和动态，结合交通运输行业的实际情况，及时调整研究方法和思路。四是加大调研力度，采取“点面结合”的调研模式，组织有关人员，采取东、中、西部典型地区、典型实体、典型项目抽样调查方式，对采购规模、采购项目具有代表性的部属单位，北京、江苏、河南、内蒙古等地方交通运输管理部门，以及大中型交通企业等 30 多个单位和部门进行实地调研，深入调查并掌握有关单位的具体情况，为开展研究工作提供基础资料。五是研究工作取得阶段性成果，形成《我国加入 GPA 对交通行业的影响及对策研究（2009）》工程篇和服务篇两份研究报告。对 GPA 参加方交通建设管理体制、市场准入制度、国内扶植政策和技术壁垒情况、对中国交通运输行业政府采购市场的影响、中国交通运输行业政府采购现状及未来发展趋势等进行深入的研究，提出中国交通运输行业修改出价的思路及出价方案。研究成果直接支持中国 GPA 谈判及 2010 年修改出价清单工作。

（交通运输部财务司供稿，程莹执笔）

水 利 部

【概述】2009 年，水利部政府采购工作紧紧围绕水利中心工作，扩大政府采购规模，规范部门集中采购行为，加强业务人员培训，提高信息化管理水平，逐步推进政府采购科学化、精细化的管理目标。

【扩大政府采购规模和范围】2009 年，水利部政府采购范围不断扩大，范围不断深入。全年采购预算 19.88 亿元，实际政府采购规模 18.70 亿元，货物、工程和服务类的采购金额分别为 3.70 亿元、12.61 亿元、2.39 亿元，节约资金 1.18 亿元，节约率为 5.95%。2009 年，水利部主要从以下两个方面扩大政府采购规模和范围：一是落实财政部 2009 年政府采购工作要点，要求将使用以财政性资金作为还款来源的借（贷）款进行的采购纳入政府采购管理，做到法律规定范围内的政府采购项目应采尽采。二是加强工程项目的政府采购管理，政府采购工程项目除招标投标外均按《政府采购法》的规定执行。

【推进基础性工作】一是按时完成 2008 年度政府采购信息统计工作。及时转发财政部《关于做好 2008 年全国政府采购信息统计工作的通知》，统一撰写报表填报口径和报送要求，对 2008 年度报表统计工作进行布置，顺利完成信息统计工作。二是完成 2009 年度政府采购计划汇总和报送工作。在部门预算批复后，印发《关于报送 2009 年度政府采购实施计划的通知》，积极做好实施计划的催报工作。2009 年，汇总直属单位基本支出及项目支出政府采购实施计划。报送中，对 2009 年度政府采购实施计划实现按单位按预算按项目控制，提高计划对实施的指导性和控制力。三是做好政策的宣传工作。组织编写《政府采购法律法规文件汇编（1999～2009）》。将 1999～2009 年国务院、财政部等部门颁布的政府采购法律法规汇总整理成册，方便直属预算单位具体操作人员更好地了解、掌握和使用政府采购各项政策。

【规范部门集中采购】加强部门集中采购项目全过程管理。年初，在部门预算下达后，根据《中央预算单位 2009～2011 年政府集中采购目录及标准》和《水利部部门集中采购管理实施细则（试行）》要求，结合 2009 年水利部政府采购项目实际情况，在充分调研的基础上，公布《水利部 2009 年部门集中采购项目清单》，明确 2009 年度水利部部门集中采购项目范围和限额标准，制定部门集中采购项目组织实施基本程序。年中，规范部门集中采购行为，加强对采购过程监督，随时了解和掌握部门集中采购项目进展。年末，及时总结，召开部门集中采购工作座谈会，对以往年度执行的部门集中采购项目进行汇总、分析，并就执行过程的关键环节进行讨论。

【规范申报审批及备案事项】一是完成中国水利水电科学研究院、水利部水文局等直属预算单位 32 个政府采购项目中申请采购进口产品和变更政府采购方式的申报手续。二是协助直属单位完成在非定点会议场所召开会议、网上竞价等的申报审批工作，使直属单位能够就近、方便、快捷、高效地完成采购，提高采购效率和资金使用效益。三是完成直属单位内部宾馆、内部印刷厂、内部汽车维修厂的汇总报送工作。

【提高信息化管理水平】完成水利部政府采购信息管理系统的升级和试运行。在广泛征询直属单位意见的基础上，制定升级方案，并经过多次的调试，最终通过验收。升级后的系统实现全过程通过网络进行政府采购管理；通过导入和手动录入原始数据完成信息统计，生成政府采购活动绩效评价体系，自动生成具体指标及参数；实现政府采购改变采购方式和申报进口产品的电子化审批，加快审批速度，提高审批效率。

【加强对政府采购人员培训】一是以提高水利部直属单位政府采购管理信息化水平为着力点，举办两期水利部政府采购管理信息系统培训班，来自基层预算单位共 250 余人次参加此次培训。对 2009 ~ 2010 年政府集中采购目录及执行和水利部政府采购管理信息系统等相关事项进行布置和解答。二是为加强政府采购相关政策的宣传贯彻，举办两期政府采购制度法规培训班，来自各直属单位的政府采购业务负责人共计 160 余人参加培训。

【扩大政府采购宣传力度】充分利用各种媒体开展对政府采购法规和政策以及水利部政府采购工作的宣传，如中国财经报、政府采购信息报、中国水利报、中国水利杂志等媒体分别对水利部政府采购基础性工作、政府采购工作开展成效、培训工作以及建设水利部政府采购管理信息平台进行专题报道，为水利部政府采购工作的顺利开展创造良好的舆论氛围，进一步扩大政府采购宣传力度。

【开展政府采购课题研究】一是积极配合财政部开展电子化政府采购平台建设工作中采购人业务需求研究，形成采购人业务需求报告。以实现财政部加快推进全国电子化政府采购进程，提高政府采购精细化管理水平，建设一个以政府采购为依托的全国政府采购监督管理与交易的平台的目标。二是开展政府采购领域治理商业贿赂课题研究，当前政府采购领域商业贿赂成因、特点、存在的问题进行分析，提出解决问题对策。三是完成水文水保专用仪器设备部门集中采购课题，并将研究成果与工作实际结合，起草《水利部直属预算单位水文水资源保护专用仪器设备部门集中采购实施细则》。此外，开展水利部政府采购部与部门预算、国库集中支付制度衔接及政府采购评价指标体系课题研究。

商　务　部

【概述】2009 年，商务部政府采购工作总体情况较好，部机关、派驻地方各特派员办事处、所属事业单位及商学协会等社团组织全部纳入政府采购主体范围，各单位凡使用财政性资金实施的目录内及限额以上货物、工程和服务的采购行为，以及使用自筹资金配套实施的“拼盘”采购行为均按照政府采购的程序办理。

【政府采购执行情况】据统计，商务部政府采购预算 21603.60 万元（其中预算内资金 21572.13 万元，自筹资金 31.46 万元）。其中，货物类采购预算 1125.19 万元，工程类 300 万元，服务类 20178.41 万元。政府采购实际发生金额 20674.03 万元。其中，货物类采购 1071.29 万元，占采购总量的 5.18%；工程类 299.50 万元，占采购总量的 1.45%；服务类

19303.23 万元，占采购总量的 93.37%。政府采购节余资金 929.57 万元，资金节约率为 4.3%。其中，货物类采购节余 53.9 万元，节约率 4.79%；工程类节余 0.5 万元，节约率 0.17%；服务类节余 875.17 万元，节约率 4.34%。

【政府采购结构分析】 按照政府采购组织形式分，商务部政府采购以集中采购为主，采购金额 19898.92 万元，占采购总量的 96.25%；部门集中采购金额 464.02 万元，占采购总量的 2.24%；分散采购金额 311.09 万元，占采购总量的 1.51%。

按照政府采购方式分，2009 年度商务部以单一来源方式开展的采购较多，采购金额为 12695.84 万元，占采购总量的 61.41%；以公开招标方式开展采购的金额为 4096.54 万元，占采购总量的 19.81%；以询价方式开展采购的金额为 2074.56 万元，占采购总量的 10.03%；以邀请招标方式开展采购的金额为 1805.83 万元，占采购总量的 8.74%；以竞争性谈判方式开展采购的金额为 1.26 万元。

按照政府采购主体分，商务部政府采购以部机关采购为主，采购金额为 19790.52 万元，占采购总量的 95.73%；事业单位采购金额为 883.51 万元，占采购总量的 4.27%。

按照政府采购行业部门分，商务部行政政法部门采购较多，采购金额 20198.42 万元，占采购总量的 97.7%；其他部门采购金额 464.02 万元，占采购总量的 2.24%；经济建设部门采购金额 11.59 万元。

按照政府采购合同授予分，商务部政府采购均为国内采购。其中，京内采购金额 2883.51 万元，占采购总量的 13.95%；京外采购金额 17790.52 万元，占采购总量的 86.05%。

从政府采购重要品目看，商务部一般设备政府采购金额 835.23 万元（其中计算机 490.21 万元），占采购总量的 4.04%；交通工具采购金额 197.83 万元，占采购总量的 0.96%；其他工程类采购金额 299.50 万元，占采购总量的 1.45%；技术软件的开发设计采购 12854.84 万元，占采购总量的 62.18%；会议采购 1549.5 万元，占采购总量的 7.49%；培训采购 1270.27 万元，占采购总量的 6.14%；其他服务采购 3348.59 万元，占采购总量的 16.20%。商务部政府采购节能节水产品金额 105.14 万元，占同类产品的采购总金额的 62.05%。

【完善政府采购制度】 在《商务部关于进一步加强财务管理的通知》、《商务部办公厅关于进一步加强项目经费管理的通知》及《商务部办公厅关于印发〈商务部课题经费管理办法〉的通知》等部门内部财务管理文件中，均就进一步规范政府采购行为作出规定，要求各单位进一步增强依法实行政府采购的意识，严格履行政府采购程序，切实规范政府采购行为。部领导在听取相关项目实施方案的汇报时，反复强调要按规定严格履行政府采购程序。此外，商务部还着手研究拟订本部门政府采购管理办法及操作指南。

【严格执行定点采购管理】 要求各项目实施单位严格执行中央国家机关定点采购的有关规定，对未按规定实行定点采购的原则上不予报销。对需委托外单位开展的课题研究，不论课题费支出是否达到政府采购限额，均要求履行政府采购程序，通过邀请招标、询价等方式择优选定委托单位，并确定课题费金额。通过这些日常管理措施，非定点采购现象大幅减少，所有使用财政资金委托开展的课题项目均严格履行政府采购程序。此外，对部直属事业单位和社团组织承担相关财政资金资助项目的，一律以政府购买服务的方式进行，并按规定履行政府采购程序。

【探索部门集中采购】 根据商务部项目资金种类较多、金额较大的特点，为确保资金安全，对单项支出 50 万元以上的项目原则上先审计、后清算。为此，商务部探索开展审计费的部门集中采购，通过邀请招标方式，从国内行业排名靠前的会计师事务所中，选定 6 家实力和信誉良好、熟悉商务工作实际情况的会计师事务所，并与每家事务所分别商定其承担商务部审计业务的价格。商务部各项资金的审计、审核需聘请事务所的，均从中选定。通过探索开展审计费集中采购，审计质量有所提高，通过审计发现一些不规范的问题，相应审减支出金额，提高财政资金使用的安全和效益，同时审计费支出也明显节约。

【加强审计监督】 在对各专项资金、各所属事业单位和商协学会的内部审计和专项检查中，均将政府采购情况作为审计和检查的重要内容。对审计和检查中发现的不合规问题，要求相关单位及时纠正、限期整改。

（商务部财务司供稿，郭婷婷执笔）

中国人民银行

【概述】 2009 年中国人民银行根据《国务院办公厅关于印发中央预算单位 2009 ~ 2010 年政府采购集中采购目录及标准的通知》的要求，结合实际，制定《中国人民银行办公厅关于 2009 ~ 2010 年集中采购项目及限额标准的通知》，进一步扩大集中采购范围，集中采购效果显著，全年采购节约资金 5.34 亿元，比 2008 年增加 0.53 亿元，资金节约率为 11.1%，上升 0.8%，资金节约额和节约率自实施政府采购以来保持逐年上升趋势。

【完善集中采购制度，规范政府采购行为】 为进一步规范中国人民银行系统的集中采购行为，提高政府采购资金的使用效益，促进廉政建设，中国人民银行在 2004 年颁布实施的《中国人民银行集中采购管理试行办法》的基础上，根据近几年政府采购的发展变化，结合中国人民银行集中采购工作的实际情况，制定《中国人民银行集中采购管理办法》。该办法对中国人民银行集中采购所遵循的原则、组织管理、采购项目管理、采购方式管理、采购程序管理及内部控制与监督检查等作了规定，解决原办法操作执行中存在的管采分离难以落实，部门职责不明确的问题，从制度上规范中国人民银行政府采购行为。

【加强采购部门协调配合，稳步实施政府采购工作】 中国人民银行政府采购工作坚持以服务人民银行中心工作为重点，加强采购管理部门、集中采购中心、采购需求部门的沟通和配合。中国人民银行设立部门集中采购中心后，实现管采分离，采购工作由过去一个部门负责变为采购管理部门、业务需求部门、集中采购中心多个部门共同参与，各部门之间的沟通协调工作增加。我们在坚持依法合规采购的前提下，注重发挥采购管理部门的协调作用，加强各部门的配合。一是集中采购中心及时了解业务部门的采购需求，按照中国人民银行业务建设的需要，合理制订招标文件和评审标准，确保采购到的货物、工程、服务符合业务部门的需求；二是业务部门、集中采购中心加强对采购产品市场的调研，及时了解市场产品变化趋势，扩大产品采购范围，促进供应商之间的有效竞争，降低采购价格；三是采购管理部门、集中采购中心进一步完善采购程序，提高采购效率，节约采购时间。2009 年，在各部门的努力下，圆满地完成全年的采购任务，保障各项业务的顺利实施。

【强化政府采购监督管理，防范政府采购风险】2009 年，中国人民银行以全国政府采购执行情况专项检查为契机，大力推进政府采购领域规范化和反腐倡廉建设。针对政府采购操作执行中容易发生问题的五个环节，制订内部控制制度，建立制约监督机制。一是在采购方式确定环节，明确规定由采购管理部门审核采购需求，确定采购方式，采购中心按照既定的采购方式组织采购，加强管理部门对采购中心的制约。二是在开标环节，在投标供应商外部监督的基础上增加纪委现场监督，保证开标过程的公开公正。三是在定标环节，由纪委、内审、采购管理部门三家联合对采购中心的定标工作进行现场监督和确认。四是在合同签订环节，增加法律部门对采购合同的审核环节，有效防范采购合同执行过程中出现的法律纠纷，保障采购各方的合法权益。五是加强对政府采购执行工作的后续检查。2009 年，中国人民银行内审、纪检、巡查等监督部门多次对政府采购执行法律法规制度情况、政府采购效益情况等进行检查，进一步促进政府采购工作规范化。

【落实政府采购政策要求，服务社会发展大局】中国人民银行认真落实节能产品、环境标志产品、进口产品等政府采购政策。一是进一步加大强制和优先采购节能产品和环保产品的力度，在同等条件下优先采购节能环保产品，不断提高节能环保产品采购比重，节能、环保意识不断增强，全年采购节能节水产品 2.27 亿元，占同类产品的 86.99%，比 2008 年上升 5.2%。政府采购环境标志产品 3.21 亿元，比 2008 年增加 0.69 亿元，占同类产品采购额的 88.22%，比 2008 年上升 15.4%。二是控制进口产品采购范围。除中国人民银行业务特殊需要的、国内供应商无法满足的项目以及为保持信息化建设大型项目的配套性和兼容性的设备或软件，其他采购项目全部采用国产产品。进口产品的采购严格控制在财政部核定的中国人民银行年度进口产品采购范围内。

【拓展政府采购方式，提高政府采购效率】为进一步提高采购效率、节约采购资金，中国人民银行集中采购中心利用电子化采购平台积极推行协议供货、批量采购、网上竞价等。一是将金库门等设施纳入总行协议供货范围内，由总行统一招标，分支机构根据实际情况，直接从供应商处选购。协议供货的推行，简化分支机构的采购程序，规范采购行为。二是将护卫车、运钞车等集中采购项目由总行统一批量采购，以采购数量来获取采购价格的优惠，节约采购资金。三是将市场竞争较充分的电子设备类产品实行网上竞价，提高采购效率，节省采购时间。

【筹备成立金融采购专业委员会】为促进金融机构采购部门之间开展“工作经验交流、业务信息共享、理论学术研讨、采购业务协作”，由中国人民银行集中采购中心牵头发起，成立中国金融学会金融采购专业委员会。金融采购专业委员会作为国内金融采购领域唯一的、行业性的专业研究与工作协调机构，有助于提高金融机构采购的质量和效率；有助于不断提升采购人员的专业素质和能力；有助于更好地凝聚行业力量，发挥集中采购对金融业务的保障作用，对人民银行集中采购工作将起到积极的促进作用。

（中国人民银行供稿，王俊山执笔）

海 关 总 署

【概述】 2009 年，海关系统认真贯彻落实《政府采购法》和《中央预算单位 2009～2010 年政府集中采购目录及标准》，继续深入推进政府采购制度改革，系统内各部门、各单位依法采购意识进一步增强，采购行为更加规范，政府采购在降低行政成本、提高资金使用效益、促进反腐倡廉建设方面取得明显成效。

【坚持应采尽采原则】 按规定将集中采购目录以内的项目，以及集中采购目录以外、分散采购限额标准以上的项目，全部纳入政府采购范围，编制政府采购预算和计划，依法实施政府采购，做到应采尽采。2009 年海关系统政府采购总规模达到 190916.86 万元，其中货物类 102379 万元，占 53.62%；工程类 42130.07 万元，占 22.07%；服务类 46407.79 万元，占 24.31%。货物、工程、服务类采购金额比例为大至为 2∶1∶1。通过实施政府采购共计节约采购资金 11311.54 万元，节约率达 5.59%，有效降低采购成本，实现良好的经济效益。

【强化集中采购意识】 严格执行集中采购制度，对纳入政府集中采购目录的项目，除部分项目由海关总署物资装备采购中心实行统购外，均按中央国家机关政府采购中心协议供货、定点采购有关规定执行。2009 年，海关系统实施政府集中采购金额 53715.91 万元，占采购总金额的 28.13%。对于海关专用物资设备和信息系统开发、维护项目，由海关总署物资装备采购中心统一组织实施部门集中采购，通过公开招标确定供应商，与供应商签订采购合同并结算货款，直接向各海关单位供货。通过实施集中采购，统筹安排采购任务发挥规模优势，提高政府采购的集约化水平。2009 年，海关系统实施部门集中采购金额 60493.38 万元，占采购总金额的 31.69%。

【强化公开招标主导地位】 深入贯彻《政府采购法》关于公开招标为政府采购主要方式的立法精神，对于达到公开招标数额标准的项目，严格按规定实施公开招标采购，因只有唯一供应商、发生紧急情况、公开招标失败等特殊情况需采用其他方式采购的，严格按照《中央单位变更政府采购方式审批管理暂行办法》有关规定报经财政部批准后实施；对于公开招标数额标准以下的项目，也倡导优先选择公开招标方式采购。通过强化公开招标在政府采购中的主导地位，使海关政府采购工作更加公开、透明，并最大限度地利用市场竞争机制降低采购成本。2009 年，海关系统通过公开招标方式采购金额 101341.84 万元，占采购总金额的 53.08%，较上年增长 22.38%。

【落实政府采购政策功能】 深入贯彻《政府采购法》关于"政府采购应当有助于实现国家的经济和社会发展政策目标"的精神，积极支持响应并严格执行国家有关保护环境、保护国货的政府采购政策规定，取得良好的经济和社会效益。认真落实政府采购节能、环保产品的强制采购和优先采购制度，2009 年海关系统节能节水产品采购比重达 96.15%，环保产品采购比重达 91.11%；严格控制进口产品采购，认真执行《政府采购进口产品管理办法》，要求所有可能涉及进口产品的政府采购项目，必须在实施前组织专家论证，确需采购进口产品的，按规定程序报财政部审核同意后方可实施；还积极协助财政部制定《政府采购本国产品管理办法》，就本国产品的认定标准提供海关专业意见。

【加强对政府采购工作的监督】 海关系统高度重视对政府采购活动的监督管理，采取措施不断规范采购行为，防治商业贿赂和不正当竞争，努力创建公开、公平、公正的竞争平台，打造海关政府采购的阳光工程。财务部门将政府采购作为年度财务检查重点内容，监察、督审部门将政府采购纳入日常监督范围，监察部门参与对招标采购项目的现场监督，督审部门对重大采购项目进行审计监督；要求重大采购项目的采购合同必须经法规部门或法律中介机构审核，未经审核的采购项目一律不得实施。海关总署物资装备采购中心专门制定并严格执行《采购中心采购人员守则》、《采购中心政府采购项目文本复审制度》、《采购中心政府采购监督员制度》、《采购中心委托招标公司管理办法》和《采购中心实施党风廉政建设责任制措施》等制度，加强对采购人员的教育和管理，积极防范政府采购领域的廉政风险。

（海关总署财务司供稿，吴培阳执笔）

国家税务总局

【概述】 2009 年，全国国税系统共实现政府采购预算金额 70.79 亿元，采购合同金额 57.42 亿元，节约资金 13.38 亿元，节约率 18.9%，资金使用效益进一步提高。其中采取公开招标、邀请招标、竞争性谈判等竞争性采购方式采购金额 43.21 亿元，占采购总金额的 75% 以上，公平竞争原则得到较好体现。国家税务总局集中采购中心先后完成总局过渡机房建设、各类应用软件开发和信息化建设各种硬件设备采购以及办公用品协议供货、车辆购置税完税凭证印制等 78 个采购项目，预算总金额 9.94 亿元。其中：公开招标等竞争性项目 23 个，预算金额 1.97 亿元，合同金额 1.41 亿元，节约资金 5606.9 万元，节约率 28.4%；单一来源采购项目 49 个，预算合计 6.03 亿元，合同金额 5.87 亿元，节约资金 1536 万元，节约率 2.5%；协议供货招标项目 4 个（传真机协议供货、复印机协议供货、空调机协议供货、投影仪协议供货）预算金额 1.81 亿元；招单价项目 2 个（车辆购置税完税证明印制、2009 年设有固定装置的车辆免税图册印制），预算合计 1300 万元。共办理国税系统集中采购项目授权审批 112 项，审批授权采购金额 3.11 亿元；办理国家税务总局机关集中采购项目授权审批 176 项，审批授权项目金额 4626.09 万元。办理合同执行中的付款项目 144 项，付款金额 7.76 亿元；办理投标、履约保证金收退往来账款 387 笔，金额 5960.7 万元，政府采购服务税收中心的职能得到有效发挥。

【执行政府集中采购目录】 积极贯彻落实国务院关于中央预算单位 2009 ~ 2010 年政府集中采购目录及标准的规定和精神，加大政府集中采购目录的执行力度，提出并印发贯彻落实意见，明确各级国家税务局和总局机关各部门执行 2009 ~ 2010 年政府集中采购目录及标准的职责权限；下发《国家税务总局办公厅关于转发〈关于2009～2010年度中央国家机关电梯定点采购的通知〉》等文件，对国家税务总局机关定点采购电梯、工程监理、办公家具、限额内工程项目以及协议供货采购2009年计算机等产品进行明确，集中采购目录和限额标准的执行进一步规范。

【严格执行规范化管理】结合工作实际，调整充实政府采购领导小组和工作组成员单位，成立金税三期采购工作组，参与制定《金税三期工程管理办法》和《金税三期工程监督管理办法》。制定印发《国家税务总局机关政府采购各部门（机构）职责和工作规程的补充规定》，明确部门职责，规范工作流程，进一步完善政府采购项目专家论证、评标定标以及合同变更等环节的管理。

严格报批报备制度的执行。2009年，总局集中采购中心共计向财政部报批报备13项（件），其中报请审批单一来源采购方式5项（件）；报备专家库评审专家使用情况1项（件）；报备采购项目执行情况1项（件），涉及26个采购项目，采购金额5.76亿元；报请审批采购进口产品6项（件）。向中央国家机关政府采购中心报备项目采购实施方式1项，先后为河北等10省市国税局采购进口设备组织专家论证，逐步形成依法管理、规范管理的工作局面。

【认真开展专项检查"回头看"】印发《关于开展政府采购执行情况专项检查回头看的通知》，对政府采购执行情况专项检查"回头看"工作进行安排部署，主要查看专项检查整改阶段制定的整改措施落实情况。各省国税局根据实际情况，在自查的基础上，选择不少于10%的所属单位进行集中抽查，充分查找政府采购工作中违反采购程序和政策规定的突出问题。在查找问题、做好整改的基础上，各级国税机关认真总结，对政府采购工作先进单位进行表彰和宣传，进一步巩固和扩大"回头看"成效，把开展"回头看"工作与加强政府采购日常工作管理相结合，通过"回头看"活动，促进政府采购相关政策和法规的贯彻落实，规范采购行为，提高政府采购工作的质量和效率。

【切实落实政府采购政策】国税系统各级采购部门注重研究、发挥政府采购政策功能，认真执行强制、优先采购节能、环保产品有关规定，在政府采购公开招标中，设定有关政策因素的评分内容，对符合节能、环保、自主创新、安全认证的产品酌情予以加分。2009年，共采购节能、节水产品5.95亿元，占同类产品采购总额的85.66%；采购环保产品5.89亿元，占同类产品采购总额的93.37%，积极发挥政府采购贯彻国家节能环保和自主创新政策的作用。

【加强政府采购宣传培训】《中国税务报》政府采购专版全年共出刊23期，发布各类新闻和采购信息共220条，其中：政府采购专论文章11篇，新闻稿件100篇，政策法规6篇，工作经验交流15篇，采购信息32条，新闻图片56幅。国税系统政府采购业务培训逐步深化，不断拓展培训广度，先后举办2期协议供货软件推广应用专项培训、1期处级干部业务培训，总计约300人次；总局和部分省（市）国税局采购人员参加招标师培训，并通过招标师资格考试，理论水平和业务能力进一步提高。

【加强政府采购队伍建设】2009年，各级国税机关采取有效措施，健全政府采购组织体系，在国税系统机构改革中，北京、天津、河北、湖南、湖北、西藏六个省（市、区）和扬州税务进修学院成立独立的集中采购中心，其他省、自治区、直辖市政府采购职能并入财务部门，由1名处级干部负责分管，为做好政府采购工作提供组织保障。按照《国家税务总局机关作风整顿工作方案》的要求，总局集中采购中心认真开展机关作风整顿，结合中心采购工作和干部思想实际，重点围绕工作作风、工作纪律、工作效率、廉政建设等主要内容，认真查找中心、处室和个人三个层面存在的主要问题，深刻剖析形成问题的主客观原因，积极研究整改措施并抓好落实。健全内控机制，加强廉政建设，查找集中采购中心在政府采购工作中的廉政风险点，进一步完善岗位责任体系、工作流程和国家税务总局政府采购各部门职责规程以及中心内部各项管理制度，建立科学的政府采购运行体系和完善的内控机制，为研究和构建国税系统政府采购反腐倡廉长效机制奠定重要基础。

（国家税务总局供稿，赵兴玉、王庆成、张峰执笔）

国 家 统 计 局

【概述】 2009 年，国家统计局政府采购工作在财政部和中央国家机关政府采购中心正确指导下，在国家统计局党组的正确领导下，紧紧围绕“理顺职能、建设制度、加强管理、扩大规模”中心工作，不断改进和完善统计系统政府采购工作，努力提高政府采购工作质量，进一步规范政府采购操作行为。2009 年统计系统完成政府采购资金总额 6.20 亿元，节约资金 1.62%。

按资金来源划分，预算内资金采购 6.10 亿元，占采购资金总额的 98.4%；自筹资金采购 0.10 亿元，占采购资金总额的 1.6%。

按项目类别划分，货物类采购 4.50 亿元，占采购资金总额的 72.6%；工程类采购 0.44 亿元，占采购资金总额的 7.1%；服务类采购 1.26 亿元，占采购资金总额的 20.3%。

按组织形式划分，集中采购 5.93 亿元，占采购资金总额的 95.7%；分散采购 0.27 亿元，占采购资金总额的 4.3%。

按采购方式划分，公开招标采购 5.00 亿元，占采购资金总额的 80.6%；邀请招标采购 0.06 亿元，占采购资金总额的 1.0%；竞争性谈判采购 0.02 亿元，占采购资金总额的 0.3%；询价采购 0.98 亿元，占采购资金总额的 15.8%；单一来源采购 0.14 亿元，占采购资金总额的 2.3%。

【实行管采分离，理顺采购职能】 2009 年，按照财政部“管采分离”的要求，国家统计局本级将政府采购所涉及的职能部门重新分工。确定财务司为统计系统政府采购管理部门，负责政府采购监督、政策制订、业务指导、汇总报送统计报表、业务培训等，并负责与财政部有关部门联系。确定办公室为国家统计局本级政府采购的执行单位，制定本级政府采购实施细则和工作规范，编制本级政府采购预算和采购计划，组织完成国家统计局在京行政事业单位、社会团体、调查队系统（中央垂直管理单位）以及全国性普查、大型调查等统一安排的采购计划，并负责与中央国家机关政府采购中心联系。确定纪检监察部门和机关党委为国家统计局本级政府采购的监督单位，监督政府采购法律法规和制度执行情况，采购组织形式、采购方式和采购程序执行情况，对质疑和投诉事项进行答复和处理，采购成员在采购活动中的廉洁自律情况。在各项采购工作中，以办公室为采购牵头单位，由上述四个部门和采购需求单位的工作人员，通过公示，组成采购工作小组，完成各项采购任务。在重大采购项目中，国家统计局临时设立政府采购领导小组，由主管局长、上述四个部门主管领导、采购需求单位主管领导组成，指导采购工作小组完成采购任务。

【明确分工，建设制度】 2009 年，国家统计局本级按照“管采分离”的原则重新确定职能分工后，各级统计部门纷纷制定政府采购管理办法，加强制度建设。国家统计局财务司制定并印发《国家统计局政府采购管理实施办法》，将本级各采购职能单位的职责明确在实施办法中，并且明确各调查总队（省级）政府采购管理单位和执行单位的职责。国家统计局办公室根据《国家统计局政府采购管理实施办法》，制定并印发《国家统计局政府采购实施细则（试行）》，进一步明确国家统计局本级政府采购工作规程；印发《2009 年下半年至 2010 年上半年国家统计局政府采购实施方式》，按照商品类别规定政府采购的具体实施方式。各调查总队依据《国家统计局政府采购管理实施办法》，划分职责，明确分工，分别制定本单位政府采购管理实施办法。

【加强政府采购管理】 为加强统计系统各级政府采购工作人员的管理，提高政府采购人员政策执行能力和实际操作能力，及时掌握政府采购新政策和新规定，国家统计局采取多种措施加强管理。第一，及时转发财政部和中央国家机关政府采购中心政府采购文件通知，并对文件中较难理解的部分加以指导说明，帮助基层政府采购工作人员尽快掌握文件精神，顺利完成相关工作。第二，2009 年，国家统计局在本系统内部信息网上创建政府采购专栏，上载自 2008 年年底以来财政部和中央国家机关政府采购中心的有关管理办法及文件通知，以及本系统政府采购管理实施办法等，对基层政府采购工作起到良好的指导作用。第三，积极组织基层采购人员，参加中央国家机关政府采购中心组织的政府采购业务培训。

【规范采购行为、扩大采购规模】 2009 年，统计部门政府采购规模在 2008 年的基础上进一步扩大，采购预算从 2008 年的 2.93 亿元提高到 2009 年的 6.30 亿元，采购金额从 2008 年度的 2.84 亿元提高到 2009 年度的 6.20 亿元。在规范采购行为方面，国家统计局主要采取以下措施。第一，国家统计局重大采购项目均委托中央国家机关政府采购中心进行公开招标采购，这样做不仅在采购方式和采购程序方面得到规范，同时也取得较好的经济效益，使采购资金得到充分利用。第二，国家统计局要求中央垂直管理的调查队系统，必须执行中央国家机关政府采购中心的采购结果，在中央政府采购网上做到应采尽采。

2009 年国家统计局政府采购规模扩大的原因，除采取上述两个方面的措施外，另一个主要原因是，2009 年是全国第二次经济普查数据处理设备采购项目延续的一年，大部分政府采购合同是在 2009 年年初签订的，此项目共签订采购合同 33 个，采购金额达 2.94 亿元，其中主要设备采购是以公开招标方式进行采购的，占此项目资金总额的 72.1%。若排除全国第二次经济普查数据处理设备采购项目因素，2009 年采购规模比上年同期增长 14.8%。

中 国 气 象 局

【概述】2009 年气象部门实际采购金额共计 204588.22 万元，其中财政直接支付金额为 41356.96 万元，占实际采购金额的 20.21%。总采购额中，预算内资金 192231.72 万元、预算外资金 116.40 万元、自筹资金 12240.10 万元，分别占实际采购金额的 93.96%、0.06%、5.98%。共计节约资金 11529.17 万元，节约率为 5.33%。

采购组织形式：政府集中采购 57964.13 万元、部门集中采购 59778.11 万元、分散采购 86845.97 万元，分别占总采购额的 28.33%、29.22%、42.45%。

采购方式：采购方式主要为公开招标，采购额为 145186.88 万元，占总采购额的 70.97%，其后按照采购金额大小依次为单一来源 32014.35 万元（15.65%）、询价 12731.47 万元（6.22%）、邀请招标 8264.57 万元（4.04%）、竞争性谈判 6390.95 万元（3.12%）。

采购合同授予情况：政府采购合同授予国内厂商 195696.22 万元，占采购总额的 95.65%；授予国外厂商 8891.99 万元，占采购总额的 4.35%。

政府采购品目：政府采购货物类 137691.52 万元，占采购总额的 67.30%；工程类 52485.07 万元，占采购总额的 25.65%；服务类 14411.63 万元，占采购总额的 7.05%。

节能节水产品：政府采购节能节水产品的采购金额为 14643.86 万元，同类产品采购总金额为 22543.38 万元，所占比重为 65%。

环保产品：政府采购环保产品的采购金额为 11137.77 万元，同类产品采购总金额为 15915.96 万元，所占比重为 70%。

【强化政府采购管理】根据国务院《关于进一步加强政府采购管理工作的意见》（国办发［2009］35 号）精神，结合气象部门实际，制定六项具体措施：一是要求各单位认真组织学习《国务院办公厅关于进一步加强政府采购管理工作的意见》。全面把握新时期、新形势下完善政府采购制度的新要求，进一步提高对深化政府采购制度改革重要性的认识，推进气象部门政府采购工作健康发展。二是发挥政府采购的统筹集约作用。将政府采购项目全部编入部门预算，发挥政府采购预算的事前控制作用。同时，将政府采购管理、资产管理、预算管理形成一个有机整体，为推进统筹集约、优化资产配置奠定基础。三是落实政府采购各项政策功能。在政府采购中认真落实节能环保、自主创新和严格审核进口产品的采购等政策，加大强制采购节能产品和优先购买环保产品的力度，全力支持国家扩大内需、调整经济结构等政策实施，促进重要气象仪器、装备的国产化进程。四是扩大政府采购范围，除了将中央财政资金及其与之配套的其他资金纳入政府采购管理范围外，还要将自有资金的采购纳入政府采购管理，做到应采尽采。五是完善政府采购监管、运行机制和程序。坚持管采分离，结合监督管理部门和集中采购机构职能调整，明确责任和任务，完善机制。六是强化政府采购评审专家责任。根据《财政部监察部政府采购评审专家管理办法》，进一步强化气象部门政府采购评审专家责任，严禁评审专家违反政府采购制度规定、评审程序和评审标准，以及在评审工作中敷衍塞责或故意影响评标结果。

【贯彻落实政府采购政策功能】 从气象部门 2009 年政府采购执行情况来看，采购节能节水产品的比例为 65%，采购环保产品的比例为 70%，政府采购合同授予国内厂商的比例为 95.65%，各级气象部门在实施采购过程中，认真落实国家有关节能环保、自主创新产品的采购政策，并对需要采购进口产品的申请进行严格初审，按照相关程序报财政部审批，财政部批复前严禁各单位实施后续采购工作。政府采购的政策导向性逐步彰显，重视和发挥政府采购政策功能作用已在气象部门形成共识，各单位在采购行为方面积极地支持了国家“扩内需、保增长、调结构、惠民生”等政策的实施。

【完善制度建设，规范各预算单位采购行为】 为进一步完善部门内部监督管理机制，逐步规范采购行为，加强对非公开招标采购方式的监管，2009 年中国气象局结合部门实际情况，在充分征求相关单位意见的基础上，制定下发《气象部门非公开招标方式采购管理暂行办法》。该办法对邀请招标、竞争性谈判、询价和单一来源等非公开采购方式的审核程序、采购程序以及采购文件作出明确要求和规定，该办法对加强气象部门非公开招标采购方式的管理，规范采购程序，强化审核与监督措施，突出政府采购信息公开、公平竞争、政策引导的特点，进一步规范各预算单位的采购行为起到积极的作用。

【加强政府采购执行情况检查工作】 2009 年中国气象局结合四部委联合部署的党政机关和事业单位“小金库”专项治理工作，由计财司、驻局纪检组及财务核算中心组成联合检查组，对相关省份的政府采购执行情况进行重点抽查。并要求出现采购程序不规范、政府采购资料保管不全等问题的单位及时整改。此次检查对规范预算单位政府采购操作执行，提高政府采购管理工作水平，完善内部监督制约机制和依法操作、依法采购的长效管理机制十分有益。

【充实政府采购专家库，科学划分气象类评审专业】 2009 年气象部门共推荐 83 位专家，进入财政部政府采购专家库，涉及 21 个评标专业，进一步充实财政部政府专家库。同时结合气象部门实际工作情况，在充分征求相关业务单位意见的基础上，对气象类评审专业进行重新划分，划分后的专业分为：无线电探测设备及软件、雷电探测及防护设备、地面气象探测设备、大气化学观测分析设备、卫星遥感设备及软件、人工影响天气作业设备等，使气象类评审专家在政府采购评审分类中更加科学、合理，便于评标专家的抽取和管理。

（中国气象局供稿，张琛执笔）

中央国家机关政府采购中心

【概述】 2009 年，中央国家机关各部门、各单位与采购中心团结协作，认真做好政府集中采购的组织实施工作，集中采购工作取得新的进展。中央国家机关政府采购中心（以下简称“采购中心”）全年完成采购金额 147.42 亿元，比 2008 年增加 18.03 亿元，节约资金 19.53 亿元，资金平均节约率 11.70%。全年完成各单位委托的采购项目 374 个，协议供货和定点采购 24.57 万次，网上竞价 7675 次。2009 年中央国家机关政府集中采购显示出以下特点：

【压缩行政开支】 从 2009 年的采购数据看，全年汽车协议供货数量 2952 辆，同比下降 34%，采购金额 6.73 亿元，同比下降 35%，其中越野车的采购数量下降近 50%；各单位共召开会议 16248 次，同比上升 3%，但是会议定点的采购金额出现小幅下降，全年会议服务采购金额 5.32 亿元，较上年下降 2%。这表明各单位认真贯彻落实中共中央办公厅、国务院办公厅《关于党政机关厉行节约若干问题的通知》（中办发［2009］11 号）文件精神，严格控制车辆购置、会议支出，在压缩行政开支方面取得明显成效。

【增强集中采购意识】 2009 年，各单位对政府集中采购工作的重视程度进一步提高，具体表现在：一是各单位委托采购中心的项目数量大幅增长。2009 年采购中心共完成各部门委托项目 374 个，较 2008 年（258 个）增加 116 个，增幅 44.96%。二是集中采购目录外项目增加较多，已占总规模的 30% 以上。许多单位将目录外项目委托中心招标，更多的小额项目则通过中心的网上竞价采购。目录外项目难度一般要大一些。采购中心积极探索、精心操作，圆满完成一批很有意义的目录外采购项目，如中国红十字总会救灾物资采购、中国科协科普大篷车及展品采购、国家工商总局执法专用证件采购等项目。三是各单位不断完善政府采购内部管理制度。如国务院办公厅专门制定《国办机关政府采购管理暂行办法》和《国务院办公厅机关政府采购监督检查暂行办法》，国家知识产权局制定政府采购内部评审制度，建立评审专家库，对于协议供货与定点采购范围内的项目进行再评审，以获取更好的价格与服务。四是加强对部属二级及以下预算单位的政府集中采购管理。如工业与信息化部不断加强对部属高校政府集中采购工作的指导，积极探讨通过网上竞价等方式推动二级以下预算单位政府采购工作的开展，在部属院校中起到良好的带头示范作用。

2009 年共有十个部门政府集中采购规模超过 3 亿元。分别是公安部（20.08 亿元）、国管局（14.71 亿元）、中科院（8.89 亿元）、知识产权局（8.86 亿元）、气象局（5.56 亿元）、质检总局（4.50 亿元）、国务院办公厅（4.27 亿元）、教育部（3.94 亿元）、卫生部（3.64 亿元）、农业部（3.25 亿元）。

【改善协议供货、定点采购】 协议供货与定点采购仍然是政府集中采购实现的主要方式。2009 年，协议供货与定点采购合计采购总额为 79.08 亿元，占中心总采购规模的一半以上，采购次数超过 24.5 万次。针对少部分产品价格偏高、个别供应商履约服务差的问题，采取完善协议供货入围产品的竞价机制、实施价格监测周报制度、强化供应商履约监督管理等措施，使协议供货、定点采购在价格、服务方面得到一定程度的改善。从总体看，2009 年协议供货、定点采购的价格和服务情况良好。

【提高工作效率】 为加强制度建设，提高采购效率，采取多种措施：一是调整有关工作流程。建立政府采购文件集体讨论制度、政府采购文件复核制度、政府采购项目分级审核制度、政府采购项目市场调查和项目论证制度，使政府采购流程进一步优化。二是制定《采购项目登记办法》，明确由专门处室统一负责采购项目受理登记，并将项目进展情况在全中心公开。三是不定期召开案例分析会，对创新项目、问题项目、废标项目进行分析交流，形成案例分析报告 25 份。2009 年单个采购项目平均执行周期为 52 天，比 2008 年减少 9 天；

工程类项目采购周期比 2008 年减少 16 天。

【梳理采购流程，加强制度化建设】规范管理，制度先行，在认真梳理中心的采购操作流程基础上，制定《关于优化中心有关工作流程的通知》、《关于调整协议供货与定点采购有关工作流程的通知》与《采购项目登记办法》等多个制度办法，为规范操作、提高采购效率打下坚实的基础。

【加强招评标管理】一是加强采购项目风险管理。在项目组织过程中进行风险评估，对不同采购项目采取区别对待的方式强化管理。二是进一步完善评审管理。依据项目分类与采购人的不同需求，在评审细则中作出适当调整。创新评审方式。在家具评审中采用视频评审手段；合理设计价格分值。在空调协议供货采购中，将以往用所有投标机型的平均价格计算价格分的办法改变为分档计算价格分；在家具和印刷采购工作中，通过设定偏离率，采用"临界点法"计算价格分值。三是在 2009 年家具定点采购评审中，邀请京外专家参与评审，消除地方性保护的可能，有效避免专家评审的倾向性等问题。

【探索完善质疑处理程序】明确质疑的举证责任、质疑证据采信、改变评审结果的程序、复核专家组成及人数比例等问题，同时，学习借鉴司法领域的一些做法，在质疑程序中试行质证，让当事人面对面阐述自己的主张，由专家作出结论，使质疑程序更加公开透明。

【完善协议供货采购】一是完善协议供货入围产品的竞价机制。进一步扩大实行竞价的品目范围，将塔式服务器、激光打印机和喷墨打印机等产品列入竞价范围；通过设置拦标价、针对不同的产品特性设置不同的评审办法等措施，改进协议供货入围产品竞价机制。二是实施价格监测周报制度。与中关村价格指数网价格进行对比，对市场价格低于协议供货价格的产品，要求协议供货供应商限期降价，进一步完善协议供货价格与市场价格的联动机制，保证协议供货产品的价格优势。

【完善定点采购】一是加大对采购数据的定期分析汇总以及对供应商履约情况的实地考察，对存在的问题及时进行通报，取消个别弄虚作假、严重违约的供应商的定点资格。二是加强汽车定点采购的价格监控，针对下半年汽车市场价格变动频繁的情况，严格要求厂商迅速调整产品价格，尽量保持协议供货的价格优势。三是加强对电梯定点成交项目的价格监管。四是将政府采购的方法成功地移植到工程招标领域，顺利组织实施小额工程项目定点招标，收到明显的效果。

【完善网上竞价采购】针对网上竞价采购方式出现的市场诚信度有限、后期管理难度大的情况，进一步完善网上竞价的制度规定和操作办法，制定《网上竞价内部操作流程》和《网上竞价操作规程》，加强网上竞价采购的规范化运作，加大对供应商的监督管理和对违约供应商的惩处力度，确保网上竞价成为采购人因特殊原因需采购协议供货范围外产品时便捷高效的"绿色通道"。2009 年网上竞价采购次数达到 7665 次，采购金额为 9.34 亿元。

【严格落实国家信息安全政策】一是鼓励优先采购本国信息技术产品、经测评合格的产品，在评分标准中对这些产品进行加分。二是严格网络安全产品准入资格，对于网络安全产品招标项目，明确规定只接受本国产品投标。三是扶持国内涉密技术和产品发展，在协议供货目录中增加了涉密产品项。四是推动签订《政府采购信息安全保密协议》，对供货产品生产厂商是国外企业的，该企业必须签订规定格式的《政府采购信息安全协议》，且由中国第三方代理商负责供货并提供相关服务。

【注重落实节能环保政策】积极推动电子废弃物回收处理试点工作。与局资产管理司研究确定中央单位废弃电子产品定点回收处理单位，对在京中央国家机关各级行政事业单位已失去使用价值的电子产品进行统一回收处理。在新一期各项目定点采购中，重点考查企业在环保节能等方面的情况。

【全面推进政府集中采购信息化建设】一是继续完善电子辅助招投标系统，对部分项目进行试点，积累实践经验。二是完善网上办公系统，实现采购项目的网上全流程监控，强化内部管理。三是加强系统安全管理，建立内部信息安全岗位责任制，保证中心各信息系统的安全。四是做好信息统计、服务热线、价格监测工作。2009 年度，价格监测、服务热线小组共提交年度和月度报告 26 余份，处理有关投诉 102 起，全年服务热线小组共接咨询电话 53000 多个。

【认真做好采购人业务培训工作】2009 年采购中心面向中央国家机关各级预算单位举办 5 期集中采购业务培训班和 1 期中央国家机关司局长研讨会，有近 90 个部门的 1500 余名同志参加。其中中级班以专题的方式展开，分别以家具采购、信息安全、节能为主题，受到参训人员的欢迎。

【积极开展调研走访】一是加强与有关管理部门的联系。建立与政府采购管理部门的联席会议制度，定期就采购工作中的重点难点问题与财政部进行沟通协商。进一步加强与北京市建设工程招标投标管理办公室、北京市规划委员会等工程建设主管单位的联系沟通，建立畅通的沟通渠道。二是加强与采购人的沟通。组织召开 3 期 2009 年中央国家机关政府集中采购工作座谈会，向采购人介绍政府集中采购工作的有关情况，广泛征求各部门对政府集中采购工作的意见和建议。组织召开 2009 年部分高校政府集中采购座谈会，更好地为中央部属高校服务。建立采购人走访联系制度，走访全部中央国家机关一级预算单位的采购管理部门。

【进一步加强宣传力度】通过报纸杂志、网络传媒等多种方式，对中央国家机关政府集中采购工作的突出成绩进行正面的宣传报道。切实做好“情况反映”、“工作动态”、“信息周报”等宣传工作。坚持重大活动、重要事项通过中央政府采购网“工作动态”栏目对外发布，不断扩大政府集中采购的社会影响力。

【切实提高采购队伍的整体素质】一是继续实行目标管理制度。在“目标管理”中融入了“全面质量管理”的理念，从廉政、管理、效益、效率、服务和工作六个方面提出具体的工作质量要求和目标。二是修订《中央国家机关政府采购中心保密工作规定》、《采购中心工作人员行为规范准则》等 8 个内部管理制度，加强制度建设，规范内部管理。三是加大内部交流轮岗，对 2 个处级干部和 4 个科级干部进行轮岗。四是继续落实各项监督制约措施，及时处理通过主任信箱、反商业贿赂举报邮箱（电话）等方式反映的问题。五是进一步加强保密、安全工作力度，切实提高全体人员的安全防范意识。

新疆生产建设兵团

【概述】2009 年，新疆生产建设兵团（以下简称新疆兵团）政府采购工作围绕《政府采购工作要点》和全国政府采购工作会议精神，加强政府采购制度建设、扩大政府采购范围和规模、推进政府采购政策功能发挥，加强规范化建设，采购程序更加规范、透明。

【加强政府采购制度建设】对办公自动化设备实行协议采购，对出差及会议用饭店、公务活动旅行社、办公耗材、车辆保险实行定点采购；为规范新疆兵团本级单一来源及分散采购行为，制订《关于加强兵团本级单一来源采购及分散采购管理的通知》。为规范大型机械设备、材料采购、产权交易、经济鉴证服务采购机制，农四师财务局下发《农四师大型机械设备、材料采购、产权交易、经济鉴证服务管理办法》；为规范行政事业单位生活用煤的统一采购行为，提高资金使用效率，杜绝采购过程中的腐败行为，制定并下发《关于农四师行政事业单位生活用煤实行定点采购的通知》。

【扩大政府采购规模】一是强化政府采购预算编制和执行，减少无预算采购行为的发生；二是根据《政府采购法》的有关规定，制定并印发《兵团级 2009 ~ 2010 年度集中采购目录及限额标准》，对纳入集中采购目录内的采购项目实行集中采购；三是拓宽政府采购范围，采购品目向多样化发展，将市政建设用路灯、垃圾转运装卸设备、消防工程、苗木、花卉、警用专用器材、印刷、劳务用工、中小学免费教科书、全民健身器材等项目纳入政府采购范围。

2009 年，新疆兵团政府采购预算 67760. 36 万元，实际采购金额 60940. 3 万元，节约资金 6820. 06 万元，节约率为 10. 06%，采购规模比上年同期增加 10. 55 %。

【进行规范化建设】一是对达到采购限额标准的采购项目，以公开招标为主，严格采购程序，从采购审批、发布公告、标书制作、专家抽取、评标、定标等环节堵塞漏洞，保证采购活动的公平性；二是对采购人为满足个人利益，提出倾向性的技术参数要求、甚至按某家供应商产品量身定做技术参数、以时间紧为由规避公开招标采购的行为予以制止，采取将技术参数在网上公示、征求供应商意见，针对供应商提出的意见和建议修改技术参数，对技术复杂的采购项目聘请专家对采购文件审核把关；三是对符合《政府采购法》规定、实行单一来源采购的项目，在网上公告信息，增加透明度。

【扶持本地中小企业发展】为促进本地中小企业发展，组织集中采购机构、新疆兵团公安局、检察院、法院、司法局、劳教局、监狱局等单位负责装备的人员，前往昌吉际华七五五五职业装有限公司参观考察，该企业是西北地区较大的职业装研发生产基地，是公安部入围生产职业装的一家企业，经实地考察，对企业的技术力量、生产设备等软硬件条件有了进一步了解，也是宣传、贯彻政府采购“扶持不发达地区和少数民族地区，促进中小企业发展”的一项举措。

【及时处理举报事项】对新疆兵团纪检监察部门转来的有关政府采购供应商两起举报材

料进行调查，将书面调查材料转有关部门处理，并针对出现的问题及时分析总结，对采购文件编制、采购人的采购行为、采购代理机构操作执行等环节不断规范、完善。

【加强政府采购宣传和培训】 6月15日举办政府采购工作培训班，参加人员有各师政府采购业务人员及集中采购机构代表、兵直单位相关工作人员，培训班上组织业务培训及经验交流，各师介绍近年来政府采购改革发展情况及工作中存在的问题，对拟出台的《兵团非招标采购方式》、《兵团供应商投诉处理办法》提出修改意见。

【完善政府采购监管】 一是集中采购机构加强内部监督，实行分工协作，制定《采购中心工作人员行为准则》、《工作职责》、《岗位职责》、《廉政守则》等制度。按照相互监督、相互制约、相互分离的原则，对采购职责进行分解，明确各个岗位的职责和权限。二是强化外部监督，积极发挥纪检、监察、审计、公证等部门的职能，形成综合监督和行业专业监督相结合的协作机制，部分师（市）邀请人大、政协等部门参加政府采购活动，开通举报电话，接受社会监督。三是对采购代理机构进行考核，新疆兵团财务局对集中采购机构和部分中介代理机构开展年度考核，采用自查和抽查的方式对执行政府采购法律、法规情况、采购范围、采购方式、程序情况等方面进行考核，对发现的问题限期整改并通报考核情况。

【严格执行集中采购】 新疆兵团各级集中采购机构均建立"管采分离"制度，各集中采购机构从完善和执行内部管理制度入手，对《兵团统一采购中心公开招标组织工作规范》、《兵团统一采购中心竞争性谈判流程》等规章制度进行修订完善，通过约束工作人员自身行为，加强规范化建设。对采购文件制作、审核；合同规范化格式；投标保证金、采购文件工本费收取标准等环节作相关规定，使采购执行各环节有章可循，内部管理制度更加完善。对每一采购项目完成后进行书面小结及内部交流，各流程操作人员签字确认，促使操作流程规范有序进行。对一些重大采购项目，协助采购人组织第三方参与的项目验收工作，对部分用户单位进行走访、听取意见，对涉及到的工作作风、服务态度、评审办法等作改进。2009年，新疆兵团集中采购金额52790.19万元，占实际采购金额的87%。

【发挥政府采购政策功能】 对第五期办公自动化设备实行协议采购，要求计算机、打印机、显示器、电视机、空调等产品必须为财政部公布的"节能清单"中且在有效期内的产品。对实行招标采购的项目，通过细化评标办法，对节能、环保产品给与积极支持，扩大节能环保产品在政府采购市场的份额。2009年，节能、节水产品采购金额2084.72万元，占同类产品采购金额的41.54%；环保产品采购金额2510.87万元，占同类产品采购金额的67.99%。

【加强廉政建设】 建立预防政府采购领域商业贿赂的长效机制，有效遏制商业贿赂行为，建立透明、公平的市场环境和及时纠错机制，针对政府采购领域商业贿赂的表现形式、产生环节和原因，从标书制作、信息公告、专家抽取、评审、合同履行等环节严格把关，逐步建立供应商、评审专家不良记录制度。

（新疆生产建设兵团财务局供稿，吴艳丽执笔）

四、2009年地方政府采购管理部门工作概况

北　京　市

【概述】2009年北京市完成政府采购预算205.17亿元，政府采购合同金额199.78亿元；节约资金5.39亿元，节约率2.63%；财政直接支付金额117.95亿元；公开招标金额191.76亿元，公开招标比例95.99%。

其中，市本级完成政府采购预算124.27亿元，政府采购合同金额124.17亿元；财政直接支付金额72.49亿元；公开招标金额123.67亿元，公开招标比例99.59%。区县完成政府采购预算80.9亿元，政府采购合同金额75.61亿元；节约资金5.29亿元，节约率6.54%；财政直接支付金额45.46亿元；公开招标金额68.09亿元，公开招标比例90.05%。

【发挥政府采购政策功能】按照国务院办公厅《关于建立政府强制采购节能产品制度的通知》、财政部和国家环保总局《关于环境标志产品政府采购实施的意见》及财政部和国家发展改革委《节能产品政府采购实施意见》，北京市认真落实政府采购优先采购节能产品和环境标志产品的制度：一是对空调机、双端荧光灯和自镇流荧光灯、电视机、电热水器、计算机、打印机、显示器、便器、水嘴等九大类节能产品实施政府强制采购，二是优先采购“节能产品政府采购清单”和“环境标志产品政府采购清单”中的产品。

【推进政府采购支持自主创新机制】大力推进政府采购自主创新产品的试点工作。其中，制定了政府采购自主创新产品政策，包括在中关村科技园区通过首购、订购、优先采购自主创新产品等措施，支持企业自主创新。一是积极创造条件，为政府采购支持自主创新试点工作提供政策依据。在《政府采购自主创新产品目录》未出台的情况下，为积极推动北京市政府采购支持自主创新的政策功能的发挥，经向财政部请示同意，暂将《北京市自主创新产品目录》作为政策执行的前提，在中关村科技园区进行试点，为北京市政府采购支持自主创新产品的政策实施提供有利条件。二是细化政策实施，出台《北京市自主创新产品政府首购和订购实施细则（试行）》。对政府首购和订购的定义、原则、具体实施方式、监督检查等内容进行了规定，并首先在中关村科技园区试行。其中：对于首购，明确采购人采购的产品属于首购产品类别的，采购人应采购《北京市自主创新产品目录》中列明的首购产品。三是规范操作流程，印发《关于我市实施促进自主创新政府采购政策有关问题的通知》。该通知对北京市政府采购支持自主创新的实施范围、操作方法、统计制度的建立等方面提出具体规定。对于中关村科技园区内的自主创新产品实行优先采购；对于政府首购，只要采购的产品在首购目录中具有唯一性，经核准后，采购人直接与首购产品供应商签订合同。

在各方配合、政策支持下，政府采购自主创新产品试点工作进展顺利，实现一大批示范作用明显、产业带动性强、与民生密切相关的重点项目与中关村自主创新产品的成功对接，全市累计已有256个项目应用中关村自主创新产品，总投资达到89亿元，其中采购中关村自主创新产品33.1亿元，取得较好的示范效果。

【深入研究政府采购活动的深层次问题】一是针对整个政府采购工作，从制度建设、采购流程、信息化建设、监督管理等多个方面开展广泛交流和讨论，旨在深入查找政府采购活动中不规范的行为及其产生原因。二是针对协议采购工作，从协议采购流程、价格管理、售后服务、供应商管理等多个方面进行走访和座谈，旨在深入发现协议采购中服务不完善、监管不到位的问题和原因。

从已完成的调研活动来看，北京市政府采购活动总体较好，各方当事人能够依法履行职责，保证政府采购活动的总体规范性，但在细节方面仍存在着不规范行为，主要原因包括制度不健全、个别采购人法律意识淡薄、个别采购代理机构行为不规范等问题。

【继续开展政府采购代理机构现场检查工作】2009 年 7 ~9 月，依据《北京市政府采购代理机构绩效检查现场检查细则》开展对北京市政府采购代理机构的现场考核工作，重点对政府采购涉及奥运会项目、政府办实事项目等进行考核。此次考核工作委托熟悉政府采购法律法规和相关程序的律师事务所，组成 3 个考核小组，具体承担现场考核工作，将 29 家单位作为被考核单位，对其代理的共计 117 个政府采购项目进行考核。

【初步建立电子招投标平台】一是对内部系统功能进行完善。内部系统功能包括政府采购的网上申报、网上委托、网上审批以及中标结果和合同的网上登记等功能。2009 年，对政府采购管理系统的运行情况进行跟踪，对遇到的问题及时解决修正。在政府采购业务管理中，已实现协议采购全程网上自动处理，项目采购申报、中标、合同登记全过程管理，采购申报审批在内部办公系统中无缝连接。二是研发建立电子招标平台，拟进入试用阶段。电子招标平台属于外部系统功能，是一个综合性“统一平台、分级管理”的信息服务链和业务处理系统，为采购各方当事人提供具体招投标活动的平台，同时又实现纪检监察等部门对招投标活动的有效监控。

【政府采购有效投诉率继续下降】一是投诉总量有所降低。2009 年共正式收受投诉案件 22 件，比 2008 年的 28 件降低 21%，是受理政府采购投诉以来收受数量首年下降。就受理案件来说，2009 年共受理投诉案件 16 件，比 2008 年的 17 件略有下降。二是有效投诉率降低。2009 年受理的案件中，有效投诉 5 件，驳回 6 件，撤诉 5 件，有效投诉率 31%，比 2008 年下降 10%。三是投诉处理的复杂性和艰巨性仍然较强。在有效投诉率下降的同时，政府采购投诉案件持续高压的趋势没有改变，供应商投诉仍是政府采购当事人维护自身权益的有效手段，同时也在规范和引导政府采购活动方面发挥重要作用。

【严格党政机关汽车配备与汽车租赁行为】按照中共北京市委办公厅《关于在全市党政机关深入开展汽车节油、节电和压缩公用经费支出工作的通知》（京办字［2008］10 号）精神，印发《关于党政机关公务用车编制、车辆使用标准管理等有关事项的通知》（京财采购［2009］847 号）。一是对党政机关公务用车编制管理、汽车配备使用标准和汽车购置管理等方面作明确规定，并对中央有关文件中关于一般公务用车的配备标准为排气量 2.0L 以下、价格 25 万元以下的规定进行细化，即：局级领导工作用车配备 2.0L（含 2.0L）以下、25 万元（含 25 万元）以下；处级单位公务用车配 2.0L（含 2.0L）以下、20 万元（含 20 万元）以下；科级单位公务用车配 1.8L（含 1.8L）以下、15 万元（含 15 万元）以下。二是为避免随意租赁车辆造成汽车实质性超编，建立严格的党政机关汽车租赁审核制度，对党政机关车辆租赁的条件、期限和申请程序进行规定。

（北京市政府采购办公室供稿，王瑾执笔）

天　津　市

【概述】 2009 年全市实施政府采购预算 130.3 亿元，完成实际采购支出 116.5 亿元，节约资金 13.8 亿元，节约率 11%。与上年相比，采购预算和实际采购分别增长 40% 和 48%。对财政性资金投资工程采购项目实施" 双资质" 管理，即同时具备工程建设相关资质和政府采购资质的代理机构，才能够负责组织实施政府集中采购目录以外的政府采购工程项目招投标活动，将工程采购项目纳入政府采购监督管理范围中来，建立起《政府采购法》与《招标投标法》的有效衔接。2009 年完成工程类项目实际采购总支出 61.1 亿元，占全市实际采购支出总额的 52%，比上年增长 70%。在政府集中采购目录中，新增中小学免费教科书、防雷设备、装修和修缮工程的设计监理等 5 大类 9 个品种的货物和服务，有效扩大集中采购范围。全年完成集中采购 67.7 亿元，占全市实际采购总额的 58%。将促进科学发展和关系群众利益的农用物资、自主创新及节能环保产品纳入政府采购范围，提高政府采购经济效益和社会效益。

【完善政府采购制度建设】 2009 年，针对天津市政府采购工作发展过程中遇到的实际问题，从规范管理入手，加强和完善各项制度建设。推进国务院办公厅《关于进一步加强政府采购管理工作的意见》落实工作，并联合天津市监察局、审计局研究制定《关于进一步加强我市政府采购管理工作意见的通知》上报市政府批转执行。先后研究制定《关于加强天津市政府采购供应商诚信管理工作有关事项的通知》和《关于加强天津市政府采购人行为规范管理工作有关事项的通知》，对供应商串通围标、不实质疑和投诉以及采购人擅自变更采购合同内容等行为明确相应的处罚措施，推进诚信体制建设，营造“一处失信、处处受约”的政府采购市场氛围。结合文件规定，2009 年全年对 3 家供应商进行书面告诫，将 4 家供应商列为“不诚信供应商”予以记录并进行公示，对 1 家采购人单位予以通报批评。针对政府采购运行环节研究出台一系列规范性文件，对供应商资格审查工作内容、评审现场工作纪律、评审专家和监督员考核评比方法进行量化规定。

【发挥政策功能作用】 对节水、照明和部分环保建材产品试行定点采购制度。委托天津市集采机构以资格审查方式在全国率先进行招标采购，确定定点供应商，明确入围产品的品牌、型号及最高限价，并要求各采购单位凡采购此类产品，应当在入围的定点供应商范围内进行采购。2009 年全市采购节能、节水产品 2.1 亿元，占同类产品采购总额的 83%；采购环保产品 2.5 亿元，占同类产品采购总额的 77%。明确天津市政府采购进口产品由主管部门、政府采购管理部门进行双审核的核审程序，进一步规范进口产品政府采购行为。全年完成进口产品审核 155 项，涉及金额 7.2 亿元。会同有关部门研究制定自主创新产品认定办法，并发布天津市首批自主创新产品名单。对进入名单的企业参与政府采购活动给予不同程度的鼓励与加分。并在采购项目评审环节，对取得国家专利认证或者取得国家、地区发明奖等奖励的企业设定不同等级的价外加分，积极推进优先采购自主创新产品政策的落实。

【加强采购合同监管】2009年，将规范政府采购合同签订，加强履约验收作为一项重点工作来抓，着力解决合同执行过程中存在的突出问题，构建政府采购事前、事中、事后监督管理长效机制。一是引入第三方监督机制，委托公证部门对双方当事人的主体资格、合同内容和招投标文件的一致性等进行公证，防止发生采购人与供应商擅自变更采购内容的现象。二是着重做好合同验收工作。结合2008年制定的《关于加强我市政府采购项目验收工作的通知》要求，天津市实施的大型、复杂政府采购项目必须由采购代理机构组织完成验收工作。同时，尝试让落标供应商参与到验收和监督工作中来，促进政府采购公平竞争。2009年，由天津市政府采购中心组织合同验收项目248各，发现并纠正问题项目42个。三是联合天津市监察局、审计局在全市范围内开展政府采购合同执行情况专项检查，重点抽查25家天津市一级预算单位及其所属30家二级预算单位，检查内容涵盖从政府采购合同签订到付款及相关采购文件归档保存等一系列环节，查出存在问题项目金额2131万元。针对被查单位存在的擅自签订补充合同、不按期签订合同以及未及时履约验收等问题，提出整改意见。

【强化评审专家管理】通过建立健全政府采购评审专家、监督员考核评议制度，不断完善奖惩机制，实现政府采购评审专家监督管理工作的新突破。一是着手建立评审专家、监督员良性激励机制，通过广泛推荐、重点选拔的方式，对2007~2008年度积极参与政府采购评审监督工作、政策水平和专业能力较高、表现突出的评审专家和监督员予以表彰。二是建立起评审专家动态管理制度，要求每次评审活动结束后，采购代理机构必须对评审专家的现场表现及时予以信息反馈，对在采购活动中有违规违纪行为的评审专家采取相应措施予以惩戒。2009年，在广泛调查取证，核清有关事实的基础上，对未严格按招标文件规定进行评审，引起供应商质疑和投诉，导致项目废标的3名评审专家给予取消评审专家资格的严肃处理。三是采取细化评分因素、明确评分标准、量化评审内容等一系列措施，限定评审专家在政府采购活动中的职责和权力，努力降低评审专家的自由裁量权。

【规范代理机构行为】一是向区级延伸集中采购机构考核工作。首次面向17个设立集中采购机构的区县下发有关文件，要求按照市级考核工作的标准，对区级集采机构代理行为进行考核。二是建立政府采购代理机构监督考核体系。联合市监察局、审计局成立专项检查组，对社会代理机构从政府采购相关法律法规的执行情况、政府采购程序和采购方式的执行情况以及政府采购政策功能落实情况等九个方面开展考核评价工作，对发现问题的社会代理机构提出书面整改措施，并将考核结果在天津市政府采购网上予以报道。

【提供优质高效服务】一是建立应急采购机制，保障紧急物资采购高效顺畅。本着特事特办的原则，最大限度地缩短甲流防控专用物资审批和采购时间，优先保证天津市甲流防控工作顺利实施。二是建立起协议供货和定点采购供应商动态管理模式，对信息化类、纸张类以及电器设备类等采购人需求量较多的采购项目，及时开展供应商增补入围工作。三是联合天津市国资委等单位举办“政府采购服务企业”免费培训活动，对来自全市210家企业的240余人宣传《政府采购法》相关政策，讲解投标程序和投标技巧，帮助企业提高投标竞争力。

【加大政府采购培训力度】重点加强政府采购宣传培训力度，全年组织培训25余次，参加培训人数近1500人。一是借全市财政系统政府采购工作会议的契机，对区县分管政府采购工作的负责人和经办人员进行政府采购相关业务的培训。二是对取得政府采购代理资质的 10 家社会代理机构，进行法律法规和业务流程的培训，提高代理水平，规范代理行为。三是分别对几十家市级预算单位及其所属系统的政府采购负责人和经办人进行政府采购相关法律法规和实务操作的培训。四是加强区县政府采购指导工作。多次派出工作人员，在对塘沽区、宝坻区、蓟县等区县政府采购工作加强监督指导的同时，面向区县政府采购评审专家、采购代理机构等采购当事人开展政府采购专题培训。

【强化基础管理工作】一是着力做好政府采购供应商投诉、信访处理工作。全年受理并办结供应商投诉 1 件、信访案件 10 件，保证天津市政府采购市场秩序。二是认真开展政府采购调研工作。分别确定“规范和约束政府采购评审专家评审行为研究”、“促进我市自主创新和科技产品在政府采购市场推广应用的研究”等多个课题展开调查研究，着力研究和解决政府采购工作中深层次的问题，促进采购工作的不断发展。三是建立工作联席会议制度。认真组织财政部门与采购机构之间、市级与区级之间定期召开工作联席会议，研究、分析和解决政府采购发展过程中出现的新情况、新问题，提高政府采购工作水平。四是组织编撰《天津市政府采购工作法律制度汇编》和《纪念天津政府采购十周年优秀论文集》，扩大政府采购政策制度宣传。五是积极拓宽宣传渠道，在《政府采购信息报》、《中国财经报》以及《中国政府采购杂志》等报刊刊登有关天津市政府采购工作的消息报道 60 余篇。

河　北　省

【概述】2009 年，河北省政府采购规模达 305.6 亿元，比 2008 年增长 48.75%，约占 2009 年全省 GDP 的 2.12%，占 2009 年全省财政支出的 13.33%；节约资金 40.01 亿元，资金节约率为 11.58%。

【发挥政府采购政策功能】河北省政府采购工作在制度创新上下工夫，注重发挥政府采购政策功能和作用。一是河北省财政厅与河北省发展和改革委员会、河北省环境保护厅联合制发节能产品、环境标志产品政府采购清单，按照清单所列品目实施强制采购政策和优先采购政策，发挥政府采购在节能减排、环境保护等方面的政策功能。2009 年节能、节水产品采购金额为 3.63 亿元，占同类产品采购总金额的 74.13%；环保产品采购金额为 3.57 亿元，占同类产品采购总金额的 85.61%。二是河北省财政厅与河北省科技厅联合制发《河北省政府采购自主创新产品目录》，实施促进自主创新的政府采购制度。根据自主创新产品认定结果，制定政府采购自主创新产品目录，规定纳入目录的自主创新产品，在河北省境内政府采购活动中，实施优先采购政策，进一步支持自主创新产品的发展。三是对政府采购进口产品实施审核管理制度，对政府采购进口产品的论证、审核、采购、监督等制定具体要求。2009 年，河北省进口产品采购额为 2760.27 万元，仅占全年政府采购额的 0.09%。

【完善政府采购制度】一是以河北省人民政府办公厅名义制发《贯彻落实国务院办公厅关于进一步加强政府采购管理工作意见的通知》（冀政办［2009］83 号），在强化依法采购、完善监管和运行机制、做好政府采购预算管理等七个方面提出具体贯彻意见。二是制定

《河北省 2010～2011 年政府集中采购目录及政府采购限额标准》，并审核批复各市的采购目录调整意见，向全省各级采购单位明确纳入政府采购的项目范围和限额标准。三是针对部分省直部门不按规定采购、不重视政府采购预算编制以及内部管理不规范等问题，专门发文对应采尽采、政府采购预算管理、采购单位内部管理等提出具体要求。四是为加强政府集中采购工作，制定《关于省直部门加强政府集中采购工作有关事项的通知》，在委托集中采购机构、加强采购计划性、规范集中采购工作程序等方面提出要求。

【加强规范化管理】 在采购预算编制环节，严格政府采购预算编制审核。政府采购预算与部门预算统一布置、统一编制、统一汇总、统一审核、统一批复。在政府采购预算的审核过程中，进行两轮严格审核把关，努力从源头上避免部门和单位应该纳入的采购项目脱离政府采购。通过严格审核，2009 年河北省省本级采购预算达到 50.5 亿元，比部门自报政府采购预算金额增加 1 倍多。在采购预算执行环节，加强对采购预算项目的跟踪管理，制订属地政府采购计划，将政府采购预算安排情况下达给驻石家庄以外单位所在地的财政部门，由当地按政府采购规定和程序组织采购活动，保障这些采购项目纳入采购监管程序。在采购计划审核环节，按照采购预算、国库计划和资金用途，对采购资金落实情况实施严格审核；按照采购代理有关规定，对采购单位委托的采购代理机构资格情况实施严格审核；加强政府采购方式审核，重点防止将采购项目化整为零、规避公开招标的行为，提高公开招标等竞争性方式的采购比重，2009 年河北省采用公开招标方式采购的比例达 79.66%。在采购信息发布环节，按照“格式规范、内容完整、符合时限”的要求，做好政府采购信息的发布工作，增强采购信息发布的透明度。为做好政府采购信息动态公开工作，河北省财政厅与河北省监察厅专门制定工作方案，对政府采购信息动态公开的总体要求、公开内容、标准和形式以及保障措施作了详细规定。在采购评审专家抽取使用环节，加强专家管理，扩大专家库库容，优化专家结构，初步实现评审专家全省共享；坚持限时、随机抽取使用评审专家的规定，执行评审回避制度；加强专家培训考核，健全评审工作反馈机制。在监管采购操作环节，强化对采购文件制定、采购活动组织、采购合同签订、采购项目验收等政府采购操作行为的约束控制。做好采购代理机构资格认定工作，硬化、细化资格认定条件，加强采购代理机构的监督考核。做好供应商质疑和投诉处理工作，完善工作机制，提高处理质量，保障供应商的合法权益。

【推进政府采购信息化建设】 按照河北省实施电子化政府采购的总体思路和全省统一构建、统一部署、统一管理分级操作的模式，河北省开发包括网站管理、基础信息库、信息发布管理系统、专项业务系统、办公协同系统、安全管理等六大系统、39 个功能模块（系统用户、采购预算、专家、供应商、商品、项目管理、业务监控、质疑投诉等）、10 种角色（审批人、采购人、监管机构、审计机构、采购执行机构、供应商、评审专家等）、223 个功能点，248 种资源配置的电子化政府采购网上操作系统软件。系统各机构间实现信息的互联互通、资源共享，形成全省统一、用户统一、资源共享的管理平台。

【提高基础工作水平】 一是加强政府采购宣传和培训工作。2009 年，河北省在《河北日报》、《中国政府采购》、《政府采购信息报》等多种媒体上发表文章，积极宣传河北省政府采购工作的先进经验和典型做法。同时注重加强采购业务的学习培训，不断提高采购工作人员的业务素质和服务水平。二是坚持做好政府采购信息统计分析工作，为决策提供及时准确的情况依据，河北省的政府采购信息统计工作连续多年得到财政部的通报表扬。三是加强政府采购工作调研。结合河北省财政厅“干部作风年建设”活动，开展电子化政府采购调研活动，广泛征求各级财政部门、省直各部门和采购中心的意见。为提高政府采购信息统计水平，使政府采购信息统计报表体系和指标设计更能满足政府采购制度改革发展需要，在各级财政部门、政府采购代理机构中开展政府采购信息统计工作调研活动。

【推进 GPA 谈判准备工作】根据 2009 年全国政府采购工作会议精神和财政部部署，做好河北省应对《政府采购协议》（GPA）谈判准备工作。一是起草《关于全国政府采购工作会议精神及贯彻意见的报告》，汇报河北省所作的准备工作以及下一步工作思路，已报省财政厅领导通过。二是积极参加财政部 GPA 培训会议，与各省交流经验和做法。三是认真贯彻财政部会议精神，根据厅领导的指示和要求，召开河北省 GPA 工作领导小组会议，传达和学习财政部会议精神，研究和部署河北省下阶段的工作。四是起草河北省加入《政府采购协议》谈判应对工作研究报告。

（河北省政府采购办公室供稿，韩建华执笔）

山　西　省

【概述】2009 年，山西省政府采购工作围绕财政中心任务，努力扩大政府采购范围和规模，围绕落实好全省财政支农惠农政策，完善粮食良种、农机具、畜禽疫苗，救灾物资、化肥农药等方面的政府采购措施；积极支持免费教科书、中小学危房改造工程，支持高校重点学科建设，确保优质高效，促进山西省教育水平的不断提升；支持乡镇卫生院改造达标，巩固和健全新型农村合作医疗服务体系，创新政府采购支持范围，支持家电下乡、环境监测项目采购，落实国家经济政策及做好涉及民生的政府采购项目。据初步统计，2009 年山西省政府采购规模达到 98 亿元，同上年相比净增 8 亿元，增幅 8.9%；全省累计节约采购资金 7.8 亿元。

【完善政府采购应急机制】为了应对甲型 H1N1 流感疫情和全省酒后驾车专项治理，保证流感疫苗和酒精测试仪器的需要，完善快速采购的应急机制。一方面，为卫生、交警等部门的紧急采购项目提供绿色通道，简化办事手续、缩短采购审批时间，确保紧急采购及时开展。另一方面，在不影响各项紧急采购工作的前提下，为保障采购程序的规范，对紧急采购项目做出规范性管理规定，建立山西省政府紧急采购项目审核、登记备份制度。

【积极发挥政府采购政策功能】一是严格审核进口产品采购项目。按照财政部《政府采购进口产品管理办法》的要求，对进口设备采购必须经由三个以上非采购人单位的相关类专家进行独立论证并各自签写意见，完善进口论证制度，有效地杜绝个别单位盲目追求进口设备的问题，加大对民族品牌的扶持力度。二是落实节能环保政策。及时下发《调整节能产品政府采购清单》，《调整环境标志产品政府采购清单》，要求各采购人、代理机构在招标文件的编制环节、评审环节、合同签订及履行环节严格执行相关制度办法，真正使鼓励节能环保产品政策落到实处。三是积极扶持自主创新产品。为了加快自主创新产品政府采购目录的出台步伐，主动与科技部门协作，推荐一批本省优势产品进入国家自主创新产品预选目录。

【完善政府采购制度体系】 为进一步加强对政府集中采购的监督管理，促进集中采购机构规范运行与效率提高，依据《政府采购法》和《集中采购机构监督考核管理办法》的有关规定，结合山西省政府采购操作执行流程，草拟《山西省政府集中采购机构监督考核方案》。

【强化监督检查工作】 一是为进一步规范行政事业单位公务用车定点维修的管理，提高定点维修企业的服务水平和质量，5 月 12 ~ 18 日，联合省级政府采购中心，由相关专家共同组成检查组对 2008 ~ 2009 年度 13 家山西省省级公务用车定点维修企业进行全面检查考核。从定点维修企业的维修设施、服务质量和价格、规章制度建设等方面进行量化打分评比，对个别车型配件价格、工时费执行上与招标文件承诺存在不符等严重问题进行严肃处理，并将这次检查考核结果作为 2010 ~ 2011 年度公务用车定点维修实施的重要参考依据。二是建立采购效果评价体系，加大对违法事件惩罚力度。联合监察、审计等部门加强对政府采购的监督检查，对在政府采购活动中，部分评审专家敷衍塞责或故意影响评标结果，一些供应商以虚假信息谋取中标，或中标后采购人、代理机构无正当理由不履行合同约定的违法行为加大审查和处罚力度，对个别违规供应商依法进行行政处罚，有力地维护全省政府采购的有序、规范发展。

【强化采购宣传，加大政府采购培训力度】 先后对各市政府采购管理部门、已申请政府采购资质的代理机构和新申请政府采购资格的代理机构进行政府采购法律法规、操作流程、案例分析等方面的培训。针对新申请政府采购资格的代理机构对《政府采购法》及相关的法律法规不清楚、操作流程不熟悉的问题，与各代理机构建立政府采购业务指导机制，新申请政府采购资格的代理机构在实际采购业务代理中出现的问题及时进行沟通、指导，提高法律执行和业务操作的能力。

辽　宁　省

【概述】 2009 年，辽宁省继续做好公益性、民生性等社会关注的“热点”项目的政府采购工作，将中小学免费教科书、药品、农村文化资源共享、农村孕妇彩色多普勒等公益性强和关系群众利益的采购项目纳入并实施政府采购，为扩大政府采购规模奠定坚实的基础。全年实施政府采购规模 217.84 亿元，比上年同期增长 13.6%；节约资金 14.82 亿元，节支率 6.36%。

【完善法规制度框架】 一是以省政府名义出台《关于进一步加强政府采购管理工作意见的通知》，明确政府采购管理体制、组织模式和监管机制，促进政府采购规范管理。二是制定《辽宁省政府采购代理机构不良行为处罚与公告暂行办法》和《辽宁省政府采购评审专家不良行为处罚与公告暂行办法》，增强政府相关人员责任和诚信意识，推动政府采购廉洁自律建设向纵深发展。三是下发《关于实施促进中小企业发展政府采购政策的指导意见》和《辽宁省自主创新产品认定管理办法（试行）》，对自主创新产品的认定、政府采购自主创新产品、支持中小企业发展等优惠政策进行规范。与此同时，各市也加强本地区政府采购制度建设，制定一系列专项管理和具体操作办法。

【加强信息化建设】一是完善电子化政府采购管理平台，在省本级全面推行政府采购计划网上申报和审批制度，对采购计划申报、采购组织形式确定、采购方式审批、操作流程、合同备案、信息统计等实行电子化管理，科学运用信息化技术发展成果，进一步提高政府采购工作效率。二是指导集中采购机构建立统一的政府采购要素市场，建立和完善全省统一的政府采购供应商库及商品价格信息库等基础信息平台，实现跨地区、跨部门的资源整合及共享，有效利用公共资源并降低采购成本。

【发挥政策性功能】一是贯彻落实节能环保采购政策，在政府采购活动中对绿色环保和节能产品优先采购。2009 年，辽宁省节能、环保产品采购金额分别占同类产品采购规模的 70% 和 79%，为促进环境优化和节能减排发挥积极作用。二是积极支持企业生产和发展。会同省中小企业厅出台《关于实施促进中小企业发展政府采购政策的指导意见》，采取多种政府采购措施支持省内中小企业发展。通过政府采购促进包括汽车生产企业在内的工业企业快速发展方面不断取得新突破，扩大金杯客车、中华轿车等汽车的生产销售。国货优先的采购原则得到有效贯彻，政府采购合同的 97.8% 授予国内企业。三是实施促进自主创新政府采购政策，会同省科技厅下发《辽宁省自主创新产品认定管理办法（试行）》，明确优先采购自主创新产品的评审因素和分值、价格优惠幅度等支持措施，初步建立起支持企业自主创新的政府采购政策环境。

【推进“阳光采购”】一是公开性强和竞争程度高的采购方式在采购活动中居于主导地位。二是政府采购信息全面公开，促进供应商公平竞争。一方面公开 2009 年全部政府采购预算，一方面加强辽宁政府采购网站建设并与东北新闻网等新闻网络进行相关信息实时交换，建立起即时发布政府采购市场业务信息的“绿色通道”。三是采购运行监管进一步完善。省本级既注重对采购监管部门监管工作流程、职责的公开，也加强对集中采购机构和采购代理机构组织实施采购活动的监管、考核，严格采购代理机构资格认定工作，监督集中采购机构和采购代理机构切实履行代理采购职责义务，有效提高采购组织行为的客观性、科学性。四是评审专家管理更加科学合理。各级财政部门加强评审专家库建设，征集和补充评审专家资源，完善评审专家随机抽取程序，实行评审行为考核，有效地提高政府采购评审工作质量。其中，省本级建立起专业领域较为齐全、专家资源容量达到 3000 余人的评审专家库，增强评审专家选用的客观性、公正性。

【建立“黑名单”制度】一是进一步完善“管采分离”的管理体制和运行机制，不断优化协议供货、定点采购等采购方式的实际操作，指导集中采购机构创新采购方式，发挥政府采购规模效益，最大限度地保持采购商品的市场主流性并实现供应商的公平竞争。二是指导集中采购机构进一步完善工作流程，建立健全采购活动决策和执行程序相互分离、相互制约的运行机制，切实防范采购风险。三是加强对集中采购机构和采购代理机构业务考核，研究制定政府采购从业人员资格和岗位标准，完善政府采购专业技术人员专业水准、服务质量及诚信履约水平的评价体系，推进政府采购从业人员职业化建设，进一步提高政府采购工作质量和效率。四是在已实行供应商不良行为“黑名单”制度基础上，研究制定采购代理机构不良行为记录与公告制度。对在组织采购活动中发生不正当行为的采购代理机构，按照有关规定严肃处理，列入不良行为名单并公告，在一定期限内取消代理政府采购业务的资格，增强对政府采购相关当事人的震慑力。同时加强对评审专家评审行为的动态监管，建立评审专家不良行为记录与公告制度，加大对违规行为的处罚力度，切实增强评审专家的诚信意识和责任意识。

大　连　市

【概述】2009 年，大连市市本级政府采购预算为 11.12 亿元，实际采购金额 10.36 亿元，节约资金 0.76 亿元，节资率为 6.85%。全地区政府采购预算 32.17 亿元，实际采购金额 28.71 亿元，节约资金 3.46 亿元，节资率为 10.74%。

【推进政府采购制度建设】为进一步规范大连市代理机构的政府采购活动，加强政府采购监管力度，先后制定《大连市市本级政府采购单位选用政府采购代理机构暂行办法》、《大连市市本级政府采购责任工作制度》、《关于进一步规范政府采购活动有关事项的通知》、《大连市政府采购代理机构考核办法》、《关于市财政审计评估业务委托中介机构有关内部管理事项的通知》和《大连市鼓励支持中小企业参与政府采购的实施意见》等制度。

政府采购项目需要由采购单位委托采购代理机构开展，大连市过去采取的是由采购单位自行选取代理机构的方式。为规范代理机构委托活动，2009 年 4 月，大连市制定下发《大连市市本级政府采购单位选用政府采购代理机构暂行办法》，规定 50 万元以上的采购项目，由采购单位先选取 5 家代理机构，然后通过随机抽取确定 1 家代理机构。

针对部分采购单位存在着负责政府采购工作的机构或人员不明确的情况，2009 年 4 月，大连市研究制定《大连市市本级政府采购责任工作制度》，要求市本级国家机关、事业单位和团体组织需明确在办理政府采购业务过程中的职责分工和法律责任，并根据政府采购管理工作需要确定政府采购责任机构或责任人，报财政局备案。该制度下发以来，大部分单位都及时上报责任机构或责任人备案。

大连市制定下发《关于进一步规范政府采购活动有关事项的通知》，内容包括：强化节能产品采购意识，发挥政府采购政策功能作用；严格采购文件编制，500 万元以上的项目要提交市场调查报告；规范采购评审行为，规定评委的非价格因素评分偏离有效平均分 ±15% 的，为无效评分；提高采购代理服务意识，加强采购合同审查等。

代理机构的工作水平影响着政府采购的工作质量。为加强对代理机构的管理考核，10 月，大连市研究制定《大连市政府采购代理机构考核办法》，将考核分为日常考核和年度考核，考核内容涵盖制度建设、内部管理、采购文件编制、组织招投标、采购合同审查等各个方面，考核得分不足 120 分（满分 200 分）的，将限期整顿。本办法自 2010 年 1 月 1 日起施行。

【完成重大项目监管】大连市对机关事业单位公务用车保险、公务用车维修、协议供货、印刷、财政审计评估等内容的采购采取的是通过招标确定定点机构的方式，2009 年顺利完成新一轮的定点采购。

为继续做好公务车辆定点保险采购工作，组织市直机关、事业单位及社会团体公务车辆 2009 年度定点保险的招标采购项目，共确定 6 家定点保险企业，保险费优惠 30%。同时，向市直有关单位下发《关于市直机关、事业单位及社会团体公务车辆 2008 年度定点保险有关事宜的通知》，保证市直单位车辆保险服务采购的需要。

为继续做好公务用车定点维修工作，大连市组织完成 2009 ~ 2011 年度公务用车定点维修采购工作，通过招标确定 71 家维修企业，并向市直各单位下发《关于公务用车定点维修有关问题的通知》，满足市直单位公务用车维修服务采购的需要。

为提高政府采购工作效率，降低采购成本，组织 2009 年度市直单位协议供货招标采购项目，共确定中标供应商 74 家。同时，向市直各有关单位下发《关于 2009 年度市直单位政府采购协议供货有关事宜的通知》。协议供货的范围进一步扩大，保证市直单位常用、小额办公设备的采购效率。

为继续做好定点印刷采购工作，组织 2009 ~ 2011 年度市直单位定点印刷采购项目，共确定 50 家印刷企业。同时，向市直各有关单位下发《关于市直机关、事业单位 2009 ~ 2011 年度定点印刷有关事宜的通知》。为进一步满足市直机关、事业单位对印刷服务的需求，并支持大连市印刷行业的发展，根据市人大的建议，又进行定点印刷补充招标，确定 14 家印刷企业，下发《关于市直机关事业单位 2009 ~ 2011 年度定点印刷补充招标有关事宜的通知》，保障市直机关事业单位印刷工作的顺利开展。

为做好财政审计评估业务的中介机构委托工作，大连市通过公开招标方式，对承担市直单位财政审计评估业务的中介机构重新进行服务采购，中标的审计和评估机构从之前的各 8 家、10 家增加到各 10 家，为审计评估业务的及时完成提供保障。

【规范开评标程序】大连市采购服务中心有效利用网络系统和会议室设备，保障开评标活动的公开和高效。开标室全部使用投影展示开标过程，专家进场通过计算机抽取和语音自动通知，评标室充分利用计算机和投影仪等设备，评标工作高效便捷，井然有序。大连市采购服务中心的规范管理，取得良好的社会影响，也吸引外地考察团的关注，近一年来采购服务中心接待前来参观考察的单位有中央党校、新华社、中央电视台等政府部门和新闻媒体 20 余个。

【发挥政策功能】大连市在《关于进一步规范政府采购活动有关事项的通知》中，要求严格按照国家要求强制和优先采购节能产品。同时，规定采购代理机构在编制采购文件中都要列明强制或优先采购节能环保、自主创新产品的条款，保证政府采购政策功能的有效发挥。

为帮助中小企业了解政府采购相关法律制度，提高企业参与政府采购投标活动的能力和水平，在市政府采购服务中心设立“企业参与政府采购活动辅导日”，并作为 2009 年工作制度执行。辅导活动定于每月第一个周五举办。至 2009 年年底，辅导共举办 6 期，参加单位 122 个，参加人数 133 人。辅导内容包括政府采购法律法规、政府采购投标文件编制方法、政府采购投标技巧、政府采购供应商权益保障、供应商网上注册方法等。大连市举办的企业辅导活动还以财政信息（第九期）的形式报送市委、市政府等部门。

会同市中小企业局制定《大连市鼓励支持中小企业参与政府采购的实施意见》，内容包括加强组织领导，落实好中小企业参与政府政策；构建信息网络服务平台，为中小企业参与政府采购活动提供指导和服务；明确中小企业商品优先采购原则，给予5%～10%的价格加分；加强政府采购项目的监管，确保中小企业采购规模持续稳定增长。

【推进电子化建设】2008年大连市根据日常的工作程序研发电子化办公系统，功能包括文件审批、场所预定管理、发布公告、专家抽取等，有效提高工作效率。同时，还重新开发政府采购网站，丰富网站功能。2009年，大连市结合实际工作情况，继续开发使用协议供货网上办公系统，实现采购人网上选定办公用品、协议供应商网上竞价、采购人网上确定协议供货商。协议供货网上办公系统的开发使用不仅极大地提高办公效率，还通过充分引入竞争，降低采购价格，提高财政资金使用效益。

吉　林　省

【概述】2009年全省政府采购工作的总体思路是：深入贯彻落实党的“十七大”精神，以科学发展观为统领，按照《政府采购法》的规定，构建公平合理、公开透明的政府采购制度体系、运行秩序和工作程序。充分发挥政府采购的政策功能，加强自主创新、节能减排和环境标志产品政府采购工作，进一步扩大政府采购规模，提高政府采购的综合效益。加强监督管理和干部队伍建设，不断提升政府采购形象。努力实践财政部提出的“采购管理精细化、采购行为规范化、采购权责明晰化、采购监督科学化、采购手段电子化、采购人员专业化”的发展目标，促进吉林省经济目标和民生事业的和谐发展。

【成立完善政府采购工作协调组】为贯彻落实中共吉林省委办公厅、吉林省人民政府办公厅《关于落实2009年反腐倡廉重点任务分工的意见》（吉办发［2009］6号）的通知精神，牵头成立由省财政厅、省发展改革委、省监察厅、省审计厅、省管局、省政务公开协调办等部门参加的完善政府采购工作协调组，制定印发《完善政府采购工作协调组2009年度工作方案》，确定协调组工作的指导思想、组织机构、重点任务、职责划分及保障措施并按时组织实施完成相关工作。

【强化政府采购制度建设】按照《完善政府采购工作协调组2009年工作方案》关于“按照公开、透明，有监督、有制约，简单易操作，能有效防止问题发生的要求，制定政府采购工作规范”的要求，省财政厅在调查研究和广泛征求意见的基础上，与省政府采购中心、省政务公开协调办公室等单位一道，配合省纪委监察厅制定《吉林省省直政府采购若干规定》，对政府采购计划编报、执行模式、采购方式与程序、采购需求和采购条件及采购文件的编制、采购信息发布、开标和评标、质疑与投诉、履约与验收以及政府采购监督检查等项工作制定规范性规定。

【理顺政府采购管理体制，扩大政府采购规模】经过近两年的努力，吉林省已在全国率先实现了省、市、县三级政府采购监督部门与执行机构的体制理顺工作，各地的政府采购中心均已同财政部门实行脱钩，改变工作隶属关系。为了确保全省各市、州、县完成政府采购“管采分离”后续工作任务，省财政厅仍安排专人，调度各地工作情况，督促各地尽快界定工作职能，理顺工作关系，完善工作制度，积极稳妥地开展各项工作，确保全年政府采购工作任务的完成。经过一年来的努力，全省各市县建立和完善了各项工作制度，明晰工作职能，进一步理顺工作关系，有效地完成了“管采分离”后续工作任务。2009年5月，在全国政府采购工作会议上报送《完善“管采分离”管理体制推动政府采购工作再上新台阶》的经验材料，介绍吉林省加强政府采购“管采分离”工作，完善政府采购管理体制的经验做法。同时，制订《2009年吉林省政府集中采购目录及公开招标限额标准》，政府采购范围已经涵盖到货物、工程、服务三大类100多个项目，使吉林省的政府采购额以每年不低于20%的增长速度快速发展。

【发挥政府采购政策功能】为认真做好自主创新和节能环保政府采购工作，进一步发挥政府采购政策功能，按照《吉林省省级政府采购工作中若干具体问题处理的暂行规定》文件要求，在日常采购管理工作中，重点规范采购人、集中采购机构和政府采购代理机构在编制招标文件时，在供应商资格要求、评审方法及评审标准中作出强制和优先采购节能、环保、自主创新产品的具体规定。在具体采购实施过程中，对投标人投标纳入《节能产品政府采购清单》、《环境标志产品政府采购清单》和《政府采购自主创新产品目录》的产品，对其投标价格给予一定比例的价格扣除并按照扣除后的价格参加排序。

【创新工作方式】针对取暖费补贴改革的变化情况，改革省直单位煤炭政府采购招标方式，提高煤炭供应商资格条件标准，通过招标确定了本年煤炭供应商。为规范煤炭采购工作，印发《关于2009～2010年度省直预算单位采暖用煤政府采购规定通知》，对煤炭采购的程序、方式、要求作出明确的规定，有效地规范采暖用煤的相关工作。同时，对省直单位公务用车维修、保险、公务出国机票、办公自动化设备等实行定点采购和协议供货管理方式。

【强化政府采购监督管理】按照工作安排，对省直部门预算单位、部分政府采购协议供应商以及招标代理机构开展专项检查。对检查查出的违规违纪问题进行严肃处理，下发《关于省级政府采购专项检查的通报》，对严重违纪的供应商作出取消政府采购供应商资格的决定，对“中技招标公司”作出暂停其代理政府采购业务资格的处罚。

【强化基础工作】一是依法完善财政部门相关处室涉及政府采购业务的工作规范。制定印发《关于进一步加强政府采购相关工作要求的通知》，进一步理顺工作关系，畅通工作环节。二是向财政部报送《吉林省2008年政府采购信息统计和分析报告》。三是进一步规范政府采购办的工作职责。为推进政务公开，健全监督制度，加强廉政建设，研究制定《政府采购办工作规则》，对政府采购办的领导职责、决策程序、依法行政、政务公开、岗位责任、行政监督及廉政建设等项工作作出明确规定。

黑 龙 江 省

【概述】2009 年，全省各级财政部门结合本地实际，科学制定本级政府集中采购目录和资金限额标准，将能纳入政府采购的项目都实行政府采购，并从深度和广度上扩大政府采购范围和规模。在采购资金上，从财政预算内、外资金扩展到中央、省专项补助、国债资金、农业开发资金及借（贷）款资金；在采购对象上，从各级国家机关、实行预算管理的事业单位和团体组织扩展到垂直管理系统和驻哈埠外的省直各预算单位；在采购范围上，在扩大货物、服务采购规模的同时，加大对财政性资金投资的市政道路、绿化、公共设施等工程项目实施政府采购的工作力度；继续推广黑河市工程项目实行政府采购的经验，同时采用“备案制”方式推进工程项目政府采购工作。在依法编报政府采购预算的前提下，采购人将招标公告、招标文件、评标报告、中标通知及合同等报政府采购监管部门备案后，财政国库部门再支付采购资金。借助这些措施的实施，开阔各地推进工程项目采购的工作思路，使政府采购规模保持较快的增长速度。此外，根据国家有关精神和省政府的要求，省政府采购管理办公室与省纪委、省卫生厅、省政府采购中心共同研究省级药品集中采购工作，明确将药品集中采购目录列入的药品纳入政府采购的原则意见和工作分工，并在年末成功完成对全省的药品集中采购招投标活动。2009 年，全省政府采购额实现 121.2 亿元，同比增加 24.1 亿元，增长 24.8%；节约资金 12.4 亿元，平均节支率为 9.3%。

【加强政府采购监管】一是结合财政部对集中采购机构考核的新要求和日常监督情况，下发《省财政厅关于对省级政府集中采购机构进行监督考核的通知》，要求省政府采购中心认真搞好自查，并听取采购中心 2009 年度监督考核自查情况的汇报，对政府采购档案进行抽查。二是在《国务院办公厅关于进一步加强政府采购管理工作的意见》（国办发［2009］35 号文件）下发后，结合黑龙江省工作实际，提出完善政府集中采购目录、推进规范化管理工作、发挥政府采购政策功能、进一步规范委托代理采购管理、完善政府信息管理系统、加强政府采购监督检查等 10 条贯彻落实意见，并认真抓好落实。三是结合开展规范权力运行制度执行情况自查工作，对政府采购办公室自身执行法律、法规、规章制度和各项审批制度的情况逐条逐项进行自查梳理，提出改进措施，进一步健全完善岗位职责和制衡机制。四是为进一步加强政府采购协议供货的管理，印发《省财政厅关于 2009 年度政府采购协议供货有关问题的通知》，针对协议供货执行中存在的突出问题，制定限时签订采购合同、限时办理验收结算、严格执行协议供货采购计划的制度规定。五是召开驻哈政府采购代理机构座谈会。政府采购办召集驻哈的 36 家政府采购代理机构，通过座谈会的形式，了解政府采购过程中存在的问题和不足，听取对加强政府采购监管工作的意见和建议。六是加强公务用车编控管理，严禁超编超标准购车。认真执行中央和省规定的公务用车配备数量和标准，严格履行审批程序，按照规定标准配车。

【推进电子化政府采购和诚信建设】一是加快黑龙江省政府采购信息管理系统功能完善

和推广应用的步伐。要把采购方式审批、评审专家选取、采购供应商选取、采购代理机构选取、计划执行动态监控、合同核对备案等敏感环节进一步改进完善，充分体现公开、透明和效率原则。加快市（地）分网站的推广应用工作。进一步明确政府采购信息发布规程，强化对市、县政府采购信息发布工作的指导和管理。二是会同省财政厅国库处组织完成省本级“政府采购信息管理系统”与“财政国库集中支付系统”接口软件的开发，重新梳理严密政府采购操作流程，印发《省财政厅关于政府采购资金联网结算有关问题的通知》，进一步提高省级财政性政府采购资金结算效率，强化预算约束力，维护供应商合法权益，提升政府采购监管能力。该通知还针对影响政府采购效率、损害供应商合法权益、违反分散采购监管规定等突出问题，提出整改措施。三是结合财政部国库司来黑龙江省考察调研电子化政府采购工作，对全省政府采购信息化建设进行系统总结回顾，查找存在的问题和不足，提出改进意见，明确电子化政府采购规范化的努力方向，对全国电子化政府采购工作提出建议，受到调研组的充分肯定。四是与省诚信办、省政府采购中心组成联合考察组，对全国部分省市在政府采购中应用企业信用报告情况进行考察，制定在黑龙江省试行企业信用报告制度的《试点推行方案》，对进一步推进政府采购供应商信用评价工作进行积极探索。

【发挥政府采购政策功能】一是会同省科技厅等有关部门向国家科技部申报黑龙江省高新技术产品和重点新产品，使其纳入国家《政府采购自主创新产品目录》。二是对自主创新产品实行优惠政策，在政府采购评审中，采用最低评标价法评标的，对其投标价格给予5%～10%幅度不等的价格扣除；采用综合评分评标的，分别给予价格评标总分值和技术评标总分值4%～8%的加分。三是在采购活动中，严格执行国家印发的“节能产品政府采购清单”、“环境标志产品政府采购清单”。采取措施支持装备制造业，对国产大功率拖拉机、节能环保拖拉机、通用型谷物联合收割机等农机具优先采购。四是认真贯彻落实国家出台的十大产业振兴规划和黑龙江省扶持企业保增长促发展工作布署中有关政府采购方面的政策措施，研究制定实施扩大内需政策的政府采购具体措施。在质量可靠、价格合理、服务有保障的情况下，尽可能采购地方产品，促进全省经济更好更快发展。认真落实省委、省政府关于支持“哈飞”汽车销售的政策，积极宣传，加大促进销售的力度，支持地方经济发展。五是进一步健全和完善政府采购为企业投标及履约保证金担保政策，充分发挥政府采购的政策功能，解决中小企业融资难的问题。

（黑龙江省财政厅政府采购管理办公室供稿，刘佩玉执笔）

江　苏　省

【概述】江苏省2009年实施政府采购预算共计863.79亿元，实际支付756.34亿元，节约预算资金107.45亿元，资金节约率为12.44%，采购规模与2008年度同期相比增长25.57%，在原有采购规模的基础上继续保持较高的增长。省级政府采购规模持续增长。省级采购规模达61.33亿元，比2008年同期增长57%，在原较大规模基础上继续保持一定的增长。省级两个集中采购机构除承担大量的常规采购外，还圆满地完成全省联动协议供货工作。地市采购规模增长迅速。全省地市采购规模达695.01亿元，比2008年同期增长23.4%。苏州、无锡和南京继续名列三甲，依次分别为152.3亿元、127.21亿元和95.43亿元。

其中：工程类采购占全省采购总额的比重达60.42%，和上年度相比增长1.9%。服务类采购比重为3.56%，比2008年的4.37%略有下降。集中采购和公开招标继续成为政府采购的主要组织方式。在756.34亿元采购规模中，集中采购为381.6亿元，占采购金额的90.2%，较2008年上升1.5%；在全部的采购金额中，采用公开招标方式的采购比重达84.6%，在2008年的82.9%的基础上有一定的提高。

按照采购人的行业部门分类，2009年政府采购规模排在前三位的是经济建设、行政政法和教科文3个系统，分别占全省政府采购规模的32.05%，28.24%和11.48%。但是农业系统采购所占比重仅有5.5%。

【积极促进自主创新】一是加大自主创新产品认定力度。会同省科技厅认定5批411项江苏省自主创新产品。二是推动自主创新产品首购。会同有关部门，将江苏省重点企业梦兰集团自主研发产品“龙芯”电脑列入江苏省首个自主创新首购产品。三是创新宣传形式。通过印发宣传册、公布目录、举办“政府采购产品展览会”设置专区、提供展位、政策优惠等方式，扩大自主创新产品知名度。

【发挥导向作用扶持中小企业发展】一是认真调查，分析中小企业参与政府采购状况。根据国务院、省政府、财政部及关于积极扶持中小企业的要求，采取多种形式，组织对中小企业参与政府采购情况调研，江苏省财政厅上报的《关于中小企业参与政府采购情况的报告》得到财政部肯定，为有关部门决策提供参考和依据。二是运用政府采购平台，帮助中小企业拓展融资渠道。针对江苏省中小企业普遍存在的“融资难”问题，在认真调查研究，深入分析的基础上，就运用政府采购平台，协调金融担保机构，帮助中小企业拓展融资渠道进行了研究探索。通过主动宣传，积极协调，配合有关机构制定实施办法。2009年10月，由南京民生银行和江苏省信用担保公司联合推出政府采购信用担保贷款项目——“政府采购融易贷”。企业可凭中标通知书和政府采购合同作为抵押凭据直接向银行贷款，由江苏省担保公司提供担保。项目实施后，取得初步效果。从银行反馈的情况看，已有2家企业成功获取贷款1450万元；有2家正在审核中，预计放贷3000万元；还有6家正在收集资料，预计授信额度8000万元。《中国财经报》、《政府采购信息报》进行专题报道，肯定江苏省政府采购帮助中小企业解决融资难的创新举措。三是加强政策宣传，鼓励中小企业参与政府采购活动。通过举办培训班、讲课、印发宣传资料等，积极向中小企业宣传，让企业及时了解政府采购促进中小企业发展的相关政策措施；鼓励和帮助中小企业申报自主创新产品，落实中小企业参与政府采购的各项优惠政策；严格实施政府采购进口产品审核管理，引导和鼓励政府部门优先购买本国产品；认真受理投诉，切实维护中小企业参与政府采购的合法权益等。四是专题调研，在扩大内需中支持省内重点企业发展。根据省领导指示，江苏省财政厅就扩大内需中如何支持省内企业发展到有关企业专题调研座谈。先后到盐城等地调研，听取悦达起亚汽车、梦兰龙芯电脑、南汽名爵汽车等省内重点生产企业的意见，提出支持省内重点企业发展的建议。积极协调，推动第四届全国政府采购监管峰会在盐城召开。来自全国政府采购系统的200多名代表听取江苏省关于支持自主创新、扶持中小企业发展的发言，参观盐城悦达起亚公司，为将江苏省企业和产品推向全国搭建平台。

【规范管理推进制度建设】根据《政府采购法》及相关规定，不断健全制度，完善机制，规范程序，提高监管质量和效率。共制定出台3项制度：《政府采购投诉处理法律咨询论证制度》对政府采购重要事项进行事前法律咨询、事中法律论证及法律审核，有效规避和防范法律风险。《政府采购评审专家管理办法》在研究政府采购评审环节特点和风险的基础上，针对各市监管工作检查考核中发现的薄弱环节，细化政府采购评审专家条件、义务和责任，进一步规范政府采购专家评审行为。《政府采购档案管理暂行办法》为科学、规范、高效管理和利用政府采购档案提供保证。

【扩大政府采购的规模与范围】2009年全省政府采购范围不断拓宽。采购品目向多样化发展，节能、节电设备，防汛、抗旱、救灾、农用等物资，会议、国内机票等服务类项目都已列入政府集中采购目录。针对江苏省公开招标限额标准偏低的情况，为提高政府采购效率，在广泛调研的基础上，提出调整省级公开招标限额标准的建议，报经江苏省政府批准。

围绕政府中心工作，政府采购关注民生，服务三农，不断拓展服务的领域和范围，收到良好的经济效益和社会效益。省级集中采购机构发挥优势，先后完成省援建四川绵竹市医疗卫生装备及省本级援建四川绵竹项目全程跟踪审查与监管定点服务商、省义务教育阶段学生免费教科书、农村幼儿园建设家具工程、户外活动器械、义务教育阶段学生英语、汉语出版物、太湖流域监测等重大项目的采购，其中，税控收款机选型项目预算资金近20亿元，省政府办公厅发简报肯定。

省级制定政府采购协议供货管理暂行办法，进一步明确监管部门和操作机构的职责，对协议供货信息发布、采购程序、权益保护等规定进一步细化。

【强化政府采购监督管理】按照科学化、精细化管理的要求，不断完善政府采购采购预算执行管理系统。创新考核形式，细化考核内容。为提高监管考核效果，邀请部分省辖市政府采购监管部门老同志带队，组成四个考核小组，分别对各市政府采购监管工作进行检查。考核程序标准统一，考核视角独特新颖，考核工作扎实细致，形成全省政府采购监管部门“比学赶帮”的新局面，提升各市监管工作水平。依法受理投诉。规范程序，依法处理。截至12月底，共处理供应商投诉8件、人民来信7封，未发生行政诉讼案件。

【做好宣传教育培训工作】加强信息公开化建设。完成江苏省政府采购网改版工作，省级政府采购网不断扩容，及时、准确发布政府采购政策、制度、规定和各类信息。截至2009年12月底，江苏政府采购网共发布招投标信息7288条，网站点击率达1200多万人次。编印《政府采购与阳光工程》，加强政府采购正面宣传，对江苏省政府采购工作多方位、多角度报道，共收录反映江苏政府采购的成功案例117个。加强从业人员学习培训。在全国率先制定政府采购从业人员学习培训办法，编印政府采购培训教材，又组织专业人员编印政府采购继续教育培训教材，举办全省政府采购系统政府采购研修班和政府采购继续教育研修班2期，完成362人次的培训任务。在媒体宣传方面，全国政府采购三大专业媒体对江苏省的报道数量居全国前列，截至2009年12月底，《中国财经报》及《中国政府采购》杂志共刊发文章92篇，《政府采购信息报》刊发文章148篇。

【开展GPA谈判应对工作】自2008年12月24日省政府召开“江苏省级加入GPA谈判工作联席会议”第一次工作会议，江苏省正式启动GPA研究工作。具体工作为：一是建立机制，落实人员。建立“江苏省加入GPA谈判联席会议”制度。省委常委、常务副省长赵克志担任组长，省财政厅潘永和厅长担任副组长，省委办公厅、省发改委等20个厅局分管领导担任联席会议成员。办公室设在政府采购处。二是明确职责、任务及要求。明确江苏省GPA研究工作分基础研究、初步谈判应对和深入研究3个阶段进行。明确各部门的职责、任务和要求，明确第一阶段的4个重点课题及牵头部门，分别是：加入GPA对本省经济和社会发展影响分析，由省发改委牵头；“GPA成员次中央政府开放清单及例外情形”，由省财政厅牵头；本省产业竞争力评估分析及其对策研究，由省经贸委牵头；政府采购法律事务研究，省法制办牵头。三是创造条件，提供保障。印发参阅材料8期，安排专项经费，组织3次学习培训，召开座谈会。四是组织开展课题研究。组织有关部门及专家研究评估加入GPA对江苏省产业以及经济和社会的影响。

（江苏省财政厅政府采购管理处供稿）

浙　江　省

【概述】2009年，浙江省首次制定全省集中采购统一目录，将办公自动化设备、汽车等25类政府采购项目纳入统一目录，逐步规范各设区市和义乌市的集中采购范围，研究和完善省级集中采购目录，将33类项目列为省级集中采购目录，3类项目列为部门集中采购目录，科学合理界定集中采购与分散采购范围；启动省级政府投资建设工程纳入政府采购管理试点工作，对省公安厅、药监局、专用通信局、水文局、交通厅、档案局等6家省级单位的财政投资建设工程实施政府采购监管，强化试点单位工程采购项目预算编制、采购文件备案和资金支付管理，探索建立政府投资建设工程实行政府采购规范化管理的有效机制；逐步扩大协议定点采购范围，将办公设备耗材纳入定点采购，对打印机和复印机等9个品目的耗材实施定点采购管理。2009年，全省政府采购预算513.72亿元，实际采购金额449.69亿元，节约资金64.03亿元，资金节约率达12.46%。

【推进全省政府采购信息化建设】一是省级单位政府采购预算编制和执行、采购活动组织实施业务实行网上全程流转，全年共办理政府采购计划确认31589份、预算追加审批6729条、采购文件备案登记27985份，提升执行效率。二是按照《浙江省政府采购信息化建设推广和实施方案》和《浙江省2009～2012年政府采购信息化建设推广计划》的要求，在嘉兴等4个市和14个县（市）推广实施“政府采购信息管理系统（内网系统和外网系统一期）”；同时，包括全省协议供货集中交易平台、电子商务等在内的二期系统开发进入需求论证阶段，征集政府采购当事人意见并优化完善系统需求，对“浙江省政府采购信息化建设全省一体化方案”进行专家论证和开发建设。三是全面完成浙江政府采购网的改版和升级，丰富网站功能和内容。

【拓展和发挥政府采购政策功能】一是加大对自主创新和节能环保产品的政府采购支持

力度，充分发掘省内的自主创新和节能环保产品及潜在的供应商，在全省组织开展自主创新和节能环保产品调查，由财政部门牵头，动员质监、发改、教育、科技、卫生、环保等相关职能部门，对全省境内企业单位生产或研究开发的自主创新型产品和已获得相关部门认证但尚未列入国家《节能环保产品目录》的节能环保型公务用品、基建材料等进行摸底调查，为其申报列入国家《自主创新政府采购产品目录》或《节能环保政府采购产品清单》提供基础材料。二是研究制定并推行《浙江省政府采购招标文件范本（试行）》，在“评审方法参考标准”中，对自主创新和节能环保产品规定加分或价格扣除的办法，以体现自主创新和节能环保产品的政策支持。三是组织召开中小企业政府采购座谈会，对中小企业参与政府采购市场的情况，以及政府采购支持中小企业消除国际金融危机冲击等进行研究讨论，并提出政策手段和建议。四是结合“服务企业、服务基层”双服务活动，主动组织企业进行座谈，为省内企业提供政府采购支持中小企业发展和节能环保、自主创新的政策解答。五是按照中央和省委、省政府厉行节约、控制行政成本的要求，强化政府采购在预算管理和资金支付方面的“关卡”作用，严格控制机动车辆购置及运行维护、会议培训等一般性行政支出。

【组织开展浙江政府采购10周年宣传活动】为回顾和宣传浙江政府采购制度实施10周年历程和成效，浙江省财政厅与省采购中心、《浙江财税与会计》杂志社、《浙江日报》报社合作，组织开展一系列纪念宣传活动。一是在全省开展浙江政府采购10周年知识竞赛活动，共收到答卷3000多份，近160人获奖；二是开展“浙江政府采购10周年”主题征文活动，面向全国征集与浙江政府采购成长发展有关的作品，共收到稿件90多篇，评出获奖作品5篇；三是在《浙江财税与会计》、《浙江日报》设立纪念专刊，全面总结浙江政府采购发展历程和经验成果。

【加入GPA谈判研究工作取得阶段性进展】一是按照省加入政府采购协议谈判工作领导小组确定的工作目标、任务和时间安排，组织和牵头引导省级成员单位做好各项研究工作，完成各GPA分课题研究报告，并形成浙江省总报告。二是组织东部各省市开展研究工作，在天津、上海和江苏等地召开东部地区GPA联络员会议，对东部地区四个课题的研究思路、研究大纲和研究方法进行讨论和完善，统一东部地区的研究思路、研究大纲和研究方法。三是配合商务部举办《政府采购协议》研讨会，邀请世界贸易组织的GPA专家培训《政府采购协议》相关内容。四是根据WTO《政府采购协议》谈判应对工作的保密管理要求，制定《浙江省加入WTO〈政府采购协议〉保密工作实施细则》，使保密工作有章可循。

【强化采购业务监管】一是依法对本省申请审批政府采购代理机构乙级资格和确认原招标代理资格范围内从事政府采购工程代理资格的单位进行资格认定。截至2009年底，全省甲级政府采购代理机构18家，乙级政府采购代理机构105家，其中，2009年共审批乙级资格和确认资格分别为19家和12家。开展政府采购代理资格延续工作，制定代理资格延续的相关规定，共对三批17家代理机构完成资格延续工作。二是对金额较大、社会关注度高、技术复杂或有举报、质疑的项目进行跟踪监督，2009年共对省教育厅中小学计算器项目、省司法厅执法专用车项目、省高速交警总队电子抓拍仪器项目等重大政府采购项目进行现场监督和跟踪问效。三是依法受理和调查政府采购供应商投诉。浙江省财政厅共受理供应商投诉案件16起，已办结15件，处理各类举报和人民来信27件，形成以“倾听、解释、服务”为核心的供应商投诉处理模式。

【严格执行公务用车控购管理】按照省委办［2009］25号文件精神，贯彻执行公务用车购置冻结一年的政策，但对于不属冻结范围的特种用车和执法专用车，按照中央及省有关政策制度，认真审核，从速办理。

【加强制度建设和人员队伍建设】一是适应信息化、网络化政府采购工作环境，研究制订《浙江省政府采购档案管理办法》、《浙江省政府采购供应商注册及诚信管理办法》、《浙江省政府采购招标文件范本（试行）》，推动供应商基础信息管理和全省政府采购市场诚信体系建设，规范和提高政府采购招标文件编制质量和水平。二是组织政府采购管理人员和从业人员培训，分别举办全省采购代理机构人员培训班、全省政府采购协管员培训班、全省政府采购管理人员和集中采购机构培训班、全省政府采购信息化建设培训班等，强化政府采购从业人员依法采购意识和职业道德纪律。实施代理机构从业人员培训考试制度，对参训人员实行闭卷考试，其中第一期代理机构人员培训班共有 404 人参加培训，考试通过 333 人；第二期培训班共有 233 人参加培训，考试通过 152 人，切实提高代理机构从业人员业务水平。三是组织政府采购评审专家座谈会，对评审专家进行专业知识培训和职业道德教育。

【深入开展调查研究】浙江省财政厅、省政府采购中心成立两个课题小组，针对个别政府采购产品存在的价格高、质量差、效率低等问题，上门走访浙江省农业科学院、浙江省图书馆、浙江传媒学院、浙江医院等采购单位，并组织部分供应商和采购中介代理机构进行座谈，研究问题成因及解决对策，形成近 1 万字的课题研究报告，并将其转变成改进服务、提高效率的工作成果。

（浙江省财政厅政府采购监管处供稿，花晓山执笔）

宁　波　市

【概况】2009 年，宁波市政府采购工作的基本思路是在宁波市财政局党委的领导下，全面贯彻落实科学发展观，以《2009 年度宁波市政府采购工作要点》为主线，按照“完善制度建设，强化规范管理，落实政策功能，加快信息化建设，增强督查力度，应对 GPA 谈判”的原则安排各项工作，取得了一定成绩。

2009 年 1 ~9 月实际政府采购金额 84.58 亿元，较上年同期的 75.44 亿元增加 9.14 亿元，增长 12.16%，节约率为 12.3 %。其中：货物和服务采购金额为 17.12 亿元，较上年同期的 15.67 亿元增长 9.25%。预计全年可以完成政府采购 120 亿元，比上年同期增长 9%。

【加强政府采购制度建设】首先，制定并公布 2009 年度宁波市政府采购工作要点，指导各县（市）区财政部门和采购代理机构开展政府采购工作。其次，制定《宁波市政府采购评审专家管理暂行办法》，从政府采购评审专家的资格管理、申请登记方法、权利和义务、使用与管理、应承担的法律责任等方面进行系统规范，从制度上明确宁波市各级政府采购评审专家的评审行为。第三，为了强化各行政事业单位作为政府采购当事人的主体责任意识，夯实各单位政府采购内部管理制度基础，出台《宁波市级单位政府采购联络员工作制度》，明确政府采购联络员的产生程序、权利义务和工作纪律，系统地建立宁波市的政府采购联络员工作制度。第四，制定并公布新一轮的政府集中采购目录及采购限额标准，通过目录管理和限额标准的制订管理，明晰集中采购和分散采购项目的概念，并明确将工程领域中的货物和服务纳入政府采购管理范畴，扩大政府采购范围。同时，继续修改和完善《宁波市市级政府采购管理工作暂行规程》，准备年内出台。《政府采购招标文件制作范本》也按照工作计划进度，向各县（市）区征集各个专题书面意见，待修改完善后，分批向社会公布。

【继续强化政府采购规范化管理】继续巩固并努力扩大政府采购范围和规模。一是强化政府采购预算编制，明确政府采购预算编制内容和范围，配合财政业务处室，认真审核2009年度市级行政事业单位政府采购预算7.3亿元，并下达到各单位。进一步完善政府集中采购目录和采购限额管理，完善政府采购品目内容，布置落实2010年政府采购预算编制工作。二是严格按批准的政府采购预算执行政府采购活动，预计全年累计编制和汇总政府采购计划11亿元，并及时落实到各政府采购代理机构。三是进一步扩大政府采购协议（定点）采购范围，在原有政府协议（定点）采购的基础上，召开由市委、市政府、市人大、市政协、市纪委等部门参加的座谈会，征求对市本级车辆维修进行政府采购的意见和建议，经过充分酝酿后，制订车辆维修政府采购方案，在6月份向社会公开招标，并自8月1日起在市级行政事业单位推行车辆维修定点采购。四是在市级一级预算单位开展政府采购问卷调查工作，广泛征集各单位的意见和建议，针对意见进行归纳梳理，及时提出具体整改措施。

【贯彻落实政府采购政策功能】按照“环境标志产品政府采购清单”和“节能产品政府采购清单”，在新一轮的办公自动化设备、空调器采购活动中，对环境标志产品和节能产品实行倾斜；在全市范围开展自主创新和节能环保产品调查，争取通过浙江省和财政部申报列入国家《自主创新产品目录》和《节能环保目录》，加大国家对宁波市自主创新产品和节能环保产品的政府采购支持力度；认真履行财政部门审核政府采购进口产品的监管职责，规定凡没有获得财政部门核准的《政府采购进口产品核准函》的行政事业单位和团体组织，不得采购进口产品；研究制定政府采购关于扩内需拓市场促调整保增长等方面的政策措施，积极引导各行政事业单位树立优先采购本地货物和服务的理念，并在加强政府采购预算编制、本地货物和服务优先采购、政府采购标书制作和供应商资格条件方面提出意见。

【继续加紧政府采购信息化建设】按照政府采购规范化、科学化和精细化的要求，继续努力推进政府采购信息化建设工作。一是在政府采购内网建设方面，经过多次梳理政府采购业务流程和征求财政各业务处室意见，完善政府采购信息管理系统，部署落实上线工作。自2009年4月起，分3个阶段部署上线工作，分3期做好对行政事业单位、市政府采购中心和社会中介机构及财政内部业务处室的操作培训工作。目前该系统已在市级58家行政事业单位正式运行，系统运行的涵盖面涉及各行政事业单位、市政府采购中心和社会中介采购机构、财政内部业务处室及使用宁波政府采购外网的协议供应商等。同时，针对运行中收集和反映的问题，及时修改和完善系统，为下年扩面增量打下基础。二是在政府采购外网建设方面，在现有网站功能的基础上，增加历史协议采购入围数据查询和协议采购商品质疑投诉模块，主动接受社会各界的监督，提高政府采购透明度。同时，研究开发政府采购评审专家库，完善政府采购专家分类、登记、抽取、使用和评价等方面的功能，提高评审专家库的科学性、安全性和便捷性。

【增强政府采购监督检查工作力度】一是加强对操作执行环节的监管力度。继续抓好《宁波市政府采购当事人行为规范》和《宁波市政府采购程序及技术规范》两个规范性文件的落实工作，严格规范各行政事业单位、政府采购代理机构、政府采购评审专家和供应商等的政府采购行为。二是加强投诉处理，处理和答复投诉3件，处理举报3件，及时化解矛盾，促进公平竞争。协助县（市）区政府采购监管部门处理投诉7件，将对7家供应商的处理结果在网上公告，并做不良行为记录。三是加强对协议（定点）供应商的监督管理，在宁波政府采购网中增加历史协议采购入围数据查询模块，加强协议采购价格透明度，同时增加协议采购在线投诉模块，各行政事业单位对协议采购的价格等问题可及时在网上投诉，增强政府采购网上监督功能。同时，对市本级定点印刷企业定点采购情况进行专项检查，督促企业严格执行定点供货管理办法。四是扩大政府采购专家库，2009年新增评审专家80名，同时多种渠道征集评审专家，通过发邀请函的形式，主动邀请符合条件的评审专家加入政府采购评审专家队伍。五是在上一轮政府采购特邀监督员聘期结束后，及时调整人员结构，聘请市人大、政协代表及市审计、工商等16个部门的代表，组成新一批政府采购特邀监督员，召开特邀监督员会议，重新颁发政府采购特邀监督员聘书，进一步加强社会监督力量，提高政府采购透明度。六是进一步规范政府采购代理机构的招标投标管理行为，对社会中介机构开展政府采购业务培训，同时根据《宁波市采购代理机构考核管理办法》，对社会中介机构进行考核，按考核结果进行责任追究或者表彰，加强监督管理。

安　徽　省

【概述】2009年，安徽省政府采购规模首次突破300亿元，达到350.57亿元，比2008年增加94亿元，增长36%，其中省本级采购规模突破30亿元，达到34.39亿元。推动2009年政府采购规模大幅增长的主要因素有：一是加强财政专项资金政府采购工作。各级财政部门通过合理制定集中采购目录和限额标准等措施，将民生工程、新农村建设、农机具、良种等国计民生项目逐步纳入政府采购范围，加大对财政性资金偿还的借（贷）款、中央和省级补助专款、国债资金项目实施政府采购的力度。二是扩大服务类项目实行政府采购的范围。将小汽车维修、部门预算安排的专项经费中利用社会服务或中介服务等项目，纳入政府采购范围。三是规范公共工程项目政府采购管理工作，全省工程类政府采购规模继续保持快速增长，全省有11个市的工程采购规模超亿元，工程项目采购总额占全省采购总规模达70%。

【继续完善政府采购制度体系】一是制定印发《关于进一步加强政府采购工作的意见》，要求各地区、各部门加强对政府采购工作的组织领导，加大政府采购监督管理和执行工作力度，完善政府采购工作机制，推进政府采购工作健康发展。二是制定印发《关于加快省级政府采购预算执行工作的通知》，要求省级采购人合理安排政府采购计划，均衡执行年度政府采购预算；督促集中采购机构不断创新工作方式，严格实行限时办结制度，切实提高工作效率。三是制定印发《政府采购供应商诚信档案管理办法》，明确诚信档案的建立和使用，促进政府采购供应商依法经营、诚实信用和公平竞争。四是制定印发《安徽省电子化政府采购管理暂行办法》等制度办法，为应用和推广电子化政府采购作制度上的准备，保障电子化政府采购管理应用系统安全、高效运行。

【认真落实政府采购政策功能】一是加大节能产品政府采购工作力度。与省经信委联合转发财政部、国家发改委《关于调整节能产品政府采购清单的通知》，扩大节能产品政府采购范围，对空调机、电视机、照明产品等九类产品严格实行政府强制采购节能产品制度。二是及时公告调整信息安全产品强制性认证实施要求。积极贯彻财政部、国家质量监督检验检疫总局和国家认证认可监督管理委员会《关于调整信息安全产品强制性认证实施要求的公告》精神，及时将公告内容登载在“安徽省政府采购网”进行宣传，并要求在《政府采购法》规定的范围内强制实施。三是积极贯彻落实《安徽省人民政府关于促进经济平稳较快增长的若干意见》文件精神，严格执行政府采购有关制度规定，积极发挥政府采购促进经济平稳较快增长的政策功能。

【深入开展政府采购工作调研】一是完成“完善政府采购机制研究”课题。按照财政厅下达的课题研究任务，针对政府采购发展现状及存在问题，进一步寻求完善政府采购机制的对策，按时完成“完善政府采购机制”课题研究任务。二是开展政府采购信息统计工作调研。根据财政部有关要求，组织各市财政局及省政府采购中心进行调研，就改进与完善政府采购信息统计报表体系，做好政府采购信息统计及分析工作广泛征求意见，并将调研结果按时上报财政部。三是开展电子化政府采购系统建设调研。按照财政部统一部署，就如何建设电子化政府采购管理及交易系统，推进电子化政府采购工作进行调研，并形成调研报告报送财政部。四是积极配合厅监察室就2009年全国财政纪检监察重点课题“加强和完善政府采购监管”进行调研，并按时提交调研报告。

【依法处理政府采购供应商投诉】一是坚持依法受理。对供应商投诉案件认真进行审核，凡符合投诉要件、书面材料齐全的投诉案件准予受理。二是认真调查取证。受理投诉后，采取调阅采购项目档案、询问相关人员、咨询省内外相关技术部门、召开质证会等形式，调查、了解、核实投诉内容的事实真相。三是慎重作出处理决定。既重事实、讲证据，又明确责任、明断是非。公平、公正，依法作出处理决定，使投诉关联各方心服口服。四是注重预防投诉产生。要求集中采购机构严格按采购程序规范操作，对供应商的质疑和询问，要耐心细致地做好解释工作，并给予书面答复；对暂时不能答复的，要做好沟通解释工作，积极主动做好投诉的前置性处理工作，及时有效化解矛盾。2009年，全省政府采购管理部门共收到供应商投诉32起，其中受理29起，不予受理3起。按处理情况分类，撤诉2起，驳回11起，进行处理16起；按采购方式分类，公开招标21起，竞争性谈判4起，询价4起；按被投诉人分类，采购人12起，集中采购机构17起。省级共受理投诉案件6起，积极配合省纪委调查处理1起市级政府采购举报案件，依法处罚4起供应商违规案件。

【稳步推进电子化政府采购工作】一是科学组织、稳步实施。安徽省电子化政府采购系统按照“一套系统，两个网络，三个平台，四个信息库”的总体规划和设计框架，分步开发实施：2009年1月，省级政府采购门户网站、专家库系统投入运行，实现政府采购信息发布、采购审批事项公示、评审专家注册及自动抽取、法规及采购业务查询等功能；2009年12月，电子化政府采购协议供货采购模块、电子采购文件编评系统、执行操作、采购监管等模块投入试运行；2009 年底，省级电子化政府采购管理应用系统五大主要功能（综合信息服务功能、监督管理功能、电子交易功能、协作共享功能和决策辅助功能）基本得以实现。二是加强交流、有序宣传。在《中国财经报》刊发《安徽省财政厅着力构建电子化政府采购管理应用系统——采购电子平台即将投入试运行》；在《政府采购信息报》刊发《安徽 2009 年拟建成并运行省级电子化采购平台》；在全国电子化政府采购工作座谈会上，介绍安徽省电子化政府采购系统建设情况；举办省级预算单位、供应商政府采购协议供货网上采购业务培训班。

【组织开展 GPA 谈判应对研究工作】一是认真贯彻落实全国会议精神。召开安徽省 GPA 谈判研究工作组会议，传达全国会议精神和中部地区联络组会议精神。多次组织召开课题组专家会议，确保研究方向和思路应势而动。按照中部地区联络组会议部署，按时完成安徽省政府采购相关法规制度的整理入库工作。二是重新确定研究任务分工。在修改完善各个研究课题的基础上，将安徽省 2009 年 GPA 谈判应对研究内容分解为“政府采购范围、规模和结构在现行规则与 GPA 规则下的差异分析”、“加入 GPA 对安徽省社会经济发展影响分析”和“安徽省产业竞争力评估分析及其对策研究”三个方面的子课题，分别由省发改委、省经信委和省财政厅牵头组织开展研究。三是扎实开展 GPA 基础工作。编发 GPA 工作信息，服务于领导小组决策和工作组成员单位 GPA 研究工作；举办 GPA 培训，帮助 GPA 研究工作组成员了解 GPA 谈判形势和要求；开展工作调研，组织工作组成员单位赴东部地区 GPA 工作牵头省份考察学习，借鉴和吸取先行省份的先进经验；加强保密管理，会商省保密局制定印发《安徽省加入 GPA 谈判研究保密工作实施细则》，切实加强 GPA 谈判研究保密工作管理。

【积极实施政府采购规范化管理】一是举办政府采购业务培训。2009 年 5 月，举办政府采购代理机构业务培训班，培训内容包括政府采购法、政府采购政策功能、政府采购程序与流程设计等，全省经认定资格的政府采购代理机构近 100 人参加培训；11 月，举办协议供货网上采购业务培训班，培训内容为协议供货网上采购的业务流程及操作方法，42 家省直有关部门负责政府采购业务操作人员参加培训。二是依法开展政府采购代理机构资格认定。2009 年，共审核认定 7 批 11 家企业为政府采购业务代理机构，并依法颁发资格证书。对符合延续条件的 11 家代理机构办理资格延续手续，换发“政府采购代理机构资格证书”。三是加强政府采购信息发布管理。制定印发《关于做好安徽省政府采购网信息发布工作的通知》，明确各市、县政府采购信息发布内容，要求政府采购所有采购方式（公开招标、邀请招标、竞争性谈判、询价、单一来源）的采购公告、更正公告及中标（成交）公告等信息必须在安徽省政府采购网适时发布，建立市、县政府采购信息发布联系人、责任人制度，确保发布信息的真实、完整、及时、准确。四是加强政府采购评审专家管理。完善政府采购专家管理软件，实行专家网上自助注册、采购中心网上远程抽取、语音及短信通知；实行在库专家动态管理制度，专家学历、职务、工作单位等信息发生变动的，及时在专家库中进行调整；对有违法违规行为的专家依法严肃处理，2009 年 6 月，将 5 名严重违规违纪的电梯类专家从省级专家库中予以除名；继续征集专家、充实专家库，印发征集评审专家的通知，向社会征集政府采购评审专家。2009 年，新征集专家 100 余人。截至 2009 年底，省级专家库共有专家 1213 人。五是做好政府采购信息统计工作。组织开展全国政府采购信息统计网络版软件培训，实现省市两级全国政府采购信息统计报表网络报送。认真开展统计结果分析工作，按时向财政部报送统计报表及文字分析材料。

（安徽省财政厅政府采购处供稿）

福　建　省

【概述】2009 年全省采购规模 122.58 亿元，较 2008 年增长 2.84%；实际采购金额 104.70 亿元，节约资金 17.88 亿元，节约率为 14.59%。全省采购节能产品 3.63 亿元，占采购同类产品的 68.61%；采购环保产品 3.77 亿元，占采购同类产品的 91.97%；省内政府采购合同金额 81.63 亿元，占采购合同总金额的 77.96%。一是制定本省节能、环境标志、自主创新产品政府采购清单，实行清单产品优先采购。在福建省经贸委、环保局、科技厅组织政策功能产品征集、评审、公示的基础上，会同财政部门制定《福建省节能、环境标志、自主创新产品政府采购清单》，包括节能、节水产品 53 项、环境标志产品 29 项、自主创新产品 54 项。将本省符合政策功能要求的产品经有关部门认定后纳入福建省节能、环境标志、自主创新产品清单，在公开招标过程中给予一定幅度的加分或价格扣除，有效地实现对本省政策功能产品的扶持。二是持续扩大本省节能、环境标志、自主创新产品清单范围。促进科技、经贸、环保等相关部门根据实际情况，建立和完善相关产品的认定标准、评审方法、公示制度和更新机制，加强对清单产品的动态管理，持续将符合认定标准的产品纳入清单并使之制度化、常态化、规范化。2009 年会同省科技厅陆续将两批经认定的自主创新产品（共计 61 家企业、106 个项目、135 个型号）纳入政府采购清单，对经认定的自主创新产品，在政府采购活动中予以优惠待遇。三是及时研究出台政府采购促进本省产品扩大省内市场的政策措施。根据本省企业和产品参与政府采购活动的实际情况，会同省经贸委出台《关于政府采购促进我省产品市场开拓的实施意见》，提出政府采购促进本省产品开拓省内市场的具体措施，推进在政府采购活动中优先使用本省产品。四是出台政府采购促进本省中小企业发展的具体意见。明确扶持对象、项目范围及本省中小企业认定依据，提出对中小企业优惠扶持的具体办法。根据招标采购采用的不同评审方法，对符合中小企业认定标准的投标企业分别采用加分或价格扣除的办法予以优惠待遇。

【规范政府采购执行操作】一是制定《福建省省级政府采购责任工作制度》，明确采购单位内部管理职责。对采购单位落实政府采购内部管理责任机构和人员提出要求，并对责任机构或责任人的确定原则及工作职责、工作人员应具备的条件及工作纪律等方面作出具体规定。推进单位完善政府采购内部监督和制约机制，建立责任人定期轮换和培训制度，增强单位内部管理责任，促进采购单位切实将法定的内部管理责任承担起来，推动单位政府采购内部管理制度体系的健全和完善。二是制定“福建省省级政府采购项目公开招标评标方法一览表”，推进最低价评标法为主要评标方法，有效降低政府采购成本。对集中采购目录内大部分的通用品目和部分特殊品目要求采用最低评标价法，促进评标标准定量化，压缩自由裁量空间，减少评标过程中倾向性因素干扰，进一步推动招标采购的公开、公平、公正，有效降低采购成本。三是制定“福建省省级部分通用办公设备配置标准一览表”，规范省级单位通用办公设备的配置。对政府集中采购目录内列入强制、优先采购清单的部分通用办公设备（包括计算机、打印机、传真及多功能一体机、复印机、速印机、投影仪等6个品目）设定基本配置的最高限价，并根据采购品目的技术性能划分不同的档次和价格区间，以满足单位不同层次的采购需求。各采购单位在进行公开招标、网上竞价采购时编制并对外公告的预算单价不得高于配置标准设定的价格上限，有利于减少过高标准或重复配备，促进节约型机关的建设。

【加强政府采购监管】一是做好采购代理机构资格延续工作，严把采购代理资格准入关。为规范代理机构资格延续工作，并将代理机构的日常监管与资格延续相结合，下发《关于办理延续政府采购乙级代理机构资格有关问题的通知》，对资格延续所需条件进行明确。2009年共对41家乙级政府采购代理机构的资格作出认定（其中延续资格24家、新申请资格14家、确认资格3家）。与此同时，推进代理机构资格认定工作实行网上审批，实现审批项目申报网络化操作，审批流程及办理情况实时网络查询。二是建立健全政府采购过程监督体系。开辟举报专栏，拓宽当事人的权利救济途径。在省级政府采购信息指定发布媒体开辟“举报”专栏，任何单位或个人发现招标文件或采购过程存在违反规定的，除依照法律规定向采购人和代理机构提出质疑的同时，均可登录该专栏进行举报，或书面向省采购办举报。2009年，共接收有效举报信息52条，针对举报情况进行核实，做到件件有答复、件件有落实，切实加强对采购过程的监督，及时地维护政府采购当事人的合法权益。认真受理投诉，依法对违规当事人予以处罚，严格执法。对采购过程中存在违反法律法规及相关规章制度导致投诉的，或采购代理机构在限期内不对招标文件进行修改的，对采购代理机构记不良行为记录并按相关法律、法规进行处理。2009年，省级共办理省纪委、监察厅转办举报件3件，受理投诉案件5起，对1起投诉案件作出处理决定（4起通过调解方式解决），并对2家违规代理机构记不良记录。

【加大政府采购培训力度】一是加大政府采购培训工作力度，推进政府采购从业人员从业水平的提高。2009年，分别针对政府采购代理机构从业人员和拟从事政府采购代理业务的机构从业人员、省直单位政府采购岗位工作人员、市县政府采购监管部门和集中采购机构工作人员，举办4期业务培训，参训人员近700人。将政府采购新政策和业务要求作为培训的主要内容，从政府采购基本操作流程、招标文件编制、主要业务办理要求、政策功能执行等方面对现行政策、制度进行详细解读，促进政府采购代理机构从业人员业务水平的提高，指导和推进政府采购工作进一步规范化。二是加强政策宣传与讲解，扩大政府采购政策的普及范围。根据工作推进的需要，围绕阶段工作重点，主动采取措施，通过报纸、杂志、网络等各种形式的宣传媒介，向社会各界宣传最新政策动向。定期通过专题简报《政府采购监督管理》，反映各界对政府采购监管工作的呼声，探讨涉及民生、与广大群众利益相关的带有普遍性的政府采购监管及执行层面的具体问题，解读政府采购热点、难点方面的问题，交流政府采购改革推进过程中的经验和举措。通过网络平台，定期发布出台的政策规定、工作动态，并结合政务公开和依法行政的要求，将政府采购规程和办事程序在网上公布，方便群众查询和监督。编撰《福建省省级政府采购监管工作手册》（2009卷），总计6.5万字，进一步完善手册内容，将省级政府采购机构的设置情况、各环节的主要操作流程以及现行主要的法律法规、规章制度办法收录其中，便于政府采购当事人操作，依法规范政府采购行为，同时扩大政府采购宣传。

（福建省财政厅政府采购监督管理办公室供稿，李穗华执笔）

厦　门　市

【概述】 2009 年全市完成采购项目预算 29.68 亿元，采购金额 24.47 亿元，节约采购资金 5.21 亿元，资金节约率达到 17.56%。

【加强政府采购制度建设】 一是制定《厦门市政府采购管理办法》，全面规范厦门市政府采购行为，提高政府采购资金的使用效益，保护采购当事人的合法权益，进一步明确采购各环节相关主体的职责、权限，促进廉政建设，使政府采购活动获得制度保障。该办法于 2009 年 12 月 28 日以市政府第 137 号令发布，自 2010 年 3 月 1 日起施行，是厦门市第一部关于政府采购的政府规章。二是制定《关于印发厦门市机关事业单位大宗货物政府采购实施方案的通知》、《关于厦门市机关事业单位部分设备政府采购实施网上竞价有关事项的通知》以及《关于印发大宗货物政府采购代理机构监督考核管理办法的通知》，在厦门市机关事业单位推行大宗货物政府采购。三是制定《厦门市市级政府采购预算管理暂行办法》，通过编制政府采购预算增强政府采购的计划性，通过预算管理的约束力进一步规范政府采购行为。四是制定《关于进一步规范政府采购代理机构选择有关问题的通知》，对政府采购代理机构的选择进行规范。五是按照《厦门市市场中介机构管理办法》有关要求，制定《厦门市财政局关于政府采购代理机构执业资格备案管理的通知》，完善对政府采购代理机构的执业备案和监督管理工作。

【创新政府采购机制】 厦门市从 2009 年 4 月 1 日起在全市机关事业单位实行大宗货物政府采购。通过对各单位采购需求的整合，化分散零星采购为集中批量采购，一是形成较大采购规模，充分发挥规模采购的效益，降低采购成本，提高财政资金的使用效益，也有利于防止腐败现象的发生，对促进廉政建设具有重要意义；二是通过较大的采购规模吸引更多产品生产厂家直接参与到政府采购中来，减少政府采购供货的中间环节，从而降低采购成本。配合大宗货物政府采购的开展，对部分设备政府采购实施网上竞价，对大宗货物政府采购实施计划表报送前已有年中单位临时急需采购纳入大宗货物范围的单项或批量预算在 15 万元以下的货物，经审批可用网上竞价的方式采购，更好地满足采购单位的需求。

【规范政府采购程序】 一是编制政府采购预算，强化政府采购的计划性。厦门市本级各机关事业单位在编制 2010 年部门预算时，编制政府采购预算。同时，根据厦门市政府采购的实际情况，分步对有关专项资金实施政府采购预算编制工作。二是规范采购代理机构的选择。规定凡未纳入大宗货物政府采购范围且单项或批量采购预算金额在 30 万元以上（含 30 万元）的政府采购项目（电力设备和电力工程除外），采购代理机构不再由采购单位自主选择，而是通过电脑随机抽取方式产生，从源头上解决采购代理机构唯采购人命令是从的问题，杜绝采购代理权“寻租”行为，防范商业贿赂，促进良性竞争。三是实行公务车辆集中统一采购。按照市政府有关要求，2009 年市直机关事业单位公务用车购置改变原来公务车辆定点采购，由采购单位在定点范围内自行选择车型进行采购的做法，而是将公务车辆实行集中统一采购，通过集中需求，采购统一的车型，有效降低公务车辆的采购成本。

【推进政府采购信息化建设】一是结合厦门市财政大平台建设，开发建设政府采购预算执行表网上报送系统。通过该系统各采购单位能够实现政府采购预算执行表的网络报送，改变之前的纸质化报送方式。通过提高政府采购管理工作的电子化操作水平，一方面使采购单位报送报表更加便捷，另一方面缩短报送时间，提高报送审核的效率。二是为保障大宗货物政府采购工作顺利实施，开发建设网上招投标、开评标系统以及电脑语音抽取专家系统等。同时，组织人员外出学习调研网上政府采购经验，完善网上招投标系统建设。

【加强政府采购监督管理】成立政府采购协会。该协会由政府采购管理人员、政府采购代理机构及其从业人员、各级政府采购单位等组成。通过成立协会更好地协调政府采购行业内外关系，服务协会各类会员，树立政府采购诚信形象，建立政府采购自律机制，充分发挥政府采购协会的监督协调和行业自律作用。同时，通过协会加强各采购代理机构的沟通联系，开展业务交流，强化技能培训，提高采购代理从业人员素质，监督政府采购活动，为营造“公开、公平、公正”的政府采购外部环境，促进政府采购事业健康发展服务。

实行政府采购代理机构执业人员培训考试制度。组织开展采购代理机构从业人员政府采购法律、政策、业务培训，强化采购从业人员职业道德和服务意识，提高采购从业人员素质。对执业人员除进行集中培训外，还进行考试，培训考试情况作为对政府采购代理机构年度考核的重要内容，对考试不合格的重新进行培训和考试，仍不合格的名单将在政府采购网上予以公布。

实行政府采购代理机构执业备案制度。按照厦门市市场中介机构管理办法有关要求，制定了政府采购代理机构执业资格备案管理相关办法，对在厦门市范围内办理政府采购代理业务的机构实行执业资格备案，完善对代理机构的监督管理。

严格资格审查，不断充实评审专家库。按照专家管理有关要求，严把专家准入关。一是对新增加的政府采购评审专家相关资格进行严格审查，在增加专家数量的同时确保质量。二是通过拓宽专家来源渠道，进一步充实评审专家库，如与市容环卫处联系，将其推荐的本行业相关专业人员，结合推荐情况经审核后纳入到政府采购评审专家库中。三是认真开展政府采购评审专家年审工作。四是根据实际情况增加评审专家库专业类别。

加强对代理机构的监督考核。规范采购代理从业活动，强化监督管理，尤其是加强对经发公司的监督管理，强化责任意识。经发公司负责大宗货物的采购、配送及售后服务等工作，其工作质量好坏和效率高低对大宗货物政府采购工作的成效起着决定性的作用，为此专门制定了对经发公司的监督考核管理办法。

加强对供应商的监督管理。对供应商在政府采购活动中的违法违规行为，一经查实即予以严肃处理。如 2009 年大宗货物政府采购复印纸中标供应商在履约过程中多次出现供货产品严重质量问题，查实后对其进行终止合同、没收履约保证金、收缴违约金等，同时将其严重违约行为在政府采购网予以公开曝光。

抓党建工作促进业务开展。针对不少政府采购代理机构未成立党支部，党员管理比较分散的现状，统一成立政府采购代理机构党支部，把所有未成立党支部的政府采购代理机构的党员纳入进来进行统一管理，通过加强党支部建设，充分发挥党员的模范带头作用，以党建工作带动政府采购业务的提高。

依法及时调查处理投诉案件，严肃处理违法违规行为。全年共受理正式投诉7件，其中，投诉人撤诉1件，经调查作出处理决定6件。

（厦门市财政局供稿，袁文卿执笔）

山　东　省

【概述】2009年，山东省完成政府采购491.54亿元，比2008年增加86.9亿元，增长21.48%。节约资金85.68亿元，比2008年增加24.35亿元；节约率为14.84%，比2008年提高1.68%。为扩大政府采购规模，山东省采取的具体措施与取得的成效如下：一是深入推进市县政府采购改革，实现市县采购规模快速增长。2009年，山东省17市完成政府采购436.71亿元，比2008年增加87.43亿元，增长25.03%。其中，4市采购规模突破40亿元。二是加强工程类项目监管力度，工程采购成为“重头戏”。2009年，山东省完成工程类政府采购326.43亿元，比2008年增加75.27亿元，增长29.96%，占全部采购额的66.4%，比2008年提高4.3%，其中有4市工程采购额占全部采购额的比重突破80%。三是以将农用机械、农用物资等品目纳入政府集中采购目录为着力点，逐步理顺“三农”采购项目政府采购监管工作。2009年，山东省完成农业机具政府采购8.55亿元，种子种苗、化肥、农药等农用物资政府采购48.68亿元。

【深化管采分离体制改革】2009年7月，山东省财政厅正式组建政府采购监督管理处，副巡视员王慎民同志全面领导政府采购监管工作，刘仁民同志被任命为第一任政府采购监督管理处处长，主持处内全面工作。政府采购监督管理处的单独设立，成为山东省深化政府采购制度改革、加强采购监管的重要里程碑。同时，山东省继续加大“管采分离”体制改革工作力度，通过督促指导、监督检查、考核通报等措施，实现“管采分离”体制改革向县级纵深发展。截至2009年底，山东省省级、16设区市及10市所辖县市区实现“管采分离”；全省专职监管机构达到103个，在职工作人员达到551人。

【完善政府采购制度体系】一是省政府办公厅出台《关于进一步做好政府采购监管工作的意见》，就强化政府采购监管，推动深入实施政府采购制度提出九条意见，为全省政府采购监管搭建了重要的政策制度框架。二是省财政厅会同省人民政府应急管理办公室出台《山东省应急项目政府采购管理暂行办法》，明确自然灾害、公共卫生、社会安全等特殊事故情况下实施政府采购的方式与程序，在政府采购规范操作、公开透明原则下，确保应急项目的采购效率。三是省财政厅印发《关于启用山东省政府采购管理系统（新版）有关问题的通知》，以正式文件对新系统启用后预算执行、计划编报、合同填报打印、支付申请等操作提出具体要求。四是结合山东省实际，及时转发《财政部　国家发展改革委关于调整节能产品政府采购清单的通知》、《财政部　环境保护部关于调整环境标志产品政府采购清单的通知》等文件，严格要求执行国家节能环保产品政府采购政策与清单，并提出建立采购效果评价体系等具体要求，确保政策规定落到实处。

【严格政府采购代理机构管理】继续抓好以执业考试为基础的乙级代理资质认定与审验工作，严格把好政府采购代理入门关。2009 年，山东省两次组织实施政府采购代理机构从业人员考试，并通过准确调整考试难度，将考试合格率控制在 50% 左右，确保考试质量，促进政府采购代理整体水平的提高。依据考试结果，2009 年认定乙级代理资质 39 个，审核延续 71 个。

【强化政府采购政策功能】2009 年山东省各级财政部门在继续注重发挥好政府采购在节约财政资金、源头防腐等方面功能的同时，认真贯彻中央和省关于促进转方式、调结构工作要求，积极执行节能环保产品政府优先采购、强制采购政策，严格控制进口产品政府采购。具体措施与成效：一是继续加强重大采购项目立项论证，并严格招标评审的监管，努力提高财政资金使用效益。二是制定政府采购计划审批岗位责任制，实行分口负责、层层审核、严格把关，特别是 300 万元以上的采购计划、非招标采购及分散采购，要求逐级审核，并报分管厅领导终审，确保从采购源头把好预防腐败关。2009 年，山东省实行政府集中采购 474.6 亿元，占全部采购额的 96.55%；执行招标采购 378.99 亿元，占全部采购额的 77.1%，比 2008 年增长 4.42%。三是认真执行节能环保产品政府采购政策，严格进口产品政府采购审批。2009 年，山东省采购节能产品 6.36 亿元，比 2008 年增加 2.77 亿元，占同类产品采购总额的 69.45%，比 2008 年提高 16%；采购环保产品 4.35 亿元，占同类产品采购总额的 69.51%；采购本国产品 487.7 亿元，占全部采购额的 99.22%，有力地支持节能减排和本国产业的发展。四是继续做好教育、农业、社会保障等民生项目的政府采购工作。据不完全统计，2009 年山东省政府采购完成民生项目采购 142.65 亿元，其中中小学免费教材 10.48 亿元，农村中小学危房改造项目 0.22 亿元，财政补贴农民购置机具 8.55 亿元，种子种苗、化肥、农药等农用物资 48.68 亿元，防汛抗旱等救灾物资 74.72 亿元。

【加快政府采购信息化建设】研究开发新版山东省政府采购管理系统并于 2009 年 5 月 1 日正式启用。新系统实现预算指标、采购计划、委托协议、专家抽取、采购公告、采购场所、采购合同、资金支付等全流程全方位电子化操作与监管，并且与部门预算编制系统、国库集中支付系统无缝链接，实现预算指标、采购计划、支付核算的三系统联动及预算执行情况的实时统计分析。与原系统相比，新系统使政府采购操作更高效、更规范，使预算使用与资金支付更安全、更便捷，推动政府采购监管科学化、精细化再上新台阶。

【加强政策宣传与信息交流】一是高度重视宣传工作，充分利用《中国政府采购》、《中国政府采购报》等媒体，积极投稿，为山东省政府监管工作打造良好的舆论环境。二是编发《政府采购动态》，加强省内政府采购政策法规、经验做法宣传推广，同时也作为学习借鉴兄弟省市先进做法的重要平台。三是汇编《政府采购法规制度汇编》，内容涵盖国家、本省及兄弟省市出台的政府采购政策、制度、办法，为宣传学习政府采购政策法规提供详实材料。四是建立政府采购执行情况月报统计分析制度，实时反映政府采购预算执行、计划审批、合同签订、资金支付等情况，为政府采购监管查漏补缺、督促加快预算执行进度及实现财政科学配置调度资金，提供基础数据材料。

【做好 GPA 研究工作】在山东省应对加入 GPA 谈判工作领导小组统一领导和周密部署

下，各部位、各成员单位积极开展工作。一是省财政厅积极协调调度研究进展，并根据财政部统一要求，及时规划进一步研究工作思路。二是领导小组各成员单位根据任务分工，对所属行业相关企业参与政府采购状况、国际竞争力及加入GPA后可能遭受冲击等，进行定性、定量研究分析，并就有关典型产品形成初步研究报告。三是实行应对加入GPA谈判工作简报制度，有效畅通领导小组成员单位间信息交流渠道，有利于更好地协同开展GPA研究工作。

青　岛　市

【概述】2009年，全市政府采购预算为84.37亿元，实际采购金额为73.35亿元，节约资金11.02亿元，节约率13.06%。采购规模同比增长36%。货物、工程、服务采购金额分别为18.3亿元、51.69亿元和3.36亿元，分别占采购规模的25%、70.5%和4.5%。为扩大政府采购规模，青岛市主要采取以下做法：一是大力推行政府采购协议供货和定点采购。2009年，继公务用车保险、维修、加油、物业管理之后，又将造价咨询、设计、勘察测绘等工程前期服务类项目和印刷项目纳入协议供货，进一步扩大服务类采购范围和规模。服务类项目所占比重由上年的1%上升到4.5%。二是积极实施政府投资工程项目事前报备制度。政府投资工程项目在进行招投标之前，项目单位必须先到财政部门办理项目报审，招投标活动结束，再将合同向财政部门备案，实现对项目资金流的全程监督。2009年，财政投资工程类采购规模增长幅度达79%。

【建章立制】2009年是青岛市财政局的“强化基础建设年”，按照依法理财、科学理财、为民理财的工作要求，青岛市财政局党委要求进一步加大制度建设力度，先后出台《青岛市政府采购代理机构考核管理办法》、《青岛市市级政府采购预算管理办法》等6个办法，不断完善政府采购制度体系建设，大力构建靠制度管事，用制度管人的政府采购运行机制。尤其是政府采购预算管理方面规章制度的出台，对规范政府采购行为，强化预算执行约束力，建立公共支出的“立项——预算——执行——考评——检查”一体化管理起到了积极的推动作用。

【关注民生】2009年，青岛市集中财力加大以改善民生为重点的财政支出力度，增加在保障民生、解决民困、改善环境等方面的公众性、公益性项目支出，尤其是国家把“保民生”作为经济发展战略提出以后，民生项目采购成为政府采购工作的新任务。2006～2009年，市本级民生项目政府采购近11.32亿元，节约资金1.2亿元。通过实施政府采购，提高民生项目资金使用效益，各级政府惠民政策在政府采购环节得到更有效的落实。

【壮大财源建设】2009年，政府采购在促进企业发展、壮大财源建设方面进行积极探索和实践。一是创新政府采购管理方式，强化政府采购在促进财源经济建设中的作用，支持名牌企业和优势项目发展。2009年，扩大协议供货范围，将特种车、电动车等纳入协议供货范围，协助企业渡过难关，实现长远发展。二是强化政府采购履约监督，强化售后服务。政府采购项目实施过程中发现，重采购轻验收的问题还比较普遍，为解决这一问题，青岛市加大履约验收管理，对采购单位明确履约验收责任，对投标公司提高服务场所、机构的要求，以便更好地开展售后服务，对采购单位的服务需求响应更及时，对履约验收的监督更有效。2009 年，供应商履约情况较好，未发生履约质疑或投诉事项。

【推动电子采购】2009 年，青岛市财政局对政府采购网络管理系统进行升级改造，借助现代化科学技术手段，实现网上招标、网上竞价、自动语音通知等功能，并与电子监察系统对接，监察部门适时在线监督，并对 11 个主要环节进行违规预警管理，进一步增强电子监控和监督能力。系统具有鲜明的特点：功能设计更具前瞻性，不同功能模块可根据需求配置，系统的扩展性和兼容性更强；全程跟踪记录网上操作信息，与电子监察系统对接，实时数据交换，监督力度不断加大；体现人性化管理理念，操作执行更加便捷；电子化管理模式，实现政府采购集约化监督和精细化管理的有机结合。

【加强科技监管】2009 年 7 月，政府采购业务入驻市公共资源交易大厅集中交易，统一管理，借助公共资源交易大平台，政府采购监管工作更加科学、规范。一是信息发布更加透明。政府采购活动严格按照“统一进场交易，统一信息发布，统一规范流程，统一服务标准，统一监督管理”组织实施。政府采购信息分别在青岛市公共资源交易网、青岛市政府采购网、《青岛日报》、《青岛财经日报》4 家媒体上发布，提高政府采购信息发布的透明度。二是专家抽取更加规范。先由采购人确定所需评审专家专业，然后在财政部门、监察部门、公证部门的监督下，于开标前 1 小时进行随机抽取自动通知，并对通用项目实行独立评标，尽量减少人为因素干扰，促进专家评审公平公正。三是专家评审管理更加严格。专门设立专家评审专区，评审区域设有安检系统和手机信号屏蔽系统，评审人员不得将通讯工具带进评审区域，杜绝在无监督状态下评标人员与外界人员联系。每个评标室都安有监控系统，对评审区域进行全过程音视频监控。四是监督体系更加完善。市公共资源交易中心建立由行政主管部门、公共资源交易管理办公室、行政监督机关共同参与的监督管理联席会议制度，形成以单位内部监督、财政业务监督、监察全程监督、部门联合监督、社会参与监督的全方位监督机制，进一步加大联合监管力度。

【鼓励自主创新】鼓励自主创新，是实现科技兴国的主要措施，也是实现“调结构”的主要手段。2009 年，在鼓励自主创新方面，主要是在抓落实上下功夫：在政府采购活动中，明确规定采购文件应当有专门条款对属于环保节能产品和自主创新产品的优惠说明。在商务和技术部分给予 4% ~8% 加分的优惠，鼓励自主创新产品参与政府采购竞争，贯彻落实政府采购产业政策目标。

【加强队伍建设】2009 年，主要抓政府采购评审专家和采购代理机构两个方面的队伍建设工作。一是加强专家队伍建设，逐步建立动态考核机制。不断完善专家登记和征集工作，对原入库专家开展分类复审，对符合条件的技术经济专家发放评审专家工作卡，推行持卡上岗制度。完善专家抽取和使用管理，采取电脑随机抽取和自动语音通知方式，确保专家评审的独立性。建立专家评审跟踪考核制度，量化考核指标，根据各专家评审情况现场考核打分，根据考核结果对专家分级管理。二是加强采购代理机构队伍建设，推行执业考试制度和动态考核制度。2009 年 11 月，组织实施全市政府采购代理机构从业人员业务考试，加强代理人员职业道德教育和业务培训，推行政府采购代理从业人员考试学分制度和继续教育制度，不断提高代理机构人员的职业道德素养和履行岗位职责的能力。完善代理机构考核办法和实施细则，实行每个项目现场跟踪考核，实行定期通报和约谈制度，建立有进有退的动态考核机制，不断规范代理行为，提高代理工作的质量和水平。

【加大廉政建设】2009年，青岛市财政局继续加大廉政建设力度，采取多项措施构筑政府采购领域防腐倡廉长效机制。一是开展内部审计，对近3年的政府采购项目进行内部审计检查，并对存在的问题进行整改落实。二是畅通质疑投诉渠道。以进驻公共资源交易大厅为契机，增加公共资源交易大厅管理办公室、驻大厅监察室、行政电子监察网等质疑途径，拓宽质疑投诉渠道，把质疑投诉作为一项拒腐防变的重要措施来抓。三是加强廉洁自律和行业自律管理。开展政府采购从业人员法律知识考试，加强政府采购从业人员守法意识和廉洁自律意识，积极推进行业自律管理，引入招标制度选取采购代理机构，实施动态管理制度，构建行业优胜劣汰的管理模式。

（青岛市财政局供稿，乔红花执笔）

河　　南　　省

【概述】2009年全省政府采购规模达363.5亿元，较上年增长30.6%；节约资金52.4亿元，节约率12.6%。政府采购规模占当年财政支出的12.5%。一是严格政府采购预算编制审核，奠定规模增长的基础。主动加强与部门预算单位沟通衔接，及早介入部门预算编制环节，把好政府采购预算编制关口，做到应编尽编。紧盯年中预算追加项目，把属于政府采购的项目预算，同步追加政府采购预算。二是扩大政府采购范围，拓展规模增长空间。以落实积极财政政策为契机，协调相关部门将中央和省级补助中属于政府采购的项目纳入政府采购范围，逐步将财政支出中涉及的民生项目、重点项目纳入政府采购范围，拓展规模增长空间。中小学免费教材、广播电视村村通等纳入政府采购范围。三是加强分散采购管理，将单位自筹资金等纳入政府采购范围，从广度和深度上扩大政府采购范围和规模，尽量做到应采尽采。

【推进电子化政府采购】2009年，河南省加大电子化政府采购系统建设力度，在实现信息管理、专家随机抽取及语音自动通知等功能的基础上，组织软件开发商、监理公司、CA认证中心及招标公司等相关使用方，先后30多次集中研究反复讨论修改，完善优化软件基本功能。投入400多万元购置设备，升级改造硬件设施。2009年11月20日，河南省电子化政府采购系统通过工信部“信息安全保障”试点验收。专家组经过远程测试、现场评估，一致认为：试点项目很成功，达到预期要求，具有较高推广价值。截至2009年年底，全省18个省辖市基本实现政府采购信息管理功能，6个省辖市实现专家随机抽取、语音自动通知。郑州、焦作两市作为推广试点单位，电子化政府采购系统使用更加广泛深入，网上计划管理、网上招投标、合同管理、协议供货管理、反竞拍等功能逐步上线使用。

【服务企业发展】河南省财政厅贯彻落实省委省政府开展“企业服务年”活动的各项要求，制定《关于政府采购支持企业发展的实施意见》，充分发挥政府采购政策功能，采取7项具体措施，服务企业发展：一是严格控制政府采购进口产品，为国内企业提供更大的市场空间。二是支持企业自主创新，提高企业核心竞争力。三是优先购买节能、环保产品，推动企业产品升级。四是扶持中小企业发展，扩大企业产能和劳动就业。五是推动电子化政府采购，为企业参与政府采购市场竞争提供通畅的信息渠道。六是及时拨付政府采购资金，加快企业资金周转。七是重视质疑和投诉处理，为企业创造良好的竞争环境。

【规范采购方式变更行为】研究制定《河南省省级政府采购公开招标方式变更审批管理操作规程》，政府采购项目已达到公开招标数额标准，因特殊情况需要采用公开招标以外其他采购方式，或因公开招标采购失败或废标，需要采用公开招标以外其他采购方式的，必须采取专家论证、网上公示等措施，并提供相关证明材料，报政府采购监督管理部门批准。通过这一措施，使政府采购方式变更进一步公开透明化，方式变更的审批也更加科学规范，公开招标的主导地位得到巩固。据统计，2009年公开招标金额占政府采购规模的比例已达77.4%。

【开展GPA研究】一是建立GPA应对工作机制。在省政府的领导下，省财政厅牵头组建由16个省直部门组成的GPA谈判应对工作领导小组，制定工作规划，确定研究任务，开展人员培训，GPA谈判应对工作逐步推开。二是积极开展相关研究工作。组织各成员单位积极开展加入GPA对河南省的影响分析、产业评估等基础工作，为GPA谈判提供决策依据。2009年完成研究课题和情况分析13篇。三是完成中部地区政府采购法规信息库建设。按照财政部GPA任务分工，结合电子化政府采购系统建设，完成法规制度信息库软件开发工作，信息库逐步建立和完善。四是认真做好中部地区GPA工作联络组第三次协调会议的组织工作。2009年11月上旬，中部地区GPA工作第三次协调会议在河南召开，中部十省财政厅与会交流GPA工作。

【规范基础工作】一是完善政府采购信息发布措施。以中国政府采购网和河南省政府采购网为信息发布主渠道，实现全省政府采购信息同步发布，增强政府采购的透明度。2009年通过河南政府采购网公开发布政府采购信息1.5万多条，政府采购透明度大大提高。二是加强合同备案管理，为政府采购资金国库集中支付奠定基础；三是供应商投诉处理有序进行。完善供应商投诉处理专家评审制度，全年依法受理供应商投诉举报6件，基本上给予妥善解决。四是积极开展评审专家业务培训。2009年11月，分两期对省级2600多名政府采购专家进行业务培训和廉洁自律教育，提高评标专家的业务水平，增强廉政意识。

【加强内部管理】一是完善内部管理制度和操作流程。以机构改革为契机，对处内监督管理职责进行梳理，健全《政府采购监督管理处工作规程》等12项内部管理措施和内部业务流程，建立相互监督、相互制约的内部管理机制。二是完善计划审批程序，依法确定政府采购方式。建立分口负责制度和“AB角”制度，实行两级审核和限时审批，规范审批程序，提高工作效率，保证政府采购活动正常运行。

（河南省财政厅政府采购监督管理处供稿，宁熙文执笔）

湖 北 省

【概述】2009年，全省实现政府采购规模219亿元，超年度目标任务29亿元，比同期增加37亿元，增长20%；节约资金26亿元，资金节约率为12%；政府采购规模占GDP的比重为2%。其中，省级政府采购规模43亿元，武汉市政府采购规模44亿元，政府采购规模在10亿元以上的有宜昌、十堰、襄樊、荆州、黄冈、孝感、恩施、黄石等8个市（州），6亿元以上的有荆门、咸宁等两市，规模超过2亿元的县有10个。

【扩大采购规模】一是政府采购预算和支付管理逐步加强，全省已形成部门预算是基础、政府采购是手段、国库集中支付是保障，"三驾马车"并驾齐驱的格局。二是政府采购范围和规模逐步扩大，积极拓展政府采购范围和规模，强化对政府集中采购目录及限额标准的执行力度，做到法律规定范围内的政府采购项目应采尽采，将节能减排、新农村建设、基层基础设施建设、中小学免费教材等项目纳入政府采购范围。

【规范集中采购】湖北省政府采购中心按照《政府采购法》的规定，积极理顺省级集中采购机构的管理体制。2009年4月，湖北省机构编制委员会下发《关于明确省政府采购中心管理体制的通知》，同意将省政府采购中心按省政府直属事业单位规范管理，党群和后勤服务工作不再由省招标投标工作管理委员会办公室管理，成为直属省政府管理的事业单位，这样即完全符合《政府采购法》的规定，又有利于集中采购机构的健康发展。2009年集中采购规模200亿元，占政府采购规模的91%，其中政府集中采购占63%。公开招标采购160亿元，占政府采购规模的72%，确立集中采购和公开招标采购方式的主导地位。2009年各级政府集中采购机构发布政府采购需求信息公告7702条，发布中标、成交结果公告6737条。

【推进政府采购制度建设】一是进一步规范政府采购行为，增强政府采购制度在实际工作中的可操作性，巩固2008年政府采购专项检查的成果，省财政厅印发《关于建立政府采购台账的通知》，联合省监察厅、省审计厅印发《关于实施单一来源政府采购方式的管理规定》、《湖北省政府采购供应商资格审查管理规定》，联合省水利厅下发《湖北省水利工程运行维护项目政府采购实施管理办法（暂行）》。二是宜昌、荆州、恩施、潜江等市州分别出台《宜昌市关于进一步规范政府投资建设工程政府采购管理的通知》、《荆州市政府采购汽车维修协议供应商综合监管意见》、《恩施州公务车辆政府采购协议供货管理办法》、《恩施州州级公务车辆保险暂行规定》、《潜江市政府采购业务审核制度》、《潜江市政府采购过错责任追究制度》等办法。三是松滋、京山等县（市）分别出台《松滋市政府采购预案管理暂行规定》、《松滋市加强政府采购市场管理暂行办法》、《京山县关于规范乡镇农村中小学政府采购行为的通知》。湖北省基本形成比较完备的政府采购制度体系。

【完善政府采购监管机制】 一是加大对重大项目的监管力度。对重大政府采购项目，在项目实施前组织采购人、采购代理机构召开协调会议，制定详细的招标实施方案；在项目实施中，对评标方法的选择、评分标准的制定、评审专家的抽取等重点环节实施重点监控，同时还对开标、评标的全过程进行全程录音录像；项目招标结束后，对招标结果及实施情况进行跟踪问效。二是严格审批单一来源政府采购方式。按照《关于实施单一来源政府采购方式的管理规定》的程序及要求，对申请单一来源采购方式的项目进行严格审核。三是细化政府采购项目的评分标准。采购代理机构在制定项目评标办法时，对评分标准逐项细化，每个项目的评分分值不得高于 3 分，减少评审专家在项目评审中的自由裁量权。四是加强政府采购评审专家库建设。进一步完善专家分类标准，充实评审专家库容量，科学整合评审专家库资源。截至 2009 年，湖北省已有各类技术、经济、法律等政府采购评审专家 18156 人，其中省级有政府采购评审专家 2464 人。五是认真做好政府采购行政审批事项。2009 年审批认定乙级政府采购代理机构 32 家，向财政部推荐 7 家甲级政府采购代理机构。六是认真做好政府采购供应商投诉处理工作，建立专家评审机制。2009 年全省受理政府采购投诉事项 33 起，其中，省级受理政府采购投诉事项 4 起，处理 2 起，撤诉 2 起。协调襄樊、随州、汉川等市、县多起政府采购投诉事项。市（州）级受理政府采购投诉事项 5 起，县级受理政府采购投诉事项 24 起。七是加强政府采购协议供应商的监督管理。随州市对计算机、空调电器、办公家具等协议供应商进行动态管理，并逐步扩大协议供货的范围。

【推进电子化政府采购】 完善湖北省政府采购管理网建设，2009 年对湖北省政府采购管理网络系统进行全面升级改版。在原计划申报、合同确认流程基础上，增加网络对话、附件上传、计划合并、计划执行程序限时服务、万能组合查询等功能。简化政府采购审批程序。对政府采购计划审批、合同确认合理减少审核岗位、缩短审批时间，提高政府采购工作效率。对不可预见的紧急情况，采用紧急采购方式实施政府采购。十堰市简化办事程序和环节，最大限度压缩“体内”循环时间，积极为采购单位开通政府采购的“绿色通道”。荆门市对政府采购管理软件进行改版升级，压缩每个审核环节的办结时限，还指定专人每天定时浏览网上申报情况，发现问题及时与主管科室联系，减少审批积压现象。黄冈市率先进行政府采购网络交易系统的开发，目前已初步构建成一套无人干预、竞争充分、方便快捷的网上交易平台，该系统已开始试运行。

【充分发挥政策功能】 一是支持国内产业，严格审核进口产品的采购，2009 年全省采购国内产品的比重达到 99%，中小企业产品占政府采购规模的 79%。对计算机协议供货的招标，只能采购国产品牌。二是支持节能环保，继续抓好目前已实施的节能环保政府采购政策的落实工作。加大强制采购节能产品和优先购买环保产品的力度，2009 年全省采购节能产品 5 亿元，占同类产品的 100%；采购环保产品 8 亿元，占同类产品的 93%。三是支持自主创新，继续落实《自主创新产品政府首购和订购管理办法》、《自主创新产品预算管理办法》等制度规定，积极响应不同领域对政府采购扶持功能的要求，在支持自主创新品牌、推动保护政府机构信息系统安全等方面进行有益探索。各级集中采购机构在组织实施集中采购活动中，贯彻落实政府采购各项政策规定的意识明显增强，在采购文件制定、评审办法和评审标准中基本做到体现政策功能要求，政策功能实施效果明显增强。

【加强政府采购培训】 一是认真组织编写政府采购工作规范培训教材。2009 年，在《湖北省政府采购工作规范》的基础上，紧密结合政府采购实际工作，集中湖北省各市（州）的力量编著《政府采购工作规范概论》，系统地阐述政府采购活动中各方当事人在政府采购工作的各个环节所应遵循的规范。《政府采购工作规范概论》分为“总论”、“政府采购程序规范”、“政府采购行为规范”和“政府采购文本规范”四大部分，共 33 章，52 万字，该书于 2009 年 9 月出版发行。二是政府采购工作规范培训实行分级管理。湖北省政府采购工作规范培训由省财政厅统一组织和领导。省直各部门、各市州县财政部门分别负责各级政府采购从业人员的政府采购工作规范培训的组织、管理、考核、评价及监督。政府采购工作规范培训采用“五统一”的方式。即：统一教材，培训班统一采用湖北省财政厅编著的《政府采购工作规范概论》；统一师资，湖北省财政厅统一组织政府采购工作规范培训的师资培训，对培训及考试合格的人员颁发“湖北省政府采购工作规范师资培训合格证书”和培训教师聘书；统一试题，政府采购工作规范培训结业考试，由省财政厅统一命题，培训举办方在省财政厅的培训题库中随机抽取，省财政厅的培训题库大约有近 4000 多道试题；统一阅卷，考试采取答题卡的形式，省直各部门、各市（州）县的培训考试交由省财政厅统一阅卷；统一发证，参加政府采购工作规范培训考试合格的培训人员，由省财政厅统一颁发“湖北省政府采购工作规范培训合格证书”。三是精心组织湖北省政府采购工作规范师资培训。9 月 15 日至 17 日及 9 月 21 日至 24 日分别举办“省直单位政府采购工作规范师资培训班”和“全省市州县政府采购工作规范师资培训班”，圆满完成全省政府采购工作规范师资培训任务。两期培训班共培训省直各单位及全省各级政府采购监管机构、集中采购机构等政府采购从业人员 721 人。

全省政府采购工作规范师资培训班结束后，省直各单位和各市州县按照省财政厅的统一要求，组织本部门、本地区政府采购从业人员和相关人员的培训。其中荆州市举办两期近 500 人的政府采购从业人员工作规范培训。荆门市先后举办三期政府采购工作规范培训，培训政府采购从业人员、供应商、采购人达 490 人（次）。天门市组织全市各单位财务科长、经办人员、各乡镇财政所长、财政局各业务科室等共计 230 多人进行政府采购工作规范培训，邀请省厅和市纪委领导亲临培训指导。红安县、长阳县、汉川市、恩施市等地也及时举办政府采购工作规范培训。截至 2009 年底，已有 10 多个市（州）县、8 个省直单位完成政府采购工作规范培训任务，培训人数达 6000 多人。

【建立防腐长效机制】 湖北省坚持抓好治理政府采购领域商业贿赂工作，将此项工作作为长期性的一项日常工作，根据政府采购领域工作实际，针对一些敏感岗位和薄弱环节的监督制约，建立从源头防治腐败的长效机制。切实加强对政府采购领域敏感岗位和薄弱环节的监督和制约。

（湖北省财政厅政府采购管理处供稿，王晓明执笔）

湖　南　省

【概述】2009 年，湖南省政府采购预算金额为 187.56 亿元，完成政府采购合同金额即采购规模 164.74 亿元，节约财政资金 22.82 亿元，综合节支率为 12.17%。全省采购规模同比增长 18.62%，超额完成年初制定的 150 亿元的规模目标任务。

【开展改革创新】一是发挥政策功能，支持本省经济发展。2009 年湖南省财政厅认真贯彻落实湖南省人民政府《关于促进工业企业平稳较快发展的若干意见》（湘政发［2009］1 号）文件精神，积极采取各种举措，充分发挥政府采购政策功能，扶持中小企业，支持本省经济发展。第一，积极开展政策调研活动。先后走访调研了南车时代、开福家具、衡山汽车、金杯电缆、南方阀门等十余家省内重点企业和优势企业，完成《发挥政府采购政策功能　促进本省企业发展》的调研报告。第二，原则性和灵活性相结合，针对不同行业和具体采购项目选用定点采购、定向协议采购、单一来源采购等方式，采取强制采购、优先采购和推荐采购等多种手段，确保政策功能的落实。第三，联合湖南省科技厅、湖南省发展和改革委员会、湖南省经济和信息化委员会研究制定湖南省自主创新产品政府采购目录，为促进企业自主创新，扶持中小企业发展提供政策依据。2009 年，湖南省本级通过政府采购政策功能采购的项目，涵盖印刷、家具、服装、车辆制造、车辆改装、电力设备、中央空调、工程机械、新能源应用等多个行业和领域，合同订单总额超过 2 亿元。二是创新监管机制，成立行业协会。湖南省财政厅牵头发起筹备成立湖南省政府采购协会。2009 年 2 月 24 日，湖南省政府采购协会第一次会员代表大会暨成立大会在长沙顺利召开，标志着湖南省政府采购从单一的行政监管模式向行业自律管理与行政监管并举的二元化模式转变，具有深远的改革意义。该协会成立后，以“协调、服务、诚信、自律”为宗旨，重点围绕三个方面开展工作。第一，积极发展会员。截至 2009 年底，协会已登记注册会员 476 个，其中：代理机构会员 103 个，供应商会员 260 个，采购单位会员 110 个，个人会员 3 个。同时，对湖南省政府采购从业人员基本情况进行摸底和统计，建立从业人员信息库，为下一步组织开展政府采购从业人员培训、考试，实行从业资格制度打下了良好的基础。第二，建立行业自律机制。制定政府采购行业规约、职业道德准则和职业标准规范并负责具体实施。第三，开展宣传和交流。完成内部交流刊物《湖南政府采购》创刊号的编辑和发行工作。

【保持规模平稳增长】一是科学制定 2009 年规模目标，将其分解下达到各级财政部门，并将规模增长目标纳入年度工作考核内容。二是进一步扩大政府采购目录，将工程机械、车辆改装、电线电缆等纳入新一期集中采购目录范围。三是及时掌握专项资金、国债资金安排动态，尽可能将用于采购的资金“赶进笼子”、应采尽采。四是扩展政府采购范围和领域，以工程项目采购为突破口，探索采购规模新的增长点。印发《湖南省财政厅关于进一步明确工程政府采购有关事项的通知》，重申工程政府采购定义，进一步明确采购范围、采购标准和采购方式，采购实施步骤和实施程序，采购规模统计口径等，将游离在政府采购监管和统计范围之外的工程项目，纳入政府采购范围。

【规范监督管理】一是依法开展专项检查。2009 年分别开展全省政府管采购采分离工作专项检查和公务车辆定点保险投保情况专项检查。2009 年 1 月，湖南省财政厅与湖南省监察厅联合印发《关于开展全省政府采购管采分离专项检查的通知》，决定对全省市、县两级政府采购管采分离情况进行专项检查。4 至 6 月，在各地自查自纠基础上，湖南省财政厅与湖南省监察厅组成 3 个督查小组，分别对全省 14 个市（州）及部分县（市、区）“管采分离”落实情况进行督查和调研。2009 年 10 月，湖南省财政厅与湖南省监察厅又联合下发《政府采购管采分离专项检查情况通报》，对检查中发现的个别县、市“管采分离”不彻底、不到位的给予通报，责令限期整改。截至 2009 年底，全省“管采分离”工作已取得明显成效，122 个县（市、区）财政部门均成立专门的政府采购管理机构，全部实现“管采分离”。为规范车辆保险服务定点管理，提升采购单位依法采购的意识，湖南省财政厅印发《关于开展省直行政事业单位公务车辆定点保险投保情况专项检查的通知》（湘财购［2009］5 号），对公务车辆定点保险制度的执行情况进行专项检查。经过专项检查和分类统计，发现少数单位存在不在定点保险服务供应商范围内采购，一些项目不按协议规定的优惠率进行投保等问题。针对这些问题，专门下发整改意见书，督促采购单位严格管理加强规范。二是对集中采购机构和政府采购代理机构实施监督考核。依法对湖南省省直机关政府采购中心实施年度工作考核，同时授权长沙市政府采购办对长沙地区部分代理机构进行专项考核。对考核中发现的问题，以考核通报的形式给予明确和纠正。此外，还对日常监管中发现的 6 家代理机构存在的违法违规行为，给予考核扣分处理，发文通报处理结果并上网公示，维护政府采购代理市场秩序。三是强化协议供货和定点服务管理。完成新一轮办公自动化设备协议供货和印刷、车辆维修定点服务的入围招标。对印刷和车辆维修定点入围企业进行实地考察和资格符合性审查，印发新一期协议供货和定点服务的规范性文件，修订完善相关监督管理制度。同时，将入围企业名单和协议供货和定点服务的采购程序网上公示，接受社会监督，并对入围企业实行授牌管理。四是依法办理代理机构资格延续。2009 年是湖南省政府采购代理机构乙级资格集中到期的年度，为规范代理资格延续审批，严把资格条件关，湖南省财政厅按照财政部令第 31 号相关规定制定印发《关于政府采购代理机构资格延续有关事项的通知》（湘财购［2009］4 号），对代理机构乙级资格延续工作作出明确规定。此后，又根据乙级代理资格延续审批过程中发现的问题编制《政府采购代理资格延续业务办理指南》，并在网上进行公示，方便代理机构直观了解资质条件要求和业务办理程序。经过近 3 个月的清理、规范，共批准 59 家代理机构提出的乙级代理资格申请，依法注销 30 家乙级代理机构的到期资格。五是认真贯彻落实国办发［2009］35 号文件。国务院办公厅《关于进一步加强政府采购管理工作的意见》，对政府采购管理工作提出“七个坚持”的具体要求。为了贯彻落实 35 号文件精神，湖南省财政厅在广泛征求省直有关单位、市（州）财政部门和集中采购机构意见的基础上，结合本省实际，联合湖南省监察厅代湖南省人民政府草拟《关于进一步加强和改进政府采购管理工作的实施意见》，湖南省人民政府办公厅于 2010 年 1 月 22 日以湘政办发［2010］6 号文件予以发布。

【夯实基础工作】 第一，狠抓评审专家规范管理。一方面，进一步扩充评审专家数量，向有关单位和部门印发《关于协助征集政府采购评审专家的函》，不断收集评审专家入库。另一方面，提高专家评审待遇，向代理机构下发《关于提高政府采购评审专家报酬的通知》，维护评审专家权益。第二，狠抓透明度建设，实行“阳光采购”。2009年，湖南省政府采购网站共发布政府采购信息5000余条。全省政府采购信息发布数量居全国前列。第三，狠抓电子政务，规范监督管理，提高采购效率。在原有内网管理系统和外网政府采购网站的基础上，着手整合网络资源，对原有系统进行升级改造，采取全省数据大集中的模式，开发建设覆盖全省、标准统一、功能完备、技术先进的湖南省电子化政府采购管理平台。第四，狠抓政府采购举报与投诉处理工作，规范政府采购行为。对原有内部工作制度中投诉处理流程进行修订，进一步明确投诉受理、处理等各个环节的责任人和工作职责，详细规定处理程序，设定处理时限，对降低投诉处理风险，提高投诉处理及时性和准确性起到积极的作用。2009年，湖南省财政厅共收到政府采购供应商投诉14起，署名来信或实名举报6起，纪检部门批转的举报案件2起，其中有6起投诉和2起举报因为及时化解和妥善处理，供应商自愿撤销投诉或举报，没有进入处理程序。对于正式受理的8起投诉和6起举报，均依法公正处理，维护采购当事人的合法权益。此外，湖南省财政厅作为被申请人应对3起行政复议，由于前期投诉处理及时，证据依据充分，适用法律条款准确，3起行政复议案件中有2起以申请人自动放弃复议申请处理完结，1起以“维持原处理决定”处理终结。第五，开展宣传和培训，加强政府采购法规制度教育。2009年，先后对湖南省新闻出版局、湖南省公安厅等省直单位进行政府采购法规制度讲座；委托长沙市财政局对长沙地区代理机构进行代理业务培训和法规制度教育，累计培训超过400人次。

（湖南省政府采购管理办公室供稿，曹长阳执笔）

广　东　省

【概述】 2009年，广东省政府采购工作以科学发展观为统筹，认真贯彻落实《政府采购法》，以机构建设、制度建设、信息化建设为主线，注重改革创新、注重依法行政，求实绩、重实效，着力在体制、机制和制度建设方面作文章，在强化监管方面下力气，在政策功能方面寻突破，结合从源头上防治腐败加强廉政建设的要求，采取有效措施，狠抓工作落实，加快推进政府采购制度改革的步伐，努力构建公开、公平、高效、透明的政府采购环境，进一步为广东转变经济发展方式大局服务。全省纳入规范化管理的政府采购资金总额从2000年的72.12亿元逐年扩大到2009年的803亿元。

【注重政府采购制度创新】 首先，出台全国首部政府采购地方性法规。2009年11月26日，省第十一届人大常委会第十四次会议通过并颁布《广东省实施〈中华人民共和国政府采购法〉办法》（以下简称《实施办法》），于 2010 年 3 月 1 日起正式施行，该法是全国第一部地方性政府采购方面的法规。从工作层面来看，有五个方面的突破：一是明确《政府采购法》未明确的地方，提出鼓励自主创新和节能环保产品的具体规定；二是明确电子政府采购的责任主体，财政部门负责对全省政府采购信息化建设的统一领导和组织实施；三是创新工作机制，在采购代理机构尤其是集中采购机构之间引入竞争，打破以往行政隶属关系的限制；四是明确协议供货的法律地位，确立协议供货的法律效力；五是明确乡镇级政府采购具体管理办法由地级以上市人民政府规定。其次，制定操作性较强的政府采购工作规范。在厅法规处和部分地市政府采购监管部门的配合和支持下，对广东省现有的政府采购制度性文件进行全面清理，在此基础上，以《实施办法》为准则，制订更具操作性的《广东省政府采购暂行工作规范》，包括政府采购当事人行为规范、政府采购程序规范和政府采购文本规范三个部分共 15 个配套管理办法，进一步明确政府采购活动的规范性和程序性，为《实施办法》的施行做好衔接和完善工作。

【加快推进“两个竞争一个制约”机制】广东明确提出建立“两个竞争机制与一个制约机制”的目标，即建立供应商之间的竞争，代理机构之间的竞争，以及采购人、供应商、代理机构、监管机构之间的相互制约。通过引导和建立政府采购代理机构竞争，逐步放开政府集中采购目录，引入社会中介采购代理机构参与政府采购项目的代理业务，充分发挥社会中介采购代理机构在政府采购活动中的积极作用。目前，在广东省从事政府采购活动的经财政部审批的甲级社会代理机构 41 家，经财政部确认的甲级社会代理机构资格 24 家。广东省审批政府采购乙级资格机构 87 家，确认资格 39 家。在集中采购机构代理中引入竞争，打破现有的按行政隶属关系代理业务的垄断格局，形成省、市、县之间集中采购活动的竞争。通过开放市场，鼓励竞争，强化监管，激励更多的供应商广泛参与到广东政府采购市场中来，借以杜绝和减少市场垄断行为；通过强化采购人、供应商、代理机构、管理机构之间的制约机制，以促进政府采购工作更加公开化、透明化和规范化，保障政府采购市场秩序健康、和谐、有序。

【加快完善监管机制】广东省各级财政部门不断加大监管力度，创新监管手段，着重对采购人、采购代理机构执行政府采购制度情况进行专项检查。一是对省级集中采购机构进行年度考核。为加强对集中采购机构的监督管理，促进集中采购机构提高服务质量和服务效率，会同省监察厅、省审计厅组成考核小组，定期对省政府采购中心年度政府采购执行情况进行考核，对执行政府采购法律、法规及规章制度情况，采购方式、采购范围、采购程序的执行情况，项目委托代理、采购文件编制、采购信息公告、专家抽取、项目开、评标情况，质疑回复情况，采购效率和服务质量情况，内部管理、档案管理和业务能力情况，中标服务费的收取与投标保证金的退还等情况进行了逐项检查，2009 年还特别增设理论考试环节，以了解从业人员掌握政府采购相关法律、法规及规章的情况。二是对政府采购代理的收费情况进行专项检查。为进一步促进广东省政府采购代理机构的规范化操作和运行，每年定期或不定期对省内部分政府采购代理机构年度省级政府采购项目收费情况进行专项检查，采取“听”、“看”、“查”、“找”的方式实施检查，听取社会采购代理机构年度政府采购项目收费情况的汇报，调阅有关政府采购项目文档，重点检查政府采购项目的收费情况。通过检查，进一步促使采购代理机构纠正不规范代理行为，认真执行政府采购制度，严格落实政府采购法律法规。

【积极完善政府采购监管机制】 一是健全监管体制。建立了政府采购工作联席会议机制，会同纪检、审计等部门对政府采购工作中重大问题进行研究，明确分工，形成监管合力。二是强化内审机制。建立和完善财政部门内审机制，加强对政府采购预算计划审核，严把政府采购资金预算关；加强合同审核，严把资金支付关。三是规范采购程序。加强对采购过程的监管，尤其是对采购方式的确定、标书制作、评标定标和采购验收进行重点监管。四是认真处理投诉案件，维护公平公正。对于供应商投诉和群众来信，做到认真核查，依法处理，及时回复。

【加快推进全省电子政府采购平台】 2009 年 1 月，佛山市作为交易平台第一个试点市正式上线运行，省直以及湛江、广州、韶关、惠州、阳江五个试点市相继上线运行。目前，广东省电子采购平台已陆续在省直、广州、佛山、湛江、潮州等 16 个市上线运行，其中，广州、汕头、湛江、河源等地所属区域的所有采购单位全部纳入了实施推广范围。其他各市也积极做好上线运行准备工作。通过全省统一平台注册的采购单位共有 6859 个，其中有 1907 个采购单位已通过系统进行了电子采购。二是信息资源丰富，资源共享优势显著。全省统一平台整合全省资源，充分实现政府采购信息资源共享。包括评审专家资源共享、商品信息资源共享、商品行情资源共享、供应商资源共享。在各级财政部门的努力下，目前，全省统一平台的评审专家库共有 6000 多名专家，涵盖政府采购领域各品目。注册供应商共有 4135 家，商品品牌 333 个，商品及配件信息 24886 条，商品及配件行情 169328 条。基本覆盖各地采购人日常采购的协议商品品牌和型号，实现政府采购商品行情共享，有效促进政府采购的公开透明。三是有效节约资金，经济效益明显。通过把各地协议供货商品价格拿到平台上晒一晒，防止协议供货商报高价，到利用议价系统在协议供货商中进行二次议价，再到引入非协议供货商进行电子反拍等一系列措施，有效降低政府采购的价格，特别是通过电子反拍引入非协议供货商参加竞争，可以有效打破协议供货价格联盟，最大限度降低采购成本。四是实现采购过程无盲点监控，提升监管水平。平台的电子监管系统设置了多个监控预警点，设有预算、计划、协议供货限额等控制点，采购文件、采购结果确认、协议供货商品行情更新等催办预警点。实行电子化政府采购，采购人、采购代理机构、供应商等通过平台进行采购活动，系统自动记录各种操作行为，财政、监察、审计等部门可根据权限设置通过系统监督检查采购项目整个交易过程，各个采购单位协议供货商品的订购、议价、反拍情况可一目了然。有效杜绝"暗箱操作"，实现采购过程的无盲点监控，提升政府采购监管水平。

【加快提升政府采购促进经济发展方式转变的执行力】 2009 年 6 月，广东省制定并出台《广东省自主创新产品政府采购的若干意见》（以下简称《意见》）。在全国范围内率先把参与评标产品的各类专利奖或科技进步奖获奖情况与产品在评标中可获得的价格加分优惠情况之间的关系以定量化指标形式加以明确；同时对单一自主创新产品或部分自主创新产品在参与评标中的不同优惠情况作评审规定，并将投标供应商的高新技术企业或创新型企业资质等情况设为不同比例的商务评审分值纳入评审体系，既增加自主创新产品在价格上的竞争力，突出科技创新的支撑引领作用，又体现政府采购的公平合理性。同时为了确保《意见》落到实处，在《广东省自主创新产品清单》的基础上，结合政府采购的实际需求，同步出台《广东省自主创新产品政府采购清单》

(第一、二期),为政府采购自主创新产品政策的落实提供了实操基础。

【加快营造“阳光采购”良好舆论氛围】在总结近几年来政府采购宣传工作经验的基础上,进一步明确宣传工作的重点,突出近年来政府采购改革创新的成效,聚焦社会关注的热点,为营造“阳光采购”良好舆论氛围发挥了积极作用。一是在省人大审议《实施办法》期间,积极向财政部、省委省政府汇报工作进展情况,通过专题汇报,制作宣传手册等方式向省人大、省纪委介绍立法情况,并充分利用报刊、杂志、电视等媒体对我省政府采购地方立法进行了全面报道,以赢得上级领导和社会大众的关注和支持。二是配合省人大常委会召开《广东省实施〈中华人民共和国政府采购法〉办法》颁布召开新闻发布会,为《实施办法》的实施营造良好的社会氛围。同时注重加强与媒体的定期沟通和专题协商,形成新闻宣传的良性互动机制,围绕政府采购地方立法、电子政府采购等主题,开展了大量的宣传报道,效果良好。

【全面推进政府采购制度改革】从运行实践看,广东省政府采购市场建设仍处于摸索阶段,存在一些必须按照市场发展规律及其自身制度建设发展需要着手进行规范、完善和提高的问题。对此,要深刻认识改革的艰巨性和复杂性,增强忧患意识和责任意识。要科学判断和全面把握新形势新问题,以科学发展观为统领,与时俱进,深入贯彻落实《国务院办公厅关于进一步加强政府采购管理工作的意见》和《广东省实施〈中华人民共和国政府采购法〉办法》的文件精神,以政府采购科学化、精细化为抓手,拓展思路,改革创新,突出重点,全力推进政府采购制度改革进程。努力开拓政府采购工作新局面。

以《实施办法》为中心,进一步完善政府采购制度体系。切实抓好《实施办法》的贯彻落实,维护采购当事人的合法权益,切实履行好政府采购管理职责,带动全社会学习好、宣传好、执行好这部法规,做好《实施办法》的宣传工作,确保《实施办法》的顺利实施。抓紧完善和修订《实施办法》的有关细节,尤其是结合自主创新和加入WTO政府采购协议的有关部署和要求,将政府采购政策功能在《实施办法》中得以更为具体的体现,以促进广东省经济更好更快地发展。抓紧制订相关配套规范性文件,包括《广东省政府采购供应商质疑复审管理办法》、《广东省政府采购部门集中采购管理办法》、《广东省自主创新产品政府采购管理办法》等,作为《广东省实施〈政府采购法〉办法》的有益补充,借以推动广东省政府采购管理逐步规范化、法制化、精细化。开展全省政府采购培训工作,采取集中培训和分级培训的方式,邀请省人大、省法制办等部门,对全省政府采购监督管理部门、采购人及采购代理机构(包括集中采购机构)进行轮训,使政府采购从业人员深入了解和掌握《实施办法》及相关法律法规的内容,提高政府采购管理和操作执行水平。

建立《实施办法》跟踪反馈信息渠道机制,认真了解《实施办法》实施过程中遇到的问题,密切关注《实施办法》实施后社会大众的反应和效果,及时调整工作重心,作出应对措施,确保政策落实到位。积极与人大、纪检监察、审计等部门沟通协调,适时开展执法检查工作,督促政府采购监督管理部门、政府采购各方当事人严格遵循政策,力求取得成效。

以“公开、透明”为原则,进一步推进电子化政府采购平台建设。进一步构建更加公开、透明、开放的电子政府采购平台,实现充分竞争和各采购当事人的相互制约。认真总结试点市和试点单位的经验,并在此基础上,加快电子化政府采购平台实施推广工作,力争

2010 年实现全省基本覆盖。进一步完善电子采购平台功能体系，加快专家库、供应商库、商品信息库的建设，实现专家管理库、供应商库、商品行情库等信息资源在全省范围内的信息共享。抓紧建立价格监督系统，形成连续可比的价格信息体系，从而有效解决政府采购“质次价高”的难题。逐步完善监控子系统，实现全过程无盲点监控，确保人大、纪委、审计等部门实现在线监督。

以支持自主创新为亮点，进一步为转变经济发展方式服务。强化政府采购政策功能，促进提高自主创新能力，认真研究并落实自主创新产品政府采购政策，充分发挥政府采购对自主创新的引导和支持作用。不断完善政府采购自主创新产品认定办法、标准、程序以及目录，不断扩大自主创新产品政府采购清单的范围和数量。加强对自主创新产品政府采购政策落实情况的监督检查，强化自主创新政府采购预算和计划编报，做好采购合同履约验收的审核，督促采购单位、采购代理机构认真落实自主创新产品政府采购政策。开展自主创新产品政府采购政策调研，摸清全省尤其是珠江三角洲地区自主创新产品参与政府采购的现状和问题，提出切实可行的措施。

以加强监管为抓手，进一步规范政府采购操作执行行为。强化政府采购预算和计划的刚性编制，从源头上规范管理。依法审批政府采购方式，严格审核政府采购合同，确保财政性资金的安全支付。加强对集中采购机构的管理，按照集中采购机构考核办法要求，定期开展量化考核工作。结合采购人、采购代理机构在采购过程中存在的薄弱环节，开展有针对性的专项检查，督促其规范采购行为，加强内部管理，提高服务意识、服务质量和服务水平。加强和规范专家管理工作，完善专家库管理办法，不断扩大专家库专家数量。加强对采购活动的监管，做好投诉处理和群众信访工作，完善责任追究制度，加大对违法违规行为的处罚力度，建立评审专家、供应商和代理机构“黑名单”制度。进一步推进“两个竞争机制和一个制约机制”建设。继续发挥竞争机制作用，强化政府采购各方当事人之间的制约机制，促进政府采购工作更加公开化、透明化和规范化。严格落实政府采购权力规范运行机制，进一步加强与纪检、审计等部门的沟通联系，完善财政部门综合性监督与监察、审计部门专业性监督相结合的工作机制，形成有效的监管合力。

以扩大宣传为窗口，为深化政府采购制度改革营造良好氛围。加大对政府采购法律法规的宣传力度，促进政府采购制度的全面贯彻执行。借助新闻媒体尤其是省级报纸、电视台等，广泛宣传政府采购的有关法律、政策，政府采购改革的探索和成效，赢得社会各界的理解和支持，提高社会对政府采购的认可度，为深化政府采购制度改革营造良好氛围。重点抓好新出台的地方立法及配套细则的宣传，提高依法采购意识和政策的执行效果。不断完善广东政府采购网站的版面设计，丰富和完善相关栏目内容，增强信息发布的时效性和权威性，不断加大违法违规行为公开曝光力度，同时针对社会关注的热点、难点，及时在网站上做好释疑解惑，形成有利于政府采购科学健康发展的正确舆论导向。建立信息专报机制，及时向上级部门和人大、纪委汇报政府采购制度改革的新情况、新举措，以争取上级部门和人大、纪委对政府采购工作的重视和支持。

深　圳　市

【概述】 2009 年全市完成政府采购预算金额 81.47 亿元（不含工程交易平台采购数，下同），实际采购金额 73.75 亿元，节约资金 7.72 亿元，政府采购工作成效显著。采购资金实现预算内外及自筹资金全覆盖。政府采购预算 81.47 亿元，预算内资金 65.91 亿元，占 80.9%；预算外及自筹资金 15.56 亿元，占 19.1%。这种资金分布状况表明，深圳市政府采购在以财政预算内资金为主体的基础上，带动了相当数量的自筹及预算外资金纳入政府采购管理。以公开招标为主的采购方式已经确立。公开招标采购金额 59.88 亿元，竞争性谈判采购额 7.42 亿元，单一来源采购额 5.21 亿元，询价采购金额 1.15 亿元，邀请招标采购额 874 万元，所占比例分别为 81.2%、10.1%、7.1%、1.6%、0.1%，公开招标是主要采购方式。

【加强法规制度建设】 积极配合市法制办，做好《深圳经济特区政府采购条例》的修订工作。制定完善《关于进一步加强政府采购管理的若干规定》，多次赴市法制办沟通，并专门举办研讨会，目前该《若干规定》已通过市法制办的初步审定，已上报市法制办。经与市纪检二组、市监察局、市政府采购中心反复沟通修改，制定《深圳市市级政府采购单位责任工作制度》（征求意见稿）并上报市法制办，目前已进入法制办审核程序。

制定下发《2010 年深圳市本级政府集中采购目录》，调整和增加节能产品、自主创新和循环经济产品等优先采购清单。制定下发《关于 2010 年政府采购预算编制和采购计划执行有关事宜的通知》，对政府采购计划的编制、计划的执行、采购资金的支付事宜作详细、明确的规定，对非公开招标采购方式（自行采购）的申请流程进一步细化明确，对工程类采购项目根据《深圳市人民政府印发关于加强建设工程招标投标管理若干规定的通知》作出更明确的规定。

为进一步加强和完善对政府采购招投标工作的监督和管理，推动采购需求论证制度化、监督社会化，改进招标、评标办法，完善标后答疑工作，根据市监察局《关于进一步加强政府采购工作的建议》（[2009] 深监工建字第 1 号），制定《关于进一步加强政府采购招投标管理工作的暂行通知》，要求重大、复杂或1000 万元以上的项目在招标前采取公开征求潜在供应商的意见、组织专家论证，并在评审时采取“两阶段评审”。

【全面推进预选供应商制度】 2009 年，与市纪检部门及市政府采购中心对装饰修缮、物业管理、家具、会计中介、律师服务、因公出国（境）经办代理服务以及计算机和外围设备、服务器项目等七个项目实行预选供应商名录制度。上述七个项目均通过公开招标产生预选供应商，并建立了相应的预选供应商库。在具体采购项目执行中，根据上述七个项目的特点及金额大小，分别采取名录内供应商抽签中标、竞价中标、随机抽取竞争性谈判、预算金额下浮等方式确定中标供应商，且预算金额予以事先公开。

为加强预选供应商管理，还组织对会计中介服务类、装饰修缮工程类和家具类预选供应商采取事后核查的方法核实其业绩或资质。对少量装饰修缮工程类和家具类预选供应商出现的数据出入及时进行纠正，对故意虚报收入或伪造材料参与投标的 3 家会计师事务所给予两年处罚，对 5 家有不规范行为的会计师事务所进行批评和训诫。

截至 2009 年 12 月底，共有 121 个项目实行预选供应商名录制度，涉及会计中介、装饰修缮、物业管理、家具类、计算机和外围设备服务器项目，合计预算金额 8643.25 万元，实际采购金额 6415.96 万元，节约资金 2228.30 万元，平均节资率为 25.8%。在大大提高采购效率的同时，节资效果显著。

【发挥政府采购政策功能】为落实市委、市政府关于扩大内需保增长和建立创新型城市的战略部署，按照市政府的要求制定《对自主创新、节能减排等本地名优产品实行政府优先采购的意见》向市政府上报，拟对列入“优先采购清单”中的产品通过在采购文件的分数设置予以倾斜或在评审环节给予一定幅度的价格扣除等形式，以提高清单内产品获得中标成交的机率。市领导已对方案作出批示。

根据《王荣代市长赴比亚迪股份有限公司调研会议纪要》的要求，在 6 月 2 日向市政府报送的《关于比亚迪汽车在深圳市推广使用相关问题的意见》基础上，于 9 月 4 日再次向市政府报送《关于比亚迪汽车在深圳市推广使用实施方案的意见》并取得市政府的批复同意。根据市政府的批复意见，积极落实市本级行政事业单位采购 30 辆比亚迪 F6（2.0CVT 行政版）汽车试驾三个月的政策措施。

加强对进口产品采购审批工作。印发《深圳市实施财政部〈政府采购进口产品管理办法〉若干意见》，对进口产品审批管理规则作进一步细化，属于政府投资计划安排的政府采购项目的进口产品审批将由发改部门承担。政府采购办公室将与市发改委协调，统一审批流程及要求，确保审批尺度统一。

【开发全市统一专家库】2009 年，对全市（含采购中心、各区、13 家中介机构）的政府采购专家库进行全面梳理，在分类统计的基础上，制定专家库整合方案。配合“金财工程”政府采购专家库管理系统的开发，制定“政府采购分类表”、“专家信息管理信息表”、《专家入库登记及后续管理规则》、《专家抽取使用流程及规则》等，参与研究、制定专家库管理制度及相关软件设计开发。系统已开发完毕，并已将 13 家采购中介及采购中心的专家导入系统，进入用户测试和上线准备阶段。

【完善竞价系统机制】竞价采购和跟标采购是五项改革的重要内容。为解决部分协议采购产品价格确定机制不完善，部分产品在行情库中规格、型号不全的问题，政府采购办公室与市纪检二组及采购中心共同研究探索将部分协议采购项目纳入预选供应商制度管理，建立电子反拍系统，实行预选供应商网上电子反拍，网上竞价，建立公开透明的定价机制。随着计算机及外围设备及服务器项目预选供应商库及相关商品信息库的建立，网上竞价系统开发、调试工作已经完成，目前操作系统已经上线试运行。

【加强日常监管和考核】高效完成政府采购日常管理事务。在全年计划执行中，按《关于 2010 年政府采购预算编制和采购计划执行有关事宜的通知》，积极稳妥地做好年度本级政府集中采购计划的网上审核与点击下达工作，确保采购计划执行的有效性。落实专人负责金财工程政府采购系统一期的运行工作，全年共审核并下达采购计划项目（条目）近万个。做好非公开招标采购方式初审及集中采购转自行采购、采购合同延期或变更、追加合同金额等审批工作，及时主动与单位沟通协调，并按法规规定条件与程序认真及时审核处理，从严把关。据不完全统计，全年共受理和办理各采购单位及采购组织机构各类需要审批、提出意见、解答问题、报送材料等的文件近2000件。其中，对相关审批事项发出的“政府采购方式审批表”800余件，以正式发文形式批复的200余件。同时也认真做好各项信息统计工作，完成上级部门及本市纪检等部门布置的统计及材料报送等任务。

认真处理大量的日常咨询解答，协调解决各采购单位在采购活动中碰到的问题；支持和配合相关单位建立完善政府采购管理制度，指导大运会执行局建立内部政府采购管理办法及工作流程，共同制定《大运会文化创意类产品和服务的采购管理规定》，配合制定《深圳第26届世界大学生夏季运动会筹办专项经费开支管理办法》，明确了自行组织公开征集的项目范围，对于自行采购以外的项目则建议大运会执行局根据其不同特点及要求，对同类零散项目整合打包，提前做好采购计划立项，并向财政部门申请采取竞争性谈判或单一来源采购方式，由市政府采购中心组织实施。

做好对深圳市政府采购中心的年度考核工作。印发市财政委《关于对市本级集中采购机构进行年度考核的函》（深财购函［2008］1462号），对市政府采购中心2008年度政府采购情况进行专项检查及考核。2009年的考核工作首次引进市监察局特约监察员参与，收到良好效果。

加强日常监管工作。做好对采购中心协议采购方案的审定，重大、敏感项目的现场监督与指导，发现问题，提出改进意见并敦促相关机构及时落实。定期召集集中采购机构及采购代理机构负责人，通报有关情况，提出规范操作的具体要求，确保采购操作的规范进行。及时谨慎细致地处理政府采购投诉。2009年以来，收到政府采购投诉40多宗，做到及时认真进行调查取证，弄清事实，依照法规及时提出处理意见，经领导批准后反馈投诉人。

【做好《政府采购协议》（GPA）谈判地方工作组的工作】2009年的GPA研究工作主要包括政府采购地方性法律事务研究、加入GPA对地区经济和社会发展影响分析，以及地区产业竞争力评估及其研究等内容。经过大量细致的前期准备工作，“计划单列市和我国东部地区副省级城市列入我国加入GPA开放清单的法律应对”、“加入GPA与深圳市产业竞争力评估及其研究”，“加入GPA对地区经济和社会发展影响分析”等三项课题已按照相关规定分别委托给市法制研究所、市WTO事务中心和市城市发展研究中心，并按规定签署委托及保密协议。其中“计划单列市和我国东部地区副省级城市列入中国加入GPA开放清单的法律应对”和“加入GPA与深圳市产业竞争力评估及其研究”的初稿将于近期完成。

【牵头配合市审计局政府采购绩效审计工作】深圳市审计局于2009年7月23日起，派出审计组对深圳市2008年度本级政府采购绩效进行一个半月的审计工作。针对《关于深圳市市本级2008年度政府采购绩效的审计报告》提出的公务车协议维修存在的问题，开展公务车维修行业专项整治系列行动，并会同市政府采购中心，制定公务车维修普查工作方案，于12月中下旬邀请行业主管部门、行业协会、相关专家、采购单位代表组成检查组，对全市78家公务车协议维修企业开展全面普查。

【加快法规制度建设】配合相关部门，抓紧推进《深圳经济特区政府采购条例》的修订工作，争取促成《关于进一步加强政府采购管理的若干规定》早日出台。以此为契机，健全政府采购监管机构，明确政府采购监管与组织实施部门间的职能，强化政府采购监督管理。按照市法制办的意见进一步修订完善《深圳市市级政府采购单位责任工作制度》，待审核通过后，再与市监察局、市政府采购中心联合发文。组织《政府采购质疑与投诉管理办法》的调研和座谈，征求相关单位的意见，完成《政府采购质疑与投诉管理办法》的起草，报市法制办审核。落实市委市政府《关于加强党政正职监督的暂行规定》的要求，组织对非公开招标采购方式审核程序进行梳理，拟定《深圳市非公开招标采购方式审批管理办法》，规范非公开招标采购方式和采购进口产品审核等程序。

【推动政府采购机制创新】 在2009年“五项改革工作”已有基础上，总结预选供应商及网上竞价等制度的实施情况，与纪检监察等部门共同研究改进和完善预选供应商制度及网上竞价制度的措施，研究将空调和公路养护等项目纳入预选供应商管理；继续跟进宝安区的跟标采购、商场供货和竞价系统等试点工作，总结经验，发现问题，健全完善相关制度；到有关部门调研摸底，全面掌握深圳市相关职能部门专家资源情况，在此基础上争取将各部门的专家及市政府采购中心现有的专家及各其他机构（如行业协会）专家集中整合，分类筛选登记核实后入库管理，实现全市范围内统一专家库；加快专家库管理系统的开发和上线试运行工作，积极开展两个区政府采购中心和若干个采购代理机构的试点工作，发现问题，总结经验，以便下一步向全市推广；进一步创新管理机制和采购方式，全面深化政府采购制度改革，使政府采购工作再上一个新台阶。

【落实采购政策功能措施】 深圳市财政局于2009年向市政府提交《关于报送对自主创新节能减排等本地名优产品实行政府优先采购实施办法的请示》，市领导批示将开会研究该办法。2009年提交的《关于比亚迪汽车在深圳市推广使用实施方案的意见》，市政府已批复同意，政府采购办公室将根据试驾情况，抓紧提出优先购买比亚迪汽车的意见报市政府审定。

【加大政府采购监督检查力度】 继续推进和开展公务车维修行业专项整治系列行动，其中包括与各协议企业签订“诚信承诺书”、加强履约监管和社会监督、严格惩罚机制、完善协议内容、开展全市范围的普查工作等。积极推进对政府采购各当事人的日常监管、特别是对采购合同签订及履约情况的日常检查。建立政府采购项目随机抽查制度，将抽查结果及时在网上公布。

【推进GPA研究工作】 继续做好GPA研究工作，落实GPA专用场所，敦促市法研所等3家单位按时提交专项课题研究报告。3个课题完成后将组织碰头交流会，融汇三个报告，按照财政部的部署与具体任务要求，形成整体课题并提交。

【加强采购政策业务宣传培训工作】 加强业务培训，促进规范操作。加大对政府采购法律法规、操作规程、管理办法的宣传力度，增强社会各界对政府采购制度改革的理解和支持，同时加强对政府采购工作人员、中介机构人员法律法规、廉政、以及纪律和职业道德等方面的教育，加大对政府采购业务的培训力度，全面提高队伍素质和业务水平。

（深圳市财政局政府采购办公室供稿）

广西壮族自治区

【概述】2009年，全自治区完成政府采购预算322.36亿元，完成政府采购金额274.28亿元，节约资金48.09亿元，分别比上年同期增加135.71亿元、117.10亿元、18.62亿元，分别比上年增长72.71%、77.49%、54.31%。2009年政府采购规模当年净增加额首次超百亿元。全区当年完成的采购预算、采购金额、节约资金比1999~2006年8年的累计数还分别超出69亿元、59亿元、9亿元。其中，自治区本级完成政府采购预算75.75亿元，比上年同期增加21.08亿元，同比增长72.7%；完成采购金额67.34亿元，比上年同期增加18.12亿元，增长36.8%；节约资金8.41亿元，比上年同期增加2.96亿元，增长54.3%。

【政府采购范围和规模取得新的突破】一是抓好工程管理。各市财政部门将政府采购工程纳入政府采购监管范围，努力实现工程项目"双备案、双公告、双监管"的监管模式，有效地扩大地市的政府采购规模。南宁市的工程政府采购规模达到50.94亿元，占该市政府采购规模的81.71%；梧州市工程政府采购规模达到19.99亿元，占该市政府采购规模的79.42%；百色市工程政府采购规模达到19.11亿元，占该市政府采购规模的76.75%。二是抓好民生项目的采购。自治区本级突出抓好中小学义务教育教科书采购、农险补助采购、农村书屋采购等涉及民生项目的采购，使之成为本级政府采购规模增长的主力军。预算金额高达12亿元的中小学义务教育教科书纳入政府采购。三是定点（协议）采购范围取得新突破。自治区本级在原已实现公务用车维修、加油、保险、小额办公设备和印刷等定点（协议）采购的基础上，又将小额工程项目、房屋建设工程监理纳入到定点（协议）采购范围。南宁、桂林、崇左等市也都纷纷将小额工程、小额办公家具纳入定点采购，扩大定点（协议）采购的范围。

【狠抓政府采购监督管理】严格预算编制行为，狠抓政府采购预算（计划）的编制和审核工作。一是全面参与审核和指导各部门编制政府采购预算，严格督促各部门、各单位按照规定编制政府采购预算。严格政府采购预算、计划编制、报批制度和纪律，对应编制政府采购预算而未编制的支出项目，采取不予核拨经费，对未列入政府采购预算的政府采购项目，不得实施采购等措施，强化政府采购预算的编制工作。二是严格政府采购计划审批工作，实现政府采购监督管理的精细化。单位报来政府采购计划表按以下三原则进行审核：凡无政府采购预算的，不批复政府采购计划；调整部门预算，必需完善政府采购预算调整手续；采购人随意调整政府采购预算的，不予批准采购计划。

【加强对政府采购操作环节的监督】一是利用现代化信息技术手段对评审现场进行全面监控。要求所有的政府采购代理机构评标室安装电子摄像设备，对评审过程进行现场录像，适时监督。政府采购监督管理部门根据工作需要，随机检查调阅各代理机构的现场录像资料。二是严格现场纪律。各级财政部门加强评标现场纪律的要求，自治区本级要求除该项目评审专家、监督人员及采购代理机构负责当次评审活动的现场工作人员外，其他与该项目评审无关的人员未经财政监督管理部门批准，一律不得进入评标现场。加强对专家评审过程的监督。采购项目评审过程中，评审专家不得发表具有倾向性的言论。三是全区范围内开展代理机构电子摄像监控设备专项检查活动，共检查代理机构 65 家。对不符合代理政府采购业务评标标准的代理机构要求其整改，对达不到整改要求的，暂停其代理业务，直至整改到位。

【加强协议供货的监督管理】在加强协议供货管理方面，自治区本级一是通过发放“定点采购的意见征询表”广泛征求采购人、供应商对改进协议供货和定点采购的意见和建议。二是继续引入第三方监督，加强对定点采购和协议供货政策执行情况的检查。从 2009 年的统计数据来看，自治区本级公务车辆定点维修的执行率为 78.28%，比上年提高 47.98%；公务车辆定点保险的执行率为 95.61%，比上年提高 16.11%，定点采购政策执行力度得到加强。南宁市通过定点供应商专项检查、优化办公设备定点供应商二次竞价平台、规范产品信息发布及更新流程、建立成交价格公示机制来约束和管理采购人和供应商，力争解决政府采购协议供货价格高的问题。桂林市加强对定点加油的监督管理；崇左市加强对会议费的监督管理，认真审核酒店送来的食宿清单和会议举办单位送来的各类发票，然后按核定的实际开支由国库将款直接拨付给酒店和供应商。

【加强对违规供应商的处罚力度】南宁市对在投标过程中使用虚假材料牟取中标的投标人依照《政府采购法》的规定进行罚款、禁入南宁市政府采购市场一年的处罚；对群众举报某定点印刷企业存在违法经营行为的事件进行核查，停止该印刷企业的政府采购定点供应商资格。通过加大违规行为的处罚力度，对建立供应商诚信体系建设起到推进作用。

【加强政府采购评审专家的动态监督管理】一是广泛征集，扩大政府采购评审专家队伍。各级财政部门通过发放宣传资料、深入科研单位和高校征集、发动行业组织或本行业其他评审专家推荐等多种方式吸纳合格专家入库，自治区本级扩充专家 980 名；南宁市评审专家库人数扩容至 600 人；玉林市新增专家 129 人；防城港市建立政府采购评审专家库，结束该市无政府采购评审专家库的历史。二是加大对评审专家违规行为的处罚。认真贯彻落实国务院办公厅于 2009 年 4 月发布的《关于进一步加强政府采购管理工作的意见》（国办发［2009］35 号）的规定，自治区财政厅将违反政府采购规定的专家清除出政府采购评审队伍；南宁市对违反规定的评委予以通报批评，并在南宁政府采购网上进行公告。

【加强对政府采购履约保证金的监督管理】贵港市开展政府采购履约保证金专项检查活动，对 8 家社会中介代理机构 2008 年、2009 年代收本级政府采购项目履约保证金缴存情况展开专项检查，查出违规履约保证金 391.24 万元，对违规的代理机构限期整改并通报。

【加强政府采购的信息化建设】2009 年自治区本级引进政府采购计划信息管理系统和政府采购评审专家信息管理两套系统，实现政府采购计划网上申报、审核、批准及政府采购评审专家网上随机抽取、电话语音自动通知的要求。南宁市也引进了政府采购评审专家信息管理。

【帮助少数民族地区的企业应对金融危机】各级财政部门认真贯彻《民族区域自治法》及《政府采购法》的有关精神，对符合政策要求的少数民族地区的产品实行优先采购政策，政府采购政策功能实施取得重大突破。据不完全统计，全区 2009 年购买少数民族地区生产的汽车同比增长 3 倍。

【加强部门合作，形成监督合力】自治区财政厅、监察厅、审计厅联合对 2008 年专项检查中被重点抽查的 43 个自治区本级预算单位、15 个政府采购社会代理机构及自治区政府采购中心共 59 个单位联合下达检查决定，对专项检查情况进行总结和通报，并点名批评问题较严重的单位。百色市在重点工程项目和医疗设备、物资采购、药品采购等领域的招标活动开始前，财政政府采购管理办公室要求各采购单位、代理招标机构及时向检察机关进行行贿犯罪档案查询。同时在重大工程建设项目开标时，邀请自治区发改委、建规委、审计局、监察局等监管部门人员到场监督，遇到问题现场及时解决，规范工程建设招标采购行为。

【加强制度建设，完善管理平台】自治区财政厅代自治区人民政府拟定 2010 ~ 2011 政府集中采购目录及限额标准。贵港市修改完善《贵港市政府采购代理机构年度考核办法》。南宁市全面修订采购文件范本，对货物和服务类各种采购方式，包括公开招标、竞争性谈判、询价和单一来源采购等共 8 类采购文件范本进行全面修订。

【开展大规模、高层次的政府采购培训】2009 年全区各级财政部门积极开展政府采购培训，培训类别包括评审专家、供应商、采购人专题培训。全年累计培训人次达到 3000 人次，其中自治区本级 2000 人次。自治区财政厅邀请财政部主管司局领导王瑛副主任作专题讲座，全区各市、县财政局分管领导和政府采购监督管理科（股）负责人，区直各单位采购机构和社会中介机构负责人及财政厅的干部职工 400 多人参加。

（广西财政厅政府采购监督管理处供稿，陈江涛执笔）

海　南　省

【概述】2009 年全省政府采购预算金额 19.26 亿元，采购金额 17.21 亿元，节约资金 2.05 亿元，资金平均节约率为 10.64%。2009 年海南省政府采购规模 17.21 亿元，比 2008 年减少 6329 万元。下降的主要原因是存在大量的跨年度采购项目，截至统计日仍有相当一部分采购项目未完成，没有进入最后的订单审核和合同报送程序。采购金额的统计数据是按截至 2009 年 12 月 31 日完成的合同金额统计，因此存在统计时间和项目完成时间上的差异。

从采购项目构成方面看，货物类采购 13.78 亿元，工程类采购 2.2 亿元，服务类采购 1.24 亿元。三类采购在政府采购总规模中所占的比例分别为 80%、12.8%、7.2%。

从采购品目方面看，多数采购集中在计算机、小汽车、专用设备等一些大宗商品上。政府采购计算机 21661 台，采购金额为 1.39 亿元；采购小汽车 2704 辆，采购金额为 4.57 亿元；专用设备采购数量为 197965 件，金额达 3.49 亿元。从计算机、小汽车的采购情况看，国产品牌占绝对优势，反映出政府采购可以有效地保护国内具有竞争力和发展潜力的民族工业，支持国有企业创造名牌新产品，发挥提高国有企业在国际国内市场上竞争力的作用。

从采购组织形式和采购方式方面看，在 17.21 亿元采购规模中，集中采购为 13.05 亿元，占采购金额的 75.82%。在实际政府采购规模中，采用公开招标方式的采购量占 57.33%。集中采购和公开招标仍为政府采购的主要组织形式和采购方式。

从采购效益方面看，政府采购的平均节支率为 10.64%，若不考虑统计时间和项目完成时间上的差异因素影响，与上年相比大幅提高，体现出政府采购的资金节约效能。

【制定政府采购规章制度】 一是完成《海南省实施〈中华人民共和国政府采购法〉办法》（草案）制定工作。实施办法的内容涵盖政府采购的组织形式、采购方式、预算管理、采购组织过程及如何加强采购机构的监管等，是今后一段时间海南省采购工作的指南。二是海南省财政厅会同省监察厅、省审计厅制定《关于实施单一来源采购方式的管理规定》，进一步规范单一来源采购方式的行为。三是科学制定《海南省 2009 年政府集中采购目录及标准》。2009 年的政府集中采购目录及标准主要作以下四点改变：第一，明确新的协议供货采购品目和采购模式。新协议供货方式共有 20 个品目，主要有以下特点：首先，改价格招标为折扣率招标，即协议供货商品的最终价格是：采购人与供货商平等协商的价格 × 招标确定的折扣率，如果采购人发现市场上相同商品的价格低于协商价格并且协议供货商不能供货时，采购人可以从价格低的非协议供应商处购买。这样解决了协议供货商品价高的问题。其次，扩大协议采购供应商的数量，凡有意加盟的供应商都可以入围政府采购市场，通过多家供应商的竞争，降低商品的价格，提高商品和服务质量。再次，节省重复招标的环节，一次招标，定期使用招标结果，简化采购环节，降低采购成本。第二，为了加强对义务教育免费教科书（含配套磁带）采购项目的监管，特将此项目新增到专用设备采购项目中。第三，加强对工程项目的监管，将工程类项目从通用采购项目调整到专用采购项目中，引进具有工程建设招标资质的代理机构组织采购，规范操作，并规定 200 万元以上的工程项目进入省政府政务大厅进行公开招标采购。第四，为方便采购人采购，将公开招标数额标准、政府采购限额标准相对提高。即公开招标数额标准由原来的货物、服务 30 万元调整为 50 万元，工程 50 万元调整为 200 万元；政府采购限额标准货物由单项 1 万元、批量 5 万元调整为单项 2 万元、批量 5 万元，工程由 10 万元调整为 30 万元。

【加强政府采购监督管理】 一是对政府采购评审专家库进行整理和扩容。对原有专家库的专家进行重新确认，将 3 年以上不参加或是基本不参加政府采购评审的专家清理出库；向社会征集 241 名新专家，并对其资料进行初步审核，提交省政务服务中心合理使用。截至 2009 年，海南省政府采购专家达 780 名。二是批准成立 7 家乙级政府采购代理机构。根据《政府采购代理机构资格认定办法》规定，海南省进一步开放政府采购代理市场，对省政务服务中心受理的 7 家乙级政府采购代理机构的资料进行认真的审核、培训、考试后，同意准入政府采购代理市场，并对执业到期的 3 家乙级代理机构资质进行重新确认。截至 2009 年年底，全省共有 14 家政府采购代理机构。代理机构数量的增加加大了政府采购市场竞争的激烈程度，通过优胜劣汰的市场机制提高代理机构的竞争力，促进其提高代理水平和质量。三是认真处理投诉案件。随着海南省政府采购市场的进一步开放，各采购人、供应商维权意识增强，各种投诉案件较之前有所增加，2009 年共接受 16 起投诉事项，截至 2009 年 12 月 31 日已办结 13 起。在所办结的投诉事项中，处理结果客观公正，没有 1 起提起行政诉讼。四是规范政府采购信息发布。经审核，年内帮助部分政府采购机构和市县财政局发布的采购信息共 2272 条。

【积极推动 GPA 研究工作】 2009 年，海南省采取各种措施，积极推动 GPA 研究工作的开展：一是成立 GPA 研究领导小组机构，成员单位涉及 20 个厅局。成员单位按具体职能分为若干工作课题组，对 GPA 工作开展专题研究。二是在组织协调好 GPA 研究工作的同时，做好综合组的牵头工作，按照规划完成相应阶段的研究任务，提交相关研究报告。三是召开两次全省 GPA 研究工作会议，传达全国 GPA 研究工作会议精神，部署下一阶段的工作。

（海南省财政厅政府采购管理处供稿，张梦执笔）

重　庆　市

【概述】2009 年全市政府采购总规模达到 88.7 亿元，实际执行政府采购 82.5 亿元，比上年同期增加 17.7 亿元，增长 27%；节约资金 6.2 亿元，节约率达 7%。其中市级实现采购规模 24.5 亿元，完成年初计划的 117%，同比增长 33.1%；节约资金 1.2 亿元，节约率为 6.9%。市级政府采购支出占一般预算支出的 6.6%。

【强化政府采购预算】加强财政内部处室的沟通与联系，根据上年政府采购完成情况和财政支出安排情况，调整市级政府采购预算为 21 亿元。同时，认真把好预算执行关，落实处室目标责任，将采购任务分解落实到各支出处。各区（县）财政部门坚持政府采购预算制度，严格执行政府采购预算，如忠县凡采购集中采购目录以内和采购限额标准以上的项目均纳入政府采购预算，做好政府采购预算编制工作，加强政府采购预算的审批管理，严格执行政府采购预算，政府采购预算支出实行国库集中支付，加强政府采购预算执行的跟踪管理。永川区通过局机关业务科室抄送采购科的资金文件掌握预算调整，上级专款下达和分解情况，主动与采购单位联系和沟通，协助单位做好采购预算和采购计划编报。

【抓重点扩大规模】全年纳入政府采购的单位和项目增多，市级完成采购项目 2287 个，比上年增加 1137 个。教育、体育、文化系统采购金额大幅上升，采购金额达到 11 亿元，比上年增长 40%。义务教育免费教科书采购 4.6 亿元，中小学教师购置电脑 7000 万元，各高校实施部门集中采购完成采购规模 4.3 亿元，同比增长 2.24 亿元，增长 107%。将基本建设和城市维护建设支出中的设备采购逐步纳入政府采购范围。加大环境综合整治项目政府采购力度，全年采购环境综合整治项目 18 个，预算 9387 万元，实际采购金额 7592 万元，节约资金 1795 万元，节约率 19%。集中采购区（县）国债垃圾收运设备项目，项目预算 6012 万元，实际采购金额 4657 万元，节约资金 1355 万元，节约率 22%。完成“平安重庆”和安全保障城市建设项目采购规模 1.6 亿元。各区（县）财政部门也突出重点，全方位拓展政府采购规模，如：南川区将城市护栏、绿化工程、植被恢复工程等“森林工程”建设纳入采购范围，完成全年计划的 158%，同比增长 52%。璧山县将市政项目等“森林重庆”建设纳入采购范围，全年完成政府采购金额 1.8 亿元，同比增加 0.6 亿元，同比增长 50%。南川区、大足县、秀山县等以乡财县管工作的深入推进为契机，推动政府采购工作由部分乡镇到全部乡镇管理，采购范围进一步扩大。

【狠抓科学精细管理】细化项目评审标准，强化招标文件审核。针对目前标书编制和专家打分存在的突出问题，严把标书审核关，解决评标不公和价格偏高问题。下发《关于进一步规范招标文件编制等有关问题的通知》，要求各采购单位、采购机构严格规范标书编制。首先规范项目评分办法。一是统一设备类项目价格分的比重，从30%～60%统一到40%～60%。解决高价中标问题。二是细化分值具体内容要求，减少评审人的自由裁量权。三是规范资质条件和技术指标，合理设置招标“门槛”条件；其次着手修改制定标书标准文本格式，统一规范标书格式和基本内容，减少标书的随意性。再者加强对标书的审查，对300万元以上或影响较大的项目标书，在公示前进行合法合规性审查。通过规范招标文件，较好地解决评标的随意性，有效地提高政府采购项目的公平性，降低采购成本，减少项目的质疑和投诉。2009年经过周密安排精细管理，严格管理标书编制和专家抽取环节，重新招标中标金额比原招标结果节约263万元，与预算相比节约20%，降低了采购价格，没有再引起质疑投诉，得到业界的充分肯定。永川区、南岸区等针对非招标采购方式开标、评标与定标等实施环节不明确的问题，制定《政府采购非招标采购方式暂行管理办法》，进一步明确采购执行环节的管理要求、岗位工作职责和工作时限，确保采购各环节有章可循。

【加强专家管理工作】一是重新清理专家库，对评审专家资质进行复审，对不符合资质条件的不予聘请，共清理出不符条件者20余人。同时细化评审专家专业分类，充实专家库容量，市级专家库人数达到1531人，比年初增加365余人。二是改变专家抽取方式，严格管理权限，实现专家抽取、联系和名单传递的自动化，提高专家抽取环节的保密性、客观性和公正性。全年抽取评审专家13500余人次，有效地保证政府采购工作需要。各区（县）也广泛征集专家，并加强管理，如：铜梁县为确保评标的公正、公平，坚持做到在评标正式开始前1小时通知评委。

【进一步优化管理流程】一是改变现有系统和人工同时申报的模式，取消政府采购项目的人工申报方式。从2009年12月1日起，各采购单位、相关业务处只通过系统直接申报或审批政府采购项目计划，不再报送和审批纸质申请。项目审批结果等信息可在系统的“采购管理”中查询。同时实现财政与采购中心计划下达网络化。二是简化定点采购程序，取消采购中心的供应商推荐、合同监章、验收审核等环节，由财政直接通知部门进行定点采购，减少了中间环节。三是将询价采购方式由人工评审，全部通过网上竞价，供应商直接在网上投标，系统自动评标。缩短采购时间，减少人工干预。四是将采购合同登记由集中登载改由采购单位分散登载，大大缩短拨款的审核时间。五是针对采购计划审核在局内处室运转时间较长，单位意见较大问题，开发系统超时提醒和自动默认功能，将局内运转时间控制在一周之内。

【灵活运用采购政策】在不违背法律法规前提下，灵活运用政府采购相关政策，针对客观工作实际，合理确定采购方式，提高招标质量和效率。如：针对“甲流”防治的严峻形势和单位紧急采购的要求，将市卫生局“甲流”应急设备、乙肝疫苗等项目采购方式直接下达为竞争性谈判，有效提高采购效率，确保单位在年底前完成采购项目。为支持市政设施局在2010年1月1日顺利接手内环高速公路外移的工作，根据单位申请和工作需要，利用原招标成果，将上百万元的扫路车、高压清洗车等设备直接确定为单一来源采购，由原中标厂方供货，节约采购时间，确保内环高速公路外移工作顺利进行。二是调整定点采购政策。针对单位反映部分定点供应商品价格经常高于市场价格而又难于取证的情况，灵活调整政策，允许单位经财政批准购买非定点商品，迫使定点供应商品降价。三是针对财政部对购买进口产品审批没有最低限额，单位购买小额进口商品审批复杂的情况，抓大放小，制定审批限额，规定购买 5 万元以下进口商品不报财政审批，方便采购人单位工作。

【发挥政策引导功能】利用政府采购手段，支持本地企业发展。一是支持惠普公司落户重庆。积极宣传和解释引进惠普对提升重庆产业的重要性，整合各部门单位采购需求，全年共采购 5.4 万台惠普电脑，得到惠普总部的认可。二是积极支持和采购长安、庆铃汽车，格力、海尔空调，山外山医疗设备等本地产品。购买长安、庆铃汽车 500 余辆。格力、海尔空调成为定点商品。

积极支持中小企业发展。一是充分利用《政府采购法》提供的空间，积极支持中小企业发展，全年中标政府采购合同的中小企业 705 家，占全年中标企业的 98.2%。二是利用政府采购良好的支付信誉，支持中小企业发展。联合中国光大银行、三峡担保公司开展政府采购中标供应商融资业务，解决中标中小企业流动资金困难，确保采购项目顺利实施。目前，已有重庆市海普软件产业有限公司和重庆奥普达网络技术有限公司两家中标供应商获得融资 789 万元。

严格落实政府采购支持节能、环保政策。落实强制采购节能产品政策。对没有进入国家强制采购节能产品清单的计算机、打印机、空调等产品，一是取消其定点供应商资格，二是不允许其参加招投标。2009 年共取消两个品牌 10 家供应商的政府采购定点供应商资格。同时，对进入国家节能、环保支持清单的产品给予加分支持。

【强化预算指标管理】运用预算指标管理采购，避免年底“对账”难的问题。通过开发政府采购管理系统与国库集中支付系统的双向接口，使指标信息、采购项目信息、拨款信息等可以在两个系统自动流转，做到政府采购计划与国库集中支付用款计划一一对应，实现政府采购拨款与国库集中支付系统拨款自动对账，确保对财政资金安全与采购项目的有效控制，极大地提升工作效率，有效地避免政府采购年底对账难的问题。

完成采购专户历年结余清理，提高财政资金使用效率。根据局领导的要求，从 2008 年 2 月起对市级财政采购专户 2003 年到 2008 年底历年结余情况进行全面清理，对 127 个预算单位和 4986 条会计信息进行逐户清理核对，完成专户结余的清理工作。同时，将历年政府采购项目预算结余 3837 万元，收回预算重新进行统一安排，并通知相关单位予以核销，单位自筹结余资金 726.8 万元划回原单位。

【加强日常监督检查】一是严格审核单位采购需求，对购买进口产品实行严格管理，对超标购置汽车等项目不予采购或付款。二是改革管理方式，实施有效监督。强化对政府采购执行环节管控，将管理系统延伸至采购中心具体执行环节，及时了解和掌握采购项目执行动态。三是现场监督和远程监控相结合，加强对开评标现场的监督和指导，市级部门及时制止和纠正 30 余起违规采购行为。公开政府采购信息，主动接受局内监察部门监督，提高政府采购公信度。黔江区加强对评标过程的监督，按照采购项目规模大小，分别邀请监察、财政部门及人大代表、政协委员和采购单位参与和监督评标过程，提高政府采购透明度。城口县接受人大对政府采购工作的检查和监督，并对大型公开招标项目邀请当地电视台进行现场报道，增加政府采购工作的透明度。四是加强社会监督。增强专家评审法律责任，在政府采购网上公布每个项目评审专家名单。五是认真处理供应商的质疑和投诉，全年共处理投诉 3 件、行政复议 1 件。合川区对四川友诚教学设备厂不按合同约定履约进行通报，对该厂送到的学生床与投标文件承诺条款严重不符的违约行为进行处罚，没收投标保证金，并列入不良行为记录名单，即从通报之日起 3 年内禁止参加政府采购活动。万州区对重庆汇一鑫科技发展有限公司提供虚假材料谋取中标进行通报，并没收该公司参与此次投标所缴纳的投标保证金 1 万元，将该公司列入有不良行为记录名单，并在 3 年内禁止参加政府采购活动。荣昌县对贵州正德科教设备有限公司中标后无正当理由不与采购人签订合同进行通报，并没收该公司参与此次投标所缴纳的投标保证金 1 万元，将该公司列入不良行为记录名单，并在 1 年内禁止参加政府采购活动。

【加强法规宣传培训】加强政策宣传。积极开展系列宣传活动，充分利用广播、政府采购外网、财政公众信息网等多种传媒，从政策规定、经济和社会效益、操作执行等方面，进行了宣传报道。此外，积极转变政府服务职能，贯彻落实《关于研究落实重庆惠台 8 条政策的专题会议纪要》精神，印发《政府采购招投标指南》，为台商投资提供方便。

强化业务培训。2009 年对全市各区（县、自治县）财政部门、政府采购中心及相关政府采购代理机构 200 余人进行政府采购政策培训。培训的重点是分析当前政府采购及信息统计报表存在的突出问题、执行环节注意事项等。此外，还对市教委、市体育局、市气象局等单位进行政府采购法律法规和采购业务专门培训，提高政府采购代理机构相关人员的工作能力和业务水平，减少政府采购中出现的投诉现象。各区（县）财政部门也狠抓政府采购相关人员的培训，不断提高采购人员素质。如：大足县通过多媒体课件，对乡镇财政所、支付中心、单位报账员进行政府采购业务知识培训，培训人员达 460 多人。

（重庆市财政局供稿，曾佳鑫执笔）

四　川　省

【概述】2009 年四川省政府采购规模 232.78 亿元，较采购预算 265.1 亿元节约 32.32 亿元，节约率达 12.19%，其中，财政直接支付达 124.22 亿元，占采购金额的 53.4%。2009 年全省采购规模较 2008 年的 190.02 亿元增加 42.76 亿元，增长 22.5%。省本级采购规模为 66.50 亿元，较采购预算 73.35 亿元节约 6.85 亿元，节约率为 9.34%。按采购项目分，货物类采购 147.62 亿元，占全年采购金额的 63.4%；工程类采购 63.68 亿元，占全年采购金额的 27.4%；服务类采购 21.48 亿元，占全年采购金额的 9.2%，连续两年以超过 30% 的幅度增长，且所占比重也逐年增长。

【加强政府采购制度建设】一是代省政府草拟《四川省人民政府办公厅关于加强政府采购管理工作的实施意见》（下称《实施意见》）。2009 年 4 月，国务院出台《关于进一步加强政府采购管理工作的意见》后，四川省财政厅高度重视，经过调查研究并多次召集相关部门反复征求意见，代省政府草拟《实施意见》，并由省政府办公厅下发各地执行。《实施意见》对政府采购的监管创新，特别是对政府采购代理机构、采购人、评审专家、供应商的考核制度、不良行为公告制度以及引入公开评议和社会监督机制等内容，很快受到中央部委和国内各大报刊的重视，中纪委领导对此作出重要批示，予以充分肯定，并在其内部刊物

《中国监察》、中纪委内网上予以登载。《人民日报》10 月 22 日以“四川省政府采购引入社会监督全程监督机制”为题作专题报道。二是四川省政府审定下发执行省财政厅草拟的《四川省 2010 年政府集中采购目录及采购限额标准》。三是省财政厅先后出台《四川省财政厅关于加强政府采购项目履约验收工作的通知》、《四川省财政厅关于采取单一来源采购方式进行公示的通知》和《四川省财政厅关于规范政府采购信息公告的通知》。

【落实政策功能】2009 年，四川省财政厅会同有关部门，大力推动政府采购政策功能的发挥，加大政策实施的落实力度，取得积极成效。在支持国内产业方面，积极落实《政府采购进口产品管理办法》、《关于政府采购进口产品管理有关问题的通知》等政策，完善程序，使进口产品采购审核规定得到落实。在支持自主创新方面，四川省财政厅按照《自主创新政府首购和订购管理办法》、《自主创新产品预算管理办法》等制度规定，会同四川省科技厅、四川省发改委和四川省经贸委共同制定《四川省自主创新产品认定实施管理办法（试行）》，建立四川省自主创新产品认定制度。各级集中采购机构在组织实施集中采购活动中，积极贯彻落实节能产品政府采购清单、环境标志产品政府采购清单等采购政策规定，政策功能实施效果明显。据统计，2009 年，四川省节能产品类采购金额为 51.98 亿元，占同类产品政府采购总额的比重达到 50.47%；环境标志产品类采购金额为 72.09 亿元，占同类产品政府采购总额的比重达到 52.63%。

【强化执行过程监督】针对政府采购中存在的问题，四川省财政厅采取一系列措施，加强对采购执行过程的监管，一是制定严格的程序，加强对政府采购信息公告、专家抽取程序的监督。二是增加拟采购产品的技术指标参数公示和中标候选人公示，扩大政府采购信息公开的范围。三是将采购方式的变更审批纳入省政务中心集中统一办理。四是建立定点协议供货商的商品、价格信息库，要求供应商将产品价格市场最低价在四川政府采购网上公开，并以此作为政府采购的最高限价，有效解决政府采购价格高于市场价的问题。五是针对操作执行中废标、流标数量较多等问题，进行专题研究，及时提出相应的解决办法，采购质量和效率进一步提高。

【加大评审专家的征集力度】按照四川省政府采购评审专家库的建设目标，继续加大评审专家征集力度。2009 年，四川省政府采购评审专家库新增入库专家 700 多名，其中省级新增入库专家 367 名，宜宾、乐山、广元、广安等市新增入库专家 300 多名。到 2009 年底，已入库评审专家达到 2800 名，评审专家使用紧张的情况得到有效缓解。

【深入开展培训宣传】按照 2009 年初的工作计划的安排，四川省财政厅加大培训的力度，对全省财政系统、省卫生厅、省文化厅、省中医药管理局以及下属事业单位从事政府采购业务的有关人员进行了政府采购业务培训。同时，为了增强社会代理机构政策水平，四川省财政厅对在四川省向财政部申报甲级代理机构资质、在四川省备案的省外甲级代理机构以及四川省审批的乙级代理机构，共计 10 个单位进行政府采购业务培训，培训人次达到 1500 人以上。

【有效保障灾后重建政府采购工作】在汶川地震灾后恢复重建工作中，四川省财政厅按照省委、省政府的要求，认真履行职责，严格执行《政府采购法》和《汶川地震灾后恢复重建条列》，加强工作协调，采购保障与监管一起抓，为灾后重建政府采购工作提供有效保障，促进灾后恢复生产和重建工作的顺利进行。

【依法处理供应商投诉】近年来，随着供应商法律意识逐步增强，投诉案件的数量有上升趋势。针对这种情况，四川省财政厅，积极进行调查研究，逐步建立起供应商投诉处理机制，依法处理供应商投诉。2009 年，四川省财政厅共依法受理供应商投诉 14 起，其中撤诉 6 起，依法驳回 3 起，依法进行处理 5 起。

【正式启动 GPA 谈判研究准备工作】 按照财政部和“西部地区领导小组”的要求，四川省成立以省领导为组长、由 15 个厅局组成的“四川省加入 GPA 谈判工作领导小组”，召开领导小组会议，成立专门的 GPA 研究工作机构，进行相关的研究活动，为提出四川省初步出价清单作准备。

贵 州 省

【概述】 在巩固并扩大政府采购范围和规模方面，贵州省一是继续做好社会关注和涉及民生项目的政府采购工作，加大中央和省级补助专款、国债资金项目实施政府采购的工作力度，二是紧紧抓住国家“扩大内需”这一发展机遇，加强对投入项目的采购监督管理工作，三是不断拓展采购范围和提升采购规模，部分地区积极将财政性投资工程、农村公路机械设备、涉农物资等纳入政府采购。2009 年，全省共执行采购预算 86.15 亿元，比上年增加 26.34 亿元，增长 44.05%；完成采购金额 78.03 亿元，比上年增加 24.31 亿元，增长 45.25%；节约资金 8.13 亿元，资金节约率 9.43%。

【召开全省会议安排政府采购工作】 贵州省财政厅于 2009 年 3 月 20 日在贵阳召开全省政府采购工作会议，全省 9 个市、州、地财政局政府采购监督管理负责人参加会议，分管厅领导王先耕副厅长到会进行指导并作重要讲话。会议对 2008 年全省政府采购工作进行认真总结和交流，对各地区 2008 年的政府采购工作考评情况进行通报，对 2009 年的政府采购工作任务进行安排布置。

【发挥政府采购政策功能作用】 一是采取有效措施，督促采购人优先采购政府采购清单的节能产品、环保标志产品等，采取强制政府采购政策，支持建立促进节能减排新机制。2009 年采购节能节水产品 9982 万元，占同类产品采购总金额的 47%；采购环保产品 1.15 亿元，占同类产品采购总金额的 68%。二是认真贯彻落实《政府采购进口管理办法》，严格进口设备采购项目的核准，2009 年采购进口设备 9725 万元，仅占采购总金额的 1.25%。

【推进电子化政府采购】 贵州省财政厅在 2008 年成功完成网上开标评标现场远程音视频监控系统建设的基础上，2009 年又成功开发并建立政府采购协议供货网上采购平台。同时，制定印发《贵州省政府采购协议供货网上采购暂行管理办法》。

【加强政府采购监督管理】 一是严格审批采购方式，突出以公开招标为主的采购方式。二是严格实行采购进口产品的核准制度，优先采购国货。三是制定下发《关于严肃政府采购招投标现场纪律的通知》，严格招投标纪律，确保评标工作独立、客观、公正。四是加大对违规行为的处罚力度，维护政府采购市场秩序。

【兑现奖快促慢激励机制】 贵州省财政厅按照《贵州省政府采购监督管理奖快促慢工作

考核评比暂行办法》的规定，对全省9个市、州、地财政局2008年度政府采购监督管理工作进行考核评比，对成绩突出的地区给予表彰奖励，对考评结果差的地区给予通报。

【加强对代理机构的考核工作】贵州省财政厅组织专门的考核小组对全省政府采购代理机构2008年度工作进行实地考核，并将考核结果向省政府办公厅、各地区财政局和各代理机构进行通报，同时在贵州政府采购网上向社会公布。

【不断创新和完善协议供货制度】在总结前四期办公设备和第一期车辆协议供货的基础上，贵州省财政厅通过政府采购代理机构集中采购确定第五期办公设备和第二期车辆协议供货产品和协议供货商。同时，正在研究将印刷服务项目纳入协议供货内容。

【公开政府采购信息】贵州省财政厅在政府采购监督管理工作中，将政府采购相关法律法规、规章制度、采购公告、评标结果或成交公告、投诉处理结果等采购信息在其指定的政府采购媒体上公布的同时，还将一些重要制度、工作流程、办事程序上墙公布，广泛接受社会监督，增强采购工作透明度，确保政府采购活动公开、公平、公正。

【认真处理投诉案件】2009年，贵州省财政厅共收政府采购供应商投诉12件。其中，因未经过质疑作无效处理3件，驳回投诉请求5件，责令重新组织采购2件，因撤诉而终止处理2件。在受理和处理投诉工作过程中，始终坚持按法定程序办事，以事实为依据，以法律为准绳，客观、公正地处理投诉案件。

【加强培训工作】贵州省财政厅于9月25日在贵阳举办省级单位政府采购业务知识培训班，省级各预算单位政府采购业务负责人共78人参加培训。培训的主要内容是：学习国务院《关于加强政府采购管理工作的意见》、省级单位政府采购基本程序、政府采购政策功能（节能、环保、进口产品采购政策）、预防政府采购领域商业贿赂及典型案例评析等。同时，又与中国财政经济出版社分别在成都、昆明联合组织举办政府采购业务操作培训班，部分政府采购代理机构和地、县财政部门政府采购从业人员共60多人参加培训。各级财政部门也通过多种形式举办培训班，加强对政府采购从业人员的培训工作。

（贵州省财政厅供稿，蒲秀坤执笔）

云　南　省

【概述】2009年，云南省政府采购规模达144.7亿元，较2008年的96.82亿元增长49.4%，大幅超额完成年初制定的115亿元的总体目标。采购规模占财政支出和GDP的比例分别为7.4%、2.3%，较2008年有明显提高。共计节约资金12.6亿元，节约率为8.0%。其中省级和省级以下采购规模分别为79.5亿元和65.2亿元，同比增长125.5%和5.8%，分别占全省采购规模的54.9%和45.1%。货物类、工程类和服务类的采购规模分别为62.2亿元、64.5亿元和18.0亿元，占采购总规模的比重分别为43.0%、44.6%和12.4%。集中采购和分散采购的规模分别为136.9亿元和7.8亿元，占采购总规模的94.6%

和5.4%。公开招标、邀请招标、竞争性谈判、询价采购、单一来源采购的规模分别为104.6亿元、5.2亿元、9.2亿元、21.3亿元、4.4亿元，分别占采购总规模的72.3%、3.6%、6.4%、14.7%、3.0%。公开招标比重较2008年的54.5%上升17.8%，单一来源比重下降2.3%。

【扩大政府采购规模和范围】云南省积极探索购买公共服务，政府采购服务成为拓宽政府采购范围的新亮点。主要是在服务类项目的采购上积极探索，将物业管理、保洁、中介服务等项目纳入政府采购范围，如为规范省级行政事业单位聘用会计、资产评估等中介机构服务的行为，更好地体现公开、公平、公正的原则，确保省级行政事业单位选用质量高、信誉好、力量强的中介机构，不断提高工作效率和质量。对省级行政事业单位聘用会计、资产评估等中介机构进行会计、审计、绩效评价、资产评估、财政投资项目预（结）算评审和财政专项资金检查等服务事项纳入政府采购管理。又如将省委机关办公区物业管理、园林绿化管护，省政府保安人员聘用，"云南辉煌60年"大型成就展设计等都纳入政府采购。

【发挥政府采购政策功能】一是印发《云南省自主创新产品政府采购管理暂行办法》，规定在制定招标文件时，对自主创新产品给予预算安排优先、采购合同优先、评审优先，积极支持采购自主创新产品。二是印发《关于做好扩大内需中央投资项目政府采购工作的通知》，要求各州市县政府采购部门，配合各采购单位做好扩大内需项目的政府采购工作。三是配合做好省级采购单位统购统配项目的政府采购工作，完成人民银行昆明中心支行、国税局、地税局的财税库银横向联网工程一期建设项目；完成云南师范大学、昆明理工大学、昆明医学院等高等院校呈贡校区设施建设项目的采购工作。

【严格预算约束】加强财政部门内部协作和政府采购预算执行管理，按照公务用车购置和使用标准、新出台的电子化办公设备和办公家具预算标准严格控制采购项目，加大政府采购预算审核力度，发挥财政预算和支付制度的作用，积极促进政府采购预算编制和执行工作的开展。凡使用纳入财政管理的预算内（外）资金、以财政性资金作为还款来源的借（贷）款以及纳入财政预算管理的其他资金进行采购的，都要将政府采购项目全部编入部门预算，做好政府采购预算和采购计划编报的相互衔接工作，按照《云南省财政厅关于进一步加强省级政府采购预算执行管理的通知》执行，确保采购计划严格按政府采购预算的项目和数额执行。切实做好扩大内需投资项目，尤其是社会关注和涉及民生项目的政府采购工作，加强对政府采购活动的监督管理，以保证政府采购资金专款专用。

【创新监管举措】为进一步加大监管力度，加强政府采购活动事前、事中和事后的监督管理，把中介服务引入政府采购监管领域，监督关口前移，变事后被动监管为事前事中主动防治，以不断促进政府采购规范运行。一是在政府采购投诉处理工作中，为依法、公平、高效地处理好政府采购投诉，探索聘请法律顾问的方式，在采购的事前、事中、事后协助省财政厅把好审核关，尽量减少质疑和投诉的发生，并避免由投诉引发的行政诉讼和行政复议。二是在省级公务用车定点保险中，引入保险经纪公司，在保证价格优势的前提下，既减少环节，缩短兑付周期，又保证采购人的权益，同时遏制政府采购中一些不规范的行为。

【加强基础工作】一是政府采购信息公开化程度明显提高。2009年，仅在财政部门指定媒体上公告的政府采购信息就达7461条，比2008年同期增加3023条。二是供应商投诉处理进一步规范。2009年，全省各级政府采购监管部门收到供应商投诉14起，共受理14起，其中做出处理决定7起，撤诉和驳回7起。三是政府采购专家库建设初具规模，管理日趋规范。2009年上半年，完成新的政府采购专家库建设，在政府采购管理信息系统中新增专家管理子系统，包括专家抽取管理模块，能进行专家抽取电子化监管。同时接受网上专家资格申请，随时可以进行补充，目前已有各类评审专家1115名。

【推进电子化建设】 开发完成云南省电子政务二期工程项目之一的“云南省政府采购管理信息系统”，并积极试用和完善，该系统于2010年1月1日正式启用，省级采购单位实现政府采购计划申报审批、采购实施及合同备案全过程电子化监管，改变传统纸质送审方式，给各采购单位、管理部门、采购代理机构节约大量时间和精力，有利于提高工作效率。

【加强政府采购业务培训】 一是配合新的招标代理机构的认定工作和持证上岗的要求，举办采购代理机构培训，加强对代理招标的操作实务、政府采购5种采购方式及3种评标办法的适用范围和操作程序的培训，提高采购代理机构编制招标文件、主持招标、评标的能力，提高代理机构的业务水平和政策水平。向考试合格的400余名从业人员发放培训证，作为从事政府采购代理业务的上岗资格证。二是举办采购人培训，对省级一级预算单位进行云南省政府采购管理信息系统业务流程的操作培训以及各主管部门对二级预算单位的操作培训。

【开展加入GPA课题研究】 积极配合财政部做好GPA谈判准备工作。按照财政部部署，参加财政部组织的一次会议和一次专项培训。按照财政部牵头负责加入《政府采购协议》（简称GPA）申请谈判正式进度和对各片区工作布置的工作任务，作为西南片区的副组长单位，由云南省财政厅、经济研究院、发改委、商务厅、监察厅、审计厅、保密局的相关职能处室和部分州（市）财政局共同参与，继续开展GPA成员政府采购制度分析、加入GPA对云南省的影响、加入GPA云南省政府采购实体清单、应对加入GPA的对策等4项主题内容的研究。

西藏自治区

【概述】 2009年，全区政府采购规模达到33.64亿元，比2008年的28.64亿元增加5亿元，增长17.46%。全区采用公开招标采购方式的规模达到26.53亿元，占采购总规模的80.52%。政府集中采购规模达到31.27亿元，占全区实际采购金额的94.90%。全区通过实行政府采购，节约资金6837.36万元。

【抓好理论和业务学习】 一是注重政治思想教育。以深入开展领导干部作风建设年活动为契机，组织干部积极参加理论学习活动，不断强化干部职工的勤政、廉政和服务意识。同时，在工作中特别要求以科学的发展观对待、解决政府采购制度改革和管理工作中的问题，与时俱进，开拓创新，为推动政府采购制度改革的深化服好务。同时，增强干部职工的政治意识、责任意识、大局意识和服务意识，增强团结协作观念，调动工作的积极性与主动性，推动政府采购各项工作的顺利开展。二是注重业务学习。面对政府采购制度改革逐步深化、政府采购各项管理工作正不断迈向科学化、精细化的新形势，进一步强化干部的业务学习力度，积极选派干部参加各种学习培训，使干部的业务知识不断更新，更好地推动政府采购工作深入开展。

【扩大政府采购规模】2009 年，紧紧抓住中央“保增长、扩内需、调结构”宏观政策实施的契机，从政府采购执行环节入手，严格政府采购计划审批，坚持应采尽采，进一步扩大政府采购的范围和规模。

【巩固公开招标主体地位】坚持“以公开招标采购方式为主、其他采购方式为辅、多种采购方式并存”的管理模式，兼顾采购时效性和项目特殊性的要求。与此同时，严把非公开招标采购方式关，对于一些特殊项目需要采用公开招标以外采购方式的，在采购活动前，由采购单位提出申请，采购管理部门对申请内容进行严格、认真核实后，再进行审批。

【规范集中采购】为发挥规模效益，减少重复采购和采购各环节上的浪费，提高财政资金的使用效益，按照政府采购的法律法规，强化对各级集中采购机构的监督管理，对于采购组织形式实行严格控制，充分发挥集中采购机构的作用。

【完善政府采购制度】完善各项规章制度体系，重点是完善区直单位办公家具、公务车辆、办公自动化设备政府采购协议供货制度以及印刷定点采购相关制度，实现“以制度管采”、“以制度管人”，确保各项采购活动有法可依，有章可循，为提高采购效率提供制度保障。

【发挥政府采购政策功能】一是不断完善政府采购竞标制度，节约购买性支出。二是支持国货采购，促进区内企业、国内企业的发展。2009 年，全区政府采购合同 99% 以上授予国内企业，其中 85% 以上的合同授予区内企业。三是促进自主品牌的发展。以计算机采购为例，2009 年对联想、方正等国有自主品牌计算机的采购占计算机采购总量的 75% 以上。四是落实国家节能采购政策，建设资源节约型社会，切实改善社会消费行为。2009 年全区节能、节水产品采购金额占同类产品采购总额的 75% 左右，其中计算机采购中 75% 以上为节能产品，对在区内推广应用资源节约型产品起到促进作用。五是按照“保民生、保稳定”的大政方针，认真落实社会关注度高、影响面大的众多民生项目，实现“老百姓受惠、商家受益、预算单位满意”的多赢局面。2009 年配送全区各地县农牧民用太阳能灶的采购规模达到 3265 万元，共 73710 套。尤其是为庆祝西藏百万农奴解放纪念日，自治区统一采购 4244 辆农用车、155723 台 LED 照明灯、287359 套广播电视接收器配发到各地农牧民手中，采购规模达到 4.69 亿元，让广大农牧民再次感受到公共财政的温暖阳光。

【推进电子化建设】全面推行政府采购电子化管理工作，以此提高政府采购管理工作效率，推进政府采购工作的程序化、规范化和电子化。在自治区本级、山南、昌都、那曲、阿里等地（市）已推广实施电子化政府采购管理系统的基础上，2009 年又将日喀则、林芝两地区纳入推广范围，并于下半年成功上线。

【强化政府采购业务培训】一是举办政府采购管理制度改革相关知识培训班。专门邀请财政部政府采购管理部门专家授课，讲解我国政府采购制度改革相关情况，提高认识，明确当前任务和形势，为促进工作起到积极作用。二是参加财政部举办的 GPA 相关工作培训，加强对 GPA 相关知识的学习，深入了解和领会 GPA 谈判实质和谈判进展情况，把握工作重点，为有效开展应对工作奠定坚实的基础。

【开展 GPA 研究】一是积极派人参加财政部和相关省（市）、自治区举办的 GPA 工作会议，认真领会会议精神，及时调整和部署 GPA 工作重点，制定《2009 年 GPA 工作计划》。二是认真研究《少数民族地区政府采购协议（GPA）研究报告》，结合自治区实际，对报告内容提出修改、完善意见，及时反馈牵头单位。三是根据西部组的工作规划及分工，认真收集相关资料，积极着手《GPA 成员次中央政府开放清单及例外情况》的研究工作。四是随着当前谈判形势的变化，及时调整工作重点，进一步明确研究方向，针对本地区研究力量薄弱的实际，外聘专家进一步充实自治区的研究力量，按计划加快进行相关研究。

【建立防腐长效机制】 切实贯彻落实《中华人民共和国政府采购法》等有关法律法规，依法办事，同时加大事前、事中、事后三个采购主要环节的政府采购监管力度，防治商业贿赂行为，促进政府采购工作的健康发展。2009 年，依法查处政府采购验收人员违规事件 1 起，供应商违规事件 2 起。

（西藏自治区政府采购管理办公室供稿，巴桑德吉执笔）

甘　肃　省

【概述】 2009 年全省政府采购规模达 50.02 亿元，比 2008 年增长 14.39 亿元，增幅达 40%，占当年全省财政支出的 4.02%；节约资金 4.49 亿元，节约率为 8.24%。2009 年，全省各级政府采购部门采取有效措施，在继续做好通用类项目采购的基础上，将农用地膜、农村沼气、农家书屋、动物疫苗等涉农项目纳入了政府采购范围。

从采购项目构成上看，货物类项目采购 32.79 亿元，工程类采购 11.76 亿元，服务类采购 5.47 亿元，分别占政府采购总量的 65.55%，23.51%，10.94%。货物类采购中一般设备、交通工具和专用设备采购占很大比重，分别占货物类采购的 15.61%、14.82% 和 27.51%，其中计算机采购占一般设备采购的 47.01%，医疗设备采购占专用设备采购的 28.94%；工程类采购主要以建筑物和修缮、装饰工程为主，分别占工程类采购规模的 22.45% 和 22.79%；服务类采购主要以印刷出版为主，占 23.58%。

从采购组织形式及采购方式构成上看，集中采购 41.4 亿元，其中：政府集中采购 26.57 亿元，部门集中采购 14.83 亿元。分散采购 8.63 亿元。从采购方式看，公开招标采购 26.47 亿元，邀请招标采购 3.43 亿元，竞争性谈判采购 6.95 亿元，询价采购 10.45 亿元，单一来源采购 2.72 亿元，招标采购占采购总量的 59.78%，非招标采购占采购总量的 40.22%。

从以上数据可以看出，政府采购以政府集中采购形式为主，其他采购形式为辅。在政府采购方式中公开招标占主导地位，公开招标已成为全省政府采购的主要采购方式，体现出政府采购有较高的公开性和透明度。货物类项目采购占政府采购总量的 65.55%，比重略有下降，货物类采购中交通工具、计算机采购和医疗设备采购占很大比重。全省采购规模仅占财政支出的 4.02%，与国际通行的政府采购约占财政支出的 30% 相比，仍有较大的差距，尤其是公共工程、服务类采购项目还没有完全开展，但比重有上升趋势。市、州间采购规模差距较大，政府采购工作发展不平衡，但市、州政府采购发展迅速。

【加强政府采购制度建设】根据有关法律法规的规定，并结合全省政府采购工作的实际情况，研究制定《甘肃省政府采购代理机构资格认定办法》、《甘肃省政府采购质疑答复办法》、《甘肃省政府采购代理机构随机抽取管理暂行办法》和《甘肃省政府采购代理机构监督考核暂行办法》。为贯彻落实国家有关宏观调控政策，充分发挥政府采购政策功能，研究出台《关于政府强制采购节能产品优先采购环保和自主创新产品的实施意见》，明确强制采购和优先采购的具体措施。

【完善专家评审制度】针对目前省级政府采购专家库评审专家结构不合理，有些专业还不能满足评审工作的实际状况，在甘肃省政府采购网等媒体上发布征聘公告，面向社会公开招聘。同时，到专业人才多的教育、科技和医疗等系统，寻求支持，多渠道、多形式广泛吸纳人才，使省级政府采购专家库中人数达到 2000 多人，充实政府采购评审力量。为及时了解和掌握评审专家的状况，全面反映执业能力，实现专家的动态管理，建立考核反馈制度，由采购执行机构对其业务水平、评审能力、职业道德、出勤情况和其他有关情况作出综合评价，并归入专家个人档案，达到对专家有效监管的目的，保证评审的公正性。同时，为提高评审专家业务水平和执业水平，2009 年 11 月，举办全省政府采购业务培训班，邀请省纪委纠风室领导、厅领导到培训班上讲话，并请有关专家讲解政府采购法律法规、操作实务等。培训人员涉及评审专家、市（州）和省直管县政府采购从业人员等 300 多人。

【做好公务用车配置管理工作】一是认真贯彻落实《甘肃省机关事业单位公务用车配备管理办法》和《甘肃省财政厅、公安厅、监察厅关于严格控制公务用车配备管理的通知》精神，坚持"两审三控"制度，从车辆申报、政府采购、入户、过户等环节严格审核把关，全面规范公务用车配备行为，进一步遏制公务用车消费攀比的势头。二是根据《甘肃省省直机关事业单位公务用车编制管理办法（试行）》（省委办发［2007］81 号）的规定，扎实开展车辆核编工作，研究制定核编方案，开发公务用车管理软件，对全省公务用车进行摸底登记，基本摸清公务用车的家底，拟定公务用车编制，为科学配置全省机关事业单位公务用车奠定可靠基础。三是根据汽车市场变化情况和国家政策调整的实际需要，为切实做好车辆配置管理工作，修订《甘肃省机关事业单位公务用车配备管理办法》，于 2010 年 1 月 1 日正式实施。

【加强对采购代理机构的监管工作】根据财政部的有关规定，通过实地考察，继续认定 6 家具有政府采购乙级资质的社会代理机构。全省已有 11 家乙级资质的政府采购代理机构和财政部认定的 4 家甲级资质的政府采购代理机构共同参与政府采购工作。

为加强对采购代理机构的有效监管，对已认定的政府采购代理机构从计划审批、信息发布、专家抽取、现场监督、合同备案等各个环节进行明确规定，保证多元化的政府采购执行体系的健康运行，保证集中采购机构和其他代理机构共同发展，健全政府采购执行体系。同时，组织政府采购代理机构从业人员参加培训，提高采购代理机构从业人员业务水平。联合监察等部门对政府采购代理机构进行监督检查，督促政府采购代理机构从基础工作、代理组织程序、工作质量和业绩、廉洁自律、信息统计、财务管理等方面加强管理。

【开展健全完善公开透明的政府采购制度预防腐败试点工作】2009 年，甘肃省省委、省纪委确定健全完善公开透明的政府采购制度预防腐败试点项目由省财政厅牵头，根据省委、省纪委对试点工作的安排部署，厅党组就试点工作进行专题研究，成立试点项目领导小组及办公室。经反复研究，拟订《健全完善公开透明的政府采购制度预防腐败试点项目实施方案》，明确指导思想、目标任务、工作原则和工作要求，形成由主要领导总负责，分管领导直接抓，专门力量具体抓，做到人员落实、任务落实、责任落实。同时，为推动试点工作深入开展，在 3 月 19 日下午，省财政厅组织召开全省财政反腐倡廉建设工作会议，对健全完善公开透明的政府采购制度预防腐败试点工作进行动员部署。为加强舆论宣传，在甘肃政府采购网开辟“预防腐败试点工作”专栏，编印工作简报 7 期，分发有关单位，介绍工作动态，起到很好的宣传作用，营造试点工作的良好氛围。按照以点带面、以重点带全局的试点工作思路，对照法规查制度，对照制度查程序，对照程序查行为。通过试点，基本理清全省政府采购工作的现状和存在的问题，有针对性地提出进一步改进和完善的措施建议，狠抓措施落实，为政府采购工作规范发展打下良好的基础。

【统筹兼顾政府采购各项工作】一是认真做好供应商投诉处理工作。2009 年度，省级共收到供应商投诉 4 起，经调查核实，都经过认真细致调查核实后予以处理，维护采购当事人的合法权益，净化政府采购市场。二是稳妥开展 GPA 调查研究工作。根据财政部要求，就 GPA 的有关情况向省政府专题汇报，提出甘肃省应对加入 GPA 谈判的原则、方式和方法，确定研究课题，邀请省内专家学者开展研究工作。三是进一步加强政府采购信息统计工作。召开全省政府采购信息统计培训会，对统计工作进行安排布置，对如何使用统计软件进行业务培训。同时，加大催报力度，保证采购统计信息全面完整和真实可靠。四是切实推进协议供货制度。制定政府采购目录，明确实行协议供货的项目，通过公开招标方式确定采购项目在一定时间内的最高限价，采购人根据需求自主选择品牌和服务，由事前审批改为事后备案，方便采购人，提高工作效率。五是积极开展建立统一的电子化政府采购的调研工作，下发《关于开展电子化政府采购调研工作的通知》，征求对电子化政府采购的意见，并向财政部提出甘肃省的建设意见。

青　海　省

【概述】2009 年，青海省全省完成政府采购预算 20.30 亿元，比上年增长 26%；签定政府采购合同金额 19.47 亿元，集中采购节资率 7.8%。省本级政府采购预算 17.02 亿元，完成政府采购金额 13.92 亿元，为采购预算的 81.8%，比上年同期增长 73.8%。其中，集中采购 13.11 亿元，分散采购 8092 万元。集中采购机构完成 9.59 亿元，采购节资率为 3.59%；完成部门集中采购 3.52 亿元。实际完成国库集中支付采购预算资金 8 亿元，资金支付率为 47%，支付预算外及其他资金 1.06 亿元。

【强化与创新政府采购监督管理新机制】青海省与省监察厅、省审计厅联合印发《进一步加强和规范我省省级政府采购监督管理工作的意见》，形成财政、审计、监察部门联动的监管新机制。为进一步加强政府采购监督管理工作，规范政府采购行为，上报青海省人民政府办公厅印发《关于进一步加强政府采购管理工作的实施意见》。从政府采购的重要性、采购人强化政府采购意识、集中采购机构规范操作、采购监督管理部门加强监督管理以及建立和完善监督管理机制五个方面对加强青海省的政府采购监督管理工作提出具体意见。这是青海省贯彻《政府采购法》和《国务院办公厅关于进一步加强政府采购管理工作的意见》精神，构建公共财政模式，进一步推进政府采购管理工作健康发展的重要的指导性文件。为进一步规范省直部门应对突发事件所需货物的采购管理，增强采购资金使用的安全性和有效性，提高省直部门应对突发事件的保障能力，制定《青海省省直部门突发事件紧急货物采购管理暂行办法》；为进一步规范政府采购相关机构及人员在政府采购活动中的行为，促进政府采购相关机构及人员正确履行职责，预防和制止各种违法违规行为及其他过错行为，提高政府采购工作的规范性、公正性，制定《青海省政府采购相关机构及人员行为规则》，把政府采购相关机构及人员，包括采购单位、集中采购机构、供应商、政府采购监督管理机构及其工作人员以及政府采购评审专家等，纳入规范化管理的轨道上。

【扩大政府采购范围与规模】印发《青海省政府采购目录及限额标准》，制定并完善政府采购预算编制管理和科学制定集中采购目录及限额标准，特别将部门和单位使用财政性资金作为还款来源的借（贷）款进行的采购纳入政府采购管理，扩大政府采购项目实施范围和采购品种，进一步完善政府集中采购目录和产品分类。目录分三大类、18 项、30 个品目，把财政资金所涵盖的采购项目都纳入政府采购范围。将采购预算进行细化，把目前专项资金中的农机具、农药、牲畜疫苗、太阳能综合利用、藏毯机梁扶贫项目、农村牧区远程电化教育、中小学义务教育课桌凳、免费教科书项目、自然灾害救济粮和救灾物资等关注民生的公共项目以及落实扩大内需等国家宏观政策的项目也纳入政府采购目录，切实做到应采尽采。

在范围上，继续推进将工程、服务类的项目纳入集中采购。在协议供货中把耗材等纳入集中采购。正式启动药品集中采购工作，在强化监管的同时，进一步提高服务意识，积极协助有关部门，实施非基本药物、基本药物（基层部分）的集中采购，采购金额将在 2010 年底汇总形成，初步预计分别为 7.5 亿元和 1.5 亿元。

【推进政府采购精细化管理制度改革】加强对采购预算的管理与执行，强化预算执行的刚性，切实提高采购效率。针对上年采购资金结转量较大的情况，年初，下发《关于清理政府采购结转资金有关问题的通知》，并组织相关人员，对 2008 年政府采购结余情况进行分部门的排查，对结余资金量大的省国土部门、环保局、公安厅等部门，采取沟通协调、督促办理等方法，督促相关部门尽快上报采购项目计划，加快采购进度。印发《关于进一步提高政府采购资金效率的通知》，要求预算单位对纳入政府采购的项目资金应尽快编制和上报采购计划。年初部门预算安排的政府采购项目，必须在每年 5 月底前上报政府采购计划。年度追加的政府采购预算资金，要在预算下达 10 个工作日内上报政府采购计划。集中采购机构要严格合同管理，加强履约监督，在采购完成、公示期满后 3 个工作日内督促合同订立双方按规定订立合同，监督合同如期履约。为规范政府采购预算和计划编制，规范政府采购工作程序，印发《关于进一步规范政府采购程序强化政府采购计划管理有关事宜的通知》。

【发挥政府采购制度的政策功能】认真落实环境保护、节能、扩大内需等一系列政策规定，青海省财政厅与省环境保护厅、省发改委联合，落实国家有关环境标志产品政府采购、节能产品政府采购事宜，分别转发《关于调整节能产品政府采购清单的通知》、《关于调整环境标志产品政府采购清单的通知》，采购人在采购预算编制、采购计划申报时优先采购环保清单、节能产品清单中所列的产品。在审核采购人（预算单位）采购计划时，对不属于政府优先采购的环境标志产品、节能产品范围的，不予办理政府采购审批手续。政府采购中心在执行政府采购活动中，可在供应商准入、标书制作、评分标准等方面，对提供环境标志产品、节能产品和自主创新产品的供应商予以优先资格。同时，研究支持青海省中小企业发展的政策措施，为青海省中小企业提供参与政府采购竞争机会，扩大就业机会和渠道，发挥政府采购促进经济和社会发展目标的重要作用。

【推进电子化政府采购体系建设】加快电子化政府采购进程，组织力量补充完善电子化“青海省政府采购评审专家库管理系统”，整合评审专家资源，实现省、市、区采购专家的电子化资源共享、动态补充和随机抽取。同时，与有关单位一道研发推进青海省电子化政府采购系统。

【加大政府采购宣传力度】积极配合《中国财经报》对青海政府采购工作的宣传和报道。该报4月23日、30日连续对青海省的政府采购制度改革和工作开展情况进行专题报道。

【开展地方应对加入《政府采购协议》谈判的准备工作】与全国其他省份就有关情况进行沟通联系，积极推进青海省《政府采购协议》研究工作的开展。

（青海省政府采购监督管理处供稿）

宁夏回族自治区

【概述】2009年全区共安排采购预算资金64.10亿元，实现采购合同金额61.28亿元，节约资金2.82亿元，节约率4.4%。与2008年相比，安排预算资金增加8451万元，增长1.3%；实现采购合同金额增加1.38亿元，增长2.3%。

从采购类别看，2009年全区货物类采购预算金额29.40亿元，实现采购合同金额27.04亿元，节约资金2.37亿元，资金节约率为8.05%。采购预算同比增加3.47亿元，增长13.4%；实现合同金额同比增加3.43亿元，增长14.6%。货物类采购占政府采购总额的比重为44%。工程类采购安排预算金额32.22亿元，实现合同金额31.82亿元，节约资金3990万元，资金节约率1.2%。采购预算金额同比减少3.70亿元，降低10.3%；实现合同金额同比减少3.15亿元，降低9%。工程类采购占采购总额的比重为52%。服务类采购预算金额2.48亿元，实现采购合同金额2.42亿元，节约资金555万元，资金节约率2.2%。采购预算金额同比增加1.08亿元，增长77%；实现合同金额同比增加1.09亿元，增长82%。服务类采购占采购总额的比重为4%。服务类采购资金中，全区全年机动车辆定点加油总额为1.84亿元，由于加大定点加油的宣传和检查力度，定点加油增幅较大；定点保险总额为606万元。

从采购组织形式看，政府集中采购规模为59.63亿元，与2008年相比增加4.13亿元，增长7%；部门集中采购规模为1.43亿元，同比减少2.86亿元，降低66%；分散采购规模为2146万元，同比增加1015万元，增长90%。政府集中采购所占比重为97%，部门集中采购所占比重为2%，分散采购规模有所增加。

从采购方式来看，公开招标仍然占主导地位，其采购规模达到46.48亿元，所占的比重为76%；其他采购方式为14.8亿元，所占的比重为24%。其中邀请招标方式采购规模为7648万元、竞争性谈判方式采购规模为8.64亿元、询价方式采购规模为3.05亿元、单一来源方式采购规模为2.35亿元。

从政府采购合同授予情况看，全区采购国产货物的金额为61.2亿元，占采购总额的比重为99.8%，与上年相比增加1.44亿元，增长2.4%。进口货物的采购金额为842万元，同比减少591万元，降低41%。政府采购合同授予区内企业的合同金额为28.58亿元，同比增加4.7亿元，增长20%；授予区外企业的合同金额为32.61亿元，同比减少3.26亿元，降低9%。宁夏全区共设立采购监督管理机构25家，在编人数65人。其中：区本级1家，在编人数6人；地市级5家，在编人数12人；县级19家，在编人数47人。全区共设立政府集中采购中心23家。其中：区本级1家，地市级5家，县级17家。独立设置的有2家，分别是宁夏回族自治区政府采购中心和贺兰县政府采购中心。参与政府采购活动的社会代理机构有6家，从事政府采购人员数量41人，全部是经财政部认定的具有甲级资质的社会代理机构。2009年宁夏全区进行政府采购的采购人中有国家机关594个，事业单位592个，团体组织51个。参与政府采购的供应商共计5266家。

【推行电子化政府采购工作】电子化政府采购是2009年的一项重要工作任务，宁夏自治区于2009年3月和9月分别推行采购计划网上申报和通用办公自动化设备网上竞价的采购。采购计划实行网上申报，减少公文传递环节，降低行政成本，提高工作效率，从而结束了纸质化报送采购计划的历史。网上竞价新型采购方式的试行，使通用的办公自动化设备采购时限由原来公开招标的20天缩短到7天完成。

【加强政府采购调查研究】为了加强市、县（区）政府采购机构建设，明晰管理机构和操作机构职能，推进“机构分设，政事分开，独立运行，相互制约”的工作机制，有效发挥政府采购监督管理部门的职责，提高集中采购机构工作效率和质量。对全区政府采购现行机制建设情况进行调研，形成调研报告。

【规范政府采购工作程序】自2003年自治区本级政府采购监管与执行机构分离以来，结束了监管和操作不分离的现状，政府采购纳入相对规范的管理轨道。在原运行过程中，社会上对集中采购机构在实施政府采购计划、编制招标文件、发布招标公告、开标、评标、定标等均由其内设的一个部门组织完成反映强烈。为了切实解决这些问题，通过调查研究，积极改变以往工作方式实行专业化分工管理的模式，从项目采购的前期准备环节，具体操作环节，延伸服务环节，综合管理环节进行监管和执行的职能分离，实现相互制约、规范行为的工作程序。

【积极扩大政府采购规模】2009年首先从政府采购预算编制等基础工作抓起，扩大政府采购预算编制范围，使自治区本级编制政府采购预算的部门由2008年的11个扩大到26个，预算金额由2008年的2983.9万元增加到7.5亿元；其次对政府采购计划管理进行全面改革，将单位申报的政府采购项目全面纳入政府采购计划管理，对不报送采购计划的一律不实行采购。2009年完成政府集中采购金额32.6亿元，节约资金3亿元，节约率9.5%。在确保日常采购任务的前提下，保证自治区举办的“60周年宁夏成就展”、“香港活动周”、“宁洽会”“津洽会”、“西洽会”等重点活动和流感防治、中小学操场建设等重点项目的采购任务。采购范围涉及货物、工程和服务各个项目。货物主要涉及汽车、锅炉、办公自动化等通用设备，教学仪器，医疗器械、道路交通检测、抗旱物资等专用设备；工程涉及水利、交通、市政建设等项目；服务项目主要涉及公务机动车辆定点加油、定点保险、定点印刷，培训、软件开发设计、物业管理，工程监理等项目。

【推进政府采购管理方式的转变】首先对定点印刷进行改革。印发《关于继续执行自治区国家机关事业单位团体组织印刷项目定点管理的通知》，将定点印刷采购金额标准由单位自行选择印刷，改为备案审核制，起到跟踪监督的作用。二是对定点加油站进行调整和补充。有效解决定点加油站分布不均的问题，经过调查研究，征求各方意见，印发《关于对全区国家机关事业单位团体组织公务机动车辆定点加油有关事宜的通知》，在原来 82 个定点加油站的基础上增加定点加油站 14 个，取消违规加油站 2 个，满足全区公务机动车辆加油和边远地区加油的需要。三是对采购计划报送进行改革，凡不报送采购计划的一律不实行采购，增强了采购的计划性。四是对自治区国家机关事业单位和团体组织实行了定额采购备案制，为有效解决单位零星、应急采购问题。规定每月核定单位 2 万元的采购定额，由采购人按照定额标准自行采购，采购定额当月有效，过期作废，不结转，不累计，月终由采购人将月份采购结果报送财政部门备案，使定额采购的行为更加透明，商业贿赂的几率也大大降低。五是加强对政府采购代理机构的监督管理，印发《关于政府采购代理机构开展政府采购业务的通知》，对财政部认定的 6 家政府采购代理机构实行备案制，有效地引进竞争机制，保证政府采购的服务质量，充分发挥代理机构的补充作用。

【整合政府采购专家库资源】为了加强对政府采购专家的管理，保证政府采购质量，2009 年我们对自治区本级政府采购专家库进行全面清理、重新进行登记和注册。2009 年已完成专家注册 500 多人，基本满足政府采购工作需要。截至 2009 年底，全区建立政府采购专家库共 10 个，其中：区本级 1 个，专家 602 人；地级市 5 个，专家 2743 人；县级 4 个，专家 414 人。2009 年抽取专家项目数量 1165 项，专家参评人数 3650 人次。

【办理政府采购投诉案件】根据《政府采购法》的规定，依法履行政府采购监督管理工作职能，2009 年正式受理查办政府采购投诉案件 3 起，有效化解政府采购投诉案件 10 多起，实现政府采购投诉案件办结率 100%，维护政府采购当事人的合法权益，保证政府采购市场的健康发展。

【积极做好应对政府采购（GPA）谈判工作的准备】自治区按照财政部的要求，提出成立 GPA 谈判领导小组方案和 GPA 谈判工作领导小组的主要工作任务，同时就组建 GPA 谈判工作小组的意见和目前急需解决的几个问题向自治区人民政府进行专题汇报。

新疆维吾尔自治区

【概述】2009 年，新疆政府采购规模完成 95.23 亿元，占新疆 GDP 的 2.27%；占财政总支出的 6.46%；政府采购规模按可比口径计算，比 2008 年增加了 8 亿元，增长了 8.4%；

节约资金 9. 23 亿元，资金节约率为 8. 84%。其中：集中采购为 66. 72 亿元，占采购规模的 70. 1%；公开招标为 56. 17 亿元，占采购规模的 58. 98%。货物类、工程类、服务类采购分别为：货物类采购 47. 89 亿元，工程类采购 40. 78 亿元，服务类采购 6. 56 亿元，在政府采购总规模中所占的比例分别为 50. 29%，42. 82%，6. 89%。国家机关的政府采购金额为 47. 58 亿元，比 2008 年增加 11. 2 亿元，增长 24%；团体组织的政府采购金额为 0. 69 亿元，比 2008 年增加 0. 41 亿元，增长 59%。节能、节水产品的采购金额达到 1. 86 亿元，占到同类产品采购金额的 57. 38%，比 2008 年增长 0. 35 亿元，比重提高 7. 12%。进口产品采购方面，国家鼓励进口的产品达 0. 33 亿元，比 2008 年增长 0. 23 亿元，增长 70%。

【推进政府采购制度建设】 针对政府采购预算和计划在编报和执行中存在的薄弱环节和具体问题，制定印发《关于进一步加强政府采购预算管理工作的通知》和《关于进一步加强自治区本级政府采购计划编制和执行管理的通知》，为加强政府采购业务各环节时限管理，印发《自治区本级政府采购各环节工作有关问题的通知》。为明确 2010 年政府采购范围，方便采购单位编报政府采购预算，印发《关于印发〈新疆维吾尔自治区 2010 年度政府集中采购目录和分散采购限额标准〉的通知》；为规范驻外单位的采购行为和程序，印发《关于自治区垂直管理部门下属驻外单位参加当地政府采购工作的通知》；为规范废除采购中标结果的行政行为，印发《关于规范自治区本级政府采购中标无效行为的通知》。

【深化政府采购改革】 针对政府采购专项检查和厅领导对政府采购改革走访调研中发现的问题，制定 13 项整改措施，并加强督办落实：加强对协议定点采购的监督管理；简化政府采购程序、提高政府采购效率；加强对政府采购当事人的宣传和培训；制定规范政府采购管理与执行的 7 项规范性文件；广泛征集专家，完成政府采购专家库更新工作；推进政府采购信息化系统建设；完善政府采购预算管理制度建设，制定聘请义务监督员和法律顾问的相应方案；完成标书收费标准和专家评标费用标准的基础调查工作。

【加快信息化建设】 对政府采购各方当事人进行广泛调研，建立财政部门和系统开发商周三例会制度。新疆政府采购网新版网站和各地、州（市）分网站已全面上线试运行；增加专家在线考试、培训系统和专家评价机制，进一步加大专家征集力度，加强对专家的管理。完成网上协议采购和商品行情库的开发和测试工作。

【发挥政策功能】 积极开展与省科技厅、省经信委、省发改委等部门就自治区自主创新、节能环保产品政府采购制度的研究和实施工作，与相关厅局联合草拟《新疆维吾尔自治区自主创新和节能环保产品政府采购实施意见》。严格按照财政部节能环保、强制采购和进口产品政府采购管理制度有关要求，加强协议供货采购范围内对节能环保、强制采购产品的管理，严格审核进口产品采购。在公务用车采购方面，坚持购买国产汽车，重点控制高能耗、大排量越野车。确保充分发挥政策导向功能，把国家节能、环保措施落到实处。

【建立动态监督体系】 强化预防腐败和廉洁自律工作机制，建立廉政建设内部岗位责任制度。从计划审批、信息发布、方式变更、专家抽取、合同备案等各个环节履行监督管理职责，积极开展规范政府采购权力运行工作，制定《政府采购权力运行规则》、《政府采购权力运行流程图》，全面规范权力运行机制，加强外部监督和内部控制，形成内外结合的动态权力运行监督体系。对重大项目的招标工作，进行全方位监督。积极发挥监察、审计等部门的职能作用，积极配合审计厅审计组完成 2008 年度政府采购管理及执行情况专项审计，根据审计组提出的政府采购工作中存在的问题和不足，提出整改意见，向自治区人民政府进行专题汇报，对问题进行积极整改。

【开展政府采购调查研究】2009年3月，配合财政部开展电子化政府采购和信息统计调研工作。2009年5月，对政府采购专家库品目设置和网上协议采购进行调研。2009年6月，对公务用车定点维修厂商进行实地考察调研。2009年7月，对规范政府采购预算和政府采购计划的编制和执行、区级2010年政府集中采购目录和分散采购限额标准进行调研，配合机关事务管理局对新疆党政机关公务用车情况进行调研和统计。

【加强政府采购培训宣传】2009年6月，对各地、州（市）采购办、采购中心和各政府采购代理机构进行新疆政府采购网信息发布管理和评审专家注册资料审核管理培训，2009年10月，对自治区本级各采购单位进行政府采购业务培训。通过新疆政府采购网、各地分网站宣传政府采购知识，发布政府采购的相关政策、制度和办法，提升政府采购宣传力度。

【开展《政府采购协议》（GPA）研究】按照GPA工作计划和要求做好基础调研工作，认真参加财政部举办的政府采购协议培训班和交流会，组织相关课题的研究。2009年12月，举办自治区政府采购协议培训班，加深各协议研究成员单位对GPA工作的了解，明确各成员单位的职责分工。

【加强公务用车控购管理】联合监察厅下发《关于进一步加强自治区小汽车控购管理工作有关问题的通知》，严禁超编制、超标准购置小汽车，严禁购置进口小汽车，从严审批购置大排量、高耗能越野车，加强对购置、更新车辆预算的审核工作，加强对使用财政专项资金和政府外债资金配备车辆情况的管理，杜绝挤占其他单位车辆编制和利用自收自支单位没有核定小汽车编制为党政机关、事业单位购置小汽车情况的发生，加强对专用车和特种车辆编制的审核工作。圆满完成中央和自治区下达的购置小汽车费用在前3年平均数基础上下降15%的目标。

五、2009年地方政府采购中心工作概况

天 津 市

【概述】 2009 年，在天津市财政局党组的正确领导和有关部门的大力支持下，天津市政府采购中心以邓小平理论和“三个代表”重要思想为指导，认真学习贯彻党的十七大、十七届三中全会和市委九届五次全会精神，持续深入开展学习实践科学发展观活动，认真落实“保增长、渡难关、上水平”的总体要求，着力强化科学管理，加强能力建设，提升服务品质，使各项工作在原有基础上取得新的进展。截至 12 月底，天津市政府采购中心共实施采购项目 1025 个，采购预算金额累计 40.07 亿元，其中药品采购金额 16.19 亿元，实际合同金额 36.48 亿元，节约资金 3.59 亿元，剔除不可比因素，资金节约率为 15%。

【抓政策功能，服务经济社会发展】 随着对《政府采购法》学习和理解的逐步深入，天津市政府采购中心逐步将工作重心转移到促进节能环保、支持自主创新等政策功能上的发挥上来，全力引导全社会的可持续生产和可持续消费。2009 年以发挥政策功能为主线，制定并实施一系列服务企业的具体措施：一是减半收取招标服务费，降低企业参与成本。从 3 月份起，对中标供应商一律减半收取中标服务费。同时，对于没有不诚信记录的供应商一律免收投标保证金和履约保证金。二是降低门槛条件，促进中小企业发展。依据法律法规确定采购项目的资格条件，只保留国家强制性行业资质要求，取消对投标人注册资金、生产规模、厂家授权等的限定，为中小企业参加政府采购提供公平竞争的机会。三是加强政策引导，提升企业核心竞争力。在招标文件中明确节能环保产品、自主创新产品的优先法则，加大了对符合节能环保指标、具有自主创新认证产品的加分力度，强化企业执行国家产业政策的意识，引导企业优化生产工艺，提高自主创新能力，不断提升自身的核心竞争力。四是加强政策宣传，引导企业科学、准确参与政府采购活动。针对部分企业对政府采购政策法规缺乏了解，不善于钻研招标文件，在合理把握需求、科学投标等方面存在严重不足的现状，天津市政府采购中心先后 40 余次主动上门为企业在政策法规、程序规范等方面进行培训和指导，并与市工商联联合为市民营企业进行两次专题培训。此外，还为每个参与天津市政府采购中心项目的企业建立服务档案，详细记录评审委员会对其历次投标过程中优势及不足的点评，定期向企业作反馈服务，帮助和引导有实力的中小企业依法、诚信、科学、准确地参与政府采购活动。

【抓科学管理，完善内部管理机制】 天津市政府采购中心以贯彻执行 ISO9001 标准为主线，积极借助外力，不断推进内部管理机制创新，顺利通过 ISO9001 质量管理体系换证复评，并且在人力资源管理、绿色采购机制等方面取得新的进展。一是人力资源绩效考核体系进一步优化。上半年，天津市政府采购中心聘请人力资源管理专家担任顾问，协助重新制定绩效管理办法，结合不同岗位的工作实际，系统地设定绩效管理 KPI 指标。新的考核制度在考核对象上，将部门绩效和员工绩效一同考核，并且互为因素，互相影响，有效增强部门管理和员工自我管理之间的联动；在考核指标设定上，每个岗位都从工作态度、日常工作行为表现、工作能力、学习发展四个方面设定近40项考核指标，通过对各部门及员工的绩效进行全过程、全视角、全方位的客观记录和科学评估，及时发现问题，持续改进工作，并为相关薪酬、奖惩、培训、职业规划等决策提供依据，从而调动全员工作的积极性和创造性。二是绿色政府采购落实机制初步建立。为更好地发挥天津市政府采购中心在绿色采购方面的政策导向作用，天津市政府采购中心与南开大学环境工程学院等科研机构联合申请欧盟项目——中国城市可持续采购项目。通过与欧盟方面科研机构的交流与合作，逐步学习借鉴欧盟国家在绿色可持续采购方面的经验做法、技术标准等，初步建立包括发售标书环节审查、评标过程加分、履约过程监督的绿色政府采购落实机制，对推动和引导全社会可持续生产和可持续消费发挥积极的作用。

【抓监督机制，确保采购工作干净运行】天津市政府采购中心敢于在采购过程中公开接受监督、听取不同意见，不断否定自我，持续改进工作，把各环节工作全部“亮”出去，用“全阳光、全透明”确保采购工作干净运行。一是内部监督制约机制更加完善。首先，领导班子带头接受大家监督，每季度开展一次满意度调查，从管理状况、履行职责、党风廉政等十个方面征求大家的意见，主动接受大家的监督和评议。其次，加强联动管理，通过问题项目的自动升级管理，使员工增强自我管理意识，规范工作行为，提升工作品质。再次，内部工作检查评估机制和督促落实机制的扎实推进，有效提升中心各项规章制度的执行效果，确保各项工作及时、准确、到位地落实。二是采购业务实现“全阳光、全透明”。2009年，天津市政府采购中心在细化工作流程的基础上，进一步加大公开透明度，将采购业务所涉及的172个环节的工作内容和工作状态全部通过现场或网上对外公布，形成“十公开、五提醒”的社会监督机制，使天津市政府采购中心成为一个社会各界广泛参与、阳光透明的公共服务平台。

辽　宁　省

【概述】2009年辽宁省政府采购中心累计组织实施完成采购项目176个，预算资金总额为25.3亿元，比2008年增长8.12%，实际支出为21.7亿元，节约资金3.6亿元，节支率为14.32%；全面完成全省药品集中采购平台的建设及相关基础工作；全年针对辽宁省政府采购中心的有效投诉继续保持为零；辽宁省政府采购中心及工作人员没有出现违法违纪现象。

【扩大政府集中采购规模和范围】一是扩大涉及民生政府采购项目的范围。据统计，2009年组织实施涉及民生的政府采购项目21个，项目预算8.69亿元。特别是辽宁省政府采购中心会同辽宁省财政厅、教育厅、新闻出版局、广播电视局、农委、民政厅、体育局、红十字会等部门组织实施的全省农村义务教育免费教科书、农家书屋、文化资源共享、体育健身器材和扶贫帮困物资等民生政府采购项目，充分体现了以人为本的核心理念，社会影响大，经济效益和社会效益明显。二是扩大定点服务采购范围。会同省财政厅完成因公出国国际机票销售代理机构的定点服务采购工作；会同省财政厅、地税局等部门实施机动车辆维修、印刷和物业管理等定点服务采购工作；会同辽宁省参与2010年上海世博会筹备工作领导小组圆满完成上海世博会辽宁馆展示设计方案的定点服务采购工作。

【推进全省药品集中采购工作】 2009年辽宁省政府采购中心已组织完成直接挂网自行采购目录药品的招标采购工作以及基本药物目录药品招标采购的前期各项工作。据统计，直接挂网自行采购目录药品涉及生产企业332家，品种1917个。基本药物目录药品共涉及生产企业1231家，占报名企业的48%；品种8433个，占报名品种的23%。辽宁省政府采购中心一是全力搭建全省药品采购各项“硬件”平台工作。省编委批准中心增设药品采购处，增加人员编制10名；积极申请调整办公场所，争取省发改委在基本建设计划中安排1600万元资金，为辽宁省政府采购中心解决业务所需办公用房3160平方米；积极争取省财政厅、省经信委核拨专项资金330万元，加上中心自筹部分，解决药品集中采购软件开发、硬件设备采购等平台建设需要的资金；完成“辽宁省药品集中采购网”软硬件网络平台的开发建设工作，并于2009年8月10日正式运行，为全省药品集中采购工作的顺利推进奠定坚实的基础。二是着力夯实全省药品集中采购各项“软件”基础工作：开展学习培训活动，积极组织考察调研，成立专门内设机构并建立相关的内部管理制度。组建中心药品采购处；先后制发《辽宁省政府采购中心全省药品集中采购业务程序规则》等8个内部管理制度，形成按制度办事和靠制度管人的运行机制。三是在实施全省药品集中采购工作中，精心组织，全力推进；统一政策，确保公平；夜以继日，超常规工作；坚持公开、公平、公正和优质服务。由于辽宁省政府采购中心的规范操作和优质服务，赢得广大药品生产企业和经营企业的好评和认可，未出现一例有效投诉。

【推进规范化建设】 一是会同省财政厅完善相关政策制度。先后会同省财政厅代省政府草拟并制发《关于进一步加强政府采购管理工作意见的通知》和《辽宁省政府采购评审专家不良行为处罚与公告暂行办法》等相关管理制度4个，对全省政府采购工作的规范化建设起到较好的促进作用。二是进一步健全和落实内部管理制度。先后制发或修订《辽宁省政府采购中心内设机构及其主要职责》和《关于提高政府采购专家评审费给付标准的通知》等相关管理制度11个。依法做好供应商质疑投诉工作。2009年共计受理供应商质疑函6件，涉及政府采购项目4个，质疑答复工作做到受理及时、跟踪及时和答复及时。三是加大“辽宁省政府采购管理系统”的应用力度。进一步完善中心信息化管理系统，增加一系列操作性功能，为业务工作提供技术支持及服务；组建中心信息化建设领导小组，配备专业人员研究开发中心信息化系统，并形成中心《信息化建设工作方案》；会同省财政厅着手研究开发“辽宁省政府采购信息管理平台”，按照中心与省财政厅的职责分工，在认真研究论证基础上，提出“辽宁省政府采购信息管理平台”中操作系统建设工作方案。四是不断规范采购文件的编制工作。全面应用采购文件范本、标准化作业常用范文和范表，基本实现政府集中采购业务执行政策、业务范本、操作流程、评审标准和档案管理五统一；根据各类采购项目的特点，对采购文件的商务、技术和服务条款加以细化和量化，最大限度地采用客观指标或条款，增加客观评分因素；对项目资金预算300万元（含300万元）以上及重点采购项目的采购文件全面实行专家论证和网上公开征求意见的制度。五是健全完善辽宁省政府采购中心与辽宁省财政厅定期联席会议制度，促进日常业务规范化。六是有效推动全省各级集中采购机构的健康发展。组织召开辽宁省政府采购协会2009年第一次理事会议，审议通过

《2008 年辽宁省政府采购协会工作情况的报告》，按协会章程的规定增补和调整了单位会员、理事、常务理事人选；制发《辽宁省政府采购协会 2009 年工作要点》，明确 2009 年协会的指导思想、工作重点和任务；组织全省各级政府集中采购机构共 140 余人参加的业务培训班，邀请国内知名政府采购专家学者授课，提高全省各级集中采购机构工作人员的职业素质和业务工作能力。

【落实节能、环保和自主创新产品采购政策】一是认真贯彻执行政府优先及强制采购制度。紧紧围绕《国务院办公厅关于建立政府强制采购节能产品制度的通知》提出的任务和要求，认真贯彻落实辽宁省财政厅《关于进一步规范政府采购招标投标活动的实施意见》，对节能、环保和自主创新产品实行优先采购，对空调机等 9 类产品实行政府强制采购的政策。二是积极营造激励企业自主创新的采购环境。在组织实施政府采购活动中，坚持采购本国产品，确需采购进口产品的，坚持有利于本国企业自主创新或消化吸收核心技术的原则，优先购买向我方转让技术、提供培训服务及其他补偿贸易措施的产品，并依法履行论证和报批手续；进一步发挥政府采购政策功能作用，认真贯彻落实政府首购、订购等政府采购政策。

黑　龙　江　省

【概述】2009 年黑龙江省政府采购中心按照全国政府采购工作会议、全省财政工作会议精神及《黑龙江省政府采购中心 2009 年工作要点》的整体安排，坚持依法采购，规范操作，不断加强制度建设，完善工作流程，扩大采购规模，拓宽服务领域，较好地完成全年各项工作任务。截至 12 月末，省本级政府集中采购的预算为 57.6 亿元，实际采购支出（采购规模）53 亿元。节约预算资金 4.6 万元，采购节支率为 8%。

【积极组织农机具等规模项目的政府采购】年初以来，省政府采购中心认真落实扩大内需政策，积极减缓和降低金融危机带来的影响，把上规模、扩范围作为全年政府采购工作的重要任务，努力在拓展采购范围上求突破、上台阶。一是组织农机具招标采购。上半年采购中心组织共计 17849 台大马力拖拉机的招标采购，采购的农机设备涉及 621 个品目，采购预算多达 11.6 亿元。农机具的集中采购，提高全省农业机械化水平，加速新农村建设步伐，既为土地规模经营提供装备保障，也促进土地和劳动力的合理流转和转移，更为农民的增产、增收带来巨大效益。据统计，上半年的农机具采购与上年同期比规模大幅度提升，超过 2008 年全年农机具采购额度的总和。二是组织“第 24 届世界大学生冬季运动会”设备的招标采购。省政府采购中心负责为黑龙江电视台“大冬会”高清频道增加的设备项目组织实施政府采购。年初安排的这次采购，临近“大冬会”开幕，时间紧，任务重，有国内外 10 余家供应商参与投标。经过紧张艰苦的评标，最终以 6634.4 万元成交、节约 275.6 万元，圆满完成招标采购任务，为黑龙江电视台向世界各国现场转播高清赛事实况奠定必备基础。三是组织乡镇医疗器械的招标采购。截至 2009 年 5 月中旬，省卫生厅乡镇医院医疗设备已全部采购到位。2009 年的医疗器械采购较往年有所不同，主要是额度大（6400 万元）、品目宽（20 项）、数量多（达 6730 台），国内共有 54 家供应商报名参与。省政府采购中心接到计划后，在时间紧、任务重、标准高的情况下，有关处室同志连续工作，密切配合，较高质量地完成采购任务。采购结束后，无一起有效的投诉案例。四是组织中小学免费教科书招标采购。按照国家有关规定，省政府采购中心上半年组织黑龙江省 2009 年春季免费教科书的招标活动。此项目采购预算为 16691 万元，最终以 16003 万元中标，节约资金 688 万元，节支率为 4.1%，为及时高效地下发学生用书提供重要保障。五是组织税控机招标和药品集中采购工作。根据国家和省政府的有关规定，黑龙江省 2009 年完成税控收款机和药品的集中采购工作。省政府采购中心按照职责分工，积极进行税控收款机招标设备的选型论证及药品采购的前期准备工作。由于项目特殊，涉及面大，尚属首次采购，没有现成的经验可以借鉴。黑龙江省采购中心上下高度重视，多次与相关部门沟通协调，了解用户需求，聘请专家反复论证税控收款机指标设备的选型和药品集中采购平台建设方案，想尽办法为供应商投标提供方便。搭建药品采购网络平台，抽调人员，组织培训，在网上开通 10 部咨询电话，配备专人进行业务咨询；在网上公布电子信箱，为供应商提供电脑笔记本，方便供应商查询答疑；认真受理供应商申诉，规范操作，封闭评标，不折不扣地执行省药品集中采购领导小组的各项决定，所有信息全部上网公开。在时间紧、任务重的情况下，发挥不怕吃苦、连续作战的精神，连续加班近 2 个月，圆满地完成药品招标任务。

【积极发挥前端环节的技术审核和把关作用】为加强内部管理，规范采购行为，省政府采购中心加强招标文件及档案审核的工作力度，统一采购信息网上发布标准，对供应商入库状态是否有效进行严格把关，并对新增的采购代理机构文件审核、公告审核及供应商抽取工作进行有效管理和严格把关，并归纳整理出工程采购范围内各种类别项目的资质等级划分标准。全年负责发布媒体信息、审核文件、审核代理机构文件都严格把关，审核归档档案 80 个，进一步规范采购基础工作，提高政府采购的管理水平。

【强化合同履约验收工作力度】合同履约验收是政府采购的末端环节，也是保证政府采购质量的关键。上半年，省政府采购中心继续加大合同履约验收的力度，按照《黑龙江省政府采购合同监督管理暂行办法》的规定，对合同金额 200 万元以上的部分政府采购项目依法组织抽查验收。截至 12 月末，省政府采购中心共验收 24 个采购项目。对在抽查验收中发现的部分中标供应商不讲诚信，法制观念淡薄，“抽条缩水、以次充好”等问题，省政府采购中心均按规定下发《整改通知书》，要求限期整改。通过合同的履约验收，有力震慑供应商的违约行为，有效提升供应商依法履约意识，维护合同履约的公正性、严肃性，确保合同产品质量，为树立政府采购公平、公正形象发挥重要作用。

【积极拓展政府采购的服务功能】为进一步拓展政府采购的服务功能，省政府采购中心借招标场所搬迁之机，增设政府采购产品展示厅，首届展示主要以协议供货主流产品为主，同时还为经常参与政府采购活动的企业提供新产品、新技术推介场所，将主流的产品性能、型号及相关技术进行多角度、宽领域的展示宣传，以便采购人能更及时地了解市场动态，掌握最新产品的性能，达到预算单位和供应商双赢的目的。5 月 26 日和 6 月 25 日，省政府采购中心与采购办联合举办黑龙江省首届政府采购产品推介会和佳能（中国）政府采购大客户推广会，省直部分预算单位和政府采购供应商代表出席会议。这两次活动，由联想集团、锐捷网络公司和佳能（中国）公司举办，旨在让更多的用户了解产品、技术和解决方案，进一步了解产品的现状、未来走向及发展趋势，增强并加深对产品前瞻性、预知性的认识和理解。各企业还表示要不断坚持节能减排、自主创新的理念，提高产品的科技性能和环保性能，以满足并力争超越客户的期望。两次活动都取得预期效果，受到众多与会代表的认同。

【主动深入服务用户调研征求意见】省政府采购中心对10余家采购额度大、代表性强的省直预算单位采取座谈的形式进行走访，广泛征求预算单位的意见和建议。对于这次走访，各单位高度重视。各单位主管政府采购或财务工作的领导、财务处长、采购经办人等同志参加座谈。座谈中大家敞开思想，畅所欲言，紧紧围绕政府采购队伍建设、作风建设、制度建设和操作规程进行座谈；并就政府采购的热点、难点问题进行有益的探讨。省政府采购中心负责同志对提出的一些具有建设性的好建议，如协议供货价格监管和产品规格少等问题作出解答并提出初步的解决办法。

上　海　市

【概述】根据上海市新一轮机构改革及政府采购管采分离改革的要求，2008年10月，上海市政府采购中心整建制划转上海市政府机关事务管理局。2009年，市政府采购中心按照管采体制分离要求，完成职能移交，实现平稳过渡，同时，深入贯彻科学发展观和国办发(2009) 35号文件、沪府办发（2009）38号文件，总结十周年工作，加强职能建设、内部制度建设、队伍建设和廉政建设，对内提升四种能力（财政预算配套执行能力、对采购人的服务保障能力、对供应商服务能力、对评审专家的服务能力)，对外建立四个机制（向监管部门和上级主管部门工作汇报机制、与财政管理部门的业务沟通协调机制、预算单位采购联络员机制、政府采购相关各方的座谈会机制)。一年来，市政府采购中心履职能力、工作作风和对外形象有明显的提高和转变，荣获2009年度市政府机关事务管理局文明单位，工程部部长金丁同志荣获2007~2009年度上海市先进工作者。

【创新实施“分类、分层、分阶段”的管理模式】2009年，市政府采购中心积极探索政府采购计划执行管理的新模式，建立政府采购计划分类别、分层次、分阶段执行和管理办法。分类别管理就是按照采购目录的集中采购范围类别、按照预算单位类别、按照预算批准的采购方式及内容对采购计划进行分类，明确功能工作内容和工作任务。分层次管理就是根据2009年财政下达的采购预算计划，对采购项目划分重大项目、重点项目和一般项目进行管理，对预算单位划分重点和一般进行管理，对有关上海市“世界博览会”、“新一轮机构改革”、“四个确保”和“节能”等项重要工作配套服务的采购项目，以及达到一定金额规模的采购项目或达到一定采购规模的采购人，列入采购中心重大项目、重点项目、重点预算单位进行管理，明确责任、精心组织、全程跟踪、抓好落实。分阶段管理就是按照采购计划启动、组织实施、计划执行检查和总结评估四个阶段，明确全年各个阶段的工作重点，确保全年政府采购计划执行和落实。2009年，市政府采购中心圆满完成财政下达的采购预算计划，全年组织采购6953批次，完成合同金额28.10亿元，同比增长32.76%。其中：货物

12.20 亿元、工程 14.91 亿元、服务 0.99 亿元。全年完成世博配套项目 50 个，完成金额 3.61 亿元；机构改革配套项目 11 个，完成金额 0.72 亿元；节能改造配套项目 6 个，完成金额 0.13 亿元。

【开展贯彻国办发 35 号文件的学习调研】根据市领导和局领导批示精神，市政府采购中心从 6 月初开始，用两个月的时间组织开展国办发（2009）35 号文件的学习调研工作，利用集中业务培训开展国办发 35 号文件学习和动员，同时，专门组成学习调研小组，在采购中心内部调研听取意见，通过召开座谈会，听取区县采购中心学习贯彻 35 号文件的具体措施、方案、建议以及对未来发展的思路，完成《上海市集中采购机构贯彻国办发（2009）35 号文件调研报告》，并上报市政府机关事务管理局。另外，市政府采购中心还就市财政局关于《上海市贯彻落实国办发［2009］35 号文的实施意见（讨论稿）》进行专题研究，提出修改意见，为沪府办发 38 号文件的出台提供决策依据。

【组织成立十周年系列活动】2009 年市政府采购中心围绕成立十周年，精心编印《采购中心十周年大事记》、《中心员工回忆录》、《中心员工文集》三本书，开展成立十周年“三个标兵”（廉政标兵、服务标兵、业务标兵）评选，全面回顾总结十年工作，承上启下地提出采购中心下一步建设发展目标和工作目标。5 月 6 日，市政府采购中心在上海展览中心友谊会堂友谊厅召开成立十周年工作汇报会，市政府副秘书长、市政府采购委员会主任蒋卓庆，市政府机关事务管理局局长、市政府采购委员会副主任陈兆丰到会并讲话，对市政府采购中心十年来的工作给予高度评价，并对下一阶段工作提出要求。市政府采购委员会成员、市有关部门领导、本市区县集采机构及部分采购人、供应商参加会议。

【建立政府采购业务联席会制度】为加强管采体制分离后与财政管理部门的业务沟通协调，市政府采购中心主动联系市财政局国库处建立政府采购业务联席会制度，制订《上海市政府采购中心政府采购业务联席会组织办法（试行）》。2009 年召开 5 次联席会议、十多次专题和碰头会，就贯彻落实市财政局年内出台的十几个文件以及相关政策事项、配合财政大平台建设和本市贯彻 35 号文件（沪府办发 38 号文件的出台）等重点工作进行沟通、达成共识，积极破解相关政策执行中的难点、热点问题，促进本市政府采购的协调发展。

【建立预算单位政府采购联络员机制】为了加强服务保障和沟通联系，营造称心采购、和谐采购的工作氛围，2009 年，市政府采购中心与全市一百多家市级预算单位的办事人员建立政府采购联络员制度。先后到十多家重点联络员单位，主动开展上门服务，与市财政局国库处联合举办预算单位政府采购联络员培训班，进行宣传政策，讲解和解答业务问题；召开由部分联络员代表参加的采购人座谈会，认真听取意见，主动查找不足，提出落实整改措施；对 2009 年联络员单位（系统）采购任务完成情况进行定期整理，三、四季度向各联络员单位发放采购状态告知单和意见征询表，对年度尚未启动的项目有针对性地向各联络员单位发出友情提示，确保市财政沪财预（2008）102 号文件精神的落实；编印《上海市级机关政府采购联络员工作手册》分送给各联络员，为政府采购联络员开展工作提供便利。

【落实世博采购】2009 年，市政府采购中心认真履行着“服务世博、参与世博、奉献世博”的理念，积极参与和落实市政府“世博 600 天行动”等项目采购。在项目实施过程中，市采购中心领导高度重视，明确具体责任，将世博采购项目列入采购中心重点采购项目进行管理，从项目需求、采购实施制定全过程计划。相关采购部门和业务员主动与项目单位联系，沟通采购需求，精心制作采购文件，组织实施采购，先后完成世博配套项目 50 个，完成金额 3.61 亿元。

【第一个自主创新产品首购合同签约】市政府采购中心根据当年市财政局、市科委、市发改委联合发布的《上海市 2009 年政府采购自主创新产品目录》，积极采取措施，全面贯彻落实有关鼓励、扶持自主创新产品的政府采购政策。针对上海市第十人民医院术中神经导航系统项目采购，向用户单位进行宣传沟通，得到市第十人民医院有关领导的大力支持，替代进口而采用《上海市 2009 年政府采购自主创新产品目录》中的首购产品。12 月 1 日，市采购中心第一个政府采购自主创新产品首购合同签约仪式在市第十人民医院举行，合同金额 130 万元。

【强化廉政建设】一是结合考核奖惩办法，修订《上海市政府采购中心工作人员廉洁自律规定》，进一步明确违反廉洁自律规定实行考核“一票否决制”并解除聘用合同。二是组织全体员工首次进行廉政宣誓，与每一位员工进行廉政“十不准”承诺签约，并制作廉政“十不准”承诺签约警示牌，制作员工身份胸卡，使员工时刻注意自己的形象。三是结合员工个人年度总结，组织廉政“十不准”承诺个人自查，并作为述廉的一项重要内容。四是坚持礼品上交登记管理制度，进一步加强礼品收交登记管理工作。

安 徽 省

【概述】2009 年，在安徽省财政厅党组的正确领导下，安徽省政府采购中心深入贯彻落实科学发展观，认真学习沈浩精神，全面推进“能力建设年”活动，不断扩大采购范围和规模、提高采购工作能力、发挥政府采购政策功能、创新完善机制体制，被安徽省直机关工委评为“安徽省直机关建功立业先进集体”。

【扩大采购规模和范围】2009 年，安徽省政府采购中心完成采购项目 657 个，完成预算金额 35.49 亿元，同比增长 40%；合同资金 31.11 亿元，比上年同期增长 41%，节约资金 4.38 亿元，资金综合节约率为 12.34%。一是大项目成为重要支撑。安徽省小麦优势产区良种补贴项目为 32 个项目县（市、区）采购小麦良种 5.9 亿斤，预算金额 9.74 亿元，实际成交金额 9.275 亿元，节支率 4.8%。安徽省政法转移支付资金装备及全省政法网续建采购项目预算金额 9.2738 亿元，是安徽省政府采购中心成立以来办理的资金额最大、项目涵盖内容最广的综合性项目。二是积极探索服务类采购项目。安徽省政府采购中心先后开展安徽文化保护区规划项目、安徽省创业（风险）投资引导基金选择受托管理机构和执行机构等服务项目采购，这些项目在国内政府采购领域都尚属首次。三是协议供货管理逐步完善。安徽省政府采购中心安排专人具体负责协议供货工作，组织 4 轮省直单位办公用品协议供货采购工作，省直单位办公产品协议供货的合同数量和金额逐月递增，还先后完成省直单位车辆定点大修、图书定点采购、复印纸定点采购等项目。

【提高采购执行能力】安徽省政府采购中心年人均完成采购预算金额 1.42 亿元，项目办结率 94%。一是强化学习培训力度。安徽省政府采购中心统一编印内部工作手册，先后举办采购礼仪知识讲座和家具知识、医疗器械、电子大屏技术等专业知识讲座，不断提高人员服务意识，改进人员知识结构。在安徽省直机关工委举办的“打造书香机关，提升素质能力”主题演讲比赛中，省政府采购中心范晓玲同志代表财政厅荣获二等奖。二是加强工作调查研究。中心积极开展政府采购工作调研，在省财政学会举办的全省财政系统“能力建设年论文征集活动”中，省政府采购中心李成名同志撰写的《加强能力建设，造就高素质政府采购队伍》一文，荣获三等奖；省政府采购中心撰写的《关于建立完善政府采购合同履约监督机制的思考》一文入选《财政厅2009年度调研报告汇编》。三是提升紧急采购能力。安徽省政府采购中心在依法按程序办事的前提下，坚持特事特办、急事急办，中博会旅游商品博览交易会布展搭建、“省人防办人防指挥通信‘动中通’系统”、省新闻出版局“农家书屋”等项目采购，省采购中心高效、高质办结，采购过程及结果得到采购单位的肯定。

【发挥政府采购政策功能】安徽省政府采购中心认真贯彻落实国家关于自主创新品牌和环保节能产品优先（强制）采购政策，充分发挥政府采购政策功能、扶持中小企业发展，服务经济社会发展大局。认真贯彻国家和安徽省相关公务车采购规定，提升自主创新汽车品牌在用户单位中的形象和品牌认可度。2009年共采购奇瑞、江淮等国产自主创新品牌汽车4015辆、4.21亿元，分别占全部汽车采购总量、总金额的92.9%和87%。

【完善工作制度体系】一是全面实施目标责任管理。围绕年度工作要点，安徽省政府采购中心对全年各项工作实行全面目标责任管理，共分三大类、27项指标，并把各项指标分解落实到各部门，做到科学化、精细化管理。坚持每季度通报执行情况，在保证项目办理质量的前提下，早谋划快行动，切实提高采购工作效率。二是加大合同履约监督力度。根据安徽省财政厅领导要求和有关文件精神，安徽省政府采购中心加大对中标供应商合同履约监督的力度，建立了按月通报制度，及时将履约情况通报给厅各有关处室。同时积极主动协调部分逾期未履约的采购项目，通过项目协调会、约谈相关中标企业负责人、上门回访用户单位等多种方式，跟踪督办，加快合同的履行进度。还引入第三方质量检测机构对中标产品提供专门检验，切实保护政府采购各方当事人的合法权益。三是加快推进电子化采购进程。安徽省政府采购中心会同省财政厅政府采购处、财政信息中心积极做好“安徽省政府采购网”建设，年初正式开通运行，省级采购信息公告发布工作已经步入正轨，项目评审专家实现电脑自动抽取，语音自动通知，还组织开展协议供货商、中心内部工作人员网上采购操作业务培训班。“安徽省电子化政府采购系统”进行多次演示汇报，工作进展顺利，于2010年1月开始投入运行。四是各项基础工作规范有序开展。安徽省政府采购中心通过规范管理，深入推进反腐倡廉，保障采购工作不断上规模、见效益。在“安徽政府采购网”和其他指定媒体上发布各类采购信息1500余条，询价项目也基本都做到公开询价，增强政府采购工作的透明度。2009年邀请公证员17次34人、监察员86次122人，为项目顺利进行保驾护航。安徽省政府采购中心草拟《保证金管理暂行办法》，不断完善办理保证金收取及清退的相关手续。同时加快推进项目拨款手续，提高预算资金拨付进度，充分保障供应商的权益。采购中心还积极稳妥地推进采购项目档案整理和“小金库”专项治理等其他工作。

【营造良好采购工作氛围】安徽省政府采购中心坚持主动作为，实现工作由被动向主动转变，先后到省发改委、质监局、环保厅、林业厅等单位开展上门服务，了解项目执行情况，听取省直单位对采购工作的意见和建议，加快协调推进项目执行进度。在协议供货工作中坚持有计划、有步骤地走访供应商，主动做好市场调查，准确了解产品性能、价格行情、企业业绩等。积极开展工作宣传。2009 年，在安徽省财政厅内网发布信息 39 篇，编发内部工作简报 76 期，经济日报《经济》杂志、人民日报《中国经济周刊》、《中国财经报》、《政府采购信息报》、《中国政府采购杂志》等期刊报纸，对中心相关工作开展情况进行宣传报道，共 31 篇，其中小麦良种采购、创业投资基金等项目采购被多家媒体转载。2009 年 4 月，财政部在武汉召开全国政府采购工作会议，安徽省政府采购中心被大会指定作了题为《推行全面目标责任管理，加强集中采购机构建设》的典型发言，介绍安徽省政府采购中心加强自身建设的经验，财政部对安徽省政府采购中心的这一做法给予充分肯定。加强和同行、专家学者沟通交流。先后组织人员赴广西、湖南、宁夏、辽宁等地政府采购中心就协议供货、药品采购等工作进行实地调研。积极参加国际关系学院组织的应对金融与经济危机政府采购与公共市场机制建设论坛等相关交流活动。同时，接待中央国家机关政府采购中心、辽宁省和沈阳市政府采购中心来安徽省政府采购中心进行工作调研，及时获取政府采购相关政策信息、最新理论成果和先进实践经验，推动政府采购理论研究、政策制定和执行实践的全面协调发展。

福　建　省

【概述】2009 年福建省政府采购中心全面贯彻落实科学发展观，认真领会党的十七届四中全会和省委八届六次全会精神，围绕加快海西建设大局，以“科学发展、四求先行、干事干净”为目标，按照“会干”和“干好”的要求，以扎实的工作、规范的管理、优质的服务、清廉的作风，积极促进机关事务业务领域的拓展，进一步推动省级政府集中采购工作规范、高效、廉洁、和谐发展。

在福建省人民政府机关事务管理局党组的领导、福建省采购办的监管和管理局有关处室的支持下，省政府采购中心认真执行《政府采购法》及其相关法律法规和规定，坚持“廉洁、服务、节俭”原则，以制度化、信息化建设促发展，确保中心工作目标的顺利实现，取得较好的社会效益和经济效益。2009 年共完成采购计划 5.5 亿元，实际采购金额为 5.02 亿元，节约资金 4745 万元，节约率为 8.6%。在有效节约财政资金，加强廉政建设，实现国家宏观政策方面发挥集中采购的优势，促进政府采购工作在建设廉洁政府、服务政府和节约政府中的作用，树立“干事、干净”的形象，获得 2004～2008 年度福建省机关事务系统“先进集体”的称号。

【强化廉政责任意识】一年来，采购中心本着“清白做人、干净做事”的原则，以科学发展观为指导不断推进廉政建设，将廉政工作与采购常规工作一起部署，一起落实，一起检查，一起考核，实现用制度管权、按制度办事、靠制度管人。

第一，加强教育，树立意识。以完善惩治和预防腐败体系为重点，认真贯彻中央纪委三次全会、国务院廉政工作会议、省纪委八届五次全会和省政府廉政工作会议精神，落实“八个坚持、八个反对”的要求，注重党性修养和思想教育，常念廉洁之蕴，常思贪腐之害，切实做到务实、清廉，增强“不愿”腐败的自觉性；第二，落实制度，构建体系。反腐倡廉重在建设，贵在落实。根据中央纪委、国务院建立健全惩治和预防腐败体系工作的要求，按照福建省机关事务管理局党组的统一部署和要求，结合中心实际，逐步建立监控制约机制，在工作中严格执行“六不准”，在贯彻落实上取得实效，逐步建立起比较完善的惩治和预防腐败体系，增强“不能”腐败的防线；第三，改进作风，扩大公开。根据全省纠风工作会议精神和局《福建省人民政府机关事务管理局 2009～2010 年民主评议政风行风工作实施方案》，在巩固、深化、提高上下功夫，加强党的建设，以党风促行风。把行评工作同落实党风廉政建设责任制结合起来，坚持公开、公平、公正，提高政府采购工作透明度，自觉接受各方面的监督，尊重和维护省直各单位对政府采购工作的建议、批评、监督权，推进政府采购工作的阳光运行，增强“不敢”腐败的底线。

以治理“小金库”为契机，促进廉政建设。根据《福建省人民政府机关事务管理局关于印发“小金库”专项治理工作实施方案的通知》的精神，为了建立和完善防治“小金库”的长效机制，切实加强中心开展“小金库”专项治理工作的组织领导，省政府集中采购中心成立福建省政府采购中心治理“小金库”工作领导小组，对治理“小金库”工作进行认真部署。

省政府集中采购中心以此次检查工作为契机，深入认真地查找自身的问题，对中心基本户、零余额账户及工会账户进行进一步的检查，建立检举电话、检举箱，签订《福建省“小金库”专项治理自查自纠工作承诺书》。在自查工作中，尚未发现违规违纪现象。同时，对该项工作的情况进行通报，并将工作情况按时报送管理局。通过自查，进一步加强法制教育，严肃财经纪律，强化财务管理，不断完善相关财务制度，加强从源头上防治腐败的力度。

【提升科学创新水平】省政府集中采购中心把“优质、高效、服务”作为工作的生命线，充分发挥密切联系市场和专家的作用，努力构建科学决策的平台，在省直各单位密切配合下，严格程序，精心组织，取得良好的社会效益和明显的经济效益，在为省直机关服务中实现价值。

优化平台，创新方式。第一，加强“福建省政府采购在线业务平台”的完善、应用和推广。目前，中心网站的访问量达到 630 万人次，由于访问量过大，导致中心内部工作系统的速度受到影响，中心拟建设内部网络运行系统，进一步优化速度，提升手段。该项工作正在按拟定方案搭建之中。第二，“采购人报计划系统”正在部分省直单位中试运行，待条件成熟后在省直单位全面推广。此系统将改变以往采购人报采购计划耗时费力的状况，进一步简化采购手续，提高采购效率，为采购人提供更加便捷、更加人性化的服务平台。第三，为了方便供应商的操作，更加规范采购流程，中心加快供应商库的建设。对于工商营业执照年检到期的供应商，在系统中设置提醒功能，要求其提供新的年检证明。第四，多次与软件开发公司就“商品广场”的功能进行讨论修改。并组织汽车供应商进行“福建省政府采购商品广场使用培训”，使供应商尽快了解和掌握其功能，更好地为政府采购工作服务，受到二十多家供应商的好评。第五，积极构建网站短信服务平台和 WAP 移动网站。采购业务短信平台需求功能已基本完成，将进行下一步推行方案。通过移动短信平台，采购人、供应商可以在任何情况、任何场所不需要电脑和互联网也能第一时间接收到政府采购的最新信息。

项目带动，争创品牌。省政府集中采购中心深入实施《政府采购法》，以项目带动中心各项工作。在做好公开招投标等工作的同时，认真做好网上竞价的采购工作。全年共组织

134 场公开招标、实际采购金额为 1.1 亿元，720 场网上竞价采购活动，实际采购金额为 3.67 亿元，1 场邀请招标采购，实际采购金额为 529.1318 万元，1 场单一来源采购，实际采购金额为 37.4 万元，1 场竞争性谈判采购，实际采购金额为 2020 万元。以高标准、严要求的态度对待工作，在工作中突出重点，统筹组织，相互配合，高效优质地完成重点项目。

“福建省公安厅信息中心应用系统运行平台项目”作为省公安厅“357”重点项目，要求系统实现信息中心存储资源整合和设备的统一管理，技术要求高。中心领导高度重视，采购一科人员责任心、主动性强，积极配合组织专家进行论证，加强与用户沟通，严格遵守政府采购的相关规定，规范运作，较好地完成项目采购，节约率为 18.966%。

鉴于省政府集中采购中心良好的服务和廉洁公正的采购平台，省农业厅（省动物疫病预防控制中心）主动委托中心办理福建省动物疫苗定点采购项目、福建省国家税务局主动委托税务制服采购项目的采购工作。中心采购二科热情服务，严格把关，认真与用户研讨采购方案，多方协调，共同细化评标方案，共同推进项目顺利进行。采购效益明显，节约率较高。其中，猪蓝耳病疫苗节约率超出 50%；皮鞋节约率达 34%，皮带节约率达 46%，共节约采购资金约 130 万元。

【推动节约型机关建设】省政府集中采购中心坚持勤俭节约，深入贯彻落实《国务院办公厅关于进一步加强政府采购管理工作的意见》，充分发挥政府采购制度在节约财政资金、拉动国内需求、支持节能环保和自主创新、推动经济结构调整等方面的积极作用，真正做到会花钱、会节约，积极推进节约型机关的建设。

发挥政策功能，节能采购。一是通过政府采购网络平台，适时收集节能产品信息，加大对节能产品政府采购的宣传力度，引导供应商介绍节能产品的品种、性能、效益等，让广大采购人了解节能产品与政府采购的有关规定、要求和实施程序，发挥政府采购的表率作用，促进社会节约资源意识的进一步提高。二是根据财政部国家发改委公布的最新《节能产品政府采购清单》、财政部环保部公布的最新《环境标志产品政府采购清单》、《福建省节能、环境标志、自主创新产品政府采购清单》的要求，积极做好强制采购节能产品的工作，凡属节能清单中的产品，中心要求必须按清单采购；同时，利用用户项目咨询的有利时机，宣传、介绍相关节能环保产品政府采购规定和要求，把节能环保产品政府采购工作落到实处。三是在实施采购过程中，除国家规定要求强制采购节能产品外，在制作采购文件时，对进入《节能产品政府采购清单》和《环境标志产品政府采购清单》的产品，设定节能、环境标志、自主创新产品的优惠条款，通过对纳入《清单》的产品予以一定幅度的加分或价格扣除，实现同等优先采购。积极鼓励节能、环保产品积极进入政府采购市场，努力扩大节能、环保产品的采购份额。

2009 年 1～12 月份，共完成政府强制采购节能产品（计算机、打印机和空调机）金额为 1.08 亿元，比例达到 100%。

提高勤俭意识，节约管理。在内部管理方面，采购计算机等办公设备都使用进入“节能产品清单”里的产品；招标文件尽量采用双面打印，作废的纸张反面再利用；耗材方面推出“三加一换，用完摇摇”的措施（即一个硒鼓买来后，至少换三次粉，在每次碳粉快用尽时，拿出摇了再摇反复使用，直到硒鼓已损坏到无法再加粉时更换）；空调使用控制在 26 度以上，用毕随手关机；办公室尽量采用自然光，需开灯的，尽量做到人离关灯等等，节约开支；积极响应“能源紧缺体验活动”的倡议，在特定的时间停开办公区域空调，停开办公区公共场所（如门厅、走廊、卫生间等）照明。

【支持本地产品采购】 2009年，按照福建省委、省政府以及省机关事务管理局的部署，根据《福建省工业品开拓市场协调工作联席会议》的精神，要求加强部门和地区之间的相互协作，引导各级各部门积极推荐和使用本省名优产品，推动政府采购、市政工程项目和重点建设项目使用本省名优产品的比重，帮助福建省工业企业拓展省内市场。省政府集中采购中心高度重视此项工作，认真贯彻执行上级文件精神，为持续支持本地产品采购起到积极的作用。一是大力开展宣传，从接收政府采购项目咨询工作开始，积极向采购人宣传、推荐本省名优产品，要求采购人在填写备选品牌时必须选择《福建省节能、环境标志、自主创新产品政府采购清单》中的产品，比如在执行计算机网上竞价采购时，优先考虑厦门产的戴尔计算机等，目前有八成左右的采购人把戴尔作为备选品牌之一。二是在编制招标文件时，充分考虑本省企业运输成本低、熟悉本地情况、服务响应时间短、沟通交流方便、应急处理能力强、可到现场监督检查等优势，合理设置评分要素及分值，发挥本省企业的地缘优势。三是在系统中增加统计功能，充分体现使用本省名优产品的比重。并及时向有关部门通报采购本省产品的情况，形成共同采购本省产品，助力海西的作用。

2009年5～12月，省政府集中采购中心共完成采购金额3.81亿元，其中，省内厂商中标金额为3.25亿元，占采购金额85%。特别是，福建省东南汽车厂生产的东南系列车型在政府采购公务车辆中占有较大的份额。2009年5～12月共采购福建省东南汽车厂生产的东南系列车型356辆，计划预算金额为5346.96万元，实际采购金额为4729.21万元，节约金额为617.75万元，节约率为11.55%。与5～12月份所有车型采购量相比，采购数量份额约占30.24%，采购实际金额份额约22.41%。

【促进学习交流提高】 夯实政府采购基业的关键在于培养一支政治强、作风正、业务精、无私奉献、服务人民的高素质专业队伍，只有不断加强自身建设，持续学习、总结、交流，提高队伍的综合能力，才能成为政府采购工作的行家里手。第一，加强理论学习，提高责任意识。省政府集中采购中心认真组织学习《福建省人民政府机关事务管理局关于认真学习贯彻温家宝总理、贾庆林主席来福建考察重要讲话精神和〈国务院关于支持福建省加快建设海峡经济区的若干意见〉的通知》、《〈国务院关于支持福建省加快建设海峡经济区的若干意见〉的通知》，认真领会海西建设“六个着力”、“三靠”总体要求及七个方面的主要任务，结合政府采购工作，开展献计献策大讨论活动。第二，加强业务学习，提升采购水平。根据福建省采购办出台的多项新政策，省政府集中采购中心组织全体工作人员集中学习，不断加强对文件精神的学习理解，在具体操作中贯彻实施。要求工作人员在执行的过程中遇到问题，及时提出，以便研究解决。第三，健全学习体系，促进融会贯通。全体人员根据各自的知识结构，按照工作需要和短板原理制定自己的读书计划，补充所需的知识，并写出读书心得于OA办公系统互相交流；中心建立案例分析库，要求每个项目经办人总结工作中的问题，形成案例文本，以跟帖的形式，营造大家共同讨论的氛围，达到提高的目的；在OA系统中新建“一语中的”板块，由综合科负责收集与政府采购相关的短语，放置于此板块，此板块作为案例库的子库。第四，组织交流培训，完善沟通平台。召开政府集中采购供应商培训会议，配合省机关事务管理局、省监察厅、省财政厅、省审计厅举办省直单位政府采购工作会议。两次会议的召开，加强对《政府采购法》及其相关法律法规知识的宣传，增强采购人、供应商参与政府采购的法律意识，进一步规范市场竞争行为，加强各部门的沟通、交流，共同探讨政府集中采购工作中的热点、难点问题，切实提高政府集中采购工作水平，使政府采购工作在海西建设中，充分发挥福建的资源、产业优势，为加强福建的经济实力作出贡献。

根据《福建省政府采购中心政府采购工作问卷调查表》的反馈情况看，满意度达到98.7%。供应商表示通过这次培训，加强与中心的沟通，增进与同行的交流，逐步完善供需双方的交流渠道和信息平台。

山　东　省

【概述】2009年山东省省级机关政府采购中心以科学发展观为指导，认真贯彻落实政府采购法，不断加强制度建设，规范操作程序，为保障政府机关政务工作开展、落实国家调控政策和促进社会经济和谐发展发挥重要作用。全年完成采购预算规模43.04亿元，合同金额35.67亿元，节约资金7.37亿元，节支率17.12%。从采购方式看，公开招标、竞争性谈判、询价、单一来源的采购规模分别为9.49亿元、19.33亿元（其中小麦良种项目19亿元）、0.16亿元、6.69亿元，分别占采购总规模的26.6%、54.19%、0.45%、18.76%，从资金构成看，预算内、预算外、自筹资金分别为14.1亿元、7.02亿元、14.55亿元，分别占采购总规模的39.53%、19.68%、40.79%，其中预算内、预算外资金全部实现财政直接支付；从采购品目看，货物、工程、服务采购规模分别为34.94亿元、0.03亿元、0.7亿元，分别占采购总规模的97.95%、0.08%、2%；从采购单位性质看，国家机关、事业单位、团体组织的采购规模分别为34.93亿元、0.69亿元、0.05亿元，分别占采购总规模的97.93%、1.93%、0.14%；从行业部门看，行政政法、教科文、经济建设、农业、社会保障和其他部门的采购规模分别为5.93亿元、6.85亿元、4.05亿元、15.88亿元、2.85亿元、0.11亿元，分别占采购总规模的16.62%、19.2%、11.35%、44.52%、7.99%、0.32%。

【积极拓展政府采购领域】2009年省政府采购中心紧紧围绕国家和省委省政府的决策部署，积极拓展采购新领域，重点抓好社会关注和与广大群众利益密切相关的项目采购。先后组织全省良种推广补贴项目、全省中小学教科书项目、全省基层党员学习科学发展观教育辅导教材印刷项目、第十一届全运会相关配套设备物资项目，以及全省高速公路监控系统工程、农用救灾物资、公检法司换装等项目的采购，取得良好的经济效益和社会效益。其中，全省棉花良种采购项目和有机肥采购项目被第五届全国政府采购集采年会组委会评为年度精品项目。

【加强规范化建设】按照政府集中采购规范化建设的要求，省政府采购中心不断加强制度建设，进一步提高集中采购规范化操作水平。一是通过总结近年来集中采购工作经验，认真查找工作中的薄弱环节，理顺操作流程，明确岗位职责和标准，制定出台《山东省省级政府集中采购业务操作规程》，强化采购各环节的衔接配合和监督制衡，实现集中采购行为规范化、工作程序标准化，确保职责定位科学、权力分配均衡、组织实施严密、程序运转高效。二是依法科学运用各种采购方式，严格执行政府采购招标限额标准要求，坚持以公开招标为主，最大限度地保证采购过程公开、公平、公正，防止暗箱操作和人情采购。对使用范围广、采购频率高的小额通用办公设备、汽车、办公家具实行协议供货和定点采购方式，将竞争机制贯穿到采购全过程，合理简化采购程序，增强采购的时效性，较好地解决采购效率与采购质量和效益的矛盾。三是制定标准化的货物类采购范本，保证采购文本的统一性、规范性和科学性，杜绝排斥性、歧视性、指向性等违反公平竞争的内容条款。完善定量、定性的综合评审办法，科学细化评审标准，降低主观评审因素，确保评审的客观公正。通过不断完善各项制度建设，规范高效、优质服务的水平明显提升。

【强化履约验收工作】一是改进验收方式。总结“六查六看”和“十步走”做法，建立程式化履约验收方式。二是拓展验收范围。从书面合同审核拓展到现场实物验收，从重点项目验收拓展到一般项目验收，从货物类项目验收拓展到工程、服务类项目验收，从随机抽验到所有项目全面验收，从而促进履约质量的提高。三是以验收促工作。对发现的问题追溯到采购组织实施环节，并追究项目负责人的责任，进一步增强采购人员的责任心。

【做好质疑处理工作】完善集中采购质疑处理流程，建立规范高效的政府采购质疑受理和处理机制，按照工作程序积极热情、严谨周密、及时公正地处理好每一件质疑事项。2009 年共处理质疑事项 67 件，当事人对质疑处理意见均表示满意，保持省政府采购中心 13 年无有效投诉的记录。

【打造阳光采购品牌】2009 年按照省机关事务管理局《创建“管理到位、保障到家、服务到人”工作品牌活动实施方案》要求，省政府采购中心以“三干事”为准则，以“三满意”为目标，开展“过程公开、竞争公平、结果公正”的阳光采购工作品牌创建活动，组织工作品牌创建活动专题讨论，加深对工作品牌建设的理解，将创建责任落实到每个干部职工。规范服务窗口工作程序，公开服务承诺、投诉监督电话和业务流程，明确首问负责制、限时办结制、持证上岗制，举办先进业务部室和项目操作能手评选活动，提升队伍综合素质。2009 年中心继续保持全国青年文明号的荣誉，并被省文明委评为省级文明单位。

【落实政府采购政策功能】根据国家关于政府采购节能、环保、自主创新、支持国货的政策要求，2009 年省政府采购中心及时调整工作思路、完善采购程序、改进采购方式方法，积极引导健康、正确的政府消费观念。一是在集中采购活动中设定政策门槛，明确环保、节能的技术指标或资质要求，对列入国家节能强制采购清单的产品，一律实行强制采购。严格执行进口产品审批报备制度，支持国货采购。二是改进评标办法，从价格和技术上分别设置节能、环保评审加分比重，在满足使用需求的前提下，优先采购通过国家权威机构认证的节能、环保产品；三是加强政策引导宣传。针对采购单位盲目追求洋品牌、高价格、高配置的现象，在项目论证和评标规程、评标办法制定时，严格把握政策尺度，由专家依法确定评审权项和权重，强化采购单位的节能、环保、支持国内名牌产品意识。通过以上措施，将国家宏观调控政策落到实处。2009 年采购国货 35.57 亿元，占采购总规模的 99.72%；采购节能、环保产品分别占同类产品的 85.18%、46.22%。

【推进电子化采购】2008 年省政府采购中心大楼智能化工程建成投入使用，2009 年省政府采购中心着重在系统管理使用上进一步改进完善，针对实际工作出现的问题，不断更新、优化软硬件配置，完善抗灾备份机制，提升电子监控系统运行的稳定性和技术防范水平。音视频电子监控系统在全面实时记录采购活动、有效抑制违规行为方面的作用初步显现，为多起采购项目的质疑投诉处理提供真实依据。进一步加强政府采购网站建设，及时发布各类采购公告信息，完善网上询价、协议供货网上竞价等电子采购功能，提高工作的透明度和时效性。研发覆盖省政府采购中心各部门、岗位及操作环节的电子化集中采购执行系统，集中采购业务操作基本达到网络化、自动化、标准化处理，通过信息技术的刚性约束有效地防范采购风险。

【做好总结宣传工作】结合省级政府集中采购13年来的工作、面临的形势和任务，撰写《关于省级政府集中采购工作情况的汇报》，总结十几年来的工作成果，分析存在的矛盾和需要解决的问题，提出解决问题的方法和途径，得到省政协领导的高度重视，组织调研组深入省政府采购中心实地调研后，形成《关于对省级机关政府集中采购工作的视察报告》，并转报省政府，省政府领导作出重要批示，进一步推动省级政府集中采购工作的发展。另外，省政府采购中心还结合多年的政府采购工作实践撰写《深化我国政府采购制度改革的思考》一文，被第五届全国政府采购集采年会组委会评为优秀论文一等奖。

湖　北　省

【概述】湖北省政府采购中心于2004年3月经湖北省人民政府批准正式挂牌成立，负责组织实施省级政府集中采购项目的政府采购活动，机构定位为省政府直属副厅级事业单位，参照公务员法管理，人员编制32人，内设综合处、采购一处、采购二处。2009年共组织实施政府采购项目551项，执行预算金额14.5亿元，综合节支率为14.5%。

【加强作风能力建设】2009年，湖北省委省政府对湖北省政府采购中心管理体制作出调整，明确湖北省政府采购中心按省政府直属事业单位规范管理，批准成立湖北省政府采购中心党组。面对这一重要转变，中心党组统一认识，转变观念，迅速把思想统一到省委省政府决策和部署上来。一是加强学习教育，提高贯彻党和国家方针政策的自觉性。省政府采购中心党组认真组织学习教育活动，提高全体工作人员的政治理论素质。对政府采购工作中存在的突出问题进行分析研究，制定改进措施，要求全体工作人员提高工作效率和工作质量，以适应新形势发展的需要。二是联系实际，提出工作发展思路，省政府采购中心的工作重点放在“三服务”上，即为省委省政府中心工作服务，为省直机关服务，为经济建设服务。突出公共服务职能，努力发挥采购中心在政府集中采购领域中的示范作用，把省政府政策意图，落实到具体采购活动中。三是结合省委省政府“作风建设年”、“能力建设年”活动，进一步加强工作责任制，强化“能力席位”意识，制定目标责任和激励办法。在对干部职工个人能力进行自我评定的基础上，将各项工作任务分解到处室，细化到人，将“能力席位”目标与业务工作目标捆在一起，任务到人，责任到人。

【发挥政府采购导向作用】一是把自主创新、节能环保产品列为优先采购范围，并在采购活动中给予政策性倾斜；二是按照政府采购政策，支持中小企业发展。在采购活动中，通过降低门槛、减轻中小企业的投标成本，努力为中小企业参加政府采购活动提供便利。

【有效节约财政性资金】按照省政府提出的“推进公共机构节能，降低机关运行成本”要求，通过政府采购有效控制省直部门开支和资金使用方向。2009 年，省政府采购中心政府采购综合节支率为 14.5%，节约财政资金近 2 亿元。主要从以下几方面加强工作：一是始终强调政府采购计划执行刚性，保证财政性资金的合理使用。严格按照《省人民政府办公厅关于印发 2009 年湖北省政府采购目录及标准的通知》要求规定和省财政厅下达的政府采购计划组织采购活动，对所实施的项目认真把关，没有出现超出预算或超范围采购的现象。二是强化采购程序运作，着力提高资金使用效益。在具体项目实施中，我们始终坚持两个原则，一个是满足需求条件下，最低价中标原则；一个是充分竞争原则。从而保证省直部门通过政府采购运行渠道，都实现预算资金使用效益的最大化。三是强化采购工作质量，最大限度地保障省直部门公务需求。对技术复杂的采购项目，坚持主动为省直部门做好项目技术需求审核，帮助省直部门制定切合实际的采购方案。建立重大项目前期论证、协商制度，要求省政府采购中心同志主动上门服务。为了提高省直部门参与政府采购活动的业务水平，省政府采购中心配合省财政厅对所有省直部门单位进行采购业务培训。

【切实规范政府采购行为】为把政府采购“公开、公平、公正”原则落到实处，我们主要采取以下措施：一是强化依法办事、依规采购的理念。要求全体干部经常对照《湖北省政府采购中心廉洁自律“十不准”规定》，检查自身行为。同时，开展警示教育活动，组织大家到武昌监狱参观，收看违纪典型案例录像片，不断提高全体工作人员廉洁从政意识。二是进一步建立和完善内部制约机制和工作制度。强化项目分办和具体操作、专家抽取和使用相分离，配合财政厅编印《湖北省政府采购工作规范》，进一步明确一个项目不能由一个处、同一人全程操作，形成内部相互制约、相互监督、相互支持、相互配合的工作运行机制。对重点项目，主动邀请纪检监察部门和财政监管部门进行监督。三是严格执行《政府信息公开条例》规定，提出以公开促规范、以规范促发展的要求，将政府采购活动中除规定保密内容之外所有信息全部公开。建立开通中心门户网站，在开标厅、评标室安装视频监控设备，并与省纪委及监管部门连接，可对开标、评标全过程实施监控。全年没有发现违纪违规的现象。

【积极推进电子化政府采购建设】2009 年初，中共中央财经领导小组办公室将湖北省政府采购中心作为全国政府采购制度创新试点单位之一，专门下发《政府采购制度创新试点单位信息化及试运行指导意见》。为了完成好试点工作任务，我们进行认真的准备。一是及时向省委省政府报送了《关于政府采购制度创新试点工作会议精神及有关工作情况的报告》。并积极与省纪委、省财政厅、省电子政务办联系，争取相关部门对这项工作的支持。二是迅速抽调中心熟悉电子化操作的工作人员，组成电子化政府采购平台建设专班，并完善硬件环境，专门建立中心独立的机房，搭建中心内部网络系统框架，为电子化政府采购正式运行创造条件。三是积极配合中财办及清华大学专家组的调研工作。召开市州采购中心主任座谈会，征求各地对平台建设的意见，确定省级电子化政府采购平台建设方案。

西藏自治区

【概述】 2009 年，西藏自治区政府采购中心按照财政工作的总体部署和财政改革的总体要求，认真贯彻上级下达的各项文件精神，积极探索，开拓进取，与其他财政改革协调配合，推动自治区本级政府采购工作逐步走向正规化。政府采购在加强财政支出管理、深化财政体制改革、提高财政资金使用效益、发挥宏观调控作用、促进廉政建设等方面起到积极作用，取得良好的经济效益和社会效益。2009 年，西藏自治区政府采购中心本级采购规模为 27.28 万元。节约资金 1971 万元，节约率为 0.71%。按组织形式划分：集中采购规模为 27.05 万元，部门集中采购规模为 5244 万元。按采购方式划分：公开招标为 24.55 万元，邀请招标为 1.25 万元，竞争性谈判为 1631 万元，询价为 1586 万元。

【加强作风建设】 自开展“领导干部作风建设年”活动以来，本着“务求实效，建立长效管理的工作机制”的目标，自治区政府采购中心从制度建设入手，认真开展防治商业贿赂的工作。进一步健全谁主管，谁负责，一级抓一级，层层抓落实的廉政建设责任制度；把制度建设贯穿于防治政府采购领域商业贿赂的各个环节，进一步健全按制度办事，靠制度管人，用制度规范和约束行为的机制。建立健全举报制度和公开承诺制度，始终把政府集中采购业务活动置于直接有效的监督之下。

坚持加强工作人员职业道德教育，树立法制观念，强化服务意识。通过不断加强职业道德教育，提高政府采购工作人员的思想素质，使政府采购工作成为真正的“阳光工程”，造就一支思想过硬的政府采购人员队伍。坚持“未雨绸缪，警钟长鸣”的原则，从强化内部管理、形成有效制约机制入手，以加强人员的廉政建设来保证政府采购的规范化运作。

将提升政府采购人员的素质作为一项基础性的工作来抓，以加强工作人员的责任意识和服务意识来保证政府采购的时效性。积极引进专门人才，建立一支具有较高学历的采购队伍。工作人员掌握一定的商品、市场和招投标、合同、谈判、建筑、服务等方面的知识和技能，并能较熟练地使用各种采购方式。强化服务意识。一是建立健全负责制度、办事指南制度、一次性告知制度、限时办结制度和挂牌服务制度；二是坚持上门服务，主动配合采购单位，完善采购需求，协调相关事宜；三是充分利用信息化网络技术，实行网上操作，提高采购效率；四是适时开展中心服务情况问卷调查，不断改进和完善中心工作，切实提高中心服务水平。

【全力做好重大项目采购】 规模的扩大是政府采购的生命所在。自治区政府采购中心全力抓好三个大项目的采购：第一，围绕稳定，做好自治区政法应急指挥系统建设一期工程政府采购。将“天网”工程，专用车辆，警用装备、警用服装等纳入政府采购。自治区政府采购中心对涉及维稳工作的公安、护路办等部门的政府采购项目，指派专人负责，定期联系，主动沟通，灵活采取多种采购形式，提升服务质量，在保证采购质量的基础上简化程序，缩短采购周期，为维护稳定发挥应有的作用。2009 年 6 月，通过组织供应商赴自治区应急指挥中心、公安厅、浪卡子县实地勘察，邀请内地专家评审，顺利完成自治区政法应急指挥系统建设一期工程政府采购，政府采购规模达 13.148 万元。"天网"系统建成后，极大地加强自治区处置突发事件的能力，提高指挥水平，切实缓解基层警力不足的问题，减轻政法系统基层工作压力。第二，中央历来高度重视西藏工作，关心西藏人民。中央在应对国际金融危机、财政十分紧张的情况下，拨专款 5.3 亿元，专项用于为全区行政村配备农用运输车，给有电地区群众配置广播电视接收器，实施西藏无电地区应急照明工程，给"三老"人员发放慰问金和颁发纪念证书，对生活困难群众发放补贴经费等。2009 年 6 月 29 日，自治区政府采购中心于拉萨布达拉宫广场隆重举行庆祝"西藏百万农奴解放纪念日"向农牧民群众赠送物资仪式。中央统战部常务副部长朱维群、自治区党委书记张庆黎等领导同志为农牧民代表赠送农用运输车钥匙、广播电视接收器、照明电源等物资。第三，自治区政府采购中心切实转变工作方式，提高工作效率，在较短时间内完成 2009 年农机补贴项目 5000 万元采购项目。根据入围供应商对产品单价的报价，确定各地（市）补贴产品单价最低的报价作为该地区农牧业机械购置最高限价，有力地支持农业生产。实施农业机械购置补贴是落实中央强农惠农政策的重要内容，具有重大意义：一是改善农业装备结构。提高优势农产品集中产区农机装备水平，增强农业综合生产能力，建设资源节约型和环境友好型农业；二是加大农机化技术推广应用力度。提高主要农作物和养殖关键环节机械化水平；三是增强农民购买农业机械能力。扩大农户直接受益范围，促进农民增收。

【加强政府采购制度建设】 自治区政府采购中心从制度建设入手，通过制度建设实现四个方面的规范：一是管理制度化。制度建设形成制度体系，用制度管人、管事；二是程序规范化。规范招投标、询价等采购方式的适用范围、具体步骤，确保政府采购过程透明、程序规范；三是文书标准化。研究制定规范的招投标、评标文件、合同等文书的标准样本，规范操作行为，提高运作效率；四是政务公开化。严格执行《政府采购信息公告管理制度》，坚持做到政策、程序、结果等信息公开，把所有的采购活动置于透明的环境之中。

实行"阳光操作"，采购活动坚持做到"三公开、四监督"，即："三公开"为采购信息公开、采购程序公开、采购活动公开；"四监督"为法律公正监督、纪检监察监督、财政审计监督、社会舆论监督；采购资金全部由国库集中支付。实现采购、监督、验收、付款分开的运作模式。

青　海　省

【概述】 青海省政府采购中心 2009 年按照全国政府采购工作会议和全省财政工作会议精神，紧紧围绕财政中心工作，狠抓落实，进一步提高政府采购执行的科学化、法制化、规范化、透明化、精细化水平，保证各项工作的顺利完成。并根据青海省政府采购的实际，积极创新、进一步完善制度，用规范采购体现政府采购工作的"三公"原则。全年共完成采购计划17.08亿元，其中药品7.5亿元，药品通过政府采购后药价下降20%。一般项目节约资金1.07亿元，节资率达11%，采购执行率95%。采购规模6年翻了四番，增长了20倍。现将2009年工作概述如下：

【政府采购执行基本情况】 一是工程项目采购有所突破。2009年共完成3项基础设施工程项目，其中湟源县污水处理厂工程项目采购预算资金4593.29万元，采购合同金额3583.7万元，节约资金1009.59万元，节资率达21.99%，受到各方面的肯定，为基础设施工程项目的采购奠定基础。二是完成2009年度办公设备及耗材协议供货的招标工作，采购品目范围进一步扩大，从办公设备的台式电脑、笔记本电脑、复印机、打印机扩展到网络设备的服务器、交换机以及杀毒软件等达到22大类300个品目，将近翻番。三是在救灾粮和救灾物资采购中，省政府采购中心本着急事急办、特事特办的原则，快速制定采购计划和采购方案，及时组织实施。保证救灾工作的顺利进行。2009年共完成3批次救灾粮采购，采购预算资金5200万元，实际采购合同金额4714.35万元，节约资金485.65万元，节资率为9.33%。救灾粮的质量经过生产过程中和灾民家中多次随机采样，经省粮油检验所检验结果质量优于采购标准，灾民比较满意，受到省民政厅的高度赞扬。四是顺利完成青海省科技馆展项展品项目公开招标。这是省政府采购中心第一次对非标产品进行采购，也是专业性、观赏性以及科技含量要求较高的一次采购。我们按照项目的特点和特殊需求，在实施前进行认真调查研究，请教有关专家，还虚心听取项目单位的意见和建议，对招标文件的制作和评标方法进行大胆创新，对所有分项展品确定最高限价和最低限价，既防止突破预算又防止粗制滥造的展品中标。五是利用召开大型采购项目会的机会以会代训，组织州、地、市、县政府采购中心的同志参与整个招标过程，让大家了解政府采购的程序、评标方式、监督形式，以及组织方法等，使参加会议的同志从不会做到知道怎样做，从不懂程序到掌握程序；使部分没见过招标文件的同志了解招标文件制作过程和制作规范。这一举措有力地推进全省政府采购工作的规范化进程。

【加强政府采购制度建设】 制定中心工作人员业务培训计划，从电子化采购、标书制作、遵守工作规程、规范言行、严格程序等5个方面提高工作人员基本技能和工作能力。

对所有的采购项目公开，即在《中国政府采购网》、《青海日报》、《中国财经报》指定媒体上发布公开招标公告外，对于邀请招标和竞争性谈判采购、单一来源方式等采购的信息及结果也在《中国政府采购》网上发布，进一步加大政府采购信息公开力度，明确办事程序、增加采购透明度和公正性。并接受社会各界的监督，让权力在阳光下运行。针对药品采购，中心制定了《工作人员准则》和《五不准》等10项规章制度，确保药品采购的顺利完成。

【创新政府采购工作模式】 一是采购模式创新。为了体现政府采购的规模效益和效率，精心组织，打破常规，圆满完成省人大等19个省级行政事业单位80辆公务车一次性集中采购。在这次车辆规模采购取得经验的基础上，逐步将其他项目也实行规模采购，一般是3～6个单位的同类项目合并在一次采购活动中，大大节约人力、物力和财力。如：将六州网围栏工程本来需要6次完成的项目我们分2次进行。采购预算金额1.448亿元，实际合同金额1.272亿元，节约资金2158.98万元，节约率达14.5%。采购费用节约10万元，时间减少将近20天。二是评标办法创新。在全国率先将供应商的诚信作为评标的依据。我们在网围栏工程项目的招标工作中，与主管单位和项目单位以及供应商进行座谈，充分听取各方意见和建议，制定出更加科学和完善的招标文件，将供应商的诚信纳入评标打分的范围，大大促进供应商的诚信建设，网围栏的质量和服务进一步提高，成效明显，得到州、县项目单位和社会各界的一致好评。三是采购工作方法创新。青海东部干旱山区太阳能综合利用工程太阳灶项目，是省委、省政府为民办实事的一项惠民工程，为了把实事办实、好事办好。我们改变以往采购人让采购什么，就简单采购什么的做法，创新工作方法。针对太阳灶使用过程中存在的实际问题和农牧民的实际需求，我们组织有关专家进行几十次试验和技术改造，改变以往太阳能灶移动困难、操作不便等缺点，实现操作灵活、移动方便，老人小孩都能使用的可调节、可移动、带“刹车”的新式太阳能灶，得到农牧民的欢迎和项目单位的好评。把省委、省政府为民办实事的项目真正落到实处。

【大力推行“七统一”工作】由于缺乏统一的政府采购操作标准和操作流程，全省各地区政府采购发展很不平衡，存在的问题也多。针对存在的问题采购中心花了一年的时间编制《青海省政府采购工作指南》，便于全省各级政府采购中心、各有关部门全面地了解和掌握政府采购有关制度和规定，进一步提高和有效组织政府采购项目的规范操作、规范实施。在一个省的范围内推行“七统一”即统一政策、统一认识、统一标准、统一流程、统一工作规程、统一标书格式、统一电子化平台建设工作，有力地推动全省政府采购工作规范化进程。

【电子化建设取得历史性突破】在中财办的大力支持下、在厅党组的高度重视和关怀下，省采购中心电子化建设取得历史性突破，使药品采购完全实现网上招标和网上评标。

【开创药品政府采购的新模式】省政府决定将药品纳入政府采购范围，我们积极稳妥地做好药品政府采购各项准备工作，打破以往主管部门采购的传统模式，将省政府采购中心近几年成功的做法、经验、管理方式等都融入其中，并针对药品采购的特殊情况，制定出十项规章制度，保证药品采购在各个环节都有制度约束，确保药品采购规范、科学、健康地进行，特别是我们将复核制度应用到药品采购中，收到非常好的效果。先后圆满完成二次药品集中采购，共有1297家生产厂家和供应商参与，没有一家对采购中心提出质疑或投诉，在社会上反映良好。青海省的药品集中采购工作得到国务院纠风办的表扬。

宁夏回族自治区

【概述】宁夏回族自治区政府采购中心成立于2003年8月，目前是宁夏回族自治区招标管理服务局所属事业单位。宁夏政府采购中心内设3个机构（采购一处、采购二处、采购三处），核定全额事业编制15名。

宁夏政府采购中心从2008年开始对采购工作方式进行改变，实行分段进行操作的工作方式，具体分工如下。

采购一处：根据采购任务负责拟定具体的采购方案；拟定采购项目的公开招标文件、竞争性谈判文件、询价采购文件、采购公告及其他文件等；做好采购人提交的采购预算的审核；根据采购任务搞好市场调查，搞好与采购人的协调、沟通；发放公开招标文件、竞争性谈判文件、询价采购文件等；负责供应商库的管理，保管供应商提供的各种资质证件、证书、文件等；负责政府采购的统计工作，及时向有关单位上报统计报表；另外还承担宁夏药品“三统一”工作中的招标组织工作。

采购二处：负责开标会议现场的协调、做好投标供应商报到、接待工作；及时准确掌握评审专家的具体情况，负责开标前后评委的抽取和服务工作；组织开标、评标、谈判、询价会议，做好采购项目的各种文字记录；发出中标公示，配合采购三处完成采购项目的验收工作。

采购三处：负责全自治区公务用车的采购和汽车保险、加油、印刷项目、会议服务（含接待）、机关办公场所物业管理（含保洁）等协议供货、网上竞价等工作；根据评标结果，签发中标通知书；负责各个政府采购项目全过程档案的收集整理和归档工作，及时建立健全档案；负责采购合同的起草、监督采购合同的签订；负责采购项目的验收工作。

宁夏招标管理服务局综合管理处负责受理供应商提出的询问和质疑；负责政府采购中心内部工作制度执行情况的监督、检查和完善，及时提出完善内部监督机制的整改意见；宣传政府采购法律法规和有关政策等。

【政府采购预算执行情况】2009 年，宁夏政府采购中心全年共编制采购文件 575 份（其中公开招标 441 份，占 76.7%、竞争性谈判 70 份，占 12.17%、单一来源采购 60 份，占 10.43%、询价采购 4 份，占 0.7%），发放采购文件 4461 份，组织公开开标及竞争性谈判等 600 多次，发放中标通知书 900 多份；组织网上竞价 122 次（采购预算 615 万元，成交 566 万元）；财政部门下达采购计划 14.29 亿元，完成采购金额 13.17 亿元（其中：货物类 12.86 亿元，占 97.65%、工程类 0.26 亿元，占 1.97%、服务类 0.05 亿元，占 0.38%），完成采购项目 562 个；完成全区公务用车采购 20 次，1003 辆，12886.50 万元；为配合执行自治区颁发的《宁夏回族自治区招标投标管理办法》第 12 号政府令，2009 年区本级政府采购项目已全部进入自治区交易中心进行采购，共编报进场交易备案表 435 份。整理归档政府采购档案 518 个采购单位（其中 2008 年的 119 个）、1000 余个中标供应商（其中 2008 年的 237 个），1300 余盒，已移交档案 1200 余盒。

【药品招标情况】从 2006 年开始，根据宁夏回族自治区党委、政府的部署，宁夏政府采购中心受宁夏回族自治区医疗机构药品统一招标采购领导小组办公室委托，接受宁夏药品“三统一”的招标组织工作。为配合国家实施基本药物制度工作在宁夏的贯彻落实，宁夏政府采购中心自 2009 年 11 月 28 日起，就 2009 年度宁夏回族自治区基本药物（基层部分）组织招标采购工作。在实施基本药物（第一批）招标过程中，继续坚持以政府为主导，搭建免费招标服务电子平台，坚持公开、公正、公平竞争和“质量优先、价格合理”的原则，从发布宁夏基本药物招标公告到开标、评标、定标，严格执行规定的程序，切实加强监督。各部门高度重视，相互密切配合，工作人员认真负责，加班加点开展工作，确保招标工作顺利进行，按时完成宁夏基本药物招标工作。本次基本药物招标也取得显著效果，中标品规共计有 672 个，中标价格低于国家发改委基本药物最高零售限价。

【规范操作，减少有效投诉】2009 年，自治区政府采购中心通过严格规范操作，细化分段流程，加强市场调研等多项措施，全年未发生一起有效投诉，实现年初确定的零投诉目标。

【完善机制，优化队伍】一是加大公开选拔的力度。首次采用竞争上岗的方式，对正、副处级领导职位进行公开选拔。公开选拔过程切实坚持公开、公平、公正原则，有效拓宽用人视野，促进优秀人才脱颖而出，取得良好的单位反响。二是优化干部人才队伍构成。支持和鼓励干部职工提高学历和职称层次，对在职取得国家承认的毕业学历的，给予报销一定学费。对经过努力取得职称资格的，积极聘用，以此优化干部人才队伍的素质，为提升内部管理水平提供人才保障。

【完善质量管理体系】依据自治区政府采购中心主要职责，由宁夏招标管理服务局办公室牵头主抓全局的“效能工程”建设，由综合管理处牵头主抓全局的“质量管理工程”建设，以对口管理的方式将职责落实到各处人员，定期检查，落实整改，行政工作、业务工作质量有所提升。

【加强业务规范化建设】一是依照国家《招标投标法》、《政府采购法》及自治区相关法律法规，出台并运行《政府采购业务操作要点（试行）》，划分工作阶段，明确工作流程，提出必须达到的规定要求，指出不允许发生的禁止行为，全面规范业务操作，提高政府采购效率与质量。

【加强业务服务平台建设】充分发挥“一刊一网”的服务平台功能，不断扩展宁夏招标管理服务局创办的《招投标与政府采购》内部刊物和宁夏招标与政府采购网的服务内容与信息含量，为职工提供理论研讨，交流学习，介绍经验，展示才华的平台。《招投标与政府采购》不断调整栏目和充实内容，全年已出版刊物四期逾45万字，本局职工发表招投标与政府采购理论文章24篇。加强网站建设，全年发布政府采购信息近2000条，在及时提供政府采购信息的同时，保证网站政治安全与技术安全。

【提高从业人员综合素质和执业能力】一是认真贯彻落实国家人事部、国家发改委关于印发《招标采购事业技术人员执业水平评价培训规定》、《招标师职业水平考试实施办法》，动员鼓励宁夏政府采购中心所有符合条件人员积极参加全国第一次招标师考试，集中购买考试辅导教材，积极参加局举办的培训班，宁夏政府采购中心凡符合条件的都参加招标师考试。同时按局规定，凡参加招标师职业水平考试人员，取得职业水平资格证书后，参照局发《关于鼓励在职人员素质提升费用报销的规定》（宁招办［2009］21号）执行报销奖励。与此同时，有计划地组织外出调研考察，提升业务综合素质，增强处理各种复杂情况的能力。

【加强廉政建设】一是加强党性和纪律教育，提高思想认识。通过对党员干部进行政治纪律教育、发送廉政短信、组织观看警示教育片、日常廉政谈话等方式增强党员干部拒腐防变的能力；二是强化制度建设，树立良好风尚。2009年，在原有工作制度基础上，进一步规范岗位工作制度、招标和政府采购工作“十不准”工作制度等多项制度规定，对违反纪律规定的，按照规定给予处罚；三是积极参与行风评议，促进各项工作稳步向前迈进。积极开展诚信创优活动，把按时高效完成采购、公平公正采购、程序规范结果合理、质量良好节省资金、廉洁自律形象良好、优质服务减少投诉的评议要求与开展的“一无三满意”活动（无有效投诉，项目单位满意、供应商满意、社会各界满意）紧密结合，努力树立宁夏政府采购中心文明、公正、廉洁形象。

新疆维吾尔自治区

【概述】新疆维吾尔自治区本级政府采购工作坚持全面贯彻实施《政府采购法》，紧紧围绕自治区财政经济工作目标，以政府采购工作规范化为重点，努力实现政府采购规模增长，强化政府采购行为监管，提高政府采购工作效率，建立治理商业贿赂长效机制，各项工作取得新进展。与此同时，自治区本级政府采购规模逐年扩大，政府采购的经济效益和社会效益不断提高，为深化财政管理改革，提高政府采购资金的使用效益作出积极的贡献。

采购资金节约率。2009 年度，新疆政府采购中心共实施政府采购 619（不包括采取协议和定点方式的采购次数）次，实际采购金额 110262.5 万元，采购预算为 123740.51 万元，节约采购资金 13478.01 万元，采购资金节约率为 10.89%。其中：货物类采购金额为 77924.43 万元，采购预算为 88586.751 万元，节约采购资金 10662.32 万元，节约率为 12.04%；工程类采购金额为 6763.7 万元，采购预算为 7645.21 万元，节约采购资金 881.51 万元，节约率为 11.53%；服务类采购金额为 25574.37 万元采购预算为 27508.55 万元，，节约采购资金 1934.18 万元，节约率为 7.03%。

政府采购信息公开率。2009 年，政府采购管理办公室下达的政府集中采购任务数为 611 个，中心应该公开发布政府采购信息的采购项目数为 611 项，实际公开发布政府采购信息采购项目数为 619 条（其中：询价采购信息 426 条，竞争性谈判采购信息 82 条，公开招标公告 111 条），政府采购信息公开率为 100%。

采购任务完成率。2009 年，政府采购管理办公室下达的政府集中采购任务数为 611 个，中心应该完成的采购项目数量为 611 个，实际完成的采购项目数量为 619 个（其中：询价采购项目 426 个，竞争性谈判采购项目 82 个，公开招标项目 111 个），采购任务完成率为 100%。

有关采购信息公开率和采购任务完成率的情况说明：实际下达的采购任务数，少于实际公布的采购信息数和实际完成的采购项目数，其原因：一是实际下达采购任务中，存在中心为便于项目实施，细化品目、类别，将一个项目分为几个项目实施采购；二是项目实施后，存在整个项目流标或是其中的一个包段流标的情况，流标的项目或是包段重新组织招标、重新发布公告，这都导致下达采购任务数少于公布采购信息数。

【加强政府采购基础工作建设】为进一步推进政府采购工作科学规范化管理，服务财政增收节支，针对采购监管和执行环节中反映出来的问题，制定科学化、精细化管理措施，为政府集中采购各项任务的完成提供规范运作、健康发展的制度保障。为切实把各项工作做细做实，我们主要从以下几个方面不断规范并完善基础工作和重要环节监督：一是完善招标文件编制；二是规定特殊参数专家论证制；三是严肃开标评标会场纪律，建立佩戴标识服务制度；四是细化评标标准和评标办法；五是规范专家评标行为；六是深入开展重大项目前期调研；七是加强协议定点项目后续监管和履约执行力度。解决和完善了政府采购工作中存在不协调、不明确、不细化等方面的问题，从而使政府采购各项基础性管理工作取得新进展。

【完善政府采购内控制度建设】建立健全政府采购内部控制制度，是保证政府采购工作有序进行的重要措施，也是加强政府采购管理的重要手段。为此，新疆政府采购中心对执行政府采购各环节的工作权力进行认真梳理与分析，搜索出 14 项权利事项，对这些工作权力的薄弱环节进行规范，积极推动相关权力的监督管理和制度建设，逐项确保这些工作权力正确行使，并编制《自治区政府采购中心工作规则》、《自治区政府采购中心权力运行流程情况表》与《自治区政府采购中心权力运行流程图》，经财政厅有关部门审核并报主管厅领导审定，已予印发执行。同时制作权力运行基本流程图宣传版上墙公示，供办事人员查阅。此外，建立供应商诚信制度，加强政府采购信息管理，提高信息公开透明度，完善了档案管理办法等内控制度，通过这些规范性、科学性内控制度的不断健全和完善，确保政府采购工作的顺利进行，从而极大地提高采购质量和效率。

【加强内外相关部门监督管理的机制建设】为加强对采购活动重要环节的监督和管理，政府采购监督管理必须是内外监督机制的有机结合，形成自上而下、内外共管、全社会监督的政府采购监督管理体系，确保政府采购法律法规得到有效执行。一是完善内部监督机制的建设。建立内部监督制约机制是促进提高操作执行能力，提高管理水平的重要措施和手段。根据《政府采购法》及自治区有关政府采购的政策和规定，我们不断推进制度创新和制度完善，加强政府采购工作透明度，将采购项目业务流程、政务公开项目以及中心工作职责、廉政建设规定、文明服务规定等管理措施制成图版上墙公示，一方面自觉接受社会各方面的监督，另一方面使社会公众更加透明的了解政府采购。同时，为进一步强化政府采购活动的各个环节监督机制，新疆政府采购中心采取让采购人、采购中心、评标专家和参与政府采购项目的与会代表，必须签定《廉洁自律承诺书》，投标供应商投标时需签《反商业贿赂承诺书》，方能参与招投标活动等方法，以警示约束参会代表注意自己的言行举止，确保招投标工作在公开、透明、廉洁的环境中规范运作。二是建立外部监督的整体合力。新疆政府采购中心在操作执行主要的、重大的采购项目，都将充分发挥财政、纪检、监察等部门对政府采购重要环节进行监督检查的职能，以及广大群众和特邀社会监督员的监督作用，通过不同层次、不同部门对政府采购的监督，把政府采购的内部监督与外部监督和群众监督等结合起来，形成监督的整体合力，以确保政府采购事业更加健康和谐地发展。

【建立电子化监控系统】新疆政府采购中心对现有开标大厅、专家评标室以及主要公共区域都已安装音视频监控系统，并在安装音视频监控系统的明显区域贴示“您已进入音视频监控区域”的警示牌，告知来者要注意自己的言谈举止，特别是在专家评标现场，要求工作人员在开标前，要重点强调参会所有人员，评标会场上的所有言谈举止都将被音视频监控系统所录制，如有与该评标内容无关的言语，有影响到评标内容或结果的，都会被数据存储器记录，以备事后财政、纪检、监察等部门的监督检查，如有不良的后果，由相关责任人自负。利用科技手段形成无形的强有力监管制度，避免人为因素所不及的监控效果。

【稳步开展区域联动】为加强自治区本级与各地政府采购中心之间的横向联合，打破条块分割的政府采购管理模式，根据构建政府采购大市场的总体设想，为在全区政府采购工作中推行产品资源、信息资源、服务资源共享，实现分级管理框架下的合作成员共享供应商的价格、服务等优惠政策，新疆政府采购中心按照先易后难稳步推进的原则，正式启动公务车定点保险、公务车采购试点项目，试点范围以自治区本级为中心，以南疆喀什、巴州和北疆伊犁、博州、塔城、克拉玛依、石河子为支点，推行区域联动、资源共享。通过整合需求采购成效明显，公务车协议采购 22 个品牌 80 种入围车型价格平均折扣率由上年度的 2.4% 提高到 4.2%，同比增幅 75%；公务车定点保险通过提供有关延伸服务每年单车可多优惠 500 至 800 元，体现资源整合集中采购的规模效益。

【全力实施绿色采购】 在组织实施集中采购活动中，新疆政府采购中心认真落实节能环保、自主创新等政策要求，大力推行强制采购和优先采购政策，在采购文件、评审办法和评审标准的制定中基本都体现政策功能要求，对节能、环保、自主创新产品实行政策性倾斜，在公务车采购中，坚持购买国产汽车，严格控制购置大排气量越野车；在软件采购中，坚持购买正版和国产软件，积极扶持国内软件业的发展；在实施技术和服务等指标同等条件下的采购时，引导采购人优先采购区内民族地区企业产品，运用政府采购政策功能扶持不发达地区、支持民族产业、促进自治区中小企业的发展。

【加大政府采购工作力度】 新疆政府采购中心以突出重点项目，提高服务水平为核心，为采购人提供便捷高效的服务，对很多时间紧，技术复杂的采购项目严格把关，在保证采购时间的同时，又提高采购效益，使采购单位确实体会到政府采购的便捷和高效。首先，狠抓重大项目的采购。对一些规模较大的采购项目，积极与采购人核实采购需求，鼓励营造竞争的采购氛围。如对列入自治区《普通中小学教学用书目录》中义务教育阶段各年级所需的汉、维、哈、柯、蒙等语种的教科书（包括免费和非免费教科书）进行采购，该项目每年预算 2.4 亿元左右，本应采取公开招标的方式采购，为引入竞争机制，新疆政府采购中心变通使用竞争性谈判的方式进行采购，与未改变采购方式前相比，节约率明显有所提升。其次，注重重点项目的采购。对国家以及地方的重点采购项目精心组织，周密布置。如教育事业保障设施、学前“双语”教学配套设施采购、公益性文化设施建设“村村通”、“西新工程”、“东风工程”等项目采购；全区医疗设备的采购等，均突出改善和保障民生项目，遇到特殊情况在不违反原则的情况下，尽量做到特事特办，简化程序，保证项目顺利实施。第三，不断扩大协议品目范围和创新协议采购模式。一是将采购需求多、通用性强、适用于协议供货的办公自动化及电器设备、公务车协议采购、定点保险等项目产品逐步纳入到协议供货范围。其中，信息类协议供货项目涉及 22 大类、50 个品目，公务车协议采购 22 个品牌 80 种车型，基本涵盖政府部门信息化建设和行政办公所需产品。二是对采购批次多、金额较小的会议服务、公务车保险、公务车维修、印刷等服务类项目，采用定点采购的方式组织实施。其中定点印刷就采取在入围厂家范围内由采购单位在配套制度框架下自行组织采购方面进行积极探索并大胆尝试。

【切实加强对协议供货价格、质量、服务监控】 为有效解决协议供货、定点采购的产品价格和服务质量问题，一是实行供应商承诺机制。与生产厂商签订框架协议，要求其承诺所投价格必须低于市场平均价，当中标产品售价调整时，及时调整中标产品协议供货价格；当产品质量和售后服务发生问题时，严格按框架协议约定进行处理。二是引入价格充分竞争机制。实行在市场平均价基础上投报最新机型的价格折扣率，使采购人能够得到更加优惠的价格。三是不断完善供应商履约管理机制，通过市场调研和网上实时监控等方式，对协议供货产品价格实行动态管理，同时加大供应商违约处罚力度，对没有履行协议的供应商及时取消其协议供货资格，并在网上予以曝光。

六、2009年全国政府采购工作统计资料

2009 年全国政府采购信息统计分析

2009 年是新世纪以来中国经济发展最为困难的一年。面对国际金融危机的严重冲击，全国政府采购工作以科学发展观为指导，全面落实科学化和精细化管理要求，以扩大政府公共投资为契机，围绕强化监管、规范操作，进一步拓展政府采购实施领域，提高政府采购综合效益，推动政府采购制度改革向纵深发展。

一、政府采购规模持续扩大

2009 年全国政府采购预算 8377.4 亿元，实际政府采购 7413.2 亿元，比上年同期增加 1422.3 亿元，增长 23.7%，节约资金 964.2 亿元，平均节资率 11.5%（见图 1）。

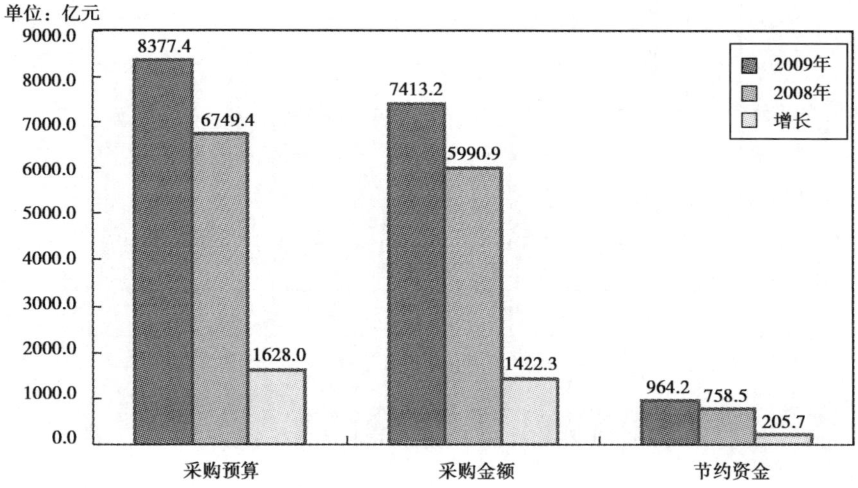

图 1　2009 年全国政府采购规模与上年同期比较

政府采购占全国财政支出和 GDP 的比重分别为 9.8% 和 2.2%，较上年有小幅提高。自 1998 年全面实行政府采购制度改革以来，政府采购规模保持 53% 的年平均增长率。

（一）地方政府采购规模增幅再超中央

2009 年地方政府采购规模和中央政府采购规模分别为 6792.6 亿元和 620.6 亿元，较上年同期分别增长 25.8% 和 5.2%（见图 2）。地方政府采购规模增幅连续 12 年超过中央政府采购规模，成为推动全国政府采购规模持续增长的主要力量。政府采购额增长幅度较大的省有：广西增长 74.5%，云南增长 49.5%，河北增长 48.8%，天津增长 48.3%，贵州增长 45.3%（见图 3）。

从地方政府采购情况来看，政府采购规模超过 400 亿元的有广东省 803.2 亿元、江苏省 756.3 亿元、山东省 491.5 亿元、浙江省 483.4 亿元和上海市 400.3 亿元（见图 4）。这 5 个地区的政府采购规模达到 2934.7 亿元，占地方政府采购规模的 43.2%。

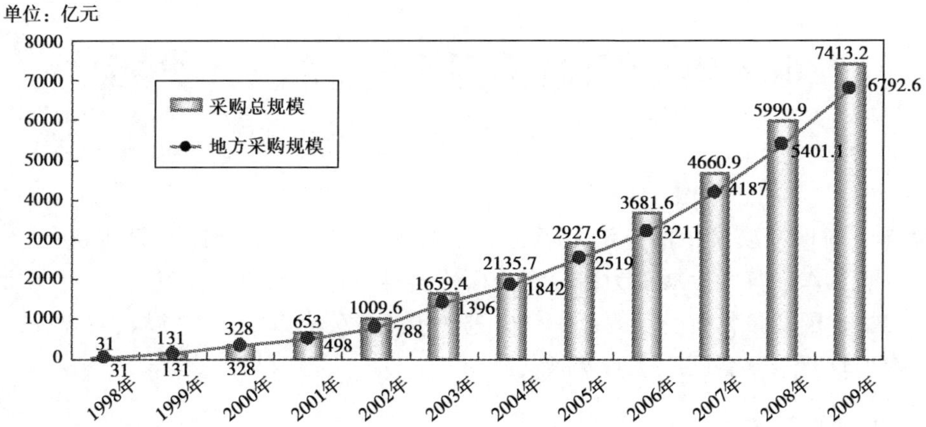

图 2　1998～2009 年全国政府采购总规模和地方采购规模图

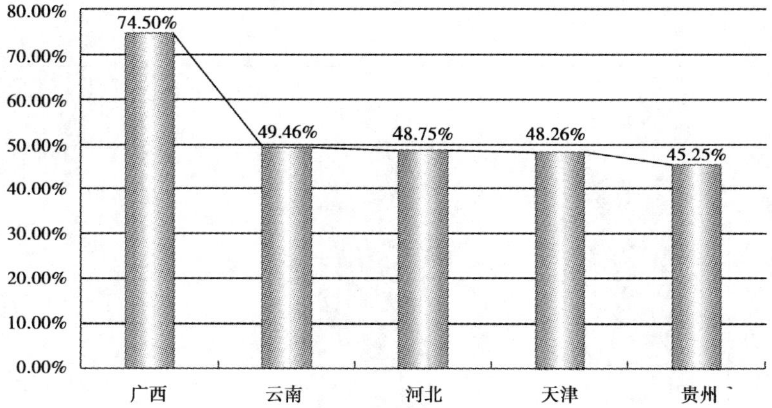

图 3　2009 年政府采购规模增长率前 5 名省份

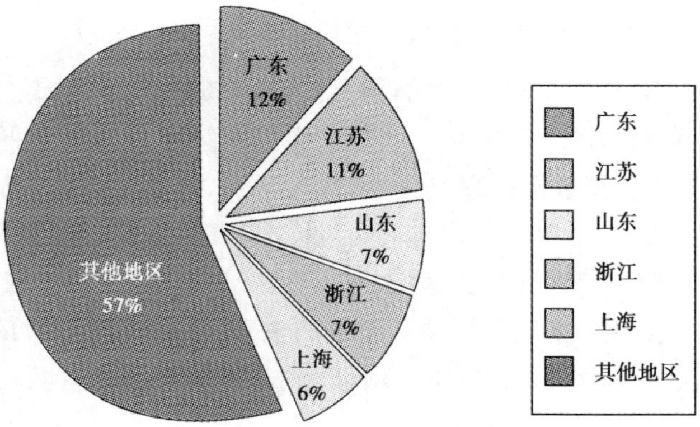

图 4　2009 年政府采购规模超 400 亿元省市

从中央政府采购情况来看，政府采购规模超过 40 亿元的中央单位有 5 个，政府采购规模为 312.3 亿元，占中央单位总政府采购规模的 50.3%（见图 5）。

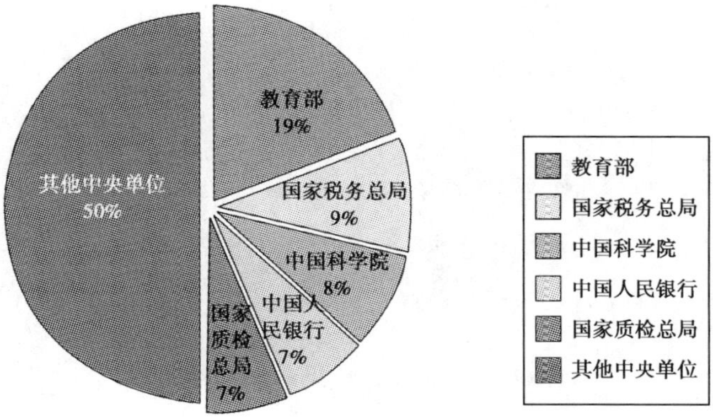

图 5　2009 年中央单位政府采购规模超 40 亿元单位

其中，教育部 119.46 亿元、国家税务总局 57.42 亿元、中国科学院 50.73 亿元、中国人民银行 42.76 亿元、国家质量监督检验检疫总局 41.89 亿元。

政府采购规模持续扩大的原因主要有：

一是随着国家积极财政政策的全面实施，2009 年全国财政支出较上年增长 21.2%，政府采购规模实现同步增长。

二是采购人依法采购意识不断增强。在 2008 年政府采购执行情况专项检查后，政府采购制度在各部门和地区得到进一步贯彻落实。

三是各级财政部门加强监管，积极拓展政府采购范围。如：黑龙江省加大对财政性资金投资的市政道路、绿化、公共设施等工程项目实施政府采购的工作力度。云南省将服务类采购作为政府采购的亮点加以推进，先后将展会设计和会计、造价、资产评估中介机构聘用等服务类项目纳入政府采购，对“政府购买公共服务”与政府采购相结合进行积极尝试。

（二）工程类政府采购额增长较快

从采购项目构成来看，2009 年全国货物类、工程类和服务类的采购规模分别为 3010.6 亿元、3858.4 亿元和 544.2 亿元，占政府采购总规模的比重分别为 40.6%、52.1% 和 7.3%。较上年同期分别增长 17.6%、29.5% 和 20%，工程类采购额所占比重最高，超过货物类和服务类采购所占比重的总和，且增长速度最快（见图 6）。

工程类采购额增长较快的主要原因是：在积极财政政策的作用下，以及国务院为应对全球金融危机，出台 4 万亿元的经济刺激计划拉动内需，其中大部分投向基础建设项目。

从具体的采购品目来看，货物类采购规模前三位的仍然是专用设备、一般设备和交通工具，采购规模分别为 980.7 亿元、497.6 亿元和 287.2 亿元。其中，交通工具采购规模较上年减少 14 亿元，严格控制公务购车经费零增长目标全面实现。工程类采购规模前三位的是建筑物、市政建设工程和修缮装饰工程，采购规模分别为 1177.3 亿元、943.8 亿元和 283.3 亿元。服务类采购规模前三位的是专业咨询工程监理工程设计、印刷出版和车辆定点维修，采购规模分别为 66.7 亿元、51.2 亿元和 39.1 亿元。

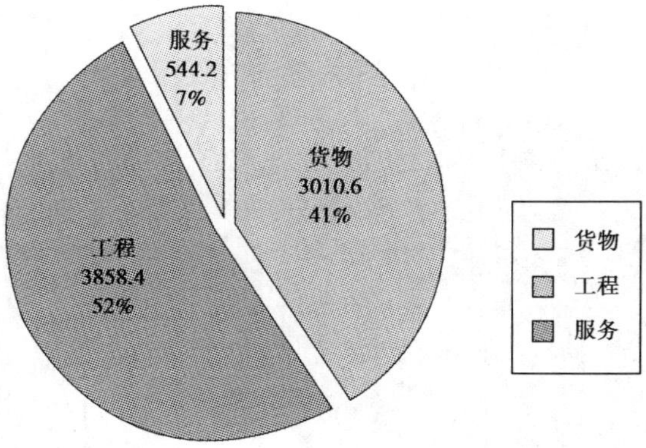

图 6 2009 年政府采购规模占比分布

二、政府采购政策功能作用继续显现

（一）加大“三农”投入和民生领域支出

为大力支持农村改革发展，切实保障和改善民生，2009 年涉及“三农”和民生的政府采购规模显著增加。例如，中小学免费教材、农村中小学危房改造、财政补贴农民购置机具的采购规模，分别达到 62.5 亿元、13.8 亿元和 53.7 亿元，共计 130.0 亿元，比上年增长 11.2%。其中，财政补贴农民购置机具采购规模增长幅度较大，与上年的 18.1 亿元相比，增长了 196.7%。

（二）强制和优先政府采购节能环保产品

在政府采购活动中，严格执行国家印发的“节能产品政府采购清单”和“环境标志产品政府采购清单”，节能、环保产品政府采购规模分别达到 157.2 亿元和 144.9 亿元，占同类产品的 64.6% 和 73.8%，较 2008 年分别提高 0.6% 和 4.8%，节能减排政策进一步得到落实。

其中，节能、节水产品中采购规模较大的有：计算机 117.4 亿元、空调机 23.4 亿元、打印机 12.1 亿元；环保产品采购规模较大的有：微型计算机、显示器 63.6 亿元、轻型汽车 42.2 亿元、家具 19.7 亿元。

（三）购买国货扶持本国企业

从政府采购合同授予情况看，授予国内企业产品的采购额为 7181.0 亿元，授予进口产品的采购额为 232.2 亿元，分别占 96.9% 和 3.1%。从政府采购重要品目的品牌统计来看，台式计算机、便携式计算机中，国产的联想品牌远远超过其他品牌，处于领先地位，台式计算机的采购数量为 205.4 万台，占台式计算机采购数量的 32.5%，采购金额为 60.1 亿元，为同类产品采购总金额的 48.1%；便携式计算机的采购数量为 150.3 万台，占便携式计算机采购数量的 70.4%，占同类产品总金额的 45.1%，表明本国企业在高新技术领域占有了一定的市场份额。

三、政府采购规范化建设成效显著

（一）进一步巩固以公开招标为主要采购方式的格局

2009 年公开招标、邀请招标、竞争性谈判、询价采购、单一来源采购的规模分别为

5576.4 亿元、317.1 亿元、637.7 亿元、549.9 亿元、331.0 亿元，分别占采购总规模的 75.2%、4.3%、8.6%、7.4%、4.5%（见图 7）。公开招标比重较上年的 71.6% 上升了 3.6 个百分点，单一来源比重则下降了 1%，说明政府采购行为和程序进一步规范，公开、公平、公正原则得到了充分体现。

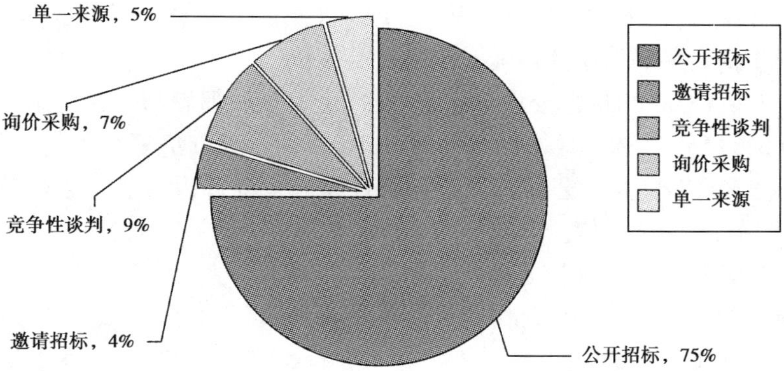

图 7　2009 年各种采购方式占比

财政部 2009 年下发了《中央单位变更政府采购方式审批管理暂行办法》（财库［2009］48 号），进一步规范了采购行为，严格控制了非公开招标采购方式的选择，降低了非公开招采购方式的采购规模，2009 年中央单位单一来源采购规模 64.1 亿元，比上年同期 85.3 亿元，下降了 24.9%。各级财政部门也在这方面加强了监管，比如上海、浙江等地采用单一来源公示制度，让单一来源采购接受社会的监督，有效地减少了单一来源采购的数量。

（二）进一步突出集中采购的主导地位

2009 年政府集中采购、部门集中采购和分散采购的规模分别为 5106.4 亿元、1340.5 亿元和 966.2 亿元，占到采购总规模的 68.9%、18.1% 和 13.0%（见图 8），其中，政府集中采购规模比上年 4050.7 亿元增长了 26.1%。集中采购作为政府采购的重要组织形式，其主导地位进一步突出。

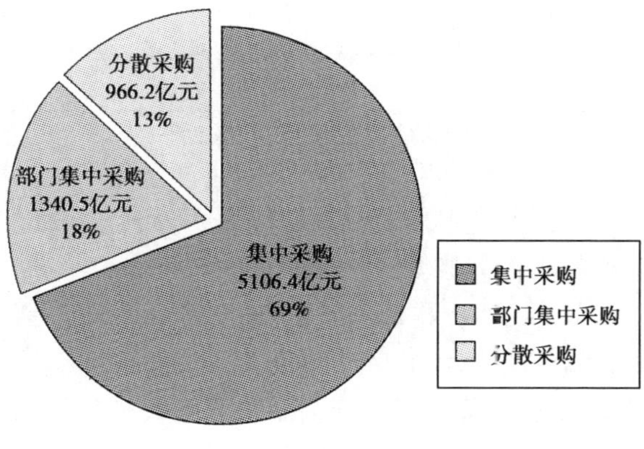

图 8　政府采购组织形式分布

（三）进一步完善专家库建设和专家管理工作

各级财政部门进一步加强对专家的管理，扩大了专家库库容，优化了专家结构。2009年全国专家库建成数量达3393个，较上年增长了1.4倍，专家人数为22万，较上年增加3万多人。河北、浙江等省开展了对专家的培训考核，建立健全了评审专家的工作反馈机制；重庆市实现了专家抽取、通知和名单传递的自动化，提高了专家抽取环节的保密性和公正性。专家库建设和专家管理工作的推进确保了政府采购关键环节的规范运作。

（四）进一步提高采购信息透明度

2009年全国共发布采购信息公告361232条，比上年同期增加11399条。其中，采购需求信息公告188673条，中标、成交结果公告165639条，政策法规公告5747条，处理决定公告1173条。政府采购信息的公开，为社会监督政府采购行为创造了必要条件，促进了公平竞争，预防了腐败行为的发生。

（五）进一步规范供应商投诉处理

如图9所示，2009年各级财政部门共收到供应商投诉746起，较上年减少35起。在受理的669起投诉中，撤诉127起，驳回164起，进行处理378起。从2003年起，供应商投诉一直呈现上升趋势，2009年投诉数量首次出现减少。投诉数量减少的主要原因是加强监管，规范招标前、招标中和招标后操作行为：一是加强了标前的沟通。如果出现供应商对标书的合理质疑，及时对标书进行修改和澄清；二是招标过程更规范，更透明；三是对未中标的供应商的质疑能认真组织相关人员进行调查核实，能给供应商合理的解释和答复，使一些质疑未能发展为投诉。

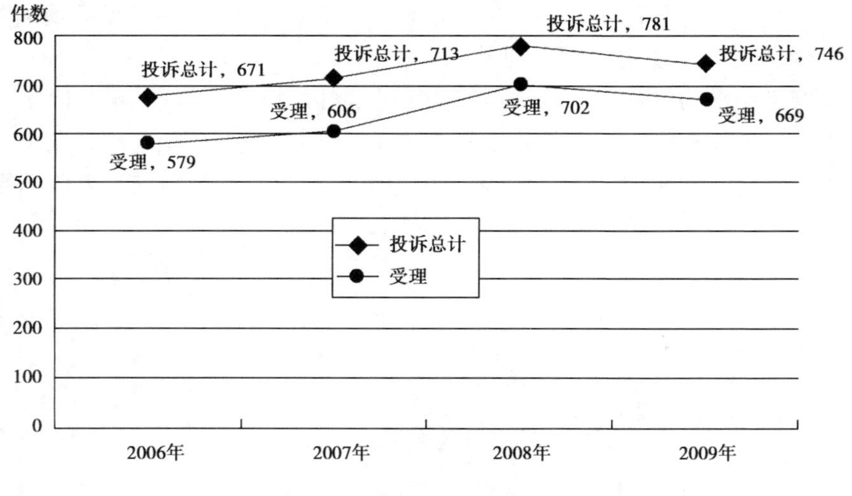

图9 2006～2009年投诉受理情况

（六）进一步加强对代理机构的监管

截至2009年底，全国社会代理机构的数量为2740个，其中，具有审批资格的甲级代理机构有623家。代理机构数量的增加，有利于形成充分竞争的环境，代理机构服务意识和服务水平不断增强。各级财政部门也采取了多项措施加强对代理机构的监管，如加强对代理机构的年度考核，对代理机构的从业人员进行定期的培训和考试，促进了政府采购市场的健康发展，提高了代理机构从业人员的业务素质和水平。

总体来说，2009年在应对全球金融危机的严峻挑战下，全国政府采购规模实现稳步增长，经济效益和社会效益明显提高，取得了显著成绩。但从统计数据中也反映出一些不容忽视的问题：一是实际采购规模仍然偏小，与国际通行指标计算的采购规模还存在较大差距，主要原因仍是两法不衔接，还有大量工程没有实行政府采购。二是采购规模地区差异大，采购规模最大和最小的地区间采购规模相差52倍，以及部分地区采购项目构成的单一性，反映了中国地区间经济发展的不平衡。三是政府采购政策功能作用还需继续发挥，如在服务器采购领域中仍是国外品牌占主导地位，公务用车市场也被国外主要品牌所垄断。四是政府采购信息化建设滞后，如各地专家库没有互通，信息资源未能实现共享，信息统计技术手段相对落后，影响了基础信息管理水平的进一步提高。

对此，我们将积极采取措施，健全法制、扩面增量，创新手段、强化监管，通过进一步深化改革，逐步解决上述问题。

2009年全国政府采购资金情况表

采购01表

金额：亿元

项目		采购预算				采购金额				节约资金				节约率（%）	财政直接支付
		总计	预算内	预算外	自筹	总计	预算内	预算外	自筹	总计	预算内	预算外	自筹		
		1	2	3	4	5	6	7	8	9	10	11	12	13	14
合计	1	8377.43	5629.24	993.53	1754.66	7413.17	4998.05	878.46	1536.67	964.26	631.19	115.07	218.00	11.51	2613.02
货物	2	3393.17	2239.36	375.83	777.98	3010.61	1998.18	335.35	677.07	382.56	241.18	40.48	100.91	11.27	1121.99
工程	3	4370.96	2901.80	574.07	895.09	3858.35	2562.88	505.08	790.39	512.61	338.93	68.98	104.70	11.73	1278.59
服务	4	613.31	488.08	43.64	81.59	544.22	436.99	38.03	69.20	69.09	51.09	5.61	12.39	11.27	212.44

2009年全国政府采购组织形式及采购方式统计表

采购02表

金额：亿元

项目	行次	采购金额合计	按组织形式划分			按采购方式划分					
			集中采购	部门集中采购	分散采购	公开招标	邀请招标	竞争性谈判	询价	单一来源	其他
栏次		1	2	3	4	5	6	7	8	9	10
合计	1	7413.17	5106.42	1340.51	966.24	5576.42	317.10	637.70	549.86	331.04	1.05
货物	2	3010.61	1994.48	617.62	398.50	1873.91	84.66	427.82	411.23	212.25	0.74
工程	3	3858.35	2715.37	659.49	483.49	3353.76	214.46	160.78	80.54	48.71	0.10
服务	4	544.22	396.57	63.40	84.25	348.75	17.97	49.10	58.10	70.08	0.21

2009年全国政府采购主体分类统计表

采购03表

金额：亿元

项目	行次	采购金额合计	按采购单位性质划分				按行业部门分类						
			国家机关	事业单位	团体组织	行政政法	教科文	经济建设	农业	社会保障	企业	金融	其他
栏次		1	2	3	4	5	6	7	8	9	10	11	12
合计	1	7413.17	3700.49	3325.89	386.79	2233.24	1312.13	1853.81	519.75	659.37	221.69	63.30	549.88
货物	2	3010.61	1434.88	1453.91	121.81	892.85	766.83	277.45	275.17	472.80	79.17	28.83	217.50
工程	3	3858.35	1940.49	1678.18	239.68	1088.86	463.82	1497.66	212.08	146.21	127.04	20.71	301.96
服务	4	544.22	325.11	193.80	25.30	251.53	81.48	78.71	32.50	40.36	15.48	13.76	30.41

七、2009 年全国和地方政府采购管理法规、重要文件选编

（一）全国性法规、文件

国务院办公厅关于进一步加强政府采购管理工作的意见

2009年4月10日　国办发［2009］35号

各省、自治区、直辖市人民政府，国务院各部委、各直属机构：

近年来，各地区、各部门认真贯彻落实《中华人民共和国政府采购法》（以下简称《政府采购法》），不断加强制度建设、规范采购行为，政府采购在提高资金使用效益，维护国家和社会公益，以及防范腐败、支持节能环保和促进自主创新等方面取得了显著成效。但是，个别单位规避政府采购，操作执行环节不规范，运行机制不完善，监督处罚不到位，部分政府采购效率低价格高等问题仍然比较突出，一些违反法纪、贪污腐败的现象时有发生，造成财政资金损失浪费。为切实解决这些问题，全面深化政府采购制度改革，经国务院同意，现就进一步加强政府采购管理工作提出以下意见：

一、坚持应采尽采，进一步强化和实现依法采购

财政部门要依据政府采购需要和集中采购机构能力，研究完善政府集中采购目录和产品分类。各地区、各部门要加大推进政府采购工作的力度，扩大政府采购管理实施范围，对列入政府采购的项目应全部依法实施政府采购。尤其是要加强对部门和单位使用纳入财政管理的其他资金或使用以财政性资金作为还款来源的借（贷）款进行采购的管理；要加强工程项目的政府采购管理，政府采购工程项目除招标投标外均按《政府采购法》规定执行。

各部门、各单位要认真执行政府采购法律制度规定的工作程序和操作标准，合理确定采购需求，及时签订合同、履约验收和支付资金，不得以任何方式干预和影响采购活动。属政府集中采购目录项目要委托集中采购机构实施；达到公开招标限额标准的采购项目，未经财政部门批准不得采取其他采购方式，并严格按规定向社会公开发布采购信息，实现采购活动的公开透明。

二、坚持管采分离，进一步完善监管和运行机制

加强政府采购监督管理与操作执行相分离的体制建设，进一步完善财政部门监督管理和集中采购机构独立操作运行的机制。

财政部门要严格采购文件编制、信息公告、采购评审、采购合同格式和产品验收等环节的具体标准和程序要求；要建立统一的专家库、供应商产品信息库，逐步实现动态管理和加强违规行为的处罚；要会同国家保密部门制定保密项目采购的具体标准、范围和工作要求，防止借采购项目保密而逃避或简化政府采购的行为。

集中采购机构要严格按照《政府采购法》规定组织采购活动，规范集中采购操作行为，增强集中采购目录执行的严肃性、科学性和有效性。在组织实施中不得违反国家规定收取采购代理费用和其他费用，也不得将采购单位委托的集中采购项目再委托给社会代理机构组织实施采购。要建立健全内部监督管理制度，实现采购活动不同环节之间权责明确、岗位分离。要重视和加强专业化建设，优化集中采购实施方式和内部操作程序，实现采购价格低于市场平均价格、采购效率更高、采购质量优良和服务良好。

在集中采购业务代理活动中要适当引入竞争机制，打破现有集中采购机构完全按行政隶属关系接受委托业务的格局，允许采购单位在所在区域内择优选择集中采购机构，实现集中采购活动的良性竞争。

三、坚持预算约束，进一步提高政府采购效率和质量

各部门、各单位要按照《政府采购法》的规定和财政部门预算管理的要求，将政府采购项目全部编入部门预算，做好政府采购预算和采购计划编报的相互衔接工作，确保采购计划严格按政府采购预算的项目和数额执行。

要采取有效措施，加强监管部门、采购单位和采购代理机构间的相互衔接，通过改进管理水平和操作执行质量，不断提高采购效率。财政部门要改进管理方式，提高审批效率，整合优化采购环节，制定标准化工作程序，建立各种采购方式下的政府采购价格监测机制和采购结果社会公开披露制度，实现对采购活动及采购结果的有效监控。集中采购机构要提高业务技能和专业化操作水平，通过优化采购组织形式，科学制定价格参数和评价标准，完善评审程序，缩短采购操作时间，建立政府采购价格与市场价格的联动机制，实现采购价格和采购质量最优。

四、坚持政策功能，进一步服务好经济和社会发展大局

政府采购应当有助于实现国家的经济和社会发展政策目标。强化政府采购的政策功能作用，是建立科学政府采购制度的客观要求。各地区、各部门要从政府采购政策功能上支持国家宏观调控，贯彻好扩大内需、调整结构等经济政策，认真落实节能环保、自主创新、进口产品审核等政府采购政策；进一步扩大政府采购政策功能范围，积极研究支持促进中小企业发展等政府采购政策。加大强制采购节能产品和优先购买环保产品的力度，凡采购产品涉及节能环保和自主创新产品的，必须执行财政部会同有关部门发布的节能环保和自主创新产品政府采购清单（目录）。要严格审核进口产品的采购，凡国内产品能够满足需求的都要采购国内产品。财政部门要加强政策实施的监督，跟踪政策实施情况，建立采购效果评价体系，保证政策规定落到实处。

五、坚持依法处罚，进一步严肃法律制度约束

各级财政、监察、审计、预防腐败部门要加强对政府采购的监督管理，严格执法检查，对违法违规行为要依法追究责任并以适当方式向社会公布，对情节严重的要依法予以处罚。

要通过动态监控体系及时发现、纠正和处理采购单位逃避政府采购和其他违反政府采购制度规定的行为，追究相关单位及人员的责任。要完善评审专家责任处罚办法，对评审专家违反政府采购制度规定、评审程序和评审标准，以及在评审工作中敷衍塞责或故意影响评标结果等行为，要严肃处理。要加快供应商诚信体系建设，对供应商围标、串标和欺诈等行为依法予以处罚并向社会公布。要加快建立对采购单位、评审专家、供应商、集中采购机构和社会代理机构的考核评价制度和不良行为公告制度，引入公开评议和社会监督机制。严格对集中采购机构的考核，考核结果要向同级人民政府报告。加强对集中采购机构整改情况的跟踪监管，对集中采购机构的违法违规行为，要严格按照法律规定予以处理。

六、坚持体系建设，进一步推进电子化政府采购

加强政府采购信息化建设，是深化政府采购制度改革的重要内容，也是实现政府采购科学化、精细化管理的手段。各地区要积极推进政府采购信息化建设，利用现代电子信息技术，实现政府采购管理和操作执行各个环节的协调联动。财政部门要切实加强对政府采购信息化建设工作的统一领导和组织，科学制订电子化政府采购体系发展建设规划，以管理功能完善、交易公开透明、操作规范统一、网络安全可靠为目标，建设全国统一的电子化政府采购管理交易平台，逐步实现政府采购业务交易信息共享和全流程电子化操作。要抓好信息系统推广运行的组织工作，制定由点到面、协调推进的实施计划。

七、坚持考核培训，进一步加强政府采购队伍建设

各地区、各部门要继续加强政府采购从业人员的职业教育、法制教育和技能培训，增强政府采购从业人员依法行政和依法采购的观念，建立系统的教育培训制度。财政部要会同有关部门研究建立政府采购从业人员执业资格制度，对采购单位、集中采购机构、社会代理机构和评审专家等从业人员实行持证上岗和执业考核，推动政府采购从业人员职业化的进程。集中采购机构要建立内部岗位标准和考核办法，形成优胜劣汰的良性机制，不断提高集中采购机构专业化操作水平。

各地区、各部门要全面把握新时期、新形势下完善政府采购制度的新要求，进一步提高对深化政府采购制度改革重要性的认识，切实加大推进政府采购管理工作的力度，加强对政府采购工作的组织领导，着力协调和解决政府采购管理中存在的突出问题，推进政府采购工作健康发展。

国家质量监督检验检疫总局 财政部 国家认证认可监督管理委员会《关于调整信息安全产品强制性认证实施要求的公告》

2009 年 4 月 27 日　2009 年第 33 号

国家质量监督检验检疫总局、国家认证认可监督管理委员会 2008 年第 7 号公告中涉及的信息安全产品强制性认证的强制实施时间延至 2010 年 5 月 1 日，在政府采购法规定的范围内强制实施。

特此公告。

附件：信息安全产品强制性认证实施规则（共 13 份）

1. 安全操作系统产品强制性认证实施规则（略）
2. 安全隔离与信息交换产品强制性认证实施规则（略）
3. 安全路由器产品强制性认证实施规则（略）
4. 安全审计产品强制性认证实施规则（略）
5. 安全数据库系统产品强制性认证实施规则（略）
6. 反垃圾邮件产品强制性认证实施规则（略）
7. 防火墙产品强制性认证实施规则（略）
8. 入侵检测系统产品强制性认证实施规则（略）
9. 数据备份与恢复产品强制认证实施规则（略）
10. 网络安全隔离卡与线路选择器产品强制性认证实施规则（略）
11. 网络脆弱性扫描产品强制性认证实施规则（略）
12. 网站恢复产品强制性认证实施规则（略）
13. 智能卡 cos 产品强制性认证实施规则（略）

财政部关于印发《中央单位变更政府采购方式审批管理暂行办法》的通知

2009年4月20日 财库［2009］48号

党中央有关部门，国务院各部委、各直属机构，全国人大常委会办公厅，全国政协办公厅，高法院，高检院，有关人民团体：

为了规范中央单位变更政府采购方式审批管理工作，加强中央单位政府采购管理，根据《中华人民共和国政府采购法》，财政部制定了《中央单位变更政府采购方式审批管理暂行办法》。现印发给你们，请遵照执行。

附件：中央单位变更政府采购方式审批管理暂行办法

附件

中央单位变更政府采购方式审批管理暂行办法

第一条 为了规范中央单位变更政府采购方式审批管理工作，加强中央单位政府采购管理，根据《中华人民共和国政府采购法》（以下简称《政府采购法》），制定本办法。

第二条 中央单位申请变更政府采购方式和财政部审批变更政府采购方式申请的，适用本办法。

本办法所称中央单位包括中央一级预算单位、中央二级预算单位和中央基层预算单位。

第三条 中央单位采购达到公开招标数额标准的货物或者服务的，应当采用公开招标方式采购。因特殊情况需要采用公开招标以外其他采购方式的，采购人应当在采购活动开始前，按照财政部规定要求将变更政府采购方式申请报财政部审批。

本办法所称公开招标以外其他采购方式，是指邀请招标、竞争性谈判、单一来源采购、询价以及财政部根据实际情况认定的其他采购方式。

第四条 变更政府采购方式申请应当由中央一级预算单位向财政部提出。

中央一级预算单位对其提交申报材料的真实性负责。财政部应当按照《政府采购法》和本办法规定的申报要素进行审批。

第五条 中央单位的申请和财政部的批复均必须以公文格式印发，财政部和中央单位不得以电话记录、会议记录、备案等材料代替批复公文。

第六条 因特殊情况需要采用公开招标以外其他采购方式的，申请公文中应当载明下列内容：

（一）项目情况说明及该项目预算金额。

（二）采购计划及预算批复文件。

（三）拟申请变更的采购方式和变更理由。

（四）供应商名称、代理机构名称、相关产品名称和该产品近1年内的市场价格。

（五）3位以上专家针对变更采购方式的理由，分别出具的手写意见原件。

（六）因采购任务紧急需变更采购方式的，中央单位应当提供项目紧急原因的说明材料。

（七）因采购任务涉及国家秘密需变更采购方式的，中央单位应当提供由国家保密机关出具的、证明本项目为涉密采购项目的文件。

（八）结合项目具体情况应当提供的其他证明材料。

（九）联系人及联系电话。

第七条 因公开招标采购失败或废标的，中央单位应当提供以下材料：

（一）项目情况说明及该项目预算金额。

（二）采购计划及预算批复文件。

（三）拟申请变更的采购方式和变更理由。

（四）相关产品的名称、供应商名称和前1年内的市场价格。

（五）在财政部指定政府采购媒体上发布的招标公告（复印件）。

（六）采购人和代理机构出具的采购过程和采购文件没有供应商质疑、投诉的证明材料。

（七）评审专家出具的招标文件没有歧视性、排他性条款的证明材料。

（八）其他相关证明材料。

（九）联系人及联系电话。

第八条 专家意见中应当载明专家姓名、工作单位、职称、职务、联系电话和身份证号码。专家原则上不能是本单位、本系统的工作人员。

专家意见应当具备明确性和确定性。意见不明确或者含混不清的，属于无效意见，不作为审批依据。

第九条 变更采购方式申请应当由中央一级预算单位负责政府采购管理工作的司局加盖公章。因采购任务紧急或者涉及国家秘密的采购项目，变更采购方式申请应当加盖中央一级预算单位公章。

第十条 对于采购情况特殊，邀请招标、竞争性谈判、单一来源采购、询价等采购方式无法满足或者无法全部满足采购需求的，财政部可以根据实际情况认定其他采购方式。

第十一条 财政部收到申请后应当及时审查，并按下列情形限时办结：

（一）变更政府采购方式申请的理由和申请材料符合政府采购法和本办法规定的，财政部应当在收到材料之日起，7个工作日内作出批复。

（二）申请材料不符合本办法规定的，财政部应当在5个工作日内通知中央单位修改补充。办结日期以财政部重新收到申报材料时算起。

（三）变更政府采购方式申请的理由不符合政府采购法规定的，财政部应当在收到材料之日起，7个工作日内作出批复，并将不予批复的理由告知中央单位。

第十二条 中央单位未收到财政部批复公文的，不得开展该项目的采购活动。中央单位未按本办法规定变更采购方式的，根据有关法律、行政法规和规章的规定追究单位和有关人员的法律责任。

第十三条 专家出具不实论证意见的，按照有关规定追究专家个人的法律责任。

第十四条 集中采购机构受中央单位委托，采购属于集中采购目录内产品的，由集中采购机构向财政部提交变更采购方式申请，按上述规定执行。

第十五条 本办法自印发之日起实施。

财政部关于进一步做好中央单位政府集中采购工作有关问题的通知

2009 年 7 月 20 日　财库［2009］101 号

党中央有关部门，国务院各部委、各直属机构，全国人大常委会办公厅，全国政协办公厅，高法院，高检院，有关人民团体，中央国家机关政府采购中心，中共中央直属机关采购中心，全国人大机关采购中心：

为了进一步贯彻落实《政府采购法》，认真执行国务院办公厅印发的中央单位政府集中采购目录及标准和财政部有关规定，加强中央单位政府集中采购工作，促进政府采购制度改革的深化与发展，现就有关问题通知如下：

一、认真履行职责，增强集中采购目录执行的严肃性

按照国务院办公厅文件规定的属于集中采购机构采购的项目和对目录中部分细化品目（附件 1），都应当由集中采购机构负责组织实施，包括海关总署机关、国家税务总局机关、中国人民银行总行机关等属于集中采购机构采购的项目。除此之外的采购项目，由中央单位按照政府采购规定自行组织实施采购，也可以委托集中采购机构或政府采购代理机构组织采购。

集中采购机构要在政府采购法管理范围内做好采购组织工作，不得拒绝属于集中采购机构采购范围的项目委托。对中央单位自愿委托集中采购机构采购目录范围外政府采购项目的，可以根据工作情况接受委托并组织实施。中央单位和集中采购机构在操作执行中有关集中采购范围和集中采购目录的问题，由财政部负责解释。

二、加强计划管理，规范政府集中采购程序

主管部门应按规定在财政部批复部门预算之日起 40 个工作日内编制年度政府采购实施计划（附件 2）报财政部备案，并将属于集中采购机构组织实施的计划抄送集中采购机构。中央单位要统筹安排全年采购任务，并按规定将采购项目构成、使用单位、采购数量、技术规格、服务要求、使用时间、预算金额等内容编入政府采购实施计划。采购计划内容要具体明确，采购需求符合国家有关政策规定。对年度追加和调整部门预算的，要及时补编政府采购预算和政府采购实施计划。没有政府采购预算或未编报政府采购实施计划的，应当按规定程序向财政部补报后开展采购活动。

集中采购机构及时汇总各中央单位报送的政府采购实施计划，制定实施方案，对计划内容不明确、采购需求不符合国家有关政策规定的，要与采购单位沟通，确保采购实施计划的准确性。对未编制政府采购实施计划的，集中采购机构应拒绝采购项目委托。

三、调整适用范围，进一步完善协议供货采购制度

政府集中采购目录中规格及标准相对统一，品牌较多，日常采购频繁的小额零星通用类产品和通用类的服务类项目，可以分别实行协议供货采购和定点采购，大额采购仍应当实行集中单独采购。中央单位若采购同一品牌型号、配置和服务相同的产品价格明显低于协议供货价格，在与协议供货商未达成低价购买的情况下，或者中央单位所在地无协议供货商的，可以委托集中采购机构进行网上竞价。超出协议供货产品型号和供应商范围，以及采购限额的采购项目，由集中采购机构另行组织，不得自行采购。

网上竞价实质是询价采购，适用于协议供货范围内项目采购或者货物规格、标准统一、现货货源充足且价格变化幅度小，金额在50万元以下的集中采购项目采购，网上竞价应由中央单位委托集中采购机构进行。集中采购机构接受委托后按照中央单位提交的具体采购需求，根据询价适用条件进行网上竞价，并将竞价结果通知采购委托单位。

四、实行项目归集，积极开展批量集中采购试点工作

为了充分体现集中采购规模优势和集中效益，对部分达到一定数额的采购项目不再执行协议供货，应报集中采购机构，由集中采购机构归集形成规模后统一组织集中招标采购，切实发挥集中采购的规模优势。中央单位要按照“中央单位批量集中采购试行方案”（附件4）的规定，认真做好采购项目批量集中采购试点工作，特别要做好采购实施计划提前编报工作。集中采购机构要在开展批量集中采购试点工作中，注意总结经验，逐步推广。

五、改进服务项目集中采购，中央驻京外县以下单位服务项目试行属地化采购

针对中央单位分布广、管理层次多，以及县以下中央定点供应商数量少、竞争不充分的情况，对定点服务项目实施中央集中采购与属地化采购相结合方式。中央驻京外县以下单位在执行中央集中采购定点服务项目时，如果通过自行采购或当地政府采购的服务价格低于中央定点采购价格，或价格相同服务条款优于中央定点采购条款的，以及当地无中央定点服务商的，可以按照自行采购或当地政府采购结果执行，具体执行情况应当填报“中央单位属地化采购情况汇总表”（附件3）报主管部门。主管部门于每季度结束10日内报财政部备案。

六、采取有效措施，加强协议供货和定点服务的监测与管理

集中采购机构要按照与供应商签订的采购协议内容，对协议产品价格、定点服务质量、供应商执行协议情况等进行检查和监测，并淘汰考评不合格的供应商，促进供应商提高履行协议规定的质量。同时，要鼓励供应商对集中采购活动进行监督，不得以任何理由阻止相关质疑和投诉，对违反协议规定的情况要及时解决和处理。集中采购机构作为采购活动的组织者，可以对违反采购协议规定的行为向社会进行公告，但对禁止评审专家和供应商参与政府采购活动、罚款等处罚，应当由财政部依法作出决定。

七、严格委托手续，加强确定中标（成交）结果管理

中央单位将采购项目委托集中采购机构组织实施时，应当按财政部有关规定签订委托协议，委托协议可以一年一签，也可以按项目一事一签。要加强委托协议责任追究管理，凡遇有质疑投诉或举报，涉及各方责任的，按委托协议规定内容处理；凡未签订委托协议或签订内容不清的，其责任由采购单位和集中采购机构共同承担。采购单位接到集中采购机构中标（成交）通知书后应当在规定时间内予以确认，并签订采购合同。采购单位在签订采购合同时必须按照中标（成交）的规模、数量和金额签订合同。超过规定时间未确认或签订采购合同而产生的后果由采购单位负责。

为了防止不按中标（成交）协议履行的不良行为，保证采购产品质量，采购单位要本着公正、客观的原则，严格按照采购文件规定做好验收工作。凡未经过验收或经过验收而又产生与验收有关联的问题，其责任由采购单位承担。

八、加强管理，推进部门集中采购工作规范化

设立部门集中采购机构的主管部门应加强对部门集中采购的领导和管理，认真编制部门集中采购目录，明确直属系统集中采购实施范围，制定具体实施方案，做好部门集中采购品目的实施工作。部门编制的部门集中采购目录应当报财政部备案。

严格和规范中央对地方专项补助资金的采购管理。按照政府采购管理体制要求，应当由地方实施政府采购的项目，原则上不得实行主管部门集中组织采购并确定结果，由地方单位执行和支付资金的方式。确因法律法规有明确规定或情况特殊需要对地方政府采购项目实行主管部门集中采购的，主管部门应当报财政部同意后实施。

九、强化监管，建立规范的监督管理工作机制

财政部文件规定需要审批或备案的事项，中央单位和集中采购机构必须严格按规定执行，其中涉及中央单位的协议供货和定点采购等集中采购方案应当报财政部同意后实施。

建立集中采购目录执行情况报告制度，集中采购机构和设置部门集中采购机构的主管部门应当在每季度结束10日内，分别向财政部报送上一季度“集中采购执行情况表”（附件5）和“部门集中采购执行情况表”（附件6）。年度终了，集中采购机构应当在次年一月底前将上一年度工作总结报财政部，财政部组成考核组对集中采购机构全年工作进行考评。

要充分发挥监察、审计的监督管理职责和监管优势，分别从各自职责加强对集中采购工作的监督。建立不良行为社会公告制度，对中央单位、集中采购机构、供应商和评审专家等在政府采购活动中的违法违规行为，要在财政部指定的政府采购信息披露媒体上公告。

附件：1. 中央预算单位2009~2010年政府集中采购目录及标准有关集中采购机构采购项目的解释
2. 中央单位政府采购实施计划表
3. 中央单位属地化采购情况汇总表
4. 中央单位批量集中采购实行方案
5. 集中采购机构采购执行情况表（　季度）
6. 部门集中采购执行情况表（　季度）

附件1

中央预算单位2009~2010年政府集中采购目录及标准有关集中采购机构采购项目的解释

一、网络设备：指网络交换机、网络路由器、无线局域网产品、网络存储设备、网络测试设备、网络安全产品、网络应用加速器。

二、计算机通用软件：指直接从市场可以购买的标准软件等非定制开发的商业软件，不包括定制软件和购买的标准软件再进行二次开发的软件。

三、照相机：指单台或批量金额在3000元以上的照相机和附配件。

四、空调机：指中央空调、商用空调、民用空调和精密空调。

五、办公家具：指单项或批量金额在2万元以上的木制或木制为主、钢制或钢制为主家具（包括班台、班椅、沙发、会议桌、会议椅、茶水柜、书柜、衣柜、档案柜、密集架、书桌、保密柜、衣架），不包括教学家具、客房家具、实验室家具等。

六、集中采购机构统一组织的房室（含宿舍）修缮、装修：指由国务院机关事务管理局、中直机关管理局分配资金进行的房室（含宿舍）修缮、装修的项目，不包括新建项目等。

七、印刷项目：指单项或批量金额在2万元以上的本单位文印部门（含本单位下设的出版部门）不能承担印刷业务的票据、证书、期刊、文件、公文用纸、资料汇编、信封。

八、工程监理：指对建设工程（包括建筑物和构筑物的新建、改建、扩建、装修、拆除、修缮）的监理，不包括网络工程和信息工程的监理等。

九、机关办公场所物业管理：是指单项或批量金额在50万元以上用于机关办公场所水电供应、设备运行、建筑物门窗的保养、维护、维修、保洁、保安的项目，不包括机关宿舍的物业管理等。

附件 2

中央单位政府采购实施计划表

填报单位： 单位：千元

采购编号	采购项目	科目编码	科目名称	预算金额			采购数量	技术规格	服务要求	使用时间	组织形式			使用单位
				小计	财政性资金	其他资金					集中采购金额	部门集中采购金额	分散采购金额	
	货物													
	工程													
	服务													

填表人： 电话： 填报时间：

注：1. 财政性资金包括预算内资金、政府性基金和预算外资金。

2. 集中采购和部门集中采购项目名称按国务院办公厅印发的政府集中采购目录及标准填写。

附件 3

中央单位属地化采购情况汇总表

填报单位：　　　　　　　　　　　　　　　　　　单位：元

序号	采购单位	所在地区	采购时间	采购项目	采购中心定点采购价格	实际采购情况				备注
						服务价格	采购数量	采购金额	采购方式	
1										
2										
3										
4										
5										
6										
7										
8										
9										
10										
11										
12										
13										
14										
15										

填表人：　　　电话：　　　填报时间：

注：同等价格服务条件优惠的，在“备注”栏中注明。

附件 4

中央单位批量集中采购试行方案

为进一步完善和深化政府集中采购工作，2009 年 8 月开始对部分采购规模需求大、次数频繁、技术规格较为标准的采购项目试行批量集中采购，具体内容和程序如下：

一、试行品目：台式计算机、打印机、网络设备（网络交换机、网络路由器、无线局域网产品、网络存储设备、网络监控设备、网络测试设备、网络安全产品、网络应用加速器）。

二、适用范围：所有在京中央单位及所属机构。

三、基本要求：中央单位在一个月内（紧急采购任务除外）准备采购台式计算机、打印机、网络设备规模达到一定限额的，不再执行协议供货，应当委托集中采购机构实施批量集中采购。集中采购机构对中央单位报送的批量采购实施计划进行汇总归集，并整合打包，统一组织招标，以实现价格最佳，体现集中采购规模优势，提高财政资金使用效益。

四、采购程序：批量集中采购每月组织一次。采购流程包括报送批量采购实施计划、汇总归集采购需求、整合打包、编制招标文件、信息公告、抽取专家、评标及公示结果、签订合同等环节。

（一）报送计划。主管部门所属各单位每月计划累计采购台式计算机 50 万元、打印机 30 万元、网络设备 120 万元等以上的，应当集中编制批量采购实施计划，并于每月 15 日 17 点前由主管部门按照统一格式将批量采购实施计划及委托书报送集中采购机构，参加当月集中采购机构组织的批量集中采购。超过时间报送的批量采购实施计划，参加下月批量集中采购。

（二）归集整合采购需求。报送批量采购实施计划时间截止后，集中采购机构在 5 个工作日内对中央单位批量采购实施计划和需求进行汇总整理，分类打包，编制成具体招标采购需求，包括采购内容、数量、技术性能、售后服务、供货时间及地点等。

（三）招标公告。集中采购机构在形成具体招标采购需求后 3 个工作日内，完成招标文件的编制和信息公告的发布。采购公告在财政部指定政府采购信息披露媒体和相关媒体公示 20 天。

（四）评标及公示结果。评审专家从财政部专家库随机抽取产生并组成评审委员会。中央单位可派人监督开标和评标活动。评标结束后 2 个工作日内，由采购中心发布采购结果公告，向中标人发放中标通知书，向未中标人发放未中标通知书。

（五）签订合同。中标通知书发放之日起 10 日内由中央单位与中标供应商签订采购合同。

五、管理要求

（一）符合规模采购要求，但时间和任务紧急不超过一个月时间的采购任务可以通过协议供货形式采购，但事先要向集中采购机构备案。

（二）主管部门或所属单位同一品目产品一个月内采购规模不得超过该品目实行批量采购的限额。

（三）主管部门要制定汇集所属单位月度采购项目的工作程序和办法，加强对批量集中采购的管理。

（四）集中采购机构要认真落实批量集中采购有关工作，做到责任任务落实到人，岗位职责清晰，确保批量集中采购试点工作的顺利进行。

（五）主管部门和集中采购机构要注意总结试行工作的经验，及时向财政部反馈意见和建议。

附件 5

集中采购机构采购执行情况表（　季度）

填报单位：　　　　　　　　　　　　　　　　单位：千元

采购编号	采购项目	主管部门	实际采购时间	实际采购数量	采购金额			财政部审批的采购方式	采购方式								使用单位
					小计	财政性资金	其他资金		公开招标			邀请招标	竞争性谈判	单一来源	询价		
									协议供货	定点采购	其他				网上竞价	其他	
	货物																
	工程																
	服务																
	其他																

填报人：　　　　电话：　　　　填报时间：

注：1. 项目名称按国务院办公厅印发的政府集中采购目录及标准填写。

2. 其他项目包括集中采购机构代理的非政府集中采购项目和非政府采购项目。

附件 6

部门集中采购执行情况表（　季度）

填报单位：　　　　　　　　　　　　　　　　　　　　　　　　单位：千元

采购编号	采购项目	采购时间	采购数量	采购金额			采购方式					使用单位
				小计	财政性资金	其他资金	公开招标	邀请招标	竞争性谈判	单一来源	询价	
	货物											
	工程											
	服务											

填报人：　　　　电话：　　　　填报时间：

注：项目名称按国务院办公厅印发的政府集中采购目录及标准填写。

财政部关于做好 2009 ~ 2010 年全国政府采购信息统计工作的通知

2009 年 12 月 31 日 财库［2009］172 号

党中央有关部门，国务院各部委、各直属机构，全国人大常委会办公厅，全国政协办公厅，高法院，高检院，中央国家机关政府采购中心，中共中央直属机关采购中心，人大机关采购中心，有关人民团体，各省、自治区、直辖市、计划单列市财政厅（局），新疆生产建设兵团财务局：

现将 2009 ~ 2010 年全国政府采购信息统计报表编报工作有关事项通知如下：

一、2009 年全国政府采购信息统计年报编报工作有关事项

（一）2009 年全国政府采购信息年报在原指标体系和原统计系统上进行编报，编报内容与 2008 年年报相同（报表格式和编报说明见附件 1、2）。

（二）2009 年全国政府采购信息统计管理系统分为网络版和单机版。网络版用户登录中国政府采购网首页“全国政府采购信息统计管理系统”（http：//report. ccgp. gov. cn/login. cfm）在线进行编报。单机版用户可以在中国政府采购网“统计专栏”（http：//www. ccgp. gov. cn/tjzl/index. shtml）下载第三条“2008 政府信息采购统计管理系统单机版”2008 版完整安装程序进行安装。

已经使用 2008 版的用户，则无需再重新安装或升级；目前还使用 2008 版以前版本的用户，可以在中国政府采购网“统计专栏”下载第四条“2008 年政府采购信息统计管理系统单机版自动升级程序”，下载后解压运行软件将自动升级到最新版本；因文件损坏自动升级失败的老用户，请直接下载第三条“2008 政府信息采购统计管理系统单机版”2008 版完整安装程序进行安装，老用户安装之前请先备份数据库以便于恢复数据。

（三）各省级财政部门和各中央一级预算单位请于 2010 年 2 月 28 日前将 2009 年政府采购信息统计年报编报完毕。网络版用户通过网络直接报送，单机版用户导出上报文件（格式为 *. cz 的文件）通过软盘报送。同时将纸质报表和统计分析报告（省级财政部门加盖单位行政公章，中央一级预算单位加盖主管政府采购的司（局）公章）各 1 份报送至财政部国库司。

二、2010 年全国政府采购信息统计编报工作有关事项

（一）2010 年政府采购信息统计编报工作采用新指标体系和编报方式以及新统计系统（即“政府采购信息统计及计划管理系统”）（政府采购基础数据录入界面、报表格式和编报说明见附件 3、4、5）

（二）2010 年全国政府采购信息统计工作采用“政府采购执行情况基础数据”录入方式。要求实时录入，即每发生一项政府采购活动录入一次，期末自动生成报表。政府采购执行情况基础数据主要以采购合同要素为主，对无法取得采购合同的项目，可以依据其他购销凭证例如发票和验收单等进行编报。

（三）2010 年政府采购信息统计及计划管理系统分为网络版和单机版，单机版在具备互联网连接的条件下，可作为网络版客户端使用，即数据录入、报表生成等工作在本地计算机进行，数据上报时，身份验证后通过网络直接提交；在不具备互联网条件下，以数据盘形式（导出文件格式为 *.cz 文件）上报。网络版用户登录中国政府采购网首页“政府采购信息统计及计划管理系统”在线进行编报。单机版（网络版客户端）用户可在中国政府采购网下载软件安装程序或到财政部国库司领取软件安装光盘。根据有关实际情况，要求各级政府采购监管机构和集中采购机构使用网络版；所有采购人使用单机版（网络版客户端）。

（四）2010 年全国政府采购信息统计工作分为季报和年报。各省级财政部门和中央一级预算单位请于每个季度结束后 15 日内上报季报，于年度结束后 30 日内上报年报，并将年报的纸质报表和统计分析报告（省级财政部门加盖单位行政公章，中央一级预算单位加盖主管政府采购的司（局）公章）各 1 份报送至财政部国库司。

三、全国政府采购信息统计编报工作要求

（一）各编报单位要高度重视政府采购信息统计汇总的组织落实工作，及时布置工作，明确职责分工，注意相互协调，准时上报政府采购信息统计资料。

（二）“政府采购执行情况基础数据”录入方式既能够提高数据的真实性和准确性，又能增强数据分析功能。各编报单位要充分认识其重要意义，加强合同等基础数据的收集、整理和及时录入。

（三）各编报单位应认真阅读《2009 年政府采购信息统计报表编报说明》（附件 2）和《2010 年政府采购信息统计报表编报说明》（附件 5），准确理解和掌握各项统计指标的内涵、编报方法和口径，保证政府采购信息统计和汇总工作不重不漏、内容完整、真实可靠。要增强政府采购信息统计的全面性与完整性，凡是按照《政府采购法》规定开展的采购活动，都应当纳入统计范围。

（四）各编报单位要认真对统计数据进行对比和原因分析，撰写政府采购信息统计分析报告，准确揭示出政府采购活动的当前状况、存在问题及未来发展趋势，为政府采购制度改革和国家制定宏观经济政策提供真实、可靠的依据。

（五）财政部国库司将分别对省级财政部门和中央一级预算单位 2009 年和 2010 年政府采购信息统计工作（结合统计基础工作、报表报送情况、报表质量、分析质量等因素）继续进行考核评比，对统计工作先进单位给予通报表扬。

（六）在报表编报过程中，如遇统计编报口径等问题，请及时与财政部国库司政府采购管理一处联系。如遇统计软件操作问题，请及时与北京九三三软件股份有限公司联系。

财政部国库司联系电话：

010－68552269　　010－68552231

北京九三三软件股份有限公司联系电话：

010－58734800　　010－58734801

010－58734802　　010－58734803

15011211901　　13910715200

附件：1. 2009 年政府采购信息统计报表

2. 2009 年政府采购信息统计报表编报说明

3. 2010 年政府采购执行情况基础数据录入界面

4. 2010 年政府采购信息统计报表

5. 2010 年政府采购信息统计报表编报说明

附件 1

2009 年政府采购信息统计报表

单位名称：____________________

组织机构代码：____________________

单位负责人：____________________

填表人：____________________

联系电话：____________________

E-mail：____________________

单位地址：____________________

邮政编码：____________________

报送日期：____________________

政府采购资金统计表

采购 01 表

单位：万元

项目	行	采购预算				采购金额				节约资金				节约率（%）	财政直接支付
		总计	预算内	预算外	自筹	总计	预算内	预算外	自筹	总计	预算内	预算外	自筹		
		1	2	3	4	5	6	7	8	9	10	11	12	13	14
合计	1														
货物	2														
工程	3														
服务	4														

政府采购组织形式及采购方式统计表

采购 02 表

单位：万元

项目	行	采购金额合计	按组织形式划分			按采购方式划分					
			集中采购	部门集中采购	分散采购	公开招标	邀请招标	竞争性谈判	询价	单一来源	其他
		1	2	3	4	5	6	7	8	9	10
合计	1										
货物	2										
工程	3										
服务	4										

政府采购主体分类统计表

采购 03 表

单位：万元

项　目	行	采购金额合计	按采购单位性质划分			按行业部门分类							
			国家机关	事业单位	团体组织	行政政法	教科文	经济建设	农业	社会保障	企业	金融	其他
		1	2	3	4	5	6	7	8	9	10	11	12
合计	1												
货物	2												
工程	3												
服务	4												

政府采购合同授予统计表

采购 04 表

单位：万元

项　目	行	政府采购合同授予情况					
		国内外			省内外		
		合计	国内	进口	合计	省内	省外
		1	2	3	4	5	6
合计	1						
货物	2						
工程	3						
服务	4						

政府采购重要品目统计表

采购 05 表

单位：万元

采购项目	行	采购数量	采购金额	采购项目	行	采购数量	采购金额
		1	2	栏次		3	4
货物、工程、服务采购金额合计	1			B 工程类	1		
A 货物类	2			B01 建筑物	2		
A01 土地	3			B02 市政建设工程	3		
A02 建筑物	4			B03 环保、绿化工程	4		
A03 一般设备	5			其中：B0301 污水处理	5		
其中：A030201 计算机	6			B0303 园林绿化工程	6		
A0303 家具	7			B0305 天然林防护	7		
A04 办公消耗用品	8			B04 水利、防洪工程	8		
A05 建筑、装饰材料	9			B05 交通运输工程	9		
A06 物资	10			B06 油气工程	10		
其中：A0601 救灾物资	11			B07 电力工程	11		
A0602 防汛物资	12			B08 电信工程	12		
A0603 抗旱物资	13			B09 修缮、装饰工程	13		
A0604 农用物资	14			B10 系统集成、网络工程	14		
A0605 储备物资	15			B99 其他各类工程	15		
A0606 燃料	16			C 服务类	16		
A07 专用材料	17			C01 印刷、出版	17		

续表

采购项目	行	采购数量	采购金额	采购项目	行	采购数量	采购金额
		1	2	栏次		3	4
A08　成品软件	18			C02　专业咨询、工程监理、工程设计	18		
其中：A0801　操作系统	19			C03　信息技术、信息管理软件的开发设计	19		
A0802　数据库管理系统	20			C04　维修	20		
A0803　中间件软件	21			C05　保险	21		
A0804　办公软件	22			C06　租赁	22		
A0805　防病毒软件	23			C08　会议	23		
A0899　其他软件	24			C09　培训	24		
A10　专用设备	25			C10　物业管理	25		
其中：A1004　网络设备	26			C99　其他服务	26		
A1006　医疗设备、器械	27						
A1019　教学设备	28						
A1020　实验室设备	29						
A1021　广播电视、影像设备	30						
A1027　电梯和起重机	31						
A11　交通工具	32						
其中：A110101　轿车	33						
A110102　越野车	34						
A99　其他货物	35						

政府采购专项统计表——计算机

采购 06 表

单位：万元

项　　目	行	采购金额合计	台式计算机		便携式计算机		服务器	
			采购数量	采购金额	采购数量	采购金额	采购数量	采购金额
		1	2	3	4	5	6	7
合计	1							
宏基	2							
索尼	3							
IBM	4							
LG	5							
NEC	6							
NETBOOK	7							
TCL	8							
TG	9							
八亿时空	10							
博宇	11							
长城	12							
戴尔	13							
顶星	14							
东芝	15							
方正	16							
福日东升	17							
富士通	18							
海尔	19							
华硕	20							
惠普	21							
京东方	22							
康柏	23							
联宝	24							
联想	25							
伦飞	26							
明基	27							

续表

项　　目	行	采购金额合计	台式计算机		便携式计算机		服务器	
			采购数量	采购金额	采购数量	采购金额	采购数量	采购金额
		1	2	3	4	5	6	7
苹果	28							
七喜	29							
清华同方	30							
清华紫光	31							
三星	32							
神达	33							
神舟	34							
思登	35							
松下	36							
索泰	37							
腾龙	38							
微星	39							
夏新	40							
新蓝	41							
优派	42							
恒生	43							
实达	44							
蓝星	45							
海信	46							
易维	47							
海星	48							
好福	49							
浪潮	50							
龙兴	51							
沐泽	52							
大恒	53							
方佳	54							
其他	55							

政府采购专项统计表——汽车

采购 07 表

单位：万元

行	轿车												越野车						其他乘用车		
	排量 1.4L 以下			排量 1.4L ~ 2.0L			排量 2.0L ~ 3.0L			排量 3.0L 以上			排量 2.0L ~ 3.0L			排量 3.0L 以上					
	品牌	数量	金额	品牌	数量	金额	品牌	数量	金额	品牌	数量	金额	品牌	数量	金额	品牌	数量	金额	品牌	数量	金额
	1	2	3	4	5	6	7	8	9	10	11	12	13	14	15	16	17	18	19	20	21
1	汽车总计		数量			金额															
2	轿车总计		数量			金额															
3	合计			合计			合计			合计			合计			合计			合计		
4	北斗星			奥迪			奥迪			北京现代			奥铃			北京			昌河		
5	北京现代			宝来			宝马			别克			北京			长征			松花江		
6	比亚迪			宝马			北京现代			红旗			东风			东风			通宝		
7	波罗			北京现代			别克			凯迪拉克			猎豹			红岩			北京		
8	昌河			比亚迪			丰田			天籁			庐山			黄河			东南		
9	长安－奥拓			别克			红旗			其他			尼桑			解放			菲亚特		
10	长安			波罗			凯迪拉克						帕杰罗速跑			尼桑			开迪		
11	达路			东南			梅赛德斯－奔驰						切诺基			切诺基			途安		
12	东风			东风标致			蒙迪欧						三菱			三菱			长城		
13	东南			东风雪铁龙			帕萨特						神野			陕汽			航天		
14	飞度			飞度			奇瑞						田野			沈飞			华泰特拉卡		
15	菲亚特			菲亚特			切诺基						新凯			斯达－斯太尔			金杯		
16	丰田			丰田			天籁						依维柯			田野			金程		
17	阁萝			风神			雅阁						其他			铁马			奇瑞		
18	哈飞			福克斯			中华									新凯			中誉牌		

续表

行	轿车												越野车						其他乘用车		
	排量 1.4L 以下			排量 1.4L～2.0L			排量 2.0L～3.0L			排量 3.0L 以上			排量 2.0L～3.0L			排量 3.0L 以上					
	品牌	数量	金额	品牌	数量	金额	品牌	数量	金额	品牌	数量	金额	品牌	数量	金额	品牌	数量	金额	品牌	数量	金额
	1	2	3	4	5	6	7	8	9	10	11	12	13	14	15	16	17	18	19	20	21
19	海马			高尔夫			其他									跃进			其他		
20	豪情			高尔												其他					
21	吉利美日			阁萝																	
22	吉利			哈飞																	
23	江南			海马																	
24	杰士达			豪情																	
25	解放			红旗																	
26	朗风			吉利美日																	
27	力帆			吉利																	
28	奇瑞			嘉年华																	
29	起亚			江南																	
30	秦川－福莱尔			捷达																	
31	神龙－富康			开迪																	
32	思迪			朗风																	
33	松花江			力帆																	
34	威乐			利亚纳																	
35	威志			马自达																	
36	威姿			梅赛德斯－奔驰																	
37	夏利			蒙迪欧																	

续表

行	轿　车												越野车						其他乘用车		
	排量 1.4L 以下			排量 1.4L～2.0L			排量 2.0L～3.0L			排量 3.0L 以上			排量 2.0L～3.0L			排量 3.0L 以上					
	品牌	数量	金额	品牌	数量	金额	品牌	数量	金额	品牌	数量	金额	品牌	数量	金额	品牌	数量	金额	品牌	数量	金额
	1	2	3	4	5	6	7	8	9	10	11	12	13	14	15	16	17	18	19	20	21
38	雪佛兰			帕萨特																	
39	雅酷			奇瑞																	
40	一汽佳星			骐达																	
41	跃进			起亚																	
42	云雀			桑塔纳																	
43	其他			神龙－富康																	
44				思迪																	
45				思域																	
46				速腾																	
47				天籁																	
48				威乐																	
49				威志																	
50				威姿																	
51				夏利																	
52				雪佛兰																	
53				雅阁																	
54				颐达																	
55				跃进																	
56				中华																	
57				其他																	

政府采购专项统计表——节能

采购 08 表

单位：万元

项　　目	行	节能、节水产品采购金额	同类产品采购总金额	节能、节水产品采购比重（%）
		1	2	3
合计	1			
一、节能产品类	2			
空调机	3			
冰箱	4			
荧光灯	5			
电视机	6			
计算机	7			
打印机	8			
二、节水产品类	9			
便器	10			
水龙头	11			

政府采购专项统计表——环保

采购 09 表

单位：万元

项　　目	行	环保产品采购金额	同类产品采购总金额	环保产品采购比重（%）
		1	2	3
合计	1			
轻型汽车	2			
复印机	3			
打印机、传真机及多功能一体机	4			
微型计算机、显示器	5			
水性涂料	6			
人造木质板材	7			
木地板	8			
家具	9			
彩色电视机	10			
轻质墙体板材	11			
塑料门窗	12			
白乳胶	13			
建筑用塑料管材	14			
陶瓷砖	15			
卫生陶瓷	16			
太阳能集热器	17			
家用太阳能热水系统	18			
水嘴	19			
室内装饰装修用溶剂型木器涂料	20			

政府采购专项统计表——进口产品

采购 10 表

单位：万元

项目	行	采购金额	按组织形式划分			按采购方式划分						按性质划分		
			集中采购	部门集中采购	分散采购	公开招标	邀请招标	竞争性谈判	询价	单一来源	其他	鼓励进口	既不鼓励也不限制	限制进口
		1	2	3	4	5	6	7	8	9	10	11	12	13
合计	1													
货物	2													
工程	3													
服务	4													

政府采购专项统计表——其他

采购 11 表

单位：万元

项目	行	采购金额	按组织形式划分			采购方式					
			集中采购	部门集中采购	分散采购	公开招标	邀请招标	竞争性谈判	询价	单一来源	其他
		1	2	3	4	5	6	7	8	9	10
合计	1										
一、中小学免费教材	2										
二、农村中小学危房改造	3										
三、财政补贴农民购置机具	4										

政府采购供应商投诉处理统计表

采购 12 表

单位：起

项　　目		行	省级	地级	县级	总计
			1	2	3	4
收到投诉总量	合计	1				
	受理	2				
	转送有管辖权的部门	3				
	不予受理	4				
受理投诉总量（按处理情况分类）	小计	5				
	撤诉	6				
	驳回	7				
	进行处理	8				
受理投诉总量（按采购方式分类）	小计	9				
	公开招标	10				
	邀请招标	11				
	竞争性谈判	12				
	询价	13				
	单一资源	14				
受理投诉总量（按行业领域分类）	小计	15				
	行政政法	16				
	教科文	17				
	经济建设	18				
	农业	19				
	社会保障	20				
	企业	21				
	金融	22				
	其他	23				
受理投诉总量（按被投诉人分类）	小计	24				
	采购人	25				
	招标代理机构	26				
	集中采购机构	27				

政府采购专家库及信息发布统计表

采购 13 表

单位：个、次、条

<table>
<tr><th colspan="2" rowspan="2">项　目</th><th rowspan="2">列</th><th>省级</th><th>地级</th><th>县级</th><th>合计</th></tr>
<tr><th>1</th><th>2</th><th>3</th><th>4</th></tr>
<tr><td rowspan="2">专家库建设</td><td>已建立专家库数量</td><td>1</td><td></td><td></td><td></td><td></td></tr>
<tr><td>专家人数</td><td>2</td><td></td><td></td><td></td><td></td></tr>
<tr><td rowspan="3">专家库使用</td><td>已抽取专家的项目数量</td><td>3</td><td></td><td></td><td></td><td></td></tr>
<tr><td>抽取专家次数</td><td>4</td><td></td><td></td><td></td><td></td></tr>
<tr><td>专家参评人数</td><td>5</td><td></td><td></td><td></td><td></td></tr>
<tr><td rowspan="5">信息公告</td><td>合计</td><td>6</td><td></td><td></td><td></td><td></td></tr>
<tr><td>采购需求信息公告数量</td><td>7</td><td></td><td></td><td></td><td></td></tr>
<tr><td>中标、成交结果公告数量</td><td>8</td><td></td><td></td><td></td><td></td></tr>
<tr><td>政策法规公告数量</td><td>9</td><td></td><td></td><td></td><td></td></tr>
<tr><td>处理决定公告数量</td><td>10</td><td></td><td></td><td></td><td></td></tr>
</table>

政府采购当事人统计表

采购 14 表

单位：个

<table>
<tr><th colspan="4" rowspan="2">采购当事人</th><th rowspan="2">列</th><th>省级</th><th>地级</th><th>县级</th><th>地区合计</th></tr>
<tr><th>1</th><th>2</th><th>3</th><th>4</th></tr>
<tr><td rowspan="2">采购管理机构</td><td colspan="3">已设置数量</td><td>1</td><td></td><td></td><td></td><td></td></tr>
<tr><td colspan="3">在编人数</td><td>2</td><td></td><td></td><td></td><td></td></tr>
<tr><td rowspan="9">政府采购代理机构</td><td colspan="3">机构数量合计</td><td>3</td><td></td><td></td><td></td><td></td></tr>
<tr><td rowspan="4">财政部颁发</td><td rowspan="2">审批（甲级）</td><td>机构数量</td><td>4</td><td></td><td></td><td></td><td></td></tr>
<tr><td>从事政府采购人员数量</td><td>5</td><td></td><td></td><td></td><td></td></tr>
<tr><td rowspan="2">确认</td><td>机构数量</td><td>6</td><td></td><td></td><td></td><td></td></tr>
<tr><td>从事政府采购人员数量</td><td>7</td><td></td><td></td><td></td><td></td></tr>
<tr><td rowspan="4">省级财政部门颁发</td><td rowspan="2">审批（乙级）</td><td>机构数量</td><td>8</td><td></td><td></td><td></td><td></td></tr>
<tr><td>从事政府采购人员数量</td><td>9</td><td></td><td></td><td></td><td></td></tr>
<tr><td rowspan="2">确认</td><td>机构数量</td><td>10</td><td></td><td></td><td></td><td></td></tr>
<tr><td>从事政府采购人员数量</td><td>11</td><td></td><td></td><td></td><td></td></tr>
<tr><td rowspan="2">集中采购机构</td><td colspan="3">已设置数量</td><td>12</td><td></td><td></td><td></td><td></td></tr>
<tr><td colspan="3">其中独立于财政设置</td><td>13</td><td></td><td></td><td></td><td></td></tr>
<tr><td rowspan="4">采购人</td><td colspan="3">合计</td><td>14</td><td></td><td></td><td></td><td></td></tr>
<tr><td colspan="3">国家机关</td><td>15</td><td></td><td></td><td></td><td></td></tr>
<tr><td colspan="3">事业单位</td><td>16</td><td></td><td></td><td></td><td></td></tr>
<tr><td colspan="3">团体组织</td><td>17</td><td></td><td></td><td></td><td></td></tr>
<tr><td rowspan="3">参与政府采购供应商</td><td colspan="3">合计</td><td>18</td><td></td><td></td><td></td><td></td></tr>
<tr><td colspan="3">中小企业</td><td>19</td><td></td><td></td><td></td><td></td></tr>
<tr><td colspan="3">其他</td><td>20</td><td></td><td></td><td></td><td></td></tr>
</table>

政府采购机构设置统计表

采购 15 表

单位：万元

地区	行	政府采购管理机构设置情况		集中采购机构设置情况						中介机构数量	本地区本年 GDP	本地区本年财政支出
		其中：独立设置		已设立数量					未设立数量			
				小计	独立设置	设在财政部门						
						小计	管采分设	管采一家				
		1	2	3	4	5	6	7	8	9	10	11
本地区合计	1											
省级	2											
地（市）	3											
县（区）	4											

附件 2

2009 年政府采购信息统计报表编报说明

一、编报范围

本套报表编报范围为各级国家行政机关、事业单位和团体组织，使用财政性资金采购纳入集中采购目录以内的或者采购限额标准以上的货物、工程、服务行为。具体范围如下：

（一）编报单位

编报单位分三类，一类为采购人，指中央和地方各级国家机关、事业单位和团体组织。一类为采购代理机构，包括集中采购机构、部门集中采购机构和政府采购代理机构。一类为采购监管机构，指各级财政部门。

（二）编报内容

采购人要按照本级政府颁布的 2009 年政府集中采购目录及标准，填报本单位 2009 年度通过集中采购、部门集中采购和分散采购等形式签订的政府采购合同情况。

采购代理机构填报本机构 2009 年度组织的所有政府采购项目。

二、填报要求

（一）各中央单位应对部门本级、所属下级预算单位的报表进行审核、汇总。中央各单位填报 01 －10 表。

（二）地方各单位应对本级、所属下级预算单位的报表进行审核、汇总，上报本级财政部门。地方各单位填报 01 －11 表。

（三）地方各级财政部门审核、汇总辖区内所有采购人和政府采购代理机构报表，同时填报 12 －15 表后上报上级财政部门。

三、单位基本信息填报方法

（一）单位名称：中央一级预算单位填列主管政府采购的司（局）全称，中央二级及以下预算单位、地方财政部门和地方各级预算单位填列单位的全称。

（二）组织机构代码：根据各级技术监督部门核发的机关、团体、事业单位代码证书填列。

（三）单位类型：根据《政府采购法》在政府采购活动中肩负不同职责的单位分类，在政府采购监管部门、集中采购机构、政府采购代理机构、采购人四种类型中进行选择。

（四）单位性质：依据政府编制管理部门确定的单位性质，在国家机关、事业单位和团体组织三种类型中选择填列。

国家机关，包括国家权力机关、国家行政机关、国家审判机关、国家监察机关等。

事业单位，是指政府为实现特定目的而批准设立的事业法人。

团体组织，是指各党派及政府批准的社会团体。

（五）单位级别：按单位预算分级管理的级次选择填列。

（六）所属系统：指对各采购人按照所属行业进行的划分，与财政部门预决算行业划分一致，原则上二级及以下预算单位所属行业应当与一级预算单位一致。教育部门所属院校附属医院项目除外，此类项目如果预算经费归口卫生系统，则在社会保障口填列，如果预算经费归口教育系统，则在教科文口填列。

四、政府采购资金统计表（01 表）

本表反映单位本年度的采购规模和资金节约情况。有关指标解释如下：

（一）采购预算，是指财政部门批准采购人年度部门预算中用于采购的全部预算金额或采购人在采购活动开始前计划用于采购的金额，包括年度执行中追加的预算（01 表 1 ~4 列）。

预算内资金，是指财政在年初部门预算中安排的政府采购资金和年度执行中通过预算追加安排给采购人的用于政府采购的资金（01 表 2 列）。

预算外资金，是指用于政府采购的行政事业性收费、政府基金等（01 表 3 列）。

自筹资金，是指采购人用预算内和预算外资金收入（包括财政部门批准留用部分）之外其他收入安排的资金（01 表 4 列）。

（二）采购金额，是指采购人根据合同约定实际支付的成交金额，按资金来源分别填报（01 表 5 ~8 列）。

（三）财政直接支付，是指财政部门按照政府采购合同确定的采购金额，将采购资金直接拨付给中标供应商的资金数额，按直接支付金额填列（01 表 14 列）。

（四）节约资金，是指采购预算资金与采购金额之间的差额。包括预算内资金节支额、预算外资金节支额和自筹资金节支额。填报节约资金时，按预算资金、预算外资金和自筹资金口径分别计算（01 表 9～12 列）。

（五）资金节约率，反映政府采购活动的节支效果，等于节约资金与采购预算之比（01 表 13 列）。

（六）审核公式

1 行＝2 行＋3 行＋4 行；

1 列＝2 列＋3 列＋4 列；

5 列＝6 列＋7 列＋8 列；

9 列＝10 列＋11 列＋12 列＝1 列－5 列；

10 列＝2 列－6 列；

11 列＝3 列－7 列；

12 列＝4 列－8 列；

13 列＝9 列÷1 列×100%；

1 列≥ 5 列；

5 列≥14 列≥0。

五、政府采购组织形式及采购方式统计表（02 表）

本表反映政府采购项目所采用的组织形式和采购方式的情况，按照《政府采购法》，共有三类组织形式和五类采购方式。有关指标解释如下：

（一）集中采购，反映集中采购机构或政府采购代理机构组织实施政府集中采购目录中项目执行情况。该项指标统计中，凡属于省级（含省级）以上人民政府公布的集中采购目录中的项目，无论由谁组织实施，均在此列反映。如：没有设立集中采购机构的地区由政府采购代理机构负责组织的集中采购项目，在该指标中反映（02 表 2 列）。

（二）部门集中采购，指政府集中采购目录中应当实行部门采购的有特殊要求的采购项目执行情况（02 表 3 列）。

（三）分散采购，指政府集中采购目录以外、政府采购限额标准之上采购项目的执行情况（02 表 4 列）。

（四）采购方式，是指在政府采购过程中所采用的购买方式，包括公开招标、邀请招标、竞争性谈判、询价、单一来源采购五种。协议供货或者定点采购，按照确定协议或定点结果时所采用的采购方式填列（02 表 5～10 列）。

（五）审核公式

1 行＝2 行＋3 行＋4 行；

1 列＝2 列＋3 列＋4 列＝5 列＋6 列＋7 列＋8 列＋9 列＋10 列。

六、政府采购主体分类统计表（03 表）

本表反映政府采购规模按照采购主体的性质和所属行业的分类情况。有关指标解释同单位基本信息中第（四）和第（六）条指标解释。本表审核公式如下：

1 行＝2 行＋3 行＋4 行；

1 列＝2 列＋3 列＋4 列；

1 列 =5 列 +6 列 +7 列 +8 列 +9 列 +10 列 +11 列 +12 列。

七、政府采购合同授予统计表（04 表）

本表反映不同供应商获得政府采购合同的情况。有关指标解释如下：

（一）国内，是指履行工程和服务合同的是本国供应商，或指所采购的货物为非进口产品（04 表 2 列）。

本国供应商，指在中华人民共和国境内注册的法人。

（二）进口，是指《政府采购进口产品管理办法》中规定的进口产品：通过中国海关报关验放进入中国境内且产自关境外的产品（04 表 3 列）。

（三）省内，是指供应商履约时提供的货物在省内生产或者工程和服务合同由省内注册的供应商履行（04 表 5 列）。

（四）省外，是指供应商履约时提供的货物在省外生产或者工程和服务合同由外省注册的供应商履行（04 表 6 列）。

（五）审核公式

1 行 =2 行 +3 行 +4 行；

1 列 =2 列 +3 列；

2 列 =4 列 =5 列 +6 列。

八、政府采购重要品目统计表（05 表）

本表反映政府采购对象中的部分重要品目的采购情况。有关指标解释如下：

（一）货物，是指各种形态和各种类型的物品，包括有形或无形物品（如专利），固体、液体或气体物体，动产和不动产。其中：

（1）土地，是指因公共设施建设而购置的土地使用权（05 表 3 行 2 列）。

（2）建筑物，是指购买在建或已建成的作为商品出售的房屋（包括办公用房和宿舍用房等）（05 表 4 行 2 列）。

（3）一般设备，是指普遍使用的电器、办公自动化设备（包括计算机、复印机等）、家具、空调等类设备（05 表 5 ~7 行 2 列）。

（4）办公消耗用品，是指办公耗用的纸张、信封、笔类、软盘、硒鼓等。（05 表 8 行 2 列）。

（5）建筑装饰材料，是指单独购买的用于房屋修缮、装修的水泥、木材、板材、金属材料、装饰石材、石膏、建筑陶瓷、玻璃、涂料、塑料和吸声保温、铺地、贴墙及吊顶材料（05 表 9 行 2 列）。

（6）物资，指用于救灾、防汛、抗旱的抢险救助物资、农用物资和储备物资，抢险救助物资包括抢修水利设施、抢修道路、抢修电力、抢修通讯、抢救伤员、卫生防疫药品、粮食、方便食品、衣被、饮用水等；农用物资包括化肥、农药、塑料薄膜等；储备物资包括粮食、棉、糖等（05 表 10 ~16 行 2 列）。

（7）专用材料，指不同行业具有专业用途的工具和耗材，包括药品及医疗耗材、兽医用品、图书资料、实验室用品及小型设备、胶片胶卷、录音录像带、测量用工具和仪器、艺术部门用品、军装制服和劳保用品等（05 表 17 行 2 列）。

（8）成品软件，指具有特定功能开发完成用于销售的各类软件，包括操作系统、数据库管理系统、中间件软件、办公软件、防病毒软件等（05表18～24行2列）。

（9）专用设备，是指除通用设备外的其他设备，包括网络设备、医疗设备、教学设备、实验室设备、广播电视影像设备、通信设备、发电设备、农用机械、电梯和起重机等设备（05表25～31行2列）。

（10）交通工具，包括载货、载人用飞机、轮船和汽车（05表32～34行2列）。

（二）工程，是指建设工程，包括建筑物和构筑物的新建、改建、扩建、装修、拆除、修缮等，不包括网络工程、信息工程等与土建无关的工程项目。其中，建筑物是指适合人类居住的工程项目，如公用房建设、住房建设、其他用房建设等。构筑物指非人类居住需要而建造的公共工程项目（05表1～15行4列）。

（三）服务，是指除货物和工程以外的采购项目。包括专业服务、技术服务、信息服务、课题研究、运输、维修、会议、培训、印刷等（05表16～26行4列）。

（四）审核公式

（1）货物类

1行2列=2行2列+1行4列+16行4列；

2行2列=3行2列+4行2列+5行2列+8行2列+9行2列+10行2列+17行2列+18行2列+25行2列+32行2列+35行2列；

5行2列≥6行2列+7行2列；

10行2列≥11行2列+12行2列+…+16行2列；

18行2列≥19行1列+20行2列+…+24行2列；

25行2列≥26行2列+27行2列+…+31行2列；

32行2列≥33行2列+34行2列。

（2）工程类

1行4列=2行4列+3行4列+4行4列+8行4列+9行4列+10行4列+11行4列+12行4列+13行4列+14行4列+15行4列；

4行4列≥5行4列+6行4列+7行4列。

（3）服务类

16行4列=17行4列+18行4列+19行4列+20行4列+21行4列+22行4列+23行4列+24行4列+25行4列+26行4列。

九、政府采购专项统计表（06表～11表）

06表反映政府采购计算机的品牌分布情况。本表审核公式如下：

1行=2行+3行+…55行；

1列=3列+5列+7列。

07表反映政府采购汽车种类和品牌的分布情况。本表审核公式如下：

汽车总计（数量、金额）=轿车总计（数量、金额）+越野车总计（数量、金额）+其他乘务车（数量、金额）

3行2列= 4行2列+5行2列+…+43行2列；

3行3列= 4行3列+5行3列+…+43行3列；

3 行 5 列 = 4 行 5 列 +5 行 5 列 + … +57 行 5 列；

3 行 6 列 = 4 行 6 列 +5 行 6 列 + … +57 行 6 列；

3 行 8 列 = 4 行 8 列 +5 行 8 列 + … +19 行 8 列；

3 行 9 列 = 4 行 9 列 +5 行 9 列 + … +19 行 9 列；

3 行 11 列 = 4 行 11 列 +5 行 11 列 + … +9 行 11 列；

3 行 12 列 = 4 行 12 列 +5 行 12 列 + … +9 行 12 列；

3 行 14 列 = 4 行 14 列 +5 行 14 列 + … +17 行 14 列；

3 行 15 列 = 4 行 15 列 +5 行 15 列 + … +17 行 15 列；

3 行 17 列 = 4 行 17 列 +5 行 17 列 + … +20 行 17 列；

3 行 18 列 = 4 行 18 列 +5 行 18 列 + … +20 行 18 列；

3 行 20 列 = 4 行 20 列 +5 行 20 列 + … +19 行 20 列；

3 行 21 列 = 4 行 21 列 +5 行 21 列 + … +19 行 21 列。

08 表反映政府采购节能产品的情况。节能产品指“节能产品政府采购清单”中所列产品。本表审核公式如下：

1 行 =2 行 +9 行；

2 行 =3 行 +4 行 +5 行 +6 行 +7 行 +8 行；

9 行 =10 行 +11 行；

3 列 =1 列 ÷2 列 ×100%。

09 表反映政府采购环保产品的情况。环保产品指“环保产品政府采购清单”中所列产品。本表审核公式如下：

1 行 1 列 =1 列 2 行至 20 行合计；1 行 2 列同 1 行 1 列；1 列≤2 列；3 列 =1 列 ÷2 列 ×100%，

1 行 2 列合计≤01 表 2 行 5 列（货物类合计）。

10 表反映政府采购进口产品的情况。进口产品指《政府采购进口产品管理办法》中规定的进口产品。本表审核公式如下：

1 行 1 列 =1 行 2 至 4 列合计 =1 行 5 至 10 列合计 =1 行 11 至 13 列合计；2 行 1 列、3 行 1 列、4 行 1 列同 1 行 1 列；

1 行 1 列 =1 列 2 至 4 行合计；1 行 2 列、1 行 3 列…1 行 13 列同 1 行 1 列。

“合计”“货物”“工程”“服务”合计数≤01 表“合计”“货物”“工程”“服务”合计数

“组织形式”和“采购方式”的细项和合计数≤02 表的“组织形式”和“采购方式”的细项和合计数

1 行 1 列 =04 表 1 行 3 列（进口产品总金额相等）；2 行 1 列 =04 表 2 行 3 列；3 行 1 列 =04 表 3 行 3 列；4 行 1 列 =04 表 4 行 3 列。

11 表反映中小学免费教材、农村中小学危房改造、财政补贴农民购置机具等政府采购的情况。本表审核公式如下：

1 行 1 列 =1 列 2 至 4 行合计；1 行 2 列至 10 列同 1 行 1 列；

1 行 1 列 =1 行 2 至 4 列合计 =1 行 5 至 10 列合计；2 行 1 列、3 行 1 列、4 行 1 列同 1 行 1 列；

1行1列≤01表1行5列；

“组织形式”和“采购方式”的细项和合计≤02表的“组织形式”和“采购方式”的细项和合计。

十、政府采购供应商投诉处理统计表（12表）

本表反映各级政府采购监督管理部门收到并处理供应商投诉的情况，由各级财政部门根据《政府采购供应商投诉处理办法》（财政部令第20号）的有关规定填报。本表审核公式如下：

1行=2行+3行+4行；

2行=5行=9行=15行=24行；

5行=6行+7行+8行；

9行=10行+11行+12行+13行+14行；

15行=16行+17行+19行+20行+21行+22行+23行；

24行=25行+26行+27行；

4列=1列+2列+3列。

十一、政府采购专家库及信息发布统计表（13表）

本表反映省级及以上财政部门专家库建设、运用情况和政府采购信息在省级及以上财政部门指定媒体发布的情况，由省级及以上财政部门负责填报。有关指标解释如下：

（一）专家库建设，指省级财政部门建设专家库的情况，地、县级该项为零，即1行2列、1行3列、2行2列、2行3列数据应为零。

（二）专家库使用，反映省级专家库的使用情况，包括抽取专家的项目数量、专家抽取人次和参评专家人次等指标，按照抽取专家的项目预算管理级次分为省、地、县进行统计。

（三）信息公告，反映省级及以上财政部门指定媒体政府采购信息公告情况，包括招标公告数量，中标、成交公告数量，政策公告数量和处理决定公告数量等指标，按照信息公告的项目预算管理级次分为省、地、县进行统计。同一项目同时在财政部指定媒体和省级指定媒体公布，只统计一次。

本表审核公式如下：

6行=7行+8行+9行+10行；

4列=1列+2列+3列。

十二、政府采购主要当事人统计表（14表）

本表反映政府采购活动的各方当事人的机构设置和人员编制等基本情况，由各级财政部门负责填报。有关指标解释如下：

（一）财政部颁发—审批（甲级），指获得财政部颁发的《政府采购代理机构甲级资格证书》的代理机构数量。

（二）财政部颁发—确认，指获得财政部颁发的《政府采购代理机构确认资格证书》的代理机构数量。

（三）省级财政部门颁发—审批（乙级），指获得省级财政部门颁发的《政府采购代理机构乙级资格证书》的代理机构数量。

（四）省级财政部门颁发—确认，指获得省级财政部门颁发的《政府采购代理机构确认资格证书》的代理机构数量。

（五）集中采购机构，是指按《政府采购法》中规定，设区的市、自治州以上人民政府专门为执行本级政府集中采购目录项目而设立的集中采购代理机构。

（六）中小企业，指满足下表任意行业条件的企业：

中小企业标准暂行规定

行业	职工人数	销售额（万元）	资产总额（万元）
工业	<2000	<30000	<40000
建筑业	<3000	<30000	<40000
批发业	<200	<30000	
零售业	<500	<15000	
交通运输业	<3000	<30000	
邮政业	<1000	<30000	
住宿和餐饮业	<800	<15000	

（七）审核公式

4 列 =1 列 +2 列 +3 列；

3 行 =4 行 +6 行 +8 行 +10 行；

14 行 =15 行 +16 行 +17 行；

18 行 =19 行 +20 行。

十三、表间关系

单元格中的数字表示“行，列”，如：下表 1，5 表示：1 行 5 列；“(=)”表示对应“等于”的关系。

列	表一	(=) 表二	(=) 表三	(=) 表四	(=) 表五	(≥) 表八
采购总金额	1，5	1，1	1，1	1，1	1，1	1，2
货物	2，5	2，1	2，1	2，1	2，1	
工程	3，5	3，1	3，1	3，1	1，2	
服务	4，5	4，1	4，1	4，1	16，2	

05 表 6 行 2 列≥06 表（计算机）1 行 1 列；

05 表 32 行 2 列≥07 表（汽车）1 行汽车金额总计。

附件 3

2010 年政府采购执行情况基础数据录入界面

政府采购执行情况基础数据录入

采购单位							
*采购合同编号		*合同名称				*采购机构	√
*采购方式	√	*组织形式	√ 其他：√	*采购日期		录入日期	
备注						经办人	

采购项目情况：总计 3 √ 项 是否属地化采购 √

	*计划编号	*品目	*产地类型	计量单位	品目类别	品目品牌	商品属性	重要指标	*采购数量	采购预算资金			实际采购资金			国库集中支付
										预算总计	财政性资金	其他资金	实际总计	财政性资金	其他资金	
1	选择		√					√								
2	选择		√					√								
3	选择		√					√								
								合计：								

属地化详情：

	计划编号	实际采购属地	采购中心定点采购价格	采购价格	备注
1		选择			
2		选择			
3		选择			

采购合同授予情况：

	品目	*供应商名称	*供应商规模	*供应商所在区域	*成交金额
1		选择	√	选择	
2		选择	√	选择	
3		选择	√	选择	
				金额合计：	

附件 4

2010 年政府采购信息统计报表

单位名称：______________________

组织机构代码：______________________

单位负责人：______________________

填表人：______________________

联系电话：______________________

电子邮箱：______________________

单位地址：______________________

邮政编码：______________________

报送日期：______________________

全国政府采购资金情况表

采购 01 表

金额单位：万元

项目	行	采购预算			采购金额			节约资金			节约率（%）	国库集中支付
		总计	财政性资金	其他资金	总计	财政性资金	其他资金	总计	财政性资金	其他资金		
		1	2	3	4	5	6	7	8	9	10	11
合计	1											
货物	2											
工程	3											
服务	4											

政府采购组织形式和采购方式统计表

采购 02 表

金额单位：万元

分类	项目	行	合计	货物	工程	服务
			1	2	3	4
按组织形式划分	合　计	1				
	集中采购	2				
	部门集中采购	3				
	分散采购	4				
按采购机构划分	合　计	5				
	集中采购机构采购	6				
	部门集中采购机构采购	7				
	社会代理机构采购	8				
	自行采购	9				
按采购方式划分	合　计	10				
	一、公开招标	11				
	二、邀请招标	12				
	其中：由公开招标方式改变	13				
	三、竞争性谈判	14				
	其中：由公开招标方式改变	15				
	四、询价	16				
	其中：由公开招标方式改变	17				
	五、单一来源	18				
	其中：由公开招标方式改变	19				

政府采购主体统计表

采购03表

金额单位：万元

分类	项目	行	合计	货物	工程	服务
			1	2	3	4
按单位性质划分	合　计	1				
	国家机关	2				
	事业单位	3				
	团体组织	4				
按所属系统划分	合　计	5				
	行政政法	6				
	教科文	7				
	经济建设	8				
	农业	9				
	社会保障	10				
	企业	11				
	金融	12				
	其他	13				
按政府级次划分	合　计	14				
	中央级	15				
	省级	16				
	地（市）级	17				
	县（区）级	18				

政府采购合同授予情况表

采购04表

金额单位：万元

分类	项目	行	合同金额				采购次数			
			合计	货物	工程	服务	合计	货物	工程	服务
			1	2	3	4	5	6	7	8
按性质划分	合计	1								
	国内	2								
	进口	3								
按属地划分	合计	4								
	东部	5								
	中部	6								
	西部	7								
按规模划分	合计	8								
	中小企业	9								
	大型企业	10								

政府采购重要品目统计表

采购 05 表

金额单位：万元

采购项目		行	单位	采购数量	采购金额	采购项目		行	单位	采购数量	采购金额
				1	2					3	4
货物、工程、服务采购金额合计		1	—			B 工程类		1	—		
A 货物类		2	—			B01 建筑物		2	—		
A01 土地		3	—			B02 市政建设工程		3	—		
A02 建筑物		4	—			B03 环保、绿化工程		4	—		
A03 一般设备		5	—			其中	B0301 污水处理	5	吨		
其中	A030201 计算机	6	台				B0303 园林绿化工程	6	平方米		
	A0303 家具	7	—				B0305 天然林防护	7	亩		
	其他	8	—				其他	8	—		
A04 办公消耗用品		9	—			B04 水利、防洪工程		9	个		
A05 建筑装饰材料		10	—			B05 交通运输工程		10	个		
A06 物资		11	—			B06 油气工程		11	个		
其中	A0601 救灾物资	12	—			B07 修缮、装饰工程		12	个		
	A0602 防汛物资	13	—			B99 其他各类工程		13	个		
	A0603 抗旱物资	14	—			C 服务类		14	—		
	A0604 农用物资	15	—			C01 印刷、出版		15	—		
	A0605 储备物资	16	—			C02 专业咨询、工程监理、工程设计		16	—		
	A0606 燃料	17	升			C03 信息技术、信息管理软件的开发设计		17	套		
	其他	18	—			C04 维修		18	次		
A07 专用材料		19	—			C05 保险		19	—		
其中	药品	20	—			C06 租赁		20	—		
		21	—			C07 交通工具的维护保障		21	—		
	其他	22	—			其中	C0701 车辆保险	22	—		

续表

采购项目		行	单位	采购数量	采购金额	采购项目		行	单位	采购数量	采购金额
				1	2					3	4
A08 成品软件		23	套			其中	C0702 车辆加油	23	升		
其中	A0801 操作系统	24	套				C0703 车辆维修	24	次		
	A0802 数据库管理系统	25	套			C08 会议		25	次		
	A0803 中间件软件	26	套			C09 培训		26	次		
	A0804 办公软件	27	套			C10 物业管理		27	平方米		
	A0805 防病毒软件	28	套			C11 系统集成		28	—		
	A0899 其他软件	29	套			C12 卫生保洁		29	—		
	其他	30	套			C13 银行代理		30	—		
A10 专用设备		31	—			C99 其他服务		31	—		
其中	A1004 网络设备	32	台								
	A1006 医疗设备、器械	33	台								
	A1019 教学设备	34	台								
	A1020 实验室设备	35	台								
	A1021 广播电视、影像设备	36	台								
	A1027 电梯和起重机	37	台								
	A1028 乐器、舞台设备	38	—								
	其他	39	台								
A11 交通工具		40	—								
其中	A110101 轿车	41	辆								
	A110102 越野车	42	辆								
	A110103 载货汽车	43	辆								
	A110104 载客汽车	44	辆								
	A110105 专用车	45	辆								
	其他	46	—								
A99 其他货物		47	—								

政府采购专项统计表——计算机

采购 06 表

金额单位：万元

品牌	行	采购合计		台式计算机		便携式计算机		服务器	
		采购数量（台）	采购金额	采购数量（台）	采购金额	采购数量（台）	采购金额	采购数量（台）	采购金额
		1	2	3	4	5	6	7	8
合计	1								
宏基	2								
方正	3								
联想	4								
	5								
	6								
	7								
	8								
	9								
	10								
	11								
	12								
	13								
	14								
	15								
	16								
	17								
	18								
	19								
	20								
	21								
	22								
	23								
	24								
	25								
	26								
	27								
	28								
	29								
	30								

政府采购专项统计表——汽车

采购 07 表

金额单位：万元

品牌	行	总计		轿车								越野车		专用车		其他汽车	
				小计		排量≤2.0L		2.0L < 排量≤3.0L		排量 > 3.0L							
		数量	金额	数量	金额	数量	金额	数量	金额	数量	金额	数量	金额	数量	金额	数量	金额
		1	2	3	4	5	6	7	8	9	10	11	12	13	14	15	16
合计	1																
奥迪	2																
宝来	3																
宝马	4																
	5																
	6																
	7																
	8																
	9																
	10																
	11																
	12																
	13																
	14																
	15																
	16																
	17																
	18																
	19																
	20																
	21																
	22																
	23																
	24																
	25																

政府采购专项统计表——节能

采购 08 表

金额单位：万元

项目	行	采购总金额	节能、节水产品采购金额	节能、节水产品采购比重（%）
		1	2	3
合计	1			
一、节能产品类	2			
空调机	3			
冰箱	4			
照明产品	5			
电视机	6			
计算机	7			
打印机	8			
传真机	9			
显示器	10			
复印机	11			
数字投影机	12			
多功能一体机	13			
洗衣机	14			
电热水器	15			
燃气热水器	16			
太阳能热水系统	17			
燃气灶具	18			
电力金具	19			
家用电磁灶（电磁灶）	20			
其他	21			
二、节水产品类	22			
便器	23			
水嘴（水龙头）	24			
便器冲洗阀	25			
水箱配件	26			
水暖用内螺纹连接阀门	27			
淋浴房	28			
淋浴器	29			
其他	30			

政府采购专项统计表——环保

采购 09 表

金额单位：万元

项目	行	采购总金额	环保产品采购金额	环保产品采购比重（%）
		1	2	3
合计	1			
汽车	2			
复印机	3			
打印机	4			
传真机	5			
多功能一体机	6			
计算机	7			
显示器	8			
家具	9			
电视机	10			
太阳能集热器	11			
家用太阳能热水系统	12			
其他	13			

政府采购专项统计表——其他

采购 10 表

金额单位：万元

项目	行	采购金额合计	按组织形式划分				按采购方式划分			
			集中采购	部门集中采购	分散采购	公开招标	邀请招标	竞争性谈判	询价	单一来源
		1	2	3	4	5	6	7	8	9
合计	1									
一、中小学免费教材	2									
二、农村中小学危房改造	3									
三、财政补贴农民购置机具	4									
四、救灾物资	5									
……	6									

政府采购供应商投诉情况统计表

采购 11 表

计量单位：次

<table>
<tr><td colspan="4" rowspan="2">项目分类</td><td rowspan="2">行</td><td>中央</td><td>省级</td><td>市级</td><td>县级</td><td>总计</td></tr>
<tr><td>1</td><td>2</td><td>3</td><td>4</td><td>5</td></tr>
<tr><td rowspan="4">收到投诉总量</td><td colspan="3">合　计</td><td>1</td><td></td><td></td><td></td><td></td><td></td></tr>
<tr><td colspan="3">受理</td><td>2</td><td></td><td></td><td></td><td></td><td></td></tr>
<tr><td colspan="3">转送有管辖权的部门</td><td>3</td><td></td><td></td><td></td><td></td><td></td></tr>
<tr><td colspan="3">不予受理</td><td>4</td><td></td><td></td><td></td><td></td><td></td></tr>
<tr><td rowspan="12">受理投诉总量（按处理情况分类）</td><td colspan="3">小　计</td><td>5</td><td></td><td></td><td></td><td></td><td></td></tr>
<tr><td colspan="3">撤诉</td><td>6</td><td></td><td></td><td></td><td></td><td></td></tr>
<tr><td colspan="3">驳回</td><td>7</td><td></td><td></td><td></td><td></td><td></td></tr>
<tr><td rowspan="9">进行处理</td><td colspan="2">小　计</td><td>8</td><td></td><td></td><td></td><td></td><td></td></tr>
<tr><td rowspan="3">处理结果</td><td>维持原有采购结果</td><td>9</td><td></td><td></td><td></td><td></td><td></td></tr>
<tr><td>改变原有采购结果</td><td>10</td><td></td><td></td><td></td><td></td><td></td></tr>
<tr><td>重新组织采购</td><td>11</td><td></td><td></td><td></td><td></td><td></td></tr>
<tr><td colspan="2">小　计</td><td>12</td><td></td><td></td><td></td><td></td><td></td></tr>
<tr><td rowspan="4">处理对象</td><td>供应商</td><td>13</td><td></td><td></td><td></td><td></td><td></td></tr>
<tr><td>专家</td><td>14</td><td></td><td></td><td></td><td></td><td></td></tr>
<tr><td>采购人</td><td>15</td><td></td><td></td><td></td><td></td><td></td></tr>
<tr><td>代理机构</td><td>16</td><td></td><td></td><td></td><td></td><td></td></tr>
<tr><td rowspan="6">受理投诉总量（按采购方式分类）</td><td colspan="3">小　计</td><td>17</td><td></td><td></td><td></td><td></td><td></td></tr>
<tr><td colspan="3">公开招标</td><td>18</td><td></td><td></td><td></td><td></td><td></td></tr>
<tr><td colspan="3">邀请招标</td><td>19</td><td></td><td></td><td></td><td></td><td></td></tr>
<tr><td colspan="3">竞争性谈判</td><td>20</td><td></td><td></td><td></td><td></td><td></td></tr>
<tr><td colspan="3">询价</td><td>21</td><td></td><td></td><td></td><td></td><td></td></tr>
<tr><td colspan="3">单一来源</td><td>22</td><td></td><td></td><td></td><td></td><td></td></tr>
<tr><td rowspan="5">受理投诉总量（按被投诉人分类）</td><td colspan="3">小　计</td><td>23</td><td></td><td></td><td></td><td></td><td></td></tr>
<tr><td colspan="3">集中采购机构</td><td>24</td><td></td><td></td><td></td><td></td><td></td></tr>
<tr><td colspan="3">社会代理机构</td><td>25</td><td></td><td></td><td></td><td></td><td></td></tr>
<tr><td colspan="3">采购人</td><td>26</td><td></td><td></td><td></td><td></td><td></td></tr>
<tr><td colspan="3">供应商（竞争对手）</td><td>27</td><td></td><td></td><td></td><td></td><td></td></tr>
</table>

政府采购专家库及信息发布统计表

采购 12 表

计量单位：位、次、条

项目		列	中央	省级	地级	县级	总计
			1	2	3	4	5
专家库建设	已建立专家库数量	1					
	专家人数	2					
专家库使用	已抽取专家的项目数量	3					
	抽取专家人次	4					
	专家参评人次	5					
信息公告	合计	6					
	采购需求信息公告数量	7					
	中标、成交结果公告数量	8					
	政策法规公告数量	9					
	处理决定公告数量	10					

政府采购当事人基本情况表

采购 13 表

计量单位：个、家

政府采购当事人				行	中央	省级	地级	县级	合计
					1	2	3	4	5
采购管理机构	已设置数量			1					
	在编人数			2					
采购人	合计			3					
	国家机关			4					
	事业单位			5					
	团体组织			6					
集中采购机构	已设置数量			7					
	其中：独立于财政设置			8					
	在编人数			9					
部门集中采购机构	已设置数量			10					
	在编人数			11					
社会代理机构	机构数量合计			12					
	财政部颁发（甲级）	小计		13					
		只具有审批资质	机构数量	14					
			从事政府采购人员数量	15					
		只具有确认资质	机构数量	16					
			从事政府采购人员数量	17					
		同时具有审批、确认级资质	机构数量	18					
			从事政府采购人员数量	19					
	省级财政部门颁发（乙级）	小计		20					
		只具有审批资质	机构数量	21					
			从事政府采购人员数量	22					
		只具有确认资质	机构数量	23					
			从事政府采购人员数量	24					
		同时具有审批、确认级资质	机构数量	25					
			从事政府采购人员数量	26					

附件 5

2010 年政府采购信息统计报表编报说明

一、编报范围

编报范围为各级国家行政机关、事业单位和团体组织，使用财政性资金采购纳入集中采购目录以内的或者采购限额标准以上的货物、工程和服务行为。具体范围如下：

（一）单位范围

编报单位分三类：一是采购人，指中央和地方各级国家机关、事业单位和团体组织；二是集中采购机构，指中央和地方各级政府采购中心；三是采购监督管理部门，指各级财政部门。

（二）资金范围

使用财政性资金采购，是指采购人全部使用或部分使用财政性资金进行的采购行为。财政性资金，包括预算内资金、政府性基金和预算外资金。

二、录入方式

（一）中央单位

从 2010 年开始，中央单位信息统计报表将由“政府采购信息统计及计划管理系统”中的“中央单位政府采购执行情况表”数据生成，中央单位无需再重复填报，只需在软件系统点击生成报表，系统自动读取“中央单位政府采购执行情况表”的数据生成统计报表的全套数据，中央单位保存后点击上报即可。因此，中央单位应认真做好政府采购执行情况基础数据的录入工作，确保信息统计报表上报的及时和完整。

（二）地方单位

从 2010 年开始，政府采购信息统计的录入方式全部采用“政府采购执行情况基础数据”录入方式。政府采购执行情况基础数据是指发生政府采购活动时取得相关凭证（主要指政府采购合同，以下以采购合同为例说明）中所包含的能用于反映政府采购执行情况的要素。01 - 10 表自动生成，11 - 13 表由各级政府采购监督管理部门进行填报并层层汇总。对无法取得采购合同的项目，依据其他购销凭证例如发票和验收单等进行填报。

三、编报要求

（一）凡纳入政府采购信息统计范围的单位，都应作为独立机构逐户录入和编制。

（二）中央各单位应对部门本级、所属下级预算单位的数据进行审核、汇总，逐级上报至财政部国库司。

（三）地方各单位应对本级、所属下级预算单位的数据进行审核、汇总，上报本级财政部门。

（四）集中采购机构填报本单位所代理的所有政府采购项目，上报本级财政部门。

（五）各级财政部门审核、汇总辖区内所有采购人和下级财政部门的数据，并填报11－13表后上报上级财政部门。

四、编报口径

（一）以政府采购预算（或部门预算）、政府集中采购目录和标准以及政府采购合同（包括发票等）为依据，填报各项数据。

（二）对实际发生而又没有编报采购预算的，按该项目开展采购活动前计划金额填报采购预算。

（三）按采购合同签订时间进行填报统计，跨年度采购项目只在签订合同年度反映。

（四）采购项目中含不同采购对象的，以占项目资金比例最高的采购对象确定其项目属性。

五、单位基本信息填报方法

（一）单位名称：中央一级预算单位填列主管政府采购的司（局）全称，中央二级及以下基层预算单位、地方财政部门和地方各级预算单位填列单位的全称。

（二）组织机构代码：根据各级质量技术监督部门核发的机关、团体、事业单位代码证书填列。政府采购监管部门要在组织机构代码后面增加“－JG”字符，例如财政部国库司政府采购管理处组织机构代码为000013186－JG。

（三）单位类型：根据《政府采购法》规定政府采购活动中承担不同职责的单位分类，在政府采购监管部门、集中采购机构、采购人三种类型中进行选择。

（四）单位性质（采购人有此指标）：依据政府编制管理部门确定的单位性质，在国家机关、事业单位和团体组织三种类型中选择填列。

国家机关，包括国家权力机关、国家行政机关、国家审判机关、国家监察机关等。

事业单位，是指政府为实现特定目的而批准设立的事业法人。

团体组织，是指各党派及政府批准的社会团体。

（五）单位级别：按单位预算分级管理的级次选择填列。

（六）所属系统（采购人有此指标）：指对各采购人按照所属行业进行的划分，与财政部门预决算行业划分一致，原则上二级及以下预算单位所属行业应当与一级预算单位一致。教育部门所属院校附属医院除外，此类项目如果预算经费归口卫生系统，则在社会保障口填列，如果预算经费归口教育系统，则在教科文口填列。无法归类的放到其他项中。

（七）行政区划：指单位所在具体地区。

（八）在编人数：指本单位专职从事政府采购工作的人员数量。

（九）填报人员联系方式：指具体从事政府采购统计工作人员的联系方式，填写要准确无误，便于工作联系。如有变化，要及时变更。

六、基础数据录入指标解释

表头指标解释（以采购合同为例说明）：

（一）合同编号：填列项目合同的编号，如无合同可填列其他购销凭证编号，如：发票号、验收凭证号等。同单位的采购合同编号不能重复。

（二）合同名称：填列采购项目的具体名称。

（三）采购机构（采购人有此指标）：指按照采购活动具体执行的采购单位划分为集中采购机构采购、部门集中采购机构采购、社会代理机构采购和自行采购。

（四）采购方式：包括公开招标、邀请招标、竞争性谈判、询价、单一来源采购五种。其中邀请招标、竞争性谈判、询价、单一来源分别又增加“由公开招标方式转变”采购方式。由“公开招标方式转变”采购方式是指按规定应当采用公开招标方式的政府采购项目，经审批后转为其他采购方式。

（五）组织形式：按照省级以上（含省级）人民政府公布的集中采购目录和标准填列。

集中采购，凡属于省级（含省级）以上人民政府公布的集中采购目录中项目的执行情况，无论由谁组织实施，均在此列反映。没有设立集中采购机构的地区由政府社会采购代理机构负责组织的集中采购项目，也在该指标中反映。

部门集中采购，指政府集中采购目录中应当实行部门采购的有特殊要求的采购项目执行情况。

分散采购，指政府集中采购目录以外、政府采购限额标准之上采购项目的执行情况。

协议供货、定点采购和网上竞价属于不同的集中采购组织形式，在实际采购当中，如果是通过以上三种形式进行采购的，在组织形式的第二个勾选框进行勾选。

（六）是否属地化采购（中央单位有此指标）：属地化采购指中央驻京外“县以下单位”在执行中央集中采购定点服务项目时，如果通过自行采购或当地政府采购的服务价格低于中央定点采购价格，或价格相同服务条款优于中央定点采购条款的，以及当地无中央定点服务商的，可以按照自行采购或当地政府采购结果执行。

选择属地化采购的项目，必须录入以下信息：

1. 实际采购属地：指实际采购地点，具体到县级。

2. 采购中心定点采购价格：指中央定点采购单价。

3. 采购价格：指实际采购单价。

（七）采购日期：指采购项目合同的签订日期，无论合同是否分期执行，也无论合同是否已经付款，按合同的签订日期填列。

（八）录入日期：指合同录入的日期。（系统自动以计算机当前日期作为录入日期，不允许修改）。

（九）经办人：如有签订合同经办人的信息，请如实填列。

表体指标解释：

（一）计划编号（中央单位有此指标）：中央单位录入政府采购执行情况基础数据时，通过“计划编号”选择采购实施计划数据，录入对应的执行情况。

（二）品目：指对政府采购货物、工程、服务的分类。主要品目指标解释如下：

1. 货物，是指各种形态和各种类型的物品，包括有形或无形物品（如专利），固体、液体或气体物体，动产和不动产。其中：

（1）土地，是指因公共设施建设而购置的土地使用权。

（2）建筑物，是指购买在建或已建成的作为商品出售的房屋（包括办公用房和宿舍用房等）。

（3）一般设备，是指普遍使用的电器、办公自动化设备（包括计算机、复印机等）、家具、空调等类设备。

（4）办公消耗用品，是指办公耗用的纸张、信封、笔类、软盘、硒鼓等。

（5）建筑装饰材料，是指单独购买的用于房屋修缮、装修的水泥、木材、板材、金属材料、装饰石材、石膏、建筑陶瓷、玻璃、涂料、塑料和吸声保温、铺地、贴墙及吊顶材料。

（6）物资，指用于救灾、防汛、抗旱的抢险救助物资、农用物资和储备物资，抢险救助物资包括抢修水利设施、抢修道路、抢修电力、抢修通讯、抢救伤员、卫生防疫药品、粮食、方便食品、衣被、饮用水等；农用物资包括化肥、农药、塑料薄膜等；储备物资包括粮食、棉、糖等。

（7）专用材料，指不同行业具有专业用途的工具和耗材，包括药品及医疗耗材、兽医用品、图书资料、实验室用品及小型设备、胶片胶卷、录音录像带、测量用工具和仪器、艺术部门用品、军装制服和劳保用品等。

（8）成品软件，指具有特定功能开发完成用于销售的各类软件，包括操作系统、数据库管理系统、中间件软件、办公软件、防病毒软件等。

（9）专用设备，是指除通用设备外的其他设备，包括网络设备、医疗设备、教学设备、实验室设备、广播电视影像设备、通信设备、发电设备、农用机械、电梯和起重机等设备。

（10）交通工具，包括载货、载人用飞机、轮船和汽车。

2. 工程，是指建设工程，包括建筑物和构筑物的新建、改建、扩建、装修、拆除、修缮等，不包括网络工程、信息工程等与土建无关的工程项目。其中，建筑物是指适合人类居住的工程项目，如公用房建设、住房建设、其他用房建设等。构筑物指非人类居住需要而建造的公共工程项目。

3. 服务，是指除货物和工程以外的采购项目。包括专业服务、技术服务、信息服务、课题研究、运输、维修、会议、培训、印刷等。

（三）产地类型：国内，是指履行工程和服务合同的是本国供应商，或指所采购的货物为非进口产品。进口，是指《政府采购进口产品管理办法》（财库［2007］119号）中规定的进口产品，即通过中国海关报关验放进入中国境内且产自关境外的产品，或指履行工程和服务合同的是非本国供应商。

本国供应商，指在中华人民共和国境内注册的法人。

（四）计量单位：软件系统中计量单位与品目直接绑定。一种品目只有一种唯一的计量单位，这样可以保证统计口径一致。

（五）产品类别：专指货物类中的轿车类别。轿车按排量分为排量≤2.0L、2.0L<排量≤3.0L、排量>3.0L三类。如果所填品目不在上述项目之列，就不用填列产品类型。

（六）产品品牌：专指货物类中的计算机、小汽车和节能节水、环保产品清单中的产品品目里的产品品牌。如果所填品目不在上述项目之列，就不用填列产品品牌。

（七）产品型号：专指货物类中的计算机、小汽车和节能节水、环保产品清单中的产品品目里的产品品牌所对应的具体型号。如果所填品目不在上述项目之列，就不用填列产品品牌。

（八）产品属性：产品属性主要包括节能节水产品、环保产品。此指标用于统计“政府采购专项统计表”中的节能节水、环保产品。统计软件已将财政部和国家发展改革委联合发布的“节能节水产品政府采购清单”和财政部和国家环境保护部联合发布的“环保产品政府采购清单”中的产品的品目、品牌、型号等数据预先收录到数据库中，录入人员只要将正确的产品的品目、品牌、型号录入到表格中，系统就会自动判断，该产品是否是具有节能节水、环保属性。

上述清单中所列内容根据实际情况定期更新“节能节水产品政府采购清单”和“环保产品政府采购清单”的内容，网络版用户系统自动更新，单机版用户在线联网更新。

（九）重点指标：主要统计当前国家重点关注的国计民生项目的采购情况，主要包括，小学免费教材、农村中小学危房改造、财政补贴农民购置机具、救灾物资等。

（十）采购数量：采购数量与计量单位相对应，如果采购合同与系统中的计量单位不一致，要换算成一致后，重新计算采购数量。

（十一）采购预算：是指财政部门批准采购人年度部门预算中用于采购的全部预算金额或采购人在采购活动开始前计划用于采购的金额，包括年度执行中追加的预算。

财政性资金，包括预算内资金、政府性基金和预算外资金。

其他资金，是除财政性资金以外的其他资金。

（十二）采购金额：是指采购人根据合同约定实际要支付的成交金额，按资金来源分别填报。

（十三）国库集中支付：是指财政部门按照政府采购合同确定的采购金额，通过国库集中支付方式支付给中标供应商的资金数额，按实际支付金额填列。

（十四）供应商信息指标解释：

1. 供应商名称：指采购合同中约定的货物、工程、服务的提供方的单位名称全称。

2. 供应商规模：分中小企业和大型企业。

中小企业，指满足下表任意行业条件的企业：

中小企业标准暂行规定

行业	职工人数	销售额（万元）	资产总额（万元）
工业	<2000	<30000	<40000
建筑业	<3000	<30000	<40000
批发业	<200	<30000	
零售业	<500	<15000	
交通运输业	<3000	<30000	
邮政业	<1000	<30000	
住宿和餐饮业	<800	<15000	

3. 供应商所在区域：指供应商注册地所在地区，具体细化到省份。

七、政府采购供应商投诉情况统计表（11表）

本表反映各级政府采购监督管理部门收到并处理供应商的情况，由各级财政部门根据

《政府采购供应商投诉处理办法》（财政部令第20号）的有关规定填报。本表的审核公式如下：

1行=2行+3行+4行；

2行=5行=17行=23行；

5行=6行+7行+8行；

8行=9行；

12行=13行+14行+15行+16行；

12行≤8行；

17行=18行+19行+20行+21行+22行；

23行=24行+25行+26行+27行；

5列=1列+2列+3列+4列。

八、政府采购专家库及信息发布统计表（12表）

本表反映省级及以上财政部门专家库建设、运用情况和政府采购信息在省级及以上财政部门指定媒体发布的情况，由省级及以上财政部门负责填报。有关指标解释如下：

（一）专家库建设，指省级及以上财政部门建设专家库的情况，地、县级该项为零。

（二）专家库使用，反映省级专家库的使用情况，包括抽取专家的项目数量、专家抽取人次和参评专家人次等指标，按照抽取专家的项目预算管理级次分为省、地、县进行统计。

（三）信息公告，反映省级及以上财政部门指定媒体政府采购信息公告情况，包括招标公告数量，中标、成交公告数量，政策公告数量和处理决定公告数量等指标，按照信息公告的项目预算管理级次分为省、地、县进行统计。同一项目同时在财政部指定媒体和省级指定媒体公布，只统计一次。

本表审核公式如下：

6行=7行+8行+9行+10行；

5列=1列+2列+3列+4列。

九、政府采购主要当事人统计表（13表）

本表为年报报表，反映政府采购活动的各方当事人的机构设置和人员编制等基本情况，由各级财政部门负责填报。有关指标解释如下：

（一）财政部颁发—审批（甲级），指获得财政部颁发的《政府采购代理机构甲级资格证书》的社会代理机构数量。

（二）财政部颁发—确认，指获得财政部颁发的《政府采购代理机构确认资格证书》的社会代理机构数量。

（三）省级财政部门颁发—审批（乙级），指获得省级财政部门颁发的《政府采购代理机构乙级资格证书》的社会代理机构数量。

（四）省级财政部门颁发—确认，指获得省级财政部门颁发的《政府采购代理机构确认资格证书》的社会代理机构数量。

（五）集中采购机构，是指按《政府采购法》中规定，设区的市、自治州以上人民政府专门为执行本级政府集中采购目录项目而设立的集中采购代理机构。

本表审核公式如下：

3行=4行+5行+6行；

8行≤7行；

12行=13行+20行；

13行=14行+16行+18行；

20行=21行+23行+25行；

5列=1列+2列+3列+4列。

财政部关于做好2010年中央单位政府采购计划和执行编报工作的通知

2009年12月31日　财库［2009］173号

党中央有关部门，国务院各部委、各直属机构，各人民团体，全国人大常委会办公厅，全国政协办公厅，高法院，高检院，中央国家机关政府采购中心，中共中央直属机关采购中心，人大机关采购中心：

为了进一步加强政府采购计划和执行管理，根据《中央单位政府采购管理实施办法》（财库［2004］104号）和《财政部关于进一步做好中央单位政府集中采购工作有关问题的通知》（财库［2009］101号）等有关文件精神，从2010年起，中央单位和集中采购机构要通过“政府采购信息统计及计划管理系统”编报政府采购计划和执行情况。现将有关工作通知如下：

一、充分认识编报政府采购计划和执行情况的重要意义

编报政府采购计划和执行情况是实现科学采购的重要基础，不仅可以规范采购行为，而且可以使单位提高政府采购精细化管理工作水平，节约国家资金，充分体现国家政策目标，为分析决策提供依据。各单位要做好采购预算、计划与执行的相互衔接工作，强化预算和计划约束，确保政府采购效率和质量不断提高。

二、政府采购计划和执行情况编报内容

（一）中央单位

1. 中央单位政府采购计划表（季报）。中央单位分季度编报“中央单位政府采购计划表”。中央单位根据财政部批复的政府采购基本支出和项目支出预算，按照政府采购项目、品目、数量、金额、组织形式、采购方式等要素录入“中央单位政府采购计划表”（分基本支出和项目支出），每季度开始前30日内，逐级汇总上报财政部。涉及集中采购的计划，由中央一级预算单位汇总后，抄送集中采购机构。

2. 中央单位政府采购执行情况表（季报）。中央单位分季度编报“中央单位政府采购执行情况表”。中央单位根据政府采购执行进度，按照采购数量、采购金额、组织形式和采购方式等要素，实时录入政府采购执行情况基础数据，由系统生成“中央单位政府采购执行情况表”（分基本支出和项目支出），每季度结束后15日内，逐级汇总上报财政部。

3. 中央单位属地化采购执行情况表（季报）。中央单位分季度编报“中央单位属地化采购执行情况表”。中央单位按照政府采购执行进度，实时录入对应的属地化数据，由系统生成“中央单位属地化政府采购执行情况表”，每季度结束后15日内，逐级汇总上报财政部。

4. 批量采购计划表。中央单位按月编报“批量采购计划表”。批量采购计划，由中央一级预算单位按规定统一汇总所属各单位批量采购需求后，于每月 15 日前报送财政部，同时，抄报所委托的集中采购机构。

（二）集中采购机构

1. 批量采购执行情况表。集中采购机构分季度编报。集中采购机构根据中央一级预算单位按月上报的“批量采购计划表”，实施批量集中采购，于每季度结束后 15 日内编报对应的“批量采购执行情况表”，上报财政部。

2. 集中采购机构采购执行情况表。集中采购机构分季度编报。集中采购机构按时录入中央单位委托的集中采购执行情况，于每季度结束后 15 日内编报“集中采购机构执行情况表”，上报财政部。

三、编报工作的组织实施

（一）中央单位和集中采购机构应当对照编报说明，准确理解和掌握各项指标的内涵、填报方法和口径，认真录入和填报，确保计划和执行数据及时完整、真实可靠。

（二）中央单位和集中采购机构要高度重视政府采购计划及执行情况的编报工作，及时布置下达，明确职责分工，积极做好相关协调和培训工作，切实提高编报水平。

（三）中央单位和集中采购机构应当加强政府采购计划执行的跟踪分析，及时掌握计划执行进度与效果，分析计划与执行差异原因，采取措施提高计划和执行水平。

（四）建立健全政府采购计划和执行考核制度，强化预算和计划约束。财政部严格按照政府采购预算和计划，审批中央单位变更政府采购方式，对中央单位和集中采购机构政府采购计划和执行情况编报工作不定期进行检查，并对检查结果予以通报。

四、报送要求

2010 年“政府采购信息统计及计划管理系统”分为网络版和单机版，单机版在具备互联网连接的条件下，可作为网络版客户端使用，即数据录入、报表生成等工作在本地计算机进行，数据上报时，身份验证后通过网络直接提交；在不具备互联网条件下，以数据盘形式（导出文件格式为 *.cz 文件）上报。网络版用户登录中国政府采购网首页“政府采购信息统计及计划管理系统”在线进行编报。单机版（网络版客户端）用户可在中国政府采购网下载软件安装程序或到财政部国库司领取软件安装光盘。根据有关实际情况，中央单位要求统一采用“网络版客户端”进行填报，集中采购机构要求采用网络版填报。

各单位要严格按照财政部统一的编报要求逐级录入有关数据，如遇口径等问题，请及时与财政部国库司政府采购管理一处联系。如遇系统软件操作问题，请及时与北京九三三软件股份有限公司联系。

财政部国库司政府采购管理一处联系电话：

010－68552269；010－68552231；

010－68552233；010－68552921；

北京九三三软件股份有限公司联系电话：

010－58734800；010－58734801；

010－58734802；010－58734803；

13911507780；13910715200。

附件：1. 政府采购计划和执行情况编报表格

2. 2010 年政府采购执行情况基础数据录入界面

3. 政府采购计划及执行情况编报说明

附件 1

政府采购计划和执行情况编报表格

中央单位政府采购计划表——基本支出

表 1

填报单位：　　　　　　　　　　　　金额单位：元

行/列	计划编号	采购品目	计量单位	计划采购数量	计划采购金额			组织形式			采购方式				
					小计	财政性资金	其他资金	集中采购	部门集中采购	分散采购	公开招标	邀请招标	竞争性谈判	单一来源	询价
	1	2	3	4	5	6	7	8	9	10	11	12	13	14	15
1		总计	—	—				—	—	—	—	—	—	—	—
2		货物类合计	—	—				—	—	—	—	—	—	—	—
3															
4															
5															
6															
7		工程类合计	—	—				—	—	—	—	—	—	—	—
8															
9															
10															
11															
12		服务类合计	—	—				—	—	—	—	—	—	—	—
13															
14															
15															
16															

中央单位政府采购计划表——项目支出

表2

填报单位：

金额单位：元

行/列	采购项目编号	采购计划编号	采购品目	计量单位	计划采购数量	计划采购金额			组织形式			采购方式				
						小计	财政性资金	其他资金	集中采购	部门集中采购	分散采购	公开招标	邀请招标	竞争性谈判	单一来源	询价
	1	2	3	4	5	6	7	8	9	10	11	12	13	14	15	16
1			总计	—	—				—	—	—	—	—	—	—	—
2			货物类合计	—	—				—	—	—	—	—	—	—	—
3																
4																
5																
6																
7			工程类合计	—	—				—	—	—	—	—	—	—	—
8																
9																
10																
11																
12			服务类合计	—	—				—	—	—	—	—	—	—	—
13																
14																
15																
16																

中央单位政府采购执行情况表——基本支出

表 3

填报单位：　　　　　　　　　　　　　　　　　　　　　　金额单位：元

行/列	计划编号	采购品目	计量单位	计划采购数量	实际采购数量	计划采购金额			实际采购金额			计划采用组织形式	实际采用组织形式	计划采购方式	实际采购方式	协议供货定点采购网上竞价
						小计	财政性资金	其他资金	小计	财政性资金	其他资金					
	1	2	3	4	5	6	7	8	9	10	11	12	13	14	15	16
1		总计	—	—	—							—	—	—	—	—
2		货物类合计	—	—	—							—	—	—	—	—
3																
4																
5																
6																
7		工程类合计	—	—	—							—	—	—	—	—
8																
9																
10																
11																
12		服务类合计	—	—	—							—	—	—	—	—
13																
14																
15																
16																

中央单位政府采购执行情况表——项目支出

表4

填报单位：

金额单位：元

行/列	采购项目编号	计划编号	采购品目	计量单位	计划采购数量	实际采购数量	计划采购金额			实际采购金额			计划采用组织形式	实际采用组织形式	计划采购方式	实际采购方式	协议供货定点采购网上竞价
							小计	财政性资金	其他资金	小计	财政性资金	其他资金					
	1	2	3	4	5	6	7	8	9	10	11	12	13	14	15	16	17
1			总计	—	—												
2			货物类合计	—	—												
3																	
4																	
5																	
6																	
7			工程类合计	—	—												
8																	
9																	
10																	
11																	
12			服务类合计	—	—												
13																	
14																	
15																	
16																	

批量采购计划表

表5

填报单位：

金额单位：元

行/列	计划编号	采购品目	计量单位	计划采购数量	计划采购金额			委托的集中采购机构
					小计	财政性资金	其他资金	
	1	2	3	4	5	6	7	8
1		总计	—	—				—
2		货物类合计	—	—				—
3								
4								
5								
6								
7		工程类合计	—	—				—
8								
9								
10								
11								
12		服务类合计	—	—				—
13								
14								
15								
16								

批量采购执行情况表

表 6

填报单位：　　　　金额单位：元

行/列	主管单位	计划编号	采购品目	计量单位	计划采购数量	实际采购数量	计划采购金额			实际采购金额		
							小计	财政性资金	其他资金	小计	财政性资金	其他资金
	1	2	3	4	5	6	7	8	9	10	11	12
1			总计	—								
2			货物类合计	—								
3												
4												
5												
6												
7			工程类合计	—								
8												
9												
10												
11												
12			服务类合计	—								
13												
14												
15												
16												

中央单位属地化采购执行情况表

表 7

填报单位：　　　　　　　　　　　　　　　　　　　　　　　　金额单位：元

行/列	实际采购属地	采购日期	采购品目	采购中心定点采购价格	实际采购情况						备注
					采购价格	采购数量	采购金额			采购方式	
							小计	财政性资金	其他资金		
	1	2	3	4	5	6	7	8	9	10	11
1											
2											
3											
4											
5											
6											
7											
8											
9											
10											
11											
12											
13											
14											
15											
16											

集中采购机构采购执行情况表

表 8

汇总单位：

金额单位：元

行/列	主管单位	采购品目	计量单位	实际采购数量	实际采购金额			实际采用的采购方式					协议供货	定点采购	网上竞价
					小计	财政性资金	其他资金	公开招标	邀请招标	竞争性谈判	单一来源	询价			
	1	2	3	4	6	7	8	9	10	11	12	13	14	15	16
1		总计	—	—											
2		货物类合计	—	—											
3															
4															
5															
6															
7		工程类合计	—	—											
8															
9															
10															
11															
12		服务类合计	—	—											
13															
14															
15															
16															

附件 2

2010 年政府采购执行情况基础数据录入界面

政府采购执行情况基础数据录入

采购单位					
*采购合同编号		*合同名称		*采购机构	√
*采购方式	√	*组织形式	√ 其他： √ *采购日期	录入日期	
备注				经办人	

采购项目情况：总计 3 √ 项 是否属地化采购 √

	*计划编号	*品目	*产地类型	计量单位	品目类别	品目品牌	商品属性	重要指标	*采购数量	采购预算资金			实际采购资金			国库集中支付
										预算总计	财政性资金	其他资金	实际总计	财政性资金	其他资金	
1	选择		√					√								
2	选择		√					√								
3	选择		√					√								
								合计：								

属地化详情：

	计划编号	实际采购属地	采购中心定点采购价格	采购价格	备注
1		选择			
2		选择			
3		选择			

采购合同授予情况：

	品目	*供应商名称	*供应商规模	*供应商所在区域	*成交金额
1		选择	√	选择	
2		选择	√	选择	
3		选择	√	选择	
				金额合计：	

附件 3

政府采购计划及执行情况编报说明

一、编报范围

本套报表编制范围为党中央有关部门，国务院各部委、各直属机构，全国人大常委会办公厅，全国政协办公厅，高法院，高检院，有关人民团体及其所属各级单位，中央国家机关政府采购中心，中共中央直属机关采购中心，全国人大机关采购中心。编报范围是用财政性资金及其他资金采购的政府采购计划和执行情况。具体范围如下：

（一）单位分类

编报单位分两类：一类为采购人，指中央各级国家机关、事业单位和团体组织；另一类为集中采购机构，具体指中央国家机关政府采购中心、中共中央直属机关采购中心、全国人大机关采购中心。

（二）内容范围

中央单位按季度录入政府采购计划及采购执行情况基础数据，中央一级预算单位每月还需单独编报汇总后的批量采购计划；集中采购机构按季度编报集中采购执行情况及批量采购执行情况。

二、编报要求

（一）中央单位要严格按照规定，录入和填报本单位政府采购计划及执行情况，在审核、汇总本级及所属下级单位数据后上报财政部。政府采购计划和执行情况，要求按项目支出和基本支出进行分类，按季进行填报。中央一级预算单位还需要汇总填报批量采购计划表，并按月上报财政部。

（二）集中采购机构要分别编报本单位所代理的集中采购项目执行情况和批量采购执行情况，并分季度上报财政部。

三、编报方式

从 2010 年起在“政府采购信息统计和计划管理系统”中填报政府采购计划和执行情况。中央单位按规定时间录入“政府采购计划基础数据”信息，在采购计划执行完成后，录入“政府采购执行情况基础数据”。政府采购执行情况基础数据是指发生政府采购活动时取得相关凭证（主要指政府采购合同）中所包含的能用于反映政府采购执行情况的要素，由系统生成政府采购计划及执行情况表。对无法取得采购合同的项目，依据其他购销凭证例如发票和验收单等进行填报。

“政府采购执行情况基础数据”同时可生成政府采购信息统计管理中要求编报的政府采

购信息统计报表，单位无需再重复录入政府采购信息统计报表。

（一）政府采购计划：政府采购计划录入时，按每个品目对应一个计划编号的方式进行。批量采购计划由中央一级预算单位按月汇总后单独编报。

（二）政府采购执行情况：根据政府采购执行进度，按照采购数量、采购金额、组织形式和采购方式等要素，实时录入。其中属地化采购执行情况按实际发生录入。批量采购执行情况由集中采购机构对照中央一级预算单位批量采购计划实际执行情况录入。

四、编报流程

（一）中央单位

1. 中央单位按季度录入“表1－中央单位政府采购计划表——基本支出”、“表2－中央单位政府采购计划表——项目支出”政府采购计划的明细内容上报给上级单位。

2. 上级单位接收到下级报送的“表1中央单位政府采购计划表——基本支出”、“表2中央单位政府采购计划表——项目支出”，进行逐级汇总上报。

3. 每个季度完结后，中央单位应在规定的时间内，录入“政府采购执行情况基础数据录入”表，由执行情况基础数据生成“表3中央单位政府采购执行情况表——基本支出”、“表4中央单位政府执行情况表——项目支出”，“表7中央单位属地化采购执行情况表”，汇总后上报给上级单位。

4. 上级单位接收到下级报送的“表3中央单位政府采购执行情况表——基本支出”、“表4中央单位政府执行情况表——项目支出”、表7“中央单位属地化采购执行情况表”进行逐级汇总上报。

5. 中央一级预算单位还需要根据批量采购需求情况，按月填报“表5批量采购计划表”，“表5批量采购计划表”在上报财政部的同时抄送所委托的集中采购机构。

6. 采购计划变更。已上报的采购计划如需变更，可通过软件系统中的“中央单位政府采购计划追加”功能来进行修正，单位在审核确认后上报上一级单位，由中央一级预算单位汇总后上报财政部。

（二）集中采购机构

1. 集中采购机构对照中央一级预算单位抄送来的批量采购计划表，录入对应的批量采购执行情况。按季度填报“表06批量采购执行情况表”上报财政部。

2. 集中采购机构对照中央一级预算单位抄送来的集中采购计划，按实际情况录入“表8集中采购机构采购执行情况表”，并按季上报财政部。

五、指标解释

（一）计划编号：指采购计划的编号，编号长度不得超过15位。同一单位的采购计划编号只能对应一个采购品目，不允许重复。计划编号前四位代表年度，第五、六位代表编报期间（季度），第七位分别用J和X表示，分别代表“基本支出”和“项目支出”，前7位由系统自动生成，后面编号由采购人自行填写，但最长不得超过8位，可以是数字、英文及字符，但不允许全角录入。比如水利部2010年一季度采购实施计划——基本支出中有“复印机”100台，编号为：201001J－SLB02001的采购计划。其中“201001J”是系统自动生成；“SLB02001”是单位自行编写内容。

（二）项目编号：指部门预算中政府采购预算项目的编号。

（三）计量单位：为保证统计口径的一致性，计量单位与品目直接绑定，一种品目只有一种唯一的计量单位。

（四）采购数量：采购数量与计量单位相对应，如果计划或实际采购品目与系统中的计量单位不一致，要换算一致。

（五）采购金额组成：

1. 财政性资金：包括预算内资金、政府性基金和预算外资金。

2. 其他资金：指除财政性资金以外的其他资金。

（六）组织形式：包括集中采购、部门集中采购、分散采购三种。

（七）采购方式：包括公开招标（包含协议供货、定点采购）、邀请招标、竞争性谈判、询价、单一来源五种。

（八）委托的集中采购机构：当组织形式为“集中采购”时，应选择：中央国家机关政府采购中心或中共中央直属机关采购中心或全国人大机关采购中心。

（九）属地化采购：中央驻京外县以下单位在执行中央集中采购定点服务项目时，如果通过自行采购或当地政府采购的服务价格低于中央定点采购价格，或价格相同服务条款优于中央定点采购条款的，以及当地无中央定点服务商的，可以按照自行采购或当地政府采购结果执行。

1. 实际采购属地：指实际采购地点，具体到县级。

2. 采购中心定点采购价格：指中央定点采购单价。

3. 采购价格：指实际采购单价。

（十）批量采购：对部分采购规模需求大、次数频繁、技术规格较为标准的采购项目试行批量集中采购。中央一级预算单位所属各单位每月计划累计采购台式计算机 50 万元、打印机 30 万元、网络设备 120 万元等以上的，应当集中编制批量采购计划。

财政部关于印发 2009 年政府采购工作要点的通知

2009 年 4 月 9 日　财办库［2009］56 号

各省、自治区、直辖市、计划单列市财政厅（局）、新疆生产建设兵团财务局，党中央有关部门办公厅（室），国务院各部委、各直属机构办公厅（室），全国人大常委会办公厅秘书局，全国政协办公厅机关事务管理局，高法院办公厅，高检院办公厅，有关人民团体办公厅（室）：

为进一步深化政府采购制度改革，根据全国财政工作会议精神，我们制定了《2009 年政府采购工作要点》，现印发给你们，请遵照执行。请结合本地区、本部门具体情况，有针对性地开展政府采购制度改革工作。

附件：2009 年政府采购工作要点

附件

2009 年政府采购工作要点

2009 年政府采购工作按照深入贯彻落实科学发展观的要求，在巩固全国政府采购执行情况专项检查的基础上，着力协调和解决政府采购管理中存在的突出问题，重点抓好政府采购操作执行行为的规范，政府采购政策功能的发挥，监督管理科学化和政府采购电子化建设与发展等方面的工作，切实推进政府采购制度改革。

一、继续扩大政府采购管理实施范围

按照政府采购项目应当全部依法实施政府采购的要求，各地区、各部门在巩固现有政府采购范围和规模的基础上，将部门和单位使用以财政性资金作为还款来源的借（贷）款进行的采购纳入政府采购管理。要加强中央和省级专项补助资金项目实施政府采购的力度。要建立工程项目实行政府采购管理与实施的运行机制，不实行招标投标的政府采购工程项目必须按政府采购管理规定执行，实行招标投标的要研究除招标投标环节外按政府采购执行的途径和办法。在做好上述工作的同时，继续做好节能环保、社会关注、涉及民生项目和扩大内

需政策实施中的政府采购工作，做好应采尽采工作。

二、进一步完善政府采购法律制度体系

进一步修改和完善已上报国务院的《政府采购法实施条例》，配合国务院法制办公室做好出台实施工作。要会同监察等有关部门研究制定《政府采购违法违纪行为处分处罚办法》，《政府采购供应商监督管理办法》，以加强对采购人、采购代理机构、评审专家和供应商违规违纪行为的处罚。要研究制定政府采购文件编制规范指南和采购合同格式文本，以及《政府采购非招标采购方式管理办法》。要修订政府采购代理机构资格认定办法和货物、服务招标投标，投诉处理等部门规章办法。地方可根据实际工作需要制定相关配套办法。

三、进一步深化政府采购政策功能

进一步落实政府采购各项政策要求，强化政府采购政策服务于经济建设和社会发展大局的作用是政府采购制度改革发展的方向。要继续抓好节能环保、进口产品审核等政府采购政策的实施与完善工作。要研究制定中小企业政府采购管理办法和自主品牌汽车等产业政府采购管理办法，以及支持国家宏观调控，扩大内需，调整结构等经济政策的政府采购功能措施。

要加强对政府采购政策功能实施的监督管理，建立各项政策的指标评价体系，跟踪各项政府采购政策功能实施情况，对执行情况和效果进行督导检查，保证政策规定落到实处。

四、强化集中采购监管与操作执行的力度

坚持“管采分离”，进一步建立和完善财政部门、集中采购机构、采购人职责清晰、运转协调的工作机制，不断提高政府集中采购效率和质量。要增强集中采购目录执行的严肃性、科学性和有效性。不断优化集中采购组织实施形式，一是积极推行批量集中采购，发挥集中采购规模效益和价格优势；二是在省一级范围内，探索采购单位择优选择集中采购机构的竞争机制，要明确择优标准条件和选择程序，并按照循序渐进，逐步实施的原则进行；三是集中采购机构在组织实施中不得违反国家规定收取采购代理费用和其他费用，也不得将采购单位委托的集中采购项目委托给社会代理机构。

在加强对操作执行环节的监督管理工作中，要重点加强评审工作的监督管理，通过扩大专家库专家数量，改进政府采购评审办法，完善评审专家分类标准，建立评审专家考核评议制度，减少评审专家自由裁量权，规范和约束评审专家行为。对采购人、评审专家、供应商和有关人员在评审工作中出现的违规违纪行为要依法予以严惩。

五、加强政府采购预算管理与执行

进一步加强政府采购制度改革与部门预算和国库集中支付改革的协调与配套。要将政府采购项目全部编入部门预算，做好政府采购预算和采购计划编报的相互衔接工作，确保采购严格按政府采购预算的项目和数额执行，充分发挥政府采购预算管理的基础效能，最终做到应采尽采，物有所值。继续做好列入政府采购预算项目实行财政直接支付工作，未按规定要求实行政府采购和财政直接支付的，财政部门应当按照规定采取必要措施予以纠正和处理。

六、加快全国电子化政府采购建设进程

进一步加大电子化政府采购工作力度。要加快研究全国电子化政府采购管理交易系统建设规划工作，明确系统建设思路、框架，明确数据库统一建设与各地方管理流程和集中采购自动化工作流程相互关系和运行机制。各级财政部门和集中采购机构要重视政府采购网站的建设，在管理好本地区政府采购网站的基础上，年内实现与中国政府采购网的互连贯通，为全面启动全国电子化政府采购管理交易系统奠定基础。集中采购机构要按操作工作流程建立工作自动化系统，提高操作执行的工作效率和水平。

七、加强政府采购监管体系的建设

要以全国政府采购执行情况专项检查为契机，大力推进政府采购领域规范化和反腐倡廉工作。针对政府采购操作执行中易发生问题的环节和漏洞，加强监管，通过完善采购预算和采购计划、采购过程的动态监控、资金支付和处罚等手段，建立事前、事中和事后一体的监管体系。加大对政府采购当事人违法违纪行为的处分处罚力度。要建立考核指标体系和考核工作机制，规范对集中采购机构的监管和考核。

八、加大政府采购宣传培训力度

进一步加强政府采购宣传力度，提高政府采购意识，努力使政府采购有关各方知法、懂法、守法。要重视和做好政府采购培训工作，加大对政府采购工作人员的培训力度，特别是对市、县和基层工作人员的培训，加大对政府采购代理机构、供应商和评审专家的培训力度，培训内容要与实际相结合，重点对了解掌握节能环保、进口审核管理等政策功能方面的制度规定进行培训。

（二）地方 2009 年政府集中采购目录

北京市财政局关于印发北京市 2009 年政府采购集中采购目录及标准的通知

2008 年 6 月 25 日　京财采购［2008］1228 号

市属各单位，各区县财政局、开发区财政局、燕山财政分局，北京市政府采购中心：

《北京市 2009 年政府采购集中采购目录及标准》（以下简称《目录及标准》）已经市政府同意，现印发给你们，并就有关事项通知如下，请遵照执行：

一、市属各预算单位要以此作为编制 2009 年政府采购预算的依据。根据《中华人民共和国政府采购法》规定，各级国家机关、事业单位和团体组织，使用财政性资金采购集中采购目录以内的或者采购限额标准以上的货物、工程和服务的行为，必须实行政府采购。

二、各区县可结合本区县实际情况，对《目录及标准》做如下调整：适当增加集中采购目录中的品目；适当降低政府采购限额标准和集中采购目录中的附加限额标准。如需调整的区县，请将调整后的目录以书面形式上报市财政局，由市财政局统一公布。

附件：北京市 2009 年政府采购集中采购目录及标准

附件

北京市 2009 年政府采购集中采购目录及标准

根据《中华人民共和国政府采购法》和《国务院办公厅关于印发中央预算单位 2007～2008 年政府集中采购目录及标准的通知》（国办发［2007］30 号）精神，结合北京市具体情况，现制定北京市 2009 年政府采购集中采购目录及标准：

一、集中采购目录

目　录	备　注	采购类型
（一）通用类政府采购项目		
1. 货物类		
摄影、摄像设备	指数码照相机、数码摄像机、胶片单反照相机（含镜头）及零配件	单项或批量小于 100 万元为协议采购，100 万元以上（含 100 万元）为项目采购
空气调节设备	指分体壁挂式、分体柜式、天花板嵌入式（吸顶式）、分体风管机（天井式）	
计算机	指台式机、笔记本及零配件	
显示器		
打印机	指喷墨、激光、针式、多功能一体机、用于固定资产管理的条码打印机	
传真机		
复印机	指复印机、速印机	
投影仪		
投影幕		
扫描仪	指高速文档扫描仪、平板扫描仪、便携式扫描仪、专用扫描仪、用于固定资产管理的数据采集扫描器	
刻录机	指内置、外置	
UPS 电源	指后备式、在线式	
移动存储设备	指 U 盘、移动硬盘、数码照相机伴侣、录音笔	
硬盘保护卡		
碎纸机		
服务器	含零配件	
网络交换机		
路由器		
电视机		
复印纸	指单项或批量达到 1 万元以上（含 1 万元）	
家具	指单项或批量达到 30 万元以上（含 30 万元）	项目采购
电梯和起重机		
锅炉		

续表

目　　录	备　　注	采 购 类 型
轿车		车辆采购
越野汽车（吉普车）		
旅行车		
大客车		
摩托车		
其他汽车	指皮卡、箱式货车、救护车、清障车、囚车	
2. 服务类		
车辆保险		车辆“三费”
车辆加油		
车辆维修		
会议		定点采购
（二）专用类政府采购项目		
1. 货物类	指单项或批量达到 30 万元以上（含 30 万元）	
救灾物资		项目采购
防汛、抗旱物资		
农用物资		
储备物资		
医疗设备、器械		
交通管理监控设备		
农用机械设备		
警用设备和用品		
专用教学设备		
广播电视设备		
体育设备	不含专业运动队设备	
专用汽车		
软件	指不需另行开发的成品软件	
信息安全产品	指防火墙、入侵检测、VPN（商密）、漏洞扫描、网页防篡改系统、网络安全审计、安全集成管理平台、反垃圾邮件产品、安全隔离与信息交换系统产品、主机安全管理系统产品	协议采购
2. 服务类		
印刷	指证照类；发票、票据类；报表类；书刊、培训类；宣传用品类；其他类	单项或批量小于 100 万元为定点采购（发票、票据类除外），100 万元以上（含 100 万元）为项目采购

续表

目　　录	备　　注	采购类型
互联网接入服务		定点采购
物业管理	指单项或批量达到30万元以上（含3C万元）	项目采购
事务所服务		
3. 工程类	指单项或批量达到100万元以上（含100万元）	
修缮、装饰工程		项目采购
市政建设工程		
环保、绿化工程		
水利、防洪工程		
交通运输工程		

二、政府采购限额标准

集中采购目录以外项目执行如下限额标准：

（一）货物类：单项或批量达到50万元以上（含50万元）；

（二）服务类：单项或批量达到50万元以上（含50万元）；

（三）工程类：单项或批量达到100万元以上（含100万元）。

三、政府采购公开招标数额标准

（一）货物或服务类：单项或批量采购金额一次达到1C0万元以上（含100万元）；

（二）工程类：按照北京市有关规定执行。

天津市财政局关于印发《天津市 2009 年政府集中采购目录和采购限额标准》的通知

2008 年 11 月 14 日　津财采［2008］46 号

各区县人民政府，各市级预算单位，各采购代理机构：

经市人民政府同意，现将《天津市 2009 年政府集中采购目录和采购限额标准》印发给你们，请遵照执行。

附件：天津市 2009 年政府集中采购目录和采购限额标准

附件

天津市 2009 年政府集中采购目录和采购限额标准

（2008 年 11 月 14 日天津市财政局津财采［2008］46 号发布）

一、政府集中采购目录

（一）货物类

1. 办公设备：微型计算机、便携式计算机、打印机、传真机、复印机、速印机、碎纸机、多功能一体机、投影仪、扫描仪、刻录机、照相摄像器材及配件；（协议供货）

2. 移动存储设备：U 盘、移动硬盘、数码伴侣、录音笔；（协议供货）

3. 网络设备：服务器、路由器、网络交换机、磁盘阵列、网卡、集线器、网络安全设备、硬件防火墙、UPS；（协议供货）

4. 电器设备：空调机（协议供货）、电视机、电冰箱、冰柜、微波炉、饮水机；（定点采购）

5. 家具；（定点采购）

6. 办公消耗用品：复印纸、打印纸、硒鼓、碳粉；（定点采购）

7. 正版软件：系统软件、杀毒软件、财务软件；（协议供货）

8. 电梯（含安装）；

9. 锅炉（含安装）；

10. 空气调节设备：中央空调机组（含安装）；

11. 专用材料：公务制服、图书；（批量金额5万元以上）

12. 中小学免费教科书；

13. 专用设备：印刷设备、照排设备、计划生育设备、医疗设备及器械、交通管理设备、监控设备、警用设备和用品、道路清扫设备、档案保密设备、消防设备、广播电视影像设备、炊事设备、教学设备、实验室设备、灯光、音响设备、防雷设备；（单项金额5万元以上或单项金额低于5万元但批量金额在10万元以上）

14. 交通工具：轿车、面包车、大客车、越野汽车；

15. 专用车：警车、囚车、救护车、消防专用车、通讯和广播用车、洒水车、道路清扫车、垃圾车；

16. 物资：救灾物资、防汛物资、抗旱物资、农用物资、燃煤；

17. 自主创新、节能环保产品。

（二）工程类

1. 房屋内部装修装饰工程；

2. 系统集成及网络工程。

（三）服务类

1. 印刷；（定点采购）

2. 信息化工程监理；

3. 车辆保险；（定点采购）

4. 物业管理；（年采购预算5万元以上）

5. 信息管理系统开发及维护；（采购预算5万元以上）

6. 出国机票；（定点采购）

7. 出差和会议。（定点采购）

二、政府采购限额标准

（一）货物类

单项金额在10万元以上或者单项金额低于10万元，但批量金额在20万元以上的货物。

（二）工程类

采购预算在20万元以上的工程。

（三）服务类

单项金额在5万元以上或者单项金额低于5万元但批量金额在10万元以上的服务。

三、政府采购公开招标数额标准

采购人采购政府集中采购目录以内或者采购限额标准以上的项目，凡达到公开招标数额标准的，应当采用公开招标方式实施政府采购。公开招标数额标准为：50万元以上的单项或者批量货物；30万元以上的单项或者批量服务；工程公开招标数额标准依据建设行政主管部门管理规定执行。

四、有关要求

1. 政府集中采购目录以内采购预算在规定限额以下的采购项目，可由采购人自行采购；采购预算在规定限额以上的采购项目，由采购人委托集中采购代理机构实施采购。未设定限额的采购项目，不论预算金额大小，采购人均应委托集中采购机构实施采购。

2. 政府集中采购目录以外采购限额标准以下的项目，可由采购人自行采购；政府集中采购目录以外采购限额标准以上的项目，采购人应委托集中采购机构或者经省级以上人民政府财政部门认定政府采购代理资格的机构代理采购。

3. 协议供货或定点采购的项目按照有关规定操作执行。

4. 市教委系统部门集中采购依照市财政局《关于市教委教学仪器设备供应中心开展部门集中采购代理工作有关问题的通知》（津财采［2007］14 号）规定执行。

5. 对达到公开招标数额标准的采购项目，因特殊情况需要采用公开招标以外采购方式的，采购人应在采购活动开始前获得同级财政部门的批准。

6. 对按规定应委托采购代理机构实施的采购项目，因特殊原因需要自行采购的，采购人应在采购活动开始前获得同级财政部门批准。

7. 集中采购目录以外的政府采购工程项目，应当委托具有政府采购资格的机构代理采购，其招标投标活动适用招标投标法。

8. 自主创新、节能环保产品是指经国家有关部门认证，并经财政部会同国家有关部门颁布的名录内产品。

9. 政府采购项目中对进口机电产品进行招标投标的，按照国家有关规定执行。

10. 政府采购协议供货和定点采购的项目由同级财政部门统一确定，其采购文件应当经财政部门核准，且采购结果由同级财政部门通知预算单位执行。具体采购工作由集中采购机构组织实施。

11. 各区县政府集中采购目录、采购限额标准和公开招标数额标准，可由区县根据实际情况进行适当调整，报市财政部门备案并予以公布。

五、有关说明

1. 以上目录如因政策原因需要调整的，应经市人民政府批准。

2. 上述限额标准均包括所列数额。

3. 上述“批量金额”指单次采购同类货物、工程、服务所支出的合计金额。

4. 上述“单项金额”和“批量金额”均为预算金额。

河北省财政厅关于印发河北省 2009 年集中采购目录及政府采购限额标准的通知

2008 年 8 月 11 日河北省财政厅　冀财采［2008］21 号

各设区市人民政府，省直各部门：

为了明确省级及省以下国家机关、事业单位和团体组织实施政府采购的范围和标准，进一步加强政府采购的管理，根据《中华人民共和国政府采购法》有关规定，我们制定了《河北省 2009 年集中采购目录及政府采购限额标准》（以下简称《目录》），已经省政府同意，现印发给你们，并就有关事宜通知如下，请遵照执行。

一、省级及省以下各级国家机关、事业单位和团体组织（以下统称采购人）使用财政性资金采购依法制定的集中采购目录以内的或者政府采购限额标准以上的货物、工程和服务的行为，均属于政府采购范围，必须执行政府采购制度。

二、政府采购项目的管理

（一）纳入集中采购目录以内的政府采购项目的实施

采购人采购纳入集中采购目录，属于“政府集中采购部分”的项目，应当委托集中采购机构代理采购；采购人采购纳入集中采购目录，属于“部门集中采购部分”的项目，应当委托省级以上人民政府财政部门认定的政府采购代理机构代理采购或具有相应资质的集中采购机构代理采购。

纳入集中采购目录的省本级政府采购项目，采购单位有特殊要求并提供相关依据和说明的，经省政府或省财政厅批准后，可以自行采购；纳入集中采购目录的市、县政府采购项目，采购单位有特殊要求并提供相关依据和说明的，经设区市政府批准后，可以自行采购。

采购人采购纳入集中采购目录、属于协议供货品目类别的项目，实行协议供货，按照政府采购监督管理部门印发的有关协议供货办法执行。采购人采购属于协议供货品目类别的小额零星项目，且该品目类别在当月（季、年）协议供货招标中没有中标供应商的，报经同级政府采购监督管理部门审核批准后，可以自行采购。采购人采购纳入集中采购目录、不属于协议供货品目类别的项目，且采购单价及采购批量未达到采购限额标准的，可以自行采购。

采购人采购纳入集中采购目录以内达到采购限额标准以上的公共工程、室内外装修（饰）以及公共工程的货物项目，按照《中华人民共和国政府采购法》、《中华人民共和国招标投标法》、《河北省实施〈中华人民共和国招标投标法〉办法》进行管理的，由采购人经同级政府采购监督管理部门审核后，委托省级以上人民政府财政部门认定的政府采购代理机构代理采购。

采购人采购集中采购目录以内或者政府采购限额标准以上的货物，纳入《机电产品国际招标投标实施办法》（商务部令 2004 年第 13 号）管理范围、须进行国际招标的，按照有关规定执行。

（二）未纳入集中采购目录的政府采购项目的实施

采购人采购未纳入集中采购目录的政府采购项目，一次或批量采购达到政府采购限额标准的，实行分散采购，由采购人经同级政府采购监督管理部门审核后，委托省级以上人民政府财政部门认定的政府采购代理机构代理采购或具有相应资质的集中采购机构代理采购。

采购人采购未纳入集中采购目录的政府采购项目，一次或批量采购在政府采购限额标准以下的，可以自行采购，也可以委托集中采购机构在委托的范围内代理采购。

三、发挥政府采购政策功能。实施政府强制采购节能产品制度，对列入“节能产品政府采购清单”（由财政部、国家发展和改革委员会确定并发布）、属于强制采购类别和优先采购类别的节能产品，按照国家和省有关规定分别实行强制采购和优先采购。实施优先采购自主创新产品、环境标志产品和无线局域网认证产品制度。实施政府采购进口产品审核制度，对确需采购进口产品的项目，按照财政部《政府采购进口产品管理办法》（财库[2007] 119 号）实行审核管理。

四、政府采购限额标准。采购人采购未纳入集中采购目录的政府采购项目，一次或批量采购达到 50 万元以上的，由采购人经同级政府采购监督管理部门审核后，委托省级以上人民政府财政部门认定的政府采购代理机构代理采购或具有相应资质的集中采购机构代理采购。

五、公开招标数额标准。货物项目：单项或者批量采购金额 50 万元以上的。服务项目：单项或批量金额 30 万元以上的。纳入政府采购的公共工程项目：施工单项合同估算价 50 万元以上的。

六、各设区市人民政府可结合本地实际，对《目录》中的政府集中采购部分（包括项目及采购限额标准）、部门集中采购部分（包括项目及采购限额标准）、政府采购限额标准以及公开招标数额标准提出适当调整意见，报经省财政厅审定后执行。对《目录》进行调整应当遵循以下原则：

（一）根据需要，《目录》中的政府集中采购部分和部门集中采购部分可进行合并，也可将部门集中采购部分中的部分品目调整至政府集中采购部分。《目录》范围可适当补充，原则上不得删减。

（二）《目录》中有关品目的采购限额标准、公开招标数额标准可根据当地政府采购规模情况和管理需要适当向下调整。

（三）根据需要，可对《目录》中所列的协议供货品目范围、定点采购品目范围进行调整。

七、《中国财经报》、《中国政府采购》、《公共支出与采购》、中国政府采购网（www. ccgp. gov. cn）及河北省政府采购网（www. hebgp. gov. cn）为本省指定的政府采购信息的公布媒体。

八、《目录》发布后，因特殊情况需要修改、补充的，由省人民政府或省财政厅另行公布。

九、本《目录》及有关标准由省财政厅负责解释。

附件：河北省 2009 年集中采购目录及采购限额标准

附件

河北省 2009 年集中采购目录及采购限额标准

序　号	目录名称	采购限额标准	备　注
一、政府集中采购部分			
A	货物类		
A03	一般设备		
A0301	电器设备		电视机、电冰箱、洗衣机、吸尘器、数码相机、数码摄像机、空调等品目实行协议供货
A030101	电视机		电视机实行强制采购节能产品政策
A030102	电冰箱		冰箱实行优先采购节能产品政策
A030103	洗衣机		家用洗衣机实行优先采购节能产品政策
A030104	吸尘器		
A030105	摄影、摄像器材		
A030106	空气调节设备		空调机实行强制采购节能产品政策
A030107	饮水机	单价 0.5 万元以上（含 0.5 万元），或批量采购金额 5 万元以上（含 5 万元）	饮水机实行优先采购节能产品政策
A030108	电热水器	单价 0.5 万元以上（含 0.5 万元），或批量采购金额 5 万元以上（含 5 万元）	电热水器实行强制采购节能产品政策
A030109	电饭锅	单价 0.5 万元以上（含 0.5 万元），或批量采购金额 5 万元以上（含 5 万元）	家用自动电饭锅实行优先采购节能产品政策
A030110	电磁炉	单价 0.5 万元以上（含 0.5 万元），或批量采购金额 5 万元以上（含 5 万元）	家用电磁炉实行优先采购节能产品政策
A030111	DVD 机	单价 0.5 万元以上（含 0.5 万元），或批量采购金额 5 万元以上（含 5 万元）	DVD 机实行优先采购节能产品政策
A030199	其他电器设备	单价 0.5 万元以上（含 0.5 万元），或批量采购金额 5 万元以上（含 5 万元）	
A0302	办公自动化设备		台式微机、笔记本电脑、激光打印机、喷墨打印机、针式打印机、制版印刷一体机、桌面多功能一体机、传真机、投影仪、复印机、扫描仪等品目实行协议供货
A030201	计算机		计算机实行强制采购节能产品政策
A030202	打印机		打印机实行强制采购节能产品政策
A030203	电话机	批量采购金额 5 万元以上（含 5 万元）	

续表

序　号	目录名称	采购限额标准	备　注
A030204	传真机		传真机实行优先采购节能产品政策
A030205	复印机		复印机实行优先采购节能产品政策
A030206	速印机	单价 0.5 万元以上（含 0.5 万元），或批量采购金额 5 万元以上（含 5 万元）	
A030207	碎纸机	批量采购金额 5 万元以上（含 5 万元）	
A030208	投影机		数字投影机实行优先采购节能产品政策
A030209	扫描仪		
A030210	视频展示台	单价 0.5 万元以上（含 0.5 万元），或批量采购金额 5 万元以上（含 5 万元）	
A030211	多功能一体机		数字多功能办公设备实行优先采购节能产品政策
A030212	监控设备	单价 0.5 万元以上（含 0.5 万元），或批量采购金额 5 万元以上（含 5 万元）	
A030213	计算机显示终端设备	单价 0.5 万元以上（含 0.5 万元），或批量采购金额 5 万元以上（含 5 万元）	显示器实行强制采购节能产品政策
A030214	不间断电源	单价 0.5 万元以上（含 0.5 万元），或批量采购金额 5 万元以上（含 5 万元）	不间断电源实行优先采购节能产品政策
A030215	开关电源	单价 0.5 万元以上（含 0.5 万元），或批量采购金额 5 万元以上（含 5 万元）	开关电源实行优先采购节能产品政策
A030216	电源适配器	单价 0.5 万元以上（含 0.5 万元），或批量采购金额 5 万元以上（含 5 万元）	电源适配器实行优先采购节能产品政策
A030298	办公自动化设备零部件	单价 0.5 万元以上（含 0.5 万元），或批量采购金额 5 万元以上（含 5 万元）	
A030299	其他办公自动化设备	单价 0.5 万元以上（含 0.5 万元），或批量采购金额 5 万元以上（含 5 万元）	
A0303	家具		
A030301	办公家具	批量采购金额 20 万元以上（含 20 万元）	
A030302	学生桌椅、床铺、橱柜	批量采购金额 20 万元以上（含 20 万元）	
A0304	燃气设备		
A030401	燃气热水器	单价 0.5 万元以上（含 0.5 万元），或批量采购金额 5 万元以上（含 5 万元）	燃气热水器实行优先采购节能产品政策
A030402	燃气灶具	单价 0.5 万元以上（含 0.5 万元），或批量采购金额 5 万元以上（含 5 万元）	燃气灶具实行优先采购节能产品政策
A04	办公消耗用品		

续表

序 号	目录名称	采购限额标准	备 注
A0401	纸张	定点采购	
A0402	信封	定点采购	
A0410	笔墨	定点采购	
A0411	资料夹	定点采购	
A0412	计算器	定点采购	
A0413	电脑打印耗材	定点采购	
A0499	其他消耗用品	定点采购	
A05	建筑、装饰材料	单项合同估算价 50 万元以上（含 50 万元）	
A06	物资		
A0606	燃料	批量采购金额 20 万元以上（含 20 万元）	冬季取暖用煤
A07	专用材料		
A0704	实验室用品	单价 5 万元以上（含 5 万元），或批量采购金额 20 万元以上（含 20 万元）	
A0706	工具和仪器（指仪表、乐器等）	单价 5 万元以上（含 5 万元），或批量采购金额 20 万元以上（含 20 万元）	
A0708	制服及劳保用品	批量采购金额 20 万元以上（含 20 万元）	
A0709	荧光灯		
A070901	双端荧光灯	批量采购金额 10 万元以上（含 10 万元）	双端荧光灯实行强制采购节能产品政策
A070902	自镇流荧光灯	批量采购金额 10 万元以上（含 10 万元）	自镇流荧光灯实行强制采购节能产品政策
A070903	单端荧光灯	批量采购金额 10 万元以上（含 10 万元）	单端荧光灯实行优先采购节能产品政策
A070904	高压钠灯	批量采购金额 10 万元以上（含 10 万元）	高压钠灯实行优先采购节能产品政策
A070905	高压钠灯电子镇流器	批量采购金额 10 万元以上（含 10 万元）	高压钠灯电子镇流器实行优先采购节能产品政策
A070906	管型荧光灯镇流器	批量采购金额 10 万元以上（含 10 万元）	管型荧光灯镇流器实行优先采购节能产品政策
A0710	节水用具		
A071001	便器	批量采购金额 10 万元以上（含 10 万元）	便器实行强制采购节能产品政策
A071002	水嘴	批量采购金额 10 万元以上（含 10 万元）	水嘴实行强制采购节能产品政策
A071003	便器冲洗阀	批量采购金额 10 万元以上（含 10 万元）	便器冲洗阀实行优先采购节能产品政策
A071004	水箱配件	批量采购金额 10 万元以上（含 10 万元）	水箱配件实行优先采购节能产品政策

续表

序　号	目录名称	采购限额标准	备　注
A071005	水暖用内螺纹连接阀门	批量采购金额 10 万元以上（含 10 万元）	水暖用内螺纹连浅阀门实行优先采购节能产品政策
A071006	淋浴房	批量采购金额 10 万元以上（含 10 万元）	淋浴房实行优先采购节能产品政策
A071007	淋浴器	批量采购金额 10 万元以上（含 10 万元）	淋浴器实行优先采购节能产品政策
A10	专用设备		
A1001	通信设备		
A100102	电话通信设备	单价 0.5 万元以上（含 0.5 万元），或批量采购金额 5 万元以上（含 5 万元）	
A1004	网络设备		服务器实行协议供货
A100401	服务器		
A100402	路由器	单价 0.5 万元以上（含 0.5 万元），或批量采购金额 5 万元以上（含 5 万元）	
A100403	交换机	单价 0.5 万元以上（含 0.5 万元），或批量采购金额 5 万元以上（含 5 万元）	
A100404	调制解调器	单价 0.5 万元以上（含 0.5 万元），或批量采购金额 5 万元以上（含 5 万元）	
A100499	其他网络设备	单价 0.5 万元以上（含 0.5 万元），或批量采购金额 5 万元以上（含 5 万元）	
A1011	工程机械	单价 0.5 万元以上（含 0.5 万元），或批量采购金额 5 万元以上（含 5 万元）	
A1012	园艺机械	单价 0.5 万元以上（含 0.5 万元），或批量采购金额 5 万元以上（含 5 万元）	
A1014	道路清扫设备	单价 0.5 万元以上（含 0.5 万元），或批量采购金额 5 万元以上（含 5 万元）	
A1018	档案、保密设备	单价 0.5 万元以上（含 0.5 万元），或批量采购金额 5 万元以上（含 5 万元）	
A1020	实验室设备	单价 5 万元以上（含 5 万元），或批量采购金额 20 万元以上（含 20 万元）	
A1022	灯光、音响设备	单价 5 万元以上（含 5 万元），或批量采购金额 20 万元以上（含 20 万元）	
A1025	地震设备	单价 0.5 万元以上（含 0.5 万元），或批量采购金额 5 万元以上（含 5 万元）	
A1027	电梯和起重机		
A1028	炊事设备	单价 5 万元以上（含 5 万元），或批量采购金额 20 万元以上（含 20 万元）	

续表

序　号	目录名称	采购限额标准	备　注
A1029	锅炉及除尘设备	单价 0.5 万元以上（含 0.5 万元），或批量采购金额 5 万元以上（含 5 万元）	
A1030	殡仪火化设备	单价 0.5 万元以上（含 0.5 万元），或批量采购金额 5 万元以上（含 5 万元）	
A1038	电力金具	单价 0.5 万元以上（含 0.5 万元），或批量采购金额 5 万元以上（含 5 万元）	电力金具实行优先采购节能产品政策
A1039	中小型三相异步电动机	单价 0.5 万元以上（含 0.5 万元），或批量采购金额 5 万元以上（含 5 万元）	中小型三相异步电动机实行优先采购节能产品政策
A1040	三相配电变压器	单价 0.5 万元以上（含 0.5 万元），或批量采购金额 5 万元以上（含 5 万元）	三相配电变压器实行优先采购节能产品政策
A1041	清水离心泵	单价 0.5 万元以上（含 0.5 万元），或扗量采购金额 5 万元以上（含 5 万元）	清水离心泵实行优先采购节能产品政策
A11	交通工具		
A1101	汽车		轿车、商务车、越野车、微型面包车、面包车、大客车、轻型客货（皮卡）等品目实行协议供货
A110101	轿车		
A11010101	普通轿车		
A11010102	高级轿车		
A110102	越野汽车（吉普车）		
A110103	卡车		
A110104	载客汽车		
A11010402	旅行面包车		
A11010403	公共汽车		
A11010404	微型客车		
A11010499	其他载客汽车		
A110105	专用汽车		
A11010501	工程汽车		
A11010502	工具汽车		
A11010503	消防车		
A11010504	警车		
A11010506	通讯和广播用车		
A11010507	皮卡		
A11010508	洒水车		
A11010509	道路清扫车		
A11010510	垃圾车		

续表

序　号	目录名称	采购限额标准	备　注
A11010511	殡仪车		
A11010599	其他专用汽车		
A110106	摩托车		
A110107	电车		
A1199	其他交通工具		
B	工程类		
B10	系统集成、网络工程	单项采购金额20万元以上（含20万元）	
C	服务类		
C01	印刷、出版	定点采购	省级采购金额30万元以上（含30万元），实行公开招投标。市级以下标准由同级财政部门制定
C03	信息技术、信息管理软件开发设计	单项采购金额30万元以上（含30万元）	
C04	维修		
C0401	一般设备	单项采购金额30万元以上（含30万元）	
C0402	专用设备	单项采购金额30万元以上（含30万元）	
C0499	其他维修	单项采购金额30万元以上（含30万元）	
C0703	交通工具的维护保障		
C070301	车辆保险	定点采购	
C070302	车辆加油	定点采购	
C070303	车辆维修	定点采购	
C08	会议		
C0801	大型会议	定点采购	
C0802	一般会议	定点采购	
C09	卫生保洁		
C0901	办公环境保洁	单项采购金额30万元以上（含30万元）	
二、部门集中采购部分			
A	货物类		
A06	物资		
A0601	救灾物资	批量采购金额20万元以上（含20万元）	
A0602	防汛物资	批量采购金额20万元以上（含20万元）	
A0603	抗旱物资	批量采购金额20万元以上（含20万元）	
A0604	农用物资	批量采购金额20万元以上（含20万元）	
A0605	储备物资	批量采购金额20万元以上（含20万元）	包括财政拨款购买的粮食
A10	专用设备		

续表

序号	目录名称	采购限额标准	备注
A100405	网络专用设备	单价0.5万元以上（含0.5万元），或批量采购金额5万元以上（含5万元）	
A1006	医疗设备和器械	单价5万元以上（含5万元），或批量采购20万元以上（含20万元）	
A1007	计划生育设备	单价5万元以上（含5万元），或批量采购20万元以上（含20万元）	
A1008	交通管理监控设备	单价0.5万元以上（含0.5万元），或批量采购金额5万元以上（含5万元）	
A1009	港口设备	单价0.5万元以上（含0.5万元），或批量采购金额5万元以上（含5万元）	
A1010	农用机械设备	单价0.5万元以上（含0.5万元），或批量采购金额5万元以上（含5万元）	
A1013	消防设备	单价0.5万元以上（含0.5万元），或批量采购金额5万元以上（含5万元）	
A1015	警察设备和用品	单价0.5万元以上（含0.5万元），或批量采购金额5万元以上（含5万元）	
A1019	专用教学设备	单价5万元以上（含5万元），或批量采购金额20万元以上（含20万元）	
A1021	广播电视和影像设备	单价5万元以上（含5万元），或批量采购金额20万元以上（含20万元）	
A1024	体育设备	单价0.5万元以上（含0.5万元），或批量采购金额5万元以上（含5万元）	
A1031	气象专用仪器设备	单价0.5万元以上（含0.5万元），或批量采购金额5万元以上（含5万元）	
A1032	人工影响天气作业设备	单价0.5万元以上（含0.5万元），或批量采购金额5万元以上（含5万元）	
A1033	航测设备	单价0.5万元以上（含0.5万元），或批量采购金额5万元以上（含5万元）	
A1034	海关专用物资装备	单价0.5万元以上（含0.5万元），或批量采购金额5万元以上（含5万元）	
A1035	税务专用物资装备	单价0.5万元以上（含0.5万元），或批量采购金额5万元以上（含5万元）	
A1036	检察诉讼设备	单价0.5万元以上（含0.5万元），或批量采购金额5万元以上（含5万元）	
A1037	法庭内部装备	单价0.5万元以上（含0.5万元），或批量采购金额5万元以上（含5万元）	

续表

序 号	目录名称	采购限额标准	备 注
A11	交通工具		
A11010505	救护车		
A110201	救助船舶和直升机		
A110202	港务监督巡逻艇		
A110203	缉私船		
B	工程类	施工单项合同估算价在50万元以上（含）的项目、单项合同估算价在20万元以上的重要设备、材料等货物	使用财政性资金以及与财政性资金配套的各类建筑物和构筑物的新建、改建、扩建、装修、拆除、修缮等工程。上述工程的货物、主要建筑材料
B01	建筑物		
B0101	公用房建设		
B0102	住宅建设		
B0103	其他用房建设		
B0104	文教、卫生、音乐、体育等公益设施建设		
B0105	纪念性建筑设施建设		
B0199	其他建筑设施建设		
B02	市政建设工程		
B0201	市政道路建设		
B0202	市政公用设施建设		
B0203	自来水输水工程		
B0204	集中供暖、供热供气工程		
B0205	城市道路隔离带		
B03	环保、绿化工程		
B0301	污水处理		
B0302	市政垃圾处理		
B0303	园林绿化工程		
B0304	荒山绿化		
B0305	天然林保护		
B0306	防沙工程		
B04	水利、防洪工程		
B0401	河道疏浚工程		
B0402	大坝、水库、闸门、泻洪工程		
B0403	农田水利工程		

续表

序号	目录名称	采购限额标准	备注
B0404	江河、湖泊治理工程		
B05	交通运输工程		
B0501	机场、航空工程		
B0502	港口工程		
B0503	铁路工程		
B0504	公路、桥梁、涵洞		
B0505	各种公路标志、标杆、标线		
B09	修缮、装饰工程		
B99	其他各类工程		
C	服务类		
C02	专业咨询、工程监理、工程设计、勘察	单项合同估算价达到30万元以上（含30万元）	
C0403	建筑物维修	单项合同估算价达到30万元以上（含30万元）	

山西省财政厅关于印发《2009 年度山西省省级政府集中采购目录及采购限额标准》的通知

2008 年 12 月 30 日　晋财购［2008］30 号

省直各部门及单位：

2008 年采购目录及限额标准发布后，各部门及单位执行情况良好，为保持制度的稳定与连续性，深化与完善政府采购预算编制改革工作，经研究，2009 年采购目录及限额标准不进行调整，现将《2009 年度山西省省级政府集中采购目录及采购限额标准》印发给你们，并提出如下要求，请一并遵照执行。

一、各部门、各单位凡使用财政性资金采购集中采购目录以内或者采购限额标准以上的货物、工程和服务，应当按照政府采购目录分类及限额标准编制政府采购预算，并严格按照批准的预算执行，对 2009 年度部门预算中暂时无法细化的项目，待项目细化后，凡符合政府采购范围的，必须纳入政府采购。政府采购资金要严格执行国库直接支付制度。凡未按规定编制政府采购预算、申报政府采购计划和实行政府采购的项目，财政部门将拒付资金。

二、各部门、各单位要高度重视政府采购计划编制工作，严格执行我厅《关于改进和规范政府采购计划编报工作的通知》（晋财购［2007］19 号），按照确定的政府采购预算，及时、科学、完整地编报政府采购计划，合理安排采购进度，以提高采购效率，规范政府采购行为。

三、各部门、各单位在政府采购活动中，应当按照我厅《关于政府优先及强制采购节能产品促进自主创新产品发展的实施意见》（晋财购［2008］22 号）精神，优先或强制采购节能产品，积极支持自主创新产品，并将相关政策精神落实到政府采购的具体实施环节。财政部门将完善监管机制，加大检查力度，督促采购人自觉执行相关政策，促进节约型社会、创新型社会建设。

四、针对部分垂直管理部门以及省级非驻并单位政府采购管理权限不明确，监督主体不到位，采购行为不规范的问题，我厅制定了《关于省级垂直管理部门和非驻并单位办理政府采购业务有关事项的通知》（晋财购［2008］22 号），相关部门要严格执行通知精神，充分发挥部门管理职能，从源头上强化管理工作，督促所属单位严格执行相关法规制度规定。对目录内或限额以上的项目主管部门要及时汇总上报采购计划，对目录外或限额以下的项目主管部门要督促所属单位主动向同级财政部门申报相关采购计划，自觉接受监督检查。

五、部门集中采购、分散采购同政府集中采购一样都属于政府采购的重要组织形式，其采购行为同样受政府采购法规的约束。各部门及单位要消除模糊认识，在组织开展部门集中采购或分散采购活动时，严格按制度规定履行采购计划审批程序，遵守政府采购的各项流程规范，接受有关部门的监督检查，杜绝发生随意采购、自行采购的违规行为。所有政府采购活动依法应当公布的信息必须在省级以上财政部门指定的政府采购媒体上予以公告，具体包括中国山西政府采购网、中国政府采购网（http：//www. ccgp. gov. cn）、中国财经报、中国政府采购杂志。

附件：《2009 年度山西省省级政府集中采购目录及采购限额标准》

附件

2009 年度山西省省级政府集中采购目录及采购限额标准

一、政府集中采购目录

以下项目必须委托省级政府采购中心代理机构：

（一）货物类

1. 建筑物、构筑物；
2. 一般电器设备（电视机、电冰箱、洗衣机、照相机、摄像机、空调、电话机等）；
3. 办公自动化设备（计算机、打印机、传真机、复印机、一体机、速印机、投影仪、视频展示台、扫描仪、计算机外设等相关设备、碎纸机）；
4. 网络设备（服务器、路由器、磁盘阵列、交换机、调制解调器、防火墙、加密设备等）；
5. 办公消耗用品（复印纸、打印纸、速印纸等）；
6. 软件（操作系统软件、办公自动化软件、防杀病毒软件等）；
7. 各类办公家具（批量采购 10 万元以上）；
8. 印刷设备；
9. 制式服装；
10. 电梯；
11. 锅炉；
12. 交通工具（小轿车、越野汽车、卡车、载客汽车、摩托车等）；
13. 专用汽车（工程汽车、工具汽车、警用汽车、救护车等）；
14. 自主创新产品目录产品。

备注：上述目录中一般电器设备、办公自动化设备、网络设备、办公消耗用品、软件等批量采购额在 20 万元以下的品目以及交通工具中的公务用车经省财政厅批准依照协议供货的有关规定执行。

（二）工程类预算金额 50 万元以上新建、扩建、改建、装修、修缮的各类房屋建筑物工程以及其他各类工程

（三）服务类

1. 预算金额30万元以上的软件开发设计；
2. 预算金额超过30万元的工程设计监理及其他专业咨询；
3. 公务车辆的定点保险、维修、加油；
4. 各类会议的定点接待；
5. 证照、票据等大宗印刷（含预算金额30万元以上的一次性印刷项目）；
6. 预算金额30万元以上的物业管理；
7. 预算金额30万元以上大型会展的承办。

二、部门集中采购项目

以下项目采取招标方式采购的，除具备规定条件、经省财政厅批准可以自行组织招标者外，必须委托采购代理机构代理招标，其中：预算金额1500万元以上的项目应当委托省级政府采购中心代理招标。

（一）货物类

救灾物资、防汛物资、抗旱物资、储备物资、农用物资 、农用机械设备、计划生育设备（含财政资金购买的避孕药具）、交通管理监控设备、消防设备、专用教学设备（含免费发放的义务教育阶段教科书）、大中专院校公寓用品（不含学生个人用品）、广播影视设备、文艺设备、体育设备及器材、医疗设备和器械、环保设备、质量检验设备、警用设备及用品、检察诉讼设备、法庭设备、地震专用仪器设备、水利专用仪器设备、工程机械。

三、政府采购限额标准

除政府集中采购目录项目外，达到以下限额标准的项目由采购人分散采购，按照省财政厅核定的采购方式进行采购：

货物类：采购预算超过10万元的各类货物；

工程类：采购预算超过10万元不足50万元的各类工程；

服务类：采购预算超过10万元的各类服务。

四、公开招标数额标准

货物、工程、服务类采购项目，单项或批量采购预算金额50万元（含50万元）以上的，应采用公开招标采购方式。数额标准之上符合其他采购方式法定条件的，经省财政厅批准可以采用非公开招标采购方式。采购预算不足50万元但可以实行公开招标的原则上应当进行公开招标采购。

辽宁省人民政府办公厅关于印发辽宁省政府采购集中采购目录及相关限额标准的通知

2007年6月13日 辽政办发［2007］41号

各市人民政府，省政府各厅委、各直属机构：

为进一步推进政府采购制度改革，完善政府采购“管采分离”新的管理体制与运行机制，根据《中华人民共和国政府采购法》（以下简称《政府采购法》）的有关规定，经省政府同意，现将《辽宁省政府采购集中采购目录及相关限额标准》印发给你们，请认真贯彻执行。

一、各级国家机关、事业单位和团体组织（以下统称采购单位）使用财政性资金购买列入政府采购集中采购目录或金额超过集中采购限额标准的货物、工程和服务，均属于政府采购集中采购范围，必须按照《政府采购法》确定的采购方式和采购程序进行。

二、采购单位购买列入政府采购集中采购目录或虽未纳入集中采购目录但项目预算超过集中采购限额标准的货物、工程和服务，按照《政府采购法》和此次颁布的《辽宁省政府采购集中采购目录及相关限额标准》有关规定，分别采取政府集中采购和部门集中采购的组织形式进行。其中，政府集中采购由依法设立的政府集中采购机构组织实施，部门集中采购由采购单位或其行政主管部门自行组织实施，也可以委托政府集中采购机构或者经认定资格的招标代理机构组织实施。

三、采购单位必须依法委托政府集中采购机构组织采购的项目范围包括：

1. 纳入集中采购目录以内的协议供货和定点采购项目；

2. 纳入集中采购目录以内且项目预算在政府集中采购资金限额以上（含本数）的采购项目。

四、采购单位可按照部门集中采购组织形式实施的项目范围包括：

1. 纳入集中采购目录以内且项目预算在政府集中采购资金限额以下的采购项目；

2. 纳入集中采购目录以内但项目要求特殊的药品及医疗耗材、兽医用品、医疗设备及器械等货物类采购；

3. 未纳入集中采购目录但项目预算超过集中采购限额标准的采购项目。集中采购限额标准是：

（1）货物类。单位价值在1万元（含1万元）以上或者单位价值低于1万元，但批量购买并且当年累计价值在5万元以上的。

（2）工程类。项目预算在10万元（含10万元）以上或者工程建筑面积在100平方米以上的新建、扩建、翻建工程。

（3）服务类。项目预算在5万元（含5万元）以上的。

五、属于政府采购集中采购范围，货物和服务类单项或者批量采购金额一次性达到100万元（含100万元）以上，必须采用公开招标方式；工程类项目规模标准达到《辽宁省招标投标管理办法》（省政府令第160号）第12条规定的，适用招标投标法。

六、采购单位要进一步加强部门集中采购管理，严格按照同级财政部门规定的部门集中采购工作程序和有关要求组织实施。采购单位不得采取化整为零、拆分项目等方式将应当委托政府集中采购机构组织实施的采购项目，自行组织实施或委托采购代理机构实施。违者，一经查出，将按照有关规定严肃处理。

七、各市可结合本地区经济发展状况和采购需求情况，对省制定的集中采购目录及各项限额标准进行适当补充和调整。其中，对于集中采购目录，可在此目录基础上进行适当补充；对于各项限额标准，可在此标准以下进行适当调整。各市集中采购目录和限额标准制定发布后，应报送省财政厅备案。

八、此次确定的政府采购集中采购目录和各项限额标准作为2007年度政府采购预算执行及今后年度编制政府采购预算的依据。采购单位和政府集中采购机构要认真落实好各项规定，依法实施政府采购活动，切实提高政府采购资金使用效益和采购活动的效率及质量。各级财政部门要会同纪检监察、审计等部门采取有力措施，加强对规避政府采购管理行为的监督检查，切实维护法律和政策的严肃性。

附件

辽宁省政府采购集中采购目录及相关限额标准

序　号	品 目 名 称	政府集中采购资金限额标准
A	**货　物　类**	
A01	土地	单位价值在20万元以上
A02	建筑物	单位价值在20万元以上
A0201	办公用房	
A0202	宿舍用房	
A03	一般设备	
A0301	电器设备	
A030101	电视机	单位价值在5万元以上或者批量价值在20万元以上
A030102	电冰箱、电冰柜	单位价值在5万元以上或者批量价值在20万元以上
A030103	洗衣机	单位价值在5万元以上或者批量价值在20万元以上
A030104	吸尘器	批量价值在20万元以上
A030105	摄影、摄像器材	协议供货
A030106	空气调节器	协议供货
A0302	办公自动化设备	
A030201	计算机	协议供货
A030202	打印机	协议供货

续表

序 号	品目名称	政府集中采购资金限额标准
A030203	电话机、程控交换机	单位价值在5万元以上或者批量价值在20万元以上
A030204	传真机	协议供货
A030205	复印机	协议供货
A030206	速印机	协议供货
A030207	碎纸机	协议供货
A030208	投影仪	协议供货
A030209	扫描仪	协议供货
A0303	家具	单位价值在5万元以上或者批量价值在20万元以上。如实行协议供货，按协议供货办法执行
A04	办公消耗用品	批量价值在20万元以上
A0401	纸张	
A0402	信封	
A0403	档案夹	
A0404	软盘	
A0405	光盘	
A0406	硒鼓	
A0407	墨盒、碳粉	
A0408	U盘	
A05	建筑、装饰材料	批量价值在20万元以上
A06	物资	单位价值在5万元以上或者批量价值在20万元以上
A0601	救灾储备物资	
A0602	防汛储备物资	
A0603	抗旱储备物资	
A0604	农用物资	
A0606	燃料（取暖用煤、用油）	
A07	专用材料	
A0701	药品及医疗耗材	
A0702	兽医用品	
A0703	图书资料	单位价值在5万元以上或者批量价值在20万元以上
A070301	图书	
A070302	教科书	
A0704	实验室用品及小型设备	单位价值在5万元以上或者批量价值在20万元以上
A0705	胶片胶卷、录音录像带	批量价值在20万元以上
A0706	工具和仪器	单位价值在5万元以上或者批量价值在20万元以上
A0707	艺术部门用材料和用品	单位价值在5万元以上或者批量价值在20万元以上
A0708	军装、制服及劳保用品	批量价值在20万元以上

续表

序　号	品 目 名 称	政府集中采购资金限额标准
A10	专用设备	
A1001	通信设备	单位价值在5万元以上或者批量价值在20万元以上
A1002	印刷设备	单位价值在5万元以上或者批量价值在20万元以上
A1003	照排设备	单位价值在5万元以上或者批量价值在20万元以上
A1004	网络设备	
A100401	服务器	协议供货
A100402	路由器	协议供货
A100403	交换机	协议供货
A100404	调制解调器	单位价值在5万元以上或者批量价值在20万元以上
A1005	发电设备	单位价值在5万元以上或者批量价值在20万元以上
A1006	医疗设备、器械	
A1007	计划生育设备	单位价值在5万元以上或者批量价值在20万元以上
A1008	交通管理监控设备	单位价值在5万元以上或者批量价值在20万元以上
A1009	农用机械设备	单位价值在5万元以上或者批量价值在20万元以上
A1011	工程机械	单位价值在5万元以上或者批量价值在20万元以上
A1012	园艺机械	单位价值在5万元以上或者批量价值在20万元以上
A1013	消防设备	单位价值在5万元以上或者批量价值在20万元以上
A1014	道路清扫设备	单位价值在5万元以上或者批量价值在20万元以上
A1015	警用设备和用品	单位价值在5万元以上或者批量价值在20万元以上
A1016	保安设备	单位价值在5万元以上或者批量价值在20万元以上
A1018	档案、保密设备	单位价值在5万元以上或者批量价值在20万元以上
A1019	教学设备	单位价值在5万元以上或者批量价值在20万元以上
A1020	实验室设备	单位价值在5万元以上或者批量价值在20万元以上
A1021	广播电视、影像设备	单位价值在5万元以上或者批量价值在20万元以上
A1022	灯光、音响设备	单位价值在5万元以上或者批量价值在20万元以上
A1023	文艺设备	单位价值在5万元以上或者批量价值在20万元以上
A1024	体育设备	单位价值在5万元以上或者批量价值在20万元以上
A1025	地震设备	单位价值在5万元以上或者批量价值在20万元以上
A1026	殡仪火化设备	单位价值在5万元以上或者批量价值在20万元以上
A1027	电梯	单位价值在5万元以上或者批量价值在20万元以上
A1028	炊事设备	单位价值在5万元以上或者批量价值在20万元以上
A1029	锅炉	单位价值在5万元以上或者批量价值在20万元以上
A11	交通工具	
A1101	汽车	
A110101	轿车	协议供货
A110102	越野汽车	协议供货

续表

序　号	品 目 名 称	政府集中采购资金限额标准
A110104	载客汽车	协议供货
A110105	专用汽车	
A11010501	工程汽车	协议供货
A11010502	工具用车	协议供货
A11010503	消防车	协议供货
A11010504	警车	协议供货
A11010505	救护车	协议供货
A11010506	通讯和广播用车	协议供货
A11010507	皮卡	协议供货
A11010508	洒水车	协议供货
A11010509	道路清扫车	协议供货
A110105010	垃圾车	协议供货
A110106	摩托车	单位价值在5万元以上或者批量价值在20万元以上
A1102	船只	单位价值在5万元以上或者批量价值在20万元以上
A1103	飞机	单位价值在5万元以上
A12	正版软件	单位价值在5万元以上或者批量价值在20万元以上
A99	自主创新产品目录产品	单位价值在5万元以上或者批量价值在20万元以上
B	**工　程　类**	**项目预算金额达到30万元以上**
B01	建筑物	
B0101	公用房建设	
B0102	住房建设	
B0103	其他用房建设	
B0104	文教、卫生、音乐、体育等公益设施建设	
B0105	纪念性建筑设施建设	
B02	市政建设工程	
B0201	市政道路建设	
B0202	市政公用设施建设	
B03	环保、园林绿化	
B0301	污水处理	
B0302	市政垃圾处理	
B0303	园林绿化工程	
B0304	荒山绿化	
B0305	天然林保护	
B0306	防沙工程	
B09	修缮、装饰工程	

续表

序　号	品 目 名 称	政府集中采购资金限额标准
B10	系统集成、网络工程	
C	**服　务　类**	**单次采购在 5 万元以上或者年度累计采购金额在 20 万元以上。如实行定点采购，按定点采购办法执行**
C01	印刷、出版	
C02	专业咨询、工程监理、工程设计	
C03	信息技术、信息管理软件的开发设计	
C04	维修	
C0402	专用设备	
C0403	建筑物	
C05	租赁	
C06	交通工具的维护保障	
C0601	车辆保险	
C0602	车辆加油	
C0602	车辆维修	
C07	金融服务	
C08	会议	
C09	培训	
C10	因公出差住宿定点宾馆	
C11	物业管理	
C99	其他服务	

吉林市人民政府办公厅关于印发 2009 年政府集中采购目录采购限额标准和公开招标数额标准的通知

2008 年 12 月 28 日　吉政办函［2008］224 号

各区人民政府，开发区管委会，市政府各委办局，各直属机构：

按照《中华人民共和国政府采购法》的有关规定，根据《2009 年吉林省政府集中采购目录、政府采购限额标准及公开招标数额标准》（吉政办函［2008］224 号），为做好 2009 年全市政府采购工作，经市政府同意，现将《2009 年吉林市政府采购目录》（以下简称《目录》）、《政府采购限额标准和公开招标数额标准》印发给你们，并提出以下要求，请一并遵照执行。

一、《目录》中确定的政府采购项目和政府采购限额及公开招标数额标准，指市本级政府采购执行的采购项目和标准，各区可结合实际情况适当增减变更。各区制定的政府集中采购目录、政府采购限额标准和公开招标数额标准须报市政府采购监督管理部门审查备案。

二、《目录》中的门槛价指所列项目一次性的采购额度，是划分政府集中采购和分散采购的标准。采购单位不得为规避政府采购而将同一采购项目化整为零进行采购。

三、政府采购采取集中采购和分散采购相结合的方式进行。

（一）集中采购包括政府集中采购、部门集中采购、协议供货采购和定点采购形式。全市各级国家机关、事业单位、社会团体（以下简称采购单位）使用财政性资金和自有资金购买政府采购目录中的政府采购项目，必须委托集中采购机构代理采购。其中：对本部门、本系统有特殊要求的政府采购项目，可在政府采购监督管理部门批准和监督下，委托政府采购代理机构代理实施部门集中采购，具体包括维修、装修、改造、翻建、绿化、网络等工程项目，进口产品，专用物资，以及政法、农林、广电、教育、卫生、科研等单位采购的特殊货物类项目。2009 年，市本级继续对 10 万元以下（含 10 万元）的计算机等办公自动化设备实行协议供货采购，其中，协议供货办公自动化设备，采购单位原则上 1 年内采购金额不得超过 10 万元（含 10 万元）。车辆保险、车辆维修实行定点采购。

（二）没有列入政府集中采购目录，但达到政府采购限额标准的政府采购项目原则上实行集中采购，特殊情况经政府采购管理部门审批可实行分散采购。

（三）《目录》中门槛价以下或未纳入政府采购限额标准以下的采购项目，由采购单位自行组织采购。

（四）采购单位有特殊要求的集中采购项目，经同级政府授权的政府监督管理部门批准，可以自行采购。

四、各部门要认真贯彻执行国家关于政府采购等相关政策，大力推行政府采购制度，全面规范地开展政府采购工作。充分发挥政府采购政策功能，要严格执行国家关于节能产品、环境标志产品、自主创新产品和无线局域网认证产品的采购政策，强制、优先购买国货、特别是购买地产品；要认真编制政府采购预算和政府采购计划；要加强政府采购资金的监管，实行采购资金直接支付管理办法。

五、各采购单位应严格执行政府采购制度的有关规定，执行情况将作为财政监督、审计检查和行政监察的重要内容。有关职能部门应加强监督检查工作，对违反政府采购制度的行为，依据《中华人民共和国采购法》及相关规定严肃处理。

附件：1. 2009 年吉林市政府采购目录

2. 政府采购限额标准和公开招标数额标准

附件 1

2010 年吉林省政府集中采购目录

目录编号及项目名称	门槛价
A：货物类	
A01 一般设备	
A0101 电器设备	
A010101 电视机	总额 10 万元
A010102 电冰箱	总额 10 万元
A010103 洗衣机	总额 10 万元
A010104 吸尘器	总额 10 万元
A010105 摄影、摄像器材	总额 10 万元
A010106 空气调节设备	总额 10 万元
A0102 办公自动化设备	
A010201 台式计算机	协议供货
A010202 笔记本电脑	协议供货
A010203 打印机	协议供货
A010204 复印机	协议供货
A010205 投影仪	协议供货
A010206 扫描仪	协议供货

目录编号及项目名称	门槛价
A010207 速印机	总额 10 万元
A02 专用设备	
A0201 通信设备	
A020101 移动通信设备	总额 10 万元
A020102 电话通讯设备	总额 10 万元
A020103 其他通信设备	总额 10 万元
A0202 网络设备	
A020201 服务器	总额 10 万元
A020202 路由器	总额 10 万元
A020203 交换机	总额 10 万元
A020204 调制解调器	总额 10 万元
A0203 印刷设备	总额 10 万元
A0204 照排设备	总额 10 万元
A0205 医疗设备	总额 10 万元
A0206 计划生育设备	总额 10 万元
A0207 交通管理监控设备	总额 10 万元
A0208 其他监控设备	总额 10 万元
A0209 农用机械设备	总额 10 万元
A0210 水利设备	总额 10 万元
A0211 气象设备	总额 10 万元
A0212 工程机械	总额 10 万元
A0213 警用设备和用品	总额 10 万元
A0214 保安设备	总额 10 万元
A0215 教学设备	总额 10 万元
A0216 广播电视、影像设备	总额 10 万元
A0217 灯光、音响设备	总额 10 万元
A0218 文艺设备	总额 10 万元
A0219 体育设备	总额 10 万元
A0220 炊事设备	总额 10 万元
A0221 科研仪器及设备	总额 10 万元
A0222 检测（监测）设备	总额 10 万元
A0223 消防器材	总额 10 万元

目录编号及项目名称	门槛价
A0224　园林机械	总额 10 万元
A0225　地震设备	总额 10 万元
A0226　鱼政、海事设备	总额 10 万元
A0227　畜牧设备、用具	总额 10 万元
A0228　动植物用药品	总额 10 万元
A0229　节水用具	总额 10 万元
A0230　档案设备	总额 10 万元
A0231　变电、配电设备	总额 10 万元
A03　家具	
A0301　办公家具	总额 10 万元
A0302　宿舍家具	总额 10 万元
A0303　其他家具	总额 10 万元
A04　电梯和起重机	总额 10 万元
A05　锅炉	总额 10 万元
A06　专用材料	
A0601　服装	总额 10 万元
A07　物资	
A0701　救灾物资	批量 10 万元以上
A0702　防汛物资	批量 10 万元以上
A0703　抗旱物资	批量 10 万元以上
A0704　农用物资	批量 10 万元以上
A0705　储备物资	批量 10 万元以上
A08　燃料（取暖用煤、用油）	
A09　建筑、装饰材料	
A0901　水泥	批量 10 万元以上
A0902　木材	批量 10 万元以上
A0903　金属材料	批量 10 万元以上
A0904　瓷砖	批量 10 万元以上
A0905　清洁用具	批量 10 万元以上
A0906　石材	批量 10 万元以上
A0907　门窗	批量 10 万元以上
A10　交通工具	

目录编号及项目名称	门槛价
A1001 汽车	
A100101 轿车	
A10010101 普通轿车	
A10010102 高级轿车	
A100102 越野汽车（吉普车）	
A100103 卡车	
A100104 载客汽车	
A10010401 旅行面包车	
A10010402 公共汽车	
A10010403 微型客车	
A100105 专用汽车	
A10010501 工程汽车	
A10010502 工具汽车	
A10010503 消防车	
A10010504 警车	
A10010505 救护车	
A10010506 通讯和广播用车	
A10010507 皮卡	
A100106 摩托车	
A1002 船只	
A11 建筑物	
A1101 办公用房（购买）	总额 20 万元
A1102 宿舍用房（购买）	总额 20 万元
B：工 程 类	
B01 农村中小学校舍维修改造	
B02 修缮、装饰工程	总额 20 万元
B03 系统集成、网络工程	总额 20 万元
B04 建筑物	
B0401 公用房建设	总额 20 万元
B0402 住房建设	总额 20 万元
B05 市政建设工程	
B0501 市政道路建设	总额 20 万元

目录编号及项目名称	门槛价
B0502　市政公用设施建设	
B050201　文教设施建设	总额 20 万元
B050202　卫生设施建设	总额 20 万元
B050203　文艺设施建设	总额 20 万元
B050204　体育设施建设	总额 20 万元
B050205　其他公用设施建设	总额 20 万元
B06　环保绿化工程	
B0601　污水处理	总额 20 万元
B0602　垃圾处理	总额 20 万元
B0603　绿化工程	总额 20 万元
B07　弱电工程	总额 20 万元
B08　供热工程	总额 20 万元
B09　农业工程	总额 20 万元
B10　农发工程	总额 20 万元
B11　水利工程	
B1101　江河、湖泊治理工程	总额 20 万元
B1102　防洪工程	总额 20 万元
B1103　其他水利工程	总额 20 万元
B012　交通运输工程	总额 20 万元
B013　消防工程	总额 20 万元
C：服务类	
C01　印刷	总额 10 万元
C02　办公用纸张	定点采购
C03　交通工具的维护保障	
C0301　车辆保险	定点采购
C0302　车辆维修	定点采购
C04　公务出国国际机票	定点采购
C05　公务出差和会议	定点采购
C06　信息技术及计算机软件	
C0601　系统软件	总额 10 万元
C0602　工具软件	总额 10 万元
C0603　应用软件（用于财务、管理、教学等）	总额 10 万元
C07　工程设计	总额 10 万元
C08　项目监理	总额 10 万元

说明：市政建设工程项目包括机关、事业单位和人民团体单位内部的道路及各种设施建设。

附件2

政府采购限额标准和公开招标数额标准

一、政府采购限额标准

采购单位采购《目录》以外限额标准以上的货物、工程和服务类项目，要按《中华人民共和国政府采购法》的规定，委托具有政府采购代理资格的招标代理机构或集中采购机构代理采购。具体限额标准为：货物、服务类项目单项或批量采购预算金额达到10万元以上（含10万元），工程类项目采购预算金额达到20万元（含20万元）。

二、政府采购公开招标数额标准

采购单位的政府采购项目，凡达到公开招标数额标准的，都应当采用公开招标方式进行采购；未达到公开招标数额标准的，应根据采购单位的合理要求和采购项目的技术特点，采用除公开招标以外的其他采购方式。具体标准为：采购货物、服务类项目，批量采购金额达到50万元（含50万元），工程类项目采购金额达到100万元（含100万元）。

过去有关文件规定的政府采购公开招标数额标准停止执行。

黑龙江省财政厅关于印发黑龙江省（省级）2009年度集中采购目录和采购资金限额标准的通知

2008年8月18日　黑财采［2008］19号

省直各单位：

根据《中华人民共和国政府采购法》的规定，现将《黑龙江省（省级）2009年度集中采购目录和采购资金限额标准》印发给你们，并提出如下要求，请一并遵照执行。

一、认真编报政府采购预算

（一）省直预算单位要按照省级部门预算编制的有关规定，依据《黑龙江省（省级）2009年度集中采购目录和采购资金限额标准》，将年度部门预算中的政府采购项目及资金列出，编报2009年度政府采购预算。主管部门和省财政厅有关业务处要对所属预算单位编报的政府采购预算进行认真审查，不得虚报和漏报。

（二）对于不能在年度部门预算中反映的政府采购项目及资金，预算单位要单独编报2009年度部门预算以外其他各类资金政府采购预算（报表及说明附后），经省主管部门、省财政厅有关业务处审核后，于2009年1月底前报省政府采购办。

二、严格履行政府采购预算调整程序

政府采购预算调整分为集中调整和分散调整。原则上，每年8月份集中调整一次；如遇特殊情况必须调整，按月予以办理。调整预算要按照《省财政厅关于印发黑龙江省（省级）部门预算调整管理暂行办法的通知》（黑财预［2006］12号）的有关规定，由预算单位提出申请，将需要调整的采购项目和资金（包括预算内、预算外资金和自筹资金需要调整的采购项目和资金）通过部门预算调整软件录入数据，报主管部门和省财政厅有关业务处审核，由省财政厅预算编审中心核准汇总后送省政府采购办执行。

三、严格执行政府采购预算

（一）按月编报政府采购计划。预算单位要依据采购预算编报采购计划，做到每个采购计划都有采购预算，无采购预算申报的采购计划，省政府采购办不予受理；要切实做好政府采购计划与政府采购预算的衔接，及时汇总部门（单位）内部的具体采购需求，统筹安排采购计划，实行采购计划月报制，每月25日前向省政府采购办申报下一个月的政府采购计划；对达到公开招标采购限额标准的采购项目，预算单位应提前两个月申报采购计划；在编报采购计划时，不得指定品牌或提出具有倾向性的排斥潜在供应商的特定条件，对不规范申报的，将依法予以调整。

预算单位使用财政性资金安排的政府采购项目，在申报采购计划时，应先申报资金支付用款计划，加盖公章后，随采购计划一并报省政府采购办；对全部使用自筹资金的采购项目，预算单位可直接向省政府采购办申报采购计划，并同时附《黑龙江省（省级）自筹资金集中采购项目资金到账承诺书》；已实行由政府采购网申报采购计划的部门和单位，用款计划或资金到账承诺书通过政府采购网上传。

（二）实行优先采购节能、环保和自主创新产品制度。预算单位要严格执行财政部、发展改革委、环境保护部、科技部确定的“节能产品政府采购清单”、“环境标志政府采购清单”和“政府采购自主创新产品目录”，对使用财政性资金采购涉及节能、环保和自主创新产品的，在技术、服务等指标满足采购需求的前提下，优先采购节能、环保和自主创新产品；上报采购计划时，要标明节能、环保和自主创新产品。

（三）实行政府采购招投标制。预算单位要认真执行省级政府采购公开招标限额标准，对于货物类和工程类中同类品目采购计划（预算）金额达到100万元，及服务类中印刷、信息技术、信息管理软件开发设计项目采购计划（预算）金额达到50万元的，采取公开招标或邀请招标方式组织采购。

四、规范执行政府采购运行规程

政府采购项目实行集中采购与分散采购相结合。

（一）对纳入集中采购目录及采购资金在限额标准以上的采购项目，实行集中采购，由预算单位申报采购计划，委托集中采购机构代理采购。

（二）对纳入集中采购目录，采购资金在限额标准以下的采购项目，实行分散采购，履行申报、审核程序。

（三）对集中采购目录以外的采购项目，采购资金在限额标准以上的，实行分散采购，履行申报、审核程序；采购资金在限额以下的采购项目，不需编报政府采购预算和履行申报、审核程序，由预算单位自行组织采购。

（四）分散采购由预算单位按照《政府采购法》的有关规定组织实施。分散采购计划一律履行网上申报、核准、反馈采购结果的办理程序；未通过网上申报或反馈的分散采购计划，省政府采购办不予受理。关于网上申报分散采购计划及采购结果反馈的填报说明可登陆黑龙江省政府采购网（网址：www.hljcg.gov.cn）—省本级—办事指南栏目查询。

附件：1. 黑龙江省（省级）2009年度集中采购目录和采购资金限额标准

2. 黑龙江省（省级）集中采购计划申报表

3. 黑龙江省（省级）部门预算以外其他各类资金政府采购预算表

4. 黑龙江省（省级）部门预算以外其他各类资金政府采购预算编报说明

附件 1

黑龙江省（省级）2009 年度集中采购目录和采购资金限额标准

编　码	品 目 名 称	采购资金限额标准
A	**货　物　类**	
A03	**一般设备**	
A0301	电器设备	
A030101	电视机	执行协议供货制度，执行节能、环保产品清单
A030102	冰箱	执行协议供货制度，执行节能产品清单
A030105	摄影、摄像器材	执行协议供货制度
A030106	空气调节设备	执行协议供货制度，执行节能产品清单
A0302	办公自动化设备	执行协议供货制度
A030201	计算机	执行协议供货制度，执行节能产品清单
A030202	打印机	执行协议供货制度，执行节能、环保产品清单
A030204	传真机	执行协议供货制度，执行节能、环保产品清单
A030205	复印机	执行协议供货制度，执行节能、环保产品清单
A030206	速印机	执行协议供货制度
A030208	投影仪	执行协议供货制度
A030209	扫描仪	执行协议供货制度
A030210	应用软件	批量 10 万元以上
A0303	家具	单价 5000 元以上或批量 5 万元以上，执行环保产品清单
A06	**物资**	
A0601	救灾物资	年批量 20 万元以上
A0602	防汛物资	年批量 20 万元以上
A0603	抗旱物资	年批量 20 万元以上
A07	**专用材料**	
A0701	疫苗	批量 10 万元以上
A0706	工具和仪器	单台（件）1 万元以上或批量 5 万元以上
A0708	服装及劳保用品	批量 10 万元以上
A0709	燃料（煤炭）	执行黑财采［2004］5 号文件，编报政府采购预算，履行分散采购核准手续。
A10	**专用设备**	
A1001	通信设备	单台（件）1 万元以上或批量 10 万元以上
A1002	印刷设备	单台（件）1 万元以上或批量 20 万元以上

续表

编　码	品目名称	采购资金限额标准
A1003	照排设备	单台（件）1万元以上或批量20万元以上
A1004	网络设备	
A100401	服务器	
A100402	路由器	单台（件）1万元以上
A100403	交换机	单台（件）1万元以上
A100404	调制解调器	
A100499	其他网络设备	单台（件）1万元以上或批量10万元以上
A1006	医疗设备	执行黑财采［2002］2号文件
A1008	监控设备（含安装）	总额10万元以上
A1010	农用机械设备	单台（件）1万元以上或批量10万元以上
A1011	工程机械	单台（件）1万元以上或批量10万元以上
A1013	消防设备	单台（件）1万元以上或批量10万元以上
A1015	警用设备和用品	单台（件）1万元以上或批量10万元以上
A1016	保安设备	单台（件）1万元以上或批量10万元以上
A1018	档案设备	单台（件）1万元以上或批量10万元以上
A1019	教学设备	执行黑财采［2002］2号文件
A1020	实验室设备	执行黑财采［2002］2号文件
A1021	广播电视、影像设备	单台（件）1万元以上或批量10万元以上
A1022	灯光、音响设备	单台（件）1万元以上或批量10万元以上
A1024	体育设备	单台（件）1万元以上或批量10万元以上
A1028	炊事设备	单台（件）1万元以上或批量10万元以上
A1029	锅炉	
A1030	电梯设备	
A1099	其他专用设备	单台（件）1万元以上或批量10万元以上
A11	交通工具	
A1101	汽车	
A110101	轿车	执行环保、自主创新产品清单
A110102	越野汽车	执行环保、自主创新产品清单
A110104	载客汽车	
A110105	专用汽车	
B	**工　程　类**	
B01	建筑物	
B0101	公用房建设	
B0103	其他用房建设	
B0104	文教、卫生、音乐、体育等公益设施建设	
B0105	纪念性建筑设施建设	

续表

编　码	品 目 名 称	采购资金限额标准
B0199	其他建筑设施建设	
B09	修缮、装饰工程	20 万元以上
B10	系统集成、网络工程	10 万元以上
B11	系统网络运营升级、维护	10 万元以上
B99	其他各类工程	10 万元以上
C	**服　务　类**	
C01	印刷	同类项目年印刷量 20 万元以上
C02	工程监理、工程设计	单项工程 10 万元以上或总额 20 万元以上
C03	信息技术、信息管理软件的开发	10 万元以上
C070301	车辆保险	执行黑财采［2007］12 号文件，编报政府采购预算，履行分散采购核准手续
C08	会 议	执行黑财行［2007］57 号文件，编报政府采购预算，履行分散采购核准手续
C011	布展策划	单项 10 万元以上
C012	勘查、勘探	单项 10 万元以上或总额 20 万元以上

集中采购目录以外的采购项目采购资金限额标准

项 目 类 别	资金限额标准
货物类	批量 10 万元以上（10 万元以下不属政府采购范围，不需编报政府采购预算）
服务类	单项 50 万元以上（50 万元以下不属政府采购范围，不需编报政府采购预算）

附件 2

黑龙江省（省级）集中采购计划申报表

年　　月　　日

采购单位			单位编码		经办人及联系电话		
采购预算	预算内资金　　元，预算外资金　　元，自筹资金　　元，合计　　元。						
采购单位申报计划	采购品目名称及代码	主要技术参数和要求	单位	参考价格	数量	总金额	供货时间
	1.						
	2.						
	3.						
	4.						
	5.						
	6.						
	合　计	×	×	×	×		×
审核意见	采购单位负责人： （公章） 年　月　日	主管部门财务处经办人： （公章） 年　月　日	财政厅主管处负责人： 经办人： （公章） 年　月　日		政府采购负责人 经办人： （公章） 年　月　日		

注：1. 预算内、外资金集中采购项目，采购单位在申报采购计划时，须同时编报资金支付用款计划。采购计划经采购办审核并编号后，采购单位、主管部门财务处、财政厅主管处、采购中心、采购办各一份。

2. 自筹资金集中采购项目，采购单位直接向采购办申报采购计划，并附《自筹资金集中采购项目资金到账承诺书》，经审核并编号后，采购单位、采购中心、采购办各一份。

附件 3

黑龙江省（省级）部门预算以外其他各类资金政府采购预算表

填报时间：　　　　单位：万元

预算类别、单位名称、采购品目	合计	当年省级财政安排的专项资金	当年中央有关部委直接下拨的各类补助资金	上年结转			其他
				小计	以前年度单位资金结转	中央专项补助资金结转	
一、基本支出预算安排的采购项目							
1. 货物类（A）：							
其中（1）电器设备（A0301）：							
（2）办公自动化设备（A0302）：							
（3）家具（A0303）：							
（4）其他：							
二、项目支出预算安排的采购项目							
1. 货物类（A）：							
其中（1）电器设备（A0301）：							
其中：空气调节设备（A030106）							
（2）办公自动化设备（A0302）：							
（3）家具（A0303）：							
（4）服装及劳保用品（A0708）：							
（5）通信设备（A1001）：							
（6）印刷设备（A1002）：							
（7）照排设备（A1003）：							
（8）网络设备（A1004）：							

续表

预算类别、单位名称、采购品目	合计	当年省级财政安排的专项资金	当年中央有关部委直接下拨的各类补助资金	上年结转			其他
				小计	以前年度单位资金结转	中央专项补助资金结转	
其中：服务器（A100401）：							
（9）医疗设备（A1006）：							
（10）农用机械设备（A1010）：							
（11）警用设备和用品（A1015）：							
（12）教学设备（A1019）：							
（13）实验室设备（A1020）：							
（14）广播电视、影像设备（A1021）：							
（15）灯光、音响设备（A1022）：							
（16）文艺设备（A1023）：							
（17）体育设备（A1024）：							
（18）电梯和起重机（A1027）：							
（19）锅炉（A1029）：							
（20）汽车（A1101）：							
（21）其他：							
2. 工程类（B）：							
其中（1）建筑物（B01）：							
（2）修缮、装饰工程（B09）：							
（3）系统集成、网络工程（B10）：							
（4）其他：							
3. 服务类（C）：							
其中：（1）工程监理、工程设计（C02）：							
（2）信息技术、信息管理软件的开发设计：							
（3）其他：							
总　计							

注：此表通过电子版上报，上报时请不要改变 excel 表格的格式，填写完成后，请把填写完的 excel 表重新命名为本单位的单位代码后加大写的字母 B。

财务负责人签字：　　　　单位公章　　　　财政厅业务处意见：

附件 4

黑龙江省（省级）部门预算以外其他各类资金政府采购预算编报说明

2009 年政府采购预算分两部分编报：一是能列入《黑龙江省（省级）部门预算政府采购预算表》的采购项目随部门预算一同编报；二是不能列入《黑龙江省（省级）部门预算政府采购预算表》的其他各类资金采购项目，预算单位要单独编报《黑龙江省（省级）部门预算以外其他各类政府采购预算表》，经省主管部门、省财政厅主管处审核后，在 2009 年 1 月末前报省政府采购办。其他各类资金包括：

一、当年省级财政安排的专项资金：指当年财政安排的，年初未确定具体使用单位的资金，在执行中属于政府采购的专项资金。

二、当年国家有关部委直接下拨的各类补助资金：指当年国家有关部委未通过财政部门直接下拨到省级预算单位的各类专项补助中的采购资金。

三、以前年度单位资金结转：指以前年度预算单位基本账户中滚存的不能列入当年部门预算的采购资金。

四、中央专项补助资金结转：指中央有关部委通过财政部门下达的上年未用完结转的资金。

江苏省财政厅关于印发《2009 年度省级政府集中采购目录及政府采购限额标准和公开招标数额标准》的通知

2008 年 9 月 18 日　苏财购［2008］17 号

省级各单位：

根据《政府采购法》和省政府办公厅关于政府集中采购有关事项确定公布的授权，现将《2009 年度省级政府集中采购目录及采购限额标准和公开招标数额标准》予以公布，有关注意事项仍按《江苏省财政厅关于印发〈2005 年省级政府集中采购目录及政府采购限额标准和公开招标数额标准〉的通知》（苏财购［2004］17 号）执行。

本通知自 2009 年 1 月 1 日起执行。

附件：2009 年度省级政府集中采购目录及政府采购限额标准和公开招标数额标准

附件

2009 年度省级政府集中采购目录及政府采购限额标准

一、政府集中采购目录

序号	目录	备注	
A	货物类		
A03	一般设备		
A0301	电器设备		
A030101	电视机	单价 10 万元以上或批量采购 30 万元以上	
A030105	摄影、摄像器材	包括照相机、摄像机等	协议供货项目
A030106	家用空调器		协议供货项目
A0302	办公自动化设备		
A030201	计算机	含 PC 服务器	协议供货项目
A030202	打印机	含相应的打印机硒鼓	协议供货项目

续表

序号	目录	备注	
A030204	传真机		协议供货项目
A030205	复印机		协议供货项目
A030208	投影仪	包括视频展视台等	协议供货项目
A030209	扫描仪		协议供货项目
A030210	计算机相关设备	包括显示终端设备、刻录机、小型数码录音设备、内存盘等移动存储设备。单价或批量采购5万元以上	
A030211	UPS	单价或批量采购5万元以上	
A030212	软件	操作系统软件、办公自动化软件、防杀病毒软件、网络管理软件，单价或批量采购5万元以上	
A0303	家具	批量采购30万元以上	
A030301	办公家具		
A030302	宿舍家具		
A04	办公消耗用品		
A0401	办公用纸	包括复印纸、打印纸、速印纸	协议供货项目
A06	物资		
A0601	救灾物资	单价或批量采购10万元以上	
A0602	防汛物资	单价或批量采购10万元以上	
A0603	抗旱物资	单价或批量采购10万元以上	
A0604	农用物资	单价或批量采购10万元以上	
A0699	其他物资	财政性资金安排的其他物资补贴项目，单价或批量采购30万元以上	
A10	专用设备		
A1002	印刷设备	包括一体机、分页机、装订机、切纸机、速印机等	
A1004	网络设备	单价5万元或批量采购10万元以上	
A100401	服务器		
A100402	路由器		
A100403	交换机		
A100499	其他网络设备	包括磁盘阵列、硬件防火墙、加密设备等	
A1006	医疗设备	单价10万元以上或批量采购30万元以上	
A1007	计划生育设备	单价10万元以上或批量采购30万元以上	
A1010	农用机械设备	单价10万元以上或批量采购30万元以上	
A1011	工程机械	单价10万元以上或批量采购30万元以上	
A101101	推土机		
A101102	挖掘机		
A101103	装载机		
A101104	起重机		

续表

序号	目录	备注	
A1018	档案、保密设备	单价10万元以上或批量采购30万元以上	
A1019	教学、科研仪器	单价10万元以上或批量采购30万元以上	
A101902	教学仪器		
A101903	科研分析仪器		
A1021	广播电视、影像专用设备	单价10万元以上或批量采购30万元以上	
A1022	灯光、音响设备		
A102201	会议系统设备	含视频系统、灯光、音响设备等。单价10万元以上或批量采购30万元以上	
A102202	光电显示设备	如大型显示屏等，单价10万元以上或批量采购30万元以上	
A1024	体育设备	单价10万元以上或批量采购30万元以上的通用型体育设备及器材	
A1027	电梯	单价10万元以上或批量采购30万元以上	
A1029	锅炉	单价10万元以上或批量采购30万元以上	
A1030	无线电管理设备	单价10万元以上或批量采购30万元以上	
A1031	节能、节水设备	单价10万元以上或批量采购30万元以上	
A1032	中央空调		
A11	交通工具及配件		
A1101	汽车	各类汽车	协议供货项目
A110101	轿车		
A11010101	普通轿车		
A11010102	高级轿车		
A110102	越野汽车（吉普车）		
A110103	卡车		
A110104	载客汽车		
A11010402	旅行面包车		
A11010404	微型客车		
A11010499	其他载客汽车		
A110105	专用汽车		
A11010501	工程汽车		
A11010502	工具汽车		
A11010504	警用汽车		
A11010505	救护车		
A1104	汽车轮胎		协议供货项目
B	工程类	使用财政性资金新建、扩建、改建、装修、修缮的各类房屋建筑物，施工单项合同估算价在20万元以上，100万元人民币以下	

续表

序号	目录	备注	
C	服务类		
C01	印刷	包括文件资料、内部书刊、信封、各种票据等印刷	协议供货项目
C03	软件开发设计	含方案设计。预算金额50万元以上	
C07	交通工具的维护保障		协议供货项目
C0701	汽车保险		
C0703	汽车维修		
C08	会议接待		协议供货项目
C10	物业管理	预算金额20万元以上	
C11	国际机票代理		协议供货项目
C12	网络建设或维护及系统集成	预算金额50万元以上	
C13	大型会展（展览）的承办	预算金额20万元以上	
C99	其他服务	包括财政专项资金安排的有关服务项目，预算金额在50万元以上	

说明：1. 政府集中采购目录中的项目必须编制政府集中采购预算，并委托政府集中采购机构代理采购。

2. 协议供货，是指由省级集中采购机构通过公开招标等方式，确定特定政府采购项目的中标供应商及中标产品的价格和服务条件，并以协议书的形式固定，由采购人在供货有效期内自主选择中标供应商及其中标产品的一种采购形式。定点采购是协议供货的特殊形式。有关协议供货的管理要求参见《江苏省省级政府采购协议供货管理暂行办法》（苏财购［2005］18号），相关项目的具体情况请参见“江苏政府采购网”协议供货栏目。

3. 属政府集中采购目录中项目，但国家有关法律法规有规定的，政府集中采购机构无法代理采购的项目，经政府集中采购机构确认后可作为分散采购项目。

二、部门集中采购目录

部门单位	项目
省消防总队	消防车辆
	专勤器材
	消防器材（如水带、灭火药剂等）
	个人防护装备
省公安厅	技术侦察设备
	公安单警装备
	刑侦设备
	50万元以下的警用软件
	其他涉及国家秘密和警务秘密的项目
省教育厅	教学设备（集中采购目录之外）
	教学用品
	图书（财政补贴资金）

续表

部门单位	项目
省卫生厅	医疗设备和器械（集中采购目录之外）
	医用耗材
	药品（在现行集中招标的基础上纳入政府采购监管）
江苏省残疾人联合会	残疾人康复训练器具
	残疾人辅助器具
	残疾人用无障碍设施
江苏省质量技术监督局	检验检测及监测设备
省体育局	运动服装
	体育设备和器材（集中采购目录之外）

说明：部门集中采购是指针对本部门、本系统有特殊要求的项目，经政府采购监督管理部门同意后，按政府采购有关规定实施的政府采购组织形式。

三、政府采购限额标准（分散采购限额标准）

项目	限额标准
货物类	单项或同批预算10万元
服务类	单项或同批预算10万元
工程类	1. 房屋建筑物的新建、扩建、改建、装修及修缮工程（以下简称房屋工程），施工单项合同估算价在100万元以上（含）；2. 房屋工程之外的其他工程，施工单项合同估算价在20万元以上（含）。

说明：政府采购限额标准用于确定集中采购目录之外的政府采购范围。集中采购目录之外，政府采购限额标准之上的项目属分散采购。分散采购项目可以由采购人自行组织采购，也可以委托政府集中采购机构或有政府采购代理资质的采购代理机构，在委托范围内组织采购活动。集中采购和分散采购同为政府采购的重要组织形式，均适用于《政府采购法》等规定。

四、公开招标数额标准

项目	数额标准
货物类	单项或批量采购100万元以上。
服务类	通过公开招标方式确定一定期限内的供应商。
工程类	按省政府苏政发［2004］48号文件规定执行。

浙江省人民政府办公厅关于公布2009年度浙江省集中采购统一目录和省级集中采购目录及标准的通知

2008年10月17日 浙政办发［2008］67号

各市、县（市、区）人民政府，省政府直属各单位：

为规范政府采购行为，提高采购效率，根据《中华人民共和国政府采购法》的有关规定，经省政府同意，现将2009年度浙江省集中采购统一目录和省级集中采购目录及标准公布如下：

一、浙江省集中采购统一目录

从2009年开始，全省将逐步统一政府集中采购目录。2009年度，各市（含义乌市）政府应在浙江省集中采购目录的基础上，结合所辖各县（市、区）集中采购的实际情况进行充实和完善，统一制定全市的集中采购目录、采购限额标准及公开招标的数额标准，并依法予以公布。浙江省集中采购目录如下：

摄影摄像设备（包括摄像机、光学、数码相机等）、空气调节电器（包括多联、窗式、分体或柜式空调、恒温恒湿设备）、计算机、打印机、传真机、复印机、速印机、投影仪、扫描仪、UPS、办公家具、办公用纸、义务教育免费教科书、义务教育辅助学习资源、网络设备（服务器、路由器、交换机、集线器、调制解调器、其他网络设备）、医疗设备器械（应国际招标的除外）、档案保密设备、电梯、锅炉、中央空调、汽车、机动车辆保险、机动车辆加油、会议、培训（国内培训）。

二、省级政府集中采购目录

下列项目应当委托集中采购机构采购。因特殊情况需实行部门集中采购或分散采购的，由省政府授权省财政厅批准。

（一）货物类（28项）：电视机、电冰箱、摄影摄像设备、空气调节电器、计算机、打印机、传真机、复印机、速印机、投影仪、扫描仪、UPS、办公家具（5万元以上）、办公用纸、义务教育免费教科书、义务教育辅助学习资源、工作制服（5万元以上，限执法部门）、网络设备、医疗设备器械（20万元以下或应国际招标的除外）、档案保密设备（5万元以上）、灯光音响设备、电梯、锅炉、中央空调、汽车、商业软件（5万元以上）、发电设备、办公设备耗材。

（二）工程类（1项）：系统集成及网络设备。

（三）服务类（4项）：软件开发设计（20万元以上）、交通工具维护保障、会议、培训

（国内培训）。

三、省级部门集中采购目录

消防部队技术装备（全省武警消防部队区域）、质量检测设备（全省质量技术监督系统）、教学仪器设备（全省教育系统，高教仪器设备除外）。

以上项目实行部门集中采购。省级有关主管部门应当对本部门（或本系统）所属各单位的上述项目进行集中后，依法自行组织集中采购，也可以统一委托集中采购机构或具有政府采购业务代理资格的采购代理机构进行采购。

按预算隶属关系属于市、县（市、区）的项目，采购单位应当按规定向同级财政部门办理有关政府采购手续后，委托省级有关主管部门实施部门集中采购。部门集中采购的具体办法，由省财政厅会同有关部门另行制定。

四、省级分散采购限额标准

货物、服务类项目：单项或年度批量预算金额为20万元；

工程类项目：年度预算金额（或投资总额）为50万元。

集中采购目录以外，且在上述采购限额标准以上的项目，应当实行分散采购。采购单位可以依法自行组织采购，也可以委托集中采购机构或具有政府采购业务代理资质的社会中介采购代理机构进行采购。

五、省级公开招标数额标准

政府采购的货物、服务类项目，单项或批量预算金额一次达到80万元以上的；非建设工程类项目，预算金额（或投资总额）达到100万元以上的，除法律、法规另有规定外，应当采用公开招标采购方式。

政府采购建设工程项目的公开招标数额标准按照国家有关规定执行。

六、工作要求

（一）全省各级国家机关、事业单位和团体组织凡使用财政性资金采购集中采购目录以内或者采购限额标准以上的货物、工程和服务，应当按照政府采购目录分类（见附件）及限额标准编制政府采购预算，并严格按照批准的预算执行，依法开展政府采购活动，做到无预算不采购、不支付资金。

（二）政府采购实行集中采购和分散采购相结合的执行模式。纳入集中采购目录的项目应当委托集中采购机构组织采购，集中采购机构应当予以受理并依法组织采购；分散采购项目可由采购单位依法自行组织采购或委托政府采购代理机构（包括集中采购机构和具有政府采购代理资格的社会中介机构）进行采购。

无论集中采购还是分散采购，都必须严格按照《中华人民共和国政府采购法》的有关规定执行。

（三）对纳入政府集中采购目录或公开招标限额标准以上的项目，采购单位如有特殊要求需自行采购或采用非公开招标采购方式的，应按规定报同级财政部门审查、批准。政府集中采购机构不得以任何理由将应当由本单位组织采购的集中采购项目委托给社会中介采购代理机构进行采购。

（四）各级财政部门、集中采购机构和各采购单位主管部门要按照各自职责，抓紧完善相关制度和工作程序，并加强协调与配合，认真落实各项规定，依法监督和规范政府采购行为，切实维护法律和政策的严肃性。各级监察、审计部门要加大监督和检查力度，确保政府采购活动公开、公平、公正。

附件：浙江省2009年度政府采购目录分类表

附件

浙江省2009年度政府采购目录分类表

代码	目录名称	备注
A	**货物类**	
A01	**土地**	
A02	**建筑物**	
A0201	办公用房	
A0202	宿舍用房	
A0299	其他建筑物	
A03	**一般设备**	
A0301	电器设备	
A030101	电视机*^	包括大屏幕彩电
A030102	电冰箱*^	
A030103	洗衣机	
A030104	吸尘器	
A030105	摄影摄像设备*^	包括摄像机、光学数码相机等
A030106	空气调节设备*^	包括多联、窗式、分体或柜式空调、恒温恒湿设备
A030199	其他电器设备	
A0302	办公自动化设备	
A030201	计算机*^	包括台式、便携式电脑
A030202	打印机*^	
A030203	电话机	包括无线移动电话、车载电话
A030204	传真机*^	
A030205	复印机*^	
A030206	速印机*^	包括高速油印机、一体化速印机
A030207	碎纸机	
A030208	投影仪*^	
A030209	扫描仪*^	
A030210	UPS*^	
A030299	其他办公自动化设备	

续表

代　码	目 录 名 称	备　　注
A	**货　物　类**	
A0303	家　具	
A030301	办公家具*	5万元以上实行集中采购
A030302	宿舍家具	
A030303	高校学生宿舍家具*	限省教育厅直属高校，由省教育厅实行部门集中采购
A030304	高校学生课桌椅*	限省教育厅直属高校，由省教育厅实行部门集中采购
A030399	其他家具	
A04	**办公消耗用品**	
A0401	办公用纸*^	
A0402	办公设备耗材*^	包括计算机用移动硬盘、可写光盘、优盘、软盘、刻录机、多媒体音箱、耳机、鼠标，以及打印、复印及传真设备用硒鼓、墨盒、墨粉、色带等耗材及配件
A0403	办公文具用品	包括档案夹、笔、计算器、文具架等
A0499	其他易耗品	
A05	**建筑、装饰材料**	包括水泥、木材、板材、金属材料、瓷砖、清洁用具、玻璃等建筑装饰材料
A06	**物　资**	
A0601	救灾物资	
A0602	防汛物资	
A0603	抗旱物资	
A0604	农用物资	
A0605	储备物资	包括粮食、糖、棉花等
A0606	燃　料	
A0699	其他物资	
A07	**专用材料**	
A0701	药品	
A0702	医疗耗材	
A0703	图书资料	包括电子出版物
A0704	教科书	
A070401	国家课程*	限于义务教育，全省统一集中采购
A070402	省级地方课程*	限于义务教育，全省统一集中采购
A070403	配套作业本	白练习本由各地集中采购
A070499	其他教科书	
A0705	辅助学习资源	
A070501	音像教材*	限于义务教育，全省统一集中采购
A070502	学　具*	限于义务教育，全省统一集中采购
A070503	科学计算器*	限于义务教育，全省统一集中采购

续表

代码	目录名称	备注
A070599	其他辅助学习资源	
A0708	工作制服*	执法部门制装，5万元以上实行集中采购
A0799	其他专用材料	包括兽医用品、实验室用品及小型设备、胶片胶卷、录音录像带、工具和仪器、艺术部门用材料及劳保用品等
A10	**专用设备**	
A1001	通信设备	包括移动通信、电话通信设备等
A1002	印刷设备	
A1003	照排设备	
A1004	网络设备*	
A100401	服务器*^	
A100402	路由器*^	
A100403	交换机*^	
A100404	调制解调器*	
A100405	集线器*	
A100499	其他网络设备*	包括网络安装工具、测试工具、网卡、网线、ATM 设备、FDDI 设备等
A1005	发电设备*	
A1006	医疗设备及器械*	应国际招标的设备及单台或批量在20万元以下的设备实行分散采购
A100601	医用放射诊治设备*	医用X射线设备、数字成像（DSR）、高能射线诊治设备、放射性核素设备等
A100602	医用超声仪器设备*	超声波、多普勒等成像诊断设备，超声治疗、监护设备等
A100603	医用电子仪器设备*	心电、脑电检测、肌电及诱发电位仪、监护仪等
A100604	物理治疗设备*	高压氧治疗、高压电位治疗、电疗设备等
A100605	医用激光设备仪器*	激光手术和治疗设备、诊断仪器及配件等
A100606	手术急救室设备*	呼吸机、麻醉机、除颤仪、手术导航、电刀、氩气刀等
A100607	临床检验分析系统*	血液、生化、免疫、细菌、生物基因和科学等分析仪器设备
A100608	体外循环及血液处理设备*	人工心肺设备、血液净化设备、体液处理设备、氧合器等
A100609	医用光学及窥镜设备*	显微镜（电子、手术）窥镜及主机（腹腔镜、支气管镜、电子胃镜、喉镜）等
A100610	应国际招标的医疗设备	核磁共振成像系统、CT、ECT 诊断仪、X 射线诊断装置（含DR）、超声波诊断仪、直线加速器、伽玛刀及需办理免税手续的设备等
A100699	其他医疗设备器械*	消毒灭菌设备、病房护理设备、口腔五官科设备、理疗康复设备等
A1007	计划生育设备	

续表

代　码	目 录 名 称	备　　注
A1008	交通管理监控设备	
A1010	农用机械设备	
A1011	工程机械	
A1012	园艺机械	
A1013	消防设备及用品	指民用消防设备及用品
A1014	消防部队技术装备*	武警消防部队区域专用
A101401	消防员个人防护装备*	由省消防总队实行部门集中采购
A101402	消防专用车辆装备*	由各消防支队实行部门集中采购
A101403	消防器具、器材装备*	由各消防支队实行部门集中采购
A1015	警用设备和用品	
A1016	保安设备	
A1017	军用设备和用品	
A1018	档案、保密设备*	5 万元以上实行集中采购
A1019	教学仪器设备	包括通用、专用教学仪器设备和教学用标本、模型、实验室设备等
A101901	普教仪器设备*	高中（含）以下学校。全省教育系统所属学校由省教育厅实行部门集中采购
A101902	高教仪器设备	包括各类大学、学院、职业技术学院和中专学校
A101903	高校图书资料*	限教育厅直属高校。全省教育系统所属学校由省教育厅实行部门集中采购
A101904	机床类仪器设备*	限于中等职业教育。全省教育系统所属学校由省教育厅实行部门集中采购
A101905	汽车维修类仪器设备*	限于中等职业教育。全省教育系统所属学校由省教育厅实行部门集中采购
A1020	科研仪器设备	包括仪器仪表及实验室设备
A1021	广播电视、影像设备	
A1022	灯光、音响设备*	
A1023	文艺设备	
A1024	体育设备	
A1025	道路清扫设备	
A1026	殡仪火化设备	
A1027	电　梯*	包括起重机
A1028	炊事设备	
A1029	锅　炉*	
A1030	中央空调*	包括主机、热交换器、末端设备、冷却塔、水处理设备、自控元件及安装

续表

代 码	目录名称	备 注
A1031	环境监测设备	
A103101	地表水监测设备	
A103102	空气监测设备	
A103103	海洋环境监测设备	
A103199	其他环境监测设备	
A1032	质量检测设备*	全省质监系统，由省质量技术监督局实行部门集中采购
A103201	质量检测设备*	
A103202	计量检测设备*	
A103203	特种检测设备*	
A103299	其他检测监测设备*	
A1099	其他专用设备	包括港口、地震、气象等专用设备
A11	**交通工具**	
A1101	汽 车*^	
A110101	轿 车*	
A110102	越野汽车（吉普车）*	
A110103	大客车*	
A110104	旅行面包车*	包括微型客车等
A110105	专用汽车*	包括工程车、工具车、警车、囚车、救护车、通讯广播车、洒水车、道路清扫车、垃圾车及卡车、电车、公共汽车
A1104	摩托车*	
A1199	其他交通工具	包括船只、飞机
A12	**商业软件***	5万元以上实行集中采购
A1201	系统软件*	
A1202	数据库软件*	
A1203	工具软件*	
A120301	安全管理软件*	包括杀毒软件
A120302	备份软件*	
A120304	网络管理软件*	
A120305	中间件软件*	
A120399	其他工具软件*	
A1204	应用软件	
A120401	通用应用软件*	包括办公软件（桌面）、财务软件
A120402	行业应用软件	包括教学软件、医用软件
A1299	其他商业软件	
A99	**其他货物**	

续表

代　码	目 录 名 称	备　　注
B	工　程　类	
B01	**建筑物**	
B0101	办公用房建设	包括机关基建工程
B0102	住房建设	
B0103	其他用房建设	
B0104	文教、卫生、音乐、体育等公益设施建设	
B0199	其他建筑设施建设	包括纪念性建筑设施建设等
B02	**市政建设工程**	包括集中供暖热气工程等
B0201	市政道路建设	
B0202	市政公用设施	
B0203	自来水输水工程	
B0204	集中供暖、供热、供气工程	
B0299	其他市政建设工程	
B03	**环保、绿化工程**	
B0301	污水处理	
B0302	市政垃圾处理	
B0303	园林绿化	
B0304	荒山绿化	
B0305	天然、生态林保护	
B0399	其他环保绿化工程	包括自然保护区工程等
B04	**农业、水利、防洪工程**	
B0401	河道疏浚工程	
B0402	大坝、水库、海塘工程	
B0403	农田水利工程	
B0404	江河、湖泊治理工程	
B0405	农业综合开发治理工程	
B0499	其他水利防洪工程	
B05	**交通运输工程**	
B09	**修缮、装饰工程**	
B0901	办公用房修缮、装饰	
B0902	宿舍用房修缮、装饰	
B10	**系统集成、网络工程***	
B1001	楼宇智控系统*	
B100101	综合布线系统*	
B100102	安防监控系统*	

续表

代　码	目 录 名 称	备　　注
B	**工　程　类**	
B100103	消防系统*	
B100104	通信系统*	
B100199	其他智能控制系统*	包括有线电视、背景音响、防雷系统等
B1002	计算机网络工程*	包括机房建设
B1003	门户网站建设*	
B1004	视频会议系统*	
B1099	其他系统、网络工程*	
B99	**其他工程**	包括油气、电力、电信工程等
C	**服　务　类**	
C01	**印刷、出版**	
C0101	印刷	
C0102	出版	
C02	**工程监理、设计**	
C03	**软件开发设计***	包括20万元以上的系统、应用、技术、管理等软件
C04	**维修维护**	不含机动车辆维护保障
C0401	一般、专用设备维修	
C0402	系统、网络运营维护	
C0403	房屋建筑物维修	
C0499	其他日常维修	
C05	**保　险**	不含机动车辆保险
C0501	人身意外保险	
C0502	财产保险	
C0599	其他商业保险	
C06	**租　赁**	
C0601	办公用房	
C0602	设备和机械	
C0603	电信线路租用	
C0699	其他租赁	包括宿舍用房、仓库租赁等
C07	**交通工具维护保障***	
C0701	机动车辆保险*^	
C0702	机动车辆加油*^	
C0703	机动车辆维修*^	
C08	**会　议**	
C0801	大型会议	包括党代会、人代会、政协会、团代会、妇代会等大型会议

续表

代　码	目 录 名 称	备　　注
C	**服　务　类**	
C0802	一般会议 *^	包括部门或单位年度工作会议、研讨会等一般会议
C09	**培　训**	
C0901	国内培训 *^	
C0902	国外培训	
C10	**物业管理**	包括环境保洁、绿化养护、门卫安全服务、设备设施运行维护和顾客服务等
C1001	办公楼物业管理	
C1002	宿舍物业管理	
C11	**中介服务**	包括审计、评估、咨询、代理等中介服务
C12	**公务接待**	
C13	**工程管理**	
C1301	工程造价	
C1302	代建制	
C1303	工程项目管理	
C1309	其他工程管理	
C99	**其他服务**	

注：带 * 号的为 2009 年省本级集中采购目录，带^号的为实行协议供货或定点采购管理。

安徽省财政厅关于印发《安徽省省级 2009～2010 年度政府集中采购目录及限额标准》的通知

2008 年 10 月 31 日 财购［2008］1234 号

省直各部门、单位，省政府采购中心，省级政府采购代理机构：

为做好政府采购预算编制及执行工作，根据《中华人民共和国政府采购法》，并经省人民政府授权，我厅制定了《安徽省省级 2009～2010 年政府集中采购目录及限额标准》，现印发给你们，请遵照执行。

附件：安徽省省级 2009～2010 年度政府集中采购目录及限额标准

附件

安徽省省级 2009～2010 年度政府集中采购目录及限额标准

一、集中采购目录及限额标准

品目名称	限额标准	备注
货物类		
一般设备		
电器设备		
电视机	单价在 2 万元以上（含 2 万元），或批量采购在 5 万元以上（含 5 万元）	
电冰箱		包括电冰柜、冷藏柜等
其他电器设备		包括 DVD，其他音响设备等
空调机		☆
照相机、摄像机		☆
办公室自动化设备		
计算机		☆
打印机		☆
复印机		☆
多功能一体机		☆

续表

品目名称	限额标准	备注
速印机		☆
投影仪		☆
扫描仪		☆
传真机		☆
碎纸机	批量采购在 2 万元以上（含 2 万元）	
家具		
各类家具	批量采购在 5 万元以上（含 5 万元）	包括档案密集架
办公消耗用品		
复印纸		定点采购
其他消耗用品	批量采购在 2 万元以上	包括磁盘、UPS、硒鼓、墨粉等
建筑、装饰材料	批量采购在 10 万元以上（含 10 万元）	
物资		
救灾救济物资	批量采购在 30 万元以上（含 30 万元）	
防汛抗旱物资		
抗灾抗旱物资		
农用物资		包括良种等
专用材料		
药品及医疗耗材	批量采购在 10 万元以上（含 10 万元）	
图书资料		包括中小学免费教课书、大中专院校图书馆藏书等
胶片胶卷		
录音录像带光盘等		
应用软件		指不需另行开发的成品软件
专用设备		
通讯设备		
网络设备		包括服务器、路由器、交换机、调制解调器等
医疗设备、器材		
交通管理设备		
变配电设备		
消防设备		
农用机械设备		
警用设备		

续表

品目名称	限额标准	备注
广播电视、影像设备		
灯光、音响设备		
舞台设备		
体育设备		
电梯、锅炉设备	单项或批量达到10万元以上（含10万元）	
档案设备	单价在2万元以上（含2万元），或批量采购在10万元以上（含10万元）	
教学设备		
实验设备		
炊具设备		
交通工具		
轿车		
越野汽车（吉普车）		
旅行车		
大客车		
专用汽车		包括工程用车、工具车、消防车、警车、救护车、通讯和广播用车、无线电监测车、道路清洁用车、其他专业用车等
工程类		
建筑物和构筑物	单项金额在50万元（含50万元）以上的建设项目	包括新建、扩建、改建、装修、装饰、拆除、修缮等工程项目
系统集成、网络工程	单项金额在20万元以上（含20万元）的项目	
服务类		
书籍、资料印刷	单项或批量达到2万元以上（含2万元）	
宣传展览		
经济鉴证类社会中介服务	一次采购中介服务2万元以上（含2万元）	
信息技术、信息管理软件开发	单项金额在10万元以上（含10万元）的项目	包括办公、教学、科研、医疗、测绘等软件开发、设计和安装
交通工具的维护保障		
车辆保险		
车辆维修		
业务培训		

☆：省级政府采购计算机等办公设备拟实行协议供货，具体时间和办法另行通知。

二、公开招标数额标准

（一）货物类。采购金额在80万元以上（含80万元）的项目（汽车采购根据实际情况确定）。

（二）工程类。单项金额在100万元以上（含100万元）的建设工程项目，或单项金额在50万元以上（含50万元）的系统集成、网络工程项目。

（三）服务类。采购金额在50万元以上（含50万元）的采购项目。

福建省财政厅关于调整《福建省省级政府集中采购目录》的通知

2009 年 4 月 16 日　闽财购［2009］12 号

省直各单位：

为了进一步发挥政府采购政策功能，认真落实政府采购促进我省产品开拓市场的政策措施，经省人民政府研究同意，对现行的《福建省省级政府集中采购目录》（闽财购［2006］14 号，以下简称《目录》）进行调整。现将调整后的《目录》印发给你们，并将有关事项通知如下：

一、关于目录调整的说明

将《目录》中的“系统集成”、“信息技术、信息管理软件的开发设计”、“印制品”等品目由“通用的政府采购项目”调整为“本部门、本系统有特殊要求的项目”。

招标采购单位采购以上品目时，可委托经省级以上财政部门认定资格的政府采购代理机构，也可委托省政府采购中心在委托的范围内代理采购。

二、关于采购方式的确定

对《目录》内的系统集成、信息技术、信息管理软件的开发设计、印制品、制服及相关用品、家具以及《目录》外的彩电、工程照明设备等品目，符合法定情形的，依法在采购活动开始前获得省级政府采购监管部门的批准，采购人可采用邀请招标方式采购。

招标采购单位（包括采购人及采购代理机构，下同）采用邀请招标采购方式采购以上品目时，应按照《政府采购法》、《政府采购货物和服务招标投标管理办法》的有关规定，发布资格预审公告。招标采购单位对符合相应资格条件的本省投标供应商，在同等条件下优先邀请，向其发出投标邀请书。在受邀投标供应商参与投标阶段，要按照法律法规等相关规定及《福建省省级政府采购项目公开招标评标方法一览表》（闽财购［2009］4 号）的要求，执行公开招标的程序并采用相应的评标方法。

招标采购单位在编制招标文件时，要充分考虑本省企业运输成本低、熟悉本地情况、服务响应时间短、沟通交流方便、应急处理能力强、可到现场监督检查等优势，合理设置评分要素及分值，充分发挥本省企业的地缘优势。

附件：福建省省级政府集中采购目录

附件

福建省省级政府集中采购目录

（通用的政府采购项目）

品目名称	金额起点	评标方法
一、货物类		
（一）一般设备	采购预算金额1万元以上	最低评标价法
1. 电器设备		
摄影、摄像机		
空气调节设备（包括除湿设备）		
2. 办公自动化设备		
计算机		
打印机		
传真机		
复印机		
速印机		
投影仪		
（二）专用设备	采购预算金额20万元以上	
1. 通信设备		最低评标价法
移动通信设备		
电话通信设备		
2. 网络设备		最低评标价法
服务器		
路由器		
交换机		
调制解调器		
3. 监控设备		最低评标价法
4. 保安设备		最低评标价法
5. 档案、保密设备		最低评标价法
6. 灯光、音响设备		最低评标价法
7. 文艺设备		最低评标价法
8. 电梯		最低评标价法或综合评标法或性价比法
9. 彩票销售设备		最低评标价法或综合评标法或性价比法

续表

品目名称	金额起点	评标方法
一、货物类		
（三）交通工具		最低评标价法
1. 汽车		
轿车		
越野汽车（含吉普车）		
大客车		
旅行车		
工具车		
专用汽车		
2. 摩托车		
（四）计算机通用软件	采购预算金额 30 万元以上	最低评标价法
（五）复印纸、打印纸	采购预算金额 1 万元以上	最低评标价法
二、服务类		
交通工具的维护保障		最低评标价法或综合评标法或性价比法
1. 车辆保险		
2. 车辆加油		
3. 车辆维修		

福建省省级政府集中采购目录

（本部门、本系统有特殊要求的项目）

品目名称	金额起点	评标方法
一、货物类	采购预算金额 20 万元以上	
（一）物资		最低评标价法
1. 救灾物资		
2. 防汛物资		
3. 抗旱物资		
4. 储备物资		
（二）专用材料		
1. 药品		按照卫生主管部门有关规定办理
2. 医疗耗材		按照卫生主管部门有关规定办理
3. 制服及相关用品		最低评标价法
（三）专用设备		
1. 系统集成		最低评标价法或综合评标法或性价比法
2. 发电设备		最低评标价法

续表

品目名称	金额起点	评标方法
一、货物类	采购预算金额20万元以上	
(三) 专用设备		
3. 医疗设备、器械		最低评标价法或综合评标法或性价比法
4. 计划生育设备		最低评标价法或综合评标法或性价比法
5. 消防设备		最低评标价法或综合评标法或性价比法
6. 警用设备和用品		最低评标价法
7. 教学设备		最低评标价法或综合评标法或性价比法
8. 实验室设备		最低评标价法或综合评标法或性价比法
9. 广播电视、影像设备		最低评标价法或综合评标法或性价比法
10. 体育设备		最低评标价法或综合评标法或性价比法
11. 地震设备		最低评标价法或综合评标法或性价比法
12. 防疫设备		最低评标价法或综合评标法或性价比法
13. 家具		最低评标价法或综合评标法或性价比法
(四) 交通工具		最低评标价法
船只		
二、服务类		
(一) 印制品	采购预算金额10万元以上	最低评标价法
(二) 信息技术，信息管理软件的开发设计	采购预算金额50万元以上	最低评标价法或综合评标法或性价比法
三、工程类		按照建设主管部门有关规定办理
(一) 建筑物	采购预算金额100万元以上	
1. 公用房建设		
2. 住房建设		
3. 文教、卫生、音乐、体育等公益设施建设		
4. 纪念性建筑设施建设		
(二) 修缮，装饰工程	采购预算金额30万元以上（含改建、扩建工程）	

备注：以上《目录》各政府采购当事人可登录福建省财政厅门户网站（http：//www.fjcz.gov.cn）或福建省政府采购网（http：//www.fjzfcg.gov.cn）查阅、下载。

厦门市财政局关于 2009 年度厦门市集中采购目录及政府采购限额标准的通知

2009 年 1 月 10 日　厦财购［2009］1 号

市直各机关事业单位、团体组织、各区财政局：

为明确 2009 年度政府采购范围，进一步提高政府采购效率，促进采购人依法实施政府采购，加快财政支出进度，同时也便于各单位及时准确编报新年度政府采购预算和计划，我局对以往的集中采购目录和有关限额标准作了进一步的调整，现将 2009 年度我市集中采购目录及采购限额标准等事项通知如下：

一、各单位在编报 2009 年度政府采购预算和计划时应以公布的集中采购目录及政府采购限额标准为依据。

二、使用财政性资金采购依法制定的集中采购目录以内的或者采购限额标准以上的货物、服务和工程的行为，均属于政府采购范畴，必须依照法律规定的采购方式和采购程序进行采购。

三、各单位应当优先采购节能产品、环境标志产品、自主创新产品，鼓励使用地产优质产品。

四、政府采购包括集中采购和分散采购。纳入政府集中采购目录内的通用采购项目，应当实行政府集中采购。属于本部门、本系统有特殊要求的项目，可以依法组建部门集中采购机构或委托采购代理机构实施部门集中采购。政府集中采购目录以外的货物、工程和服务，单项或批量采购金额达到规定限额标准以上的，实行分散采购，由采购人依法自行组织采购或委托采购代理机构实施采购。

五、组织采购活动的采购人或采购代理机构采购货物、服务或工程相关设备时，单项或批量采购预算金额达到 30 万元以上（含 30 万元）的项目，应当采用公开招标方式，因特殊情况需要采用公开招标方式以外的采购方式（协议供货除外），应当在采购活动开始前获得市财政局批准。不足公开招标数额标准的政府采购项目，可以视项目情况依法选择采用邀请招标、竞争性谈判、询价等采购方式。

六、原协议供货类部分设备政府采购将依据有关文件规定适时实行大宗货物政府采购或网上竞价，包括一般办公用品（如复印纸、笔、文件夹等）、台式计算机、便携式计算机、空调、打印机、复印机、投影仪、扫描仪、电视机、办公桌椅、学校课桌椅、医疗设备、广播电视设备、财政投融资基建项目中的电梯（含扶梯）、中央空调、备用发电机组等。

附件：《2009 年厦门市集中采购目录及政府采购限额标准》

附件

2009 年厦门市集中采购目录及政府采购限额标准

（一）集中采购目录：须采用集中采购形式

A：货物类				
项目编码			品目名称	限额
一级	二级	三级		
A03			一般设备	
	A0301		电器设备	
		A030101	电视机	
		A030102	电冰箱	单价 3 万元或批量 5 万元以上
		A030103	洗衣机	单价 3 万元或批量 5 万元以上
		A030104	电热水器	单价 3 万元或批量 5 万元以上
		A030105	摄影、摄像器材	单价或批量 5000 元以上
		A030106	空调	
		A030107	影碟机（指 VCD、DVD、超级 VCD 等）	单价 3 万元或批量 5 万元以上
	A0302		办公自动化设备	
		A030201	计算机	
		A030202	打印机	
		A030204	传真机	
		A030205	复印机（含数码印刷一体机、速印机）	
		A030207	碎纸机	
		A030208	投影机	
		A030209	扫描仪	
		A030210	不间断电源（UPS）	
	A0303		家具	
		A030301	办公桌椅	批量 10 万元以上
		A030302	其他	批量 10 万元以上
A04			办公用品	
	A0401		办公用复印纸	从 2009 年 4 月 1 日起纳入
	A0402		办公用笔	从 2009 年 4 月 1 日起纳入
	A0403		办公用文件夹	从 2009 年 4 月 1 日起纳入

续表

A：货物类				
项目编码			品目名称	限额
一级	二级	三级		
A06			物资	批量 20 万元以上
	A0601		救灾物资	
	A0602		防汛物资	
	A0603		抗旱物资	
	A0605		储备物资（包括粮食、棉花、糖等）	
A07			专用材料	
	A0704		实验室用品及小型设备	批量 20 万元以上
	A0706		工具和仪器	批量 20 万元以上
	A0707		图书资料	批量 10 万元以上
A10			专用设备	
	A1001		通讯设备	批量 10 万元以上
	A1002		印刷、照排设备	批量 10 万元以上
	A1003		软件	单价或批量 10 万元以上
	A1004		网络设备	
		A100401	服务器	
		A100402	路由器	
		A100403	交换机	
		A100405	防火墙	
	A1006		医疗设备、器械	单价或批量 10 万元以上
	A1007		计划生育设备	单价或批量 10 万元以上
	A1008		监控报警设备	单价或批量 10 万元以上
	A1010		农用机械设备	单价或批量 10 万元以上
	A1011		工程机械	单价或批量 10 万元以上
	A1012		园艺设备	单价或批量 10 万元以上
	A1013		消防设备、器材	单价或批量 10 万元以上
	A1014		道路清扫设备	单价或批量 10 万元以上
	A1015		警用设备、用品	单价或批量 10 万元以上
	A1018		档案、保密设备	单价或批量 10 万元以上
	A1019		教学设备（含设施）	
		A101901	学校课桌椅	单价或批量 10 万元以上
		A101902	其他教学设备（含设施）	单价或批量 10 万元以上
	A1020		实验室设备	单价或批量 10 万元以上
	A1021		广播电视、影像设备	单价或批量 10 万元以上
	A1022		灯光、音响设备	单价或批量 10 万元以上
	A1023		文艺设备	单价或批量 10 万元以上

AURORA
震旦
EcoPlus+
Pro-mix
中国驰名商标
GREENGUARD
Indoor Air Quality Certified
MEMBER
WWF
FSC
震旦办公家具 电话:021-59161010 上海市嘉定区申霞路369号 www.aurora-of.com
全国服务专线：
80088200168
中国2010年上海世博会 参展企业
AURORA
震旦集团

Windows®。我在，阻隔不再。HP 推荐使用 Windows 7 操作系统。
好机器，就是不折腾
惠普电脑，稳若泰山的可靠保证
惠普电脑，掌控个性世界。
英特尔™，强劲电脑的芯！
intel CORE i5 inside™
英特尔™ 酷睿™ i5
处理器星级
不折腾就是将稳定踏实的要求落到实处。采用英特尔®酷睿™i5 处理器的 HP Compaq 8100 Elite 商用台式机经过多项验证、端到端诊断和超过 130,000 小时的平台测试，以确保能够满足您的长期运营需求；强大的 HP ProtectTools™安全整体解决方案，确保整个系统安全无忧；高达 89% 的电源效率，有效降低能耗和运营成本。HP Elitebook 2540p 商务笔记本电脑采用更为坚固可靠的 DuraCase 全金属架构设计，支持先进的 Raid1 实时镜像技术，后台随时备份，确保资料安全。同时惠普延续一贯的节能理念和优质服务，成为您最值得信赖的政务伙伴，助您的公务系统稳若泰山。
致电：800-820-2255 或 400-820-2255 分机 412
登入：www.hp.com.cn
惠普全程助力
惠普推荐使用金牌服务(HP Care Pack)金牌服务支持热线：800-810-3888，400-610-3888或010-68687980
详情登录：www.hp.com.cn/services/carepack
★以上广告所列的英特尔处理器型号不作为衡量产品性能的依据。
©惠普研发有限合伙公司2010版权所有，内容如有变更不再另行通知。赛扬、Celeron Inside、Core Inside、英特尔、英特尔标识、英特尔凌动、Intel Atom Inside、英特尔酷睿、Intel Inside、Intel Inside 标识、英特尔欢跃、英特尔博锐、安腾、Itanium Inside、奔腾、Pentium Inside、vPro Inside、至强和Xeon Inside均是英特尔公司在美国或其他国家的商标。有关英特尔处理器评级的更多信息，请参阅www.intel.com/cn/rating Microsoft，Windows and Windows Vista are trademarks of the Microsoft group of companies。其他商标或注册商标属于他们各自的拥有者。This system may require upgraded and/or separately purchased hardware and/or a DVD drive to install the Windows 7 software and take full advantage of Windows 7 functionality. See http://www.microsoft.com/windows/windows-7/for details.

商用显示器

与会者可以随时通过显示器了解会议的时间，地点及会议的提纲。

窄边框拼接显示器

扩大显示面积至120″，在会议期间，它可以被用作一个大型多画面显示屏传递和会议进程相关的信息。（单边2mm）

“慧联”显示群组(N1742LP/N1941WP)

可以用一台主机连接多达11台显示器，每一台显示器可像电脑一样独立运作。通过快速的网络和最新低能耗的科技，既节省了会议室空间，又提升了信息浏览效率。

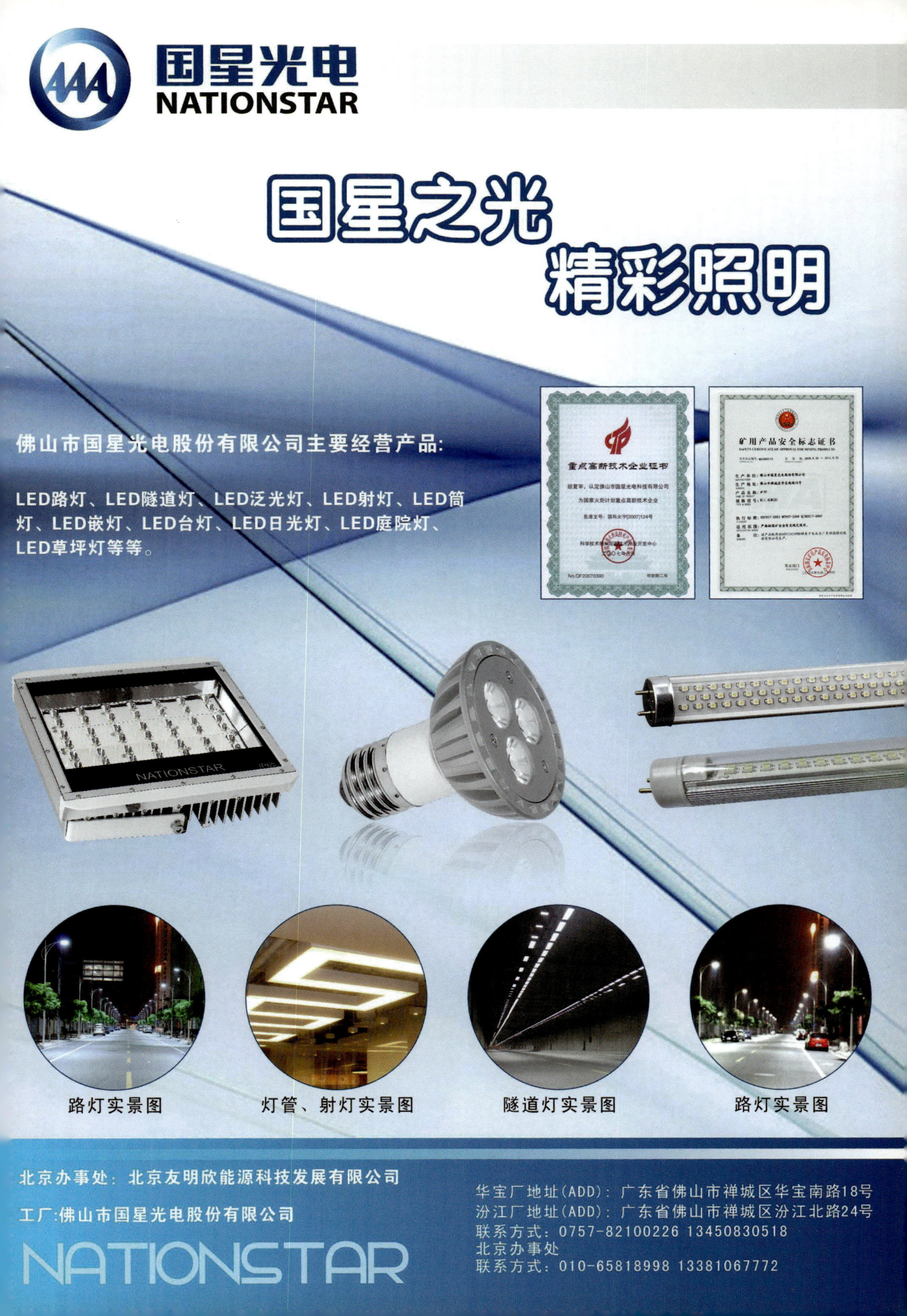

国星光电
NATIONSTAR
国星之光
精彩照明
佛山市国星光电股份有限公司主要经营产品:
LED路灯、LED隧道灯、LED泛光灯、LED射灯、LED筒灯、LED嵌灯、LED台灯、LED日光灯、LED庭院灯、LED草坪灯等等。
重点高新技术企业证书
矿用产品安全标志证书
NATIONSTAR
路灯实景图
灯管、射灯实景图
隧道灯实景图
路灯实景图
北京办事处：北京友明欣能源科技发展有限公司
工厂:佛山市国星光电股份有限公司
NATIONSTAR
华宝厂地址(ADD)：广东省佛山市禅城区华宝南路18号
汾江厂地址(ADD)：广东省佛山市禅城区汾江北路24号
联系方式：0757-82100226 13450830518
北京办事处
联系方式：010-65818998 13381067772

* 数字来自于 Windows 全球销售数据
Microsoft
每秒销售 7 份
2.4亿用户*
Windows 7
—— Windows 史上最畅销操作系统

打动未来
创新智能
惠普自动双面打印
关注你忽略的一面！
轻松便捷办公 惠普智慧帮你实现
HP LaserJet Pro P1606dn
智慧型黑白激光打印机
•打印速度25页/分钟，首页输出仅需7秒
•内嵌“智慧驱动#”
•自动开关机
•自动双面打印，标配网络
•一年上门服务
•0秒预热，节省成本和能源
¥2,599
新
凝聚领先科技，惠普智慧打印机，凭借自动双面打印技术触发高效便捷的办公风潮。打印用纸效率双倍提升，有效控制办公成本，更为绿色环保做出贡献。拥有自动双面打印技术的惠普智慧打印机，让你不再一面打印，一面白白浪费！
HP LaserJet P2055d/dn
黑白激光打印机
•打印速度33页/分钟，首页输出小于8秒
•打印负荷50000页/月
•自动双面打印
•一年上门服务
•0秒预热，节省成本和能源
¥2,999起
新
HP LaserJet Pro M1536dnf
多功能黑白激光一体机
打印/复印/扫描/传真/网络/ADF
•打印速度25页/分钟，首页输出小于8.5秒
•自动双面打印，标配网络
•支持身份证复印*
•外形紧凑小巧
¥3,299
了解更多
搜索 自动双面打印 GO
致电 800-820-0702或400-820-0702
工作时间：周一至周五08:30－18:00
登录 www.hp.com.cn/laserduplex
惠普耗材 轻松网购 www.hp.com.cn/CAC
惠普耗材
订购热线
800 820 0851
轻松享受送货上门！
* 一体机将身份证正反两面分别扫描后，一次性打印在一页纸上。# 驱动安装程序内嵌于打印机中，无需光盘或下载，联机后可智能检测并安装驱动。
© 惠普（HP）研发有限合伙公司2010版权所有，内容如有变更不再另行通知。

清华同方 创造安全电脑
Windows®。我在，阻隔不再。
同方推荐使用正版 Windows 7 操作系统。
一切攻击都是纸老虎
作为中国可信计算工作组核心成员
清华同方构建全新电脑信息安全解决方案
让一切电脑信息安全漏洞都成纸老虎
登陆：www.tongfangpc.com/security.shtml
或拨打400-610-5888热线电话了解详情
同方创新 安全无忧
TST安全平台同方超翔系列安全电脑采用基于国家可信密码模块（TCM）标准开发的TST安全平台技术，多方位保证信息安全
个人密盘：个人私密文件存储于其他用户无法察觉的特定区域
即时备份：除随时备份外，还可设定多个还原时间点，多版本备份
授权密网：通过规定文件的使用权限，有效实现文件的受控共享
系统免疫：在进程启动前主动检查是否遭到非正常篡改，有效抵御恶意攻击
智汇清华
搜索 同方安全电脑 了解更多详情
系统免疫
个人密盘
即时备份
授权密网
超翔Z8000采用英特尔®酷睿™2双核处理器
欢迎登陆 www.tongfangpc.com
了解更多详情，或拨打 800-810-5888
赛扬、Celeron Inside、迅驰、Centrino Inside、Core Inside、英特尔、英特尔标识、英特尔凌动、Intel Atom Inside、英特尔酷睿、Intel Inside, Intel Inside 标识、英特尔欢跃、英特尔博锐、安腾、Itanium Inside、奔腾、Pentium Inside、Viiv Inside、vPro Inside、至强和 Xeon Inside 均是英特尔公司在美国或其他国家的商标。
英特尔™，
强劲电脑的芯！
intel CORE 2 Duo inside™
英特尔™
酷睿™2 双核

续表

A：货物类				
项目编码			品目名称	限额
一级	二级	三级		
	A1024		体育设备	单价或批量10万元以上
	A1025		地震设备	单价或批量10万元以上
	A1026		殡仪火化设备	单价或批量10万元以上
	A1027		电梯和起重机	
	A1028		备用发电机组	
A11			污水处理系统	20万元以上
A12			电力工程、电网改造（含电力电气设备、器材）	20万元以上
A13			智能化系统（含系统集成、网络、综合布线等）	20万元以上
A14			弱电系统	20万元以上
A15			景观系统	20万元以上
A16			净化系统	20万元以上
A17			中央空调系统	
A18			交通工具	
	A1801		汽车	
		A180101	轿车	
		A180104	载客汽车（旅行面包车、公共汽车、微型客车、越野汽车、吉普车、其他载客汽车）	
		A180105	专用汽车（工程车、工具车、卡车、消防车、警车、救护车、通讯和广播用车、皮卡、洒水车、道路清扫车、垃圾车、其他专用汽车）	
		A180106	摩托车	
		A180107	电瓶车	
	A1802		船只	
B：工程相关设备材料类				
B01			市政建设项目	
	B0101		市政道路建设	50万元以上
	B0102		市政公用设施建设	20万元以上
	B0103		自来水输水	20万元以上
B02			环保、绿化项目	
	B0202		市政垃圾处理	20万元以上
	B0204		荒山绿化	50万元以上

续表

B：工程相关设备材料类				
项目编码			品目名称	限额
一级	二级	三级		
	B0205		天然林保护	50万元以上
B03			水利、防洪设施	50万元以上
C：服务类				
C01			印刷、出版	20万元以上
C02			信息技术、信息管理软件的开发设计	20万元以上
C03			布展、气氛布置、节日摆花	20万元以上
C04			雕塑	20万元以上
C05			广告	20万元以上
C06			物业管理	50万元以上
C07			卫生保洁	20万元以上
C08			绿化养护	20万元以上
C09			车辆维修	定点采购
C10			车辆保险	定点采购
C11			保险经纪服务	定点采购

（二）政府采购限额标准

未列入以上集中采购目录的货物、服务、工程相关设备材料项目，单项或批量采购预算金额达到30万元以上（含30万元）的应实行政府采购，采购组织形式为分散采购，由采购人依法自行组织采购或委托具备相应资质的政府采购代理机构实施采购。

山东省财政厅关于公布《2009 年山东省省级政府集中采购目录》的通知

2008 年 10 月 17 日　鲁财库［2008］41 号

省直各部门：

根据《中华人民共和国政府采购法》规定，经省政府授权，省财政厅编制了《2009 年山东省省级政府集中采购目录》，现予公布，自 2009 年 1 月 1 日起实施。现就有关问题通知如下：

一、政府采购目录和采购方式

2009 年省级政府集中采购目录，分为“省级机关政府采购中心集中采购目录”和“部门集中采购目录”两部分。

1. A、B、C 品目属于“省级机关政府采购中心集中采购目录”，由部门委托省级机关政府采购中心按照规定程序代理采购。

2. D、E 品目属于“部门集中采购目录”，由部门委托财政部或经省财政厅认定资格的政府采购代理机构代理采购，也可委托省级机关政府采购中心代理采购。

3. 属于“省级机关政府采购中心集中采购目录”内的项目，必须由省级机关政府采购中心代理采购，不得委托其他政府采购代理机构。

4. “省级机关政府采购中心集中采购目录”中，以下物品实行协议供货方式采购：包括单项或批量采购金额在 80 万元以下的计算机（包括台式计算机、便携计算机）、PC 服务器（包括塔式服务器、机架式服务器）、数码摄影摄像器材（包括数码照相机、数码摄影机）、网络设备（包括网络交换机、低端路由器）、打印机（包括激光打印机、喷墨打印机、针式打印机、激光多功能一体机）、传真机（包括激光传真机、喷墨传真机、热敏纸传真机）、复印机（包括数码复印机、速印机）、投影仪、扫描仪、光盘刻录机、移动存储设备、不间断电源（UPS）、碎纸机、硒鼓、墨盒（墨粉）、复印纸、电视机，以及单次采购 10 辆以下同品牌的轿车或旅行面包车。

二、政府采购限额标准

“省级机关政府采购中心集中采购目录”和“部门集中采购目录”以外、单项采购额在 5 万元以上的项目，也应按规定实行政府采购，由部门委托经财政部或省财政厅认定资格的政府采购代理机构代理采购，或者委托省级机关政府采购中心代理采购。

三、政府采购预算编制

“省级机关政府采购中心集中采购目录”和“部门集中采购目录”范围内，以及政府采购限额标准以上的项目，均应按要求编制政府采购预算。年度中追加的预算指标，属于政府集中采购目录以内的项目，要调增政府采购预算。

四、政府采购计划管理

各部门要根据财政部门批准的年初政府采购预算和年中调整的政府采购预算，向省财政厅报送政府采购计划，其中属 A、B、C 品目的，报“省级政府集中采购计划申请表”，属 D、E 品目的，报“省级部门集中采购计划申请表”，待正式批准后，方可按规定程序实施采购，并接受政府采购管理部门监督。

五、公开招标数额标准

单项或批量采购金额达到 80 万元以上的货物和服务项目，200 万元以上的工程项目（工程勘察、设计、监理为 50 万元），必须采用公开招标方式。

附件：2009 年山东省省级政府集中采购目录

附件

2009 年山东省省级政府集中采购目录

一、省级机关政府采购中心集中采购目录		
品目编码	品目名称	备注
A	货物类	
A01	家具	
A0101	办公家具	
A0102	校舍、宿舍家具	
A02	公务服装	
A0201	标志服装	
A0202	非标志服装	
A0203	劳保服装	
A0204	其他公务服装	
A03	办公自动化设备及耗材	
A0301	大、中型计算机	
A0302	台式微型计算机	
A0303	便携式计算机	
A0304	服务器	
A0305	工作站	
A0306	激光打印机	
A0307	喷墨打印机	

续表1

品目编码	品目名称	备注
A0308	针式打印机	
A0309	扫描仪	
A0310	光盘刻录机	
A0311	移动存储设备	
A031101	U盘	
A031102	移动硬盘	
A0312	投影机	
A0313	视频展示台	
A0314	数码相机	
A0315	数码摄像机	
A0316	磁盘阵列	
A0317	磁带机	
A0318	中控设备	
A0319	不间断电源（UPS）	
A0320	路由器	
A0321	交换机	
A0322	集线器	
A0323	网卡	
A0324	调制解调器	
A0325	硬件防火墙	
A0326	计算机软件	
A032601	系统软件	
A032602	工具软件	
A032603	应用软件	用于财务、管理、教学等
A0327	传真机	
A0328	碎纸机	
A0329	复印机	
A0330	速印机	
A0331	一体机	
A0332	硒鼓	
A0333	墨盒、墨粉	
A0334	复印纸	
A04	视听及采编设备	
A0401	电视机	
A0402	录（放）像机	
A0403	录音机	
A0404	功放机	
A0405	激光视盘机	
A0406	组合音响	
A0407	音箱	

续表 2

品目编码	品目名称	备注
A0408	线性编辑机	
A0409	非线性编辑机	
A0410	摄像机及附属设备	
A0411	采访机	
A0412	其他视听及采编设备	
A05	摄影器材	照相机及配套器材
A06	乐器	
A0601	西洋乐器	
A0602	民族乐器	
A07	空气调节设备	
A0701	中央空调设备	
A070101	中央空调主机	
A070102	热交换器	
A070103	末端设备	
A070104	冷却塔	
A070105	水处理设备	
A070106	自控元件	
A0702	多联空调机	
A0703	分体式空调机	
A0704	窗式空调机	
A0705	恒温恒湿机	
A08	锅炉	
A0801	锅炉本体	
A080101	燃煤锅炉	
A080102	燃气锅炉	
A080103	燃油锅炉	
A080104	电热锅炉	
A0802	锅炉辅助设备	
A080201	燃煤锅炉炉排调速器	
A080202	燃油（气）锅炉燃烧器	
A080203	送风机、引风机及其控制设备	
A080204	锅炉上煤设备	
A080205	除尘脱硫设备	
A080206	烟囱（钢制、砖砌等）	
A080207	给水泵、放水泵、凝结水泵、循环水泵	
A080208	水处理设备	
A080209	锅炉给水除氧设备	
A080210	锅炉仪表阀门	
A080211	锅炉控制柜及其自控装置	
A080212	换热器（汽—水，水—水）	

续表 3

品目编码	品目名称	备注
A080213	省煤器、空气预热器	
A080214	燃油锅炉用油系统及其设备	
A080215	锅炉房内分汽包，分水包及管道	
A080216	锅炉备品、备件及工具	
A09	电梯	
A10	机动车辆	
A1001	轿车	
A1002	越野汽车（吉普车）	
A1003	载货汽车	
A1004	载客汽车	
A100401	旅行面包车	
A100402	大客车	
A100403	微型客车	
A1005	客货两用车	
A1006	专用汽车	
A100601	救护车	
A100602	警车	
A100603	囚车	
A100604	消防车	
A100605	道路清障车	
A100606	道路设施维修车	
A100607	通讯广播车	
A100608	勘察勘探车	
A100609	清扫车	
A100610	洒水车	
A100611	机场专用车	
A100612	叉车	
A100613	工程汽车	
A100614	工具汽车	
A100615	垃圾车	
A100616	粪便车	
A1007	摩托车	
A1008	其他机动车辆	
A11	飞机	
A12	船舶	
A13	机动车辆检测设备	
A1301	机动车辆检测线	
A1302	机动车辆检测车	
A1303	车辆检测诊断设备	
A1304	车辆维修设备	

续表 4

品目编码	品目名称	备注
A14	通信设备	
A1401	交换机	
A1402	备用电源	
A1403	无线电发射机	
A1404	无线对讲机	
A1405	无线接收机	
A1406	通讯中继设备	
A1407	GPS 设备	含接收机、发射机及后端处理设备
A1408	移动信息终端	现场应急处置警用 PDA 手机
A1409	微波传输设备	语音、数据、影像传输
A15	交通管理监控设备	
A1501	路口电子警察	摄像机、网络传输设备、硬盘录像
A1502	移动电子警察	车载摄像机、网络传输设备、硬盘
A1503	警务工作站	摄像机、网络传输设备、硬盘录像
A1504	道路监控	摄像机、网络传输设备
A1505	指挥中心	显示设备、网络设备、矩阵、存储处
A1506	数据传输设备	光纤、电缆、收发设备
A16	灯具	单次采购 5 万元以上
A17	建筑物	
A1701	办公用房	
A1702	其他建筑物	包括办公附属建筑物、公益设施建筑、纪念性建筑、公寓、宿舍用房
A18	专用物资	
A1801	救灾物资	
A1802	防汛物资	
A1803	抗旱物资	
A1804	农用物资	化肥、农药、塑料薄膜、种子
A1805	储备物资	包括粮、棉、糖
A1806	其他物资	
B	工程类	
B01	专业工程	
B0101	空调工程	
B0102	电梯工程	
B0103	消防工程	
B010301	火灾自动报警设备及安装	
B010302	水系统消防设备及安装	
B010303	气体灭火系统设备及安装	
B0104	弱电工程	指与原有建筑物维修、改造（修缮工程）相配合的综合布线工程
B0105	监控工程	

续表5

品目编码	品目名称	备注
B0106	灯光音响工程	
B0107	标准体育场地	
B0108	场区道路	
B02	智能大厦弱电系统集成	
B03	计算机局域网、广域网建设工程	
C	服务类	
C01	信息系统开发	
C02	物业管理	
C03	中介服务	审计、评估、咨询、验资、结算、代理等
C04	交通工具的维修保障	
C0401	车辆保险	
C0402	车辆加油	
C0403	车辆维修	
C05	金融服务	
C0501	国库集中支付代理银行	
C0502	省级政府机关及事业单位工资代发	
C0503	社保基金业务代理机构	
C0504	省级政府发行债券业务代理金融机构	发行、承销、托管
C0505	住房公积金业务代理银行	存款、放款
C0506	国际金融组织贷款项目代理金融机构	
C0507	省级基础设施项目代理金融机构	含投资银行机构
C06	国际机票代理	
C07	中央空调清洗	
C08	其他服务	

二、部门集中采购目录

品目编码	品目名称	备注
D	货物类	
D01	实验室仪器、设备	不含在实验室使用的办公自动化设备、家具等
D0101	波谱分析仪	
D0102	核磁共振波谱分析仪	
D0103	电泳仪	
D0104	质谱仪	
D0105	液相色谱仪	
D0106	衍射仪	
D0107	原子吸收光度计	
D0108	示波器	
D0109	红外分光光度计	
D0110	紫外分光光度计	
D0111	酸度计	
D0112	偏振仪	

续表 6

品目编码	品目名称	备注
D0113	折光仪	
D0114	激光器	
D0115	电子显微镜	
D0116	偏光显微镜	
D0117	立体显微镜	
D0118	其他实验室仪器、设备	
D02	医疗仪器设备	
D0201	诊断设备	
D020101	磁共振诊断仪	
D020102	EJCT 诊断仪	
D020103	EEJCT 诊断仪	
D020104	X 光机	
D020105	数字影仪（DSR）	
D020106	黑白超声诊断仪	
D020107	彩色超声诊断仪	
D020108	动态心电图机	
D020109	颅脑多普勒诊断仪	
D020110	电子动态喉镜	
D020111	电子胃镜	
D020112	支气管镜	
D020113	电脑验光仪	
D020114	胎心监护仪	
D020115	中央多参数监护仪	
D020116	EJC 型臂 X 光治疗系统	
D020117	脑电图机	
D020118	肺功能诊断仪	
D020119	心电图分析系统	
D020120	其他诊断设备	
D0202	治疗设备	
D020201	放疗设备	
D020202	机器人导航手术系统	
D020203	眼科准分子激光仪	
D020204	美容激光仪	
D020205	EJCO2 激光仪	
D020206	超声碎石机	
D020207	前列腺治疗机	
D020208	牙科综合治疗机	
D020209	耳鼻喉治疗台	
D020210	呼吸机	
D020211	除颤器	

续表 7

品目编码	品目名称	备注
D020212	关节镜	
D020213	理疗设备	
D020214	麻醉机	
D020215	腹腔镜	
D020216	高频电刀	
D020217	氩气刀	
D020218	其他治疗设备	
D0203	检验及实验室设备	
D020301	大型生化分析仪	
D020302	流支细胞仪	
D020303	血流变检测仪	
D020304	电子显微镜	
D020305	尿液分析仪	
D020306	台式显微镜	
D020307	r 计数器	
D020308	放射免疫诊断仪	
D020309	病理切片机	
D020310	脱水机	
D020311	包埋机	
D020312	其他检验及实验室设备	
D0204	实验室试剂	
D03	大、中型农用机械	
D0301	动力机械	
D030101	拖拉机	
D030102	柴油机	
D030103	汽油机	
D030104	电动机	
D0302	田间作业机械	
D030201	收获机械	
D030202	耕整机械	
D030203	播种机械	
D030204	施肥机械	
D030205	植保机械	
D030206	秸秆还田机械	
D030207	排灌机械	
D0303	场上作业机械	
D030301	脱粒机	
D030302	清选机	
D030303	烘干机	
D030304	脱壳机	

续表 8

品目编码	品目名称	备注
D030305	摘果机	
D0304	农产品加工机械	
D030401	粮食加工机械	
D030402	油料加工机械	
D030403	棉花加工机械	
D030404	果蔬加工机械	
D0305	农田基本建设机械	
D030501	推土机械	
D030502	挖掘机械	
D030503	装载机械	
D030504	铲运机械	
D030505	平地机械	
D0306	农用运输机械	
D030601	三轮农用车	
D030602	四轮农用车	
D0307	林牧渔机械	
D030701	林业机械	
D030702	牧业机械	
D030703	渔业机械	
D04	土地	
D05	无线电监测设备	
D06	广播电视地面发射接收设备	
D0601	电视广播发射设备	
D0602	卫星地面站	
D0603	广播电视接收设备	
D07	体育器材	
D0701	运动服饰	
D0702	竞技（训练）器材	
D0703	健身（康复）器材	
D0704	户外运动器材	
D0705	体能检测器材	
D0706	场馆设施	
D08	炊事设备	
D0801	灶具烟罩设备	
D080101	炒菜灶	
D080102	大锅灶	
D080103	煲仔炉	
D080104	抽烟机	
D080105	排油烟罩	
D0802	烹蒸烤设备	

续表 9

品目编码	品目名称	备注
D080201	夹层锅	
D080202	微波炉	
D080203	蒸饭车	
D080204	保温车	
D080205	笼屉	
D080206	电饼铛	
D080207	炸锅	
D080208	烤箱	
D080209	电饭锅	
D0803	食品加工设备	
D080301	搅拌机	
D080302	和面机	
D080303	馒头机	
D080304	面条机	
D080305	削皮机	
D080306	切菜机	
D080307	绞肉机	
D080308	榨汁机	
D0804	台柜	
D080401	操作台	
D080402	餐车	
D080403	橱柜	
D080404	售餐台	
D080405	餐桌椅	
D0805	洗刷设备	
D080501	水槽	
D080502	水嘴	
D080503	洗手台	
D080504	储水装置	
D0806	制冷设备	
D080601	冰箱	
D080602	冰柜	
D080603	冷藏展示柜	
D080604	冷库	
D0807	消毒设备	
D080701	洗碗机	
D080702	消毒柜	
D0808	饮水设备	
D080801	饮水机	
D080802	水净化设备	

续表 10

品目编码	品目名称	备注
D080803	水壶	
D09	药品	
D10	医用耗材	
D11	疫苗	
D12	图书	单次采购 5 万元以上
D13	残疾人专用物品	
E	工程类	
E01	工程勘察	
E02	工程设计	
E03	工程监理	
E04	建筑工程	工程施工及与工程建设有关的重要设备、材料等
E0401	土建工程	包括建筑物和构筑物的新建、改建、扩建、拆除等
E0402	装修工程	
E0403	修缮工程	
E0404	安装工程	
E040401	给排水工程	
E040402	采暖工程	
E05	环保、绿化工程	
E0501	污水处理	
E0502	市政垃圾处理	
E0503	园林绿化工程	
E0504	防沙工程	
E06	市政建设工程	
E0601	市政道路建设、改造、整修工程	
E0602	市政公用设施建设	
E0603	自来水输水工程	
E0604	集中供暖、供热、供气工程	
E07	交通运输工程	
E0701	铁路工程（包括地铁工程）	
E0702	公路、桥梁、涵洞	
E08	水利、防洪工程	
E0801	河道疏浚工程	
E0802	大坝、水库、闸门、泄洪工程	
E0803	农田水利工程	
E0804	江河、湖泊治理工程	

青岛市财政局关于印发《2009 年市本级政府集中采购目录》的通知

2008 年 8 月 11 日　青财采［2008］8 号

各区、市财政局，市直各行政事业单位，各政府采购代理机构：

为做好 2009 年政府集中采购工作，明确集中采购范围和限额标准，准确及时地编制政府采购预算，依据《中华人民共和国政府采购法》的有关规定，结合我市实际，市财政局制定了《2009 年市本级政府集中采购目录》，现印发给你们，并就有关事项通知如下，请遵照执行。

一、凡列入集中采购目录、限额标准以上的货物、工程和服务项目，均应实行政府集中采购。市级预算单位应根据集中采购目录规定的范围和政府采购限额标准，在编制 2009 年度部门预算时，单独编制政府采购预算，并经财政部门批复后执行。实行集中采购的项目，由采购人自行委托采购代理机构组织实施。列入协议供货范围的采购商品，采购人通过协议供货商品电子采购系统进行网上采购，详细内容财政部门将及时以文件的形式发至各预算单位，并在媒体上予以公布。

2009 年政府采购限额标准为：货物、工程和服务类项目均为 10 万元，其中，列入集中采购目录内的货物项目，金额在 10 万元以下且属协议供货范围的，实行协议采购。不属协议采购范围的，单位按规定实行分散采购。

公开招标限额为 50 万元。

二、工程类项目全部纳入政府采购流程。其中，项目预算金额超过 50 万元的，以及工程建设竣工前所需主要设备和物资，采购人在填写《财政投资建设工程项目政府采购处理（流程）表》后，经财政业务处室和采购办审核，进入建筑有形市场招标采购。达不到上述金额的工程以及工程竣工后的主要设备和物资的采购，在市政府采购大厅内进行。

三、采购人应严格执行《政府集中采购目录》中的规定范围，凡存在有意规避政府集中采购行为的，经查属实，政府采购监管部门将按照《政府采购法》及省、市的有关规定，追究有关人员的责任。未按规定组织采购的，资金支付时，国库支付局不予结报。

四、《青岛财经日报》、青岛政府采购网站（http//www. sunp. gov. cn）和中国政府采购网站（http//www. ccgp. gov. cn）为我市指定政府采购信息发布媒体，采购公告、中标（成交）信息将在报纸和网站上公布。

五、集中采购目录发布后，因特殊情况需要修改、补充的，由市财政局另行公布。

六、各区、市财政部门可参照市级政府集中采购目录和限额标准，根据当地情况，进行适当调整。

附件：《2009 年市本级政府集中采购目录》

附件

2009年市本级政府采购集中采购目录

序号	品目名称	备注
H	货物类	
H01	计算机、外设、网络设备及软件（批量10万元以上）	
H0101	大、中、小型计算机	
H0102	台式微型计算机	
H0103	便携式计算机	
H0104	服务器	10万元以下协议采购
H0105	工作站	
H0106	路由器	10万元以下协议采购
H0107	交换机	10万元以下协议采购
H0108	集线器	
H0109	网卡	
H0110	调制解调器	
H0111	硬件防火墙	
H0112	不间断电源（UPS）	
H0113	计算机软件	
H011301	系统软件	
H011302	工具软件	
H011303	应用软件	
H0114	磁盘阵列	
H0115	中控设备	
H0116	激光打印机	10万元以下协议采购
H0117	喷墨打印机	10万元以下协议采购
H0118	针式打印机	10万元以下协议采购
H0119	扫描仪	10万元以下协议采购
H0120	光盘刻录机	
H0121	投影机	10万元以下协议采购
H0122	视频展台	
H0123	数码相机	10万元以下协议采购
H0124	数码摄像机	10万元以下协议采购
H0125	其他计算机设备及外设	
H02	办公自动化设备（批量10万元以上）	10万元以下协议采购
H0201	复印机	
H0202	速印机	
H0203	一体机	
H0204	碎纸机	

续表1

序号	品目名称	备注
H0205	传真机	
H03	印刷设备（批量10万元以上）	
H04	照排设备（批量10万元以上）	
H05	视听及采编设备（批量10万元以上）	
H0501	电视机	
H0502	录（放）像机	
H0503	录音机	
H0504	功放机	
H0505	激光视盘机	
H0506	组合音响	
H0507	音箱	
H0508	有线、无线话筒	
H0509	线性编辑机	
H0510	非线性编辑机	
H0511	摄像机及附属设备	
H0512	采访机	
H0513	视频会议系统设备	
H0514	灯光音响设备	
H0515	其他视听及采编设备	
H06	监控设备（批量10万元以上）	
H07	摄影器材（批量10万元以上）	
H08	文艺设备（批量10万元以上）	
H09	体育设备（批量10万元以上）	
H10	地震设备（批量10万元以上）	
H11	教学设备（批量10万元以上）	
H12	消防设备（批量10万元以上）	
H13	无线电监测设备（批量10万元以上）	
H14	殡仪火化设备（批量10万元以上）	
H15	炊事厨房设备（批量10万元以上）	
H16	锅炉及辅助设备（批量10万元以上）	
H17	电梯（批量10万元以上）	
H18	空气调节设备（批量10万元以上）	
H1801	中央空调设备及末端	
H1802	多联空调机	
H1803	分体式空调机	
H1804	窗式空调机	
H1805	恒温恒湿机	
H1806	其他空调设备及附属设备	
H19	医疗设备（批量10万元以上）	
H1901	诊断设备	

续表2

序号	品目名称	备注
H1902	治疗设备	
H1903	检验设备	
H20	实验室仪器、设备（批量10万元以上）	
H21	机动车辆	
H2101	轿车	
H2102	越野汽车（吉普车）	
H2103	载货汽车	
H2104	载客汽车	
H2105	客货两用车	
H2106	专用汽车	
H2107	摩托车	
H2108	机动车辆检测维修设备	
H22	农用机械（批量10万元以上）	
H23	林牧渔机械（批量10万元以上）	
H24	家具（批量10万元以上）	
H25	公务服装（批量10万元以上）	
H2501	标志服装	
H2502	非标志服装	
H2503	劳保服装	
H2504	其他公务服装	
H26	建筑、装饰材料（批量10万元以上）	
H27	燃料（批量10万元以上）	
H28	专用物资（批量10万元以上）	
H2801	救灾物资	
H2802	防汛物资	
H2803	抗旱物资	
H2804	农用物资	
H2805	储备物资	
H2806	其他专用物资	
H29	办公消耗用品	协议采购
H2901	纸张	
H2902	硒鼓	
H2903	优盘	
H2904	移动硬盘	
H30	图书资料	协议采购
H31	其他10万元以上的货物	
G	工程类	10万元以上
G01	环保、园林绿化工程	
G02	修缮、装饰工程	
G03	系统集成、网络工程	

续表 3

序号	品目名称	备注
G04	建筑物	
G05	市政建设工程	
G06	水利、防洪工程	
G07	交通运输工程	
G08	电力工程	
G09	电信工程	
G010	安装工程	
G011	强电工程	
G012	弱电工程	
G013	消防工程	
G014	其他 10 万元以上工程	
F	服务类	10 万元以上
F01	印刷、出版	
F02	专业咨询、工程监理、工程设计	
F03	城区规划、设计	
F04	工程代建	（不限定标准）
F05	信息技术、信息管理软件的开发设计	
F06	地质勘探、测绘	
F07	维修	
F0701	一般设备	
F0702	专用设备	
F0703	车辆维修	协议采购
F08	保险	
F0801	车辆保险	协议采购
F09	租赁	
F10	车辆加油	协议采购
F11	物业管理	
F12	其他 10 万元以上的劳务及服务	

河南省财政厅关于印发《河南省省级 2008 ~ 2009 年政府采购目录及限额标准》的通知

2007 年 10 月 18 日 豫财办购［2007］21 号

省直各部门、各单位：

《河南省省级 2008 ~ 2009 年政府采购目录及限额标准》已经省政府批准，现印发给你们，请遵照执行

附件：河南省省级 2008 ~ 2009 年政府采购目录及限额标准

附件

河南省省级 2008 ~ 2009 年度政府采购目录及限额标准

一、政府采购目录、限额标准

序号	品目名称	备注
A	货物类	
A03	一般设备	
A0301	电器设备	
A030101	电视机	协议供货
A030105	摄影、摄像器材	协议供货
A030106	空气调节设备	协议供货
A030199	其他电器设备	批量采购 1 万元以上
A0302	办公自动化设备	
A030201	计算机	协议供货

续表1

序号	品目名称	备注
A030202	打印机	协议供货
A030204	传真机	协议供货
A030205	复印机	协议供货
A030206	速印机	协议供货
A030207	碎纸机	协议供货
A030208	投影仪	协议供货
A030209	扫描仪	协议供货
A030299	其他办公自动化设备	批量采购1万元以上
A0303	家具	
A030301	办公家具	协议供货
A030302	宿舍家具	协议供货
A030399	其他家具	协议供货
A04	办公消耗用品	
A0401	纸张	协议供货
A0499	其他消耗用品	批量采购1万元以上。包括磁盘、UPS、硒鼓、墨粉
A05	建筑、装饰材料	
A0501	水泥	
A0502	木材	
A0504	金属材料	
A0507	玻璃	
A0599	其他建筑、装饰材料	
A06	物资	
A0601	救灾物资	
A0602	防汛物资	
A0603	抗旱物资	
A0604	农用物资	
A0605	储备物资	包括粮食、糖、棉花等
A0606	燃料	冬季取暖用煤、油

续表 2

序号	品目名称	备注
A0699	其他物资	批量采购 1 万元以上
A07	专用材料	
A0706	工具和仪器	指仪表、仪器等
A0707	艺术部门用材料和用品	
A0708	军装、制服及劳保用品	包括执法部门统一制装；学生统一校服
A0799	其他专用材料	批量采购 1 万元以上
A10	专用设备	
A1001	通信设备	
A100101	移动通信设备	
A100102	电话通信设备	
A100199	其他通信设备	
A1002	印刷设备	
A1003	照排设备	
A1004	网络设备	
A100401	服务器	
A100402	路由器	
A100403	交换机	
A100404	调制解调器	
A100499	其他网络设备	
A1005	发电设备	
A1006	医疗设备、器械	
A1007	计划生育设备	
A1008	交通管理监控设备	
A1009	港口设备	
A1010	农用机械设备	
A1011	工程机械	
A1013	消防设备	
A1015	警用设备和用品	

续表3

序号	品目名称	备注
A1018	档案、保密设备	
A1019	教学设备	
A1020	实验室设备	
A1021	广播电视、影像设备	
A1022	灯光、音响设备	
A1023	文艺设备	
A1024	体育设备	
A1025	地震设备	
A1027	电梯和起重机	
A1028	炊事设备	批量采购1万元以上
A1029	锅炉	
A1099	其他专用设备	批量采购1万元以上
A11	交通工具	
A1101	汽车	协议供货
A110101	轿车	协议供货
A11010101	普通轿车	协议供货
A11010102	高级轿车	协议供货
A110102	越野汽车（吉普车）	协议供货
A110103	卡车	协议供货
A110104	载客汽车	协议供货
A11010402	旅行面包车	协议供货
A11010404	微型客车	协议供货
A11010499	其他载客汽车	协议供货
A110105	专用汽车	
A11010501	工程汽车	
A11010502	工具汽车	
A11010503	消防车	
A11010504	警车	

续表 4

序号	品目名称	备注
A11010505	救护车	
A11010506	通讯和广播用车	
A11010507	皮卡	
A11010599	其他专用汽车	
A1199	其他交通工具	
A99	其他货物	单项金额超过 1 万元
B	工程类	
B01	建筑物	
B0101	公用房建设	
B0102	住房建设	
B0103	其他用房建设	
B0104	文教、卫生、音乐、体育等公益设施建设	
B0105	纪念性建筑设施建设	
B0199	其他建筑设施建设	
B03	环保、绿化工程	
B0301	污水处理	
B0303	园林绿化工程	
B0304	荒山绿化	
B0305	天然林保护	
B0306	防沙工程	
B04	水利、防洪工程	
B0401	河道疏浚工程	
B0402	大坝、水库、闸门、泄洪工程	
B0403	农田水利工程	
B0404	江河、湖泊治理工程	
B05	交通运输工程	
B0501	机场、航空工程	
B0502	港口工程	
B0503	铁路工程	

续表5

序号	品目名称	备注
B0504	公路、桥梁、涵洞	
B06	油气工程	
B07	电力工程	
B08	电信工程	
B09	修缮、装饰工程	
B10	系统集成、网络工程	
B99	其他各类工程	
C	服务类	
C01	印刷、出版	定点采购
C02	专业咨询、工程监理、工程设计	
C03	测绘	
C0301	基础航空摄影	
C0302	专业地理信息系统	
C0303	地形图、影像图等数字化产品及数据库建设	
C0304	界线测绘、地籍测绘	
C04	信息技术、信息管理软件的开发设计及采购	
C05	维修	
C0501	一般设备	
C0502	专用设备	
C0503	建筑物	
C0599	其他维修	
C0703	交通工具的维护保障	
C070301	车辆保险	
C070302	车辆加油	
C070303	车辆维修及配件采购	定点采购
C08	会议	定点采购
C99	其他服务	单次采购1万元以上

二、政府采购货物和服务公开招标数额标准

政府采购货物或服务的项目，单项或批量采购金额一次性达到50万元以上的，必须采用公开招标方式。政府采购工程公开招数额标准按照有关规定执行。

湖北省人民政府办公厅关于印发 2009 年湖北省政府采购目录及标准的通知

2008 年 8 月 11 日　鄂政办发［2008］55 号

省政府各部门：

根据《中华人民共和国政府采购法》的规定，为规范政府采购行为，提高财政资金的使用效益，经省人民政府同意，现将《2009 年湖北省政府采购目录及标准》印发给你们，请结合实际，认真遵照执行。

附件：2009 年湖北省政府采购目录及标准

附件

2009 年湖北省政府采购目录及标准

一、政府集中采购目录

以下项目必须按规定委托省政府采购中心代理采购。

（一）货物类

计算机、打印机、传真机、复印机、速印机、投影仪、扫描仪，摄影、摄像器材，空气调节设备（含除湿设备），电视机、电冰箱、洗衣机、吸尘器、碎纸机，办公家具，学校、科研和医疗专用家具。

轿车、越野汽车、卡车、旅行车、大客车，救护车、洒水车、道路清扫车、垃圾车，工程汽车、工具汽车、警车、通信和广播用车、其他专用汽车，摩托车，船只。

网络设备（服务器、路由器、交换机、调制解调器及其他网络设备），通信设备、印刷设备、照排设备，发电设备，电梯和起重机，炊事设备，锅炉，医疗设备，农用机械设备、工程机械、园艺机械、道路清扫设备，教学设备，监控设备（不含交通管理监控设备），税务装备，消防设备，广播电视影像设备，文艺设备，体育器材，保安设备，灯光音响设备。

应用软件，制服，工具和仪器，燃料，农用物资，储备物资，教科书。

自主创新产品目录产品。

（二）工程类

使用财政性资金以及与财政性资金配套的新建、改建、扩建、装修、拆除、修缮等工程。

（三）服务类

省级车辆保险、维修、加油、车辆内装饰，一般印刷业务，系统集成、网络、软件开发。

工程代建，工程监理，聘请中介机构。

二、部门集中采购目录

以下项目实行部门集中采购。具备条件的由部门按规定组织采购，条件不具备的可委托省政府采购中心或经省级以上财政部门认定资格的政府采购代理机构采购。

（一）货物类

质量技术检测设备，食品药品检测设备，公共卫生检验监督监测设备，交通管理监控设备，气象专用仪器设备，人工影响天气作业设备，航测设备，地震设备，警用器械，医疗专用器械，体育专用器材，海关专用物资装备，检察诉讼设备，法庭内部装备，保密设备，教学专用仪器、课桌椅。

劳保用品，药品，医疗耗材。

生物制品及监测试剂，动物疫病检测防治用品，艺术部门用材料和用品，图书资料。

救灾物资，防汛物资，抗旱物资。

（二）工程类

使用财政性资金以及与财政性资金配套的新建、改建、扩建、装修、拆除、修缮等工程。

（三）服务类

会议、培训、物业管理、特殊印刷业务。

工程代建，工程监理。

部门确定的其他有特殊要求的专用服务项目。

三、部门采购限额标准

省级一级预算单位汇总年批量采购量10万元以下、属于政府集中采购目录以内、且不属于协议供货范围内的货物和服务项目，经省财政厅批准，可由部门集中采购或自行采购。

省级一级预算单位汇总年批量采购量20万元以上、属于政府集中采购目录和部门集中采购目录以外的货物和服务项目，经省财政厅批准，可由部门自行采购。

四、公开招标数额标准

省级单项或批量采购金额一次性达到60万元以上的货物和50万元以上工程，必须实行公开招标。

服务类项目，原则上要通过公开招标方式确定一定时期内的协议供应商；对于不能通过协议服务方式采购、但省级单项或批量采购金额一次性达到30万元以上的服务项目，仍必须实行公开招标。

五、其他要求

（一）纳入集中采购目录属于通用的政府采购项目的，应当委托政府采购中心代理采购；属于本部门、本系统有特殊要求的项目，应当实行部门集中采购；属于本单位有特殊要求的项目，经省人民政府授权省财政厅批准后，可以自行采购。

（二）工程类项目方面，凡国家对政府采购代理机构规定了资质要求的项目，由省级一级预算单位委托符合资质条件的政府采购代理机构代理采购；凡国家未对政府采购代理机构规定资质要求的项目，项目金额 50 万元以上的，由省政府采购中心集中采购，50 万元以下的，由部门委托省政府采购中心或经省级以上财政部门认定资格的政府采购代理机构采购。

（三）各级行政事业单位要按照年度政府采购目录，认真编制政府采购预算，严格实行政府采购资金国库直接支付制度。凡未按规定编制政府采购预算、申报政府采购计划和实行政府采购的项目，财政部门可以拒付资金。

（四）各级行政事业单位要严格执行政府采购制度，财政部门要认真履行监管职责，加强监督检查，不断规范政府采购行为。

（五）建立健全和严格执行政府强制采购节能产品制度，充分发挥政府采购的政策引导功能，将自主创新产品目录列入年度政府集中采购目录，促进节能减排工作，支持经济社会发展。政府采购应采购本国货物、工程和服务，优先采购环保、节能产品，实现政府采购的政策目标。

（六）各地可结合实际，制定本级年度政府采购目录及标准，并报省财政厅备案。

湖南省财政厅关于印发《湖南省2009年政府集中采购目录及政府采购限额标准》的通知

2008年10月7日　湘财购［2008］14号

省直各单位、各市州财政局：

经省人民政府授权，根据《中华人民共和国政府采购法》的有关规定，结合我省政府采购工作实际，制定《湖南省2009年政府集中采购目录及采购限额标准》，现印发给你们，请遵照执行。

附件：湖南省2009年政府集中采购目录及政府采购限额标准

附件

湖南省2009年政府集中采购目录及政府采购限额标准

一、集中采购目录

以下项目必须按规定委托集中采购代理机构（政府采购中心）采购。

（一）货物类

1. 交通工具：公务用车、专用车辆；
2. 电器设备：电视机、电冰箱、空调（不含中央空调），吸尘器；
3. 办公自动化设备：台式计算机、便携式计算机、复印机、打印机、服务器、碎纸机、传真机、速印机、投影仪、多功能一体机、照相机、摄像机等；
4. 办公大宗消耗用品：纸张、硒鼓、碳粉、U盘、光盘、移动硬盘；
5. 计算机软件（指操作系统、办公软件、防病毒软件、数据库、中间件）；
6. 办公家具（含档案密集架）；
7. 电梯（不含工程内的）；
8. 建筑装饰材料；
9. 变配电设备；

10. 救灾物资；
11. 防汛抗旱物资；
12. 出版物、证件；
13. 网络设备；
14. 监控设备；
15. 网络工程；
16. 系统集成。

（二）工程类（100 万元以内）

1. 统一组织的房屋（含宿舍）修缮、装修、改建、扩建、拆除；
2. 绿化工程。

（三）服务类

1. 会议定点、培训、接待；
2. 汽车保险；
3. 汽车维修；
4. 汽车加油；
5. 印刷项目；
6. 物业管理；
7. 软件开发；
8. 网络租赁、网络维护。

二、凡属集中采购目录以外政府采购限额标准以上的项目，由采购人委托经省级以上政府采购监督管理部门认定资格的政府采购业务代理机构（招标公司）或集中采购机构（政府采购中心）实施采购。如：农用物资、农用机械设备、储备物资、医疗设备和器械、计划生育设备、医疗设备、气象专用仪器设备、测绘专业仪器设备、消防设备、警用设备和用品、专用教学设备、广播影视设备及专用摄影设备、文艺设备、体育设备、地震专用设备、质检专用仪器设备、检察诉讼设备、法庭内部装备、水利专用设备、公用房建设和宿舍建设、工程设计等等。

三、政府采购限额标准

预算管理单位使用财政性资金采购货物、工程和服务达到限额标准的，均应当实行政府采购制度。具体限额标准为：

（一）货物类

省级：单项在 1 万元以上或者批量在 10 万元以上金额的货物；

市州级：单项在 3 千元以上或者批量在 3 万元以上金额的货物；

县级：单项在 1 千元以上或者批量在 1 万元以上金额的货物。

（二）工程类（包括建筑物和构筑物的新建、改建、扩建、装修、拆除、修缮。）

省级：20 万元以上的工程项目；

市州级：10 万元以上的工程项目；

县（市）级：5 万元以上的工程项目。

（三）服务类

省级：单项在 1 万元以上或者批量在 5 万元以上金额的服务；

市州级：单项在 1 万元以上或者批量在 3 万元以上金额的服务；

县级：单项在 1 万元以上或者批量在 2 万元以上金额的服务。

（四）协议供货

办公设备实行协议供货单项在 50 万元以内的；

汽车实行协议供货同品牌、同型号在 4 台以下（含 4 台），金额在 100 万元以内的；

其他定点采购项目按相关文件规定执行。

四、公开招标数额标准

各级预算管理单位采购集中采购目录以内或者采购限额标准以上的项目，凡达到公开招标数额标准的，应当采用公开招标方式（法律规定的特殊情形除外）采购。具体数额标准：50 万元以上的单项或者批量货物；50 万元以上的单项或者批量服务；100 万元以上的工程项目。

五、相关说明

（一）采购人在政府采购活动中，应当执行国家强制采购节能产品制度有关规定，优先或强制购买环保节能和自主创新产品；

（二）政府采购应当优先采购本国货物、工程和服务，确需采购进口产品的要按照国家有关规定履行有关审批手续。

（三）政府集中采购目录及采购限额标准是各预算单位编制年度政府采购预算和有关单位编制专项计划的依据，也是财政、监察、审计部门进行监督和检查的重要依据。各单位必须以此依据认真编制本单位的部门预算。

（四）采购限额标准以下的项目，已实行协议供货或定点采购的，各单位必须严格执行协议供货或定点采购制度，没有实行协议供货或定点采购的，由单位自行采购。

（五）达到公开招标数额标准，因特殊情况需要采用非公开招标方式采购的，事前必须报市州以上政府采购监督管理部门批准。

（六）单项采购项目是指单个采购品目或预算专项，由财政安排的专项采购，以预算资金为准；配套资金项目以项目总投资为准。批量采购项目按本年度本部门、本系统的采购总量为准。

复合采购项目，即一个采购项目中既含有货物又含有工程或服务的采购项目，按照采购资金比重最大的项目确定其属性。

（七）本目录及有关标准由湖南省财政厅负责解释。各市州可根据当地实际对集中采购目录和采购限额标准作适当调整。

深圳市财政局关于印发《2009 年深圳市政府集中采购目录》的通知

2008 年 11 月 18 日　深财购［2008］22 号

市直各行政事业单位，市政府采购中心，各区财政局：

根据《深圳经济特区政府采购条例》和财政部《政府采购品目分类表》（财库［2000］10 号）等相关法规规章规定，结合我市实际，我局制定了《2009 年深圳市政府集中采购目录》（详见附件 1），现印发给你们，并将有关事宜通知如下，请遵照执行。

一、凡使用财政性资金采购本目录规定集中采购范围内的货物、服务和工程的，应实行集中采购。

二、纳入政府集中采购目录内的政府采购项目的组织实施。

纳入集中采购目录的市本级政府采购项目，凡属于通用类货物或服务（含协议供货、定点采购）类采购项目和预算金额在 150 万元（含 150 万元）以上的集中采购项目，必须由市政府采购中心组织实施。预算金额在 150 万元以下的集中采购项目，由市政府采购中心或者依有关规定委托政府采购代理机构组织实施。有关协议供货、定点采购的具体情况及要求请参见“深圳政府采购网”相关栏目。

采购人采购纳入集中采购目录以内的货物，需采购进口产品的，应在采购组织实施前报经由市、区财政部门对同级政府采购进口产品进行审核同意后，政府集中采购机构和采购代理机构方可组织实施采购，并在采购文件中予以载明。其中，属于《机电产品国际招标目录》的进口机电产品，按照国际招标有关规定执行。

三、未纳入政府集中采购目录的政府采购项目，采购人可根据《关于进一步规范采购单位自行组织分散采购工作的通知》（深财购［2003］16 号）规定自行采购，也可以委托集中采购机构或者政府采购代理机构采购。

四、属于下列情形的支出项目，暂不纳入政府集中采购目录，不需编制集中采购计划。

（一）属于《深圳市人民政府印发关于加强建设工程招标投标管理若干规定的通知》（深府［2008］86 号）第三条、第六条规定的采购项目。

（二）属于市编委批复的法定事业单位职能范围内的支出项目（原则上项目承担单位不得将项目对外委托，确实需要对外委托的，由项目承担单位编制集中采购计划并按集中采购程序办理采购事宜）。

（三）带有垄断性质行业服务类采购项目，如通讯管网、煤气、天然气管道租用和维护、水电线路改造、邮政投递、公益性主流媒体广告和公告、特殊地段（机场、车站）广告等。

（四）特殊文化艺术品或宣传品的创作及制作。

（五）需要考虑地段等因素的房屋购置和租赁，演出、展览、运动场馆场地租赁。

（六）活体动物采购。

（七）直升机托管。

（八）公务出国中的境外推介洽谈、招商、会议、专题宣传、展览、宴请等，非本市组团的公务出国。

（九）河道水库等水务工程抢险抢修（含停水检修）及抢险抢修所需材料、零配件采购，深圳市外水源工程管理。

（十）市委、市政府、市人大、市政协、市纪委指定召开的或指定由部门组织承办的大型会议、培训、演出等。

（十一）非公务用车使用的燃油及其他燃料的购置。

（十二）中央及省级行政主管部门通过集中采购确定并指定唯一供应商的货物或服务项目。

（十三）企业研发中心或公共技术服务平台所需设备采购。

（十四）属非政府独立产权，且物业管理主导权不属于政府机构的物业管理。

（十五）市委、市政府确定的地方志、统计年鉴的出版发行。

（十六）图书类项目中的外文图书、电子图书、教材（中小学教材除外）及配套教学辅助用书、中外文期刊。

（十七）属具有唯一性的法定专业机构实施的特定中介服务类项目，如危房鉴定、强制性检验检测、考古鉴定等。

五、按照《国务院办公厅关于建立政府强制采购节能产品制度的通知》（国办发［2007］51号）、《财政部、环保总局关于环境标志产品政府采购实施的意见》（财库［2006］90号）、《中共深圳市委深圳市人民政府〈关于实施自主创新战略建设国家创新型城市的决定〉有关配套政策文件的通知》（深府办［2006］60号）、《中共深圳市委、深圳市人民政府关于全面推进循环经济发展的决定》（深发［2006］9号）等的要求，以下产品列入政府优先采购清单，我市政府采购组织实施中，在技术、服务等指标满足采购需求的前提下，优先采购以下清单范围内产品：

（一）财政部、国家发展和改革委员会制定的《节能产品政府采购清单》，财政部、环境保护部制定的《环境标志产品政府采购清单》中列示的企业及产品，详见中国政府采购网（http：//www.ccgp.gov.cn/）首页。

（二）深圳市科技和信息局和深圳市贸易工业局《关于二〇〇八年深圳市自主创新产品认定的通知》（深科信［2008］261号）确认的57家企业的122个产品，详见附件2。

（三）深圳市水务局《关于公布2008年〈深圳市节水型工艺、设备、器具名录〉的通告》（深水务［2008］209号）所列节水型工艺、设备、器具，详见附件3。

（四）五洲龙客车系列产品，比亚迪汽车系列产品。

集中采购机构及各采购代理机构应加强内部培训，使采购工作人员全面掌握上述优先采购清单内容，并加强与采购单位和相关职能部门的沟通协商，根据国家及我市关于优先采购的条件、原则和实施意见，认真组织好优先采购清单产品的采购工作。

六、公务车加油、公务车保险、公务车维修、公务住宿接待、公务出国代理、设备及车辆租赁、公务印刷、会计、审计、法律中介服务项目，长期服务合同履行期限可一定二年。物业管理、保安服务、履行职能的经常性维修维护服务项目、系统设备和技术项目后续经常性维修维护服务项目，长期服务合同履行期限原则上一定三年，对个别特殊项目可专题研究确定合同履行期限。以前年度通过招标确定的上述服务项目到期时，可续签补充合同进行延期，其中：物业管理、保安服务、履行职能的经常性维修维护服务项目、系统设备和技术项目后续经常性维修维护服务项目的合同履行期限可自合同签订日起延满三年。

七、市直各预算单位要以本通知规定作为编制 2009 年政府采购预算的依据，各区可结合本区实际情况作适当调整后执行。

八、本通知由深圳市财政局负责解释。

特此通知。

附件：1. 2009 年深圳市政府集中采购目录

2. 2008 年深圳市自主创新产品

3. 2008 年深圳市节水型工艺、设备、器具名录

附件 1

2009 年深圳市政府集中采购目录

一、货物类

（一）通用类政府采购项目（含协议采购项目）。

1. 轿车、越野车（吉普车）、旅行车、客车、摩托车、皮卡、箱式货车；

2. 办公自动化设备：台式电脑、笔记本电脑、打印机（喷墨、激光、针式、多功能一体机）、传真机、复印机、速印机、扫描仪、碎纸机、投影机（包括视频展示台等）、UPS 电源（后备式）；

3. 网络设备：服务器、小型机、数据工作站、路由器、交换机、硬件防火墙；

4. 电视机；

5. 空调（不含窗式空调）；

6. 办公用纸：复印纸、打印纸、传真纸；

7. 中小学教材；

8. 预算金额在 10 万元以上（含 10 万元，下同）的家具；

9. 预算金额在 10 万元以上的厨具和厨房设备；

10. 预算金额在 10 万元以上的中文图书；

11. 预算金额在 10 万元以上的其他通用货物。

（二）专用类政府采购项目（预算金额在10万元以上）。

12. 工程机电设备；
13. 救灾物资；
14. 防汛物资；
15. 储备物资；
16. 网络专用设备；
17. 交通管理监控设备；
18. 医疗设备、器械；
19. 港口设备；
20. 农用机械设备；
21. 工程机械设备；
22. 道路清扫设备；
23. 警用设备；
24. 消防设备；
25. 专用教学设备；
26. 实验室设备；
27. 气象专用仪器设备；
28. 测绘专业仪器设备；
29. 质检专用仪器设备；
30. 广播电视和影像设备及摄影器材；
31. 会议系统设备；
32. 光电显示设备；
33. 无线电管理设备；
34. 节能、节水设备；
35. 文艺设备；
36. 体育设备；
37. 救助船舶及直升机；
38. 执法船艇；
39. 软件；
40. 专用汽车；
41. 工程汽车；
42. 其他专用及特种设备。

二、服务类（含定点采购项目）

1. 公务车加油、维修、保险；
2. 公务住宿接待；
3. 整体打包由出国经办代理机构代理组团的公务出国服务；
4. 预算金额在10万元以上的会议；
5. 预算金额在10万元以上的印刷；

6. 预算金额在 20 万元以上的租赁（含设备、车辆租赁项目）；
7. 预算金额在 10 万元以上的物业管理；
8. 预算金额在 10 万元以上的交通设施维护服务；
9. 预算金额在 20 万元以上的课题咨询类服务；
10. 预算金额在 10 万元以上的会计、审计、法律中介服务；
11. 预算金额在 10 万元以上的系统设备和技术项目后续经常性维修维护服务；
12. 预算金额在 10 万元以上的其他服务。

三、工程类

1. 预算金额在 20 万元以上的修缮、装修、装饰工程；
2. 预算金额在 20 万元以上的节能、环保工程；
3. 预算金额在 20 万元以上的园林、绿化工程；
4. 预算金额在 20 万元以上的系统集成、网络工程及其他技术项目；
5. 不属于发展和改革部门政府基本建设投资计划立项，且不属于按《深圳市人民政府印发关于加强建设工程招标投标管理若干规定的通知》（深府〔2008〕86 号）第六条规定必须进行招标的范围，预算金额在 20 万元以上的其他工程。

附件 2

2008 年深圳市自主创新产品

编号	公司名称	项目名称及型号
1	深圳市圣爱医学科技发展有限公司	数控多功能伽玛射线全身立体定向放射治疗系统（HOLY · γ - SRRS）
2	深圳市朗科科技股份有限公司	闪存盘（优盘®闪存盘）
3	深圳奥特迅电力设备股份有限公司	电力用直流和交流一体化不间断电源设备（ATCDY 系列）
4	深圳晶辰电子科技股份有限公司	JSK 平板显示开关电源（JS - 070122FB - 038、JS - 12020 - 2E、JS - 12030 - 2E）
5	深圳市高正软件有限公司	基于 PDA 的数据采集与共享系统（PIS）（V1.0） 党建业务管理系统（V1.0）
6	深圳市金奥博科技有限公司	JWT 改性铵油炸药连续化自动化生产线设备及工艺（JWT） JWL 乳化炸药连续化全自动化生产线工艺设备（JWL）
7	深圳市丕微科技企业有限公司	丕微网吧第三代 IC 卡应用管理软件（V3.0） piway 多媒体信息发布系统（V3.0）
8	深圳市深科医疗器械技术开发有限公司	输液泵（SK - 600I）

续表

编号	公司名称	项目名称及型号
9	深圳雷杜生命科学股份有限公司	半自动生化分析仪（RT－1904C、9100、9200、9600、9800、9900、9000） 酶标分析仪（RT－2100C、RT－6000、RT－6100） 全自动洗板机（RT－2600C、RT－3000、RT－3100） 半自动凝血分析仪（RT－2204C、RT－2202C、RT－2201C） 尿液化学分析仪（RT－100、RT－150、RT－180） 尿液分析试纸条（UA－11、UA－10、UA－8） 全自动生化分析仪（RT－200CPlus） 全自动血细胞分析仪（RT－7600、RT－7100、RT－7600S）
10	深圳市迈科龙电子有限公司	MIS2300型生殖感染智能识别系统（MIS2300型）
11	深圳市景阳数码技术有限公司	数字视频DPS超宽动态彩色摄像机（SN－587C、SN－586C、SN－586DCB、SN－586DC、SN－VP586DC）
12	深圳市中科利亨车库设备有限公司	智能化多出入口塔式立体车库（PCSYX/XK－LH）
13	宇星科技发展（深圳）有限公司	水质在线自动监测系统（YX－WQMS） YX－CEMS固定污染源排放烟气连续监测系统（YX－CEMS） 化学需氧量YX－CODcr自动在线检测仪（YX－CODcr） 数据采集器（JLWZ－YX300） 宇星环境监控信息系统平台（含业务管理、视频监控、应急指挥、移动执法、污染源仿真、地理信息系统）（V1.0）
14	深圳市飞音科技有限公司	飞音科技手调数显汽车音响控制软件（V1.0） 飞音科技电调带CD碟盒汽车音响控制软件（V2.1） 飞音科技电子抗震汽车音响控制软件（V2.1） 飞音科技多功能汽车音响控制软件（V1.0）
15	深圳市天时通科技有限公司	TouchWin互动系统平台（V2.0）
16	深圳科士达科技股份有限公司	不间断电源（HP9100（6K\10K））
17	深圳市迪威视讯股份有限公司	高清多点控制单元MCU（focus8600） 视频会议终端（focus3600）
18	深圳市海斯比船艇科技发展有限公司	超高速摩托艇（海豹HP1500、1100、750、950；SD1088；HY800；HSB7000；HG800）
19	深圳市华江科技有限公司	发动机代用燃料智能电控系统（车用代用燃料智能电控系统；发动机用代用燃料智能电控系统）
20	深圳市满泰科技发展有限公司	满泰泵闸站群综合自动化软件（V3.0） 满泰水电站综合自动化软件（V3.0）
21	深圳市比克电池有限公司	方型电池（423450） 磷酸铁锂动力电池（26650） 聚合物电池（363830）

续表

编号	公司名称	项目名称及型号
22	深圳市豪鹏科技有限公司	可长时间贮存的氢镍电池（50AAJY2000、44AAAJY800、50CJY4000、43AQY2100、50AY2200）
23	深圳市龙澄高科技环保有限公司	纳米生物滤池－低温等离子体臭气处理系统（LQSD－II） 循环水回用式生物环保厕所（LQSSB－I）
24	深圳市彩虹精细化工股份有限公司	重防腐涂料（强力锌）（气雾型、涂刷型）
25	深圳市威尔德医疗电子股份有限公司	掌上 B 型超声诊断仪 （WED－2000，WED－2000A，WED－3000，WED－2018） 全数字超声诊断系统 （9618Plus，280，260，360，380，660，680，9618CⅡ，9618CⅢ）
26	深圳市雄韬电源科技有限公司	高能蓄电池 （CP640－6140T，CP1223－12280；6FM33－230；CL200－3000） 纳米蓄电池（CG2－200－3000；CG8－3.2；CG6－225；CG12－24－230） 电动车蓄电池（EVU1，22，24，27，34，12，GC6，CH6，L16，305，250，4D，8D，31）
27	深圳市铁越电气有限公司	电力数字图像远程集中监控系统（IVP4000）
28	深圳市先施科技有限公司	超高频 RFID 远距离电子标签读写系统设备（S1864、S1852、S1853、S1815、S1830、S1882）
29	深圳市奥赛福科技发展有限公司	射击枪弹管理业务软件（V1.0，奥运赛事版）
30	深圳太太基因工程有限公司	食源性致病微生物荧光 PCR 检测试剂盒（48 次反应） 禽流感病毒荧光 PCR 检测试剂盒（48 次反应）
31	深圳市同洲电子股份有限公司	有线数字电视系统用户终端接收机（Anysight108） 便携式导航仪（CPND－3505A） 有线数字电视系统用户终端接收机（Anysight600） 数字电视解码器（CDVB5200CI）
32	深圳市远望谷信息技术股份有限公司	机车双向电子标签系统产品（XCTF－3J，XCJM－5）
33	深圳市电精科技有限公司	IAC 电子空气净化消毒机（U130A、U250A、C290R、C220R、H570R）
34	深圳市巨龙科教高技术股份有限公司	超大屏幕交互式电子白板（9000—158 吋）
35	研祥智能科技股份有限公司	高性能计算机板卡及模块（PCLD－8710、PCI－16MF、PCI－I8DAP、PCI－16P16R） e－CON 易控嵌入实时操作系统（V－1.0 版本） 冗余系统槽 Compact PCI 高可靠平台（CPC） 一体化工作站（EWS） 长征系列特种计算机（MEC、SPC、IPC）

续表

编号	公司名称	项目名称及型号
36	深圳迈瑞生物医疗电子股份有限公司	彩色多普勒超声诊断系统（DC－6，DC－6E，DC－6T，DC－3） 便携式彩色多普勒超声诊断系统（M5） 全数字黑白超声诊断系统 （DP－7700/DP－8800Plus/DP－9900Plus） 便携式全数字超声诊断系统 （DP－2200/3300/6600/3200/6500/7600/8600/9600） T系列监护仪（T5（T5 and T5standar）/T6/T8） PM系列监护仪（PM－7000/PM－8000E/PM－9000E） MEC系列监护仪（MEC－2000/MEC－1000） 中心监护系统（远望VI） 麻醉机（Ex－50/Ex－60/Ex－55/Ex－65） 数字X线机（560） 三分类血液细胞分析仪 （BC－2300/BC－2600/BC－2800/BC－3200/BC－3000Plus） 五分类血液细胞分析仪 （BC－5500/BC－5300/BC－5200） 高性能中低端全自动生化分析仪 （BS－120/BS－130/BS－200/BS－220） 高性能中端全自动生化分析仪（BS－300/BS－320） 高性能中高端全自动生化分析仪（BS－400/BS－420）
37	深圳达实智能股份有限公司	达实油库网络信息管理软件（V1.0） 八门门禁控制器（DAC MJ－M8） 家居控制器（DHC300） 中央空调节能控制系统（EMC007）
38	深圳市瑞升华科技有限公司	机械式蒸汽再压缩节能蒸发器（sunevap500－35000）
39	深圳市惠程电气股份有限公司	SMC电气设备（HFK\HF\HiDy\LHCPS\HCPS\LHCJ\LHCN\HCS）
40	深圳市朗驰欣创科技有限公司	网络硬盘录像机（NVR）（LC8300系列）
41	深圳市深信服电子科技有限公司	深信服IPSEC/SSL VPN二合一安全网关 （M5100－S，M5400－S，M5500－S，M5600－S，M5800－S）
42	深圳市宝德科技股份有限公司	宝德高性能服务器（PR1700D、PR2700D、PR4700D、PR1760T2、PR2850Q、PT6710D）
43	深圳市艾斯兰德冷机制造有限公司	商用高效制冷机组（NBZ－S/NBD－S）
44	深圳市斯尔顿科技有限公司	珍珠珠层无损检测仪（OSG－1000）
45	深圳市邦贝尔电子有限公司	大功率LED路灯（LU2\LU4\LU6）、LED灯泡（SP70、SP80、SP80B）
46	深圳市披克电子有限公司	披克一卡通嵌入式控制软件（V1.0）
47	深圳市东震实业有限公司	电磁感应加热装置（DBZ—900） 可燃、毒性气体检测报警装置（JB－WX－DZI11B）

续表

编号	公司名称	项目名称及型号
48	深圳市东维丰电子科技有限公司	CPU 散热器 （EC（526HB－P\519HB－P\806MB\8135MB\501HGT\809MB－D））
49	深圳市兴隆源科技发展有限公司	自发电智能型路灯（SNE2120A01）
50	深圳易拓科技有限公司	硬盘驱动器（Gstor Wave） （GSMS9320/9250/9160，GSMS5250/5160/5120/5080） 硬盘驱动器（木星） （ESJ9250S/9160S/8160S/8080S，ESJ9250/9160/8160/8080） 硬盘驱动器（金星） （ESV9250S/9160S/8160S/8080S，ESV9250/9160/8160/8080） 安全存储器（Gstor Plus） （GP2160，GP1080－C231/C232/E231/E232，GSMS2160/1080）
51	深圳市华路德电子技术开发有限公司	道路停车计时收费器（HLD－900A）
52	深圳市齐心文具股份有限公司	碎纸机（S215、S320、S410、S330）
53	深圳太极软件有限公司	太极综合职能电子监察软件（V2.1） 太极综合执法信息系统（V1.0）
54	深圳市蓝韵实业有限公司	全数字化超声诊断系统（F40\F50\F60） 医用 X 射线装置（明睿 LWX－20P） 医学影像档案传输、处理软件系统（PACS）（LW－PACS） 全数字超声诊断系统（C80 C85） 全数字 B 型超声诊断仪（LW－U350） B 型超声诊断仪（C80、C75、C70、C65、C60、C55、C40、C35、C30、C25、C20、C15）
55	深圳市金亮厨房设备有限公司	A 类炉台拉篮产品（A80） BD 类抽屉拉篮（BD35、BD40、B35、B30） 储物挂件产品（D15－1H，D18H） 储物篮架伸缩式滑动轨道及滑动式储物篮架（高深滑动拉篮 KGC 类，KL 类、厨柜转角 KGC10）
56	深圳市康冠电脑技术有限公司	19 宽屏液晶电视显示器 （19T33/W9005S－TD/19T11/19T22/19T55） 19 宽屏液晶电脑显示器 （W9005S/W9006S/W9007S/W9008S/W9009S）
57	华瀚科技有限公司	塑钢缠绕管（聚乙烯塑钢缠绕排水管）（DN100－2200）

附件 3

2008 年深圳市节水型工艺、设备、器具名录

序号	名称	型号	节水简要说明	生产商	代理商
1.	节水龙头	CF0391	陶瓷片密封水嘴	制造企业： 昆明立兴科技开发有限责任公司 生产企业： 开平市上华卫浴实业有限公司 商标名：〈立人〉	服务热线： 0755 – 81665159 深圳市王潮建材贸易有限公司 地址： 福田区上梅林凯丰路 28 号三栋一层 电话： 7055 – 26283724
2.	节水龙头	AB3011SL	同上	同上	同上
3.	节水龙头	AT1031C	同上	同上	同上
4.	节水龙头	BC1021C	同上	同上	同上
5.	节水龙头	BC1021C4	同上	同上	同上
6.	节水龙头	LK1011C	同上	同上	同上
7.	节水龙头	LK1011CG	同上	同上	同上
8.	节水龙头	CD3011C	同上	同上	同上
9.	节水龙头	CD3011CG	同上	同上	同上
10.	节水龙头	LR3071C	同上	同上	同上
11.	节水龙头	LV1084C	同上	同上	同上
12.	节水龙头	圆球 1051C	同上	同上	同上
13.	节水龙头	圆球 1051C + L	同上	同上	同上
14.	节水龙头	圆球 1051C + M	同上	同上	同上
15.	节水龙头	直柄 1051C	同上	同上	同上
16.	节水龙头	直柄 1051C + M	同上	同上	同上
17.	节水龙头	直柄 1051C + L	同上	同上	同上
18.	节水龙头	LX3031C	同上	同上	同上
19.	节水龙头	LU1083C	同上	同上	同上
20.	节水龙头	LV1082C	同上	同上	同上
21.	节水龙头	DA1031C	同上	同上	同上
22.	节水龙头	DA1031C + M	同上	同上	同上
23.	节水龙头	DA1031C + L	同上	同上	同上

广西壮族自治区人民政府关于公布2008～2009年广西壮族自治区政府集中采购目录及限额标准的通知

2007年7月8日 桂政发［2007］22号

各市、县人民政府，自治区农垦局，区直各委、办、厅、局：

为规范政府采购行为，明确我区2008～2009年的政府采购范围，根据《中华人民共和国政府采购法》的有关规定，结合我区实际情况，现公布《2008～2009年广西壮族自治区政府集中采购目录及限额标准》（以下简称《目录及标准》），并提出以下要求，请遵照执行。

一、各级国家机关、事业单位和团体组织（以下统称采购人）使用财政性资金采购集中采购目录以内或者采购限额标准以上的货物、工程和服务的，必须按照有关法律、法规、规章和制度进行政府采购。

二、各级人民政府财政部门是负责政府采购的监督管理部门，依法履行对政府采购活动的监督管理职责，依法对政府采购的法律、法规和采购范围、方式、程序等执行情况进行监督管理，并受理与政府采购有关的投诉。

三、采购人在编制年度部门预算时，要根据《目录及标准》单独编制政府采购预算，并依据批复的政府采购预算，按规定及时编报政府采购计划。

对不按要求编制政府采购预算和计划的部门，政府采购监督管理部门责令其改正；拒不改正的，财政部门停止按预算向其拨付资金，其上级行政主管部门或者有关机关要依法给予其直接负责的主管人员和其他直接责任人员处分。

采购人没有按规定编制政府采购计划的，采购代理机构不得与采购人签订委托代理协议，不准代理其政府采购事宜。

四、政府采购实行集中采购和分散采购相结合，集中采购目录包括通用类目录和专用类目录两大部分。集中采购目录以内的采购项目实行集中采购，集中采购目录以外、采购限额标准以上的采购项目实行分散采购。

五、集中采购目录中属通用的、零星的、经常性采购的货物和服务类采购项目，如电器设备、办公自动化设备、办公消耗用品、会议、印刷、汽车和汽车的加油、保险、维修等项目可分别进行协议供货采购和定点采购。

六、各地级市人民政府或其授权部门可根据当地的实际情况，在逐步扩大政府采购范围、规范政府采购行为的基础上，依照本《目录及标准》调整本级政府集中采购目录、限额标准及公开招标的数额标准，制定所辖县级政府集中采购目录、限额标准及公开招标的数额标准，并报自治区财政厅备案。

七、本《目录及标准》自2008年1月1日起施行，各地、各部门在执行过程中遇到的问题，应及时向自治区财政厅反映。

八、本《目录及标准》公布后，因特殊情况需要修改、补充的，由自治区财政厅另行公布，报自治区人民政府备案。

附件：2008～2009 年广西壮族自治区政府集中目录及限额标准

附件

2008～2009 年广西壮族自治区政府集中采购目录及限额标准

一、集中采购目录

目录编码	品目名称	备注
（一）通用类政府采购目录		
1A	货物类	
1A01	电器设备	
1A0101	电视机	
1A0102	电冰箱（冰柜）	
1A0103	摄影和摄像器材	
1A0104	空气调节设备	
1A0105	其他电器设备	
1A02	办公自动化设备	
1A0201	计算机及其外部设备	
1A0202	打印机	
1A0203	传真机	
1A0204	复印机	
1A0205	速印机	
1A0206	投影仪	
1A0207	扫描仪	
1A0208	多功能一体机	
1A0209	刻录机	
1A0210	正版通用软件	

续表

目录编码	品目名称	备注
1A0211	其他办公自动化设备	
1A03	交通工具	
1A0301	轿车	
1A0302	越野车（吉普车）	
1A0303	旅行车（面包车）	
1A0304	卡车	
1A0305	载客汽车（大、小客车）	
1A0306	皮卡	
1A0307	摩托车	
1A0308	公务用船舶	
1A04	办公消耗用品	
1A0401	纸张（含复印纸、打印纸等）	
1A0402	U盘（含移动硬盘）	
1A0403	办公自动化设备耗材（含墨盒、墨粉、硒鼓、油墨等打印机、复印机、速印机耗材）	
1A05	办公家具	自治区本级单位单项金额5千元以上或者单项金额低于5千元但批量金额在5万元以上
1A06	电梯	
1A07	锅炉	
1A08	发配电设备	
1A09	中央空调机组（含末端设备）	
1A10	专用机动车辆	
1A1001	工程车	
1A1002	工具车	
1A1003	警车	
1A1004	消防车	
1A1005	救护车	
1A1006	通讯和广播用车	
1A1007	其他专用机动车	

续表

目录编码	品目名称	备注
1B	工程类	
1B01	统一建设的公用房、住房和廉租房	
1B02	统一组织的房屋修缮、装修	
1C	服务类	
1C01	公务车辆保险	
1C02	公务车辆维修	
1C03	公务车辆加油	
（二）专用类政府采购目录		
2A	货物类	
2A01	物资	自治区本级单位预算金额在 5 万元以上
2A0101	救灾物资	
2A0102	防汛物资	
2A0103	抗旱物资	
2A0104	农用物资	
2A0105	储备物资	
2A0106	慰问物资	
2A02	通信设备	
2A0201	无线电监测设备及器械	
2A03	网络设备及网络配套设备	
2A0301	服务器	
2A0302	路由器	
2A0303	交换机	
2A0304	调制解调器	
2A0305	磁带库	
2A0306	磁盘阵列	
2A0307	防火墙	
2A0308	加密设备	
2A04	医疗设备、器械	

续表

目录编码	品目名称	备注
2A05	计划生育设备	
2A06	消防设备	
2A07	警用设备和用品	
2A08	监控保安设备	
2A09	教学设备	
2A10	实验室设备	
2A11	广播电视、影像设备	
2A12	灯光、音响设备	
2A13	文艺设备	
2A14	体育设备及器材	
2A15	船只	
2A1501	救助船舶	
2A1502	缉私船	
2A1503	港务监督巡逻艇	
2A16	环保监测设备及器械	
2A17	质量检测仪器设备	
2A18	农用机械及设备	
2A19	林业专用设备	
2A20	水产畜牧专用设备	
2A21	水利专用设备	
2A22	交通专用设备（含交通指示灯、牌，交通电子监控设备）	
2A23	海洋、气象专用仪器设备	
2A24	防震、防雷、地质勘察、测绘仪器设备	
2A25	其他专用设备（包括：人工影响天气作业设备、航测设备、税务专用物资装备、检察诉讼设备、法庭内部装备等）	
2A26	各种疫苗、药品	
2A27	公务服装及相关用品	

续表

目录编码	品目名称	备注
2A28	专用材料	自治区本级单位单项金额 1 万元以上或者单项金额低于 1 万元但批量金额在 5 万元以上
2A29	图书材料	
2B	工程类	
2B01	本单位公用房建设和宿舍建设	
2B02	本单位公用房和宿舍修缮、装饰工程	自治区本级单位预算金额在 10 万元以上
2B03	本单位公用设施建设工程	
2B04	供水、供暖、供热、供气工程	
2B05	市政建设工程	
2B0501	市政道路工程	
2B0502	市政公用设施建设	
2B06	环保、园林、绿化工程	自治区本级单位预算金额在 10 万元以上
2B07	污水处理工程	
2B08	水利、防洪工程	
2B0801	河道疏浚工程	
2B0802	大坝、水库、闸门、泄洪、排涝工程	
2B0803	农田水利工程	
2B0804	江河、湖泊治理工程	
2B09	交通运输工程	
2B0901	机场、航空工程	
2B0902	港口工程	
2B0903	铁路工程	
2B0904	公路、桥梁、涵洞	
2B10	土地整理项目、农业综合开发项目	自治区本级单位预算金额在 10 万元以上
2B11	其他工程	
2B1101	油气工程	
2B1102	电力工程	
2B1103	电信工程	
2B1104	系统集成	

续表

目录编码	品目名称	备注
2B1105	网络工程	
2B1106	监控工程	
2C	服务类	
2C01	会议接待	
2C02	印刷	
2C03	信息技术、信息管理软件的开发、设计	自治区本级单位预算金额在 5 万元以上
2C04	工程项目的勘察、设计、监理、上限控制价编制、项目代建单位等服务	
2C05	租赁服务	
2C0501	办公用房租赁	自治区本级单位预算金额在 5 万元以上
2C0502	宿舍用房租赁	
2C0503	通讯线路租赁	
2C0504	网络租用	
2C06	物业管理	
2C07	其他服务（包括：审计、评估、咨询、广告设计等服务）	

二、政府采购限额标准

（一）货物类

自治区级：单项金额在 5000 元以上或者单项金额在 5000 元以下但批量金额在 5 万元以上的货物。

地级市级：单项金额在 3000 元以上或者单项金额在 3000 元以下但批量金额在 3 万元以上的货物。

（二）工程类（包括建筑物和构筑物的新建、改建、扩建、装修、拆除、修缮）

自治区级：20 万元以上的工程项目。

地级市级：10 万元以上的工程项目。

（三）服务类

自治区级：单项金额在 1 万元以上或者单项金额在 1 万元以下但批量金额在 5 万元以上的服务。

地级市级：单项金额在 1 万元以上或者单项金额在 1 万元以下但批量金额在 3 万元以上的服务。

单项采购项目是指单个采购品目或预算专项，由财政安排的专项采购，以预算资金为准；配套资金项目以项目总投资为准。批量采购项目按本年度本部门、本系统的采购总量为准。

复合采购项目是指一个采购项目中既含有货物又含有工程或服务的采购项目，按照采购资金比重最大的项目确定其属性。

三、公开招标数额标准

政府采购货物或服务的项目，货物单项或者批量采购金额达到 120 万元以上的、服务单项或者批量采购达到 50 万元以上的，必须采用公开招标方式。政府采购工程公开招标数额标准按照国家和自治区有关规定执行，200 万元以上的工程项目应当采用公开招标方式。

海南省财政厅关于印发海南省2009年政府集中采购目录及标准的通知

2009年3月11日 琼财采［2009］305号

省直各单位，各市县财政局、洋浦财政局：

为了规范政府采购行为，明确我省2009年的政府采购范围及标准，根据《中华人民共和国政府采购法》的有关规定，我厅制定了《海南省2009年政府采购集中采购目录及标准》（以下简称《目录及标准》）。经省政府批准，现将《目录及标准》印发给你们，请认真遵照执行。

一、我省各级国家机关、事业单位和团体组织（以下简称采购人），使用财政性资金采购集中采购目录以内或限额标准以上的货物、工程和服务的，必须依照有关法律、法规和制度的规定实行政府采购。

二、采购人在编制部门预算时，要根据本《目录及标准》编制政府采购预算。政府采购应当严格按照批准的预算和计划执行（含项目细化和追加预算），杜绝无预算或超预算资金采购。采购人实施采购前必须先向财政部门申报采购计划（网上申报协议供货采购除外），获得批准后方能进行采购活动。未申报采购计划自行采购的，会计集中管理机构不予支付采购资金。

三、政府采购原则上要求购买国内产品，确需购买进口产品的必须按规定程序向财政部门申报获得批准后才能实施采购。

四、政府采购物品要优先选择节能、环保和自主创新产品。同等条件下优先选择本地中小企业产品。

五、达到政府采购限额标准（30万元以上）的工程项目由采购人委托具有工程招标资质的代理机构采用邀请招标方式组织采购。达到公开招标数额标准（200万元以上）的工程项目必须委托具有工程招标资质的代理机构在省政府政务服务中心组织招标采购。

六、本《目录及标准》由省财政厅负责解释。

海南省 2009 年政府集中采购目录及标准

一、政府集中采购目录

（一）通用采购项目

纳入集中采购目录的通用项目必须委托集中采购代理机构采购。

目录项目	备　注
一、货物类	
1. 一般办公设备：	
计算机	含台式计算机、便携式计算机
打印机	
复印机	
速印机	
传真机	
扫描仪	
投影机	投影仪
多功能一体机	
碎纸机	
移动存储设备	
2. 电器设备	
空调	不含中央空调
摄影、摄像器材	
3. 网络设备	
交换机	
路由器	
不间断电源	
服务器	
工作站	

续表

目录项目	备注
磁盘阵列	
硬件防火墙	
4. 计算机通用软件	指操作系统、数据库管理系统、中间件软件、办公软件、防病毒软件
5. 公务用车	轿车、越野车、面包车、大客车
6. 电梯	
7. 办公家具	批量10万元以上
二、服务类	
1. 公务车维修	
2. 公务车保险	省本级按省政府支持农业保险要求与农险捆绑另行通知
3. 公务车加油	
4. 国际机票	定点采购
5. 印刷项目	批量10万元以上
6. 会议酒店	

（二）凡属通用采购项目之外的下列货物、工程和服务类项目，统称为专用采购项目。专用采购项目由采购人委托集中采购机构或经省财政厅认定资格的政府采购代理机构组织采购

1. 货物类：系统集成、网络工程、医疗设备和器械、计划生育设备、教学设备、义务教育免费教科书（含配套磁带）、广播电视和影像设备、体育设备、灯光音响设备、质检专用仪器设备、地震专用仪器设备、气象专用仪器设备、测绘专业仪器设备、水保水文专用仪器设备、监控设备、警用设备、保安设备、消防设备、通讯设备、印刷设备、照排设备、发电及电力设备、制冷设备、锅炉、工程机械设备、农用机械设备、园艺机械设备、道路养护设备、档案保密设备、船舶、救护车等特种车辆、救灾物资、防汛物资、抗旱物资、农用物资、储备物资、农药、制服。

2. 工程类：建筑物和构筑物的修缮、装修、扩建，市政建设工程，园林绿化工程、水利防洪工程、消防工程。

3. 服务类：软件开发、系统维护、网络维护、中央空调维护。

二、政府采购限额标准

采购人使用财政性资金采购货物、工程和服务达到限额标准的，均应当实行政府采购。具体限额标准为：

（一）货物类

单项在2万元以上或者批量在5万元以上金额的货物。

（二）工程类

项目采购资金在30万元以上的工程项目。

（三）服务类

批量金额在20万元以上的服务。

三、政府集中采购目录以外、采购限额标准以上的货物、工程和服务项目，采购人按《政府采购法》和相关政策规定的采购方式和程序实施集中采购或分散采购

采购限额标准以下的项目，已实行协议供货和定点服务采购的，不论金额大小，采购人必须严格执行协议供货制度和实行定点服务采购，在中标的供货商处采购；没有实行协议供货的，可以自行采购。

四、实行协议供货的采购品目

下列采购品目实行协议供货采购：台式电脑、笔记本电脑、服务器、打印机、多功能一体机、速印机、投影机、复印机、数码摄像机、数码相机、不间断电源、家用空调、汽车、摩托车、杀毒软件、传真机、扫描仪、碎纸机、移动硬盘、显示器。批量采购超过公开招标数额标准的，采购人可以选择委托集中采购机构采用公开招标方式采购。

其他规定与本范围、标准不符的以本《目录及标准》为准。

五、公开招标数额标准

单项或批量采购金额一次性达到50万元以上的货物和服务项目，单项金额在200万元以上的工程项目，必须采用公开招标方式，因特殊情况需要采用公开招标以外采购方式的，应当在政府采购活动开始前按规定获得省财政厅批准。

六、各市县可结合本地实际情况，制定本级政府采购限额标准及公开招标数额标准，并报省财政厅备案

重庆市财政局关于印发《重庆市 2009～2010 年政府采购集中采购目录和采购限额标准》的通知

2008 年 8 月 20 日　渝财采购［2008］40 号

市级各预算单位，各区县（自治县）财政局：

根据《中华人民共和国政府采购法》并经重庆市人民政府授权，市财政局制定了《重庆市 2009～2010 年政府采购集中采购目录和采购限额标准》，现印发给你们，请遵照执行，并就有关事项通知如下：

一、我市各级国家机关、事业单位和团体组织使用财政性资金采购集中采购目录以内的或者采购限额标准以上的货物、工程和服务，应当实行政府采购。

前款所称财政性资金，包括财政预算内资金、预算外资金和单位自筹资金，以及纳入财政专户管理的非税收入等。

二、市级各预算单位应根据本集中采购目录编制 2009～2010 年度政府采购预算。部门预算中属于集中采购目录以内的或者采购限额标准以上的采购项目，应编入政府采购预算。

三、本集中采购目录中的部分通用采购项目实行协议供货（定点采购，以下同）制度的，按我局印发的协议供货有关规定执行。

四、各区县（自治县）财政局可以结合本地实际，对本集中采购目录规定的公开招标数额标准和采购限额标准作适当调整，并将调整情况报市财政局备案，但不得对本集中采购目录内容进行增减。

五、本集中采购目录执行中，因特殊情况需要调整、修订的，由市财政局另行公布。

六、本集中采购目录自 2009 年 1 月 1 日起执行，《重庆市财政局关于印发〈重庆市 2008 年政府采购集中采购目录和采购限额标准〉的通知》（渝财采购［2007］44 号）执行至 2008 年 12 月 31 日止。

附件：重庆市 2009～2010 年政府采购集中采购目录和采购限额标准

附件

重庆市2009~2010年政府采购集中采购目录和采购限额标准

一、政府采购集中采购目录

（一）通用性集中采购目录

以下为通用性集中采购目录，采购人应当按照《中华人民共和国政府采购法》的规定委托集中采购机构（政府采购中心）组织采购。

采购品目	备注
一、货物类	
（一）建筑物	
办公用房购买	
（二）办公自动化设备	
计算机	含台式机、便携式机、工作站及显示器
打印机	
PC服务器	
复印机	
速印机	
传真机	
多功能一体机	
投影仪	
视频展示台	
扫描仪	
碎纸机	
UPS电源	
光盘刻录机	
触摸屏	
光学相机、数码相机	含闪光灯、镜头、存储卡
摄像机	

续表

采 购 品 目	备 注
网络设备	含交换机、路由器、存储设备、网络安全设备、网络控制设备等
移动存储设备	含移动硬盘、优盘、数码伴侣、录音笔
（三）家用电器	
家用空调	含除湿机
电视机	
DVD 机	
电冰箱	
洗衣机	
饮水机	
（四）交通工具	
汽车	含轿车、越野车、商务车、旅行车、微型面包车、大客车和其他特种车辆
摩托车	
船只	
（五）办公家具	
办公家具	含招待所、培训中心、活动中心等家具
学校家具	
档案密集架	
（六）办公耗材	
办公文具	含办公用低值易耗品
复印纸、打印纸	
办公自动化设备耗材	
（七）专用设备	
电梯	
锅炉	
中央空调	含机房精密空调
发电设备	
医疗设备、器材、耗材	

续表

采 购 品 目	备 注
灯光、音响设备及器材	含舞台机械
监控设备	
消防设备、器材	
市政设施、灯饰	
（八）其他	
通用办公软件	含操作系统、办公软件、数据库、数据库中间件、杀毒软件、财务软件和其他通用办公软件
电子显示屏	
桶装饮用水	
装饰材料、物资	含窗帘
图书、教材	
司法及行政执法部门服装	
绿化、退耕还林树苗	
节能灯	
二、工程类	
房屋维修、装修工程	
系统集成、网络工程	
机房装修工程	
农业综合开发工程	
土地整理工程	
公益性基本建设工程	
防洪、防汛工程	
展览会布展工程	
市政、园林绿化工程	
城乡道路（公路）工程	
三、服务类	
印刷品	
公务车维修、保险、加油	
政务会议	
因公出差航空、车船保险	

续表

采购品目	备注
因公身故致残保险	
公益性保险	
办公及业务软件开发	
财政资金直补发放机构	
农综有偿资金委贷发放机构	
工程设计、工程监理、工程代建及其他专业咨询	
物业管理、安保、保洁	
办公用房租赁	
因特网 ISP 接入、网络设备租赁或托管	

（二）特殊或专业性集中采购目录

以下为特殊或专业性集中采购目录，部门集中采购单位可以自行组织采购，或委托采购代理机构（指集中采购机构和其他采购代理机构，以下同）代理采购；其他预算单位应当委托采购代理机构组织采购。

前款所称部门集中采购单位是指经同级财政部门批准，可以自行组织采购的部门。

序号	采购品目	备注
1	科研设备	
2	体育、健身器材	
3	乐器、音乐器材	
4	广播、电影、电视设备	
5	通讯设备、器材	
6	警用器械、器材	
7	农业机械、设备	
8	防汛、抗旱等救灾设备及物资	
9	环保设备	
10	厨房设备、用具	
11	印刷设备	
12	计划生育药品	
13	新型农村合作医疗药品	

续表

序号	采购品目	备注
14	动物防疫药品	
15	生物制品	
16	计划生育器材、耗材	
17	教学设备、器材	含实验设备、器材
18	业务、技能培训	

二、政府采购限额标准

本集中采购目录以外，单项或批次采购预算达到5万元的货物项目、采购预算达到20万元的工程项目、采购预算达到5万元的服务项目，采购人可以按照《中华人民共和国政府采购法》的规定实行分散采购。采购人实行分散采购应当具备以下条件并经同级财政部门批准，否则应当委托采购代理机构代理采购。

（一）具有编制采购文件和组织采购活动的能力，有与采购项目规模和复杂程度相适应的技术、经济等方面的采购及管理人员；

（二）采购及管理人员经过财政部门组织的相关培训；

（三）政府采购法律法规规定的其他条件。

三、政府采购公开招标数额标准

货物、工程和服务项目达到以下数额标准的，采购人应当采用公开招标方式采购：

（一）货物类：采购单项或批次采购预算达到50万元的货物项目；

（二）工程类：采购预算达到100万元的工程项目；

（三）服务类：采购预算达到30万元的服务项目。

因特殊情况需要采用公开招标以外的采购方式的，应当在采购活动开始前获得同级财政部门的批准。

四川省人民政府办公厅关于印发《四川省2009年政府集中采购目录及采购限额标准》的通知

2008年10月29日　川办函［2008］215号

各市（州）人民政府、各扩权试点县（市）人民政府、省级各部门：

《四川省2009年政府集中采购目录及采购限额标准》已经省政府同意，现印发你们，请遵照执行。

为执行好2009年政府集中采购目录及采购限额标准，各级财政部门和集中采购机构要按照各自的职责完善相关制度和工作程序，加强协调配合，认真落实好各项规定。审计、监察部门要加大监督和检查力度，确保政府采购活动公开、公平、公正。

各市（州）人民政府或其授权部门可根据当地政府采购工作开展的实际情况调整本地政府集中采购目录和采购限额标准并报省财政厅备案。

附件：四川省2009年政府集中采购目录及采购限额标准

附件

四川省2009年政府集中采购目录及采购限额标准

一、政府集中采购目录

序号	品目名称	备注	采购类型
A	（一）货物类		
	1. 通用设备		
A030101	电视机		
A030105	摄影、摄像器材	包括照相机、摄像机、摄录一体机、数码一体机	协议采购
A030106	空调	包括中央空调、除湿设备	协议采购

续表

序号	品目名称	备注	采购类型
A030201	计算机		
	台式电脑		协议采购
	笔记本电脑		协议采购
	显示器		协议采购
A030202	打印机		协议采购
A030204	传真机		协议采购
A030205	复印机		协议采购
A030206	速印机		协议采购
A030208	投影仪		协议采购
A030209	扫描仪		协议采购
A030301	家具		协议采购
A0401	纸张	包括复印纸、打印纸、速印纸、传真纸	协议采购
A0708	制服	含警用制服	
A100401	服务器		协议采购
A100402	路由器		协议采购
A100403	交换机		协议采购
A1027	电梯		
A1029	锅炉		
A1101	汽车		
	轿车		协议采购
	越野汽车（吉普车）		协议采购
	旅行车		协议采购
	大客车		协议采购
	货车	皮卡、箱式货车等	协议采购
	专用汽车		
	2. 专用物资和专用设备		
A0601	救灾物资 *		
A0602	防汛物资 *		
A0603	抗旱物资 *		
A0704	实验室用品及小型设备 *		

续表

序号	品目名称	备注	采购类型
A0706	工具和仪器 *	指仪表、乐器	
A1001	通信设备 *	电话通信设备、其他通信设备	
A1002	印刷设备 *		
A1003	照排设备 *		
A1006	医疗设备、器械、耗材 *		
A1007	计划生育设备 *		
A1008	交通管理监控设备 *		
A1013	消防设备 *		
A1015	警用设备和用品 *		
A1018	档案保密设备 *		
A1019	教学设备 *		
A1020	实验室设备 *	包括检测仪器和设备	
A1021	广播电视、影像设备 *		
A1022	灯光及音响设备 *		
A1024	体育设备 *		
A1025	地震设备 *		
B	（二）工程类	备注	
B10	系统集成、网络工程	20 万元以上（含 20 万元）	
B09	办公楼和宿舍的修缮和装修	50 万元以上	
C	（三）服务类		
C03	应用软件的开发设计	20 万元以上（含 20 万元），包括成品	
C070301	车辆保险		定点保险
C070302	车辆加油		定点加油
C070303	车辆维修		定点维修
C0801	会议		
说明：1. 目录中的 * 表示省级单位采购单次采购金额 5 万元以上，批量 10 万元以上，年累计采购金额 20 万元以上，均应纳入政府集中采购。2. 采购类型中的协议采购和定点采购的具体规定和供应商目录，见当年财政部门发文。3. 对于实行了协议采购的品目，如果单次采购金额达到 50 万元及以上（汽车 100 万元及以上），应申报非协议采购计划，由财政部门将计划下达给集中采购机构组织实施。			

二、分散采购限额标准

政府集中采购目录以外，单位项目预算总额在20万元以上的货物和服务项目，单位项目预算总额在50万元以上的工程项目应执行《中华人民共和国政府采购法》和《中华人民共和国招标投标法》的有关规定。

三、政府采购公开招标数额标准

省级政府采购货物类（交通工具除外）或服务类的项目，单项或批量采购金额一次性达到50万元以上的、省级政府采购工程类项目达到200万元以上的必须实行公开招标。因特殊情况需要采用公开招标以外的采购方式的，应获得设区的市（州）以上人民政府采购监督管理部门的批准。

四、实施要求

（一）各级国家机关、事业单位、团体组织（即采购人）应根据当年政府采购目录和限额标准，单独编制年度政府采购预算。对年初没有编制政府采购预算或者预算不足、执行中需要调增采购预算的，或者年初预算编制过大、需要调减采购预算的，都必须按照相关规定办理政府采购预算的调整手续。采购人应依据批复（调整）的采购预算实施采购。

（二）政府采购实行集中采购和分散采购相结合。

列入集中采购目录以内的货物、工程和服务项目实行集中采购。集中采购分为政府集中采购机构和部门集中采购。其中：通用采购项目必须委托政府集中采购机构采购；目录以内的专用物资和专用设备采购项目，部门具备条件的，经政府采购监管机构批准，可实行部门集中采购，由采购人按照政府采购法规制度的规定自行组织实施或委托政府采购社会代理机构组织实施采购。

集中采购目录以外，采购限额标准以上的货物、工程和服务项目实行分散采购。分散采购可由采购人自行组织实施，但达到公开招标数额标准的采购项目，应委托政府采购代理机构组织实施采购。列入集中采购目录以内的货物、工程和服务的项目，由于品种繁多、不具备批量等特殊性，经政府采购监管机构批准，可实行分散采购，由采购人委托政府采购社会代理机构组织实施采购。

（三）为提高采购效率，降低采购成本，满足经常性采购需求，对列入集中采购目录以内的部分通用采购项目实行协议供货，对车辆保险、加油、维修实行定点采购。各级财政部门可根据当地实际情况确定协议供货和定点采购的范围和项目，委托集中采购机构原则上以公开招标方式确定协议供货和定点采购供应商。财政部门应完善协议供货和定点采购的程序和合同条款，各级采购人应按照规定的程序严格执行。

（四）在政府采购实施过程中，采购人和采购代理机构应认真贯彻落实国家有关自主创新、节能环保、政府首购和订购产品等方面的政策。在采购文件的评审标准和方法等内容中应明确载明对自主创新、绿色环保、节能产品的支持，充分体现政策导向作用。

云南省人民政府办公厅
关于印发云南省 2008 ~ 2009 年政府
集中采购目录及限额标准的通知

2007 年 8 月 10 日　云政办发［2007］189 号

各州、市人民政府，省直各委、办、厅、局：

《云南省 2008 ~ 2009 年政府集中采购目录及限额标准》已经省人民政府同意，现印发给你们，请遵照执行。

附件：云南省 2008 ~ 2009 年政府集中采购目录及限额标准

附件

云南省 2008 ~ 2009 年政府集中采购目录及限额标准

一、政府集中采购目录

编号	品目名称	备注
A1	货物类	
A11	交通运输设备	
A1101	公务用机动车辆	含轿车、越野车、客车、面包车
A12	办公自动化设备	
A1201	计算机	
A1202	打印机	
A1203	复印机	
A1204	速印机	
A1205	传真机	
A1206	扫描仪	
A1207	碎纸机	

续表

编号	品目名称	备注
A1208	网络设备	含服务器、交换机、路由器
A1209	计算机通用软件	
A13	一般设备	
A1301	电视机	
A1302	电冰箱	
A1303	电话机	
A1304	吸尘器	
A1305	空气调节设备	
A1306	锅炉设备	
A1307	电梯	
A1308	发电机	
A1309	印刷设备	
A1310	摄影、摄像设备	
A1311	办公家具	
A1312	建筑装饰材料	批量20万元以上（含20万元）
A1313	变配电设备	
A1314	通讯和监测设备	涉密项目除外
A1315	监控设备	涉密项目除外
A1316	文艺设备	
A1317	环保设施和设备	
A1318	公务制服	特殊项目除外
A2	工程类	
A21	建筑物的修缮和装饰项目	
A22	建筑物的新扩改建和安装项目	
A3	服务类	
A31	机动车辆的定点维修	
A32	机动车辆的定点保险	
A33	国库集中支付代理	

续表

编号	品目名称	备注
A34	会议服务	单次预算金额5万元及以上
A35	印刷	批量20万元以上（含20万元）
A36	工程监理、工程设计	
A37	非生产性的绿化、环保工程项目	
A38	社会公益性的建设项目	
A99	其他有要求的采购项目	

二、部门集中采购目录

编号	品目名称	备注
B1	货物类	
B101	救灾物资	
B102	防汛物资	
B103	抗旱物资	
B104	农用物资和设备	
B105	储备物资	
B106	医疗设备和器械	
B107	计划生育设备	
B108	网络集成项目	
B109	交通管理监控设备	
B110	警用设备和用品	
B111	专用教学设备	
B112	广播电视和影像设备	
B113	消防设备	
B114	体育设备	
B115	税务专用物资装备	
B116	试验及检验监测设备	
B117	检察诉讼设备	
B118	法庭内部装备	

续表

编号	品目名称	备注
B119	地震专用仪器设备	
B120	水利专用仪器设备	
B121	测绘测量专业仪器设备	
B122	道路清扫及环卫设备	
B3	服务类	
B301	部门或系统专用软件　　信息管理软件的开发推广	
B302	部门或系统有特殊要求的专用服务项目	
B99	其他有要求的采购项目	

三、采购限额标准

（一）集中采购限额。集中采购目录内的项目，单项或批量金额在10万元以上，目录以外、单项或批量金额在20万元以上的货物和服务采购项目，必须纳入政府集中采购范围。按照同级财政部门批复规定的采购方式和相关程序，委托集中采购机构或其他政府采购代理机构（经财政部和省财政厅认定资格的）组织采购，并将采购结果报同级政府采购监督管理部门备案。

（二）公开招标限额。货物类50万元及以上、工程类100万元及以上、服务类50万元及以上。达到限额标准以上的采购项目原则上应采取公开招标方式进行采购。

四、政府采购形式

各地区、各部门在政府采购活动中应当采购节能、环保和自主创新产品。

（一）政府集中采购目录内的项目（不含部门集中采购），必须委托集中采购机构代理采购。在协议供货范围内的项目，经同级政府采购监督管理部门审核后，按协议供货相关程序采购。不在协议供货范围内的，由集中采购机构按规定组织办理。

（二）部门集中采购目录的项目，主管部门应当根据政府采购预算的批复，按照同级政府采购监督管理部门对采购计划审核后的采购方式及相关程序组织集中采购。部门集中采购项目可以委托集中采购机构代理采购或其他政府采购代理机构（经财政部或省财政厅认定资格的）组织采购。

（三）对未达到采购限额标准的零星采购项目，经同级政府采购监督管理部门审核后实行分散采购。

五、特殊项目采购

（一）属突发事件急需或有特殊要求的专用设备、物资，经同级政府采购监督管理部门审核批复后，可以不采取公开招标方式采购。

（二）属于本单位有特殊要求的项目，经州（市）级以上政府采购监督管理部门批准，可以实行分散采购。

（三）中央各部委统一招标确定的采购项目，按相关文件规定办理。

（四）省以下垂直管理的单位，除省级统购统配外，实行属地管理，纳入当地政府采购。

六、本目录的修订

本目录在执行过程中，因特殊情况需要调整、修订，由云南省财政厅另行公布。各州（市）可根据本地区的实际情况，对本目录的采购限额标准作适当调整，但不得对采购目录进行增减，并将调整情况报云南省财政厅备案。

七、本目录及相关标准由云南省财政厅负责解释。

西藏自治区财政厅关于印发《西藏自治区区直单位2009~2010年政府集中采购目录及采购限额标准》的通知

2008年11月12日　藏财采办［2008］23号

区直各部部门、各人民团体：

为规范政府采购行为，进一步扩大政府采购范围和规模，促进我区经济和社会事业的发展，依据《中华人民共和国政府采购法》的规定，结合我区实际，制定了《西藏自治区区直单位2009~2010年政府集中采购目录及采购限额标准》，现印发给你们，请遵照执行。

附件：西藏自治区区直单位2009~2010年政府集中采购目录及采购限额标准

附件

西藏自治区区直单位2009~2010年政府集中采购目录及采购限额标准

一、集中采购目录

序号	品目名称	备注
A	货物类	
A03	一般设备	
A0301	电器设备	
A030101	电视机	
A030102	电冰箱	
A030103	洗衣机	
A030104	吸尘器	
A030105	摄影、摄像器材	
A030106	空气调节设备	包括除湿设备
A030199	其他电器设备	

续表 1

序号	品目名称	备注
A0302	办公自动化设备	
A030201	计算机	
A030202	打印机	
A030203	电话机	
A030204	传真机	
A030205	复印机	
A030206	速印机	
A030207	碎纸机	
A030208	投影仪	
A030209	扫描仪	
A030299	其他办公自动化设备	
A0303	家具	
A030301	办公家具	
A030302	宿舍家具	
A030399	其他家具	
A04	办公消耗用品	
A0401	纸张	
A0402	信封	
A0403	档案夹	
A0404	软盘	
A0405	可写光盘	
A0406	硒鼓	
A0407	墨盒、墨粉	
A0408	色带	
A0499	其他消耗用品	
A05	建筑、装饰材料	
A0501	水泥	
A0502	木材	
A0503	板材	
A0504	金属材料	
A0505	瓷砖	

续表 2

序号	品目名称	备注
A0506	清洁工具	
A0507	玻璃	
A0508	油漆	
A0599	其他建筑、装饰材料	
A06	物资	
A0601	救灾物资	
A0602	防汛物资	
A0603	抗旱物资	
A0604	农用物资	
A0605	储备物资	包括粮食、糖、棉花等
A0606	燃料	
A0699	其他物资	
A07	专用材料	
A0701	药品及医疗耗材	
A0702	兽医用品	
A0703	图书资料	
A0704	实验室用品及小型设备	
A0705	胶片胶卷、录音录像带	
A0706	工具和仪器	指仪表、乐器等
A0707	艺术部门用材料和用品	反映演出用服装、道具等
A0708	专业制服及劳保用品	
A0709	应用软件	市场上出售的成套操作系统、办公自动化软件、财务软件等应用软件
A0799	其他专用材料	
A10	专用设备	
A1001	通信设备	
A100101	移动通信设备	
A100102	电话通信设备	
A100199	其他通信设备	
A1002	印刷设备	
A1003	照排设备	

续表 3

序号	品目名称	备注
A1004	网络设备	
A100401	服务器	
A100402	路由器	
A100403	交换机	
A100404	调制解调器	
A100499	其他网络设备	
A1005	发电设备	
A1006	医疗设备、器械	
A1007	计划生育设备	
A1008	交通管理监控设备	
A1010	农用机械设备	
A1011	工程机械	
A1012	园艺机械	
A1013	消防设备	
A1014	道路清扫设备	
A1015	警用设备和用品	
A1016	保安设备	
A1018	档案、保密设备	
A1019	教学设备	
A1020	实验室设备	
A1021	广播电视、影像设备	
A1022	灯光、音响设备	
A1023	文艺设备	
A1024	体育设备	
A1025	地震设备	
A1027	电梯和起重机	
A1028	炊事设备	
A1029	锅炉	
A1099	其他专用设备	
A11	交通工具	
A1101	汽车	

续表4

序号	品目名称	备注
A110101	轿车	
A11010101	普通轿车	
A11010102	高级轿车	
A110102	越野汽车（吉普车）	
A110103	卡车	
A110104	载客汽车	
A11010402	旅行面包车	
A11010403	公共汽车	、
A11010404	微型客车	
A11010499	其他载客汽车	
A110105	专用汽车	
A11010501	工程汽车	
A11010502	工具汽车	
A11010503	消防车	
A11010504	警车	
A11010505	救护车	
A11010506	通讯和广播用车	
A11010507	皮卡	
A11010508	洒水车	
A11010509	道路清扫车	
A11010510	垃圾车	
A11010599	其他专用汽车	
A110106	摩托车	
A1199	其他交通工具	
A12	新能源设备	包括太阳灶等
A99	其他货物	
B	工程类	
B01	建筑物	
B0104	文教、卫生、音乐、体育等公益设施建设	
B0199	其他建筑设施建设	
B03	环保、绿化工程	

续表 5

序号	品目名称	备注
B0301	污水处理	
B09	修缮、装饰工程	
B10	系统集成、网络工程	
B99	其他种类工程	
C	服务类	
C01	印刷、出版	
C02	专业咨询、工程监理、工程设计	
C03	信息技术、信息管理软件的开发设计	
C04	维修	
C0401	一般设备	
C0402	专用设备	
C0403	建筑物	
C0499	其他维修	
C05	保险	
C06	租赁	
C0601	办公用房	
C0602	宿舍用房	
C0603	仓库	
C0604	设备和机械	
C0699	其他租赁	
C0703	交通工具的维护保障	
C070301	车辆保险	定点采购
C070302	车辆加油	
C070303	车辆维修	
C08	会议	含接待
C0801	大型会议	
C0802	一般会议	
C09	培训	
C0901	国内培训	
C99	其他服务	

二、采购限额标准

单项采购金额在 10 万元以上（含 10 万元）的货物类采购，30 万元以上（含 30 万元）的修缮、装饰及改扩建工程，15 万元以上（含 15 万元）的系统集成、网络工程类采购，5 万元以上（含 5 万元）的服务类采购以及复合性采购金额在 20 万元以上（含 20 万元）的采购，必须纳入政府集中采购范围，采购限额以下，属于协议供货范围的，必须按协议采购的程序由单位组织采购，也可以交由政府采购中心集中采购。

注：复合采购项目，即一个采购项目中含货物、工程、服务两个以上的采购项目，按照采购资金比重最大的项目确定其属性。

三、公开招标数额标准

单项采购金额在 25 万元以上的货物类，50 万元以上的工程类，25 万元以上的服务类项目必须采取公开招标方式采购；对多个项目合并采购，采购金额在 30 万元以上的也实行公开招标方式采购。因特殊情况需要采取公开招标方式以外采购方式的，应当在采购活动开始前报自治区财政厅批准。

四、有关说明及要求

（一）自治区级国家机关、事业单位和团体组织（以下简称采购人）使用财政性资金（包括预算内和预算外资金），一个项目中有拼盘资金，无论来源如何，在集中采购目录以内或者限额标准以上的货物、工程和服务的，均属于政府采购范围，必须按照法律、法规规定的采购方式和程序实施政府采购。

（二）采购人在编制部门预算时，要根据本《目录及标准》单独编制政府采购预算，并严格按照批复的采购预算编报政府采购计划。

（三）根据《中华人民共和国政府采购法》的规定，政府采购实行集中采购和分散采购相结合。采购人采购集中目录以外，限额标准以下的项目，可以自行采购，也可以委托集中采购代理机构代理采购。纳入集中采购目录或限额标准以上的项目，属于单位、部门有特殊要求需要自行采购的，必须报经自治区财政厅政府采购管理部门同意后方可进行。采购人不得将应纳入集中采购的项目化整为零或者以其他方式规避集中采购。

（四）各地（市）财政局可结合当地的实际情况，参照本《目录及标准》，制定本级政府集中采购目录及采购限额标准，并报自治区财政厅备案。

（五）本目录公布后，因特殊情况需要修改、补充的，由自治区财政厅另行公布。

（六）本目录及相关标准由自治区财政厅负责解释。

甘肃省人民政府办公厅关于印发 2009 年政府集中采购目录及标准的通知

2009 年 1 月 20 日　甘政办发［2009］11 号

各市、自治州人民政府，省直各部门、各单位：

根据《采购法》规定，现将《甘肃省 2009 年政府集中采购目录及标准》印发给你们，请遵照执行。

一、全省各级机关、事业单位和团体组织（以下简称“部门单位”），使用财政性资金或与财政性资金配套采购政府集中采购目录以内或限额标准以上的货物、工程和服务，均属于政府采购范围，必须按照规定的采购方式和程序依法实施政府采购。

二、政府采购实行集中采购与分散采购相结合。集中采购目录中通用采购项目应当委托政府集中采购机构代理采购，部门集中采购和分散采购项目，采购人应当委托集中采购机构或经省级以上（含省级）财政部门认定资格的社会代理机构以及财政部门确认的部门集中采购机构采购；属集中采购范围，但因特殊原因确需采购人直接采购的，需经同级财政部门批准，并依法接受监管。

三、采购规模达到公开招标数额标准的，必须采取公开招标方式，因特殊情况需要采用公开招标以外采购方式的，应由采购人在项目实施前按规定获得同级财政部门的批准。任何部门单位不得通过化整为零、分解整体项目、增加采购批次等手段规避集中采购和公开招标采购。

四、对实行政府采购的项目，各部门单位应编制政府采购预算和实施计划，具体编制办法和报送时间按照同级财政部门的相关规定办理。在项目采购实施前，采购人首先要依法申报采购方式，经同级政府采购监管部门批准后，方可与采购执行机构签订委托协议，实施采购，并接受全程监管。执行协议供货和定点采购的项目，由政府采购监管部门统一委托代理机构通过公开招标方式确定供应商，并向社会公布中标供应商及价格与服务承诺等事项。采购人根据所需，在协议供货范围内直接选择成交。政府采购项目实施后，采购人要将合同及采购过程中形成的文件资料按法定时间（合同签订后 7 个工作日内）报政府采购监管部门备案。对未履行报批手续、签订委托协议、合同备案等违反政府采购程序的，财政或各单位财务部门一律不予支付采购资金。各市州、省直各部门要按统一规定及时向省级财政部门报送政府采购统计信息。

五、在实施政府采购过程中，采购人及政府采购代理机构要认真贯彻落实有关节能产品、自主创新产品、环境标志产品等发挥政府采购政策功能的制度规定，属强制采购类别和优先采购类别的节能产品，应分别实行强制采购和优先采购。对确需采购进口产品的，要按照财政部规定实行审核管理，经同级财政部门审核后方可实施采购。

六、凡政府采购项目（含政府集中采购项目、部门集中采购项目、分散采购项目），必须按规定组建评审委员会或评审小组，其中技术、经济评审专家应占到2/3以上，采购人不得以专家身份参与本部门或者本单位采购项目的评审。采购代理机构工作人员不得参加由本机构代理的政府采购项目的评审。评审专家必须在财政部门管理的“政府采购评审专家库”中随机抽取。财政部门要加强对评审专家的培训、认证和考核，实行动态管理。各部门单位要积极向财政部门推荐评审专家，创造条件，鼓励支持评审专家参加政府采购评审活动。

七、政府采购资金实行国库集中支付。各级财政部门应单独设立政府采购资金专户，具体运作按相关规定办理。

八、采购公告、采购结果等政府采购信息必须在省级以上财政部门指定的媒体上及时公布。《中国财经报》、中国政府采购网（www. ccgp. gov. cn）、甘肃省政府采购网（www. gszfcg. gansu. gov. cn）为我省指定的免费政府采购信息发布媒体。全省所有的采购信息必须在上述指定媒体上发布。

九、集中采购目录中确定的政府采购项目和限额标准，系指省本级政府采购执行的采购项目和标准。省政府授权市州政府结合本地实际情况适当调整，制定本级及所属县区政府集中采购目录、限额标准和公开招标数额标准，并报省财政厅备案。

十、各级财政部门、政府采购代理机构和各部门单位要严格执行《采购法》，认真贯彻落实各项规定，加强协调配合，采取有效措施努力提高采购效率和服务质量。要将政府采购执行情况作为财政监督、审计检查和行政监察的重要内容。各级财政部门要加强对集中采购机构和社会代理机构的监督考核，加大监督检查力度，依法严肃查处各种违法违规问题，确保政府采购活动公开、公平和公正。

甘肃省2009年政府集中采购目录及标准

一、政府集中采购目录

（一）通用类采购项目

1. 货物类。

（1）电器设备（协议供货）。包括电视机、电冰箱、摄影摄像器材、空调（不含中央空调）。

（2）办公自动化设备（协议供货）。包括计算机、打印机、传真机、复印机、速印机、碎纸机、投影仪、扫描仪、多功能一体机。

（3）办公消耗用品（协议供货）。包括文印纸、复印纸、可移动存储设备。

（4）网络设备（协议供货）。包括服务器、路由器、交换机。

（5）家具。5万元以上的办公家具。

（6）电梯。

（7）10万元以上供暖锅炉。

（8）10万元以上的燃料。

（9）10万元以上的标志服装（执法部门）。

（10）车辆。小轿车、大轿车、旅行车、越野车（协议供货）；皮卡车、摩托车、专用汽车。

2. 服务类。

（1）车辆维修、加油、保险（定点）。

（2）银行代理服务（定点）。

（3）计算机通用软件（协议供货）。

（4）5万元以上印刷、出版。

（5）50万元以上的大型会议。

（6）20万元以上的会展和社会中介服务。

（7）10万元以上的工程监理。

3. 工程类。20万元以上的系统集成、网络工程。

（二）专用类采购项目

1. 货物类。包括5万元以上的救灾物资、防汛物资、抗旱物资、农用物资及设备、储备物资、药品、医疗设备和器械、工程机械、园艺机械、教学设备及教科书、图书资料、实验室设备、广播电视设备、计划生育设备、消防灭火设备、健身及康复设备、警用设备和用品、文艺设备、体育设备、水利专用仪器设备、通讯设备、印刷设备、变配电设备、宿舍家具，部门拟定由政府采购监管部门认定的其他有特殊要求的专用采购项目。

2. 工程类。30万元以上的公用房建设和宿舍建设；20万元以上装饰、维修工程，部门拟定由政府采购监管部门认定的其他有特殊要求的工程项目。

3. 服务类。5万元以上的本部门单位信息管理系统开发及维护、部门专用软件，部门拟定由政府采购监管部门认定的其他有特殊要求的专用服务项目。

二、政府采购限额标准

各部门单位实行分散采购的项目（集中采购目录以外但达到限额标准以上的项目），应当按照《政府采购法》有关规定执行。具体限额标准为：10万元以上采购货物和服务的项目，30万元以上的工程项目。

限额标准的计算方式，由财政预算安排的专项采购，以财政预算资金为准；配套资金项目以项目总金额为标准；多次采购项目按照本年度本部门单位的采购总量为准。

复合采购项目，即一个采购项目含货物、工程、服务两个以上的采购项目或通用类、专用类采购项目各占一定比重的，按照占采购资金比重最大的项目确定其属性。

三、政府采购货物服务公开招标数额标准

政府采购货物或者服务项目，单项或批量采购金额一次性达到50万元以上的，必须采用公开招标采购方式。政府采购工程公开招标数额标准按照国家有关规定执行。

青海省人民政府办公厅关于印发青海省政府集中采购目录及限额标准的通知

2009 年 7 月 22 日　青政办［2009］128 号

西宁市、各自治州人民政府，海东行署，省政府各委、办、厅、局：

《青海省政府集中采购目录及限额标准》已经省人民政府同意，现印发给你们，并就有关事项通知如下，请遵照执行。

一、根据《中华人民共和国政府采购法》和《青海省实施〈中华人民共和国政府采购法〉办法》规定，我省国家机关、事业单位和团体组织（以下统称采购人）使用财政性资金（包括预算内资金、预算外资金以及纳入财政管理的其他资金或使用以财政性资金作为还款来源的借贷款进行采购的资金）采购依法制定的集中采购目录以内且集中采购限额标准以上的货物、工程和服务，均属政府采购集中采购范围。

二、各级采购人在编制部门预算时，要根据本目录及标准单独编制政府采购预算，政府采购严格按照批准的预算执行，无特殊原因，不得随意取消和变更。

三、各州（地、市）政府结合本地区实际情况，制定本地区集中采购目录及限额标准，可适当增加集中采购目录中的品目和降低政府采购标准及集中采购目录中的附加限额标准。需要调整集中采购目录及限额标准的区县，须报请各州（地、市）政府批准。各州（地、市）政府制定的集中采购目录及限额标准，以及区县调整后的集中采购目录及限额标准，要以书面形式报省财政厅，由省财政厅统一公布。

四、经批复集中采购和分散采购的项目，采购人可按规定委托具有政府采购代理资格的中介机构或自行组织实施，具体按集中采购和分散采购管理办法的规定执行。对因特殊情况确需采用其他采购方式的，必须报经同级财政部门批准。

五、纳入协议供货范围的品目（如计算机、显示器、打印机、一体机、小型服务器、复印机、传真机、摄像机、数码相机等），具体采购可按政府采购协议供货的有关规定执行。

六、采购人使用财政性资金及单位自筹等其他资金采购货物、工程和服务达到限额标准的，无论采取何种采购方式，均实行国库集中支付。采购资金支付按财政分级管理的原则分别支付本级采购项目的资金。

七、各级政府要进一步规范政府采购行为，完善预算、采购、核算等制度，相关职能部门要加强对政府采购的监督管理，提高财政性资金的使用效率。

附件：青海省政府集中采购目录及限额标准

附件

青海省政府集中采购目录及限额标准

一、集中采购目录

（一）货物类

1. 通用设备。

（1）一般电器设备：摄影、摄像器材、电视机、录像机、通讯器材、吸尘器、碎纸机、空气调节设备、其他电器设备；

（2）办公自动化设备：计算机、打印机、传真机、复印机、速印机、投影仪、扫描仪、刻录机、UPS 电源；

（3）办公家具：办公家具、宿舍家具、床上用品等；

（4）机动车辆：轿车、越野车、旅行车、大客车、摩托车、专用等其他车辆。

2. 专业设备。

（1）电梯及配套设备；

（2）锅炉及配套设备；

（3）网络设备、专业软件；

（4）医疗设备及器械、器材、计划生育设备、兽医用品等设备；

（5）安保、交通监控设备；

（6）消防、警用器材及设备；

（7）环保设备、器材及道路清扫设备；

（8）教学、科研实验设备及器材；

（9）广播、电视专用设备；

（10）文艺、舞台灯光、音响设备及器械；

（11）体育设备；

（12）图书及教材；

（13）救灾、抗灾、防汛、储备等物资和设备；

（14）通讯设备；

（15）太阳灶、藏毯机梁；

（16）水利、气象研究专用设备；

（17）无线电防震、防雷、地质勘察专用设备。

3. 公务制装。

4. 消耗用品：纸张、硒鼓。

5. 农牧用疫苗、农药及农机器具等。

6. 药品。

7. 其他有特殊要求的采购项目。

（二）工程类

1. 建筑物新建、改建、扩建；

2. 房屋修缮、装修、装饰；

3. 绿化、环保、体育健身工程；

4. 系统集成、网络工程；

5. 网围栏工程；

6. 电网电力工程。

（三）服务类

1. 书籍、宣传、文献资料、票据等其他印刷；

2. 车辆保险；

3. 信息系统开发设计；

4. 定点会议、住宿；

5. 工程监理；

6. 其他服务。

（四）其他临时确定的集中采购项目

二、政府采购限额标准

（一）集中采购限额标准（含部门集中采购）

货物类：年度单项预算金额在 1 万元以上或批量在 1.5 万元以上的货物。

工程类：年度新建、扩建、修缮、装修、拆除等单项预算金额在 20 万元（含 20 万元）以上的工程。

服务类：年度单项预算金额在 1 万元以上或批量在 1.5 万元以上的服务。

（二）分散采购及限额标准

货物：集中采购目录以外的货物；属于政府集中采购范围，且集中采购限额标准以下的单项预算金额不足 1 万元的各类货物。

工程：预算金额不足 20 万元的各类工程项目。

（三）公开招标数额标准

凡达到公开数额标准的，应当采用公开招标方式（特殊情况除外），必须实施公开招标采购。具体数额标准：100 万元以上的单项或者批量货物类；50 万元（含 50 万元）以上的工程项目。

宁夏回族自治区财政厅关于印发《宁夏回族自治区政府采购目录及标准》的通知

2008 年 12 月 24 日　宁财（采）发［2008］1638 号

区直各单位、各市县（区）财政局：

为加强政府采购管理，扩大采购范围，提高采购效率、规范采购行为，现对政府采购目录进行如下调整，请认真执行。

一、政府集中采购目录

以下项目必须委托政府集中采购机构代理采购。

代码	采购项目名称	采购方式
A	货物类	
A03	一般设备	
A0301	电器设备	
A030101	电视机	网上竞价
A030102	电冰箱	网上竞价
A030103	洗衣机	
A030104	吸尘器	
A030105	摄影、摄像器材	
A030106	空气调节设备	网上竞价
A030199	其他电器设备	
A0302	办公自动化设备	
A030201	计算机	网上竞价
A03020101	台式计算机	网上竞价
A03020102	便携式计算机	网上竞价
A030202	打印机	网上竞价

续表1

代码	采购项目名称	采购方式
A030203	电话机	网上竞价
A030204	传真机	网上竞价
A030205	复印机	网上竞价
A030206	速印机	网上竞价
A030207	碎纸机	网上竞价
A030208	投影机	网上竞价
A030209	扫描仪	网上竞价
A030210	UPS（不间断电源）	网上竞价
A030211	显示器	网上竞价
A030212	多功能一体机	网上竞价
A030213	移动存储设备	网上竞价
A030214	数码摄像机	网上竞价
A030215	数码照像机	网上竞价
A030216	通用办公软件	
A030299	其他办公自动化设备	
A0303	家具	
A030301	办公家具	网上竞价
A030302	宿舍家具	网上竞价
A030399	其他家具	
A04	办公消耗用品	
A0401	纸张（复印纸）	网上竞价
A0402	信封	
A0403	档案夹	
A0404	软盘	网上竞价
A0405	可写光盘	网上竞价
A0406	硒鼓	网上竞价
A0407	墨盒、墨粉、铁粉	网上竞价
A0408	色带	网上竞价

续表 2

代码	采购项目名称	采购方式
A0499	其他消耗用品	
A1004	网络设备	
A100401	服务器	网上竞价
A100402	路由器	网上竞价
A100403	交换机	网上竞价
A100404	调制解调器	
A100499	其他网络设备	
A1027	电梯和起重机	
A1028	炊事设备	
A1029	锅炉、暖通设备	
A11	交通工具	网上竞价
A1101	汽车	网上竞价
A110101	轿车	网上竞价
A110102	越野汽车（吉普车）	网上竞价
A110103	卡车	网上竞价
A110104	载客汽车	网上竞价
A11010401	旅行面包车（含商务车）	网上竞价
A11010402	公共汽车（大中型客车）	网上竞价
A11010403	微型客车	网上竞价
A11010499	其他载客汽车	网上竞价
A110105	专用汽车	网上竞价
A11010501	工程汽车	网上竞价
A11010502	工具汽车	网上竞价
A11010503	消防车	网上竞价
A11010504	警车	网上竞价
A11010505	救护车	网上竞价
A11010506	通讯和广播用车	网上竞价
A11010507	皮卡	网上竞价

续表3

代码	采购项目名称	采购方式
A11010508	洒水车	网上竞价
A11010509	道路清扫车	网上竞价
A11010510	垃圾车	网上竞价
A11010511	吸粪车	网上竞价
A11010512	化雪车	网上竞价
A11010599	其他专用汽车	网上竞价
A110106	摩托车	网上竞价
A110107	电车	网上竞价
A1102	船只	
A1199	其他交通工具	
A99	其他货物	
B	工程类	
B0303	园林绿化工程	
B030301	树苗	
B030302	种子	
B030303	园林绿化	
C	服务类	
C01	印刷、出版	
C0101	印刷品及出版刊物	网上竞价
C0102	文件及专业印刷品	网上竞价
C03	信息技术、信息管理软件的开发设计	
C0301	专用软件	
C0302	系统、网络维护	
C04	维修	
C0403	建筑物维修	
C0499	其他维修	
C06	租赁	
C0601	办公用房	

续表 4

代码	采购项目名称	采购方式
C0602	宿舍用房	
C0603	仓库	
C0604	设备和机械	
C0605	网络和设备	
C0699	其他租赁	
C07	交通工具的维护保障	
C0701	机动车辆定点保险	
C0702	机动车辆定点加油	
C08	会议	
C0801	会议服务（含接待）	
C0802	定点饭店	
C10	物业管理	
C1001	机关办公场所物业管理（含保洁）	
C1002	家属、宿舍物业管理	
C99	其他服务	

二、部门集中采购目录

以下项目可以委托政府集中采购机构组织采购也可以委托经财政部门备案或批准的社会代理机构组织采购。

代码	采购项目名称	采购方式
A	货物类	
A01	土地	
A02	建筑物	
A0201	办公用房	
A0202	宿舍用房	
A0299	其他建筑	
A05	建筑、装饰材料	
A0501	水泥	
A0502	木材	

续表

代码	采购项目名称	采购方式
A0503	板材	
A0504	金属材料	
A0505	瓷砖、大理石	
A0506	清洁用具	
A0507	玻璃	
A0508	油漆	
A0509	钢材	
A0599	其他建筑、装饰材料	
A0703	图书资料	
A070301	图书	
A070302	教材	
A06	物资	
A0601	救灾物资	
A0602	防汛物资	
A0603	抗旱物资	
A0604	农用物资	
A0605	储备物资（粮食、糖、棉花等）	
A0606	燃料	
A0699	其他物资	
A07	专用材料	
A0701	药品及医疗耗材	
A070101	药品	
A07010101	血防药品	
A07010102	专用疫苗	
A070102	医疗耗材	网上竞价
A0702	兽医用品	
A070201	动物防疫设备	
A070202	禽、兽用疫苗	

续表

代码	采购项目名称	采购方式
A0704	实验室用品及小型设备	
A0705	胶片胶卷、录音录像带	
A0706	工具和小型仪器	
A070601	无线电监测设备	
A070602	乐器	
A0707	艺术部门用材料和用品	
A0708	劳保用品	
A0709	纺织服装	
A070901	制服（含校服）	
A070902	劳保服装	
A0799	其他专用材料	
A10	专用设备	
A1001	通信设备	
A100101	移动通信设备	
A100102	电话通信设备	
A100199	其他通信设备	
A1002	印刷设备	
A1003	照排设备	
A1005	发电设备	
A1006	医疗设备、器械	
A100601	放射类设备	
A10060101	X 光机	
A10060102	CT、螺旋 CT	
A10060103	放疗肿瘤学	
A10060104	核磁共振	
A10060105	放射诊断	
A10060199	其他设备	
A100602	检验及实验室设备	

续表

代码	采购项目名称	采购方式
A10060201	生化及设备	
A10060202	血液及设备	
A10060203	实验室设备	
A10060299	其他设备	
A100603	影像类	
A10060301	B超、彩超	
A10060302	胃镜	
A10060303	医学影像	
A10060304	超声诊断	
A10060399	其他设备	
A100604	麻醉类设备	
A10060401	呼吸机	
A10060402	麻醉设备	
A10060499	其他设备	
A100605	心电仪器	
A10060501	心电图设备	
A10060502	起搏器	
A10060503	监控设备	
A10060599	其他设备	
A100606	妇产科及儿科设备	
A10060601	产科设备	
A10060602	小儿内、外科设备	
A10060603	儿童保健	
A10060604	妇幼保健	
A10060699	其他设备	
A100607	治疗、保健及康复设备	
A10060701	中医针灸设备	
A10060702	上下肢体康复设备	

续表

代码	采购项目名称	采购方式
A10060703	腰部康复设备	
A10060704	牵引设备	
A10060705	按摩设备	
A10060706	精神医学	
A10060707	皮肤性病	
A10060708	内、外科设备	
A10060709	中医内、外科设备	
A10060710	肿瘤内、外科（含妇科肿瘤）	
A10060711	消化内科	
A10060712	高能设备	
A10060713	血球计数器	
A10060714	微量血器	
A10060715	生化分析仪	
A10060716	PCR 增扩仪	
A10060717	气相、液相色谱仪	
A10060718	高压氧医学	
A10060799	其他设备	
A100608	手术及急救设备	
A10060801	手术室净化设备	
A10060899	其他设备	
A100609	病房及护理设备	
A10060901	专用床	
A10060902	透析护理	
A10060999	其他设备	
A100610	五官科设备	
A10061001	口腔医学及设备	
A10061002	眼科学及设备	
A10061003	耳鼻喉科及设备	

续表

代码	采购项目名称	采购方式
A100611	中西医结合	
A10061101	环境卫生	
A10061102	营养与食品卫生	
A10061103	学校卫生与少儿卫生	
A10061104	放射卫生	
A10061105	卫生毒理	
A10061106	传染性疾病控制	
A10061107	慢性非传染性疾病控制	
A10061108	地方病控制	
A10061109	寄生虫病控制	
A10061110	儿童保健	
A10061111	妇幼保健	
A10061112	职业卫生	
A10061113	健康教育与健康促进	
A100699	其他医疗设备、器械	
A1007	计划生育设备	
A1008	交通管理监控设备	
A100801	软件	
A100802	硬件	
A1009	港口设备	
A1010	农用机械设备	
A1011	工程机械设备	
A101101	建筑机械	
A1018	档案、保密设备	
A101801	档案设备	网上竞价
A101802	保密设备	
A1019	教学设备	
A101901	电教设备	

续表

代码	采购项目名称	采购方式
A101902	电子电工设备（教学）	
A101903	生物、化学科学类设备	
A101904	机电设备	
A101905	教学标本	
A101906	物理学科类设备	
A101907	汽车制造与维修设备	
A101999	其他教学实验实习设备	
A1012	园艺机械设备	
A1013	消防设备	
A1014	道路清扫设备	
A1015	警用设备和用品	
A1016	保安设备	
A1017	军用设备和用品	
A1018	档案、保密设备	
A101802	保密设备	
A1020	实验室设备	
A1021	广播电视、影像设备	
A1022	灯光、音响设备	
A1023	文艺设备	
A1024	体育设备	
A1025	地震设备	
A1026	殡仪火化设备	
A1030	专业检测仪器类	
A103001	气象专用仪器设备	
A103002	人工影响天气作业设备	
A103003	测绘专业仪器设备	
A103004	地质勘察专用设备	
A1031	质检设备	

续表

代码	采购项目名称	采购方式
A103101	化学化工类	
A103102	电器电工类	
A103103	纺织纤维类	
A103104	环境条件类	
A103105	橡胶、塑料、皮革、包装产品类	
A103106	力学量	
A103107	几何量	
A103108	声学量	
A103109	电磁量	
A103110	光学量	
A103111	探伤仪器	
A1032	水利专用仪器设备（水保、水文）	
A1033	税务专用物资装备	
A1034	法庭内部装备	
A1035	检查诉讼设备	
A1036	执法船艇	
A1099	其他专用设备	
B	工程类	
B01	建筑物	
B0101	公用房建设	
B0102	住房建设	
B0103	其他用房建设	
B0104	文教、卫生、音乐、体育等公益设施建设	
B0105	纪念性建筑设施建设	
B0106	中小学危房改造	
B0199	其他建筑设施建设	
B02	市政建设工程	
B0201	市政道路建设	

续表

代码	采购项目名称	采购方式
B0202	市政公用设施建设	
B0203	自来水输水工程	
B0204	集中供暖、供热、供气工程	
B0205	给排水工程	
B03	环保、绿化工程	
B0301	污水处理	
B0302	市政垃圾处理	
B0304	荒山绿化	
B030401	草原围栏	
B0305	天然林保护	
B0306	防沙工程	
B04	水利、防洪工程	
B0401	河道疏浚工程	
B0402	大坝、水库、闸门、泄洪工程	
B0403	农田水利工程	
B0404	江河、湖泊治理工程	
B05	交通运输工程	
B0501	机场、航空工程	
B0502	港口工程	
B0503	铁路工程	
B0504	公路、桥梁、涵洞	
B06	油气工程	
B07	电力工程	
B08	电信工程	
B09	修缮、装饰工程	
B10	系统集成、网络工程	
B1001	监控系统工程	
B1002	网络工程	

续表

代码	采购项目名称	采购方式
B11	广电网络工程	
B12	地质勘探工程	
B99	其他各类工程	
C	服务类	
C02	专业咨询、工程监理、工程设计	
C0201	专业咨询、服务	
C0202	建筑设计	
C0203	工程监理	
C0204	法律顾问、咨询	
C04	维修	
C0401	一般设备	
C0402	专用设备	
C0205	审计、评估服务	
C0299	其他咨询、服务	

三、限额标准

（一）公开招标限额标准

自治区本级项目预算达到30万元以上的，必须采取公开招标方式。

（二）采购限额标准

1. 货物和服务类单项限额为2万元，批量限额为5万元。限额按年累计计算。

2. 自治区本级采购人采购小额、零星、紧急的项目实行定额管理，由采购人在定额以内自行采购。每月定额为2万元，不结转、不累计。采购人按月将采购结果报自治区财政厅政府采购管理处备案（见宁夏回族自治区政府采购定额统计表），未备案的采购项目按未执行政府采购处理。

四、其他要求

纳入部门预算政府采购范围的项目，采购人每月20日前向同级财政部门报送采购计划，由同级财政部门审核、汇总、下达月份采购计划。

公务机动车、汽车、专用汽车等由自治区集中统一采购。

今后自治区财政厅只对调整的内容进行公布。

市县根据实际情况对政府集中采购、部门集中采购目录的范围和限额进行调整。

本目录自2009年1月1日执行。

新疆维吾尔自治区财政厅关于印发《新疆维吾尔自治区区级 2009 年度政府集中采购目录和分散采购限额标准》的通知

2008 年 6 月 12 日　新财购［2008］17 号

伊犁哈萨克自治州财政局、乌昌财政局及各地州市财政局，自治区各委、办、厅、局，各直属单位、各大专院校、社会团体，自治区政府采购中心，相关政府采购代理机构：

为加强对自治区区级国家机关、实行预算管理的事业单位和社会团体实施政府集中和分散采购的范围和标准的管理，自治区财政厅根据《中华人民共和国政府采购法》和财政部颁发的《政府采购品目分类表》以及国家和自治区的有关规定，制定了《新疆维吾尔自治区区级 2009 年度政府集中采购目录和分散采购限额标准》（以下简称《集中采购目录和分散采购限额标准》），现印发给你们，并按照以下要求切实做好政府采购各项工作。

一、自治区区级国家机关、实行预算管理的事业单位和社会团体（以下简称采购人）使用财政预算内资金、预算外资金、自筹资金和中央专款，实施列入《集中采购目录和分散采购限额标准》的货物类、工程类和服务类的项目的采购，必须实行政府采购。

二、采购人要认真编制 2009 年度上（下）半年政府集中采购计划和分散采购计划，由主管部门汇总并按时报送至自治区财政厅政府采购管理办公室。

三、凡列入集中采购目录范围的采购项目，采购人必须委托集中采购机构（自治区政府采购中心）实施采购。采购人因特殊原因，确需按分散采购方式采购的，需提前就项目、预算、用途、申请分散采购的理由等向自治区财政厅提出书面申请，自治区财政厅根据《关于审批自治区区级政府分散采购和变更采购方式有关事项的通知》（新财购［2007］21 号文件）的有关要求办理；对需委托采购代理机构完成的项目的采购，经自治区财政厅批准后，按照自治区财政厅《政府采购代理机构代理政府采购业务管理（暂行）办法》（新财购［2005］11 号）要求实施采购；对于情况紧急、采购金额低的项目的采购，经自治区财政厅批准后，由单位自行按规定的政府采购方式和程序组织实施。对采购人委托政府采购代理机构和自行组织采购的重大项目，必须以书面形式通报自治区财政厅，自治区财政厅将组织相关部门现场监督。上述采购程序完毕后，采购人应将招标文件、评估报告、采购合同等相关资料报自治区财政厅政府采购管理办公室备案。

四、在集中采购项目中，货物类同类项目达到 60 万元（含 60 万元）、工程类同类项目达到 100 万元（含 100 万元）、服务类同类项目达到 30 万元（含 30 万元），应当以公开招标的方式实施政府采购。如有特殊情况需采取公开招标以外方式的，应向自治区财政厅提出申请，自治区财政厅根据《关于审批自治区区级政府分散采购和变更采购方式有关事项的通知》（新财购［2007］21 号文件）的有关规定办理，经批准后采购人方可实施采购。

五、为提高政府采购效率、降低采购成本、简化采购程序，自治区财政厅委托自治区政府采购中心按公开招标方式，将部分集中采购项目列入了协议定点采购范围。协议定点项目的政府采购要按照自治区财政厅《关于印发〈自治区区级政府采购协议供货和定点采购管理（暂行）办法〉的通知》（新财购［2007］22 号文件）的有关规定办理。

六、属于分散采购范围的货物类、工程类、服务类项目，采购限额未达到公开招标标准的，采购人可自行组织采购，也可委托采购代理机构采购，但必须按政府采购的方式和程序组织采购事宜。采购限额达到公开招标标准的项目，采购人必须委托代理机构进行采购，既可以委托经财政部和自治区财政厅批准认定的政府采购代理机构，也可以委托集中采购机构（自治区政府采购中心）。受委托的政府采购代理机构要按照规定的政府采购方式和程序组织招投标等采购事宜。

七、政府采购原则上要求购买国内商品和服务，确需购买进口产品的，采购人应当向自治区财政厅提出申请。经自治区财政厅根据《政府采购进口产品管理办法》（财库［2007］119 号文件）的有关规定核准后方可实施政府采购。

八、政府采购商品要优先选择环保、节能和自主创新产品。同等条件下按有关规定优先选择本地中小企业。

环保、节能产品的政府采购，根据有关规定，按照国家有关部门最新更新发布的《环境标志产品政府采购清单》和《节能产品政府采购清单》优先选择办理。自主创新产品的政府采购要按照《财政部关于印发〈自主创新产品政府首购和订购管理办法〉的通知》（财库［2007］120 号文件）的有关规定办理。

九、本《集中采购目录和分散采购限额标准》公布后，因特殊情况需要修改、补充的，由自治区财政厅另行公布。

十、根据《政府采购法》的规定，政府集中采购目录以内的或分散采购限额标准以上的货物、工程和服务的采购行为，要接受财政、监察、审计等部门的监督。

自治区财政厅政府采购管理办公室受理有关政府采购的举报和投诉。联系电话：0991－2816875。

十一、各地、州、市的政府集中采购目录及分散采购限额标准，可结合本地区实际情况参照执行。

十二、本《集中采购目录和分散采购限额标准》由自治区财政厅负责解释。

附件：1. 新疆维吾尔自治区区级 2009 年度政府集中采购目录

2. 新疆维吾尔自治区区级 2009 年度分散采购限额标准

附件 1

新疆维吾尔自治区区级 2009 年度
政府集中采购目录

序号	品目名称	备注
A	货物类	
A03	一般设备	
A0301	电器设备	
A030101	电视机	
A030102	电冰箱	
A030105	摄像机	
	照相机	
	摄影、摄像设备配件	单次采购金额 0.2 万元以上，年累计采购金额 1 万元以上
A030106	空气调节设备	（包括除湿设备）
A0302	办公自动化设备	
A030201	计算机	
A030202	打印机	
A030204	传真机	
A030205	复印机	
A030206	速印机	
A030207	碎纸机	
A030208	投影仪	
A030209	扫描仪	
A030210	计算机通用软件	指操作系统、财务软件、防病毒软件（防病毒软件单次采购金额 0.2 万元以上，年累计采购金额 1 万元以上）

序号	品目名称	备注
A030211	移动存储盘	单次采购金额 0.2 万元以上，年累计采购金额 1 万元以上
A0303	家具	
A030301	办公家具（含教学家具）	
		单次采购金额 5 万元以上，年累计采购金额 20 万元以上
A030302	宿舍家具	单次采购金额 5 万元以上，年累计采购金额 20 万元以上
A04	办公消耗品	
A0401	纸张	单次采购金额 0.2 万元以上，年累计采购金额 1 万元以上
A06	物资	
A0601	救灾物资	
A0604	农用物资	单次采购金额 5 万元以上，年累计采购金额 60 万元以上
A0605	储备物资	单次采购金额 5 万元以上，年累计采购金额 60 万元以上
A07	专用材料	
A0708	制服及劳保用品	单次采购金额 5 万元以上，年累计采购金额 20 万元以上
A10	专用设备	
A1001	通信设备	
A100101	移动通信设备	单次采购金额 5 万元以上，年累计采购金额 20 万元以上
A100103	卫星定位仪	
A1004	网络设备	
A100401	服务器	
A100402	路由器	单次采购金额 0.2 万元以上，年累计采购金额 1 万元以上
A100403	交换机	单次采购金额 0.2 万元以上，年累计采购金额 1 万元以上

序号	品目名称	备注
A100405	磁盘阵列	
A100501	发电设备	单次采购金额 5 万元以上，年累计采购金额 20 万元以上
A100502	变配电设备	单次采购金额 5 万元以上，年累计采购金额 20 万元以上
A1006	医疗设备、器械	单次采购金额 5 万元以上，年累计采购金额 20 万元以上
A1007	计划生育设备	单次采购金额 5 万元以上，年累计采购金额 20 万元以上
A1008	监控设备	
A1010	农用机械设备	单次采购金额 5 万元以上，年累计采购金额 20 万元以上
A1011	工程机械	
A1012	园艺机械	单次采购金额 5 万元以上，年累计采购金额 20 万元以上
A1013	消防设备	单次采购金额 5 万元以上，年累计采购金额 20 万元以上
A1014	道路清扫设备	
A1015	警用设备和用品	
A1019	教学设备	单次采购金额 10 万元以上，年累计采购金额 40 万元以上
A1020	实验室设备	单次采购金额 10 万元以上，年累计采购金额 40 万元以上
A1021	广播电视、摄影设备	单次采购金额 5 万元以上，年累计采购金额 20 万元以上
A1022	灯光、音响设备	单次采购金额 5 万元以上，年累计采购金额 20 万元以上
A1024	体育设备	单次采购金额 5 万元以上，年累计采购金额 20 万元以上
A1027	电梯	
A1029	锅炉	
A1030	安检设备	单次采购金额 5 万元以上，年累计采购金额 20 万元以上

序号	品目名称	备注
A1031	物探设备	单次采购金额 10 万元以上，年累计采购金额 40 万元以上
A1032	检测设备	单次采购金额 10 万元以上，年累计采购金额 40 万元以上
A11	交通工具	
A11010101	普通轿车	
A11010102	高级轿车	
A110102	越野车	
A11010402	旅行面包车	
A110105	专用汽车	
A11010501	工程汽车	
A11010502	工具汽车	
A11010503	消防车	
A11010504	警车	
A11010505	救护车	
A11010506	摩托车	
A11010508	洒水车	
A11010509	道路清扫车	
A11010510	垃圾车	
A11010599	其他专用汽车	
A99	其他货物	（财政部门要求的项目）
B	工程类	
B01	建筑物类	
B0101	公用房建筑	
B0102	住房建设	
B0104	公益设备建设	
B0105	纪念性建筑设施建设	
B09	修缮、装饰工程	
B10	系统集成、网络工程	
B99	其他工程	（财政部门要求的项目）

采购上述工程类项目，单项造价经财政厅投资评审中心评估后总额达到 30 万元以上的项目纳入政府集中采购。

序号	品目名称	备注
C	服务类	
C01	印刷、出版	单次采购金额 3 万元以上，年累计采购金额 10 万元以上
C02	工程设计	工程额度 1000 万元以上
C0703	交通工具的维护保障	
C070301	车辆保险（含交强险）	
C070302	车辆加油	
C070303	车辆维修	
C08	会议	
C0801	大型会议	（二类会议）
C99	其他服务	（财政部门要求的项目）

附件 2

新疆维吾尔自治区区级 2009 年度分散采购限额标准

（一）货物类

单项金额在 5 万元（含 5 万元）以上或单项金额低于 5 万元但一次批量购买金额在 10 万元以上的货物。对其中采购总额达到 80 万元（含 80 万元）以上的货物的采购，按照公开招标的方式进行。

（二）工程类

30 万元（含 30 万元）以上的工程项目。对其中达到 100 万元（含 100 万元）以上的工程项目的采购，按照公开招标方式进行。

（三）服务类

单项金额在 1 万元（含 1 万元）以上或单项金额低于 1 万元但一次批量购买金额在 5 万元以上的服务项目。对其中达到 50 万元（含 50 万元）以上的项目的采购，按照公开招标方式进行。

八、2009年全国政府采购管理工作大事记

◆ 国务院办公厅印发关于进一步加强政府采购管理工作的意见

4 月 10 日，国务院办公厅印发《关于进一步加强政府采购管理工作的意见》（国办发［2009］35 号）。针对 2008 年全国政府采购执行情况专项检查中发现的操作执行环节不规范等问题。该文件从强化和实现依法采购、完善监管和运行机制、提高政府采购效率和质量、服务经济和社会发展大局、严肃法律制度约束、推进电子化政府采购、加强政府采购队伍建设等七个方面提出加强政府采购管理工作、全面深化政府采购制度改革的意见。

◆《中华人民共和国政府采购法实施条例（送审稿）》再次修改

《中华人民共和国政府采购法实施条例（送审稿）》列入国务院法制办 2009 年重点立法计划。财政部根据政府采购制度改革的新进展、新情况，集中多方力量，经过广泛调研和征求意见，配合国务院法制办再次修改完善条例。

◆ 全国政府采购工作会议召开

4 月 22 日，全国政府采购工作会议在湖北省武汉市召开。会议主要总结 2008 年全国政府采购制度改革工作，贯彻落实国务院关于加强政府采购管理工作的有关要求，并分析中国当前加入 WTO《政府采购协议》（GPA）谈判的形势，部署今后全国政府采购工作及 GPA 谈判的应对工作。各省、自治区、直辖市、计划单列市财政系统负责人及 GPA 研究工作者参加会议。湖北省常务副省长李宪生致欢迎辞，财政部部长助理张通出席会议并作重要讲话。

◆ 政府采购扶持中小企业座谈会召开

江苏省徐明等代表提出的第十一届全国人大二次会议第 5433 号“关于扶持中小企业参与政府采购的人大建议”，被列为“财政部机关重点办理建议”。2009 年 6 月，财政部部长助理张通带队到江苏与人大代表、中小企业代表进行交流座谈，探讨扶持中小企业的措施办法，得到人大代表和社会有关方面的高度评价。

◆ 信息安全产品政府采购政策正式实施

4 月 28 日，为落实国家质检总局、财政部、国家认监委《关于调整信息安全产品强制性认证实施要求的公告》（2009 年第 33 号），财政部、工业和信息化部、国家质检总局和国家认监委印发《关于信息安全产品实施政府采购的通知》（财库［2010］48 号），规定从 2010 年 5 月 1 日开始，各级采购人使用财政性资金采购信息安全产品的，应当采购经国家认证的信息安全产品。

◆ 财政部举办首次政府采购代理机构培训班

12 月 12～13 日，财政部在山东威海举办政府采购代理机构培训班。培训班介绍政府采购有关政策，实现科学化管理的几个重要问题和政府采购代理机构内部风险机制，提出代理政府采购业务需要注意的一些重点环节。部分经财政部授予甲级资格的政府采购代理机构相关工作人员参加培训。这是《中华人民共和国政府采购法》实施后举办的首次政府采购代理机构培训班。

◆ **中央单位变更政府采购方式审批管理及进口产品审核系统启用**

为了进一步提升政府采购工作信息化水平，提高政府采购方式变审批管理和进口产品审核管理效率，财政部对原“中央单位变更政府采购方式审批管理系统”进行升级改造，于11月2日正式启用“中央单位变更政府采购方式审批管理及进口产品审核系统”。该系统以中国政府采购网为依托，实现变更政府采购方式的在线申报和审批以及采购进口产品的在线申报和审核。

◆ **财政部开出首张供应商“罚单”**

财政部首次处罚4名政府采购评审专家，开出首张供应商“罚单”，两家企业3年内被禁止参加政府采购活动。财政部建立律师事务所横向协助、专家审查委员会纵向把关的投诉处理工作机制，进一步规范供应商投诉处理程序。全年共处理投诉、举报以及协助处理行政复议案件共71起。

◆ **政府采购支持服务外包产业发展**

财政部会同国家发展改革委、商务部等9部委联合下发《关于鼓励政府和企业发包促进我国服务外包产业发展的指导意见》（财企［2009］200号），明确提出鼓励采购人将涉及信息技术咨询、运营维护、软件开发和部署、测试、数据处理、系统集成、培训及租赁等不涉及秘密的可外包业务发包给服务外包企业。

◆ **政府采购规模持续扩大**

面对国际金融危机的冲击，政府采购规模持续扩大。2009年全国政府采购规模达到7413.2亿元，比上年同期增加1422.3亿元，增长23.7%。节约资金964.2亿元，平均节资率11.5%。自1998年全面实行政府采购制度改革以来，政府采购规模保持53%的年平均增长率。

◆ **国家自主创新产品认定工作启动**

11月，科技部、国家发展改革委、财政部联合公布《关于开展2009年国家自主创新产品认定工作的通知》（国科发计［2009］618号），规定国家自主创新产品的认定原则、领域范围、认定条件、认定程序和组织管理，以及申报渠道和流程，正式启动国家自主创新产品认定工作。通知规定，财政部将会同有关部门依据政府采购政策的需求和实际情况，在国家自主创新产品目录的基础上确定《政府采购自主创新产品目录》，目录内的产品在政府采购活动中享受政策扶持。

◆ **电子化政府采购业务系统建设工作组正式成立**

财政部成立电子化政府采购业务系统建设工作组，推动全国电子化政府采购管理交易系统建设。在充分调研的基础上，初步形成全国电子化政府采购管理交易建设的总体思路。

◆ 中国向世界贸易组织提交《中国加入世界贸易组织〈政府采购协议〉进展情况》

10 月，经国务院批准，财政部向世界贸易组织提交《中国加入世界贸易组织〈政府采购协议〉进展情况》，表明中国加入世界贸易组织《政府采购协议》（GPA）的立场，阐明修改出价面临的困难，提出修改出价的基本思路。一年来，财政部与美国、欧盟等 GPA 成员开展 17 场次双边谈判。世界贸易组织秘书处和 GPA 参加方对中国提交修改出价思路给予高度肯定，并对中国加入 GPA 面临的困难表示理解，但要求中国尽快提交修改出价，同时按照 GPA 原则修改国内有关政府采购法律和政策。

九、2009年全国政府采购甲级代理机构名录

2009 年全国政府采购甲级代理机构名录

（财政部确认 463 家）

2009 年 12 月 31 日

序号	机构名称	序号	机构名称
1	安徽合普工程技术咨询有限公司	21	北京国际贸易公司
2	安徽建鑫工程咨询有限公司	22	北京国际招标有限公司
3	安徽省公路工程建设监理有限责任公司	23	北京国金管理咨询有限公司
4	安徽省国际招标有限责任公司	24	北京国泰建中管理咨询有限公司
5	安徽省技术进出口股份有限公司	25	北京恒乐工程管理有限公司
6	安徽省建设监理有限公司	26	北京华诚永信工程管理有限公司
7	安徽省江河水利水电工程监理咨询有限公司	27	北京华厦工程项目管理有限责任公司
8	安徽中技工程咨询有限公司	28	北京佳益工程咨询有限公司
9	北京爱建招标代理有限公司	29	北京建信衡工程管理有限公司
10	北京安泰恒工程项目管理有限公司	30	北京建友工程造价咨询有限公司
11	北京百聪建筑工程造价咨询有限公司	31	北京建智达建筑咨询有限公司
12	北京北咨工程咨询有限公司	32	北京金唯信工程咨询有限公司
13	北京博陆恒信工程咨询有限公司	33	北京京博通工程项目管理有限公司
14	北京德基工程咨询有限责任公司	34	北京京城招建设工程咨询有限公司
15	北京典方建设工程咨询有限公司	35	北京京建标工程项目管理有限公司
16	北京东方华太工程咨询有限公司	36	北京京园诚得信工程管理有限公司
17	北京泛华国金工程咨询有限公司	37	北京京咨博工程项目管理有限公司
18	北京方隆盛建筑技术咨询有限公司	38	北京康顺通工程项目管理有限公司
19	北京丰利兴工程管理有限公司	39	北京科技园拍卖招标有限公司
20	北京国电工程招标有限公司	40	北京隆宇达招标代理有限公司

续表

序号	机构名称	序号	机构名称
41	北京奇泰桥工程技术咨询有限公司	70	大连诚信工程招投标代理有限公司
42	北京求实工程管理有限公司	71	大连泛华工程招投标代理有限公司
43	北京市建壮咨询有限公司	72	大连理工招标代理有限公司
44	北京市京发招标有限公司	73	大连万科招标代理有限公司
45	北京市精屋工程管理有限公司	74	大连正泉工程造价咨询事务所有限公司
46	北京首建招标有限责任公司	75	德汇工程管理（北京）有限公司
47	北京双圆工程咨询监理有限公司	76	东莞市伟业建设工程造价咨询有限公司
48	北京维公工程项目管理有限公司	77	东营鲁正招标造价咨询有限责任公司
49	北京希地环球建设工程顾问有限公司	78	东营万信招标代理有限责任公司
50	北京鑫中招标代理有限公司	79	佛山市德正城市建设工程监理有限公司
51	北京兴电国际工程管理公司	80	佛山市建宇工程招标代理有限公司
52	北京逸群工程咨询有限公司	81	佛山市南海宏正工程咨询有限公司
53	北京英诺威建设工程管理有限公司	82	福建环闽工程造价咨询有限公司
54	北京中昌工程咨询有限公司	83	福建晖源工程咨询有限公司
55	北京中环招标代理有限公司	84	福建建龙工程咨询有限公司
56	北京中建源建筑工程管理有限公司	85	福建科信工程造价咨询有限公司
57	北京中外建工程管理有限公司	86	福建联审工程管理咨询有限公司
58	北京中招国发工程项目管理有限公司	87	福建乾坤工程造价咨询有限公司
59	北京筑标建设工程咨询有限公司	88	福建昇华工程造价咨询有限公司
60	长春高建招标有限公司	89	福建省泓业招标有限责任公司
61	长春建业集团有限公司	90	福建省机电设备招标公司
62	长春市万力工程咨询有限公司	91	福建省建融工程咨询有限公司
63	常德工程招标代理有限公司	92	福建省建设工程招标有限公司
64	成都长源工程咨询有限公司	93	福建顺恒工程造价咨询有限公司
65	成都衡泰工程管理有限责任公司	94	福建顺健工程造价咨询有限责任公司
66	成都科益工程咨询有限公司	95	甘肃金安建设工程招标有限公司
67	成都万安建设项目管理有限公司	96	广东达安工程项目管理有限公司
68	达华工程管理（集团）有限公司	97	广东工程建设监理有限公司
69	大华建设项目管理有限公司	98	广东广机国际招标股份有限公司

续表

序号	机构名称	序号	机构名称
99	广东宏茂建设监理有限公司	128	广州建筑工程监理有限公司
100	广东华联建设项目管理咨询有限公司	129	广州市国际工程咨询公司
101	广东华伦招标有限公司	130	广州市见智咨询有限公司
102	广东华禹工程咨询有限公司	131	广州新伊丰工程咨询有限公司
103	广东建科建设监理有限公司	132	广州筑正工程咨询有限公司
104	广东建设工程监理有限公司	133	贵州桦利工程招标造价咨询有限公司
105	广东省城规建设监理有限公司	134	贵州省招标有限公司
106	广东省机电设备招标公司	135	贵州万和工程招标代理造价咨询有限责任公司
107	广东省机电设备招标中心	136	贵州智聚招标造价咨询有限公司
108	广东粤源水利水电工程咨询公司	137	桂林建银工程造价咨询有限公司
109	广西城建咨询有限公司	138	国管招标（北京）有限公司
110	广西德元工程项目管理有限责任公司	139	国信招标集团有限公司
111	广西桂诚工程造价咨询事务有限责任公司	140	哈尔滨市忱义招投标代理有限责任公司
112	广西桂水工程咨询有限公司	141	杭州博望建设工程招标投标代理有限公司
113	广西华蓝工程咨询管理有限公司	142	杭州建友工程咨询有限公司
114	广西建标建设工程咨询有限责任公司	143	杭州市建设工程招标代理有限公司
115	广西建经工程监理有限责任公司	144	河北安达投资咨询有限公司
116	广西建设工程项目管理中心	145	河北安惠招标有限公司
117	广西建通工程咨询有限责任公司	146	河北达洋咨询有限公司
118	广西区建设工程机电设备招标中心	147	河北方达招标有限公司
119	广西瑞真工程造价咨询有限责任公司	148	河北光大招标有限公司
120	广西新衡通建设工程咨询有限公司	149	河北广通三德招标代理有限责任公司
121	广西新宇建设项目管理有限公司	150	河北国合招标有限公司
122	广西云龙招标有限公司	151	河北恒基建设招标有限公司
123	广西正中工程造价咨询有限公司	152	河北宏盛招标有限公司
124	广西壮族自治区机电设备招标中心	153	河北宏信招标有限公司
125	广州高新工程顾问有限公司	154	河北鸿泰工程项目咨询有限公司
126	广州宏达工程顾问有限公司	155	河北华能招标有限责任公司
127	广州建成工程造价咨询事务所有限公司	156	河北华业招标有限公司

续表

序号	机构名称	序号	机构名称
157	河北兰天工程咨询有限公司	186	湖北诚信建设项目管理有限公司
158	河北省成套招标有限公司	187	湖北大鹏工程咨询有限公司
159	河北省水利水电第二勘测设计研究院	188	湖北恒达建设工程项目管理有限公司
160	河北省招标公司	189	湖北衡天工程建设项目管理有限公司
161	河北兴冀工程项目管理有限公司	190	湖北华傲水利水电工程咨询中心
162	河北中机咨询有限公司	191	湖北华中汇杰项目管理有限公司
163	河北中原工程项目管理有限公司	192	湖北建厦工程建设招标代理有限公司
164	河北筑城工程招标咨询有限公司	193	湖北路港工程招标代理有限公司
165	河北卓众工程项目管理有限公司	194	湖北三峡建设项目管理有限公司
166	河南大河招标有限公司	195	湖北设备工程招标有限公司
167	河南飞洋建设工程咨询有限公司	196	湖北省成套招标有限公司
168	河南宏业建设管理有限公司	197	湖北腾升工程管理有限责任公司
169	河南联创工程造价咨询代理有限公司	198	湖北天元工程项目管理有限公司
170	河南省方圆招标代理有限责任公司	199	湖北中天招标有限公司
171	河南省机电设备招标股份有限公司	200	湖南创迪工程管理咨询有限公司
172	河南省山河建设工程管理有限责任公司	201	湖南洞庭招标代理有限公司
173	河南省伟信招标管理咨询有限公司	202	湖南国建招标咨询有限公司
174	河南兴达工程咨询有限公司	203	湖南国联招标有限公司
175	河南豫信招标有限责任公司	204	湖南华新建设项目管理有限公司
176	河南招标采购服务有限公司	205	湖南三湘招标代理咨询有限公司
177	河南中旭国际招标有限公司	206	湖南省建设工程招标代理有限责任公司
178	黑龙江鼎鑫建筑工程管理咨询有限公司	207	湖南省天平招标代理咨询有限公司
179	黑龙江垦区采购招标中心	208	湖南省招标有限责任公司
180	黑龙江省国发招标有限公司	209	湖南天鉴工程项目管理有限公司
181	黑龙江省国律招标有限责任公司	210	湖南智埔工程咨询有限公司
182	黑龙江省招标公司	211	湖南中技项目管理有限公司
183	黑龙江新概念企业管理咨询有限公司	212	湖南中科项目管理有限公司
184	恒邦（北京）工程顾问有限公司	213	华春建设工程项目管理有限责任公司
185	湖北长江工程造价咨询事务有限责任公司	214	华电招标有限公司

续表

序号	机构名称	序号	机构名称
215	吉林省华建工程造价咨询招标代理有限公司	244	辽宁民建工程招标投标有限公司
216	吉林省汇通招标投标代理有限公司	245	辽宁轩宇工程招标投标有限公司
217	吉林省建设项目招标有限责任公司	246	内蒙古诚佳信招标有限责任公司
218	吉林省晟裕工程咨询有限公司	247	内蒙古存信招标有限责任公司
219	吉林省世邦咨询有限公司	248	内蒙古銮基工程建设招标代理有限公司
220	吉林中捷工程项目管理有限公司	249	内蒙古新天立招标代理有限责任公司
221	济南市建设监理有限公司	250	内蒙古益泰工程建设监理有限责任公司
222	济南忠诚信工程咨询有限公司	251	内蒙古招标有限责任公司
223	济南众志招标投标代理有限公司	252	内蒙古中实成套设备有限责任公司
224	江河机电装备工程有限公司	253	南宁品正建设咨询有限责任公司
225	江苏大成工程咨询有限公司	254	南宁市建昶建设工程监理咨询有限责任公司
226	江苏交通工程投资咨询有限公司	255	南阳建设工程招标代理中心
227	江苏捷宏工程咨询有限责任公司	256	宁波德威工程造价投资咨询有限公司
228	江苏金港建设项目投资咨询有限公司	257	宁波国际投资咨询有限公司
229	江苏省国际招标公司	258	宁波市国际招标有限公司
230	江苏省海外企业集团有限公司	259	宁波中冠工程造价事务所有限公司
231	江苏省建信招投标有限公司	260	攀钢集团国际经济贸易有限公司
232	江苏省设备采购国际招标中心	261	青岛采购招标中心有限公司
233	江苏省设备成套有限公司	262	青岛建通工程招标咨询有限公司
234	江苏苏美达集团公司	263	青岛市市政建设发展有限公司
235	江苏天宏华信工程投资管理咨询有限公司	264	青岛市招标中心
236	江苏益诚建设工程咨询有限公司	265	日照市大成工程招标咨询有限责任公司
237	江西恒实建设监理咨询有限公司	266	三峡国际招标有限责任公司
238	江西省机电设备招标有限公司	267	山东大洋招标有限公司
239	江西中昌工程咨询监理有限公司	268	山东德勤招标评估造价咨询有限公司
240	昆明晨晟招标有限责任公司	269	山东东成建设咨询有限公司
241	辽宁工程招标公司	270	山东海逸恒安项目管理有限公司
242	辽宁国华招标有限公司	271	山东海逸恒安招标有限公司
243	辽宁建兴工程招标有限公司	272	山东华标招标有限公司

续表

序号	机构名称	序号	机构名称
273	山东环宇招标有限公司	302	陕西智鑫造价咨询有限公司
274	山东经纬工程管理有限公司	303	上海百通项目管理咨询有限公司
275	山东龙融招投标代理有限公司	304	上海宝钢建设监理有限公司
276	山东鲁煤工程造价咨询有限公司	305	上海宝华国际招标有限公司
277	山东普华项目管理有限公司	306	上海碧凌工程咨询有限公司
278	山东普来恩工程设计有限公司	307	上海财瑞建设咨询有限公司
279	山东齐信招标有限公司	308	上海大华工程造价咨询有限公司
280	山东启新工程项目管理有限公司	309	上海东方投资监理有限公司
281	山东三维建设项目管理有限公司	310	上海国际集团金融服务有限公司
282	山东三阳项目管理有限公司	311	上海国际招标有限公司
283	山东省建设工程招标中心有限公司	312	上海和通建设工程咨询有限公司
284	山东省鲁成招标有限公司	313	上海沪港建设咨询有限公司
285	山东省齐鲁国际招标有限公司	314	上海华瑞建设经济咨询有限公司
286	山东通乾投资管理有限公司	315	上海煌浦建设咨询有限公司
287	山东同力建设项目管理有限公司	316	上海机电设备招标公司
288	山东信一项目管理有限公司	317	上海建浩工程顾问有限公司
289	山东阳光招标有限公司	318	上海建科建设监理咨询有限公司
290	山东招标股份有限公司	319	上海金桥建设监理有限公司
291	山东正平招标咨询有限公司	320	上海联合工程监理造价咨询有限公司
292	山东正信招标有限责任公司	321	上海明方复兴工程造价咨询事务所有限公司
293	山西华安建设项目管理有限公司	322	上海南建建设工程技术咨询有限公司
294	山西路华通工程咨询有限公司	323	上海宁信建设工程咨询有限公司
295	山西明实工程招标代理有限公司	324	上海浦惠建设管理有限公司
296	山西省国际招标有限公司	325	上海容基工程项目管理有限公司
297	山西协诚工程招标代理有限公司	326	上海申厚建设咨询事务所有限公司
298	山西中量工程招标代理有限公司	327	上海申康卫生基建管理有限公司
299	陕西建华招投标代理咨询有限责任公司	328	上海申莘建设工程造价咨询有限公司
300	陕西省采购招标有限责任公司	329	上海申信进出口有限公司
301	陕西正大招标有限公司	330	上海申邑工程咨询有限公司

续表

序号	机构名称	序号	机构名称
331	上海申元工程投资咨询有限公司	360	四川华强项目管理有限公司
332	上海市上投招标公司	361	四川华通建设工程造价管理有限责任公司
333	上海同济工程咨询有限公司	362	四川建科工程建设管理有限公司
334	上海翔波工程咨询有限公司	363	四川科特建设管理有限公司
335	上海协同工程监理造价咨询有限公司	364	四川良友建设咨询有限公司
336	上海新域工程建设咨询有限公司	365	四川明清工程造价咨询有限公司
337	上海颐群建设工程咨询有限公司	366	四川兴鑫建设工程项目管理有限公司
338	上海亿越工程咨询有限公司	367	四川永一建设工程项目管理有限公司
339	上海银锦建设工程咨询有限公司	368	苏州华星工程造价咨询有限公司
340	上海银鑫建设咨询有限公司	369	苏州建设工程招标代理有限公司
341	上海臻诚建设管理咨询有限公司	370	苏州市中诚工程建设造价事务所有限公司
342	上海正弘建设工程顾问有限公司	371	苏州新一造价师价格事务所有限公司
343	上海中世建设咨询有限公司	372	苏州中润建设管理咨询有限公司
344	上海中鑫建设咨询有限公司	373	泰安市泰山建设工程招标代理有限公司
345	上海资文建设工程咨询有限公司	374	唐山筑嘉工程建设咨询服务有限公司
346	深圳市宝安区建设工程监理公司	375	天津房友工程咨询有限公司
347	深圳市国际招标有限公司	376	天津广正建设项目管理咨询有限公司
348	深圳市三方诚信招标有限公司	377	天津国际招标有限公司
349	深圳市深水水务咨询有限公司	378	天津津建工程造价咨询有限公司
350	深圳市中邦国际招标有限公司	379	天津普泽工程咨询有限责任公司
351	深圳中邦国际工程科技顾问有限公司	380	天津市诚信招标有限公司
352	神华国际贸易有限责任公司	381	天津市泛亚工程机电设备咨询有限公司
353	沈阳建设项目招投标中心	382	天津市建设工程招标有限公司
354	沈阳盛联招标咨询有限公司	383	天津市建设工程咨询有限公司
355	沈阳招标中心	384	天津市建通工程招标咨询有限公司
356	沈阳志诚招投标有限公司	385	天津市经特建设工程咨询有限公司
357	石家庄金信工程咨询有限公司	386	天津市明正建筑工程招标代理有限公司
358	四川成化工程项目管理有限公司	387	天津市森宇建筑技术法律咨询有限公司
359	四川大公建设工程管理咨询有限责任公司	388	天津泰达工程管理咨询有限公司

续表

序号	机构名称	序号	机构名称
389	天津万泽建设工程咨询有限公司	418	云南云创招标有限公司
390	万隆建设工程咨询集团有限公司	419	云南招标股份有限公司
391	潍坊市工程建设监理有限责任公司	420	张家港市金港工程造价事务所有限公司
392	吴江市建设工程技术咨询中心有限公司	421	浙江大地建设招标代理有限公司
393	吴江市建设造价师事务所有限公司	422	浙江广川工程咨询有限公司
394	五矿国际招标有限责任公司	423	浙江华诚建设工程招标代理有限公司
395	武汉宏宇建设工程咨询有限公司	424	浙江建正工程咨询有限公司
396	武汉千代工程建设招标代理有限公司	425	浙江省成套工程有限公司
397	武汉新地工程造价咨询有限公司	426	浙江省成套招标代理有限公司
398	武汉信业工程招标代理有限责任公司	427	浙江省国际技术设备招标有限公司
399	西安建工建设工程招标有限公司	428	浙江省建设工程设备招标有限公司
400	西北（陕西）国际招标有限公司	429	浙江天源实业发展有限公司
401	厦门高诚信建设监理有限公司	430	浙江万邦工程管理咨询有限公司
402	厦门天和项目管理投资咨询有限公司	431	浙江新诚信工程造价咨询有限公司
403	新疆诚誉工程项目管理有限公司	432	浙江新世纪工程咨询有限公司
404	新疆皓涵招标代理有限公司	433	浙江颐立工程咨询有限公司
405	新疆经纬招标有限责任公司	434	浙江中际造价师事务所有限公司
406	新疆西北招标有限公司	435	浙江中磊工程咨询有限公司
407	新疆新世纪招标有限公司	436	浙江中正工程项目管理有限公司
408	新疆招标有限公司	437	中钢招标有限责任公司
409	许昌建设工程项目管理有限公司	438	中国电子进出口总公司
410	烟台建德招标代理咨询有限公司	439	中国机械进出口（集团）有限公司
411	烟台市万信项目管理有限公司	440	中国技术进出口总公司
412	宜昌胜捷工程咨询有限责任公司	441	中国建筑设计咨询公司
413	云南晨晟招标咨询有限公司	442	中国五矿集团公司
414	云南城市建设项目管理咨询有限公司	443	中国邮电器材集团公司
415	云南国内招标有限公司	444	中国远东国际招标公司
416	云南赛林建设招标咨询有限公司	445	中国自动化控制系统招标有限责任公司
417	云南元大工程咨询有限责任公司	446	中航材国际招标有限公司

续表

序号	机构名称	序号	机构名称
447	中航技国际经贸发展有限公司	456	中通建设工程咨询有限责任公司
448	中化国际招标有限责任公司	457	中信国际招标有限公司
449	中化建国际招标有限责任公司	458	中仪国际招标公司
450	中机国际招标公司	459	中招国际招标有限公司
451	中技国际招标公司	460	中咨工程建设监理公司
452	中金招标有限责任公司	461	重庆宏达招标代理有限公司
453	中龙国际招标有限公司	462	重庆天廷工程咨询有限公司
454	中煤招标有限责任公司	463	珠海市物资招标有限公司
455	中水珠江规划勘测设计有限公司		

2009 年全国政府采购甲级代理机构名录

（财政部审批 559 家）

2009 年 12 月 31 日

序号	机构名称	序号	机构名称
1	安徽省技术进出口股份有限公司	21	北京金准咨询有限责任公司
2	安徽省建设监理有限公司	22	北京京园诚得信工程管理有限公司
3	安徽省招标中心有限公司	23	北京精信嘉业建筑咨询有限公司
4	安徽中技工程咨询有限公司	24	北京科技园拍卖招标有限公司
5	安诺保险经纪有限公司	25	北京明世继元招标有限公司
6	北京北科博佳招标代理有限公司	26	北京求实工程管理有限公司
7	北京必得阳光招投标咨询有限公司	27	北京融财盛通投资管理有限公司
8	北京东方华太工程咨询有限公司	28	北京世纪保险经纪有限公司
9	北京泛华国金工程咨询有限公司	29	北京市京发招标有限公司
10	北京国和京业国际招标有限公司	30	北京市精屋工程管理有限公司
11	北京国际贸易公司	31	北京希地环球建设工程顾问有限公司
12	北京国际招标有限公司	32	北京先锋环宇电子商务有限责任公司
13	北京国金管理咨询有限公司	33	北京鑫中招标代理有限公司
14	北京国泰建中管理咨询有限公司	34	北京兴电国际工程管理公司
15	北京昊远丰标咨询有限公司	35	北京逸群工程咨询有限公司
16	北京华林源工程咨询有限公司	36	北京英诺威建设工程管理有限公司
17	北京华盛中天咨询有限责任公司	37	北京泽岱招标代理有限责任公司
18	北京汇诚金桥招投标代理有限公司	38	北京支点国际资讯投资有限公司
19	北京佳益工程咨询有限公司	39	北京中昌工程咨询有限公司
20	北京建智达建筑咨询有限公司	40	北京中成海达进出口有限公司

续表

序号	机构名称	序号	机构名称
41	北京中恒昌国际招标代理有限公司	70	德州市正道招标服务有限责任公司
42	北京中环招标代理有限公司	71	东方国际招标有限责任公司
43	北京中建源建筑工程管理有限公司	72	东营鲁正招标造价咨询有限责任公司
44	北京中交建设工程招标有限公司	73	佛山市广得信工程造价咨询有限公司
45	北京中教仪国际招标代理有限公司	74	佛山市灏泰招标代理有限公司
46	北京中京天元工程咨询有限公司	75	佛山市南海宏正工程咨询有限公司
47	北京中廉国诚招标有限公司	76	福建诚信招标有限公司
48	北京中天国宏招标代理有限公司	77	福建方兴招标代理有限公司
49	北京中招国发工程项目管理有限公司	78	福建华闽招标有限公司
50	北京筑标建设工程咨询有限公司	79	福建环闽工程造价咨询有限公司
51	长春市万力工程咨询有限公司	80	福建科信工程造价咨询有限公司
52	常州招投标代理中心	81	福建立勤招标代理有限公司
53	成都晨越建设项目管理有限公司	82	福建乾坤工程造价咨询有限公司
54	成都衡泰工程管理有限责任公司	83	福建昇华工程造价咨询有限公司
55	达华工程管理（集团）有限公司	84	福建省博时招标代理有限公司
56	大华建设项目管理有限公司	85	福建省博益招标代理有限公司
57	大连博兴工程咨询有限公司	86	福建省承诚招标代理有限公司
58	大连长城信息系统工程监理有限公司	87	福建省福怡药械招标有限公司
59	大连东大招投标代理有限公司	88	福建省泓业招标有限责任公司
60	大连泛华工程招投标代理有限公司	89	福建省机电设备招标公司
61	大连华彩工程咨询中心	90	福建省嘉信招标代理有限公司
62	大连机械设备成套公司	91	福建省建融工程咨询有限公司
63	大连理工招标代理有限公司	92	福建省金丰招标代理有限公司
64	大连市宏德项目管理有限公司	93	福建省景鑫招标代理服务有限公司
65	大连市机电设备招标中心	94	福建省闽捷招标代理有限公司
66	大连通利项目管理有限公司	95	福建省闽咨造价咨询有限公司
67	大连万科招标代理有限公司	96	福建省天海招标有限公司
68	大连万融招投标代理有限公司	97	福建省智信招标有限公司
69	德汇工程管理（北京）有限公司	98	福建盛鑫招标代理有限公司

续表

序号	机构名称	序号	机构名称
99	福建顺恒工程造价咨询有限公司	128	广西桂一招标有限公司
100	福建顺健工程造价咨询有限责任公司	129	广西国栋招标有限公司
101	福建兴诚建工程管理有限公司	130	广西国泰招标咨询有限公司
102	福建讯诚招标有限公司	131	广西海特建设工程项目咨询管理有限公司
103	福建优胜招标代理有限公司	132	广西华蓝工程咨询管理有限公司
104	福建中实建设项目管理有限公司	133	广西汇沣招标代理有限公司
105	福建中实招标有限公司	134	广西建澜工程招标有限公司
106	福州市建设工程监理有限公司	135	广西科联招标中心
107	甘肃机械国际招标有限公司	136	广西科文招标有限公司
108	甘肃省通信产业工程监理有限公司	137	广西区建设工程机电设备招标中心
109	甘肃省招标中心	138	广西瑞宏招标咨询有限公司
110	广东广机国际招标股份有限公司	139	广西生聚招标有限责任公司
111	广东华联建设项目管理咨询有限公司	140	广西新宇建设项目管理有限公司
112	广东华伦招标有限公司	141	广西鑫磐工程项目管理有限责任公司
113	广东华鑫招标采购有限公司	142	广西信永工程咨询有限责任公司
114	广东华禹工程咨询有限公司	143	广西云龙招标有限公司
115	广东金扬教育采购中心有限公司	144	广西壮族自治区机电设备招标中心
116	广东平正招标采购服务有限公司	145	广州采联采购招标代理有限公司
117	广东省机电设备招标公司	146	广州采阳招标代理有限公司
118	广东省机电设备招标中心	147	广州程启招标代理有限公司
119	广东五洲招标代理有限公司	148	广州合壹招标代理有限公司
120	广东元正招标采购有限公司	149	广州宏达工程顾问有限公司
121	广东粤信招标有限公司	150	广州建成工程造价咨询事务所有限公司
122	广东志正招标有限公司	151	广州建筑工程监理有限公司
123	广西创建工程招投标造价咨询有限责任公司	152	广州群生招标代理有限公司
124	广西德胜工程造价咨询有限公司	153	广州市国际工程咨询公司
125	广西德元工程项目管理有限责任公司	154	广州顺为招标代理有限公司
126	广西鼎策工程顾问有限责任公司	155	广州威朗工程咨询有限公司
127	广西桂诚工程造价咨询事务有限责任公司	156	广州有德招标代理有限公司

续表

序号	机构名称	序号	机构名称
157	贵州德建招投标代理有限公司	186	河北宏信招标有限公司
158	贵州方正招标有限公司	187	河北华能招标有限责任公司
159	贵州贵财招标有限责任公司	188	河北华业招标有限公司
160	贵州桦利工程招标造价咨询有限公司	189	河北清风招标代理有限公司
161	贵州津通招标有限责任公司	190	河北省成套招标有限公司
162	贵州明诚招标有限公司	191	河北省招标公司
163	贵州鹏业国际机电设备招标有限公司	192	河北泰达招标代理有限公司
164	贵州省百年招标中心	193	河北同望招标代理有限公司
165	贵州省招标有限公司	194	河北兴冀工程项目管理有限公司
166	贵州万和工程招标代理造价咨询有限责任公司	195	河北中机咨询有限公司
167	贵州卫虹医药电子商务有限公司	196	河北中原工程项目管理有限公司
168	贵州新阳光工程招标咨询有限公司	197	河北筑城工程招标咨询有限公司
169	贵州兴五环招标有限公司	198	河南创达建设工程管理有限公司
170	贵州阳光产权交易所有限公司	199	河南广电招标有限公司
171	贵州智聚招标造价咨询有限公司	200	河南宏业建设管理有限公司
172	国管招标（北京）有限公司	201	河南龙华工程咨询有限公司
173	国信招标集团有限公司	202	河南申鑫采购招标事务所有限公司
174	海虹医药电子交易中心有限公司	203	河南省国贸招标有限公司
175	杭州博望建设工程招标投标代理有限公司	204	河南省机电设备国际招标有限公司
176	杭州建友工程咨询有限公司	205	河南省机电设备招标股份有限公司
177	河北安达投资咨询有限公司	206	河南省教育招标服务有限公司
178	河北安惠招标有限公司	207	河南省科教仪器设备招标有限公司
179	河北达洋咨询有限公司	208	河南省天平招标代理有限公司
180	河北方达招标有限公司	209	河南省伟信招标管理咨询有限公司
181	河北光大招标有限公司	210	河南省鑫诚工程管理有限公司
182	河北广通三德招标代理有限责任公司	211	河南省兴豫建设管理有限公司
183	河北国合招标有限公司	212	河南省政通招标有限公司
184	河北恒基建设招标有限公司	213	河南兴达工程咨询有限公司
185	河北宏盛招标有限公司	214	河南兴建建设管理有限公司

续表

序号	机构名称	序号	机构名称
215	河南招标采购服务有限公司	244	湖南省天平招标代理咨询有限公司
216	河南正大招标服务有限公司	245	湖南省招标有限责任公司
217	河南智远工程管理有限公司	246	湖南天润招标咨询有限公司
218	黑龙江鼎鑫建筑工程管理咨询有限公司	247	湖南湘诚招标咨询有限公司
219	黑龙江垦区采购招标中心	248	湖南湘资源工程项目管理有限公司
220	黑龙江省达营招标有限公司	249	湖南新星工程造价咨询有限公司
221	黑龙江省国发招标有限公司	250	湖南友谊招标代理有限公司
222	黑龙江省国律招标有限责任公司	251	湖南智埔工程咨询有限公司
223	黑龙江省迈克招标有限公司	252	湖南中技项目管理有限公司
224	黑龙江省驿煊广通招标有限公司	253	湖南中科项目管理有限公司
225	黑龙江省招标公司	254	湖南中招招标咨询有限公司
226	黑龙江天恒招标咨询有限责任公司	255	华春建设工程项目管理有限责任公司
227	黑龙江中资招标有限责任公司	256	华杰工程咨询有限公司
228	恒泰保险经纪有限公司	257	华泰保险经纪有限公司
229	湖北长江工程造价咨询事务有限责任公司	258	吉林省汇通招标投标代理有限公司
230	湖北诚信建设项目管理有限公司	259	吉林省机械设备成套招标公司
231	湖北大鹏工程咨询有限公司	260	吉林省建设项目招标有限责任公司
232	湖北恒达建设工程项目管理有限公司	261	吉林省晟裕工程咨询有限公司
233	湖北华中汇杰项目管理有限公司	262	吉林省招标有限公司
234	湖北路港工程招标代理有限公司	263	吉林中捷工程项目管理有限公司
235	湖北设备工程招标有限公司	264	济南市建设监理有限公司
236	湖北省成套招标有限公司	265	江河机电装备工程有限公司
237	湖北腾升工程管理有限责任公司	266	江苏交通工程投资咨询有限公司
238	湖北天元工程项目管理有限公司	267	江苏捷宏工程咨询有限责任公司
239	湖北中天招标有限公司	268	江苏金港建设项目投资咨询有限公司
240	湖南国建招标咨询有限公司	269	江苏省国际招标公司
241	湖南国联招标有限公司	270	江苏省海外企业集团有限公司
242	湖南建业招标代理有限责任公司	271	江苏省建信招投标有限公司
243	湖南省华新招标咨询有限公司	272	江苏省设备采购国际招标中心

续表

序号	机构名称	序号	机构名称
273	江苏省设备成套有限公司	301	宁波国际投资咨询有限公司
274	江西德龙招标代理有限公司	302	宁波市国际招标有限公司
275	江西汇众招标咨询有限公司	303	宁波中基国际招标有限公司
276	江西省百巨招标咨询有限公司	304	宁夏恒盛招标有限公司
277	江西省机电设备招标有限公司	305	宁夏圣泽招标有限公司
278	昆明晨晟招标有限责任公司	306	宁夏中天世纪招标有限公司
279	辽宁阜康招投标有限公司	307	平顶山市国信招投标代理有限公司
280	辽宁工程招标公司	308	青岛采购招标中心有限公司
281	辽宁光华招标有限公司	309	青岛市招标中心
282	辽宁合建招投标代理有限公司	310	青宇（北京）国际招标有限公司
283	辽宁环宇工程咨询管理有限公司	311	泉州市务实采购有限责任公司
284	辽宁汇诚招投标代理有限公司	312	泉州云锋招标有限公司
285	辽宁建投招投标代理有限公司	313	日照华安建设监理有限公司
286	辽宁民建工程招标投标有限公司	314	日照陆桥拍卖有限责任公司
287	辽宁尚誉招投标有限公司	315	三峡国际招标有限责任公司
288	辽宁省机械设备成套局（辽宁省成套设备招标中心）	316	山东标新项目管理有限公司
289	辽宁信达招投标代理有限公司	317	山东博会工程造价咨询有限公司
290	辽宁轩宇工程招标投标有限公司	318	山东财智招标有限公司
291	辽宁政兴国际招标代理有限公司	319	山东朝阳招标有限公司
292	辽宁中成建正工程管理咨询有限公司	320	山东大洋招标有限公司
293	临沂市财信招标有限责任公司	321	山东德勤招标评估造价咨询有限公司
294	临沂市沂蒙国际招标有限公司	322	山东东成建设咨询有限公司
295	临沂远图宏亿国际招标有限公司	323	山东东岳国际经贸合作股份有限公司
296	内蒙古存信招标有限责任公司	324	山东法正招标代理有限公司
297	内蒙古新天立招标代理有限责任公司	325	山东方泰招标有限公司
298	内蒙古招标有限责任公司	326	山东广信招标有限责任公司
299	内蒙古中实成套设备有限责任公司	327	山东广源招标有限公司
300	南宁品正建设咨询有限责任公司	328	山东海逸恒安项目管理有限公司

续表

序号	机构名称	序号	机构名称
329	山东海逸恒安招标有限公司	358	山东同方招标造价咨询有限公司
330	山东恒立伟业招标有限公司	359	山东同力建设项目管理有限公司
331	山东弘裕建设项目管理有限公司	360	山东同泰建设项目管理有限公司
332	山东华标招标有限公司	361	山东新世纪招标有限公司
333	山东华舜招标代理有限公司	362	山东信一项目管理有限公司
334	山东环宇招标有限公司	363	山东兴联招标有限公司
335	山东汇泉建设项目管理有限公司	364	山东阳光正大建设项目管理有限公司
336	山东金茂工程评价设计有限公司	365	山东易方达建设项目管理有限公司
337	山东金正工程项目管理有限公司	366	山东英大招投标有限公司
338	山东经纬工程管理有限公司	367	山东誉丰工程项目管理有限公司
339	山东龙达工程造价咨询事务所有限公司	368	山东招标股份有限公司
340	山东龙融招投标代理有限公司	369	山东正方建设项目管理有限公司
341	山东鲁煤工程造价咨询有限公司	370	山东正信招标有限责任公司
342	山东懋林项目管理咨询有限公司	371	山东中钢招标有限公司
343	山东普华项目管理有限公司	372	山东中桥工程咨询有限公司
344	山东普来恩工程设计有限公司	373	山东中咨建成招标有限公司
345	山东齐信招标有限公司	374	山东仲勋招标有限公司
346	山东启新工程项目管理有限公司	375	山东卓舜招标咨询有限公司
347	山东三木招标有限公司	376	山西厚德工程项目代建管理有限责任公司
348	山东三阳项目管理有限公司	377	山西华安建设项目管理有限公司
349	山东省国际招标有限公司	378	山西路华通工程咨询有限公司
350	山东省建设工程招标中心有限公司	379	山西明实工程招标代理有限公司
351	山东省鲁成招标有限公司	380	山西省国际招标有限公司
352	山东省齐鲁国际招标有限公司	381	山西省招标有限公司
353	山东泰和建设管理有限公司	382	山西协诚工程招标代理有限公司
354	山东天罡建设项目管理有限公司	383	山西中量工程项目管理有限公司
355	山东天昊工程项目管理有限公司	384	山西中天华建设工程项目管理有限公司
356	山东通力招标有限公司	385	山西众信教育招标有限公司
357	山东通乾投资管理有限公司	386	陕西教育招标有限责任公司

续表

序号	机构名称	序号	机构名称
387	陕西开源招标有限公司	416	深圳市华昊咨询有限公司
388	陕西龙寰招标有限责任公司	417	深圳市三方诚信招标有限公司
389	陕西省采购招标有限责任公司	418	深圳市深水水务咨询有限公司
390	陕西省招标有限责任公司	419	深圳市友和保险经纪有限公司
391	陕西正大招标有限公司	420	深圳市振东招标代理有限公司
392	陕西中技招标有限公司	421	深圳市中邦国际招标有限公司
393	上海百通项目管理咨询有限公司	422	深圳市中正招标有限公司
394	上海宝钢建设监理有限公司	423	深圳中邦国际工程科技顾问有限公司
395	上海宝华国际招标有限公司	424	神华国际贸易有限责任公司
396	上海大华工程造价咨询有限公司	425	沈阳招标中心
397	上海东方投资监理有限公司	426	沈阳志诚招投标有限公司
398	上海国际招标有限公司	427	石家庄金信工程咨询有限公司
399	上海沪港建设咨询有限公司	428	四川大公建设工程管理咨询有限责任公司
400	上海华瑞建设经济咨询有限公司	429	四川国际招标有限责任公司
401	上海机电设备招标公司	430	四川海正招标代理有限公司
402	上海健生教育配置招标有限公司	431	四川宏捷招标代理有限公司
403	上海瑞和工程造价咨询有限公司	432	四川华强项目管理有限公司
404	上海申康卫生基建管理有限公司	433	四川华通建设工程造价管理有限责任公司
405	上海申莘建设工程造价咨询有限公司	434	四川建科工程建设管理有限公司
406	上海通信招标有限公司	435	四川科特建设管理有限公司
407	上海文汇工程咨询有限公司	436	四川良友建设咨询有限公司
408	上海祥浦建设工程监理咨询有限责任公司	437	四川明清工程造价咨询有限公司
409	上海欣声招标服务中心有限公司	438	四川省宏基工程项目管理有限公司
410	上海臻诚建设管理咨询有限公司	439	四川省建设工程设备招标中心
411	上海中世建设咨询有限公司	440	四川同方管理咨询有限公司
412	深圳龙达招标有限公司	441	四川五洲招标代理有限公司
413	深圳市东方招标有限公司	442	四川兴鑫建设工程项目管理有限公司
414	深圳市国际招标有限公司	443	四川永一建设工程项目管理有限公司
415	深圳市国信招标有限公司	444	四川中意招标有限公司

续表

序号	机构名称	序号	机构名称
445	苏州诚和招投标咨询有限公司	474	厦门集力发展股份有限公司
446	苏州市时代工程咨询设计管理有限公司	475	厦门经发机电设备招标有限公司
447	苏州市卫康招投标咨询服务有限公司	476	厦门市公物采购招投标有限公司
448	苏州市中诚工程建设造价事务所有限公司	477	厦门市华沧采购招标有限公司
449	苏州中润建设管理咨询有限公司	478	厦门市务实采购有限公司
450	天津广正建设项目管理咨询有限公司	479	厦门市中实采购招投标有限公司
451	天津国际招标有限公司	480	厦门天和项目管理投资咨询有限公司
452	天津津建工程造价咨询有限公司	481	新华国际招标有限公司
453	天津市泛亚工程机电设备咨询有限公司	482	新疆西北招标有限公司
454	天津市建通工程招标咨询有限公司	483	新疆招标有限公司
455	天津市森宇建筑技术法律咨询有限公司	484	许昌建设工程项目管理有限公司
456	天津泰达工程管理咨询有限公司	485	亚泰保险经纪有限责任公司
457	天行健国际招标（北京）有限公司	486	烟台建德招标代理咨询有限公司
458	威海志诚招标有限公司	487	烟台市万信项目管理有限公司
459	潍坊市工程建设监理有限责任公司	488	烟台元亨工程咨询有限公司
460	潍坊市鲁成招标有限公司	489	烟台元亨管理咨询有限公司
461	五矿国际招标有限责任公司	490	扬子江工程咨询有限公司（湖北）
462	武汉创世纪招标有限公司	491	云南晨晟招标咨询有限公司
463	武汉恒骥招标代理有限公司	492	云南城市建设项目管理咨询有限公司
464	武汉宏宇建设工程咨询有限公司	493	云南国内招标有限公司
465	武汉吉通工程招标代理有限责任公司	494	云南金志投资有限公司
466	武汉新纪工程咨询有限公司	495	云南赛林建设招标咨询有限公司
467	武汉信业工程招标代理有限责任公司	496	云南惟诚工程招标代理有限公司
468	西安建工建设工程招标有限公司	497	云南西南招标有限公司
469	西北（陕西）国际招标有限公司	498	云南元大工程咨询有限责任公司
470	西藏正鑫达工程咨询有限公司	499	云南云创招标有限公司
471	厦门鼎诚咨询有限公司	500	云南招标股份有限公司
472	厦门高诚信建设监理有限公司	501	云南志达招标有限公司
473	厦门吉百特投资咨询有限公司	502	云南中方工程项目管理有限公司

续表

序号	机构名称	序号	机构名称
503	云南中招招标有限公司	532	中国仪器进出口（集团）公司
504	浙江大地建设招标代理有限公司	533	中国远东国际招标公司
505	浙江广川工程咨询有限公司	534	中国自动化控制系统招标有限责任公司
506	浙江国际招（投）标公司	535	中海建国际招标有限责任公司
507	浙江华诚建设工程招标代理有限公司	536	中航材国际招标有限公司
508	浙江建安工程管理有限公司	537	中航技国际经贸发展有限公司
509	浙江建正工程咨询有限公司	538	中和招标有限公司
510	浙江开平企业管理咨询有限公司	539	中化国际招标有限责任公司
511	浙江荣大招标有限公司	540	中化建国际招标有限责任公司
512	浙江荣信招标代理有限公司	541	中机国际招标公司
513	浙江省成套工程有限公司	542	中技国际招标公司
514	浙江省成套招标代理有限公司	543	中建精诚工程咨询有限公司
515	浙江省国际技术设备招标有限公司	544	中金招标有限责任公司
516	浙江省建设工程设备招标有限公司	545	中经国际招投标有限公司
517	浙江五洲工程项目管理有限公司	546	中龙国际招标有限公司
518	浙江新诚信工程造价咨询有限公司	547	中煤招标有限责任公司
519	浙江信镧建设工程咨询有限公司	548	中融国远招标代理（北京）有限公司
520	浙江至诚工程咨询有限责任公司	549	中天信远国际招投标咨询（北京）有限公司
521	浙江中磊工程咨询有限公司	550	中通建设工程咨询有限责任公司
522	郑州中原招标股份有限公司	551	中信国际招标有限公司
523	中钢招标有限责任公司	552	中仪国际招标公司
524	中国电子进出口总公司	553	中泽鼎诚（北京）咨询有限公司
525	中国光大对外贸易总公司	554	中招国际招标有限公司
526	中国机械进出口（集团）有限公司	555	中招康泰项目管理有限公司
527	中国技术进出口总公司	556	重庆正和招标代理有限公司
528	中国建材技术装备总公司	557	珠海明正建筑工程管理有限公司
529	中国建筑设计咨询公司	558	珠海市物资招标有限公司
530	中国科学器材进出口总公司	559	珠海信仕德建设项目管理有限公司
531	中国乡镇企业总公司		

十、2009 年政府采购理论研究文选

深化中国政府采购制度改革的思考

王 沛

中国自 20 世纪 90 年代开始推行政府采购制度以来，在各级党委、政府的正确领导下，政府采购制度改革成绩斐然，采购规模由 1998 年的 31 亿元增加到 2008 年的 5990.9 亿元，累计采购金额达 23200 多亿元，节约资金近 2900 亿元，平均节约率达 11% 以上。但随着改革的不断深入和国内外形势的变化，尤其是加入世贸组织《政府采购协议》谈判工作的启动，中国政府采购制度改革又进入了一个关键时期。在新形势下，科学分析、准确把握当前中国政府采购制度改革面对的各种问题，站在新的、更高的历史起点上探讨中国政府采购制度改革的思路和对策，以便更好地推动政府采购事业深入发展，十分必要。

一、当前政府采购制度改革中存在的主要问题

中国政府采购制度改革走过了十几年的历程，取得了显著的成就，也积累了许多成功的经验，但随着政府采购制度改革的逐步深入，一些矛盾和问题也随之显现。

（一）政府采购规模小，采购效益未能充分显现

十几年来，中国政府采购规模虽然逐年增长，但与世界大部分国家相比仍存在较大差距。依据国际经验，一国政府采购支出一般占当年财政支出的 30% 左右，占当年国内生产总值（以下简称 GDP）的 10% 左右，节约资金的比率一般占采购额的 10% ~15%。自 1998 年以来，中国的政府采购规模虽然一路攀升，但占财政支出和 GDP 的比重一直处于较低水平。2008 年全国财政总支出为 6.26 万亿元（不含预算外资金），GDP 为 30.1 万亿元。依照国际社会公认的比率，2008 年按当年财政支出总额计算，中国的政府采购规模应是 1.878 万亿元，按当年 GDP 计算应是 3.01 万亿元，参照中国 1998 ~2008 年政府采购的平均节支率 11.07% 计算，应节约资金 2078.95 亿元（如包括预算外资金支出，节支金额还要增加）或 3332.07 亿元，这一数额相当于 2008 年中国一个中等发展水平省份 3 年地方财政收入的总和，或中国欠发达的 9 个省（区）一年地方财政收入的总和。而中国 2008 年政府采购规模实际上只有 5990.9 亿元，仅占财政支出的 9.57%，占 GDP 的 1.99%。节约资金只有 755.6 亿元，保守估算也要有 1000 多亿的财政资金白白流失。尽管中国国情具有一定的特殊性，如果做到应采尽采，在现有基础上翻一番应该是不成问题的。这说明中国还有相当大的一部分财政资金未纳入政府采购制度管理，特别是政府工程采购大部分仍游离于政府采购规制之外，政府采购的规模和节支效益仍存在巨大的潜力。

（二）法律“打架”，职能交叉

《招标投标法》与《政府采购法》是中国目前与政府采购直接相关的两部法律，可这两部法律之间却存在着诸多的冲突之处。

1. 适用对象。《招标投标法》规定，在中华人民共和国境内进行招标投标活动，适用本

法。也就是说，不管资金来源如何，不管是货物、工程还是服务，不管是自然人还是各种不同的法人组织，都适用本法。《政府采购法》规定，各级国家机关、事业单位和团体组织，使用财政资金采购依法制定的集中采购目录以内或者是采购限额标准以上的货物、工程和服务的行为，适用本法。两法在适用对象上有明显的交叉点。

2. 采购模式运用。《招标投标法》强调的是以部门分散采购、自主采购为主，没有强制要求政府集中采购。《政府采购法》强调的是统一建立政府采购机构，进行集中统一采购。

3. 救济机制的设计。《招标投标法》规定，投标人和其他利害关系人认为招标投标活动不符合本法有关规定的，有权向招标人提出异议或者依法向有关行政监管部门投诉。这就是说，行政管理部门的裁决就是终结裁定，不得再向司法机关提起诉讼。《政府采购法》规定，供应商对政府采购活动事项有疑问的可以向采购人提出询问、质疑，向同级政府采购监督管理部门投诉，还可以依法申请行政复议或者向人民法院提起行政诉讼，法院的判决才是终结裁定。财政部出台的《政府采购供应商投诉处理办法》设立了质疑前置程序，即供应商认为自己的合法权益受到损害的，应当首先向采购人、采购代理机构提出质疑。

4. 招标投标行为的监管。《招标投标法》规定，对招标投标活动的行政监督及有关部门的具体职权划分，由国务院规定。国务院办公厅通过印发《国务院有关部门实施招标投标活动行政监督的职责分工意见》，将一些行业和产业项目招投标活动的监督权，分别授予经贸部、水利部、交通部、铁道部、国家民航总局、信息产业部、建设部、外经贸部和国家发展计划委员会等9个行政主管部门（现为水利部、交通运输部、铁道部、国家民航总局、工业和信息化部、住房和城乡建设部、商务部、国家发改委等部门）。《政府采购法》规定各级人民政府财政部门是包括公开招标和邀请招标方式在内的五种采购方式的监督管理部门。

5. 信息发布媒体的指定。根据《招标投标法》的有关规定，国务院明确由国家发展计划委员会（国家发改委）指定发布招标公告的报刊、信息网络或其他媒介。国家发展改革委先后指定了《中国改革报》、《中国建设报》、《中国日报》和国信招标公司的网站等作为信息发布媒体。《政府采购法》规定，由财政部门指定发布招标公告及政府采购其他信息的媒体。财政部先后指定了《中国财经报》、《中国政府采购》杂志、《政府采购信息报》、《经济日报》和中国政府采购网等媒体作为信息发布媒体。

国务院法制办发布的《招标投标法实施条例（征求意见稿）》和《政府采购法实施条例（征求意见稿）》中，二者的差异之处就有近30处。

“两法”的冲突造成了中国公共采购的混乱，导致招投标监督管理政出多门、政令不统一、管理边界不清、缺位越位和管办不分等种种弊端的出现，弱化了招投标管理制度的监管功能，使公共资源招投标交易难以形成权威、统一的管理体制和机制，同时，也使法律的执行变得复杂化，出现了“商家告状摸不准门、监管机关互相射门”的现象。北京现代沃尔经贸有限责任公司对586台血气分析仪采购项目的投诉和诉讼一案，历经4年时间未能作出最后结论，就反映了目前中国政府采购监管体制的弊端。另外，法律之间的冲突也为一些不法之徒提供了违法乱纪的可乘之机，从某种程度上说，招投标活动中的种种腐败问题与此高度相关。

（三）集中采购机构体制混乱，职能弱化

《政府采购法》虽然对集中采购机构的设置作出了规定，而各级集中采购机构的设置却是五花八门。从省级和计划单列市集中采购机构的设置情况来看，到2008年年底，除了大连、青岛、厦门、河南未设政府集中采购机构，江西省级政府采购中心于2008年底撤销以外，共有32个集中采购机构（其中江苏省两个），这些机构都履行着完全相同的职能，但隶属关系却有9种模式。其中，由财政部门管理的6个，由机关事务管理局管理的10个，由政府直接管理的6个，由政府办公厅管理的2个，由机械设备成套局管理的2个，由商务厅管理的1个，由政府采购委员会管理的2个，由招标管理服务局管理的1个，由国资委管理的2个。有的集中采购机构名义上归某一部门管理，实际上是在另一部门的管辖之下。除隶属关系不一致外，集中采购中心的单位性质也各不相同，有参照公务员管理的事业单位，有全额拨款的事业单位，有差额拨款的事业单位，有自收自支的事业单位，还有企业性质的单位。机构的级别，有正厅级、副厅级和正处级三种模式。

由于管理体制混乱，给集中采购机构的建设和工作开展带来了重重困难。

1. 没有统一的主管部门，省级以下集中采购机构由各个不同的“婆婆”管理，难以交流和联系，采购中心遇到的问题、反应的呼声不能及时反映上去，上级的政策精神也不能顺畅地及时传达到位，集中采购机构形同“一盘散沙”，不仅给监督管理带来难度，对执行机构的自身发展也造成了严重的障碍。

2. 责权不对等，工作压力大。集中采购机构在组织采购活动中，对采购方式的确定、评审专家的管理监督、采购评标、中标结果、补充合同签订等均没有参与或决定权，对实现采购活动要符合采购价格低于市场平均价格、采购效率更高、采购质量优良和服务良好的要求以及国家的经济和社会发展政策目标有时也无能为力。法律没有赋予执行机构完整的法定代理权限，却要承担质疑、投诉和诉讼的法律责任，还要面对来自各方的责难。

3. 自寻生路，作用难以充分发挥。有的集中采购机构财政不给拨款，自收自支，自负盈亏，自我发展，变成了与招标公司大同小异的中介代理机构。在生存和履行职能的问题上，生存往往是第一位的，这些机构首先考虑的是盈利，而中标价格越高其收取的服务费就越多，在不危及自身利益的前提下，才可能考虑国家经济和社会发展政策目标的实现，在这种情况下，集中采购机构不可能健康规范地发展。在种种困难和问题面前，有些地方干脆不设集中采购机构；有的将运行了几年的采购中心撤销；有的将原采购中心转为管理机构，不再设立采购中心。如山东省17个地市有13个没有设立集中采购机构，将政府采购项目统统委托社会中介机构办理。2002年全国集中采购机构的采购规模占总采购额的73.00%，2003年为61.77%，2004年为59.48%，直到2008年也未回升到2002年的水平。其结果是加大了采购成本，降低了规模效益，增大了腐败行为产生的机率，政策功能目标的实现受到影响。

（四）政府采购电子化建设进展缓慢

近年来，一些地区在政府采购电子化建设方面进行了一系列积极的探索，取得了一些成绩，但中国政府采购电子化建设和应用整体上仍然相对落后。

1. 制度建设和标准建设落后。至今未出台一部指导政府采购电子化的相关法律、法规，也没有颁布政府采购电子化系统建设和应用方面的国家标准。各地区、各部门在摸索中前进，自行制订了若干流程和规定，但流程及相关要求不统一，科学性、规范性有待提高。招标文件没有国家统一范本或标准格式，技术方面也没有规定数据文本格式，既难以实现招投标工作标准化，又不利于电子文档的数据交换和长期保存。

2. 信息化规划滞后，共享协调困难。各部门、各地区信息化发展良莠不齐、阶段不一、信息共享机制不畅、数字认证机构不能互通互认、“信息孤岛”严重等问题已经成为目前阻碍中国电子化招投标发展的较大障碍。招投标采购活动中，监管部门、采购人和代理机构等部门需要实时查询供应商真实、准确、动态的资质信息、商品信息和知识产权信息等，在短期内还难以实现。

3. 指导原则不明，需求分析不清。目前，许多部门、专家和供应商等都在呼吁建设全国统一的政府采购电子化平台。但政府采购电子化平台的建设，缺乏统一指导，其定位、目标和职责尚不清楚。建设统一的政府采购电子化平台要建立在制度完善、权责明确、职能清晰、资源共享的运行机制的基础上，采用标准化的流程、界面、编码等，根据职能和岗位，分级次、分地区使用和维护，实现个性化、分布式处理的功能，有利于系统高效、科学地运行。但是，在政府采购电子化建设工作中，盲目投资开发脱离国情和实际工作的系统和低水平重复建设的情况仍然存在。

当前在中国政府采购制度改革中，除上述 3 个主要问题外，还存在采购操作不规范、采购文书范本不统一、采购活动计划性不强、采购周期长、采购队伍建设制度不完善以及采购过程中发生权力“寻租”行为等等。

二、问题产生的原因分析

中国政府采购制度改革中各种问题形成的原因是多方面的，但主要反映在三个方面。

（一）思想认识不到位

1. 对实行政府采购制度的意义缺乏全面的理解，把推行政府采购制度单纯地当作节约资金的一项措施，是财政部门的事，没有深刻认识到政府采购在宏观调控、促进民族产业发展、落实国家政策目标及廉政建设等方面的作用，对政府采购制度改革的重要性认识不足。

2. 重资金分配轻支出管理，认为分配资金是招人喜欢的事，给谁钱谁高兴，不是雪中送炭，也是锦上添花，而政府采购限制了单位花钱的自由，是得罪人的事，出力不讨好，对推行政府采购制度缺乏足够的热情。

3. 大局观不强。政府采购制度将无序的分散采购转化为规范的集中采购，从行政管理转化为法制管理，在一定程度上触及了一些部门和单位的权力和既得利益，这些部门不甘大权旁落，便从中派生枝节。从中国推行政府采购制度的初期开始，就围绕着采购项目的监管权、机构设置权和政府采购范围的问题争论不休，当今政府采购制度改革中出现的监督主体多元化、集中采购机构设置五花八门和政府工程游离于《政府采购法》规制之外的状态，在一定程度上讲也是部门利益之争的结果。思想认识上的混乱是目前阻碍深化政府采购制度改革的重大障碍。

（二）宏观指导力度不够

在中国的宪政架构之下，领导的重视尤其是高层领导或一把手的重视对工作的开展将起到更为直接有效的作用。政府采购制度改革涉及到从中央到地方各个部门和相关的各个社会领域，改革越向前推进，触及的矛盾越深，碰到的难题越多，阻力就越大，对工作的要求就越高，也就更需要领导的重视和支持，而这正是我们当前工作的缺失。

1. 领导力量薄弱。国家没有统一、权威的领导机构，当今主持全国政府采购改革大业的司级单位都没有。财政部国库司下属的两个政府采购处既要深入基层调研、拟定法规制度、监管中央单位的采购、指导全国工作开展，还要应对加入世贸组织《政府采购协议》的谈判等等，机构的级别、人员的配置与所承担的重任是十分不相称的。尽管他们为中国政府采购事业的发展呕心沥血、勤奋工作，但在繁重的工作任务面前，有时也是力不从心。

2. 法律法规的制定缺乏严谨性和系统性。《政府采购法》和《招标投标法》同为第九届全国人大常委会颁布的法律，在《招标投标法》颁布之前，《政府采购法》就已经启动了起草工作，但两部法律未能很好地进行衔接，存在诸多的矛盾，使执行者难以把握，影响了政府采购制度改革的顺利开展。

3. 在一些重大问题的处理上措施乏力。从国家层面来讲，由于对政府采购制度改革未能引起高度关注，对全国的改革工作缺乏强有力的领导，致使改革工作推进缓慢，有些地方改革的积极性也受到挫伤。如对全国集中采购机构设置混乱的问题，没有提出切实可行的工作方案，致使集中采购机构职能弱化。《政府采购法》第十八条第一款规定“采购人采购纳入集中采购目录的政府采购项目，必须委托集中采购机构代理采购；……”。有些地区根本没有设立集中采购机构，有关部门并没有采取有效措施督促落实这一法律规定。

（三）相关改革不同步

政府采购制度改革是财政支出改革的一部分，它与预算改革和国库集中支付改革只有同步推进，才能保证政府采购制度改革的顺利进行。预算改革又是这三项改革中的“牛鼻子”，是政府采购制度实施的基础和起点。由于政府采购预算编制的粗放，使政府采购计划的制订难度加大；由于预算执行的刚性不强，约束力不够，预算确定后，仍然存在领导“批条子”、“开口子”的支出项目，这种情况采购人往往又是“急需”采购，造成了采购工作的忙乱和无序；特别是相当数量的资金游离于财政预算管理之外，政府采购预算的编制不具备完整性，大量的采购项目不能纳入政府采购制度的规制范围，不仅难以实行有效的监管，也制约了政府采购规模的扩展，降低了采购的规模效益。此外，机构改革中政府部门间的职能交叉、争设机构等等都会直接影响政府采购改革的深入推进。

三、深化中国政府采购制度改革的对策

当前，政府采购制度改革已由初创阶段进入全面发展阶段，随着政府采购政策功能作用的强化，特别是加入世界贸易组织《政府采购协议》的临近，规范和完善中国政府采购制度更为迫切，必须采取有力措施，加快推进政府采购制度改革的进程。

（一）建立统一的领导机构，强化改革的组织领导

推行政府采购制度要实现节约财政资金、反腐倡廉、落实国家宏观经济调控政策、促进经济和社会事业全面发展的目标，这些都是国家意志的体现，不是某一个部门的职能所能涵盖的。政府采购制度的建立、完善和执行也不是哪一个部门能包揽的，更非监管部门或集中采购机构的一己之力所为之，而是依靠诸多因素的有效整合。具体实际工作中，包括经济社会条件、自然地理条件、制度机制环境、人力资源和机构条件、采购手段、意识态度和职业精神等诸多因素，而这些因素的整合需要一个能够调整这些资源的机构才有可能实施。政府采购制度在中国的推行不能仅仅凭借制度本身的优越性，必须依靠行政权力来推动。参照国外成功经验，中国应在国家层面建立一个高层次、更具权威性的“政府采购管理委员会”，统一领导全国的政府采购制度改革工作，特别是在中国政府采购法制建设尚未涉入正轨之前，是完全必要的。政府采购管理委员会由国务院领导担任主任，负责政府采购法规政策的拟定和统一领导全国的政府采购制度改革工作。同时，在财政部设立政府采购司（加挂政府采购管理委员会办公室的牌子），进一步充实力量，具体主管全国的政府采购制度改革工

作。

（二）统一立法原则，完善法规体系建设

目前，中国的法律制度体系不够完整，有的法律法规之间相互矛盾、互不衔接；有的法律制度规定不够明确具体，缺乏可操作性；一些法律制度规定存在空白，需要根据政府采购实践和发展要求予以补充。特别是《政府采购法》与《招标投标法》的冲突让人们无所适从，同时又让各种现状的存在都有了可以解释的理由，在各地方形成了“谁强势，谁有理”的局面，扭曲了立法的初衷。两法已分别颁布多年了，在这期间也出现了一些新情况，如政策功能作用的强化、加入世界贸易组织《政府采购协议》谈判的启动、电子化采购的发展等等，同时通过这些年的实践既发现了一些问题，也积累了一定的经验，应该尽快启动两法的修改工作，形成一部统一的、权威的法律，在此基础上，制定和完善相关法律法规及配套办法。否则，中国的政府采购改革将会走更多的弯路。

（三）统一集中采购机构设置模式，理顺管理体制

政府采购的过程不仅仅是采购方式的执行，应该是包括政府采购预算编制、政府采购计划制订、采购方式实施，履约验收，采购资金支付，采购效率评估等内容的一个系统工程。它们是一个紧密相连的整体，只有各个环节都有效运行，才能保证政府采购的顺利进行。政府采购本身是财政支出管理方式的变革，只是由原来的资金供给变为实物供给，是财政预算的具体执行环节。所以，应该把集中采购机构回归财政部门管理，同时强化集中采购机构的法定地位，统一为参照公务员管理的事业单位，赋予其必要的管理职责。这样既便于工作协调，提高工作效率，又便于问责制的实行，避免相互推诿扯皮。在中国的行政体制下，不建立行政隶属关系的行政机关与公共事业单位之间很难形成有效的管理。在一些法制比较健全的国家和地区，将集中采购机构设在财政部门的比比皆是。1998 年国务院批准的财政部“三定”方案中，将拟定和执行政府采购政策明确作为财政部的主要职责之一。《政府采购法》第一稿、第二稿也都把财政部门确定为政府采购的主管部门。财政部门不应作为政府采购的监督部门，而作为主管部门更为确切。世界贸易组织《政府采购协议》规定“投诉案件应由法院或与采购结果无关的独立且公正的审议机构审理。”财政部门并非是与采购结果无关的部门，应将受理投诉的职能划转其他部门行使，以更好地保证投诉处理的公正，并与国际规则接轨。

党的十七届二中全会通过的《关于深化行政管理体制改革的意见》指出，“合理界定政府部门职能，明确部门责任，确保权责一致。理顺部门职责分工，坚持一件事情原则上由一个部门负责”。地方政府机构改革“需要统一设置的机构应当上下对口”。根据以上要求和实际工作需要，应将集中采购机构在全国范围内统一归口财政部门管理。

（四）完善政府采购预算制度，强化采购源头管理

政府采购预算是政府采购各环节中关键的一个环节，不仅关系到采购规模的大小，也影响到采购效率的高低，在政府采购预算管理中需要加强和细化多方面的工作。

1. 科学合理地制定《政府集中采购目录和限额标准》，尽量细化到采购项目和品目，增强可操作性。

2. 建立政府采购参照价格发布制度。各部门在编制政府采购预算时不可能全部掌握市场行情，进行市场调查又要耗费大量的人力和时间。在部门编制政府采购预算前，财政部门发布上年政府采购项目中标（成交）价格，作为部门编制政府采购预算的参考，避免政府采购预算价格非高即低的现象，增强预算的准确性，同时也作为财政部门审核预算的依据。

3. 细化政府采购预算编制内容。在部门预算编制中与政府采购预算直接相关的主要是基本支出预算中的公用经费和项目支出预算。在编制中要细化到品目（用附表的形式来表述），凡涉及到工程采购的项目再细分为项目中的货物（材料）、基建和服务的品目，这样既便于财政部门审核也便于采购实施中的同类项合并。各部门在财政下达的限额内编报预算时，一同上报每个采购品目的规格、技术标准和要求以及需求时限，为制定政府采购计划奠定基础。

4. 增强政府采购预算管理的透明度。建立预算单位基础信息库，全面掌握预算单位人员、资产等基本情况；建立预算定额与实物资产相结合的定额标准体系，并将信息库和定额标准体系向社会公开，加大社会监督的力度。加强项目的可行性研究论证，建立和完善重大支出项目评审和公示机制。对调整预算和追加的经费支出，实行听证制度，加强对审批权的制约，防止少数人盲目决策。

5. 加快《预算法》的修订进程。依据现有的机制，政府的预算权其实是分散在各政府部门，尚未实现政府内部的“财政统一”，这些分散在有关部门手中的财力存在着很大的随意性。要深化预算改革，实行全口径预算管理，将政府的全部收入和支出实行统一、完整和规范的管理。

（五）加快信息化建设进程，尽早实现政府采购电子化运作

1. 加强建设工作的组织协调。电子化政府采购涉及各级政府部门、单位和各级采购机构，系统庞大、涉及面广，超出了一般的政府信息系统范围，需要有强有力的领导机构进行组织、协调，并明确有关重大政策。许多国家在推行政府采购电子化的过程中，都是首先建立领导机构，协调统一政府各部门之间的信息连通和电子网络连通，协调解决电子化中的标准制定和规则制定问题，仅靠某一个部门来推动这项工作是不够的。

2. 尽快制定统一的规划。不管是统一平台还是其他问题，没有一个高起点的规划，这项工作就很难推进，各地盲目开发建设难免造成资源浪费。尽快着手制定一个符合我国国情和政府采购发展要求的政府采购电子化建设规划是当务之急。

3. 创造良好的环境。首先是法律环境，电子化政府采购发展成功的国家都建立了完善的立法框架，其中美国共颁布了32部涉及政府采购电子化的法律。目前中国要改革现有法律的不适应之处，抓紧建立涉及电子化政府采购的法律框架。其次是政策支持、硬件环境等都要有支撑。再次是理顺执行机构管理体制。目前的状况加大了全国统一平台建设的难度。同时，采取措施努力提高电子采购操作人员运用网络的能力及相关业务素质。

（六）建立培训制度，加强政府采购队伍建设

政府采购是一项集政策性、知识性、复杂性、多样性等特点集于一身的全新的系统工程，需要采购工作人员掌握全面的知识。由于目前政府采购体制尚未理顺，培训工作处于分散、无序的状态。特别是集中采购机构的培训工作，更是八仙过海、各显其能。应该尽快采取措施，建立规范的培训制度，包括统一培训规划、统一培训对象、统一培训教材、统一培训方式、统一培训管理，使培训工作制度化、规范化。另外，要逐步建立科学、合理的政府采购从业人员执业资格制度，包括政府采购执业人员资格认证、执业范围与权限、资格晋升、资格淘汰等内容，加速政府采购工作人员专业化、职业化进程。

（作者单位：山东省省级机关政府采购中心）

集中采购机构是政府采购的主力军

许光明

目前，在中国政府采购领域活跃着两支采购队伍，一支是各级人民政府设立的集中采购机构，一支是经国务院有关部门或者省级人民政府有关部门认定资格的政府采购代理机构(以下称社会中介机构)，《政府采购法》将二者统称为政府采购代理机构。中国实行政府采购制度改革以来，他们虽然都为政府采购事业的发展作出了积极的贡献，但二者的地位和作用却不能等同看待。

1. 单位性质有区别。集中采购机构是各级人民政府设立的事业法人，在各级人民政府的领导下开展工作，其设立与撤销须由各级人民政府决定，自身没有决定权，同时具有一定的管理职能。社会中介机构是符合设立条件依法向工商行政管理部门申请登记就可以设立的企业法人，申请成立或撤销由其自身决定，政府不予干涉，他的一切活动都是企业行为，不具有管理职能。由于集中采购机构和社会中介机构的性质不同，在政府采购工作中发挥的作用也就难以等同。在开展政府采购协议供货、定点采购过程中，社会中介机构只能对合同签订之前的工作环节实施操作，而集中采购机构可以对供应商履行合同的全过程进行监督管理。

2. 工作目标有区别。《政府采购法》第十六条第二款规定，“集中采购机构是非营利事业法人”，也就是全额预算事业单位。目前已有大批集中采购机构被各级人民政府重新确定为参照《公务员法》管理的单位，其履行职责的全部支出均由政府财政供给，不允许从事营利性的经营活动，其职责就是执行和落实政府确定的工作目标，没有自身的经济利益追求，在价值取向上与国家意志有着高度的一致性。社会中介机构是企业法人，企业在合法经营的基础上就要追求利润的最大化，这也是企业生存和发展的前提和必然要求，在企业利益与国家利益发生矛盾时，有些企业难免会把企业利益放在第一位，只有在不损害企业利益的情况下才会考虑维护国家利益。如在招标采购服务费的收取问题上，集中采购机构不收取中标服务费，而中标服务费却是社会中介机构经营收入的主要来源。中标服务费是按照中标额一定比例收取的，中标价格越高，其收取的服务费就越多，利润便越可观。节约资金多，中标（成交）额就低，必然会影响其收益，这在一定程度上限制了社会中介机构节约财政资金的积极性。

3. 委托关系有区别。《政府采购法》第十八条规定“采购人采购纳入集中采购目录的政府采购项目，必须委托集中采购机构代理采购”。集中采购机构接受委托开展政府采购活动是法定委托，不需要自己去“拉生意”、“找门路”。对采购操作过程中出现的违规行为，能够充分发表不同意见，并按照规定程序予以纠正。对于某一个社会中介机构而言，法律并未授予其必须代理本级政府采购项目的权利，是采购人的意志决定其代理政府采购项目的多与少。有许多项目还没有报批，社会中介机构就提前展开了“攻关”活动。在激烈的市场竞争中，通过“公关”获取代理采购项目是正常现象，但在目前市场竞争不规范的情况下，有些社会中介机构便会通过各种办法，甚至不惜采用一些不正当手段谋取采购人的“恩赐”，在采购过程中也难免会迎合采购人提出的一些不合理要求，对指定或变相指定品牌、供应商的问题，明知违规也不予以制止，或睁一只眼闭一只眼，甚至对供应商提出的疑义予以压制，以满足采购人的意愿为“第一要务”，如果“得罪”了采购人，便会增加以后承揽政府采购代理业务的难度。所以社会中介机构与采购人之间不仅难以形成有效的制约关系，反而变成了“主仆”关系，从而增大了权力“寻租”的机率。

4. 自我约束力有区别。集中采购机构是政府设立的工作机构，其成员均系国家工作人员，除受法律的规制外，还要受到有关条例、纪律的规制，其行为与个人的提拔、晋升、奖励、处分息息相关，规范操作的自觉性相对较高。社会中介机构主要是受法律的规制，其工作人员基本是“自由人”，行政措施的约束力对其微乎其微，即使因严重违规吊销营业执照，仍可另行注册新的公司或从事其他业务，在经济利益的诱导下，难免会冒“险”行事。

5. 采购成本有区别。从部分省级集中采购机构的情况来看，每采购 100 万元资金的项目支出费用约 1000 元左右，采购规模越大，支出费用越低。社会中介机构是按照《招标代理服务收费管理暂行办法》的规定收费的，按照此规定，货物和服务 100 万元以下的采购项目，招标服务收费标准为中标金额的 1.5%，那就是 1.5 万元，是集中采购机构支出费用的十几倍。这笔资金现在一般是由中标供应商交纳的，表面上看来暂时不用政府财政支出，但供应商不会自掏腰包，必定将这部分支出打入投标报价之中，最后还是要由政府“埋单”。此外，社会中介机构的收费是采用差额定率累进计费方式计算的。100 万元以下为 1 个档次，100 万元以上又分为 6 个档次，档次越高收费率越低，在一次采购规模超过 100 万元的情况下，分包采购将会收取更多的服务费，有的社会中介机构从营利角度考虑，更青睐于分包采购，以牺牲规模采购效益来满足追求利润的目标。而集中采购机构则希望尽量增大单次采购的规模，这样既省时、省力，又充分发挥了规模采购的经济效益。

6. 监管难度有区别。集中采购机构隶属关系明确，一级政府一般只设一个集中采购机构，而且是在本辖区内开展采购活动，便于监督管理。社会中介机构与各级政府没有直接的隶属关系，而且数量众多，有的省取得政府采购代理资格的社会中介机构达 300 多家，有的地级市达 40 多家，他们可以在注册地从事代理项目，也可以在注册地以外的地区代理政府采购项目，根据中国目前监管能力的现状，要对如此众多的社会中介机构实施全方位的监管是比较困难的。中国从 2009 年 7 月开始集中开展工程建设领域突出问题专项治理工作，截至 2010 年 4 月，全国共受理工程建设领域举报线索 17269 件，立案 9188 件，结案 8656 件；给予党纪政纪处分的 5241 人，其中地（厅）级 57 人、县（处）级 611 人；移送司法机关处理的 3058 人，工程建设领域中的招标投标是三个腐败高发环节之一。目前，中国工程采购招标投标主要是由社会中介机构组织实施的，尽管出现这些问题的原因是多方面的，但监管不到位应是问题产生的重要原因。此外，《政府采购法》要求“采购文件的保存期限为从采购结束之日起至少保存 15 年”。社会中介机构的撤销其自身就可以决定，没有严格的限制措施，有的经营 3、5 年就撤销了，原经营人员各奔东西，过去代理的政府采购项目资料对其已没有任何意义，采购文件保存 15 年的规定难以落实。在政府采购电子化全面实行以后，对如此众多且分散的社会中介机构如何进行监督，也是一个难度较大的问题。

从集中采购机构与社会中介机构地位和作用区别的分析，可以明确地看出集中采购机构当之无愧地应是推行政府采购制度的主力军。2010 年 7 月 7 日，国务院纠风办、卫生部等七部委重新颁布的《医疗机构药品集中采购工作规范》，在认真总结全国药品集中采购十几年经验的基础上，修改了原规范中由社会中介机构代理采购的条款，明确规定“药品集中采购工作机构原则上设在卫生行政部门，也可根据本地实际依托政府采购工作机构，接受药品集中采购工作管理机构的领导，负责全省（区、市）药品集中采购工作的具体实施。”此条款的修改进一步表明了政府设立集中采购机构的必要性，充分肯定了集中采购机构的地位和作用。建议在政府采购相关法规的修改制定中，将集中采购机构与社会中介机构作明确区分，进一步明确集中采购机构的法律定位，赋予集中采购机构相应的执行管理职能，统一全国集中采购机构的设置模式，以更好地发挥集中采购机构在深化政府采购制度改革中的作用。

（作者单位：山东省泰安市财政局）

充分运用政府采购政策功能
促进经济和社会科学发展

许　敏

学习实践科学发展观，正确地认识政府采购政策功能与科学发展观的关系，剖析运用政府采购政策功能存在的现实问题，认真研究解决对策，充分运用政府采购政策功能，积极地促进和推动中国经济和社会全面协调可持续发展。

一、政府采购政策功能与科学发展观的关系

（一）政府采购的政策功能

政府采购政策功能的概念。在这里把政府采购视为一个经济体，把政府采购的政策取向作为政府采购的政策功能的概念。其内容主要包括以下六方面：

1. 有助于实现国家的经济和社会发展政策目标的政策。《政府采购法》第九条规定，政府采购应当有助于实现国家的经济和社会发展政策目标，包括保护环境，扶持不发达地区和少数民族地区，促进中小企业发展等。

2. 采购国货的政策。《政府采购法》第十条规定，政府采购应当采购本国货物、工程和服务。

3. 财政性资金采购自主创新新产品制度。《国务院关于印发〈国家中长期科学和技术发展规划纲要（2006～2020 年）〉若干配套政策的通知》（国发［2006］6 号）规定，建立财政性资金采购自主创新新产品制度；改进政府采购评审方法，给予自主创新产品优先待遇；建立激励自主创新的政府首购和订购制度；建立本国货物认定制度和购买外国产品审核制度。

财政部或与其他国家部委制定了《自主创新产品政府首购和订购管理办法》、《自主创新产品政府采购合同管理办法》、《自主创新产品政府采购评审办法》、《自主创新产品政府采购预算管理办法》、《财政部关于实施促进自主创新政府采购政策的若干意见》、《国家自主创新产品认定管理办法（试行）》等规章，使《发展规划纲要》更具有操作性、制度性。

4. 政府强制采购节能产品制度。国务院办公厅下达了《国务院办公厅关于建立政府强制采购节能产品制度的通知》（国办发［2007］51 号）。财政部与国家发展改革委发布了《节能产品政府采购实施意见》、“节能产品政府采购清单”，确定了空调机、计算机等九类产品为政府强制采购节能产品。冰箱、复印机等二十三类产品为政府优先采购的节能、节水产品。

5. 环境标志产品优先采购制度。财政部、环保总局印发了《环境标志产品政府采购实施的意见》，并公布了包括轻型汽车、打印机等十九类产品的“环境标志产品政府采购清

单”。要求政府采购要优先采购环境标志产品，不得采购危害环境及人体健康的产品；在性能、技术、服务等指标同等条件下，应当优先采购清单中的产品；应当在政府采购招标文件（含谈判文件、询价文件）中载明对产品（含建材）的环保要求、合格供应商和产品的条件，以及优先采购的评审标准。

6. 审核管理政府采购进口产品制度。财政部 2007 年 12 月份制定了《政府采购进口产品管理办法》规范进口产品政府采购行为，规定了采购原则及审核管理、采购管理、监督检查的工作程序、内容和要求。

此外，还包括财政部与其他国家部委制定的用财政性资金采购无限局域网产品应当优先采购符合国家无限局域网安全标准并通过国家产品认证的产品、政府部门购置计算机办公设备必须采购已预装正版操作系统软件产品等规定。

（二）政府采购是实践科学发展观的载体

科学发展是建设有中国特色社会主义的客观规律，是推动中国社会和谐、进步的动力，中国的政府采购制度就是建立在符合这一客观规律基础上的经济制度。“规范政府采购行为，提高财政性资金使用效益，维护国家利益、社会公共利益和政府采购活动当事人的合法权益，促进廉政建设”的《政府采购法》的立法宗旨，体现出科学发展观的精神实质和思想内涵。在一定意义上讲，依法实施政府采购就是实践科学发展观。可以说，政府采购制度是实践科学发展观的一个载体。

政府采购制度是加强财政支出管理的一项制度。中国《“十一五”规划纲要》第一次把政府采购作为宏观经济调控手段，与财税、金融手段并列提出，显示了政府采购在国家宏观经济生活中已经占有越来越重要的位置，已从单纯的财政支出管理手段上升为国家实现宏观经济和社会目标的公共政策工具。政府采购制度将所有的政府机构打造成一个消费整体，由于这个整体的采购具备了相当的规模，一方面可以在市场上占据主动地位。另一方面，通过政府采购行为对市场进行引导和影响，实现政府的有关政策目标，促进经济、社会全面协调可持续的发展。

（三）政府采购政策功能是政府采购活动中实践科学发展观的最活跃因素

政府采购对市场资源配置进行的引导和影响的作用，主要是通过政府采购政策功能来实现的。政府采购政策功能反映了政府的对经济、社会发展的政策取向。政府采购有助于实现国家的经济和社会发展政策目标的政策、采购国货的政策、财政性资金采购自主创新产品制度、政府强制采购节能产品制度、环境标志产品优先采购制度、审核管理政府采购进口产品制度等客观的、从不同方面、不同角度反映了发展是第一要义、以人为本为核心、全面协调可持续和统筹兼顾的基本要求和根本方法的内涵和要素。如政府采购应当有助于实现国家的经济和社会发展政策目标的政策、采购国货的政策既反映了发展是第一要义的思想，又反映出全面协调可持续和统筹兼顾的观念；政府采购的财政性资金采购自主创新产品、政府强制采购节能产品、环境标志产品优先采购等制度既反映了科学发展的观点，又反映出以人为本的思想观念等等。

《政府采购法》实施后，政府采购规模一直呈现出迅速增长的势头，给政府采购政策功能的充分、有效的运用提供了越来越大的展示和作用空间。据有关资料介绍，全国政府采购规模 2002 年至 2006 年间，年均增长速度达到 39.5%，2007 年突破 4000 亿元，仍保持两位数的增长。参照西方发达国家的水平，按政府采购占 GDP 或财政支出的比重计算，2007 年中国政府采购的潜在规模都应超过2万亿元。政府采购的规模越大，社会的关注度越大，在宏观经济生活中的分量越大，对中国经济、政治和社会生活的影响越大。政府采购政策功能的作用力越大。

充分运用政府采购政策功能将对中国社会、经济、文化的全面协调可持续发展起到强大的积极的促进、推动作用。因此，政府采购政策功能是政府采购活动中实践科学发展观的最活跃因素、最有效的手段和措施。

二、运用政府采购政策功能存在的现实问题、薄弱环节及解决对策

（一）在现实的政府采购的活动中，运用政府采购政策功能对社会和经济发展已取得了积极的成效，但仍然存在很多亟待解决的问题

1. 在认识和行为方面，对政府采购制度及政府采购政策功能不甚了解或存有偏见是一个较为常见的问题。采购单位中存在不重视这项工作，不了解、不认同政府采购为国家实现宏观经济和社会目标的公共政策工具的政策观念，对政府采购政策功能知之甚少，只是把其看成一般性的政府的市场交易活动、政府的市场消费活动，弱化、矮化这项工作；购买自主创新产品、节能环保产品要增加采购成本不愿意付，单位有钱就想买国外品牌产品等观念和行为影响落实政府采购政策功能的现象时有发生。政府采购代理机构中同样存在着对运用政府采购政策功能的认识问题，具体表现在：不同的政府采购代理机构在政府采购活动中运用政府采购政策功能的程度差距很大，特别是在一些以追求经济效益为目的的采购代理机构所编制的招标文件中几乎看不到运用政府采购政策的内容和影子；在同一政府采购代理机构中，也存在不同的人对同类采购项目，在编制招标文件、制定采购规则时运用政府采购政策情况有截然不同的结果。“政府采购政策这样多，都按规定做，采购活动还能操作吗”的顾虑和认识、被动的运用政府采购政策的工作状态都直接影响政府采购政策的运用和功能的发挥。采购项目的评审专家中存在着不知、不懂政府采购政策的问题，存在着评审中重技术轻落实政府采购政策的行为。政府采购监管部门的日常工作，也反映出一些忽视政府采购政策的认识和行为，抓政府采购规模、采购规范与抓运用政府采购政策的工作力度不一样，重规模、重程序、重审批，轻运用政策的现象较为普遍；对采购代理机构只是把有无违纪行为、采购范围和采购方式及采购程序的执行情况、内部管理监督制度、从业人员素质、基础工作、采购价格和节资率、服务质量、廉洁自律作为考核内容，而不对运用政府采购政策方面的工作做考核。供应商之间对借助政府采购政策功能促进企业自身发展方面差距较大。据对财政部等国家部委2008年10月份以前发布的“节能产品政府采购清单”、“环境标志产品政府采购清单”的统计整理分析时发现，国家的“节能产品政府采购清单”中的315个生产企业、316个品牌，广东省的企业占1/3，辽宁省分别只有一个企业、一个品牌入围，均为总数的0.3%，所占比例之低，与一些经济欠发达省处在一个水平线；节水产品入围的73个企业、186个品牌中没有辽宁省的企业和品牌；“环境标志产品政府采购清单”中的746个生产企业、796个品牌，辽宁省均为总数的2.5%，全省有一定规模的家具生产企业几百家，仅有一家企业入围。地区之间的企业参与行为和意识差异非常之大。不重视节能、环保品牌意识的行业、企业在政府采购活动的竞争中就会得到“不战先败、自动出局”的结果。这些数据有一个地区产业结构的因素，但也反映出不同企业、地区的产品在全国政府采购领域中的影响、市场中的份额和企业利益等情况。不重视这个问题、不借助政府采购的政策将

会严重影响到企业的前途和生存，也会影响到一个地区、一个区域的经济和社会发展。

2. 在政府采购政策制度建设方面存在着政策缺失、范围窄、时间滞后和可操作性等问题。例如：在政策缺失方面，目前中国还没有制定像西方发达国家通行的国家机构强制按一定比例采购使用再生产品的制度，这项制度对建设资源节约型社会、环境友好型社会和推进可循环经济发展有积极的、不可替代的作用；《政府采购法》实施以来，国家有关部门一直没有对“采购国货”的“国货”这一概念的内涵、外延作出明确的规定或解释，致使各地、各单位掌握不一，造成执行政策上的混乱。现行的“节能产品政府采购清单”、“环境标志产品政府采购清单”反映出政策适用范围窄的问题，如 PC 服务器、网络交换机、路由器等常用的办公设备，多功能运动型车（SUV）、多用途汽车（MPV）、中型客车等常用的公务用车，均没有纳入“两个清单”范围等，已经不能满足政府采购事业日益发展的需要。“节能产品政府采购清单”反映出政策运行中存在时间滞后性，如产品的品种、型号的调整、补充周期，不适应日新月异变化的市场现状、技术进步、产品换代和采购单位不断提高技术、质量要求的需要。政府采购政策中的“扶持不发达地区和少数民族地区，促进中小企业发展”政策，从《政府采购法》2003 年正式实施后，国家职能部门一直没有制定实施细则或规章，“财政性资金采购自主创新新产品的产品清单”至今还没有制定、公布，使这些政策在政府采购活动中很难贯彻落实，缺乏可操作性。

3. 在保证政府采购政策实施的工作措施上也有许多亟待解决的问题。例如：在全国范围，政府职能部门都没有建立反映政府采购政策实行情况的统计制度和指标体系，对运用政府采购政策的现状不了解，不能有针对性地解决政府采购政策运行中的实际问题，计算不出政府采购政策对社会和经济发展的影响或贡献率；在政府采购活动中也时常会出现采购单位以采购“清单”中的产品价格会高为由，不乐意执行有关制度的现象，对政府采购政策拒不执行的、执行不力的采购单位和采购代理机构缺乏制约、处理机制，监管部门对这类问题一般都是熟视无睹，造成对政府采购政策执行不执行都一样的局面，使政府采购政策执行缺乏严肃性，具体行为呈现弹性；对财政部等国家部委发布的“节能产品政府采购清单”、“环境标志产品政府采购清单”，除少数经济发达、改革意识强的省、市外，其他省、市、自治区一般是采取“照抄照转”的方式，不能结合本地区的实际，制定有利于地区经济、社会发展和扶植地区企业发展的“清单”，特别是国家还没有出台“清单”的，更不能开拓性的开展工作，制定有利于促进地区经济发展的“清单”。

（二）学习实践科学发展观，重在实践。研究对策，解决和弥补政府采购政策运行中存在的问题和薄弱环节，解决与科学发展观格格不入、不相适应的思想意识，用科学发展的观念，充分运用政府采购政策功能。

1. 从科学发展上水平的高度，提高对政府采购政策功能对促进社会和经济全面协调可持续的发展的积极作用的认识，提高对政府采购政策功能是各级政府落实科学发展观的行之有效的手段的认识，树立政府采购制度不仅是财政支出管理的手段而且也是国家实现宏观经济和社会目标的公共政策工具的思想观念，把政府采购工作当成政府的一项重要工作来重视。为充分运用政府采购政策功能做好观念转变和组织保障。

2. 做好对政府采购制度和工作的宣传，特别是要做好对政府采购政策方面的宣传，让政府采购的各方面当事人以及全社会了解这项制度、这方面的工作、这些政策，营造实行制度、开展工作和运用政策的良好环境及舆论氛围。建立政府采购政策公示制度；在公开媒体上定期或不定期开展专栏介绍、专题论坛等形式的宣传；对政府采购制度、工作、政策的宣传实行常态化。组织对采购单位专职人员和负责人的政策辅导和培训，使采购单位对运用政府采购功能有新的认识，把被动的转变为主动的。为充分运用政府采购政策功能做好舆论和宣传保障。

3. 进一步完善和健全政府采购制度体系，特别是政府采购政策体系，解决政策缺失、范围窄、时间滞后和可操作性等问题。如果国家目前还不能及时处理这个事，各地区应根据国家政策精神，结合本地区的实际情况，制定有利于地区经济和社会发展及政府采购工作需要的规章和“清单”、“目录”，使政府采购政策更具有操作性；建立信息统计制度，收集分析信息，采取措施有针对性地解决政府采购政策运行中的问题，指导工作；建立对采购单位、采购代理机构运用政府采购政策的检查、考核制度，增强执行政策的严肃性。为充分运用政府采购政策功能做好制度和措施保障。

4. 把各级政府采购中心建设成为执行、运用政府采购政策的模范和主体。加强队伍的政策素质培训、综合素质的培养，提高运用政策的执行能力；把政府采购政策落实、融于每个采购项目和制定采购文件、评标等每一工作环节，提高运用政策的水准；积极的协助政府职能部门做好制定“清单”、“目录”等方面的基础性工作；为企业提供了解、掌握政府采购政策的咨询服务。建立各级政府采购中心交流的渠道和平台，总结交流经验和先进做法，提高行业整体运用政策的水平。为充分运用政府采购政策功能做好操作和行为保障。

（作者单位：辽宁省政府采购中心）

贯彻落实国办发 35 号文件精神 加强新时期集中采购机构建设思考

孙昭伦 徐 舟

2009 年是《政府采购法》颁布第 7 年，以集中采购机构成立为标志，政府采购制度改革在中国已经走过了 10 年。尽管相对西方政府采购制度 200 多年的历史来说，10 年时间还显得太短，但它给中国政府部门行为方式乃至整个社会观念所带来的深刻变革，以及制度实施所产生的重大政治、经济和社会效益，影响是十分深远的。面对当前新的形势，在总结以往 10 年经验和不足的基础上，2009 年 4 月，国务院办公厅印发了《关于进一步加强政府采购管理工作的意见》（国办发［2009］35 号文件，以下简称 35 号文件），明确了进一步深化政府采购制度改革，全面规范政府采购行为，提高政府采购质量、效益和效率，切实发挥政府采购的政策功能，是今后一段时期政府采购的发展方向和工作重点。其前瞻性和指导性标志着中国政府采购制度改革迈入了新的发展时期。

作为政府采购制度的主要践行者，集中采购机构是代表政府依法履行集中采购职能，在价值取向上具有与政府意志的高度一致性，在制度执行上具有维护国家利益和公共利益的绝对忠实性。集中采购机构的这种特殊职能作用，是社会代理机构和单一采购人都无法具有或者因自身利害关系而无法承担的，这也正是国家设立集中采购机构意义之所在。只有充分认识到这一点，我们才能正确理解和贯彻 35 号文件从管理体制、运行机制、内部建设等各个方面对集中采购机构所提出的全方位要求，从而把全面加强集中采购机构建设作为新时期推进政府采购工作又好又快发展的一项重要战略任务。

一、加强职能建设，发挥集中采购机构优势

政府采购的执行决定其制度效应。作为政府采购的具体执行机构，集中采购机构要把握自身职能定位，按照新时期、新形势对集中采购机构的新要求，不断创新和拓展自身职能，最大程度地发挥政府采购的制度效应。

（一）贯彻“应采尽采”和“政策功能”要求，强化政策执行职能

市场经济选择了公共财政，公共财政选择了政府采购。在中国市场经济体制日渐完善和国际金融危机背景下，经历了 10 年的发展后，从改革初期偏重节约资金、预防腐败等转向突出政策功能、服务经济和社会发展，是政府采购顺应发展形势的必然使命。集中采购机构要不断提高自身能力，优化集中采购实施方式，为扩大集中采购目录范围创造条件，逐步将集中采购实施范围延伸至公共服务和民生保障等重要领域。通过集中采购范围和规模的扩大，将分散而有限的采购资源集中起来加以利用，从而形成“拳头效应”，增强政府采购的政策调控力度。在此基础上，集中采购机构要进一步强化政策执行职能，发挥执行政策的能

动性，不折不扣地把保护国内产业、推动自主创新、促进节能环保、扶持中小企业等各项政策具体落实到每个采购项目和每项采购活动中，同时，还要总结和搜集政策在实际执行中的效果和存在问题，及时向财政部门提出建议，促进政策的不断完善。通过集中统一和快速有效的执行，确保政策能真正“落地”，发挥政策的实际作用，使政府采购成为政府实施公共管理、提供公共服务的重要工具和手段，为促进经济和社会的全面、协调、可持续发展服务。

（二）贯彻“管采分离”要求，强化促进廉政建设职能

在体制层面上，财政部门监督管理与集中采购机构操作执行相互分离；在执行层面上，使用单位与集中采购机构相互分离。这种制度设计的目的之一是实现分权制衡，促进党风廉政建设。集中采购机构要深刻把握这一制度目标，强化自身的促进廉政建设职能。充分利用集中采购机构与采购人以及与监管部门之间的分工协作、监督制约机制，实现政府采购领域的“权为民所用”和“利为民所谋”。通过政府集中采购的透明化、规范化运作，培育公开、公平、公正的政府采购市场竞争氛围，构建诚实信用、清正廉洁的政府采购市场环境，进一步提高政府清廉、公正的形象，并通过示范和辐射作用，净化整个社会主义市场经济环境。

（三）贯彻“质量效益”要求，强化集中采购职能

集中采购机构要贯彻“采购价格低于市场平均价格、采购效率更高、采购质量优良和服务良好”的要求，就必须认真总结以往协议供货等方式因无法真正形成集中批量以及重前期招标轻后期管理所导致的价格高、服务差等长期为人诟病的问题。在市场经济环境下，政府采购显然不能凭借政府的强势地位迫使供应商做赔本买卖。因此，解决质量效益问题的必然出路就是尊重市场规律，发挥集中采购的规模效应。在当前政府采购计划性不强、缺乏采购配置标准、采购人个性化需求较突出的大环境下，集中采购机构必须发挥自身的专业化优势，通过创新采购组织实施方式、采购服务前伸后延等途径，尽可能实现集中批量采购。对采购数量大、通用程度高、规格标准统一的物品，例如纸制品、办公文具、办公设备耗材等，集中采购机构可以探索实行采购、验收、配送、售后服务一条龙服务的模式；对车辆维修、会务接待等通用服务项目，在继续实行定点采购的模式下，要探索延长定点协议有效期，加强后期价格和服务监管等有效措施。通过集中采购，实现规模化、集约化管理，既有效降低采购价格、方便采购人，又让供应商能得到实惠，提高其积极性和服务质量。对批量小、采购人有个性化需求的物品，利用政府采购电子化平台，通过公开招标、网上供货或电子集市等模式，由采购人通过电子交易平台进行“随要随买”的集市化采购，提高效率。

（四）贯彻“预算约束”要求，强化配套管理职能

政府采购是财政预算从资金到资产的执行、转换过程。集中采购机构要配合财政部门的预算执行管理，加强对预算执行环节的监督，确保采购严格按政府采购预算的项目和数额执行，强化预算执行的严肃性。同时，还要为国有资产管理职能部门在建立资产配置标准、明确资产购置时间、新购资产登记、增量配置审核等机关事业单位国资管理方面提供配套，发挥政府采购作为预算管理和国资管理的中间纽带作用。

除预算管理和国资管理外，集中采购还涉及方方面面的监督管理。集中采购机构要积极协助相关职能部门，发挥自己在建设节约型机关、供应商和专家使用管理、电子化平台建设和运行管理以及在政府采购理论研究、政策制定、业务培训、干部队伍培养等方面的配套作用。

（五）树立“大局意识”，强化服务保障职能

政府采购最基本的功能是保障机关预算单位的正常运作和向社会提供公共产品及公共服务，因此，服务保障是集中采购机构的一项最基本职能。集中采购机构重点要从以下三方面强化服务保障职能：一是要依托集中采购目录，不断开拓创新，完善服务手段，延伸服务链、提高附加值，主动为机关预算单位以及重大建设项目提供采购方面的服务保障。二是要站在为上海筹办世博会和建设“四个中心”提供服务保障的全局高度，积极探索为政府中心工作服务。例如，全力以赴地保障世博配套项目采购任务；合理引导集中采购的订单流向，为上海调结构、促转型、发展现代服务业和先进制造业服务等。三是要完善机制和手段，担负好重大突发事件应急采购、领导交办紧急采购、涉密项目采购等特殊采购任务的服务保障工作。

（六）贯彻“体系建设”要求，加强电子化配套职能建设

政府采购电子化是提高采购效率和透明度、实现政府采购科学化管理、精细化操作的重要切入点和突破方向。按照管采分离的管理体制和运行机制要求，政府采购工作分为监督管理和操作执行两大部分，与此相对应，政府采购电子化也包括监管层面的电子化和执行层面的电子化。监管电子化是指通过电子化手段实现政府采购的政策指导、预算与支付管理、专家、供应商及代理机构资格管理、投诉管理、采购过程监督、审计与监察监督等功能；执行电子化是指通过电子化手段实现政府采购的计划、委托、信息发布、招标、投标、评标、合同、验收、后评估等功能。作为执行体系的关键一环，毫无疑问，集中采购机构在政府采购电子化建设尤其是执行系统电子化建设方面具有不可或缺的配套职能及责任。目前，上海市财政局已经在建设全市统一的、涵盖监管和执行系统的政府采购电子化大平台，对此，集中采购机构既要全力配合，但同时也要明确，大平台的开发建设和运行管理，必须沿着管采分离的改革方向，在管采权责明确、职能清晰的基础上推进。监管和执行两大系统既要在资源、标准、规范、接口等方面实现统一，又要保持相对独立性，避免权责不清，管理和运行困难。因此，贯彻 35 号文件关于体系建设的要求，必须加强集中采购机构的电子化建设配套职能，在配合大平台建设的同时，集中采购机构的操作执行平台也要同步进行开发和优化，确保为集中采购机构业务操作和内部监督制约提供信息化支撑，并为大平台的管理和运行做好执行配套。

二、加强机制建设，营造和谐采购

贯彻落实 35 号文件精神，集中采购机构必须以科学发展观为指导，按照全面协调可持续发展的要求，树立“和谐采购”理念。要坚持求真务实的作风，根据上海市政府采购发展的实际情况，既要尽力而为，又要有所为有所不为，不包打天下，注重职能实效。要本着“服务他人、发展自己”的精神，正确对待与政府采购相关各方的关系，努力营造和谐的政府采购环境。

（一）以“放心采购”为目标，明确管采关系

集中采购机构要积极对待与上级主管部门、业务监管部门以及其他监管部门的关系。在始终坚持依法采购、规范操作、廉洁自律的基础上，通过建立向人大、纪检监察、审计等职能部门以及上级主管部门、财政监管部门的工作汇报机制，经常性就重大工作开展情况主动请示汇报和邀请进行采购监督等，增进上级部门对政府采购工作的了解和支持，做到让上级部门和监管部门放心。其重点是要协调处理好与财政部门之间的“管”、“采”关系。在贯彻管采分离要求的前提下，既要明确管采职能的合理分工，更要强化政府采购整体意识和合作意识，凝聚管采合力。为此，集中采购机构要先从自身做起，转变思想观念，找准自身定位，在履行好自身操作执行职能的基础上，要主动将以往管采复合运行体制下代行的管理性职能彻底回归财政部门，尊重并配合财政部门对集中采购活动的全面监管，做到既不“缺位”，也不“越位”。同时，通过建立业务联席会、政策研讨会、专题座谈会等多种形式的共赢机制，加强与财政部门的日常业务沟通，共同研究和破解创新发展中的难点、热点和重点问题，充分发挥各自的优势，按照管采分离的体制要求和职能定位，构建和谐的管采关系，形成分工协作、协调运转的机制。

（二）以“称心采购”为目标，强化服务保障关系

政府采购工作既是一项管理工作，同时也是一项服务保障性工作。从制度管理和政策执行的角度来看，集中采购机构与采购人之间是一种既相互配合又相互制衡的关系；而从服务保障的角度而言，采购人是采购项目的主体，集中采购机构是采购人的代理，因此，服务采购人是集中采购机构的天职。称心的服务是要满足服务对象的真正需要。政府采购的政策、规则、程序纷繁复杂，采购人不熟悉、怕违规，他们首先需要的是专业机构的规范服务。因此，集中采购机构要一如既往地坚持依法规范操作，让其省心、安心；同时，在规范的前提下，还要有针对性地通过科学编制采购文件、精心制订评审标准等，尽可能满足采购人正当、合理的采购需求，让其称心、舒心。要通过建立采购服务前伸后延机制，在采购受理前主动帮助采购人合理确定采购需求，在合同签订后积极督促供应商履约和完善售后服务，形成一条完整的采购服务链。建立采购单位具体办事人员的采购联络员机制，提供采购指导和培训，提高服务水平。优化采购流程，压缩采购时间，并探索急事急办、特事特办的政府采购绿色通道制度，提升服务效率。

供应商是政府采购活动的另一个重要主体。作为执行机构，集中采购机构具有供应商配套管理职能，例如，集中采购机构要对定点采购、协议供货的供应商履约情况进行监管，对供应商参与政府采购活动的诚信状况进行评估等。同时，供应商也是集中采购机构的服务对象。集中采购机构要本着以人为本的精神，通过竞争环境的培育、服务范围的拓展、工作手段的创新、服务态度的改善，为供应商提供全面的服务。对供应商的服务，首要的是通过自身的规范操作、阳光采购，为供应商提供公开透明、公平公正的竞争环境。第二，要利用政府采购网站、采购指南小册子、座谈会、展览会等平台和载体，多种形式加强对供应商的政策法规宣传和培训，免费为诚信佳、服务好或符合节能环保、自主创新等政策导向的供应商进行产品介绍和企业宣传等，拓展对供应商的服务范围。第三，通过电子化建设，提供免费下载采购文件，实行网上投标等，方便供应商，减少供应商投标成本。第四，通过服务态度及工作、休息环境的改善，加强人性化服务。

评审专家是政府采购工作的重要支撑。集中采购机构要充分考虑专家队伍的特点，在服务态度、服务设施、服务环境等方面持续改进，为评审专家提供便利的工作环境和温馨的休息环境。同时，还要注重做好汇标分析等技术性、事务性准备工作，减轻专家评审工作量，提高评审工作质量和效率。

（三）以“错位竞争”为目标，发挥市、区两级集中采购机构联动作用

在集中采购机构之间的关系建设上，首先要正确理解和把握 35 号文件关于在集中采购业务代理活动中适当引入良性竞争的思路和目的。“通过竞争机制来推进、壮大集中采购工作，在竞争中促使集中采购机构改进服务、提高效率、降低价格”，这是35号文件提出引入竞争机制的初衷。因此，集中采购机构之间的良性竞争并非零和博弈，而是促进采购业务分工细化和绩效提高后的共赢。结合当前上海市、区两级集中采购机构操作规范程度不一，部分区县集中采购机构力量相对薄弱，竞争基础尚不具备的现状，集中采购机构之间的关系建设，要分为近期和远期两种不同的目标。近期目标不是引入竞争而是要加强集中采购机构之间操作的规范性和统一性，远期目标才是适当引入良性竞争。要依据这一思路，明确方向，并按照以下步骤分步推进，最终形成错位竞争、和谐共赢的集中采购机构相互关系。第一，针对当前上海市集中采购机构的现状，通过建立集中采购机构工作例会制度，甚至在体制允许的条件下，探索建立市、区两级集中采购机构之间的业务指导和协调关系，加强集中采购机构之间的沟通联系，发挥市级集中采购机构的引领和辐射作用，使集中采购机构在操作规程、规范文本、高端人才、硬件设施等方面实现资源共享，在运作方式上实现规范统一，在采购业务上实现上下联动，共同规范集中采购行为，确保上海集中采购工作的上下统一和规范有序。第二，结合上海的产业布局以及各自的区位优势和专业特长，促进市、区两级集中采购机构培育形成各自的优势采购领域或优势采购项目，市级以建设综合型集中采购机构为发展方向，区县则以建设专业型集中采购机构为发展目标，为今后实现优势互补、错位竞争奠定基础。第三，结合上海中心城市的地域集中优势，在财政管理体制允许的情况下，探索打破现有完全按行政隶属关系委托集中采购业务的格局，使采购单位可以依据各集中采购机构的优势，在全市范围内选择集中采购机构，促进集中采购机构在采购绩效和服务水平上的良性竞争。

三、加强基础建设，提升履职能力

（一）加强制度建设，完善科学管理和规范运作

集中采购机构要按照35号文件“建立健全内部监督管理制度，实现采购活动不同环节之间权责明确、岗位分离”的要求，加强内部各项制度建设，为集中采购机构的全面、协调、可持续发展提供坚实的制度保障。一是要坚持合法性、效率性和可操作性的原则，全面加强业务流程和操作规范建设，优化集中采购实施方式和内部操作程序，在实践中不断总结完善各类招标文件、采购合同等文件范本，提高采购规范化、标准化水平；二是要引进质量管理体系认证和其他先进的管理模式，加强内部行政管理制度以及党、工组织管理制度建设；三是要优化内部组织结构和机构设置，合理界定部门分工及岗位职责。通过制度建设，理顺关系，明确职责，切实做到以制度管人，以制度管事，真正形成权责明晰、分工合理、决策科学、执行顺畅、操作规范、监督有力的行政和业务管理体制，实现内部管理的规范化、系统化、科学化，不断提升履职能力。

（二）加强队伍建设，打造“三化”团队

“兴衰由人事”。集中采购机构的干部队伍是政策法规的执行者和采购业务的操作者，集中采购工作水平的高低取决于队伍素质的高低。按照35号文件关于推动政府采购从业人员职业化的要求，结合上海当前集中采购机构队伍的“三高”（学历高、职称高、党员比例高）现状，集中采购机构要通过以下措施，使干部队伍实现从“三高”到“三化”（专业化、知识化、职业化）的转换。一是鼓励和促进干部队伍坚持终身学习，不断更新知识，

提高综合素质和综合能力，实现高学历向知识化的转换。二是要针对政府采购工作政策性强、专业面广、操作要求高的特点，通过内外结合等多种途径加大干部队伍的培训、培育力度，培养“术业有专攻”的专门人才，促进干部队伍不断提高专业技能，达到专业结构与工作岗位的最佳匹配，实现高职称向专业化的转换。三是要按照职业化的要求和内涵，加强职业素质、职业道德教育，培养熟悉政策法规、熟悉业务操作、职业道德高尚的复合型人才队伍，实现高觉悟向职业化的转换。四是建立内部岗位标准和考核办法，对干部队伍的专业技能、服务质量、工作实绩和职业道德等进行考核，并以考核结果为依据，形成能进能退、优胜劣汰的良性用人机制，不断改善干部队伍的梯队结构、专业结构和能力结构。通过以上措施，打造出一支政治过硬、素质精良、结构合理、精干高效的职业化、专业化、知识化集中采购队伍，为集中采购机构的可持续发展提供人力资源保障。

集中采购机构在抓好自身队伍建设的同时，还要充分发挥育人基地作用，为政府采购工作锻炼人才、培养人才、输送人才。例如，主管部门、监管部门、采购单位、行业协会等可以委派人员到集中采购机构挂职锻炼，或者直接从集中采购机构选调优秀人才充实到相关岗位。

（三）加强文化建设，塑造“集采精神”

加强新时期集中采购机构建设，要注重文化建设，发挥文化引领作用。政府采购工作社会关注度高，是各种利益的焦点。从政治上说，政府采购反映着政府如何花纳税人的钱，关系到政府的公众形象；从经济上说，政府采购涉及公共资源的分配，牵涉采购人、供应商等方方面面的利益；从结果上说，政府采购是政府后勤保障工作的重要部分，关系到政府的正常运作；从工作上说，政府采购对从业人员要求很高，但工作往往不被人们理解。集中采购机构要针对政府采购工作的这些特点加强文化建设，形成正确的导向。按照以人为本的科学发展理念，发挥党、政、工、团的合力，从政治上、工作上、生活上、组织上形成引导人、培育人、关心人、凝聚人的机制，通过价值观念、理想信念、职业道德和管理制度的引导，培育敬业进取、无私奉献、乐于服务、勤政廉洁、团结凝聚的“集采精神”，为集中采购机构的发展奠定人文基础。

政府采购制度改革是一项复杂的系统工程，具有长期性、艰巨性。集中采购机构要以科学发展观为统领，以35号文件精神为依据，加强自身职能建设和基础建设，继续坚持依法采购，规范操作，不断提高采购效率、质量和服务水平。与监管部门、采购单位分工协作，形成合力，共同推进政府采购工作深入发展，为中国的经济社会发展作出更大的贡献。

（作者单位：上海市政府采购中心）

运用科学发展思维
促进政府采购工作和谐发展

杜 强

贯彻落实科学发展观，就是要运用发展观的思维方式，进一步解放思想，以改革创新的精神研究问题、解决问题，将科学发展观的理论和政府采购工作的实际结合起来，认真分析政府采购目前运行状况和未来发展趋势，着力解决实际工作中不符合科学发展观要求的各种矛盾和问题。

目前，新疆维吾尔自治区本级政府集中采购工作在操作执行过程中仍存在许多不适应科学发展观的思维定势和工作方式，在贯彻落实国家产业政策倾斜方面尚存在差距：一是在发挥政府采购政策功能，通过优先采购经济不发达地区和少数民族地区的产品来扶持民族企业，使其得到不断发展壮大，以及统筹区域经济协调发展方面存在差距；二是通过政府采购政策功能的发挥在促进节能、环保事业发展、努力实现经济和资源、环境相协调的可持续发展方面存在差距；三是在优先采购自主创新产品、鼓励企业自主创新、促进创新型社会建设方面存在差距；四是在构建集采机构、采购单位、评审专家以及供应商等多方和谐共赢的政府采购环境方面存在差距；五是在搞好政府采购工作理论创新，采购方式、操作执行方法创新方面存在差距。

这些问题的存在既有客观原因也有主观因素，有由习惯思维模式造成的也有长期以来的惰性使然。因此，以科学发展观为指导，进一步转变思维方式和工作方法，着力解决政府采购工作中存在各种矛盾和问题，就显得尤为重要。笔者认为应当从以下几个方面重点做好工作。

一、制定相应的配套措施，促进本地中小企业发展

目前，政府采购政策对促进本地区中小企业发展的作用十分有限。其主要原因：一是缺乏对中小企业有效的政策保护措施和界定标准以及相关的配套措施，在政府采购实施操作过程中无法区分和把握，致使许多本地中小企业可以做的项目都被外地企业承揽。二是资质门槛要求过高，招标文件动辄要求上千万注册资金。例如某采购单位采购价值 60 万元精密空调设备，要求投标企业的注册资金在 500 万元以上，理由是资质高的企业有实力，目的是为了保证招标质量。另外，就一般网络集成项目，要求投标企业有国家乙级集成资质或自治区甲级集成资质。我们在调研中了解到，大多数网络集成项目，采购人都要求由国家乙级或自治区甲级以上集成资质，一些小的代理商受资质限制就参与不进来，偶尔参与进来，相关或同类业绩优势也体现不出来，这样做很不利于中小企业的发展。最终形成恶性循环，本地中小企业的资质和创新发展始终无法提升，参与竞争的机会也就越来越少。

近些年，各地集采机构扶持中小企业的呼声尽管很高，但实质性操作办法并不多，成效也不显著。虽然《政府采购法》和《中小企业促进法》都有一些扶持中小企业的指导性意见，但在政府采购具体实施过程中，操作性不是很强，因此中小企业的弱势地位始终没有得到根本性的改变。要使扶持中小企业的政策落到实处，还需要各方面的共同支持，出台一些具体的实施措施使中小企业能够真正参与到政府采购中来。笔者认为，政府采购工作首先应重视研究和处理好以下几个问题：一是依据《政府采购法》和《中小企业促进法》会同有关部门一起研究制定促进中小企业发展的政府采购具体政策措施，在政府采购具体操作环节上体现一定的扶持政策和加分比例，使中小企业能够获得一部分政府采购订单。二是科学合理设定投标企业资质门槛，使本地中小企业有更多的机会参与竞争。三是在条件和要求相同的情况下，优先考虑选择由本地中小企业提供服务。通过运用政策功能的配套措施，使中小企业能参与到政府采购事业中来，使中小企业得到更加全面有利的支持，促进中小企业的发展。

二、积极实施绿色采购的政府采购政策，促进本地中小企业调整产业结构

绿色采购是对政府采购活动的制度创新，即将环境准则纳入政府采购活动，在政府采购时选择那些符合国家绿色认证标准的产品和服务。目前国家已制定了一系列节能环保政策。2006年财政部、国家环保局发布了“环境标志产品政府采购清单”。2007年财政部、国家发改委公布了首批“节能产品政府采购清单”，这些环保节能清单都是从国家认证机构认证的环保节能产品中选取确定的。清单采用动态管理方式，随着国家节能、节水、环境标志产品认证工作的开展，清单的范围、内容还会进一步扩大、调整和更新。同时国家还制定了《环境标志产品政府采购实施意见》和《节能产品政府采购实施意见》，实施意见明确要求各级行政机关、事业单位和社会团体进行政府采购时，在条件相同的情况下，应当优先采购清单中的环境标志产品和节能产品，逐步淘汰高污染、高能耗产品。要使国家这些节能环保政策落到实处，我们就要根据国家产业政策的要求，结合自治区本级政府采购工作实际，充分运用政府集中采购的政策功能，制定与国家节能、环保产业政策相配套实施意见和政策措施及操作办法。在政府采购各个环节制定切实可行的绿色采购操作规程，积极推行优先采购环境标志产品政策，尽量采购绿色环保节能产品，拒绝采购不符合国家产业政策的产品，具体说，就是凡对环境造成不良影响、污染和危害较大的产品或者高能耗的产品要限制其进入政府采购市场。在招标文件中要明确规定政府采购的绿色原则，只采购“绿色”产品，“不绿”的产品政府坚决不采购。同时还应该积极研究政府绿色采购的激励机制，给进入清单的产品生产企业一定的优惠政策，并在条件成熟时对特定绿色产品实行强制采购政策。此外还要加大贯彻落实国家环保节能政府采购政策力度，提高采购单位选择节能环保产品的自觉性和积极性。通过运用政府采购政策功能的发挥来引导企业调整产品结构、生产绿色环保节能产品，促进产业结构调整。

三、采购自主创新产品，鼓励本地中小企业自主创新

为贯彻落实科学发展观，国家在鼓励和促进自主创新方面制定了自主创新政府采购若干意见，2007年国家颁布了《关于支持中小企业技术创新的若干政策》，从引导和支持中小企业提高创新意识、建立创新机制、实现创新发展方面出台了一些政策。要使这些政策真正落

到实处，我们应该积极配合有关部门制定自主创新产品标准配套措施，对自主创新产品在政府采购招标文件上给予适当的倾斜，在评分标准上给予适度加分，尽量采购新产品与新技术，确保政府采购支持自主创新政策不流于形式。同时还可制定一些具体优惠措施，认真落实《自主创新产品首购和订购管理办法》。如优先购买、优惠购买、按比例购买等，以此来鼓励企业生产高新技术产品和技术创新，引导市场竞争向这些产品和技术流动。一是在实行政府采购时对本地企业具有自主知识产权的产品和服务，实施首购政策；二是加大对高新技术产品的采购力度，促使企业自主创新，产品升级换代。三是支持本地区自主创新企业，在相关政府采购活动中给予适当加分。通过倾斜政策措施来促使传统产业进行技术改造，以达到推动本地中小企业结构升级和自主创新的目的。

四、努力营造和谐共赢的政府采购环境

目前，尽管供应商和采购单位对政府采购工作的满意度较以前有所提升，但质疑投诉仍然存在，社会上对政府采购的议论还在继续，价格高、质量低、时间长等方面的反映也从未间断，单从以人为本和谐发展方面来讲就有差距，更不用说从提高服务意识，提升服务质量来要求，因此建立多方和谐共赢的政府采购环境应该说任重道远。

按照科学发展观的要求，政府采购工作要坚持“以人为本”，统筹兼顾各采购当事人的正当权益，在建立集中采购机构、采购单位、社会中介机构以及供应商等多方和谐共赢的政府采购环境上多下工夫，在考虑采购单位需求的基础上，还要注意保障供应商的利益。不能只顾及采购人的利益而损害供应商的利益，同时要兼顾国家利益和社会公共利益。要多沟通多协调，经常开展交流互动活动，广泛征求各方面的意见，及时消除误会，化解矛盾，促进政府采购当事人之间的理解与信任，努力营造和谐共赢的政府采购环境。

五、不断创新政府采购的方式

目前政府采购工作存在着改革创新的意识不够强、遇到创新时顾虑比较多、谨慎有余开拓不足的问题。长期以来摆脱不了习惯做法和条条框框的束缚，在工作中习惯按规定办、按惯例办、按领导的意见办，一旦碰到新情况新问题，用改革创新的精神加以解决不够。因此按照科学发展观的要求不断创新政府采购的方式方法，不拘泥于以往的经验和过去的模式，创造性地开展工作就显得尤为重要。我们应在《政府采购法》的框架内积极研究采取一些高效、方便、快捷、灵活的采购方式，提高政府采购质量和效率，改变以往政府采购效率低、时间长的现状，只有不断创新采购方式，采购效率才能不断提高，采购工作才能不断向前发展。近年来各地出现的协议供货、定点采购、区域联动采购、网上采购、绿色采购等方式其实都是不断创新的结果。

（作者单位：新疆维吾尔自治区政府采购中心）

政府采购科学化精细化管理的思考与实践

吴小明

为更好地发挥财政职能作用，推动科学发展和社会和谐，近年来，财政部在全国财政系统大力倡导并推行财政科学化精细化管理。这是对当前财政经济管理形势的科学决策，是对过去财政管理实践的继承和创新。政府采购是财政支出的主要方式之一，是财政管理的重要内容。全面推进政府采购科学化精细化管理，成为继续深化政府采购制度改革、提高政府采购管理水平迫切需要解决的问题。本文结合政府采购管理工作的实际，对政府采购科学化精细化管理的要旨、实践、方向等问题进行简要分析和介绍。

一、政府采购科学化精细化管理的一般要旨

政府采购科学化精细化管理，就是遵循政府采购管理工作的客观规律，运用先进的管理方法和管理手段，发挥人的能动作用，指导政府采购工作实践活动。科学化精细化管理思想应用到政府采购管理领域，对于优化工作机制，提高管理水平，都将起到重大促进作用。具体地说：科学化管理，就是从实际出发，积极探索和掌握政府采购管理工作的规律，善于运用现代化管理方法和信息化手段，建立健全政府采购管理制度和政府采购法律法规要求的规范监管，提高管理的实效性。精细化管理，就是要按照精确、细致、深入的要求，明确职责分工，优化业务流程，完善岗责体系，加强协调配合，避免大而化之的粗放式管理，抓住政府采购管理的薄弱环节，抓紧、抓实、抓细的管理效能。

（一）坚持求真务实，牢固树立科学化精细化管理理念

加强政府采购科学化精细化管理，是提高政府采购监管质量和效率的重要手段。要做好这项工作，一个关键的问题就是要从实际出发，实事求是地抓好落实，而人的因素是其中最关键的因素。

1. 提高认识，转变观念。首先在思想上要高度重视，明确加强政府采购科学化精细化管理的具体内容和要求，认真分析存在的问题和阻碍或影响科学化精细化管理的因素，切实消除不利影响。其次，在监管思路上要实现新的转变：一方面要向规范化管理转变，按照“三公一诚”的原则，转变管理方式，提高监管效率；另一方面要由粗放式向科学化精细化转变，在管理、服务和执行能力等方面有所提高。

2. 抓住重点，突出能力。政府采购科学化精细化管理是一个系统工程，成效如何取决于政府采购管理队伍的能力建设。必须强调思想建设和能力建设，政府采购科学化精细化管理本身就是一个比较规范、能够制约或减少人为因素的系统管理，必然限制个人权力，在拥有利益和规范管理上做如何的选择，个人思想正确与否、解决问题能力强弱等因素非常重要。必须强调政令畅通，政府采购管理有法律法规的统一约束，严禁上有政策，下有对策。否则，任何工作将无法开展。

3. 注重研究，善于创新。政府采购科学化精细化管理是财政管理的一个重要方面，如何发挥服务和保障财政主要工作任务的作用，需要不断地总结经验、不断地调查研究、不断地改进具体管理方式和方法。因此，要注意调查研究，及时发现问题，探寻解决问题的方法和途径，不断创新政府采购科学化精细化管理的机制。

（二）坚持精确到位，不断健全科学化精细化管理制度

政府采购科学化精细化管理，要通过具体的程序、责任和执行环节，使每一项工作内容都能看得见、摸得着、说得准，也就是说必须要有“精”确到位的各项制度来保证。

1. 规章制度要精。通过建立全面的管理制度体系保证工作的具体落实，努力把法律法规的原则性规定细化为符合本地区本单位实际的具体办法来执行。通过进一步建立政府采购管理规范化机制、强化政府采购信息化管理，实行政府采购的高效管理。总而言之，就是以全面提高监管质量为目标，实现日常监管、重点控制、投诉处理、违规处罚等相结合的管理体系。

2. 建立长效机制。政府采购，说到底就是依法采购。在当前依法治国、法制经济的今天，政府采购监管行为必须做到合法、规范。要根据政府采购管理业务分工和流程，把政府采购管理的各项工作细化，对每一项具体业务的工作职责、权限、程序、时限等进行科学严格界定，确保政府采购科学化精细化管理的全面落实。要对现有的政府采购法规制度进行全面清理，对不适用的制度予以废止，对缺乏针对性、有效性的制度进行修订和完善，对过于原则、不便于操作的制度予以细化、制定配套措施；对于缺位的制度，要主动适应新形势、新任务的要求，及时研究制定新制度。

（三）坚持追求细节，实现科学化精细化管理全面覆盖

政府采购科学化精细化管理应具有认真、精细、标准、规范的特征。近年来的政府采购管理制度改革，或多或少地体现着科学化精细化管理的方式方法，但是在精细化上下狠功夫不够。工作实践告诉我们，无论是加强管理、强化管理或是全面管理，必须注重细节和小事，细化规章和标准，才能取得成效。

1. 注重过程管理。科学化精细化管理强调的是对管理对象实施精细、精确、快捷的规范与控制。例如，政府采购管理投诉处理工作带有事后性，往往是在项目实施完成之后进行的。按照过程管理的要求，必须把监管关口前移，从变更采购方式审批、专家抽取审核、现场监管等管理环节及时发现问题，及时矫正项目实施过程中的违规操作行为，从根本上减少投诉率。

2. 完善职责标准。细节决定成败，完善职责标准实际上是一个细化岗位职责的过程。对政府采购从预算编制、计划审核、方式变更审批、评审专家管理、投诉处理等工作，都要制定具体的职责标准，切实做到有章可循、有据可依。

3. 细化监督检查。细化监督检查是科学化精细化管理的一个重要层面，落实到具体工作中就是要坚持经常，并以制度固定下来。既要注重日常监管，规范操作机构的操作行为，提高政府采购制度的执行力，又要加强重点检查，对关系民生、社会关注或者与经济建设中心任务紧密联系的项目，视情况进行现场监督，还要进一步扩大监管范围，逐步把集中采购机构、部门集中采购单位、社会代理机构、分散采购等纳入监管视野，消除监管盲区。

二、政府采购科学化精细化管理的具体实践

江苏省1998年实施政府采购制度改革。在省委、省政府和财政部的正确领导下，按照省财政厅党组提出的“围绕中心，服务大局”的指导思想，不断深化改革，完善制度，强化监管，规范操作，取得了初步成效。2009年，江苏省政府采购规模达756.34亿元，比1998年实施之初的1.64亿元增长460倍，资金节约率12%，连续8年居全国各省（市、区）第2位，约占全国的10%。与此同时，江苏省政府采购范围不断拓宽，采购品目向多样化发展，政府采购范围已经涵盖了货物、工程和服务三大类，节能、节电设备，防汛、抗旱、救灾、农用等物资，会议、国际机票等服务类项目都已列入政府集中采购目录。集中采购和公开招标成为政府采购的主要方式。在全部采购金额中，集中采购占89.4%，采用公开招标方式的比重达81.3%。

上述成绩的取得，既是政府采购科学化精细化管理的结果，更是江苏省不断探索和实践政府采购科学化精细化管理水平的过程缩影。

（一）建章立制，不断完善政府采购制度

江苏省自1998年实行政府采购以来，始终把建立全面规范的制度体系作为深入推进政府采购制度改革的先决条件和基础工作。

1. 严格执行国家法律。2003年《政府采购法》实施后，财政部先后制定颁发《政府采购货物和服务招标投标管理办法》等一系列行政规章，初步形成政府采购制度体系。江苏省认真组织全省政府采购系统学习培训，严格执行国家的相关法律法规，并结合江苏省实际认真贯彻落实，依法开展政府采购活动，为江苏省政府采购制度在国家统一法律框架下健康发展奠定了基础。

2. 不断完善地方配套制度。由于中国各地经济、社会发展水平不尽相同，加之中国政府采购制度起步较晚，国家层面的立法步伐落后于政府采购实践的发展，客观上制约着政府采购制度的更快发展。在维护国家法制统一的前提下，在《政府采购法》框架下，江苏省根据实际工作需要，陆续制定出台了一系列地方配套制度，指导和推进江苏政府采购工作发展，增强可操作性，如：《货物及服务采购方式变更管理暂行办法》、《政府采购监督管理工作考核暂行办法》、《政府采购从业人员学习培训暂行办法》、《政府采购法律咨询论证制度》、《政府采购评审专家管理办法》、《政府采购档案管理办法》等。2006年以来，结合政府采购工作实践，江苏省先后制定完善相关文件、制度和办法142个，其中省级22个，一些制度在全国处于领先地位。

3. 积极探索政府采购关注民生服务“三农”的机制。从2004年起，江苏省在全国率先对涉及“三农”的财政补贴项目实施政府采购，不断扩大为“三农”服务的项目范围，从水稻小麦良种补贴、畜禽疫苗、插秧机、条播机、化肥农药、救灾物资到农村中小学免费教材、“校校通”工程中的远程教育系统、乡镇卫生院的医疗设备等，取得了较好的效果，也大大拓展了政府采购的范围和领域。2006年8月，农业部专门在江苏省召开“全国良种补贴招标采购观摩会”，组织全国各省区有关部门代表现场观摩。截至目前，省级已累计实施涉及“三农”项目总采购预算金额80多亿元，资金节约率约为10%。

（二）依法采购，确保政府采购活动公开透明

在政府采购活动中，我们坚持依法采购，建立健全管理操作制度和运行机制，努力实现

政府采购操作管理精细化，政府采购操作权责明晰化，政府采购操作监督科学化，政府采购操作手段电子化，提高政府采购操作的透明度。

1. 严格依法采购。法律需要被执行，政府采购操作必须依法有据。我们从接受采购人委托、标书编制、信息发布到组织开标、评标、定标、签订合同等所有环节，以及受理和处理供应商质疑等，都严格遵守法律规定的程序和时限。

2. 规范操作流程。坚持“用制度规范程序、以及程序约束行为”的理念，将政府采购法律法规原则性要求和规定落实到具体操作环节。对操作机构的业务工作流程和行为进行统一规范，实行全流程控制。针对操作过程中的关键点制定防范措施，形成了较为健全的内部控制制度，确保政府采购活动操作规范。

3. 信息公开透明。江苏省始终坚持政府采购“公开、公正、透明”的原则，按照政府采购信息公开的有关规定，统一发布渠道，在全省范围内指定 25 家媒体作为政府采购信息发布媒体。同时，加强政府采购网站建设和管理，不断扩容升级、更新内容，及时、准确地发布政府采购各类信息，为采购当事人提供服务，并接受社会广泛监督，确保政府采购活动在阳光下运行。江苏省政府采购网点击率已达 1400 多万人次。

4. 加强业务培训。加强对政府采购从业人员的法律法规学习培训，不断提高政策业务水平。制定办法，2007 年制定了学习培训办法，将政府采购从业人员后续教育制度化；编写教材，组织专家学者编写政府采购系列教材一套六册；定期培训，组织政府采购业务培训班，分别对全省政府采购监管部门、操作机构人员分别进行业务培训。

（三）强化监管，努力实现政府采购公平公正

全面加强政府采购活动监管，既是贯彻落实政府采购法律法规的要求，也是维护政府采购“公开、公平、公正”和诚实信用原则、保持和推动政府采购事业科学发展的需要。按照《政府采购法》及相关法律法规，我们努力构建规范化、阳光型、制约型政府采购机制，在强化监督力度、改进监管方式、拓展监督渠道方面进行了积极探索。例如，通过检查、考核等方式，加强对政府一个人的监管；通过事前审查、现场监管、事后抽查等手段，强化对政府采购活动的监督；通过建立人大代表、政协委员、财政特邀监督员等现场监督政府采购活动等制度，广泛听取社会公众对政府采购工作的意见建议，及时发现问题，不断改进工作，提高监管工作的针对性和有效性；通过完善投诉处理机制，规范和保护政府采购各方当事人的合法权益，维护正常的市场竞争秩序。

1. 加强对采购人的监督检查。通过开展政府采购执行情况专项检查，组织全省 110 个政府集中采购机构、10496 个采购人开展自查自纠，并对采购项目多、采购金额大的部门和单位及代理机构进行重点检查。

2. 加强对操作机构的监管。加强对集中采购机构的监管。定期组织考核，公布考核结果，及时发现和纠正操作环节存在的问题，不断规范采购行为，确保集中采购活动规范高效；规范代理机构管理。严格资格认定，强化管理，规范执业行为，培育政府采购良好的竞争氛围；加强对部门集中采购的指导和监督。

3. 加强评审专家管理。公开征集，不断扩容。江苏省已建立了分类齐全、初具规模的政府采购评审专家库，库内共有 123 大类、8900 多名专家；定期培训，提高水平。通过组织评审专家业务培训，不断提高评审专家的政策业务水平和评审工作技能；健全机制，加强管理。研究开发了“评审专家管理系统”，实现专家动态管理，远程抽取、网上考核等功能。

4. 规范政府采购供应商行为。每年组织开展对供应商履行合同情况检查并进行通报，分别给予供应商续签合同、通报表彰、通报批评、没收部分履约保证金或禁止一年进入政府采购市场。对非法谋取中标、损害其他供应商合法权益、破坏政府采购市场秩序的供应商，依法给予行政处罚，维护《政府采购法》的权威。

5. 完善投诉处理机制。根据《政府采购法》及《政府采购供应商投诉处理办法》，结合江苏省实际，在全国率先推行供应商投诉处理法律咨询论证制度，制定投诉处理流程，规范和指导全省建立健全供应商投诉处理程序。针对一些重大项目的投诉，我们召开案例分析会，组织操作机构、采购人和供应商代表共同讨论分析，总结经验，查找不足，改进工作，切实维护政府采购各当事人的合法权益。

（四）发挥政策功能，支持自主创新和中小企业发展

江苏省在全国率先建立了自主创新产品认定管理办法。2006 年 10 月，江苏省财政厅会同省科技厅在全国率先制定了《江苏省自主创新产品认定管理办法（试行）》，印发了《江苏省自主创新产品专家评价工作手册》。2007 年，江苏省财政厅研究制定了《江苏省自主创新产品政府采购实施意见》等系列配套制度和办法。组织认定，纳入目录。已组织认定了五批 411 项产品列入江苏省自主创新产品目录。加强宣传，政策优惠。江苏省财政厅与省科技厅联合印制《江苏省自主创新产品目录》，免费向全省采购人发放。组织政府采购展览会，设置自主创新专区，提供优惠展位，举办政策说明会，扩大宣传效果。积极扶持，优先采购。积极推动自主创新产品首购。2009 年，江苏省政府出资 4.14 亿元，首购国家及江苏省自主创新产品——龙芯电脑 15 万台。在公务用车协议供货招标中，对自主品牌汽车产品给予一定的加分，对节能、环保产品在政府采购活动中给予扶持。推出“中小企业融易贷”项目。针对中小企业普遍存在的“融资难”问题，在认真调查研究，深入分析江苏省中小企业参与政府采购现状的基础上，运用政府采购平台，协调金融担保机构，帮助中小企业拓展融资渠道。2009 年推出了“政府采购融易贷”信用担保项目，取得初步成效。从银行反馈的情况看，已有 11 家企业获取贷款 1550 万元；有 2 家正在审核中，预计放贷 3000 万元；还有 6 家正在收集资料，授信额度达 8000 多万元。

（五）推进信息化建设，不断提高政府采购效率

在工作中，我们重视运用现代科技信息化手段来帮助和实现政府采购信息的公开透明、提高政府采购工作效率。

1. 实行政府采购电子化管理。徐州市采购中心开发的政府采购信息管理系统，将政府采购计划报批、项目建立、信息发布、合同管理、档案管理、数据查询统计实行网络化管理。目前，全省政府采购计划申报、采购方式审批等均已实现电子化操作。

2. 推广政府采购网上操作经验。专门召开政府采购信息建设现场会，现场观摩江苏省省级机关政府采购中心网上公开招标和南京市政府采购中心网上竞价，总结推广政府采购网上远程操作经验，不断提高政府采购工作效率。

3. 运用科技手段加强现场监管。积极发挥科技手段的特殊作用，通过信号屏蔽系统、声像监控系统等各类电子化设备，加强对评标活动现场的监督和管理，为规范现场行为、妥善处理质疑投诉提供有力保障。

三、政府采购科学化精细化管理的努力方向

贯彻政府采购科学化精细化管理的要求，就是要继续推进政府采购制度改革。在政府采购法律框架下，以建立完善管理体系为核心，以制度建设为重点，不断规范管理操作行为，继续扩大政府采购规模，积极探索政府采购主动服务经济、服务财政的功能体系，促进政府采购政策功能有效发挥。努力实现采购管理精细化，采购权责明晰化，采购监督科学化，采购手段电子化，强化采购透明度，提高政府采购效率。江苏省在推进政府采购科学化精细化管理方面，将以加强法制建设为重点，以规范操作执行和健全监督管理为核心，不断创新发展思路，改进工作方法，谋划工作新举措，努力开拓政府采购工作新局面。

（一）强化政府采购的政策功能作用，落实具体政策，更好地展现和发挥政府采购工作围绕中心、服务大局的保障作用

1. 继续推进自主创新产品的政府采购。寻求在政策功能和自主创新政府采购工作中的突破点，继续完善自主创新产品和节能环保产品政府首购和订购制度，研究推出有可操作性的首购和订购管理办法。

2. 扶持中小企业发展。鼓励和帮助中小企业积极申报自主创新产品，采取措施扩大中小企业及其产品的知名度，提高中小企业参与政府采购竞争的能力。同时，严格实施政府采购进口产品的审核管理制度，制定政府采购政策扶持中小企业发展意见，适当降低对中小企业的资质要求和进入门槛，引导金融机构加大对企业特别是中小企业的信贷支持，引导和鼓励政府部门优先购买国内产品同等条件下优先购买中小企业专利新产品，扶持民族企业。

（二）完善政府采购制度，在政府采购法律法规框架内，建立健全管理制度和运行机制，完善制度体系，进一步健全工作规范，提高政府采购工作质量和效率

1. 推行法律咨询论证制度。抓好政府采购投诉处理法律咨询认证制度的贯彻落实，建立健全政府采购监管重大法律事务的事前、事中论证制度，进一步规范政府采购监管，提高监管工作质量，有效规避和防范法律风险。

2. 完善专家评审管理制度。针对政府采购评审工作的特点和风险，结合对各市政府采购监管工作检查考核中发现的薄弱环节，加强政府采购评审专家管理，同时运用科技手段，积极推进政府采购评审专家信息化建设，进一步规范政府采购评审专家评审行为，提高对政府采购评审专家监管水平。

3. 规范政府采购档案管理。制定加强政府采购档案管理的具体办法，规范、科学、高效管理政府采购档案和提高政府采购资料的利用效率。

（三）健全监督管理机制，建立政府采购活动动态监控体系，把绩效评价的理念融入政府采购监管，切实加强对政府采购权力节点的监督，打造规范化、阳光型、制约型政府采购机制

1. 强化法律监督。严格按照《政府采购法》及相关法律法规，研究制定《政府采购监督管理办法》和《供应商质疑处理办法》，规范和强化政府采购活动的全程监督，保护政府采购各方当事人的合法权益，维护正常的市场竞争秩序。

2. 改进监管方式。充分发挥事前审查、现场监管、事后抽查和定期考核等手段的监管作用。建立和推行省人大代表、省政协委员、财政特邀监督员等现场监督政府采购活动等制度，强化对采购活动的监督，促进政府采购活动的公开透明。积极发挥科技装备的作用，通

过信号屏蔽系统、声像监控系统等各类电子化设备，强化对评标活动现场的监督和管理。结合财政管理信息化建设，加强电子化政府采购制度建设。

3. 加强投诉处理。通过建立投诉处理事前论证制度，完善投诉处理机制，切实维护政府采购当事人合法权益，并通过投诉处理工作发现问题，提高监管工作的针对性和实效性。

（四）不断扩大政府采购范围和规模，紧贴财政专项支出的重点开展政府采购，切实从广度和深度上扩大政府采购范围和规模

在科学制定集中采购目录及限额标准，扩大政府采购项目实施范围和采购品种的基础上，加强对集中采购目录的执行情况进行跟踪问效。做好社会关注和涉及民生项目的政府采购工作。

（五）加大基础性管理力度，加强和改进政府采购计划执行和信息统计编报工作，大力推行政府采购的电子化，提高政府采购管理的信息化水平

1. 加强数据统计和分析。通过对政府采购基础信息的采集、汇总和分析，达到客观、公正、准确地反映政府采购预算执行情况和政府采购政策功能实施效果，反映政府采购的内容和结构，充分体现政府采购精细化管理要求，以防范采购运行中的违规和风险，提高财政资金使用效益。

2. 推进电子化平台建设。随着政府采购规模和范围的不断扩大，政府采购工作日益向深度和广度推进，电子化平台建设已成为当前政府采购发展的客观要求。要通过电子化采购平台建设，实现政府采购更加公开化、透明化，方便采购当事人实施采购活动，提高采购效率，实现政府采购科学化、精细化管理。

（六）加强调查研究，密切关注政府采购实践中出现的热点、难点，对政府采购实践中出现的新情况新问题作重点研究，以科学的理论研究成果为采购实践提供指导

实践中，要积极借助外力，充分利用社会力量，组织对政府采购宏观性、全局性的问题如政府采购协会功能作用等进行前瞻性研究，对目前采购实践中一些棘手的难点、热点问题如政府采购监管、加入 GPA 对江苏省经济和社会发展影响、本省产业竞争力评估分析对策研究等课题进行攻关研究，切实提高理论研究的质量与层次。

（作者单位：江苏省财政厅政府采购管理处）

从一些怪异现象反思政府采购供应商质疑投诉救济制度

吴正新

如果说到供应商之间串通投标的行为，没有人会怀疑，也不会觉得奇怪。但是，说到下面的这种现象，可能就会让人吃惊。

在目前政府采购招投标活动中出现了一种怪异现象：一些供应商参加政府采购招投标活动的直接目的并不是中标成交。他们受其他供应商的委托进行投标，目的是搅局挣钱。如何搅局挣钱呢？如果委托他的供应商不能中标成交，这个供应商就找出一个理由，去质疑投诉，以达到取消第一名中标成交资格或者重新采购的目的。成功以后，委托其质疑投诉的供应商就会向他们支付报酬。还有一种情况，就是这些供应商不接受任何其他供应商的委托，也自知没有任何机会中标，其目的就是等到采购结果出来以后，通过寻找采购过程和采购结果中的任何有用的漏洞，进行质疑投诉，以讹诈中标成交供应商，一旦讹诈得手以后，他们就撤回质疑投诉。

本人对此进行了广泛的调研，得出的结论是这种现象的发生和这些供应商的邪恶目的之所以能够得逞，其根本原因在于政府采购具体质疑救济制度的缺失和投诉救济制度的重大缺陷。

一、具体质疑救济制度的缺失

《政府采购法》特别赋予了供应商合法权益受损后的两种救济途径——质疑和投诉。但是，至今中国仍未出台全国性的具体的供应商合法权益质疑救济制度。制度的缺失，给处理质疑、作出质疑答复提供了没有法律责任、不负法律责任的巨大操作空间，间接的为不法质疑供应商提供了“钻营”的机会。

二、具体投诉救济制度的重大缺陷

现行具体投诉救济制度的重大缺陷，笔者认为，主要体现在：投诉供应商合法权益的认定缺乏标准；认定投诉是否有效的标准与救济制度精神脱节，甚至背离；投诉处理形式单一，缺乏灵活度；监管部门不能对投诉人、被投诉人、相关供应商、评审委员会等责任主体给予有效的责任追究。

（一）投诉供应商合法权益的认定缺乏标准

不管是质疑救济制度，还是投诉救济制度，《政府采购法》设定的两种救济制度维护的都是，也应当是提出质疑、投诉供应商的合法权益。但是，现行的投诉处理制度，好像并不是体现一个真正的合法权益救济制度，因为它自始至终都没有给这个制度的遵守者和执行者什么是合法权益，什么不是合法权益的明确答案。这直接导致一些供应商乱投诉、滥投诉的行为频繁发生，既浪费了大量的人力、物力和时间，也损害了政府采购的信誉和形象。

（二）认定投诉是否有效的标准与救济制度精神脱节，甚至背离

笔者认为，供应商投诉处理制度，作为投诉供应商合法权益的救济制度，其投诉是否有效的认定就应当体现供应商合法权益的维护，处处闪耀出救济的光芒。但是，我们现行的投诉处理制度认定投诉有效的标准仅限于投诉事项所涉及的事实依据是否属实。难道一个属实的事实依据就能成为认定投诉有效的构成要件吗？就可以认定供应商的合法权益受到了损害，就应当得到维护，并且是以财政部门作出投诉处理决定的形式予以救济和维护吗？从逻辑上讲，事实依据是否属实，只是对事实依据的客观评价，它证明的只是事实依据是否真实和其存在的状态，它决定的是事实依据的证明效力等级。但是，事实依据是否属实是不能和合法权益是否应当由财政部门以作出投诉处理决定的形式予以救济和维护划等号的。这里面还需要几个逻辑环节需要认定和解决——属实的事实依据是否能够证明权益受损，受损的权益是否是合法权益，合法权益是否应当以财政部门作出投诉处理决定的形式予以救济和维护。只有属实的事实依据能够使这几个问题得到明确而肯定的答案，才能认定投诉有效，并依法作出恰当的处理决定。

（三）投诉处理形式单一，缺乏灵活度

实际工作中，损害当事人权益行为的存在形式是复杂多样的，可能是违法违规违纪行为，也可能是一些有违诚实信用原则的商业行为，甚至可能是一些服务态度不到位的行为。不同的行为对利益受到损害的当事人的损害方式、损害程度、损害结果是不一样的。与之对应，有关部门对这些行为的认定和处理也应当是“对等的、适当的”，而不是非此即彼，更不能搞“一刀切”。但是，对于政府采购活动中各式各样、形形色色的行为，现行政府采购投诉处理制度却只规定了三种处理形式，即财政部门经审查：投诉人撤回投诉的，终止投诉处理；投诉缺乏事实依据的，驳回投诉；投诉事项经查证属实的，分别按照本办法有关规定处理。如此“简单”的规定，给投诉处理工作造成了很大的困难。

1. 财政部门审查的内容是什么，标准是什么，是合理性审查还是合法性审查，是形式审查还是实质审查。

2. 投诉人撤回投诉，财政部门终止投诉处理的标准是什么；投诉缺乏事实依据的标准是什么，与作为提起投诉条件之一的“具体的事实依据”两者之间如何分辨，两者是否存在矛盾。

3. 分别按照本办法有关规定处理中的“本办法有关规定”指的是哪些规定。经过仔细研究，只有两条规定涉及如何处理“投诉事项经查证属实的”投诉，即第十八条、第十九条。而两条规定的最终处理结论主要是重新开展采购活动。实际中，投诉人往往是对采购结果的投诉，即中标、成交供应商不符合招标文件规定要求的投诉，如果这些投诉属实，笔者认为，主要应当以取消中标、成交供应商资格，并从其他有效投标人中按照一定规则重新确定中标、成交供应商，而不能“一刀切”，动不动就是重新开展采购活动。须知重新开展采购活动，将重新花费大量的人力、物力和时间成本，并且也可能带来新的不公平、不公正。

还有一些情况，就是属实的投诉事项并不构成对投诉人合法权益的损害，这些投诉应当如何处理呢？现行投诉处理制度未给出一种合理的处理方式。

（四）监管部门不能对投诉人、被投诉人、相关供应商、评审委员会等责任主体给予有效的责任追究

不论是授予权利，还是规定义务，都应当有明确的、相当的法律责任与之相衔接。但是，现行的投诉处理制度却要么采取概念语言，含糊其辞，要么规定了一些根本就没有可执行性的法律责任。比如，“一年内三次以上投诉均查无实据的”规定。要认定这个责任的话，就必须至少解决以下几个问题：期限如何计算；地域范围；查无实据的标准。关于期限问题，要明确这个一年是按照365天计算，还是按照周年计算，起算时间是从投诉人提起投诉开始计算，还是从投诉处理决定作出日期开始计算。关于地域范围问题，要明确是在全国范围内，还是一定区域内，而且不论是全国范围内还是一定区域范围内，都必须解决各级财政部门作出投诉处理决定后的信息公开、信息共享问题。实际工作中，一些财政部门并不将作出的投诉处理决定依法予以公开，就更谈不上信息共享了。关于查无实据的标准问题，俗话说“公说公有理，婆说婆有理”，对于同一个事物，不同的人、不同的主体有不同的看法，不同的部门可能就会得出不同的结论，作出不同的处理。因此，认定查无实据的标准本身就是一个“伪命题”。又如，“捏造事实”的规定，这里面就包含一个认定“捏造”主体的主观性问题，而投诉人一般是企业法人，财政部门如何认定其“捏造”的主观性呢？没有人可以提出解决办法。从立法的角度来看，如果一项制度规定长期不被适用的话，那么肯定是立法本身出了问题。

其实，现行的政府采购供应商投诉处理制度还有其他很多缺陷。笔者认为，上述四个重大缺陷，是致命的，必须予以弥补和纠正。正是因为现行的政府采购供应商投诉处理救济制度出现了致命的重大缺陷，实际中才出现了政府采购活动中的“叫花子”。我们急切期待相关部门能够尽快出台科学、合理的政府采购供应商投诉处理救济制度。

（作者单位：四川省财政厅政府采购监督管理处）

乡镇不应游离于政府采购大市场

陈广维

随着农村经济的蓬勃发展，不少地方的乡镇财政收入都大幅度上升，乡镇政府承担的社会事业等职能也在不断扩大。乡镇的财政支出，特别是其中的一些资产购置和服务性支出等，其投入力度明显增强，规模也在不断上升，但存在的问题和矛盾也日益增多，因此，对乡镇行政事业单位的采购支出行为必须实施规范化管理。

一、乡镇财政在采购等支出活动中存在的突出问题

1. 采购环节上容易发生暗箱操作行为，具体合同在执行过程中也存在违规问题。在实际工作中，由于乡镇行政事业单位（以下简称“采购人”）的一些采购性支出还没有执行政府采购政策法规，更没有完善的采购操作规程，因而，在具体的采购环节中就不免会出现一些暗箱操作、徇私舞弊等违法乱纪行为。同时，在采购合同的具体履行过程中，不少的采购人总是采取“偷梁换柱”等手段，变相调整其采购支出项目，如，采购预算安排其采购电脑等必备办公用品的，而采购人却在具体的采购活动中，与供应商串谋采购空调设备等；有的采购人以采购支出总额不变来掩人耳目，擅自采取降低采购规模、提高采购项目技术档次的采购方案等。例如，采购预算安排其采购 10 台台式电脑的，而在具体的采购过程中，却被换成采购 3 台笔记本电脑等；有的干脆就擅自采购，不列报采购支出等，诸如此类的违法行为严重地影响了乡镇财政支出效果。

2. 采购支出的经办人员缺乏应有的操作技能，实际采购效果也不够理想。由于对乡镇财政支出中的采购性支出，一直都没有要求其纳入或遵循政府采购管理，采购人发生的采购性支出都是由采购人自己去实施的，而乡镇这一级政府及其所属机构都处在社会的最基层，长期以来形成的复杂人员结构，其职业素质千差万别，专业技能也参差不齐，对采购操作方面的技能和水平也是无从谈起，更不可能要求各个乡镇也成立一个专职的集中采购机构，因而，擅自采购、自由采购等不规范或违法乱纪行为就习以为常，浪费财政资金的现象也是时常有之。其采购支出的目的和宗旨根本就体现不出政府采购的“味道”。

3. 形象工程多，不少的支出项目缺乏预算约束，严重地浪费了财政资金。在实际工作中，不少的乡镇政府及其所属的行政事业单位在发生一些大额的购置支出或建筑工程支出时，几乎都没有年初预算，即使有的在年初制定了预算，但在具体支出时，也是突破了预算的限制，根据“需要”随意扩大支出规模。不少的形象及政绩工程就是其中的一个例子。如，在有些地区，不少的乡镇都“攀比”兴建办公大楼，有的乡镇全年可用的财政收入不过三四百万元，可其建设的政府大楼，其支出却高达上千万元。

二、政府采购的“触角”应当向乡镇延伸

从有关法律规定的角度来看，只要使用财政性资金进行的采购，就要实施政府采购，因此，乡镇不应游离在外。根据《政府采购法》第二条的规定，各级国家机关、事业单位和团体组织，凡使用财政性资金采购依法制定的集中采购目录以内的或者是采购限额标准以上的货物、工程和服务的行为，都是政府采购行为，都要接受《政府采购法》的制约。从中不难看出，乡镇政府虽然是我国最基层的一级政府，其采购规模也不是很大的，但其所用的资金仍是财政性资金，因而，将乡镇政府及其所属机关事业单位所发生的采购行为排除在《政府采购法》的范围之外，就不够合理。因此，县级要加强对乡镇政府的采购监管，不能忽视乡镇的政府采购行为。

从财政体制改革的角度来看，不少的地方都实施了“乡财县管”，因而，乡镇采购支出也应纳入地方政府采购管理。从防患财政风险的角度来看，把乡镇采购支出纳入政府采购管理，将有利于遏制乡镇的无预算采购行为。在一些乡镇干部的眼里，“政绩”工程是必不可少的，而兴办“政绩”工程肯定会超出乡镇财政的正常承受能力，钱从何来，乡镇只能采取各种措施和途径去借、去拖，其中最为普遍的做法就是“引资”兴办政绩工程，对任何一个投标人，谁的“带资”比例大、带资结算期限长，谁就能中标承建政绩工程，不少的乡镇就是这样能“借”到多少钱就兴办多大的政绩工程，而根本就不考虑任何预算的约束，随意性很大，而至于财政何时才能有资金来偿还这些资金，却是一个未知数，这就给地方财政的运行带来了很大的风险。因此，将乡镇的采购活动纳入政府采购管理，就能有效地遏制这种无预算的采购行为，从而就可以达到防范财政风险、规范采购行为的目的。

三、解决乡镇政府采购问题的措施建议

众所周知，《政府采购法》没有对乡镇政府提出设立集中采购机构的要求，因此，如何切实推进乡镇的政府采购工作，笔者认为，可根据乡镇的实际，结合采购项目的具体情况，采取“三分离、两规范、一加强”的措施。

1. “三分离”就是根据乡镇财政的状况，将采购项目分为三类分别实施采购管理。一是把属于纳入集中采购目录和采购限额标准以上的支出项目分离出来，委托市县级采购代理机构实施采购操作。按《政府采购法》的有关规定，对纳入集中采购目录范围的采购项目，必须要实施集中采购，因此，对不可能设置集中采购机构的乡镇来说，要解决这一矛盾问题，最好的办法就是实施委托采购，即将有关采购项目委托给县级以上集中采购机构或采购代理机构去实施采购，这无论是从乡镇财政的现状，还是对采购人员的业务要求，还是从减低采购成本角度来说，都是非常可取的。

二是把每次结算金额都在“限额标准”以下的，但全年累计发生额较大的支出项目分离出来，对其实施“定点”采购管理。在实际工作中，一些非集中采购项目，如公务车辆的维修、加油，会议接待等等，虽然每次发生的金额不是很大，但由于其发生的频率比较高，全年累计发生的金额却比较大，这对“吃饭型”的乡镇财政来说，如果放弃对其实施统一的支出管理，就会严重地影响到财政资金的整体使用效益。因此，对这些购买性或服务性的支出项目，就必须纳入到政府采购的管理范围，具体可以采取“定点”采购方式实施管理。

三是把在政府采购“限额标准”以下但采购金额相对较大的支出项目分离出来，如一次采购在 3 万元以上的分散采购项目可以比照集中采购模式进行管理。由于大多数乡镇财政基本上都是为了“保吃饭、保运转”，其财政支出绝大多数是属于非集中采购的支出项目，因而，对其也只能实施分散采购管理，在具体的监督管理过程中，必须要对各有关部门和单位明确其采购责任，并严格要求其参照政府采购的有关管理和程序，严格实施“分散”采购操作。

2. “两规范”就是规范采购管理部门的行政行为和规范“分散采购”行为。一是对乡镇政府采购管理部门的各种行政行为要加以规范。按照《政府采购法》的规定，财政部门是政府采购的管理部门，同时，政府采购的管理部门与实施采购操作的业务机构也要严格分开，不得有任何经济利益牵连，不得存在任何隶属关系，同时，还要求采购管理部门不得以任何形式或借口等参与或干预具体的采购操作等等。作为乡镇采购工作的管理部门，必须要严格规范自身的行政行为，要将其集中采购业务委托给县级以上集中采购机构或采购代理机构去组织实施。二是对各部门和单位实施的“分散”采购操作要严格规范到位。从采购资金占财政支出的比重来看，大多数乡镇的集中采购资金仅占其财政支出的 3% ~10% 之间，而其他大量的财政支出行为都是非集中性的采购支出，可见，非集中采购的规模非常巨大，重点抓好了非集中采购管理，就基本能控制住财政支出的大方向；再从采购资金节约率来看，绝大部分集中采购的节约率都在 11% 左右，而“非集中采购”的资金节约率一般在 3% ~5% 之间，大有挖掘的潜力；再从非集中采购的实施现状来看，在乡镇级预算单位中，很少有从事“非集中采购”操作的技术人员，甚至于还没有一条规范非集中采购行为的内控制度等等，“自由式”采购代替“非集中采购”操作的现象普遍存在，因此，对加强乡镇采购人的“非集中采购”管理已是迫在眉睫。

3. “一加强”就是要重点加强对政府采购工作的监督管理。在实际工作中，有些乡镇预算单位通过“化整为零”的方式变相采购，也有些部门采取“先斩后奏”的方法操作，更有甚者擅自进行采购等等，逃避或无视政府采购监督管理的行为大量存在；同时，还有不少的供应商，利用乡镇政府采购的薄弱环节，通谋作弊，串通一气地坑害乡镇采购人或扰乱乡镇采购市场秩序等。对此，一是要明确县级对乡镇政府采购业务管理和监督的责任，二是要落实乡镇政府对其区域内采购工作行使直接管理的职责。从而形成上下两级齐抓共管的局面。

（作者单位：张家口市财政局政府采购办公室）

国际金融危机环境下政府采购的战略思考

陈佩钢

当前，世界经济出现了意外的历史性变局。源自美国的次贷金融问题演变为经济危机，从资本市场传导到生产市场，从一个国家蔓延到世界其他国家和地区。中国毫不例外地成为这场危机的受害者。这场金融危机不仅是中国经济自改革开放以来受到外部冲击和影响最严重的一次危机，对全球经济体都造成巨大影响：一是使美国及全球实体经济明显衰退，很多貌似强大的国家短期内就达到了濒临破产的边缘，上百年发展的企业顷刻间就宣告破产，工厂倒闭，失业人数剧增；二是扰乱了国际金融秩序，弱化了金融监管和正常的资金链条的衔接和运行；三是使各国的进出口贸易受到严重影响；四是世界经济秩序受到巨大冲击。

中国政府采购制度是公共财政的一个重要组成部分。在国防、行政事务、公共设施、基础教育、卫生保健等社会公共需要的范畴中，政府采购发挥着重要的职能作用，特别在加强宏观调控、提高财政资金使用效益、保护民族产业和促进廉政建设等多方面作用显著。政府采购在现代经济条件下，已不仅仅是一种简单的商品交易关系，更兼具政策导向和宏观调控功能。政府是一个国家最大的消费者，世界众多国家的政府采购额约占国内生产总值的10%。因此，政府采购政策不仅影响供应商等生产和经销企业的生产和经营效益，而且影响整个国民经济的运行。通过政府采购宏观调控功能作用的发挥，在经济过热时，政府可以减少采购规模，实行紧缩性财政政策；在内需不足条件下，政府可以通过增加采购规模，刺激萧条的经济。即通过增加或减少采购数量，来刺激或抑制市场需求，从而调节经济总量的平衡。政府采购作为公共财政和社会总需求的重要组成部分，不仅在正常的经济生活中，对加强宏观调控，刺激市场需求方面发挥着重大功能。而且在全球金融危机形势下，对拉动内需，调节经济总量的平衡，同样发挥着其他手段和措施所不可比拟的特殊作用。

一、政府采购在全面落实好扩大内需政策，减缓和降低金融危机带来的影响方面发挥着重要作用

从2008年下半年至今，中国为了应对金融危机，针对极其复杂的经济形势，国务院审时度势及时出台了扩大内需的10项措施和4万亿元拉动内需的宏观政策，旨在通过积极的扩张性的财政政策，来扩大政府采购市场需求，进而刺激国内总需求，拉动和促进经济平稳较快增长。中央所采取的一系列措施，已经基本形成了一个比较完整的应对方案（即“一揽子计划”），包括大规模的政府投入和结构性的减税、大范围内的产业调整和振兴规划，大力度的科技支撑，大幅度的提高社会保障水平等四大方面的内容。作为“一揽子计划”重要组成部分的十大重点产业调整和振兴规划均已出台，为进一步巩固和提高已出台的一系列措施所带来的积极效果，使中国迅速而平稳地进入良性的金融恢复趋势。中央出台的一系列拉动内需的宏观调控措施，将给政府采购带来规模和效益上的有利契机，应对措施中特别

把加快棚户区改造、扩大农村危房改造试点、基础设施和生态环境放在了各项措施的首位，十分有利于扩大政府采购规模。地方各级政府为应对金融危机影响，也从各地实际情况出发，采取措施，积极应对，如黑龙江省财政厅出台的《黑龙江省财政部门落实积极财政政策吸引投资和引导消费双十条意见》和应对金融危机采取的“引、支、救、保、压、管”六字方针，大部分也是基础设施和改善农村医疗、教育等环境建设项目，这些措施相当多的资金比重将进入政府采购“笼子”。2009年国家和黑龙江本省用于农机具方面的专项资金就达20多个亿，比2008年的13个亿增长35%。作为政府采购的执行部门，不折不扣地积极落实国家和地方政府出台的这些政策本身就是发挥宏观调控政策的过程，也是激活企业应对危机的过程，将十分有利于抵御和减缓金融危机所带来的影响。

民生问题是事关人民群众生存发展的根本问题，也是构建和谐社会必须关注和解决好的核心问题。党的十七大把民生问题提到安邦兴国的重要地位，无疑对政府采购提出了新的更高要求。政府采购部门必须服从服务于中央的要求，要主动围绕政府的中心工作来开展政府采购工作。具体讲，就是要以服务经济发展为己任，以维护预算单位和广大供应商的利益为目标，以促进党风和社会风气根本好转为重点，切实把关乎民生、有利稳定与和谐社会的政府采购项目，诸如农用拖拉机、农村中小学生免费教科书、农村现代远程教育工程，以及基层卫生医疗器械等项目的采购做好、做实，实现国家以民生为本、以民生为重的政策目标。当前就采购民生项目而言，其意义不同寻常，具有鲜明的时代性、特殊性和广泛性等特点。因此，要以科学发展观为统领，制订科学的采购计划，抢前抓早，领导应深入一线靠前指挥，及时与用户沟通，深入市场调研，广泛对比论证，做到精益求精，以高度的政治责任感，用最少的资金实现效益的最大化，作到政府满意，群众满意，社会满意。这也是采购部门应对金融危机、发挥政策功能大有作为的一项重要举措。

二、政府采购在倾斜民族产品、减缓和降低金融危机带来的影响方面发挥着重要作用

受全球金融危机的影响，国际经济竞争将更趋激烈。2009年，是中国开展GPA谈判的敏感期。应该说，中国面临对内修改出价和对外修改法律的双重压力。目前，中国政府职能较宽，按照GPA成员通行的口径界定，中国政府采购涵盖的范围较广、规模较大。但是，中国政府采购制度尚不健全，既没有建立欧美通行的政府采购市场保护体系，也没有有效发挥政府采购对国内企业发展促进作用的一揽子制度，如果未做必要的准备就仓促加入GPA，互惠对等开放的目标很难实现，国内经济和社会发展也将受到很大影响。中国在拉动内需的同时，如何适当合法保护本国产业的发展，在今后很长一段时间内仍值得密切关注。由于国际金融机构的介入，比如部分资金来自国际金融机构，事实上中国部分政府采购市场已经开放。国外的许多企业已经通过这个渠道部分地进入了中国政府采购市场。所以在国内需求有限、“僧多粥少”的局面将客观存在一段时间的情况下，国内供应商甚至国外供应商在极端生存条件的压迫下，必将展开一番空前激烈的竞争。如果不能很好地规范国内采购市场，无疑将影响政府采购在拉动内需上的作用。因此，应抓紧完善中国政府采购法律法规、促进竞争、加强监管，加快扶持中小企业步伐，扩大自主创新产品采购，明确中国国货认定标准，切实对国货采购予以合法保护。其次，在稳步、有序、适度开放中国政府采购市场的同时，通过门槛价、采购实体的确定、产业保护链的选择等措施，做到既符合国际惯例，又最大限度地维护本国权益，这无疑会为国内政府采购健康发展、拉动国内需求、提升产业结构、促

进经济发展奠定坚实的基础。随着政府采购制度改革的深化，今后，政府采购工作重心将由节省资金向发挥政策功能上转变，为此，应严格执行国家出台的“节能产品政府采购清单”，对纳入《政府采购自主创新产品目录》的采购项目，在政府采购评审中，应采取“清单法”、“优先法”、“优惠法”等方式，认真执行价格扣除和价格、技术总分值加分的倾斜政策。在能满足用户最低要求的情况下，最大限度地采购国货；在质量可靠、价格合理、服务有保障的情况下，尽可能多地采购地方产品，以促进民族经济更好更快地发展。

三、政府采购在强化制度建设，通过优质服务来扩大内需，减缓和降低金融危机带来的影响方面发挥着重要作用

制度是规范行为的前提。采购中心作为服务的“窗口”部门，需要在法律法规的框架下规范操作，制定科学评标规则、健全科学监督机制等相关的制度和规定，用制度做保障，依靠制度来完成政府采购工作。针对当前经济危机这一特殊时期，首先最根本最基础的是要做到应采尽采，不仅将财政性资金全部纳入到政府采购范畴，而且与之相关联的支出，以及专项经费，也应力争纳入到政府采购中来，以此增加规模、拉动内需，促进消费。现在看，政策导向至关重要，它不仅仅是一个单一的节省资金的问题，而更大的意义在于把节省下来的资金通过财政再分配的功能，用于其他方面的支出。扩大政府采购规模，当前最主要的是要解决好工程项目的制约问题。由于宏观上国家“招标投标法”与《政府采购法》职能交叉问题尚未明晰、理顺，给扩大政府采购规模带来很大障碍，因此，财政和建设部门应该密切磋商，达成共识，理顺职能交叉的问题。明确凡是财政性资金（包括财政预算资金、政府性基金、国债资金、融资借款及其他财政性资金）安排的装饰装修、房屋建筑和市政基础设施工程等应全部实施政府采购（暂不含交通、水利等科技含量高、施工技术复杂的项目等）。即财政部门主要负责工程项目的预算编审、投资评估、采购计划与方式的审批、发布信息公告、组织开评标活动、办理合同备案和资金支付手续等。建设部门主要负责技术标准的制定与监管、施工许可证的发放、工程质量的验收、合同认定与备案、投诉案件的处理等。解决好财政与建设两部门的职能交叉问题，政府采购规模将会得到历史性的重大突破，宜会对财政资金的再分配来有效地调控经济、减缓压力发挥重要作用。

与此同时，通过优质服务来扩大内需、减缓压力也是应对危机，搞活经济的一个重要举措。服务是采购工作永恒的主题。采购中心作为政府服务的“窗口”部门，特别要在创建采购服务平台和提供优质服务上狠下工夫，面对当前的新形势，采购部门要进一步解放思想，开阔视野，创新思路，以科学发展观为指导，拓宽服务渠道和领域，采取立足岗位，提供优质服务；走出去，提供便捷服务；特殊项目，提供超常规服务；关涉民生项目，提供特殊服务；强化技能，提供高效服务等做法，更好地方便服务用户，提高服务质量，减缓和降低危机带来的影响。

四、政府采购在创新服务方式，通过引入融资担保，减缓和降低金融危机带来的影响方面发挥着重要作用

创新是一个民族发展和进步的灵魂，是一个国家兴旺发达的不竭动力，也是推动经济增长的源泉。当代经济的竞争其核心就是创新能力的竞争。黑龙江省在 2007 年将融资担保引入政府采购领域中，开创了全国同行领域探索行进的先河。通过两年多的实践，功能已初见成效。实践表明，将融资担保引入政府采购领域是政府采购工作的一个全新尝试，是拓宽采购政策功能的一个创新之举。这一举措是以深入研究和探索支持中小企业发展为切入点，从健全和完善担保贷款服务体系着眼，促使担保额度明显扩增，企业受益面明显扩大。从黑龙江施行情况看，全年已获得批准的企业其综合授信额度近亿元，实际得到担保贷款5801万元。共为20多户中小企业，特别是民营企业解决了合同履约资金短缺的困难，为保质保量完成政府采购合同提供了保障。现在看，在当前经济危机的影响下，将融资担保做大做强，必将极大地解决或缓解中小企业资金短缺的“燃眉之急”，有利于鼓励和支持中小企业加快发展，这也是充分发挥政府采购政策功能、应对经济危机的重要举措。

应该说，中国政府采购制度实施的时间还比较晚，尚有很多不完备、不成熟之处，但在当前的金融危机的特殊环境下，做好采购工作，发挥调控功能，确保有效地减缓危机带来的影响，本文通过实践中的一些思考，旨在用科学的方法研究新情况、解决新问题、探索新思路、应对新危机。以促进和推动经济又好又快、更好更快地发展。

（作者单位：黑龙江省政府采购中心）

务实创新 精细管理
深化政府采购预算管理改革

赵 谦

加强政府采购预算编制和预算执行管理，是政府采购管理工作的一项中心任务，也是深化政府采购制度改革的重点工作。近年来，在财政部的关怀指导下，黑龙江省各级财政部门紧紧依靠各级党委政府的正确领导，加强与纪检监察和审计部门的合作，密切财政内部业务部门间的协同配合，强化信息化建设的技术支撑作用，在政府采购预算编制和预算执行管理工作上，大胆改革创新，努力破解政府采购发展中的难题，使黑龙江省政府采购工作保持了快速发展的良好势头，全省政府采购规模从2000年的10.9亿元增加到2008年的97.1亿元，累计实现政府采购额398.3亿元，年均增长36.7%，节约资金43.7亿元，取得了显著的经济效益和社会效益。

一、以依法编报政府采购预算为前提，注重制度创新，解决政府采购工作中的难点问题，增强政府采购预算管理功能

编制好政府采购预算是实现依法采购和扩大采购规模的前提条件，是政府采购源头性工作。黑龙江省试编政府采购预算从2001年开始，在全国起步较早；2003年《政府采购法》颁布实施后，黑龙江省按照《政府采购法》第三十三条的规定对编报格式、范围、程序又不断进行了修订完善，使之更加接近黑龙江省工作实际，已形成比较规范的工作制度。对此，我们重点把握好以下几个环节：

1. 因地制宜，科学合理地确定编报依据。政府采购目录和限额标准，是编制政府采购预算的依据，其制定的是否科学合理直接关系到政府采购预算编报完整性、准确性和预算单位采购操作的难易程度。黑龙江省在制定政府采购目录工作上经历了将分类表全盘照搬、全品目纳入到结合各级各地实际有取有舍不断调整的过程。特别是经省政府批准授权各级财政部门制定颁布政府采购目录和限额标准后，这项工作进行得更加符合工作实际需求。各级财政部门结合当地财政经济发展水平和业务拓展需要，将不切合实际的品目删除，将品目中“其他”项删除，使目录精练、实际、确切；限额标准也根据实际省、市、县不尽相同。

2. 采购预算编报与采购预算执行紧密结合，兼顾解决好政府采购工作中的难点问题。在这个环节黑龙江省有两项工作创新：一项是在政府集中采购目录中增设分散采购限额标准，以满足预算单位对集中采购项目小额采购多样性、即时性需求，即对纳入政府集中采购目录但在规定资金限额标准以下的品目（主要是电器、办公自动化产品、办公家具等），履行审核程序后可以由预算单位实行分散采购。同时，限额标准也根据采购工作推进情况，不断进行微调。这一做法在协议供货制度推广前，对满足预算单位临时性、突发性小额采购需求起到了很好的保障作用，缓解了与预算单位在采购效率问题上的矛盾，获得了预算单位的

好评。2006年，黑龙江省在全省范围内推行协议供货制度，将电器类、办公自动化类等13个品目纳入协议供货范围，但省本级和部分市（地）仍保留了部分集中采购品目中的分散采购的限额标准。另一项创新是针对黑龙江省省属院校、医疗和科研单位货物类采购专业性、时限性较强的特殊情况，研究制定了专项采购管理办法，即对这类预算单位在保证将集中采购项目纳入政府采购预算管理的前提下，针对这类预算单位业务特点，依据采购目录分别设定不同的分散采购限额标准（按单台件额度或批量额度、经费种类设定），资金限额标准以下项目履行审核程序后可以由预算单位实行分散采购。这项配套专项管理办法的实施，在不影响政府采购预算编制完整性前提下解决了省属高校、医疗和科研单位业务工作的特殊需求，实现了多重利益、效益兼顾。

3. 结合部门预算阶段性特点，突出政府采购预算编报格式的实际功效和可操作性。由于黑龙江省部门预算编制改革还处于推进完善阶段中，部门预算中的许多支出项目还没有细化到位，政府采购预算的编报项目如果要求过细，预算单位在实际编报操作中往往很难实现，即使勉强实现了，在预算执行阶段往往又变动差异很大，使年初政府采购预算的严肃性、约束力大打折扣，失去实际意义，这方面黑龙江省在试编政府采购预算初期曾有过失败的教训。对此，黑龙江省各级政府采购部门在政府采购预算格式上结合本级工作实际作了许多改进，主要是简化精炼采购预算类、款、项的设置，简化对应关系。以省本级为例，政府采购预算项目主要以类、款为主，只对部分品目细化分类。采购预算约束以类、款额度控制为主，具体需求留待申报政府采购计划阶段去细化、完善。这样就较好地解决了政府采购预算编报的及时性和可操作性，克服了编报过细带来的在执行阶段预算调整量大和采购计划执行时间难以保证的问题。

4. 注意政府采购预算编报程序的规范性和权威性。政府采购预算不是一个独立的预算，是部门预算的辅助预算，只有同部门预算一同部署，才能准确反映、衔接好预算单位在部门预算中的采购支出。黑龙江省的做法是按照财政预算编制部门工作要求，统一布置、统一编制上报、统一审核、统一汇总、统一批复的“五统一”工作模式进行，每年由政府采购部门向财政预算编制部门提供下一年度政府集中采购目录和采购限额标准、政府采购预算编报格式以及编报说明，在具体部署部门预算时到会讲解编报程序和编报要求，使政府采购预算编报工作符合法制化、规范化管理要求。

5. 全口径编报政府采购预算，为扩大政府采购规模创造条件。从黑龙江省实际情况看，年初的政府采购预算，一般只体现本级当年财力预算中的采购支出，有部分本级和上级结转支出、单位基本户中多年滚存资金、以财政性资金偿还的借贷资金和事业单位的事业收入等没有纳入年初的部门预算，为此，黑龙江省一些政府采购部门比照部门预算中采购预算编报格式制定了部门预算以外资金政府采购预算编报表格，随同部门预算一同部署，要求有关预算单位将这一部分资金同样纳入政府采购预算管理，并经财政主管部门审核后报送政府采购部门，使政府采购预算编报范围更加全面，做大了采购预算“蛋糕”。

6. 协助财政预算编制管理部门规范政府采购预算调整程序，确保年度政府采购预算的完整性。由于部门预算编制改革还处于推广完善阶段，年度执行中一般都有大量支出项目需要调整。特别是在部门预算编制改革初期，年初部门预算中大量专项支出预算是作额度安排控制，没有及时细化到位，一般要在年度执行过程中逐步调整，这其中包括大量采购支出。能否将预算调整项目中的采购支出及时调整进政府采购预算，关系到政府采购预算的完整性和依法采购工作的时效性。黑龙江省各级政府采购部门将预算调整中的政府采购预算管理要求及时反馈给财政预算编制管理部门，协助制定部门预算调整规程。省本级明确规定了政府采购预算集中调整和分散调整制度。即：无特殊情况，原则上政府采购预算随部门预算每年在 8、9 月份集中调整一次；有特殊情况必须调整的按月予以办理。调整时由预算单位提出申请，将需要调整的采购项目和资金（包括预算内、外资金和自筹资金）通过部门预算调整软件录入数据报主管部门和财政有关业务处审核，由预算编审中心核准汇总后送省采购办执行，使全年部门预算中的政府采购支出得到完整体现。

二、以依法采购为前提，增强预算执行的约束力和严肃性，规范政府采购计划执行的全过程，提高政府采购预算执行质量和效率

从政府采购预算管理角度来看，依法采购就是政府采购计划的执行要以政府采购预算为依据，计划执行的各个环节要符合政府采购法律法规和管理制度的要求。为做好政府采购预算执行管理即政府采购计划执行管理工作，黑龙江省着重从以下几个环节入手：

1. 增强采购预算的约束力和严肃性。要求预算单位要依据采购预算编报采购计划，无采购预算申报的采购计划财政部门不予受理，努力减少和杜绝无预算采购行为的发生。

2. 做好采购计划与采购预算的衔接工作。一是实行采购计划月报制。要求预算单位依据采购预算及时汇总部门（单位）内部的具体采购需求，统筹安排采购计划，每月的 25 日前申报下一个月的政府采购计划；对达到公开招标限额标准的采购项目，要求提前 2 个月申报采购计划。二是实行采购计划催办制度。政府采购业务部门要及时分析把握预算单位采购预算执行进度和申报情况，做好催报工作，划清采购计划申报和实施采购之间的责任。

3. 规范采购需求申报工作。一是强化采购政策性审查工作，减少和杜绝计划申报中的倾向性和排斥潜在供应商的行为，完善采购需求，为实现采购环节的公平公正竞争创造条件。二是注意把握政府采购政策性功能的体现，实现优先采购节能、环保和自主创新产品的制度要求，严格审查预算单位是否按规定申报、采购节能、环保和自主创新产品。

4. 打造好政府采购信息化管理应用平台。黑龙江省从 2003 年开始启动全省政府采购信息管理系统建设工作，目前省级和部分市级采购办和采购中心已实现网络化办公，半数市（地）已启用本级的外网网站，全省标准统一的专家库、供应商库资源整合工作已初见成效，全省所有预算单位可以通过互联网查询协议供货的全部信息。省本级还在办公系统中启用了加密系统和电子印章系统，省本级 135 个预算单位（已包括全部一级预算单位）已实现集中采购计划的在线申报审批，所有预算单位的分散采购计划已实现在线申报审批和采购结果的反馈。省政府采购中心和哈尔滨等部分市级采购中心已实现网上招标等电子化采购功能。2008 年，黑龙江省还结合政府采购合同范本制定工作开发了电子合同模板；省本级完成了“政府采购信息管理系统”与“财政国库集中支付系统”接口软件的开发工作，政府采购资金将实现联网结算。黑龙江省已在 2009 年投入应用和运行这些政府采购信息化工作手段。

5. 规范政府采购项目的委托。《政府采购法》规定，采购人有权自行选择采购代理机构，任何单位和个人不得以任何方式为采购人指定采购代理机构。这一规定在保护采购人合法委托权益方面无疑是正确和积极的，但实际执行中也带来一些值得关注和需要解决的问题。主要是部分预算单位或经办人出于部门或个人利益要求，出现委托权利寻租的行为，受其委托的政府采购代理机构往往出于自身经济利益的考虑，一味迁就预算单位或经办人的不合规行为，给政府采购工作造成许多负面影响。对此，黑龙江省本级和哈尔滨市以改革创新工作态度，对政府采购项目委托方式进行了调整，采取由采购人“自行选择、随机抽取”的方式选定政府采购代理机构。即采购人先在经财政部门审批或确认的政府采购代理机构中自行选择一定数量的代理机构作为委托备选单位，然后在政府采购监管部门的监督下以随机方式抽取一家为委托采购代理机构，并与其签定委托代理协议，有效地遏制了一些预算单位在采购委托环节的寻租行为和代理机构在采购操作上的不规范倾向。

6. 加大突出问题的监管整治力度。一是针对协议供货制度执行过程中出现的不按时签订采购合同和送审备案、不及时办理验收结算手续、擅自变更采购项目（包括品牌、型号、参数）等影响采购效率、损害供应商合法权益的问题，制定了限时签订采购合同、限时办理验收结算、严格执行协议供货采购计划的制度规定。二是针对影响政府采购效率、损害供应商合法权益、违反分散采购监管规定等突出问题，在《省财政厅关于政府采购资金联网结算有关问题的通知》中明确了监管整治措施，对政府集中采购计划的启动、合同履行验收、资金结算手续办理实行限期办结制度；对政府分散采购货物、工程项目的执行实行限期办结和承诺时限办结制度。同时，对违反规定的预算单位或责任人或给政府采购工作造成不良影响的，查实后给予处罚。

7. 强化政府采购预算执行（计划实施）的日常监督和专项检查工作。黑龙江省各级财政部门针对采购预算执行链条长、涉及面广、关联性强的特点，始终把对政府采购全过程的监督管理作为履行职责的重点工作，不断完善监管方式和监督体系。一是结合对集中采购机构的年度考核和日常管理工作，对集中采购机构在采购运行规程、采购结果、服务质量、计划执行效率等计划实施阶段的重点环节加强监督检查；二是对大额或事关民生的重大项目加强现场监督；三是与纪检监察、审计部门建立协同合作的监督机制，做好对采购当事人事前、事中、事后的全方位监督。通过强化监管工作，及时发现和解决政府采购预算执行过程中的问题，完善制度，进一步提高了政府采购预算执行工作的质量和效率。

通过几年来的政府采购工作实践，我们感触较深的有以下几点：

第一，密切协同是保障。推行政府采购制度，既是从源头上防治腐败的一项重大举措，也是深化财政支出管理改革的重要内容。政府采购预算管理改革所具有的涉及面广、政策性、关联性强、社会关注程度高的特点，客观上要求对外必须加强与相关部门的沟通合作，对内必须强化与相关业务部门的协调配合。对此，黑龙江省各级财政部门始终把加强与纪检监察、审计等相关部门的沟通合作作为推进政府采购预算管理改革的保障措施，不断强化协作机制和监督机制的构建，营造和谐推进的工作氛围，形成了各有侧重、齐抓共管的工作态势。在财政系统内部，黑龙江省各级政府采购部门注意理解把握深化政府采购预算管理改革与财政部门预算编制改革和国库集中支付改革间相辅相成、相互促进的辩证关系，以系统工程的观念推进改革发展，不搞单打独斗，工作中主动沟通，业务上相互支持，取得了各项财政支出改革相互促进、协调发展的局面。

第二，改革创新是动力。创新是财政改革发展的不竭动力，中国虽然已初步建立起政府采购法律法规体系，但由于中国政府采购实践的时间短、经验储备不足，许多现实的问题和矛盾无法在现有的法规体系中找到解决方案，推进政府采购预算改革过程中遇到的许多矛盾，需要各级政府采购部门以改革创新和务实的态度，大胆探索和实践，并逐步加以解决。

等和靠没有出路，原地踏步将意味着被超越，黑龙江省在政府采购预算管理改革工作中所取得的成效，就是各级政府采购部门的同志锐意改革创新的结果。

第三，信息化建设是支撑。黑龙江省政府采购规模从 2000 年的近 11 亿元发展到 2008 年的 97 亿元，采购规模和工作量实现了巨大的跨越，管理工作已不是简单的数据管理和业务操作，现代信息技术平台发挥了至关重要的支撑作用。从 2001 年开展电子化政府采购工作尝试，到 2003 年启动“黑龙江省政府采购信息管理系统”的开发工作，目前，黑龙江省的信息系统已具备计划申报审批、采购计划执行、采购资金结算、采购数据统计分析四大功能。省采购办内部办公系统包含了采购单位管理、专家库管理、供应商库管理、计划审批（包括与部门预算系统对接，核对采购预算）、计划下达、计划作废、计划管理、统计、查询、评估考核管理、合同管理、投诉管理、档案管理、信息交互等功能；采购中心内部办公系统包含了计划接收、计划分配、计划捆绑打包、计划变更、计划调整、计划退回、供应商抽取、计划执行、计划跟踪、合同核对、履约验收、采购档案管理等功能；资金结算系统已实现与国库集中支付系统的对接。外网网站已实现招标信息、招标结果、法律法规文件等业务信息，对系统内所有区划采购业务人员、供应商、采购专家等用户开放共享。政府采购信息化建设工作极大地推进了黑龙江省政府采购管理和操作规范化、程序化、公开化进程，增强了政府采购服务功能，减轻了工作强度，提高了工作质量和工作效率。

深化政府采购预算编报和预算执行改革是一项长期性工作，黑龙江省在这方面虽然取得了一定成绩，积累了一些经验，但面对不断发展变化的新形势，深化改革的工作任重而道远。下一步，黑龙江省将重点研究推进以下几项工作：一是研究推进如何在政府采购预算编报过程中体现好政府采购政策功能。将政府采购首购、订购政策，各种强制、优先采购政策在政府采购预算这一源头上明确固化下来。二是与省级财政预算编制管理部门研究推进年度部门预算调整过程中，如何衔接好政府采购预算调整，完整体现年度采购支出，增强采购预算约束。三是总结信息化系统中动态监控功能的开发经验，完善需求，强化监控功能在采购计划实施阶段的动态监督作用。四是结合省纪检委加强电子政务系统建设，建立统一的网上行政审批平台工作。配合做好政府采购监控节点的接入工作，强化对采购操作阶段的外部监督，形成监督合力。

（作者单位：黑龙江省财政厅政府采购管理办公室）

理顺法律关系　推进政府采购事业发展

姜洪铎

法律是开展政府采购活动的依据，也是制定相关规章制度的基础，《政府采购法》的颁布对中国政府采购事业的发展发挥了重要的推动作用，但随着政府采购制度改革的不断深入，采购法自身存在的矛盾及缺失以及与《招标投标法》的矛盾与交叉，在某种程度上影响了政府采购制度改革的顺利开展。本文对两法中的部分矛盾及问题加以分析，期盼进一步理顺两法关系，为中国政府采购制度改革的顺利推进提供强有力的法律保障。

一、《政府采购法》自身中的矛盾及缺失

（一）政府采购的范围

《政府采购法》第二条第二款规定："本法所称政府采购，是指各级国家机关、事业单位和团体组织，使用财政性资金采购依法制定的集中采购目录以内的或者采购限额标准以上的货物、工程和服务的行为。"

《政府采购法》第七条规定："集中采购的范围由省级以上人民政府公布的集中采购目录确定。"

《政府采购法》第二条规定政府采购的范围是"集中采购目录以内的或者采购限额标准以上的货物、工程和服务"，第七条提到了集中采购目录以内的项目，采购限额标准以上的项目没有列入集中采购的范围，也没有明确采购限额标准以上的应由哪一级机关制定。

（二）当事人的概念

《政府采购法》第十四条规定："政府采购当事人是指在政府采购活动中享有权利和承担义务的各类主体，包括采购人、供应商和采购代理机构等。"

根据本条规定，在政府采购活动中享有权利和承担义务的各类主体都为政府采购的当事人，但本条只列出了三个主体。实际上在政府采购活动中享有权利和承担义务的还有评审专家和财政部门相关人员。评审专家要参与评标并推荐中标（成交）供应商，承担解答询问或质疑的义务；财政部门负责采购方式的审批、采购进口产品的核准、政府采购资金的支付等。所以政府采购评审专家和财政部门相关人员也应列为政府采购当事人。

（三）对集中采购机构的处罚

《政府采购法》第十六条第二款规定："集中采购机构是非营利事业法人……"。

《政府采购法》第八十二条第二款规定："集中采购机构在政府采购监督管理部门考核中，虚报业绩，隐瞒真实情况的，处以 2 万元以上 20 万元以下的罚款，并予以通报；情节严重的，取消其代理采购的资格。"

值得注意的是，集中采购机构是非营利事业法人，其收入只能维持机构自身的正常运转，无利润积累，一旦需对其实施罚款处理，并无交纳罚款的资金来源，罚款处罚无法落

实。《政府采购法》第十六条规定“设区的市、自治州以上人民政府根据本级政府采购项目组织集中采购的需要设立集中采购机构。”一级政府一般只设一个政府集中采购机构，如果因其违规被取消代理采购的资格，当地政府便没有集中采购机构，这不符合《政府采购法》的要求。新成立一个集中采购机构如果严重违法也可能面临取消其代理资格，是否需要再成立新机构，这显然是不现实的。

（四）集中采购的委托

《政府采购法》第十六条第二款规定：“集中采购机构是非营利事业法人，根据采购人的委托办理采购事宜。”

《政府采购法》第十八条规定“采购人采购纳入集中采购目录的政府采购项目，必须委托集中采购机构代理采购……”。

《政府采购法》第二十条规定“采购人依法委托采购代理机构办理采购事宜的，应当由采购人与采购代理机构签订委托代理协议，依法确定委托代理的事项，约定双方的权利义务。”

集中采购机构对纳入集中采购目录的采购项目实施采购是法律授予的权利，不是采购人委托就采购，不委托就不得采购。在政府采购的实践中，集中采购机构主要是依据财政部门下达的政府采购计划组织采购，这是法定委托，并非民事委托，双方的权利和义务也应由法规予以明确界定，而不是双方协商决定，难道双方协商不能取得一致意见就可以不委托集中采购机构进行采购了吗？由采购人与集中采购机构签订委托合同进行采购确无必要。

（五）政府采购代理机构的选择

《政府采购法》第十八条第一款规定：“采购人采购纳入集中采购目录的政府采购项目，必须委托集中采购机构代理采购”。

《政府采购法》第十九条规定：“采购人可以委托经国务院有关部门或者省级人民政府有关部门认定资格的采购代理机构（以下简称社会中介代理机构），在委托的范围内办理政府采购事宜。”

“采购人有权自行选择采购代理机构，任何单位和个人不得以任何方式为采购人指定采购代理机构。”

前一条规定必须委托集中采购机构代理采购，后一条又规定采购人有权自行选择采购代理机构。尽管后一条也可以理解为是针对未纳入集中采购目录的政府采购项目或者是有特殊要求的项目，但第十九条的表述不准确，容易使人产生误解。

（六）集中采购机构的隶属关系

《政府采购法》第十六条规定：“设区的市、自治州以上人民政府根据本级政府采购项目组织集中采购的需要设立集中采购机构。”

《政府采购法》第六十条第二款规定：“采购代理机构与行政机关不得存在隶属关系或者其他利益关系。”

《政府采购法》把政府设立的集中采购机构与社会中介代理机构统称为采购代理机构，实际上二者是有根本区别的。集中采购机构是非营利事业单位，社会中介代理机构却要把营利作为其工作目标之一，在政府采购活动中二者所追求的目标并非完全一致。《中华人民共和国宪法》第八十五条规定：“中华人民共和国国务院，即中央人民政府，是最高国家权力机关的执行机关，是最高国家行政机关。”第一百零五条规定：“地方各级人民政府是地方各级权力机关的执行机关，是地方各级国家行政机关。”由此可见，各级人民政府都是行政机关，政府设立的事业单位又与行政机关不得存在隶属或者利益关系是不可能的。就目前中国机构设置的规定，不管是全额预算事业单位、差额补助事业单位，还是企业化管理的事业单位，均与行政机关存在隶属或者利益关系。另外，从世界各国的情况来看，凡政府设立的集中采购机构都隶属于政府机构，而且，工作人员基本上都是国家公务员。所以，《政府采购法》第六十条第二款的表述是不准确的，不应将集中采购机构与社会中介代理机构混为一谈。

（七）集中采购机构责权不对等

《政府采购法》第十七条规定：“集中采购机构进行政府采购活动，应当符合采购价格低于市场平均价格、采购效率更高、采购质量优良和服务良好的要求。”

《政府采购法》第五十四条规定“采购人委托采购代理机构采购的，供应商可以向采购代理机构提出询问或者质疑”。

《政府采购法》第六十六条规定，“政府采购监督管理部门应当对集中采购机构的采购价格、节约资金效果、服务质量、信誉状况、有无违法行为等事项进行考核，并定期如实公布考核结果。”

按照《政府采购法》相关条款的规定，集中采购机构工作人员不得参与评标委员会、询价小组、谈判小组，也就是说对决定采购价格和质量的中标、成交供应商的确定没有参与和决定权，却要求其对采购价格和质量负责，还要对供应商的询问或者质疑进行答复，这确实有些勉为其难，法律赋予集中采购机构的职责难以实现其承担的责任。集中采购机构是政府设立的专门负责政府采购活动实施的机构，具有市场性和行政性双重属性，应授予其必要的管理职能。

（八）集中采购机构的采购范围

《政府采购法》第十八条第一款规定：“采购人采购纳入集中采购目录的政府采购项目，必须委托集中采购机构代理采购”。

《政府采购法》第十八条第二款规定：“纳入集中采购目录属于通用的政府采购项目的，应当委托集中采购机构代理采购”。

到底是纳入集中采购目录的都由集中采购机构采购，还是只负责集中采购目录中属于通用的政府采购项目的采购，两款规定前后矛盾。

（九）对供应商资格的审查

《政府采购法》第二十三条规定“采购人可以要求参加政府采购的供应商提供有关资质证明文件和业绩情况，并根据本法规定的供应商条件和采购项目对供应商的特定要求，对供应商的资格进行审查。”

按照《政府采购货物和服务招标投标管理办法》的有关规定，对供应商的资格性检查是评标委员会工作程序中对投标文件初审的内容，同时从政府采购的实践来看，由采购人单独对供应商的资格进行审查也是不妥当的。

（十）供应商申请回避与知情权

《政府采购法》第十二条规定：“供应商认为采购人员及相关人员与其他供应商有利害关系的，可以申请其回避。”

《政府采购货物和服务招标投标管理办法》规定：评标委员会成员名单原则上在开标前

确定，并在招标结果确定前保密。评标委员会名单在招标结果确定前保密，供应商怎么会知道哪些评标委员会成员需要回避？无形中在这个环节上剥夺了供应商申请回避的权利。当评标结果公示后，供应商认为某一个评标委员会成员需要回避，而供应商所提出的回避申请又是事实，整个评标活动是否有效？是否需要组织新的评标委员会重新进行评标？如果重新评标后又出现类似问题怎么办？必然严重影响采购效率。

（十一）对社会中介代理机构的监督检查缺失

在《政府采购法》监督检查一章中，着重强调了对集中采购机构进行监督检查，对社会中介代理机构的监督检查几乎未提及。社会中介代理机构是以实现利润最大化为重要目标的营利性单位，在代理采购活动中，比集中采购机构违规操作的机率更大，而本章对如何加强社会中介代理机构的监督检查却没有作出明确规定。

二、《政府采购法》与招标投标法的矛盾与交叉

（一）适用范围

《政府采购法》第四条规定："政府采购工程进行招标投标的，适用招标投标法。"

招标投标法第二条规定："在中华人民共和国境内进行招标投标活动，适用本法。"

《政府采购法》规定政府工程进行招标投标的，才适用招标投标法，各级国家机关、事业单位和团体组织，使用财政性资金采购依法制定的集中采购目录以内的或者限额标准以上的货物和服务均适用采购法。而招标投标法规定，在中华人民共和国境内进行招标投标的都适用招标投标法，也就是说不管是什么性质的单位，不管资金来源何种渠道，也不管是货物、工程还是服务项目，都要由招标投标法规制。两部法律同为第九届全国人大常委会颁布的法律，具有同等的法律效力，适用范围却出现了明显的冲突。

（二）工程概念

《政府采购法》第二条第六款规定："本法所称工程，是指建设工程，包括建筑物和构筑物的新建、改建、扩建、装修、拆除、修缮等。"

《政府采购法》第二条第七款规定："本法所称服务，是指除货物和工程以外的其他政府采购对象。"

招标投标法第三条规定："在中华人民共和国境内进行下列工程建设项目包括项目的勘察、设计、施工、监理以及与工程建设有关的重要设备、材料等的采购，必须进行招标。"

《政府采购法》对工程的表述不包括工程建设项目的勘察、设计和监理，将其列入服务项目，而招标投标法将其列入工程项目，两法在工程概念的界定上不一致。

（三）对采购人自行采购的限制

《政府采购法》第十八条规定："采购人采购纳入集中采购目录的政府采购项目，必须委托集中采购机构代理采购"。

《招标投标法》第十二条第二款规定："招标人具有编制招标文件和组织评标能力的，可以自行办理招标事宜。任何单位和个人不得强制其委托招标代理机构办理招标事宜。"

《政府采购法》强调集中采购，招标法提倡自行采购，两部法律虽然都是为了规范政府采购行为，但在立法的指导思想上却不一致。

（四）邀请招标中对投标供应商（投标人）的选择方式

《政府采购法》第三十四条规定："货物或者服务项目采取邀请招标方式采购的，采购

人应当从符合相应资格条件的供应商中，通过随机方式选择三家以上的供应商，并向其发出投标邀请书。”

《招标投标法》第十七条第一款规定：“招标人采用邀请招标方式的，应当向3个以上具备承担招标项目的能力、资信良好的特定的法人或者其他组织发出投标邀请书。”

《政府采购法》要求通过随机抽取的方式选择3家以上的供应商，招标投标法授予了招标人自行决定投标人的权力，招标人可以以自己的意志决定3个以上的投标人，这样为“权力寻租”预留了更大的空间。两法对投标供应商（投标人）的选择方式不一致。

（五）救济机制的设计

《政府采购法》第五十五条规定：“质疑供应商对采购人、采购代理机构的答复不满意或者采购人、采购代理机构未在规定的时间内作出答复的，可在答复期满后15个工作日内向同级政府采购监督管理部门投诉。”

《招标投标法》第六十五条规定：“投标人和其他利害关系人认为招标投标活动不符合本法有关规定的，有权向招标人提出异议或者依法向有关行政监督部门投诉。”

《政府采购法》要求供应商认为自己的权力受到损害的必须先向采购人、采购代理机构提出质疑，采购人对答复不满意或者在规定的时间内未予答复的，才可向同级政府采购监督管理部门投诉。招标投标法则未规定此前置条件，可以向招标人提出异议，也可以向有关行政监督部门投诉，两法的规定不一致。

（六）政府采购的政策目标

《政府采购法》第九条规定：“政府采购应当有助于实现国家的经济和社会发展政策目标，包括保护环境，扶持不发达地区和少数民族地区，促进中小企业发展等。”

招标投标法没有对政策目标作出规定，对于政府巨大投资的工程采购而言，是一项重大缺失。

三、政策建议

1. 尽快修订《政府采购法》和招标投标法。两部法律的颁布都在8年以上，当初制订两法时，中国的实践经验尚有不足，出现一些矛盾和缺失是正常现象，但随着改革的不断深入，这些问题已经影响到改革的进程，就应以科学发展观为指导，尽快对两法进行修改和完善。目前，正在紧锣密鼓地制定两部法律的实施条例，条例必须是依据上位法的规定来制定，而两部上位法自身的矛盾和衔接没有解决，依此制定的实施条例可能使现存的问题更加复杂，目前，出台的两个实施条例征求意见稿之间的矛盾与差异达20多处。法律是全社会遵循的基本准则，应是严谨周密的，所以，本文认为现在的当务之急是修改两法，而不是制定实施条例。

2. 明确界定两法调整的范围，将政府工程纳入《政府采购法》规制。政府采购的范围包括货物、工程和服务已不是需要再进行探讨的问题了，联合国《贸易法委员会货物、工程和服务采购示范法》、世界贸易组织《政府采购协议》及世界各国和地区的有关法规都作出了明确界定，已被国际社会广泛认可。将中国政府工程采购纳入采购法规制顺理成章，是理所当然的。对政府采购范围以外的货物、工程和服务的招标投标活动，可以通过其他法规予以规范。

3. 公正立法，排除部门利益干扰。政府采购制度的推行是上层建筑领域的一场变革，改革的突出特点是变过去的分散采购为集中采购，变自由采购为规范采购。改革就必然涉及到利益的调整，在政府采购制度改革中受冲击最大的是分散采购行为，受影响最大的是采购人的采购权利，如果因为迁就采购人或部门利益而影响立法的公正性，不能代表改革发展的方向，那我们的立法机关如何代表最广大人民群众的利益。自中国推行政府采购制度以来，就一直围绕着机构设立、采购范围、监管职责等问题争执不休，部门利益之争严重影响了中国政府采购制度改革的顺利推进，这已是众所周知的事实。所以，在两法修改中，应力排部门利益的干扰，制定出一部既适合中国国情又与国际规则接轨的《政府采购法》，理顺各法之间的关系，以推动中国政府采购制度改革更好更快地发展。

（作者单位：山东省省级机关政府采购中心）

关于建立完善政府采购合同履约监督机制的思考

姜　毅

根据安徽省财政厅领导“做好延伸服务，加大对中标供应商合同履约监督”的指示精神和《关于加强集中采购执行工作的意见》（财购［2009］778号）文件要求，为了切实提高省级政府采购的执行效率和项目办理质量，加快省级政府采购预算资金的支出进度，促进政府采购执行工作的科学化、精细化，安徽省政府采购中心组织相关部门和人员对近三年省级政府采购合同的履约执行情况进行了调查研究。

一、安徽省级政府采购合同履约的基本情况

近年来，安徽省政府采购中心主动开展延伸服务，把加强合同履约监督工作摆上了重要位置，建立了按月通报制度，及时将政府采购合同履约情况通报给财政厅各有关处室。同时积极主动协调部分逾期未履约的采购项目，通过项目协调会、约谈相关中标企业负责人、上门回访用户单位等多种方式跟踪督办，加快合同的履行进度。还积极引入第三方质量检测机构对中标产品提供专门检验，切实保护政府采购各方当事人的合法权益。从实际的执行效果来看，总体是好的。但从调查统计的情况来看，仍然存在许多不足。

根据统计情况分析，政府采购合同严格按期履约率较低，仅达到4.35%。从2007年至2009年7月底，经采购中心整理的合同共计4381份，获取采购合同在10个以上的企业共计75家，合同按期履约率只有11.83%，其中：获取合同份数最多的一家供应商共有136份合同，合同金额3980万元，合同按期履约率9.56%；获取合同金额最大的一家供应商共有72份合同，合同金额1.13亿元，合同按期履约率6.94%。

2009年前至7月底逾期未付款的合同共计32份，应付合同金额4945万元；2009年度逾期合同至7月底未付款的共计196份、应付合同金额1.79亿元，应付金额按月呈现递增趋势，逾期应付合同金额平均月增2550万元。

合同履约普遍逾期，一是造成用户单位和供应商严格按期履行政府采购合同的意识淡薄；二是监督管理不到位，处罚不明确；三是影响采购项目办理质量的同时，也加大了项目质疑投诉的隐患；四是合同逾期直接带来大量政府采购资金滞留国库，影响财政支出进度。

二、合同履约逾期的主要原因

通过统计数据的分析和对一些有影响的政府采购合同履约情况的调研情况来看，出现不按政府采购合同履约的原因主要表现在以下几个方面：一是部分供应商为谋取中标，在投标或报价时对技术要求虚假承诺，造成在合同执行过程中，要么是采购单位不予验收，要么是供应商以厂家停产或不供货为由要求采购人改变产品规格型号而造成合同逾期；二是供应商

按期履约的意识淡薄，拖延履约供货时间，以谋取更多的价格优惠，突出表现在部分计算机、数码电子产品等货物采购中；三是部分采购单位政府采购计划性不强。往往出现供应商提供的设备已到，但采购单位安装设备的用房还未建设好，设备无法安装，造成合同无法按期履约；四是采购单位在合同验收过程中，对供应商提供的产品把关不严，不负责任地签字验收，出现问题又反过头来要求停止采购资金拨付。

上述问题虽不具普遍性，但其性质和危害是极其严重的，通过我们对 54 份逾期合同的责任分析，我们发现供应商和采购单位的责任原因基本各占一半，这种情况的主要成因有：

1. 法律制度存在缺失。《政府采购法》已经颁布实施 6 年多，但对中标供应商和采购单位在政府采购合同履约过程中的违约行为缺乏相应的具体法律责任条款，也没有出台相应的具体补救措施，造成了采购双方特别是供应商按合同履约的意识淡薄。

2. 监督制约基础薄弱。受全国政府采购大环境影响，目前，各地政府采购执行部门都没有形成有效的合同履约监督机制，也没有和各类专业检验（检测）部门建立有效的协作机制。

3. 监督管理尚不全面。目前，对政府采购操作规程的监管，还没有延伸到合同履约验收环节，主要还是依靠采购单位，因此，缺乏对中标供应商和采购单位的有效监管。同时，采购单位合同履约验收环节的内部监督工作基础薄弱，大多数采购单位没有建立或落实由相关监督责任机构参加的验收监督工作制度。

4. 诚信体系不够健全。在合同履约环节，一些供应商依法履行的观念还不强，存在侥幸心理。为追求中标效益的最大化，不惜采取“以次充好”等手段降低履约成本以期蒙混过关，市场诚信体系缺失。

三、强化合同履约监督的几点建议

作为政府采购的末端环节——合同履约验收工作意义重大，扎实做好这项工作，有助于财政支出的规范化、精细化管理，有助于加快推进财政支出的进度。因此，解决政府采购合同履约中存在的问题，必须要以科学发展观为指导，进一步解放思想，开拓创新，建立健全政府采购合同履约的诚信体系，打造政府“阳光”采购机制。

1. 加强法规宣传，提高依法采购意识。按照“科学发展观”的要求，从目前政府采购法规制度还不健全、供应商依法履约的意识还比较淡薄的实际情况出发，通过加大宣传力度、举办培训班、约谈供应商、开展对采购单位上门服务、网上开辟专栏等多种形式，积极营造“依法采购、按期履约”的舆论氛围。

2. 明确职能部门和人员，确保合同履约验收质量。为保障合同履约验收质量，采购中心要明确专门部门或人员，专职负责采购合同的履约监督、跟踪问效和档案归集等工作，充分运用电子化手段，切实加强对项目合同履约各方的监督工作。

3. 强化政府采购预算管理，切实提高单位采购计划性。政府采购是一项专业性很强的工作，采购单位在编制政府采购预算的时候要突出目的性和计划性，要安排专人负责，避免出现政府采购的盲目和无序；政府采购管理部门要加强对采购单位从事政府采购工作人员的培训力度，让他们熟悉相关采购法律法规、工作流程等，帮助采购单位做好政府采购工作。

4. 建立供应商诚信档案，加快政府采购诚信体系建设。采购中心应从建立供应商诚信制度、合同违约档案管理等方面入手，并在“安徽省政府采购网”上开辟合同诚信履约专栏，强化合同履约管理。要加快研究诚信供应商和不良供应商库的建立和相关使用办法，优化评分标准，加大对诚信供应商的支持力度，从源头保障政府采购项目质量。

5. 加强违约处罚力度，切实维护政府采购良好信誉。在现有的法律制度框架内，要进一步完善对违约供应商处罚的相关制度，依法加大监督和处罚力度。对合同违约供应商可采取没收履约保证金、严格按合同违约条款处罚、列入不良供应商库和1～3年禁止参加安徽省政府采购活动等措施，更好地维护政府采购的市场经济秩序，使政府采购更健康顺畅地发展。

（作者单位：安徽省政府采购中心）

加快天津市科技环保产品研发和市场推广的建议

粟庆林　于世明

加快天津市科技环保产品的研发及推广应用，对于把天津建设成为资源节约型、环境友好型城市具有重要的意义。

一、天津市在科技环保产品研发及推广应用方面的成效

一是形成了一批科研成果。近三年来，天津市通过鉴定、验收的资源和环境保护方面的科技成果达 62 项，占同期成果总量的 8.2 %，且全部拥有自主知识产权。2009 年，天津市首批认定了 146 家企业自主创新产品 156 项，其中，涉及 2 家企业环保产品 5 项。

例如，天津鎏虹科技发展有限公司是国内唯一从事天然植物型油漆、涂料开发与生产经营的高新技术企业，拥有国家发明专利 6 项，天津市首批自主创新产品 4 项。该企业以柑橘皮为主要原料，通过其独有的提取与加工技术，可以实现柑橘皮的全部利用。目前，已经研发生产出了纯植物型的内外墙涂料、溶剂、清洗剂和油漆产品，以及以柑橘皮为原材料的植物型板材、天然胶粘剂、多功能清洗剂、天然油墨等多种产品。其生产的“真橙”天然植物性外墙涂料在 2004 年北京故宫博物院大修中被指定为专用产品。该产品与传统化工产品相比在节能环保方面表现极为突出。该产品解决了果肉加工中废弃果皮污染环境的问题，充分利用了可再生资源发展循环经济。

再如，天津市捷希医疗设备有限公司生产的 Giant 系列高频电刀及附件被认定为天津市首批自主创新产品，属生物医学工程类别下的高科技专利产品。该产品汇集了多达 10 余项尖端技术，无论是技术参数、功能、品质、外观等均达到国际同类产品先进水平。尤其是高频电刀独有的智能功率调节技术和 IES 智能烟雾清除系统技术达到世界先进水平，解决了开刀手术中烟雾污染问题，具有明显的科技环保产品特征。且其价格仅为同类进口产品的1/2，较高的性价比使其具有可替代进口产品的潜力。国内市场对该类产品的年需求量约为 15000 台，国际市场需求更是国内市场的百倍以上，因此，其市场前景广阔。

二是建立了财力支撑和政策扶持制度。据了解，2007 年至 2009 年 7 月，中央财政和天津市财政通过科技三项费用支出、科技创新专项资金支出，专利申请维护费用支出，以及中央补助专项等，累计投入 18.3 亿元，用于国家科技支撑计划课题研究、高科技技术研究与开发、提高自主创新能力和科技产品的研发和成果转化，并先后出台了一系列相关政策规定，如《天津市促进科技成果转化条例》、《天津市促进技术交易条例 》、天津市实施《中华人民共和国中小企业促进法》、《天津市自主创新产品认定管理办法（试行）》和《天津市企业研究开发费用税前加计扣除项目鉴定办法（试行）》、《天津市科技成果转化及产业化推进计划》等。天津市新技术产业园区还结合自身特点颁布了一些区域性的扶持政策。如

2009年4月颁布实施的《天津新技术产业园区鼓励企业创造和发展知识产权资助办法》、《关于加强自主创新，加快华苑产业区经济发展的若干意见》、《天津新技术产业园区支持产业技术创新鼓励办法》等等。

二、天津市在科技环保产品研发与推广方面存在的主要问题

当前，天津市在科技环保产品研发与推广方面存在的问题主要有：一是财政投入低。2007年至2009年7月，天津市用于资源和环境保护方面资金立项322项，投资额近20亿元，其中：财政资金1.3亿元，占其立项投资额的6.5%，占前面所列财政累计投入额的7.12%。特别是在上述项目额中，对年销售收入在500万元以下的中小企业的财政资金投入仅为1870万元。二是推广差。如：天津鎏虹科技发展有限公司的“真橙”涂料今年的销售量仅为2吨，不足生产能力的4‰。天津市捷希医疗设备有限公司的Giant系列高频电刀2009年仅销售2台，不足生产能力的6‰。

造成这一状况的原因主要有以下几个方面：

1. 从外部看，分散的管理体制，没有形成强有力的研发与推广的合力。目前，天津市服务于科技产品研发及市场推广工作的部门，分布在众多委办局及其相关处室。部门之间的管理脱节和信息不通，难以形成环环相扣的政策合力和资金合力，以及高效的运行机制。

政策的缺陷导致重研发、轻推广。目前各部门制定的相关政策，多数是把着眼点放在前期科技研发阶段的培育上，而缺失后期对企业的扶持与发展。因此，制约了科技成果产业化的进程，造成企业经济效益和社会效益不高。

崇洋心理对国内产品的排斥，导致产品销售困难。据调查，天津市捷希医疗设备有限公司的Giant系列高频电刀销售面临的最大困难就是用户更青睐于进口产品，尽管他们的产品质量已达到国际先进水平、其智能烟雾清除系统为进口产品所不能、且价格低于进口产品，但是，由于传统认识等原因，企业营销举步维艰。天津鎏虹科技发展有限公司也面临同样困境。

此外，天津市尚没有较为完善的科技环保产品推广与宣传平台，加之企业无力进行广告投入，导致产品不为广大受众和消费者所熟知。这也是导致科技环保产品难以实现市场推广的原因之一。

2. 从内部看，企业的经营理念尚不适应市场经济发展要求。一个好的科技成果要转化为具有市场竞争力的产品，需要核心技术（研发）、良好的生产流程管理（包括工艺流程）、强有力的市场营销能力和充裕的资金等要素保障与合理配置。但是，目前这些企业普遍存在着研发能力强，市场营销能力弱、流动资金和市场推广资金匮乏等特点。最关键的是其经营理念相对保守，更乐于自己研发、自己生产、自己营销、利益独享，没有充分考虑借助外部的资源优势，实现优势互补、利益分享。因而，制约了其市场开拓力度。

三、加快天津市科技环保产品研发和推广的建议

（一）理顺管理体制，建立高效运行机制

与天津市节能办公室相匹配，建议成立天津市环保产品研发及推广办公室，或实行部门联系会议制度，理顺现有的管理机制，变多头管理为统一管理，从而使科技环保产品的研发及市场推广工作更加规范、统一和高效。

（二）完善政策，营造企业发展的良好氛围

1. 加大财政资金支持力度。要在加大财政预算科技投入总量的同时，调整支出结构，提高对科技环保产品，特别是关系人民群众健康和生命安全的民用环保产品投入比例，把财政支持更多地向研发和生产科技环保产品的中小企业倾斜。要增加科技产品市场推广专项资金额度，并从中切出一定比例资金专门用于支持天津市具有自主知识产权的科技环保产品的市场推广。建立和健全科技产品市场推广专项基金使用和管理制度，提高资金的使用效益。

2. 完善税收优惠政策。对科技环保产品生产企业除享有现行优惠政策外，对其推广费用允许在计税前据实扣除，促进其尽快做强做大。

3. 实行政府采购首购订购制度。制定有利于优先选用科技环保产品的政策和规定，凡政府采购项目中涉及的天津市自主创新科技环保产品一律要优先采购，并将此政策落实到招投标文件要求中。

4. 实行价格补贴政策。借鉴国家和地方推广节能灯的价格补贴办法，区别不同情况对科技环保产品实行一定比例的价格补贴，增强企业的价格竞争优势，提高市场竞争能力。

5. 实行政府搭台，企业唱戏，建立广告费用补贴制度。对确认的天津市自主创新节能、环保产品，政府要积极组织企业利用宣传媒体进行介绍，并实施广告费用补贴，提高社会和公众的认知度。

（三）健全投融资体系，解决企业资金需求

通过建立较完善的投融资体系，积极推进知识产权（或专利等）贷款融资办法。对此需 完善以下要素：

1. 权威的科技环保产品知识产权价值评估机构。这一机构是能够客观评价科技环保产品知识产权价值的关键因素，是实现企业向银行融资的第一步。

2. 科技环保产品知识产权储备（融资担保）机构。建立科技环保产品知识产权储备（融资担保）机构，是实现科技环保企业有效融资的重要环节，也是关键所在。该机构由政府指定有关部门设立，实行市场化运作。其作用是为科技环保产品生产企业在融资时提供担保，同时在这些企业的贷款到期遇到偿债风险时，回购这些抵押给银行的知识产权。这样的好处：一是确保天津市自有知识产权不外流，二是可以对现有企业进行资源有效配置以后，发挥其效能。三是可以更好地与原企业所有人（往往是知识产权拥有者），建立良好的互信与沟通，从而使回购后的企业在资源重新配置后，既能充分发挥知识产权人的技术优势，又能使产品得到有效推广。

3. 科技环保产品知识产权交易平台。目前，天津市可进行知识产权交易的平台分布在：中国北方产权交易共同市场和天津知识产权交易中心等单位。在目前知识产权交易总量不大，而精通这一交易过程的专家型人才匮乏的状态下应调整规范为统一的知识产权交易平台。使科技环保成果的转让与交易更加集中，更加有影响力和权威性，以利于科技环保产品的研发与规模化生产、以及市场推广的等各个要素的市场化配置，发挥科技环保产品的更大效益。

（四）发挥资本市场功能，建立创业板上市的培育机制

中国的创业板大幕已经拉开，从首批上市交易的28家企业来看，天津市仅有红日药业一家企业入围。比例明显低于四个直辖市的平均水准。创业板的开通，为天津市科技环保企业融资提供了一个极佳的平台。但是，只有成果转化较好的企业才具备跨入创业板市场的基本条件，因此，政府应积极培育更多企业在创业板上市。比如，能否从天津市确定的自主创新科技型企业中，筛选一定数量的企业进行培育、发展，实现部分企业具备在创业板上市融资的条件。

（作者单位：天津市政府采购办公室）

对政府采购投诉工作的一点思考

路平生

处理好政府采购投诉案件是政府采购监督管理部门的一项重要职责。它对规范政府采购行为，防止政府腐败行为的发生，维护政府采购当事人的合法权益等具有十分重要的意义。随着中国社会主义法制建设的不断健全，投标供应商依法维护自身权益的意识不断增强。如何处理好政府采购投诉案件已成为政府采购监督管理部门面临的一个主要课题。在此，本文就结合宁夏回族自治区实际，就处理好政府采购投诉案件工作提出一些思考。

一、政府采购投诉案件产生的成因

政府采购投诉案件是随着中国社会主义市场经济建设和法制建设的不断健全和发展而逐步显现的一种社会诉讼行为。在人们法制观念逐步提高的情况下，它已成为难以避免的一种社会诉讼现象。这种诉讼现象正在影响着整个政府采购工作领域，迫使我们政府采购工作者认真思考、高度重视。实践表明，政府采购投诉案件的产生是由其内在的工作特点和环境决定的。政府采购信息公开不够，政府集中采购机构在编制政府采购文件方面存在缺陷，采购程序不规范，评标过程不公正，合同管理不严格等问题都容易导致政府采购投诉案件的产生。

1. 从政府采购监管主体看，政府采购管理是国家财政监督主体之一。它以国家法律法规的实施，维护国家经济秩序和财经纪律，杜绝财政支出管理漏洞，防止腐败行为发生。通过合规性、合法性对整个政府采购活动进行监督，形成了监督与被监督的一个矛盾体。这种矛盾体，始终贯穿于整个政府采购活动当中。因此，政府采购投诉案件主要直接源于被监督客体。如果供应商对政府采购管理机关的执法活动存有异议，将直接导致供应商的投诉行为的发生，这是政府采购投诉存在的主要条件，也是造成政府采购投诉的直接原因。

2. 从政府采购监管职责看，政府采购管理部门行使的监督权，是国家法律法规赋予的责任。因此，政府采购监管部门必须按照法律法规规定的管理范围和程序对被监督对象实施监督，不能因为无作为而不有所作为，既不能避重就轻地回避投诉，也不能因为投诉的真实性而放弃监督，更不能根据投诉案件的大小有意识地被动进行监督。而只能通过自身的责任义务来控制投诉案件的发生。一般来讲采购的项目内容越复杂，人们的法律意识越强，监督的责任就越大，这是政府采购监管部门必须面对的客观现实。我们知道法律和法规是面双刃剑，国家即赋予政府采购监督管理部门和人员一定的职权，同时又规定了他们所应负的责任。因此，政府采购管理人员必须具有高度的法律意识，明确政府采购监督管理部门和人员的职责、权限和监督责任，根据监管对象的违纪违规事实，准确运用相关法律、法规，处理事务。特别是《政府采购法》的颁布实施，法律背景已经发生了重大变化，各种针对具体行政执法行为的法律及有关条款不断增加，使政府采购监督管理部门承担的法律责任不断明确化、具体化。一旦政府采购监督管理人员在处理政府采购投诉案件的过程中对投诉案件认识不足，或由于自身素质原因出现工作中的随意性，以情代法、以权代法等不当行为，以及不能正确使用相关法律、法规进行处理，就要造成政府采购监督管理部门被推上法庭的可能。严重时还要造成经济责任、行政责任和刑事法律责任。这是现实政府采购投诉处理面临的主要问题。

3. 从政府采购监管对象的态度看，政府采购被监督对象涉及社会中介机构、采购单位、供应商等。他们违反《政府采购法》规定，不积极配合政府采购工作，也容易造成投诉案件的发生。而且随着中国经济领域违法乱纪现象增多，违法乱纪分子对付政府监督的经验和技巧不断丰富起来，其抗制监管的手法也逐步老辣，因此，相应监管难度也不断增大，这是新形势下政府采购监管部门面临的一个重要方面。

4. 从政府采购监管外部环境看，主要是业务工作关系和行政干预。首先，政府采购监督管理部门作为本级政府的一个监管部门，在执行公务活动中必然与有关业务部门发生各种关系，而政府采购监管工作质量高低与否将极大地受制于各种关系。因此，当政府采购结果触及到某些单位或部门的利益时，这些关系的反作用便会强烈地表现出来。为了协调好政府采购管理部门与有关部门的关系，政府采购管理部门往往受牵于这些影响。如果我们不能很好地把握，必然损害政府采购的权威和形象，使政府采购管理部门背上了难以甩掉的包袱。其次，由于中国政府采购监督管理部门和政府采购操作执行机构的领导体制隶属地方政府，在工作中，除了服从上一级监管机关业务指导外，有时不免要按地方长官的“意志”行事，违心地改变采购结论，减弱监管执法的力度，或者搞一些内部平衡和地方保护，使政府采购的公正性受到损害，从而增加政府采购投诉案件产生的可能。实践证明，对这种情况不能不引起高度重视。

5. 从政府采购管理监管工作实践看，处理政府采购投诉案件与政府采购监督管理工作经验不足有着直接的关系。由于工作经验缺乏，也会出现政府采购投诉案件或行政复议案件。现实政府采购监管工作虽然实行了行政监督、社会监督和舆论监督的监管机制，并取得了一些经验，但是，与社会主义法制建设的要求还存在很大的差距，与社会主义市场经济的发展还不相适应，有许多地方基本处于摸索阶段，这从客观上就形成了政府采购投诉案件和行政复议存在的可能。政府采购在实施过程中要受到各方面因素的制约，由于经验不足，对实施采购的有关环节考虑不周或出现遗漏，都会对政府采购投诉处理结果产生影响和作用。特别是在《政府采购法》颁布实施以后，地方相配套的法律法规未能及时出台的情况下，都有可能造成诉讼结果。

二、政府采购投诉案件产生的具体表现

处理政府采购投诉案件作为政府采购监督管理部门的一项重要内容，在实施监督的过程中，会随着监管对象的不同而表现出来，具体表现为：

1. 政府采购项目选择存在缺陷。采购人对政府采购项目的选择是根据单位的经济条件和使用情况作出的。随着采购单位需求的不断变化和供应商供货渠道的多样性，采购单位和供应商都存在一个供需“盲点”。一方面使现有的政府采购内容发生了一定的变化，另一方面也造成了项目选择界定的困难。政府采购管理部门在划定政府采购范围、确定采购项目和采购限额标准时，稍有不慎便会造成因项目难以实施或考虑不够周全引发投诉发生，有些政府采购项目没有充分的科学评估，如我们有的单位水、电、路维修项目因缺乏科学论证，项

目实施后，有些项目内容未考虑进去，在实施中需要变更，随意增加新的维修项目，从而加大了供应商的投入成本，也导致了供应商的投诉。还有的采购项目在下达计划决策前是根据采购人的经验确定的，如我们有的单位在确定采购项目时，所需设备是按照以前习惯要求立项的，但在招标过程中，有的设备已经被市场淘汰，被新的设备所替代，原有的设备生产商已经停止生产或已经倒闭，而需求方在不了解供方的情况下，提出的一些技术参数和实际供方的参数出现了误差，也容易发生一些投诉；还有的采购项目由于受现行管理体制的限制无法确定各方面的意见，如有些项目上级部门要求达到规定的标准与本单位实际情况脱离，而使用单位在资金、场地、人才等方面又无法满足，在项目无法达到实际要求的情况下，单位为了完成任务，容易采取变通的方式解决问题，其结果也容易造成投诉案件的发生。

2. 采购程序违规。政府采购程序是规范政府采购活动，提高政府采购质量，有效规避投诉的一个重要方面。部分政府采购项目由于种种原因不能很好地执行采购程序规范，在执行政府采购程序中随意确定采购方式，简化采购程序，设置了排他性的技术参数要求，如有的市县或者单位为了抢时间完成采购任务，将应当实行公开招标的项目，不按规定发布采购信息公告，有意简化采购程序，将公开招标随意改变为竞争性谈判或单一来源采购，这些行为都为供应商投诉埋下了隐患。更为严重的是有的地方领导直接插手，不通过评标小组确定评标结果，而是经过领导商议确定中标供应商，由于上级领导的干预，操作机构只是一个摆设，难以按照正常程序进行，这些违规操作行为尤其在我们一些边远地区表现比较突出，其结果也会造成采购投诉案件发生。

3. 评标专家选择不当。政府采购评标是形成政府采购结果的主要条件，是决定政府采购结果和质量的关键。因此，确定政府采购评标专家是政府采购工作中非常重要的一个环节。我们知道，政府采购评标是在现有专家的条件下进行的，一旦在采购过程中评标专家没有遵循“三公”原则，因受地域条件限制，使专家选择受制，造成评标结果不公，如有的地区因为没有足够的专家或专家人员素质太低，在条件受限的情况下仓促进行采购，结果导致采购质量下降，不但造成单位经济损失和财政资金浪费，也同时诱发了投诉行为的发生。还有的采购项目在开标前没有实行专家规避制度，也会造成投诉事件的发生，还有的专家因职业道德缺失，评审依据不足随意定审，也容易造成投诉事件的发生。

4. 不按合同履约。有些采购人因中标结果不符合自身利益而放弃合同履约，或长期不签订采购合同，或有意刁难供应商，或提出苛刻要求，也容易造成投诉案件的发生。有的单位随意改变中标金额和合同履约金额，私下达成默契。我们知道，政府采购合同一旦签定，就具有法律效应。如果供应商不履约，我们只能列入黑名单，取消供应商进入政府采购市场的资格，但是，这种处理是被动的，很难达到预期效果，如果采购人不履约，就有可能造成投诉案件发生，还有可能使政府采购形象在社会公众中受损，这些问题都需要我们认真对待。

5. 评标方法选择不当。评标方法是体现政府采购“三公”的科学依据，也是保证政府采购工作质量的主要方法。因此，政府采购评标方法是否科学规范，关键在于方法的选择是否恰当。在政府采购活动中，有的政府采购项目应当实行最低价中标的，却选择了综合评分法，如我们一般的通用设备采购项目，市场上技术参数和质量标准都非常成熟，采用最低价法采购，完全可以满足要求，就不需要采取综合评分法。有的项目应当实行综合评分法的，却选择了最低价法，如有的网络工程项目因自身要求很高，需要一些技术参数、质量标准和服务条件来进行支持才能完成采购任务，如果采取了最低价法就无法实现政府采购的目的。

实践证明，评标方法是否合理至关重要，切不可掉以轻心。如果方法选择不当，也容易造成供应商的投诉。

三、政府采购投诉案件的防范与控制

从当前中国社会主义市场经济发展的实际要求来看，市场经济就是法制经济，因此，社会主义市场经济的发展对政府采购监管提出了更高的要求，要求政府采购要加大监管力度，依法规范政府采购行为。当然，在实施政府采购工作的过程中，我们必须警惕由此所引发的各种投诉案件。强化政府采购监管职能，增强防御投诉案件处理的能力。投诉案件的防范与控制，涉及到政府采购项目全过程的每个阶段和几乎所有内容，涉及到参加政府采购项目的全体人员和政府采购工作的各个方面。投诉案件的防范与控制应与政府采购工作程序相互结合，将有效控制环节置于具体政府采购工作之中，就会起到积极的作用。

1. 严格遵循政府采购监管规定，从严依法监督，积极维护政府采购当事人的合法权益。政府采购监督属于行政执法范畴，政府采购监督行为必须遵守法定的方式、方法、步骤、时限和顺序，违反了政府采购程序或超过监管范围，无疑会招致投诉案件或行政复议的发生。因此，在处理供应商投诉时要根据投诉人的情况分别对待，切不可一刀切。对电话投诉或匿名信投诉应积极调查核实，确定投诉的真伪性，以便积极应对。对供应商的质疑，首先要向供应商解释政府采购政策，按照《政府采购法》、《政府采购投标供应商投诉处理办法》的规定，将质疑的问题向采购人或政府采购操作机构核实清楚，由采购人或政府采购操作机构给予及时解答，防止矛盾激化，将矛盾消灭在萌芽状态，减少投诉的概率。对有些投诉案件，要积极应对，通过了解采购人和政府采购操作机构的操作情况和供应商的情况，积极主动的先进行协调解决。

2. 合理配置政府采购工作人员，强化分工负责制。选择能胜任政府采购工作的人员开展政府采购操作工作，要充分考虑采购人、供应商的具体情况和任务的繁简程度，以及政府采购工作人员的专业特长。尤其强调对重要的政府采购项目要配备高素质的政府采购工作操作人员。根据《政府采购法》的规定，要合理确定评标委员会名单，政府采购评标成员要宁缺勿滥，宁少勿多，切不可滥竽充数。政府采购评标小组组长应具有驾驭政府采购项目的能力，除有丰富的实践经验和较高的政策水平外，还应具有较强的组织协调能力。其他成员在组长领导和协调下开展工作，并对分担的工作各负其责。在政府采购活动中，应充分利用政府采购工作人员所具备的专业知识和技能；在职业道德上，应恪守《政府采购工作准则》规定；在廉政自律上，自觉地约束自己的言行。

3. 做好调查研究工作。主要做好法律法规准备、技术准备、资料准备，积极应对，争取政府采购工作的主动权。重点调查了解采购人的采购项目实施的基本情况，明确工作范围、内容、重点和方法，使政府采购工作操作更具针对性。政府采购工作实践已经证明，很多政府采购诉讼案件中，政府采购工作人员之所以未能发现存在的弊端，造成失误，一个重要原因就是对采购人的采购项目实施的基本情况不甚了解，仓促上阵。有的政府采购项目选择不准，有的政府采购时间不能保证。因此，做好调查研究工作，做好前期准备工作，也是一项防止投诉案件发生的重要方面。

4. 实施有效的政府采购方案。政府采购方案是实施政府采购工作的总体安排，是保证政府采购工作取得预期效果的有效措施。科学、合理的政府采购方案能有效地规避投诉行为的发生。政府采购工作方案是在综合已经取得的资料和掌握的情况下，以及明确政府采购的主要问题的基础上形成的。因此，我们决不可以掉以轻心。应先解决方案问题，不允许无政府采购方案开展政府采购工作或后补方案的现象；然后解决其方案的科学性和有效性问题，使政府采购方案的制订依据、制订程序和实施方案都尽可能地完善。

5. 应广泛征求意见，坚持积极的工作态度。对政府采购难度较大的项目，要召开政府采购技术答疑会，使双方在认识上的差异达到统一，也可以采用听证会、座谈会、邀请专家的方式解决采购工作中存在的问题。要充分征求各方面的意见，尽最大的努力来有效减轻政府采购工作的难度和压力，通过积极的工作态度，来增加发现违法违纪事实或其线索和疑点的机率，也能减少相应的投诉案件。

6. 规范政府采购招标文件。充分认识政府采购招标文件的作用，规范政府采购招标文件的编制和审核。对此要把握好审核的基本要求，对不合规的政府采购招标文件要实行返工，不放过一个疑点，一点漏洞，不让似是而非或不确定的东西带入下一个采购环节；重要的政府采购项目，应有专人负责把关。因为发生政府采购行政复议、法律诉讼时，政府采购招标文件经常成为政府采购工作人员驳斥指控、维护其合法权益的工具。因此，要切实实行政府采购招标文件的规范化，包括政府采购招标文件格式的规范化。

7. 认真撰写政府采购评标报告。政府采购评标报告是对政府采购工作成果的总结，政府采购工作成果的好坏、采购质量的高低最终要集中反映在政府采购评标报告上。因此，认真编写评标报告是处理投诉案件的重要依据。具体说，要求评标报告要做到“六性”，即法律依据的准确性，评标内容反映的真实性，语言数据的正确性，评标资料的完整性，报告结论的客观性，事实结果的合理性；另外，评标报告的形成要全面反映采购程序，不能省缺其中工作环节；报告所涉及内容应作出准确记录，并有充分有效的证据支撑。

（作者单位：宁夏回族自治区财政厅政府采购管理处）

政府采购目标研究

魏承玉

目标是指激发人们行为、预期要求达到的目的或结果。具有预测性、可计量性，有形性和激励性等特点。政府采购目标是人们从事政府采购实践活动所追求和希望达到的预期结果。政府采购目标是关于政府采购所要达到的境地，它具有将政府采购理论与实践联系起来的特性。政府采购目标是政府采购研究的出发点，是对政府采购政策、法律、实务的逻辑统驭。

一、政府采购目标的理论框架

政府采购目标从理论上可以分为基本目标和具体目标。基本目标是在政府采购理论和实践中处于支配地位和导向作用的目标。它是政府采购所要达到的终极境界，直接制约政府采购具体目标。具体目标是对政府采购基本目标的表达和实现，是在基本目标的统驭下，从事政府采购活动所要达到的直接目标。政府采购基本目标和具体目标共同构成政府采购目标体系。在这个体系中，基本目标是对具体目标共性的抽象与概括，具体目标是基本目标的具体体现。

政府采购基本目标必须根据政府采购本质特征来确立。政府采购的本质是支持本国产品，保护本国产业，有助于实现国家的经济和社会发展政策目标，包括保护环境，扶持不发达地区和少数民族地区，促进中小企业发展等。美国 1933 年颁布了《购买本国产品法》，要求美国联邦政府采购要购买美国本土产品。德国尽可能地将采购合同授予本国企业，2003 年德国内部 97.4% 的政府采购合同授予了本国企业。日本充分利用政府采购例外条款保护本国企业。法国将 60% 份额的政府采购合同授予本国的中小企业。印度政府规定政府各级官员必须使用国产汽车，严禁使用进口汽车。阿根廷规定只要本国产品的价格不高于进口产品的 5%，必须优先购买本国产品。中国《政府采购法》第十条规定：“政府采购应当采购本国货物、工程和服务”。许多国家还在采购中使用首购和定购方法支持自主创新企业和产品。这些都证明了政府采购决不是一种简单的变换采购方法的制度，它是通过政府采购制度调控国民经济，实现支持本国产品，保护本国产业的目的。从政府采购本质出发，调控国民经济，支持本国产品，保护本国产品的结果必然会促进民族工业的发展，进而促进整个经济的发展和社会的进步。因此，从政府采购本质特征出发，政府采购的基本目标是促进发展。

发展是指事物由小到大，由简到繁，由低级到高级，由旧物质到新物质的运动变化过程。在不同时期和不同国家，对发展有不同的认识。胡锦涛同志提出了科学发展观的重大战略思想，对发展的科学内涵和精神实质进行了全新而系统的诠释。科学发展观的第一要义是发展，核心是以人为本，基本要求是全面协调可持续，根本方法是统筹兼顾。从科学发展观出发，政府采购的基本目标是促进全面协调可持续发展。全面发展是指各方面都要发展，而不是片面的、局部的发展。协调发展是指各方面的发展要相互适应，各个环节的发展要有机衔接，各个阶段各个步骤的发展要良性运行。可持续发展是指发展进程要有持久性、连续性。全面协调可持续发展，是经济、政治、文化、社会等方面的发展与人的全面发展的辩证统一，是发展的速度和结构质量效益相统一，是经济发展与人口资源环境相协调。

政府采购具体目标是基本目标的表现形式，是对基本目标的具体化。具体目标随着时代的变化而变化，随着国家政治、经济、社会的变革而相应调整。当前，中国政府采购的具体目标主要有三个，即源头治腐、公共管理和政策功能。

1. 源头治腐。政府采购制度从 1999 年开始就是作为从源头上防治腐败的制度改革和创新。党的十五届六中全会通过的《中共中央关于加强和改进党的作风建设的决定》中明确指出，推行政府采购制度是党风建设的一项重要内容。政府采购制度坚持公平、公开和公正的原则，通过建立采购人、采购代理机构和供应商之间相互制约、相互监督的机制，必将有效地避免和消除政府采购过程中因信息不对称、暗箱操作造成的腐败现象，从而净化采购环境，促进廉政建设。

2. 公共管理。政府采购制度是一项重要的财政支出管理制度，是公共财政的重要组成部分。在公共财政管理中，部门预算主要解决“该不该买和买多少”的问题，政府采购主要解决“由谁买和如何买”的问题，国库集中支付和绩效评价主要解决“向谁买和买得怎么样”的问题。部门预算、政府采购和国库集中支付改革，是财政管理体制改革中的几个阶段和过程，改革的目的和发展方向既各有侧重又互为一体，从政府采购制度改革的角度看，就是从预算源头上把住采购项目安排的合理性，从采购程序上监督采购程序的规范性，从支付渠道上控制财政资金的合理性和有效性。

3. 政策功能。政府采购政策功能是政府采购的宏观调控功能，是政府采购在满足政府自身基本要求的前提下，所发挥的调控国家宏观经济的功能作用。西方经济学中，政府采购是国家用来调控宏观经济总量和结构的重要政策杠杆。实际上，世界上政府采购制度成熟的国家都把政府采购作为调控经济社会的主要手段之一。政府采购政策功能主要包括调节社会总需求，保持宏观经济稳定，促进经济结构调整，诸如促进民族产业发展，促进中小企业发展，促进节能环保等。

在政府采购具体目标中，源头治腐主要解决发展的有序问题，为经济发展和社会进步创造一个公平、公正、公开的政治经济环境，属于政治方面的目标。公共管理主要解决发展的效益问题，提高公共资金的使用效益和公共管理的行政效益，属管理方面的目标。政策功能主要解决发展的调控问题，统筹城乡发展、区域发展、经济社会发展、人与自然和谐发展，国内发展与国际协调等等，属经济和社会方面的目标。

二、政府采购目标的战略优化

政府采购基本目标是政府采购的终极境地，是政府采购理论和实践的指引和方向，也是判断具体目标实现程序的基本依据。在相当长的时期内，政府采购基本目标是不会改变的。而政府采购具体目标则呈较为活跃的状态，不同的国家和不同的时期，政府采购的具体目标的表现形式和重心内容会有所不同。前述政府采购的三个具体目标并不是平行的，随着社会经济的发展，客观环境发生变化，具体目标的重心随之发生改变。

政府采购制度建立之初，就是作为源头治腐的制度改革和财政改革的制度创新。其具体目标是以源头治腐和公共管理为重心的，政府采购制度实行10年来，规模由2002年的1009亿元增加到2007年4638亿元，平均年增长达到36%，采购规模的增长带动了经济效益的提高，资金节约率稳定在11%左右，累计节约财政资金1800多亿元。政府采购制度的建立，也有力地遏制了采购环节的权力寻租，采购市场得到了初步净化。应该说10年的政府采购改革，基本达到了源头治腐和公共管理的目标。同时，政策功能也逐步释放，有的领域和有的时期，政府采购的政策功能还发挥得较为突出。

当前政府采购已经由初创阶段跨入了全面发展阶段，财政部确定，今后一个时期，政府采购制度改革的主要任务是：在政府采购法律框架下，以建立完善的管理体系为核心，以制度建设为重点，以管理交易系统为手段，优化和建立采购交易运行机制，实施监督惩罚并重的监控方式，不断规范管理操作行为，拓展政府采购制度实施领域，推进采购政策功能发挥和采购管理专业化，促进采购制度综合效益的提高，提升政府采购制度形象，推动政府采购制度改革全面和谐发展。要完成新时期政府采购任务，首先要对政府采购目标进行战略优化，将政府采购具体目标的重心调整到政策功能上来，最大限度地适应促进发展的基本目标的要求。

以政策功能作为政府采购具体目标的首席，要求我们在制度设计、操作方法、管理措施等方面重点支持本国产品，促进自主创新，倡导绿色采购。

购买本国产品是世界上实行政府采购制度的国家制定《政府采购法》的基本原则和主要目标，目的就是通过立法保护国内政府采购市场，保护国内产业，支持本国企业的发展。这既是政府采购基本目标的要求，也是政府采购的本质特征。现在的问题是本国产品的定义尚未达成共识。实际工作中，对本国产品的理解有很大差别，对本国产品和外国产品的界线认识模糊，导致运用政府采购政策支持本国产品、发展民族工业的目标的力度受到限制。因此，当前紧迫的任务是明确本国产品的基本概念和判断标准。美国对本国产品的界定为，政府拟采购的最终产品，必须是在美国制造的，而且，最终产品采用的“实质上全部的”组件也必须是在美国制造的。国际上许多国家判定本国产品都是以原产地作为标准。本人认为，本国产品可以从以下几个方面予以确认：首先，本国产品应是本国的自主品牌。自主品牌是指由企业自主开发，拥有自主知识产权的品牌，具体就中国而言是指中资控股企业注册为中国产品的品牌。其次，本国产品是在中国生产。最终产品必须是在中国生产和制造。第三，本国产品的最终产品所使用的零部件应有所限制。参考美国对零部件的规定，中国对零部件的限制，可表述为在中国生产或者制造的零部件的成本必须超过所有零部件成本的50%。零部件成本包括运输费和税收。

自主创新是关系中国社会经济发展大局的问题，在现代市场经济社会，自主创新能力直接决定国家经济竞争力，成为经济发展的主要根基。政府采购作为一种公共采购模式，有责任从公共利益出发，激励自主创新事业的发展。所谓自主创新，是指通过拥有自主知识产权的独特的核心技术以及在此基础上实现新产品的价值的过程。自主创新包括原始创新、集成创新和引进技术再创新。自主创新的成果，一般体现为新的科学发现以及拥有自主知识产权的技术、产品、品牌等。2006年，国务院要求建立政府采购自主创新产品制度，财政部发布了关于建立对自主创新产品实行首购和订购制度的制度体系的相关文件。

通过政府绿色采购，强制采购节能产品和优先购买环保产品，引导全社会的可持续消费，是国际上应对可持续发展的一个重要战略。2002年，联合国全球可持续发展峰会的声明中明确提出，有关国际和地区政府应推动政府采购政策改革，积极开发，采用环境保护产品和服务。事实证明，由政府采购推动节能和环保产品采购是卓有成效的。财政部和有关部门已经发布了政府采购节能环保产品的办法和清单，为中国发挥政府采购政策功能，倡导绿色采购奠定了制度基础。政府绿色采购可以促进全社会环保意识的提高，加快绿色市场的形成。推动和加强企业环境的保护工作，减少企业生产行为和产品消费过程的环境影响，改善环境质量，促进经济社会可持续发展。

三、政府采购目标的实现策略

政府采购目标体系建立后，其制度设计和程序规范等都要全面、完整、系统地体现政府采购目标体系的本质要求，确保政府采购目标顺利实现。总的要求是以实现政策功能目标为统帅，强化实现政策功能目标的措施，进一步巩固和完善实现源头治腐、公共管理目标的方法和途径。

1. 建立购买本国产品的保障体系，明确购买本国产品的可操作性规程。本人认为这个保障体系应包括购买本国产品的方法、例外原则和外国产品审批办法等三个方面的内容。关于购买本国产品的方法，至少有这么几种：（1）清单法。按中国产业发展政策和产品发展前途，以及国家安全需要，确定无条件购买本国产品的产业和产品清单，对于清单内的产品在政府采购中应无条件地购买本国产品。湖北省在 2009 年协议供应商招标中，就明确规定计算机类只招自主品牌。（2）优先法。对于有些本国产品，在质量、技术、商务等条件相同时，应优先购买本国产品。湖北省在 2009 年协议供应商招标中，对于自主品牌的汽车、打印机、复印机、照相机、摄影摄像机、服务器、办公家具等，在评分标准中，赋予 5% 的权值。（3）优惠法。借鉴国际惯例，在国际招标中，给予本国产品 10% ~30% 的价格优惠。关于例外原则，目前主要有两个因素需要考虑。一是特殊项目。如重大的检测、监测、鉴定等设备和物资，应坚持“质量、技术标准第一”的原则，购买最先进的。因为，这类设备和物资涉及人民的根本利益，例如，食品药品检测、环境气候监测等关系人民群众生命安全，因此，应鼓励购买最先进的。二是紧急项目。对于发生重大紧急情况，应以时间和效率作为政府采购的判断标准。关于外国产品审批办法。中国财政部已发布了《政府采购进口产品管理办法》，建议将这个办法改为《政府采购外国产品管理办法》，因为在本国产品和进口产品之间还存在一个既不是本国产品也不是进口产品的类型，如外商独资企业在国内生产的属于外方知识产权的产品，可将这类产品归到外国产品中去。因此，用外国产品的概念代替进口产品的概念，是比较准确和具有可操作性的。

2. 建立对自主创新的有效激励机制，落实自主创新产品首购和订购制度。全面贯彻落实《国务院关于实施 <国家中长期科学和技术发展规划纲要（2006 ~2020 年）>若干配套政策的通知》（国发［2006］6 号），充分发挥政府采购鼓励、扶持自主创新产品的研究和应用，对于首创和自主研发的性质，属于自主创新产品且符合首购和订购条件的产品，实行首购和订购制度。首购是指对于国内企业或科研机构生产和开发的，暂不具有市场竞争力，但符合国民经济发展要求，代表先进技术发展方向的首次投向市场的产品，通过政府采购方式由采购人或政府首先采购的行为。订购是指对于国家需要研究开发的重大创新产品、技术、软科学研究课题等，通过政府采购方式面向全社会确定研究开发和生产机构的行为。实行首购和订购制度，是政府采购激励自主创新最直接最有效的办法。20 世纪 50 ~60 年代，美国的航天航空技术、计算机、半导体、集成电路等产业的建立和发展，基本都是靠政府采购首购和订购进行推动的。当前应尽快出台自主创新的类别和目录，确立政府采购激励自主创新的重点领域、重点企业和重点产品。

3. 建立强制购买节能产品和优先购买环保产品的绿色采购制度。推行环境标志认证制度，完善节能产品清单和环保产品清单，将其整合为“绿色产品”清单，制定专门的政府绿色采购条例，以法律的形式明确政府绿色采购的权利和义务。建立政府绿色采购的激励机制，对绿色企业和绿色产品进行科学的分类，根据不同的类别，分别采用绿色清单法、绿色功能法、绿色优先法、绿色优惠法、绿色标准法、绿色资格法、绿色成本法、最低权值法等方法进行政府采购。建立绿色采购监督机制，对违反绿色采购规定的行为进行有力的惩治。

4. 理顺政府采购法律体系，建立以《政府采购法》为核心的政府采购法规制度体系。《政府采购法》第四条规定：“政府采购工程进行招标投标的，适用招标投标法。”而《政府采购法》和《招标投标法》在立法宗旨、适用范围、法律体系等方面存在很大差别，包括对“工程”内涵、预算管理、合同备案管理、监督检查、投诉处理、法律责任追究、代理机构资质、信息发布媒体、专家库建立使用等的规定不尽相同。特别是关于政策功能规定，《政府采购法》要求政府采购要发挥政策功能，支持本国产品，激励自主创新。而《招标投标法》则对此没有规定。由于两法存在如此大的区别，又没有协调方案，导致工程政府采购实际工作中的混乱。一方面无所适从，不知道执行哪部法律是正确的，另一方面为我所用，哪部法律对我有利就用哪部法律，极大地破坏了法律的严肃性，也肢解了政府采购的规模，使政府采购政策功能的发挥受到限制。据报道，两部法律的实施条例都已报到国务院，如果两部法律的实施条例还是“两张皮”，不能充分协调衔接，那对整个政府采购的冲击将是灾难性的。建议将两部法律合并为一部法律，因为世界上还没有第二个国家的政府采购工作是由两部法律规范的，所以，两部法律合并为一部法律是大势所趋，早合并比晚合并更为主动。由于法律的合并有一个过程，作为过渡措施，建议在法律上将《政府采购法》定位为全方位、全过程规范政府采购活动的法律，将《招标投标法》定位为在《政府采购法》下，规范招标投标规则和程序的法律。

5. 完善政府采购运行和监督机制，打造政府采购“阳光工程”。坚持“管采分离”的管理体制，强化集中采购管理，创新投诉处理仲裁机制，规范采购行为和程序。研究制定政府采购从业人员执业资格制度。加强与监察、审计等部门的配合，对采购需求确定、采购事项审批、采购操作执行、项目评审决策、合同履行验收等环节实施重点监控，将政府采购检查纳入日常财务审计的范畴，每年在报告中对政府采购执行情况审计结果单列报告。建立违反《政府采购法》法律责任追究制度，对违法违纪行为予以严格惩治。

（作者单位：湖北省财政厅政府采购管理处）

富美以硒鼓"终生循环"助力政府采购

7月12日，国产耗材品牌感受到了一股久违的轻松。这一天，2010年度中央国家机关打印耗材集中采购项目中标公告发布，以富美硒鼓为代表的民族打印耗材品牌率先中标，结束了国外原装品牌一统天下的局面，民族品牌扬眉吐气。可以说此举意义非凡，这不仅是对国产打印耗材的一种肯定，同时也为国产耗材与原装同台竞技提供了高质量的平台。

每年政府采购为打印耗材提供了数百亿的市场，但是，长久以来，这块"大蛋糕"一直是国外耗材的"豪门盛宴"，国产耗材品牌对此"耿耿于怀"。

为了打破原装耗材一家独大的局面，国产品牌一直苦练内功，并与行业协会、行业媒体等多方力量联合，不断向政府采购部门建言献策，推动政府耗材采购改革——将办公耗材单独打包。现在来看，从政府采购市场对国产耗材开启一条门缝，到在政府采购领域迎来春天，整个过程历经艰辛。2008年~2009年，富美科技有限公司一直身体力行、顺势而为，成为中国政府采购国产耗材最直接的亲历者和见证人。

富美硒鼓的破冰之旅

富美科技有限公司是一家高科技的现代化企业，在济南经济开发区的环保激光硒鼓项目，一期工程已投资4.6亿元，设计年生产500万支环得激光硒鼓，是商务部、环境保护部、国家质检总局、海关总署确定的唯一原材料进口试点单位；是硒鼓产品国家标准工作组的主要成员；是工业和信息化部认定的硒鼓产品再制造试点企业。

政府采购市场潜力巨大，历来是每家企业都想去抢占的"阵地"。富美在开拓市场之初，就把政府、金融及大企业三类用户视为重点优质目标客户。但是，打印耗材作为办公设备不可或缺的必需品，一直没有受到应有的重视。特别在大单政府采购中，耗材的单次采购看似金额不大但却需不断补充。为此，富美在硒鼓正式投产运营后，便开始着力推动硒鼓政府采购。

万事开头难。由于硒鼓产品自身的特殊性、行业的混乱现状，以及硒鼓政府采购实行分散采购、缺乏标准，使得政府在硒鼓采购和使用上存在着诸多风险，所以，硒鼓进入政府集中采购显得尤为困难。一方面被国外品牌垄断，硒鼓价格居高不下，全国每年的花费达500多亿元；另一方面则充斥大量假冒伪劣及灌粉产品，在打印质量下降、侵害身体健康、损伤打印机的同时，也滋生了社会和行业不正之风。

鉴于这种复杂的市场情况，自2008年12月参与三亚政府采购高端峰会开始，富美就向中央政府及各地政府采购中心提出建议：对耗材进行集中采购，并明确采购标准以规避硒鼓采购与使用风险。同时硒鼓政府采购应建立"谁生产销售，谁必须回收"的强制规定，杜绝一次性销售，一次性使用，切实履行企业的社会责任。

"不积跬步，无以至千里。"虽然政府对耗材集中采购的道路曲折，但是，富美硒鼓一直用最实际、具体的行动，来助力政采市场的发展。

2009年1月，国家质检总局公布了集中采购IT类项目供应商入围资格的企业名单，富美科技与IBM、华为、联想等国际品牌一起跻身其列，而富美科技则成为唯一入围该项目的环保激光硒鼓生产供应商。这对当时起步不久的富美科技来说，无疑是极大地鼓励和鞭策，同时也吸引了同行业各界关注的目光。

2009年3~6月，富美连续获邀参加了国家耗材标准研讨会、第十一届中国国际环保展览暨会议和第二届中国绿色采购高峰论坛。尤其高峰论坛，是中国绿色采购高层次、高水准的专业论坛，为政府采购各环节单位负责人、权威专家及企业代表提供了一个高端交流平台。作为一次和各级政府采购人难得的交流机会，富美科技当仁不让，会上副总裁邵光锦从企业建设、资源开采、资源消耗、废弃物产生、社会消费等五大环节，全面深刻地阐释了对耗材进行集中采购、明确采购标准的重要性，博得与会专家与嘉宾的高度认同。富美科技也由此获得了由经济日报《经济》杂志社与中国环境保护产业协会联合颁发的“2009中国绿色采购产品推荐奖”。

同时，富美科技的频频举动引起了包括人民日报在内的高端主流媒体的关注。2009年7~8月，人民日报两次刊发文章，认为富美硒鼓对于树立民族耗材品牌形象、建立品牌公信力具有十分重大的意义，从而掀起了“富美现象”的讨论。

打铁还得自身硬。富美人明白，要想在耗材领域占据一席之地，要想分得政府采购市场这个“大蛋糕”，只有荣誉是不够的，归根结底还是靠产品说话。所以，富美人并没有满足当时的点点成绩，而是依靠自身强大的自主研发力量，酝酿一次大的爆发。

富美硒鼓“终生循环”：政府采购市场一把利剑

2009年11月，在经过两年的自主研发和全面细致的市场考察之后，富美科技创造性地推出了硒鼓“终生循环”模式，凭借它在打印方面健康、节省的独特优势和对行业的颠覆性，一经推出就引起了同行业和政府采购市场的高度关注。之后，富美科技借助这股“关注”的东风开始频繁在政府采购市场发力。

2009年下半年，富美硒鼓先是列入《2009年济南市工业企业自主创新工业产品目录(第一批)》，同时被认定的产品将优先纳入济南市政府采购自主创新产品目录，获得政府采购的支持；接着在2009年山东省协议供货硒鼓（碳粉）类的招标中，以总评分第一的好成绩成功入围；在甘肃省2009年第二期协议供货指定硒鼓品牌的招标中，成功中标。

从11月初开始，富美科技又投入巨额资金在央视黄金时段投放广告，吹响了富美硒鼓“终生循环”全面进军政府采购市场的集结号，也为全国政府采购市场注入了一针强心剂。

12月10日，富美硒鼓“终生循环”模式在中国南京政府采购产品展览会完美亮相。会上，富美硒鼓受到与会领导、专家及观展用户的一致好评。而南京电视台等多家媒体也对这一颠覆性模式进行了特别报道。同时，此次南京国展作为政府采购领域创新政府采购模式的首次尝试，反响强烈。之后，富美陆续参加全国政府集中采购年会、政府采购高峰论坛等各类高端活动，全面推动全国政府采购市场耗材的集中采购。

“功夫不负有心人”。2009年，在包括富美在内的多方共同努力下，珠海、湖南、江苏、青海、陕西、辽宁、天津等省市将国产耗材纳入政府采购范围。更可喜的是，更多省市已经开始集采并明确采购标准。而富美硒鼓也成功进入了天津、山东、河北、辽宁、江苏、陕西、甘肃、浙江、安徽等近 20 个省市的政府采购市场中中标，一跃成为民族耗材品牌的佼佼者。

如今，回顾富美在政府采购领域取得的成就，主要是两方面原因：一是顺应了国家转变经济增长方式、发展低碳经济的发展大战略；二是打铁自身硬，富美硒鼓“终生循环”创造性服务模式在品质、技术、服务等方面的优势。

其实，富美从筹备论证之初，就确立了自己的目标：打造打印行业民族品牌，推动生态环保和人文科技持续进步与发展，所以，富美始终坚持走科技创新和自主研发之路。

截至目前富美已完全掌握芯片、磁辊、充电辊等 7 大关键技术，申报国家专利 200 余项。而富美硒鼓在经国家办公设备及耗材质量监督检验中心与外国同类产品进行对比检验后证明：其品质已达到并在多个指标上超过国际水准。所以，济南市政府采购中心在使用富美硒鼓后，就曾作出中肯评价：质量更优、价格更低、健康环保、值得信赖。

正是靠着自身过硬的技术实力和“终生循环”创造性服务模式的优势，富美硒鼓在政府采购领域不断“攻城略地”，与狼共舞。

阳光采购：硒鼓“终生循环”

随着发展低碳经济战略的深入，政府采购部门在耗材采购上越来越重视，很多省市也开始集采并明确采购标准。但是，国产耗材想要畅通政府采购市场，须解决两方面的问题：一是给采购人树立一个正确的观念，二是建立科学的耗材采购制度。

首先，就采购人观念来说，采购人由于缺乏对耗材消费的了解，所以，往往过于信赖国外产品而不知假冒伪劣的横行，或迫于国外品牌的高价、不顾自身健康而选择“灌粉”。采购人形成这样的观念，责任不在其自身，而在于混乱的行业现状，以及以前国产耗材给采购人留下的不好印象。因此，富美硒鼓要凭借自主创新和严苛的品质控制标准，彻底改变中国硒鼓市场的旧有格局，升级采购人对硒鼓的消费和使用观念，让政府用户从此享有高质、省钱、省心、环保、健康的打印体验。

其次，要建立科学的耗材采购制度。当前硒鼓政府采购存在分散采购和缺乏采购标准等问题，由此硒鼓政府采购和使用风险重重。我们还注意到，一些省市实行了硒鼓集中采购，但效果未达预期，分析其原因：一是采购人采购程序过于复杂，不好操作，不符合实际情况；二是采购相关监察力度有待加强。所以，富美在大力推动硒鼓政府集中采购，并就价格、资质、质量、回收、服务等方面提出建议的同时，希望硒鼓政府采购能够据采购实际，简化采购程序，加大采购的相关监察力度。

对于硒鼓政府采购，政府应该本着“公开、公平、公正”的原则，在广泛听取各方意见及结合具体有效实践的基础上，推动和建立科学的耗材采购制度，并不断与时俱进，使之更加健全和规范。企业则应站在用户的立场上，以用户需求为核心，努力提升自主创新水平，不断提供更加优质的产品和服务，在严格遵循耗材采购制度的基础上，结合行业的现状及自身的有效实践，对政府采购中存在的问题给予建议和切实的解决方案，助力政府采购的科学规范运作。

总之，政府采购是一项关乎国计民生的“阳光”事业，需要各方的努力和合作。只要各方履行好自身职责，共同推动，就一定能使政府采购发挥出其应有的价值和作用。

浪潮服务器伴随政府采购快速发展

王闰生

浪潮是中国服务器著名品牌，多年来一直积极投身政府信息化建设，见证了政府采购改革所取得巨大成就，实现了自身的快速发展。截至 2009 年，浪潮服务器已经连续 14 年蝉联国产品牌销量第一，连续 7 年取得政府采购服务器市场份额第一。

从“金税”、“金质”、“金财”等“十二金工程”，到数字环保、平安城市、社保民政、社区医疗、智能交通等，浪潮不断应用于各类大型政府信息工程，从最初的 OA，到数据库核心应用，从单路到四路、TS30000 的高端应用，浪潮服务器从外围领域逐步深入到关键应用领域。目前，政府集中采购占浪潮服务器总体销售的比例较以前有明显提升。

参与并赢得政府采购项目，关键在于企业的自主创新。只有自主创新产品才会有市场竞争力，也才会在政府采购中会获得更大力度的支持。自主创新，突破关键技术和高端领域，是浪潮长期的业务战略。1993 年，浪潮推出中国第一台服务器，此时中国信息化建设才刚刚起步，只有金融、电信等少数行业有采购能力，而这一市场被国外品牌占据，从中获取高额垄断利润。那时，浪潮拜访客户，首先需要打消客户对浪潮的疑虑。十多年来，浪潮填补多项关键技术空白，实现了从产品技术的国际跟随、同步，甚至到超越的成绩，而且在安全等领域掌握了更大产业话语权。浪潮制定的服务器安全两项国标——技术标准和测评标准已经正式生效，浪潮推出了国内第一款安全服务器，目前，已经成功应用于政府的电子政务领域。

浪潮正在攻关高端容错服务器项目，这个项目的投资规模达到了 7.6 亿元，目标是突破高可扩展芯片组、缓存一致性等产业核心技术，研制 32 路高端服务器系统，填补重大产业空白，为金融、电信、财政、税务等关键行业、关键业务的战略性领域提供基础性平台，这是国家信息战略的关键技术部署之一。

与浪潮高速成长相伴的是政府采购改革的巨大成就。政府采购改革从 1998 年至今虽然只有短短的十几年时间，却完成了西方国家几十年的历程，采购规模从 1998 年的 31 亿元到 2009 年的 7413 亿元，增长近 240 倍；有关法律法规和制度不断完善，为采购的公平、公正、公开提供了根本保障；政策导向功能在日益强化和提升，从“廉政监管、规范化管理”逐渐向推动自主创新等国策的落实转化。

从浪潮长期参与政府采购的实践来看，政府采购改革虽然取得了巨大成就，但还需要不断地深化和完善，政府采购相关政策、制度还需要进一步科学化、精细化，个别采购项目中还存在的“迷信进口品牌”的现象。为更好地发挥政府采购政策功能，提出如下建议：

1. 进一步完善和落实政府采购政策，制定更为具体的执行细则。国家已经颁布《政府采购法》、《国家中长期科学和技术发展规划纲要》，国家发改委、财政部、科技部相继出台《自主创新产品政府首购和订购管理办法》、《国家自主创新产品目录》等具体执行法规，形成了较为完善的优先采购国货的法律法规体系。但是，实际执行中往往落实不到位。许多部门的采购，还存在“花别人的钱办别人的事”的思想，采购人关心的不是如何优先采购自主创新的产品，而是如何能规避、降低职业风险。在这种意识主导下，即使国内企业产品的性价比很好，采购人也会优先购买所谓全球最好的品牌，因为这样即使产品出了问题，他们也不会承担责任。为改变这种状况，建议在《政府采购法》实施细则中应当明确：在同等情况下不采购国内产品，要给企业作出合理的解释。现在的情况则恰恰相反：买国内的产品要给出充分的理由，买国外产品则无需解释。

2. 利用政府的影响力，引导国外企业加大对国内产品的应用支持。以 IT 行业为例，该行业涉及整机、操作系统、数据库、应用软件等多个环节，是一个相互支撑、配套的复杂生态系统，新技术成果从推出到成熟需要产业链各个环节的支持。目前，国内企业只是在操作系统、中间件、数据库、服务器等环节上有自己的创新成果，在产业化过程中必须得到其他配套厂商的支持，特别是在面对国外大企业时，为获得支持往往要付出很大的代价。建议政府充分利用集中采购的优势和议价能力，在政府采购中引导国外大企业为国内企业产品提供应用支持。比如，可对中标的国外厂商提出要求，要求他们的产品运行在国产平台上，在兼容性、稳定性等方面做好优化和测试工作。

3. 继续执行“科技开发用品免征进口税收”政策，同时根据国内产业发展情况，适时修订免税进口科技开发用品清单，对于国有自主产品能够满足研发应用需求的设备，取消引进国外设备的免税资格。以往中国大型、高端的计算机类设备核心技术被国外垄断，大型高端服务器，海量网络存储系统完全依赖进口。浪潮通过承担国家 863 重大专项“高端容错计算机”、“海量网络存储系统”项目，取得了高端计算机设备的核心技术突破，2010 年，浪潮推出国内首款自主设计的 8 路服务器——天梭 TS850，填补了国内高端服务器领域的空白。但在实际市场竞争中，因现行免税清单中包括“计算机工作站，中型、大型计算机”一项，国外品牌产品能够享受进口免税优惠，反而比国产设备更具备价格优势，不利于自主知识产权的高端计算设备的应用推广。因此，建议国家修订免税清单，取消引进“计算机工作站，中型、大型计算机”的免税优惠，鼓励国内自主研发的高端服务器、海量存储等大中型计算设备在科学研究领域中的应用推广。

4. 加快信息安全立法进度，完善中国信息安全法律体系。目前，中国已经发布实施了一系列有关信息安全保护的法律、法规、规章，为保障中国信息安全起到了重要作用。国家信息安全主管部门也在通过积极的工作和努力，推进信息安全立法进程，如在工业和信息化部的推动下，《信息安全条例》草案已经完成。但是，中国现行信息安全法律体系仍然存在一些问题：一是现有法律法规以部门规章为主，缺乏系统性和权威性；中国自 2003 年出台第一部纲领性文件《关于加强信息安全保障工作的意见》以来，其间除了 2005 年颁布的《电子签名法》外，网络与信息安全工作主要依赖于中央和各部委陆续出台的管理政策、文件进行指导，尚未上升到法律的高度。二是法律法规庞杂，其间的协调性和相通性不够，各部门颁布的法规、规章之间缺乏统筹规划，现行法律法规也过于原则或笼统，缺乏可操作性。为更好地解决这些问题，国家应采取积极措施，加强信息安全法规体系建设。一是加快信息安全立法的步伐，要将《信息安全法》尽快纳入国家立法规划中，尽快推进《信息安全条例》出台；二是要做好基础性的信息安全法律体系构建，要从完善国家信息安全组织体系，建立国家信息安全技术保障体系等多方面进行全面规划、不断完善，加紧制定出台个人隐私保护法、数据库保护法、数字媒体法、数字签名认证法、计算机犯罪法以及计算机安全监管法等信息空间正常运作所需的配套法规；三是要着眼国家安全战略目标的实现，对涉及国家安全、国计民生、社会稳定的关键基础设施和重要信息系统及信息资源的安全保障，制定专门的法规加以规范，从而保证社会经济的稳定运行。

信息技术对于社会生产生活的渗透愈来愈深入，国家已把信息战略同军事、经济等并列作为国家战略的重要组成部分。政府采购在支持国产IT产业发展、保障国家信息战略安全方面起到重要的作用，随着政府采购相关政策制度的进一步科学化、精细化，对自主创新的支持不断落实，中国本土企业必将不断发展壮大。

（作者单位：浪潮集团有限公司）

完善政府采购制度与机制
树立政府采购口碑与品牌

吴勇军　李海燕

《政府采购法》实施几年来，政府采购制度与规范日趋完善，政府采购已深入人心，无论是监管部门、采购人还是供应商都已经意识到“政府采购”制度和程序的重要性，在政府采购事业高速稳定发展的今天，政府采购代理机构树立好口碑、好品牌，就显得格外重要。那么，如何才能树立政府采购口碑与品牌呢?

一、加强自身实力，建立有序的政府采购工作机制

政府采购制度对提高财政资金使用效益，支持国内企业发展，防止和治理腐败工作具有十分重要的意义。为此，我们应从狠抓思想认识入手，健全组织，加强领导，不断提高政府采购人员的思想素质和业务能力，为政府采购工作的健康有序发展奠定了坚实的组织基础。

(一) 加强思想建设

政府采购工作应严格按照《政府采购法》的规定进行招标、评标，坚决抵制和打击商业贿赂。政府采购领域中的商业贿赂特点有：不公平性、不公正性、隐蔽性；商业贿赂会导致不正当交易、破坏政府采购的有序性、破坏市场秩序、损坏广大人民群众的利益。因此，加强政府采购工作人员的思想建设、建立健全管理机制是非常必要的。

(二) 健全组织机构

为促进政府采购工作的开展，应该建立政府采购专业公司和专业团队，充分发挥专业优势。湖北省设备工程招标有限公司（以下简称“公司”）于2003年成立了政府采购项目部，专职为政府采购服务，配备业务熟练的工作人员7名，并在武昌和汉口分别设立工作场所，以方便省市两级及各区的政府采购业务，业务人员各司其职，相互协助和监督、运转有序的工作机制，保证了政府采购业务的健康地发展。

(三) 加强业务培训

人员的业务素质和业务能力是影响政府采购工作质量的重要因素。由于政府采购涉及的法律法规多，政策性强，规范性要求高，这就要求我们政府采购工作人员要有良好的工作素质。一方面，公司内部定期举行业务培训和业务交流会议，年轻的业务人员也非常注重向老同志学习；另一方面，积极参加财政部门举办的各种专题培训班，提高自觉遵守法律法规、严格采购程序的自觉性、主动性和业务素质。

(四) 完善和落实内部管理制度

公司工作的规范化，最终要靠制度来保证。为此，各招标单位应结合工作实际，制订和完善各种规章制度，以规范我们的采购行为。政府采购业务部更是建立了一套自己的管理制度，政府采购工作是为各行政事业单位服务的，在行政领域里代表着公司的形象，因此，对

政府采购工作人员的要求更高。为确保管理制度的贯彻落实，公司内部定期组织专项工作检查和考核，如工作人员的服务意识和服务态度、采购资料的归档工作、采购程序的规范执行等都是考核工作人员业务素质的重要指标。

（五）严格程序，规范操作

在采购工作中，制订招标文件、发布招标信息、制订评标细则、抽取评标专家、组织评标、提交评标报告、公示结果公告等各个环节都不能马虎，都必须严格审批程序和执行程序。严格执行政府采购法律法规和地方政策性规章制度。

二、注重品牌推广，打造政府采购优质名片

（一）热情工作，提升企业服务形象

政府采购工作服务对象主要是政府机关，服务质量是最好的宣传方式。我们应把热情服务最为我们工作的基本要求，保质高效完成采购任务是我们不懈的追求。一方面注重服务方式，努力做到态度和蔼，微笑服务，心思细腻；第二，尽量做到保质高效完成采购计划；第三，注意整体形象，开标现场，统一着装，佩带胸牌，体现政府采购工作的严肃和庄重。

（二）注重宣传，工作做到细微处

业务人员洽谈业务携带公司宣传资料，并在宣传政府采购制度和程序的同时，结合实际操作案例进行讲解，这样既便于对方更容易理解政府采购工作程序，也有利于对招标企业有更深的了解，做口碑就是做宣传，客户对公司的肯定即是激励公司不断前进的动力，也是行业内对公司最有效的宣传方式。

最后，我们应该投入更多的精力到政府采购这个行业当中去，为政府采购事业献出一份力量。政府采购已经走上了良性循环的轨道，为各政府采购招标企业带来的收益也将是巨大的。因此，我们对这个行业充满信心，政府采购一定会有一个美好的未来。

（作者单位：湖北设备工程招标有限公司）

关于政府采购工作的几点思考

宋志成

中国政府采购已经走过八年的工作历程。八年来，在管理部门的精心指导和监督下，由于采购人的大力支持和协助，代理机构的共同努力和探索，评标专家的科学评审和把关，供应商的积极参与和配合，政府采购工作在法律体系建设、制度建设、市场培育、公平竞争、反腐倡廉、资金节约等方面均取得了可喜的成就。与此同时，仍然有一些因素在一定程度上影响了政府采购工作更好地进行，值得思考。

一、代理机构的资格认定条件

政府采购代理机构既是政府采购政策的执行者，又是采购项目的操作者，政策执行是否到位，项目操作是否成功，直接取决于代理机构综合素质的高低。因此，代理机构的资格认定条件应具有较高的要求。纵观其他相关行业代理机构的资格认定条件，相对而言，政府采购代理机构的资格认定条件是比较低的。因此，代理资格较易申请，代理机构的发展速度较快，不利于政府采购代理机构队伍的建设。

二、从业人员的执业资格要求

从业人员的素质，直接决定代理机构的服务水平，进而影响政府采购政策的执行和采购项目的操作。目前，许多行业都已实行执业资格制度，由于政府采购从业人员尚未实行执业资格制度，执业人员素质参差不齐，不利于政府采购工作水平的提高。建立从业人员执业资格制度势在必行。

三、代理机构的业绩考核标准

业绩是考核代理机构业务能力最直观的指标之一，一个有实力的代理机构，不仅软、硬件条件好，更重要的是其业务能力强，有社会责任感，既能做好项目，又能做多项目，对不具备一定业务能力和责任意识较差的代理机构，可以参照其他行业代理资格的管理办法，实行淘汰机制，优胜劣汰，以提高政府采购代理机构的整体素质。

四、评标专家库的建立与管理

评标专家是采购项目的评判者，评标专家的抽取及专家政策水平、专业知识是评标工作的关键。由于目前评标专家库申报、分类、培训及抽取工作不是很细致，加之采购项目的复杂性，往往抽取的评标专家对参与评审的项目不熟悉，使评标结果缺乏一定的客观性和权威性，从而引起一些不必要的质疑和投诉。

总之，政府采购工作需要政府采购相关各方面的共同努力和支持，制度建设需要不断完善，管理措施需要进一步加强，政策法规需要各方严格遵守。只有扬长避短，齐心协力，才能把此项工作做得更加圆满！

（作者单位：武汉创世纪招标有限公司）

发扬与时俱进风格　支持自主品牌创新

易淑兵

2009 年以来，湖北省积极响应国家对国内汽车业自主品牌及新能源汽车制造的扶持政策，从本省汽车市场的实际情况出发，将全省公务车辆采购重点放在支持自主品牌与新能源汽车等方面，做到公务用车采购的一个为主，一个为先，即："以自主品牌为主，以节能环保为先"，坚持把公务用车采购同支持自主品牌工作相结合，政府采购工作取得良好发展。

一、以自主品牌为主，支持国产汽车产业发展

作为影响社会公共采购的引领者，政府采购工作不仅体现了国家政策的扶持方向，也体现了地方政府落实政策、服务社会的举措力度。2009 年 8 月，湖北省食品药品监督管理局向东风乘用车公司订购 65 辆东风风神 S30 轿车，用于全省系统内的执法专用车。该项采购工作是在广泛进行市场调查后，经过反复对比作出的决定。东风风神是东风汽车公司旗下的自主乘用车品牌，多年来，在中国自主研发车型领域贡献突出。风神 S30 是东风首款轿车，该车借鉴欧日造车理念，吸纳了欧洲成熟底盘技术，具备安全性能高、配置齐全、外观大气稳重等优点，具有很高的性价比；自 2009 年 4 月在上海国际车展全球首发以来，先后荣获"2009 最具魅力车型"、"2009 产品价值创新奖" 等 11 项大奖，赢得社会各界的广泛赞誉。凭借优异的产品综合优势，东风风神 S30 在赢得市场认可的同时，更是赢得了政府的信赖。湖北省食品药品监督管理局响应国家支持自主品牌政策大宗采购东风风神 S30，该项工作的完成成为全省公务用车采购的风向标，带动了全省自主品牌采购热潮，也在其他各省引起普遍反响。

二、以节能环保为先，加快新能源汽车市场推广

2010 年 5 月，武汉市政府采购 100 辆东风风神 S30BSG 混合动力车。这是国内首批被纳入政府采购领域的新能源汽车，也是东风风神首批新能源混合动力汽车，代表了中国国产汽车自主品牌在新能源技术开发利用方面的最新研究成果。作为中国主要的汽车自主品牌之一，东风风神在新能源汽车战略上将混合动力车作为当前主要的产业化发展方向，秉承"人性自然科技" 的造车理念，勇于承担节能减排的社会责任，致力于减少车辆行驶过程中二氧化碳的排放量、减低汽车油耗，力推节能、环保、性能优越的新能源产品，符合了中国公务用车的采购趋势。武汉市政府对该款新能源车型的采购大大加快了国产自主品牌新能源汽车产业化的步伐。

三、完善政策与制度，促进自主品牌健康发展

面对能源日趋紧张的社会趋势，节能环保和自主创新已成为当前政府采购事业不容忽视

的课题。在湖北省今后的政府采购工作当中，应当继续加强对国产自主汽车品牌的关注力度，出台相关政策法规，从制度上进一步落实扶持和促进国产自主汽车品牌的研发，并要加快新能源汽车的应用与普及，做到以政府采购带动社会公共采购，在服务政府职能的同时发挥政府宏观指导和调控作用。

（作者单位：东风汽车公司乘用车公司）

中国政府采购年鉴 2010

十一、2009年政府采购项目管理与案例研究文选

上海市旅游景区（点）道路交通指引标志整治项目管理

马正红

【项目介绍】

上海市旅游景区（点）道路交通指引标志整治项目是提升上海整体旅游形象，优化上海旅游环境的世博配套采购项目之一。根据《上海市范围内旅游景区道路交通指引标志的规划设计方案》，项目内容包括新设、增设、改设旅游景区（点）道路交通指引标志878块、拆除违规“咖啡色”指路牌405块。这是一个以服务和制作为主的采购项目预算，总金额为1625万元。上海市迎世博600天行动城市管理指挥部办公室特发函市采购中心，要求“中心在不违反国家相关法律法规的前提下，按照急事急办、规范操作的原则，给予该项目予以具体指导和及时办理，以确保迎世博600天任务的完成”。该项目2009年9月7日正式受理委托，必须在10月底前完成合同签订工作，12月底前才能保证完成标志安装整治工作，且其制作质量、安装过程是在百姓看得见的社会监督之下最终达到提升上海整体旅游形象和优化上海旅游环境的采购目标。

【项目管理】

为了保证上海市旅游景区（点）道路交通指引标志整治采购项目如期完成，根据上海市迎世博600天行动城市管理指挥部办公室相关来函的精神，上海市采购中心坚持前伸后延和主动服务的理念，将该项目列入重大项目管理。针对项目的重要性，政府采购中心加强服务，加强调查研究，对整个采购过程都进行了严密细致的安排，要求采购程序规范，要求控制采购进度，要求采购内容严密，要求保证采购质量。按照采购要求和项目采购实际情况，采购中心业务人员与采购人一起制定和完善采购方案，一是合理设定供应商资格，确保有效竞争和投标质量。二是把整个项目分为新增高强级标志版和拆除指路牌两大类，将复杂繁琐的工程服务费率工程服务量清单报价模式改为服务制作综合单价，即每一块交通整治标志指示牌只有一个综合单价，使报价简便有效，易于横向对比，评委评审清晰，简化服务工程结算程序，提高采购效率。三是科学制定评标办法，根据项目的重要性，将实施的时间节点表、交货、安装、施工、验收的计划、保证进度相关措施说明、主要施工设备表、工程管理人员简历表以及具有类似项目业绩和成功案例等列入重要评审条件，并明确在评标过程中，评标委员会及评标工作小组将接受上海市旅游局监察审计室派员监督，通过监察审计室派员参与世博采购项目的评审，对评标环节进行有效监督，确保评标过程规范、严谨和公正，赢得大家的肯定和支持。为了保证投标质量和效果符合招标要求，设置了样品制作评审要求。

【项目实施】

本项目不仅在采购时间上要求高，对于采购制作质量提出的标准也很严格，安装的道路交通指引牌必须是统一美观，醒目且易读的。整个项目关系到更换标牌后的最终效果事关能否提升上海整体旅游形象，能否优化上海旅游环境，所以，意义相当重大，容不得半点马虎。上海市政府采购中心加强服务，提前介入，热情指导，科学安排，优化组织，充分体现了集中采购机构“称心采购、和谐采购、职业采购”的精神面貌。2009 年 10 月 9 日，共有 6 家投标人进行投标，经过评标委员会认真评审，鉴于最低报价存在报价上严重漏项和提供的道路交通指引标志实样有重大瑕疵，本着谨慎严格的评判标准，7 位评委确定上海新艺交通设施工程有限公司为第一中标候选人。中标价 1294.71 万元，并于 2009 年 10 月 23 日合同签约，比计划提前了 7 天，圆满地完成了采购任务。为了及时了解和掌握中标供应商的制作质量、安装服务和守约信誉等情况，加强与各采购当事人之间的联系，进一步加强对政府采购活动中标供应商履约程度的监督，及时发现和解决政府采购工作中存在的问题和不足，保障采购人的利益，不断提高政府采购工作水平和服务质量，并对该项目开展了回访调查活动，多次打电话了解进度和履约情况。中标供应商在实施过程中，坚持加班加点，注重体现全面、协调的理念，保证了项目高质量完成，打造出了质量优、形象好、进度快、安全高的形象。

整治一新的道路交通指引标志牌质量佳，美观醒目，优化了市容环境，有效提升了上海整体旅游形象，社会反响热烈，为世博增添了光彩，得到了各级领导的一致好评。

（作者单位：上海市政府采购中心）

软件采购案例研究

王　琳

【案例介绍】

2009 年 5 月，山东省省级机关政府采购中心（以下简称采购中心）受某单位委托招标采购一批软件产品，其中包含系统软件。采购文件中明确要求软件产品必须为正版产品。该项目共有 5 家供应商参与投标，所投操作系统软件均为微软产品。其中，A 供应商报价最低，为 14.92 万元，低于本次采购平均报价 32%。评审中评标委员会对 A 供应商所提供的产品是否为正版软件存有疑问，要求其对提供产品是否为正版化产品再次作出承诺。A 供应商书面承诺所提供的微软操作系统为正版 COEM 产品。于是，评标委员会根据授权确定 A 供应商为中标供应商。

中标结果公布后，B 供应商提出质疑，反映 A 供应商提供的系统软件不符合采购文件关于购买正版软件产品的要求，要求取消 A 供应商的中标资格。

【案例质疑】

采购中心一方面与各当事人及法律专家及时沟通，一方面向争议产品的生产厂商微软（中国）有限公司进行调查。微软公司出具了《关于随机版产品（COEM）适用性的说明》，表明：微软随机版产品（缩写 COEM），随 PC 系统，由 PC 及服务器生产厂商、装机商、翻新商或计算机系统软件预装商预装于 PC 后一同销售给客户，并为客户提供正版操作系统安装等技术支持服务。正版化产品是指微软针对已购电脑未安装合法授权的正版 Windows 操作系统的用户所提供的解决方案，帮助客户以优惠的价格获得正版 Windows 完整版产品。Windows 正版化解决方案（GGS）和 Windows 正版化协议（GGWA）是专为已购 PC 的软件正版化定制的批量采购产品。预装类产品（OEM/COEM）必须与 PC 一同购买，不能用于已购 PC 正版化。如果购买 COEM 用于对已购 PC 的正版化，将被视为错误许可（Mis—licensing）。

微软（中国）有限公司的证明材料，印证了 B 供应商提出质疑的合理性，据此取消了 A 供应商的中标资格，并将此情况向政府采购监管部门进行汇报，重新组织招标采购。

【案例启示】

1. 采购正版软件是依法行政的要求。计算机软件著作权受《中华人民共和国著作权法》保护，其著作权人享有该软件的全部权利。软件的著作权人可以许可他人使用其软件，被许可人应当按照许可协议，在约定的范围、地域，以约定的方式使用软件，被许可人一旦超出了许可协议所约定的范围，地域和方式使用软件，就侵犯了著作权人的合法权益，将承担侵权责任。本案中 A 供应商提供的产品是预装类软件，作为 Windows 软件的著作权人，微软公司出具的证明表明，预装类软件只能随新机器一并销售，不能用于单独销售。因此，A 供应商的行为已经超出了微软公司的许可使用范围，侵犯了微软公司的著作权。采购正版软件是贯彻执行《中华人民共和国著作权法》，完善知识产权保护的必然要求，国务院办公厅和国家版权局等部门也多次下发通知，要求政府部门带头使用正版软件，抵制盗版软件，将使用正版软件作为改进机关作风、坚持依法行政的重要内容。作为政府采购的执行机构，应该把好使用正版软件的第一道关口，不能因价格便宜，资金节约率高等因素而放任盗版软件的销售，一旦发现类似情况，应坚决依法办事，及时予以纠正。

2. 供应商参与政府采购必须遵循诚实信用原则。A 供应商作为软件及电子产品的销售企业，明知其提供的产品是不能单独销售的，但其在澄清书中仍然承诺其提供的 Windows 操作系统为正版 COEM 版，显然与实际情况不符。A 供应商混淆概念，虚假承诺，以期达到中标的目的。因此，在本案例中可以认定其提供了虚假材料。《政府采购法》第七十七条规定："供应商有下列情形之一的，处以采购金额 5‰以上 10‰以下的罚款，列入不良行为记录名单，在 1～3 年内禁止参加政府采购活动，有违法所得的，并处没收违法所得；情节严重的，由工商行政管理机关吊销营业执照；构成犯罪的，依法追究刑事责任。依据本条规定，可以提请政府采购监管部门对其进行行政处罚。诚实信用是供应商参与政府采购必须遵循的原则，如果置此而不顾，不仅难以获得政府采购定单，还会受到法律的处罚，并在一定期间内被禁止参加政府采购活动，这是得不偿失的。不要因眼前利益而失掉长远利益，更不可存有侥幸心理，拿企业的信誉去"碰运气"，应该以诚实守信来开拓政府采购市场。

3. 深入调查研究是正确处理质疑的先决条件。在评审过程中，虽然专家对 A 供应商提供的产品产生了疑问，但仅凭 A 供应商的承诺就确定其为中标供应商。在 B 供应商提出质疑后，A 供应商仍坚持其提供的产品是正版软件。在这种情况下，采购中心为了稳妥地处理好本次质疑，首先与当事人座谈详细了解有关情况，然后赴争议产品的生产厂商微软（中国）有限公司调查取证，又与法律专家对此案进行了认真仔细的分析研究，掌握了可靠的事实证据。A 供应商心服口服地接受了废除其中标资格的处理意见。使本次质疑处理顺利地划上了句号。本案的处理进一步说明，只有从调查研究入手，取得第一手真实可靠的证据，才能保证质疑处理的正确与顺利，保证政府采购"三公"原则的落实。

4. 把好"三关"是软件采购质量的保证。在软件项目采购过程中，不但要关注软件的功能，更要关注软件产品的权利状况，不但要关注是否是正版，还要关注软件许可使用范围，如要实现上述目的，降低采购风险，在项目实施过程中须严把"三关"：一是严把"论证关"。项目论证是采购文件制作的基础，论证中应根据项目的特点对供应商的资质条件、软件产品著作权登记情况以及产品授权文件等方面作出具体规定，为进一步做好项目打下良好的基础。二是严把"评审关"。项目评审过程中，评审专家应认真审核供应商的资质及技术文件，严格按照评标标准，独立、公正、客观地进行评审，对于模糊不清的问题，一定要落实清楚，以保证评审的客观公正。三是严把"验收关"。在合同履行过程中，采购人应严格按照采购合同、采购文件、投标文件及采购过程中的承诺等内容进行验收，防止以次充好、偷梁换柱等行为的发生。政府采购机构也应当积极参与履约验收，防止采购人与供应商串通擅自变更合同内容。

（作者单位：山东省省级机关政府采购中心　王　琳）

质疑与投诉案例研究

宋春涛

【案例介绍】

某政府采购代理机构 W 公司代理某大学（以下简称 Y 大学）一批专用设备采购，采购方式为公开招标，参加该项目招标的一共有四家供应商，分别是 D、B、X、L 公司，评标结果推荐中标排序为：L 公司、D 公司、B 公司、X 公司。中标结果公告后，W 公司收到参加投标的供应商 X 公司的质疑函，质疑内容有三点：1. D 公司投标产品不能满足招标文件技术部分关键技术要求（即：＊号条款），应作为无效投标处理，并按提供虚假材料作虚假应标处理；2. D 公司提供的所投产品的厂家授权为伪造；3. B 公司在参加本次政府采购活动前 3 年有重大违法记录，不符合《政府采购法》对供应商条件的要求，应取消其投标资格。质疑函在附件中针对以上三条提供了相关资料（附件 1：D 公司所投产品厂家 S 公司的官方网站上下载的相关技术资料；附件 2：S 公司总经理电话；附件 3：B 公司在参加本次政府采购活动前 3 年内在某省被政府采购监管部门进行了处罚的相关资料。）

代理机构 W 公司在接到该质疑函的同时，将质疑函副本送到质疑事项涉及到的 D 公司和 B 公司，并请两个公司尽快就质疑相关事项作出书面说明，代理机构 W 公司在收到 D 公司和 B 公司书面情况说明后，组织原评审委员会对该质疑函进行了答疑，并形成书面意见。根据原评审委员会书面意见，对该质疑函进行了回复，认定质疑内容事实依据和法律依据不足，不予认定，维持原评标结果。X 公司收到该质疑回复后又向财政监管部门提出了投诉。

本案例需要解决三个疑问：其一，质疑供应商 X 公司提出质疑是针对采购程序的哪个部分？能不能对排名在自己前面而非中标人的其他中标候选供应商的投标内容提出质疑？其二，政府采购评标专家对投标人投标文件的评审到底是形式评审还是实质评审？其三，采购法规定的“在参加本次政府采购活动前三年内，在经营活动中没有重大违法记录”，其中“重大违法记录”应该怎样理解界定？

【案例分析】

1. 纵观国家制定的《政府采购法》及相关法律法规，对供应商质疑的规定主要有两部分，一是《政府采购法》第六章“质疑与投诉”第五十二条至第五十五条，另外，就是《政府采购货物和服务招标投标管理办法》第六十三条，还有就是各地出台的地方性法规，比如四川省就在 2007 年出台了《四川省政府采购供应商质疑处理暂行办法》（川财采［2007］14 号），并在 2010 年出台了《四川省政府采购供应商质疑处理办法》（川财采［2010］58 号）。对于质疑的提出，《中华人民共和国政府采购法》第五十二条规定：“供应商认为采购文件、采购过程和中标、成交结果使自己的权益受到损害的，……”，《政府采购货物和服务招标投标管理办法》第六十三条规定“投标供应商对中标公告有异议的，……”。这两条的规定，表达的意思是不一样的，甚至还有矛盾的地方。前者作为采购大法来讲说得比较具体，范围也比较小，必须是“…使自己的权益受到损害的”，才可以提出质疑，而后者作为效力更小的法规来来讲，反而范围更广，只要是“对中标公告有异议的，……”都可以提出质疑。

如果依据《政府采购法》第五十二条规定，本案例中X公司是针对采购程序的哪个部分提出的质疑呢？初步推断，应该不是针对采购文件，并且已经过了针对采购文件提出质疑的时间期限了，也应该不是针对采购过程，因为质疑函里没有提到任何采购过程中程序性的问题。那就只能是针对中标结果提出质疑了，但是，中标结果的实质内容是L公司成为中标供应商，而质疑函并未提到针对L公司成为中标供应商的任何疑问。

据此，一种意见认为，本质疑不符合《政府采购法》规定，属无效质疑，不必受理。另一种意见认为，事情并非如此简单，本项目中标结果虽然没有直接使质疑供应商X公司的权益受到损害，但是，如果质疑供应商所提质疑内容都属实，那么，供应商D公司和B公司应该是无效投标，这样一共四家供应商参加投标的项目，因为有两家没有实质性响应招标文件要求，根据《中华人民共和国政府采购法》第三十六条第一款规定，该项目应予废标。废标后重新招标时，供应商X公司可以获得重新参加投标的权利，也存在获得中标资格的可能。从这个意义上来讲，如果不废标，供应商X公司的权益间接受到了损害，也可以提出质疑。

从这个意义上来讲，也可以认为供应商X公司的质疑是针对采购过程（评标环节）的，是因为评标环节没有对D公司技术评审、产品授权及B公司的投标资格把好关。这就引出了第二个问题。

2. 政府采购评标专家对投标人投标文件的评审是形式评审还是实质评审？

所谓形式评审，就是只要招标文件提出的要求（包括技术要求及商务要求），投标文件都作出了相应的响应（有/无偏离），至于供应商在投标文件中承诺响应的真假和有效性及相关证明材料的真假和有效性，除了《政府采购货物和服务招标投标管理办法》第五十四条第二款“澄清有关问题”规定可以要求投标人进行澄清以外，评标专家只能依据投标文件的内容和范围和招标文件的规定进行评审，不作其他判定，也不能承担相应责任。

所谓实质评审，即评标专家对于投标文件的承诺响应及有关证明材料的真假及有效性均应作进一步的调查核实，调查核实可以是根据自身的经验能力学识，也可以是资料的查阅，也可以是向第三方征询意见，甚至是对所投产品的现场实验等等。总之是为了保证评标后推荐的中标结果要实质满足招标文件的要求，也就是评审委员会要对评标结果负有实质性的责任。

从现实实际情况看，目前的政府采购项目评审绝大多数还是形式评审，因为实质性评审耗时长、效率低、难以操作、评标专家权益与责任不对等等原因，但是，对于重大项目特殊项目，也是可以提供或者创造条件，使专家评审更接近实质评审。尤其在评审结束以后如果有供应商提出相关质疑，至少应进一步针对质疑内容进行调查核实或论证等工作，使评审工作更接近实质性评审。

《政府采购法》第二十二条第五款规定：“供应商参加政府采购活动前3年内，在经营活动中没有重大违法记录”。其中，“重大违法记录”应该怎样理解界定？

质疑函出具的证据显示B公司确实在参加本次采购活动前3年内被某省政府采购监管部门以“在某项目中存在提供虚假材料、虚假应答，谋取中标的行为”，而被处以“禁止B

公司 1 年内不得参加该省政府采购活动”。B 公司对此也予以承认。但是，问题焦点在该处罚是否构成重大违法记录。

B 公司认为该处罚不构成重大违法记录，理由有两点：一、相关法律法规没有对“重大违法记录”进行定义和明确规定。《政府采购法》为全国人大颁布的法律，根据《中华人民共和国立法法》的规定，只有全国人大常委会才有权对法律进行解释。目前，未见全国人大常委会对《政府采购法》中的“重大违法记录”进行解释的记录；因此，任何部门和单位认定 B 公司有重大违法记录，缺乏法律依据；二、从《政府采购法》第七十七条规定分析，处罚方式分为三个层次，其中，第一层次为罚款及 1 ~ 3 年禁止参加政府采购活动，第二层次为情节严重的，由工商行政管理机关吊销营业执照，由此可见 B 公司当时行为不属于重大违法记录。

【案例启示】

《政府采购法》颁布以来已经 7 年多了，《政府采购货物和服务招标投标管理办法》的颁布实施也已经有 6 年了，这两部法律法规作为指导我国政府采购工作的最重要的法律文献，在具体的采购活动中时常发现，还有很多地方需要进一步完善。以下是根据本案例得到的一点启示或者建议：

1. 《政府采购法》第五十二条规定：“供应商认为采购文件、采购过程和中标、成交结果使自己的权益受到损害的，……”，更改为“供应商认为采购文件、采购过程和中标、成交结果等使自己的合法权益受到损害的，……”；同时，对《政府采购货物和服务招标投标管理办法》第六十三条规定作相应更改。

2. 因为现行政府采购活动中主要采用的还是形式评审，所以，应完善相关法规，建立政府采购供应商的诚信管理体系，同时，对不诚信行为加大处罚力度，从根本上解决从形式评审到实质评审的转变。

3. 对于政府采购活动中的“重大违法记录”，是否能明确化具体化，使之具有可操作性，否则，还可能引起类似质疑或者投诉。

当然，政府采购也是一个逐步发展完善的过程，在这个过程中，总会存在这样那样的问题和不足，但是，只要我们所有采购当事人本着善意的积极的态度去理解相关的法律法规，同时坚持遵守公开透明原则、公平竞争原则、公正原则、诚实信用原则和科学择优的原则，我们就一定能把政府采购工作做好。

（作者单位：四川省财政厅政府采购监督管理处）

资质文件时效性判定案例研究

苗　雷

【案例介绍】

2009年4月23日，新疆维吾尔自治区政府采购中心对自治区广播电影电视局的广电专用设备项目（项目编号：XJZFCG（GK）2008－019）进行了公开招标。该采购项目分为13个包，1～4包为发射机设备，5～7包为天馈系统设备，8～10包为铁塔设备，其余各包分别为一类设备。

该采购项目采用这种不同寻常的分包方法，是由于采购设备数量较多、分布地域较广，要求完工日期短。这样分包能够最大程度地保障项目后期的实施。同时，结合该项目的特殊性，我们制定了相应的定标原则，即：在本次招标中，每个投标人可以投多个包段，但一个投标人在同一类的包段中只能预中标一个包。同一个投标人在同一类的两个或两个以上的包段中得分最高时，按照节约采购资金的原则和采取金额从大的原则确定预中标包段。

最终根据评委打分结果和定标原则，评标委员会确定了预中标单位。在预中标结果公示期内，采购中心收到了对第二包预中标供应商的3KW UHF电视发射机入网认定证书有效性的匿名质疑函。虽然该质疑函是以匿名形式提出，但为保证采购质量，我中心仍对预中标企业“鞍山市通用广播电视设备有限公司”的相关资质进行了核对。其投标文件中附有3KW UHF电视发射机的入网认定证书复印件，证书编号为021060501729，有效期为2009年4月13日至2012年4月12日，说明其资质符合招标文件要求。由于该质疑为匿名质疑，新疆维吾尔自治区政府采购中心无法进行书面回复。在法定的预中标结果公示期内，该项目再未受到其他质疑，新疆维吾尔自治区政府采购中心按照程序在公示期满后，通过新疆政府采购网发布了中标公告。

在发布中标公告后，自治区纪检委和自治区政法委又就第二包中标供应商3KW UHF的入网认定证书有效性进行了电话询问，并要求新疆维吾尔自治区政府采购中心进行调查。随后新疆维吾尔自治区政府采购中心收到了自治区政府采购管理办公室要求协助调查的文件。新疆维吾尔自治区政府采购中心立即对鞍山市通用广播电视设备有限公司3KW UHF电视发射机的入网认定证书有效性进行了进一步验证。经与自治区广电局联系，在国家广播电影电视总局的网站上（网址：www. chinasarft. gov. cn），对鞍山市通用广播电视设备有限公司的3KW、UHF电视发射机入网认定证书进行了核对，证书编号为021060501729，但已于2009年4月12日到期。而该公司投标文件中所附证书复印件显示有效期至2012年4月12日，这表明该公司投标文件中的入网认定证书复印件有效期虚假。

依据财政部《政府采购货物和服务招标投标管理办法》（财政部第18号令）第七十四条“提供虚假材料谋取中标的，中标无效”的规定，新疆维吾尔自治区政府采购中心取消了鞍山市通用广播电视设备有限公司中标资格，并发布了澄清公告。

【案例分析】

1. 法定公示期满后，收到投诉质疑（包括投标人、政府采购管理部门和纪检部门）是否可以进行调查处理?

《政府采购法》第五十二条明确规定：供应商认为中标结果使自己的权益受到损害的，可以在应知其权益（宣布预中标结果）受到伤害之日起七个工作日内，以书面形式向采购人提出质疑。《政府采购货物和服务招投标管理办法》第六十三条也有相应的规定：投标供应商对预中标结果有异议的，应当在预中标结果宣布之日起七个工作日内，以书面形式向招标采购单位提出质疑。也就是说，七个工作日的时间就是公示期，期满后招标采购单位认为本次招标无任何异议，可以发出中标通知，并不再受理对该项目的任何质疑。但若收到政府采购管理部门或纪检部门的调查函，就升级为投诉事件，招标采购单位有义务协助政府采购管理部门或纪检部门进行调查取证。

2. 在公示期内收到匿名质疑应该如何处理?

《政府采购法》第五十二条规定：供应商认为中标结果使自己的权益受到损害的，可以在应知其权益（宣布预中标结果）受到伤害之日起七个工作日内，以书面形式向采购人提出质疑；第五十三条规定：采购人应当在收到供应商的书面质疑后七个工作日内作出答复，并以书面形式通知质疑供应商和其他有关供应商，但大幅的内容不得涉及商业秘密。这两条规定中都没有明确指出匿名质疑是否应该以书面的形式进行处理和回复，但是，在实际操作过程中匿名的质疑是无法进行书面回复的。究其原因，其一：匿名质疑没有具体的回复对象（包括质疑单位、联系人、联系方式等）；其二：匿名质疑没有办法确认质疑人是否是参与本次投标的供应商。在前不久出台的《政府采购法实施条例》征求意见稿中第六十六条明确规定：《政府采购法》第五十二条中所称的供应商是指直接参加所质疑的政府采购项目采购活动的供应商；第七十一条规定：供应商质疑、投诉实行实名制。据此，对于匿名质疑、投诉，我们就可以不予受理。

3. 如何理解投标文件在招标、评标过程中的唯一性?

《政府采购货物和服务招投标管理办法》第三十条规定：投标文件应对招标文件提出的要求和条件作出实质性响应，投标文件由商务部分、技术部分、价格部分和其他部分组成。这说明投标文件是反应投标人情况的唯一依据，但投标文件不仅包含投标书和答疑承诺，还包含对投标书补充修改的内容及在投标书中提到的相关延伸性证明材料（例如各类证书、质检报告、类似业绩等）。因此，本案例中的投标文件是具有唯一性的。

4. 怎样判断投标文件的真实性?

对预中标供应商提交的投标文件中资质证明文件的质疑，让集中采购机构无从下手，采购机构只能判断投标文件的真实性，而无从判断事件的真实性。提起质疑的供应商只有提供了相应的证据，集采机构才能有的放矢，有效判断质疑事件的真实性。

5. 如果不能完全满足定标原则该怎么办?

这反映了定标时出现的问题。前文中提到该项目定标必须按照节约采购资金的原则和采取金额从大的原则确定预中标人。第一个条件是本着政府采购的目的而制定的，第二个条件是本着投标企业的利益而制定的。前文中已经说到“一个投标人在同一类的包段中只能预中标一个包”，但在本案例最后确定预中标单位时，其中，有一个预中标供应商的得分同时在两个包段里都为最高分，但一个包段里他能满足节约采购资金的原则，另一个包段里他能满足金额从大的原则。由于政府采购的最终目的就是节约国家财政性资金，因此，我们最终决定按照节约采购资金的原则进行最终定标。

（作者单位：新疆维吾尔自治区政府采购中心）

税控收款机选型招标项目管理

姜异峰

【项目介绍】

随着中国经济发展和改革开放的不断深入，中国的综合国力在不断提高。但是，税收领域的偷税逃税现象依然比较严重，为了进一步加强税源监控，堵塞税收漏洞，减少税收流失，保障国家财政收入，黑龙江省政府采购中心于2009年4月至2010年1月期间，筹备策划并组织开展了《黑龙江省税控收款机供应商供货资格及产品选型》招标工作，经过黑龙江省政府采购中心的精心组织、专家的严格评审以及对预中标供应商的实地考察，最终北京航天信息公司等7家单位中标。本次招标秉承了政府采购公开、公平、公正和诚信的原则，所有环节都置于阳光下操作，置于有效的监督之下。从招标开始至结束，黑龙江省的选型招标工作做到了“零质疑、零投诉”，这在国内尚属首次，受到社会各界的广泛好评，同时，省财政厅税政处、省国税局和省地税局也对黑龙江省政府采购中心规范细致的服务和精益求精的工作作风给予了高度评价。

本次招标由于直接关系到未来黑龙江省近20万户税控收款机用户的设备及服务能否得到保证，关系到税控收款机生产厂商能否进入黑龙江省税控收款机市场而广受关注。参照外省的经验教训并结合我省的实际情况，本次招标项目具有如下特性：

1. 周期长。按照《黑龙江省人民政府办公厅关于印发黑龙江省推广应用税控收款机实施方案的通知》的总体要求，黑龙江省推广应用税控收款机分三个阶段进行，即准备阶段、试点阶段和推广阶段，整个推广需历时5年时间；

2. 影响面大。全国各地都在陆续开展税控机招标推广工作，在国内具有联动效应；

3. 涉及地域广。遍布到省内的各市县乃至乡；

4. 意义深远。税控机的推广将为国民经济持续、快速发展和社会进步提供有力的保障。

按照《黑龙江省人民政府办公厅关于印发黑龙江省推广应用税控收款机实施方案的通知》的总体要求，在接到采购计划后，黑龙江省政府采购中心党组高度重视并作了精心部署，指派服务采购处负责执行本次采购任务，并作了思想动员，要求服务处竭全处之力将本项目落实到位。同时，明确了工作思路，按照黑龙江省推广应用税控收款机联席会议的原则、范围、步骤等事项进行操作。具体实施时由采购中心和税政处牵头，省国税局、地税局、工业和信息化委员会、质监局、监察厅等部门配合，共同做好本次税控收款机的选型招标工作。同时，中心领导带队不辞辛苦地赴湖南、上海等地进行前期调研，并组织相关专家对本项目的技术参数、服务内容、综合实力等方面进行论证，为顺利开展税控收款机选型招标工作打下了良好的基础。

【项目管理】

1. 标书编制打破传统、开创先河。思想观念更新是政府采购体系良性运作的基础，创新的工作方式是政府采购良性运作的关键。其他有关省市在税控项目招标时，招标文件都是直接出台的，在公示期间都会有供应商提出询问和质疑，一旦处理不当，就会使项目陷入阻滞。而本次黑龙江省税控项目招标文件正式发布前，将标书初稿在网上提前公示，广泛征求各方意见。在吸纳了全部合理化建议后，发布正式的招标文件。这样最大限度地保证了招标文件的公平公正。

2. 评委构成精挑细选、公正严密。评委的选择是整个评审工作最关键的环节。本次评标评审委员会分为经济组和技术类组，由 9 人组成，其中，税政处、省国税局、省地税局各出 1 名专家，从省内抽取 2 名电子类专家，2 名经济类专家，为了使本次评审更加公平公正，黑龙江省政府采购中心从外省抽取 2 名具有税控经验的专家。全体专家集合后，在第一时间直接入驻评标现场并进行封闭，这样最大程度地保证了专家名单的保密性。鉴于这次选型招标工作的重要性以及受关注程度，我们工作人员的组成规模也是空前的。联席会议成员单位省监察厅、省质监局、省工信委专门派代表参与评标活动，公证处对开标进行公证，省纪检委驻财政厅纪检组、政府采购办也专门派人对评标活动的全程进行监督，保证了评审工作的公平公正。

3. 评标地点免受干扰、全程封闭。由于税控收款机选型招标工作影响面大，直接关系到各投标厂家的切身利益，容易受到外界干扰。借鉴外省经验，我们认为在具体评标时所有参与评标专家评委及工作人员都必须与外界隔离，以保证评标的公正性。因此，我们把评标地点设在江北太阳岛的省财政干部疗养所，实行封闭式管理，出入都有武警负责把关登记，评标期间所有评委及工作人员手机一律上交，仅在评标场所公共区域设立一部固定电话与外界联络，且对进出电话均进行录音监控处理，从而确保了整个评审工作不受任何场外因素干扰。

4. 评审工作严格细致、保障有力。在本次招标评审阶段，我们引入了《评审记录表》，即在专家评委对投标供应商的投标文件正式打分前，须将每个供应商的投标文件的打分项、必备项内容逐一清晰记录在《评审记录表》上，这样操作的目的是让专家评委在最终正式对各投标单位进行打分时，查而有依，落笔有据，不会因为疏忽大意而合错分数，也不会因为遗忘数据而向其他评委征求意见，以上措施保障了专家评审打分排序的准确性、独立性。

5. 各部门间通力配合、相互支持。本次招标项目得到了省财政厅税政处、省国税局、省地税局、省工业和信息化委员会、质监局以及监察厅等部门的大力支持，各部门间精诚团结、通力合作，本着对黑龙江省税收事业高度负责的精神，抛开部门、单位的界限，不辞辛苦，任劳任怨地与采购中心一同奋战在招标第一线，为成功开展本次招标项目贡献了全部力量。

税控收款机生产厂家的实力、信誉，税控收款机产品的质量、价格、售后服务等无不关系整个推广应用工作的成败，关系到广大纳税人的切身利益。本次招标工作的顺利完成，为黑龙江省今后开展税控收款机后续的推广工作打下了夯实的基础，同时，本次招标项目无一例质疑投诉。

（作者单位：黑龙江省政府采购中心）

政法专项资金装备采购项目管理

姜　毅

【项目介绍】

从2001年到2009年，安徽省政府采购中心组织实施的政法专项资金装备采购项目共9次，从2001年的5000万元到2009年的9.27亿元，9年累计采购规模突破18亿元。采购内容涉及车辆、服装、办公设备等通用设备和刑侦、侦察、反恐防暴、单警装备等专用设备共1000余品种，节支率在16%以上。在提高资金使用效益的同时，扩大了政府采购范围，增加了政府采购的社会影响力。

近10年来，中央不断加大对贫困地区政法部门的经费投入，并从2001年起，对补助政法部门的办案、装备、维修经费专项资金实施项目管理，要求对装备实行省级集中采购，以实物形式下发各地，以确保专款专用。于是，在安徽省财政厅政府采购处和政法处的支持下，从2001年起，安徽省政府采购中心每年都有一次比较大且集中的政法补助专款项目招标采购，采购规模也逐年递增。2009年，国家对政法经费保障体制实施改革，按照“明确责任、分类负担、收支脱钩、全额保障”的新体制，根据财政部《政法经费分类保障办法》，安徽省2009年政法部门装备采购资金由上年的2.5亿元增加到9.27亿元。

【项目管理】

面对采购规模和采购品种呈现逐年递增的政法项目，而且更是涉及到公、检、法、司等不同采购部门的诸多需求，如何才能做到采购过程高效流畅、采购结果公正满意；确保政府采购制度的执行；保证专项资金利用发挥最大效益；这些都是集中采购机构需要认真面对和科学解决的。和一般的项目相比，安徽省政府采购中心主要在以下几个方面给予加强：

一是加强组织领导，形成工作合力。安徽省历来对政法转移支付资金装备采购都非常重视，专门成立了由省财政厅主要负责同志为组长，省委政法委、省高院、省检察院、公安厅、司法厅、财政厅分管领导为副组长，各单位装备（财务）处长为成员的省政法装备采购领导小组，齐心协力，共同谋划。在此基础之上，安徽省采购中心成立了以中心主任为组长，多部门共同参与的项目工作小组，接受项目采购任务后，立即着手开展项目实施。召开采购单位（省法院、省检察院、省公安厅、省司法厅，以下简称“省政法部门”）工作会议，集中时间统一办公，协调各政法部门提供相关的技术方案和技术参数，做到通用设备配备标准一致，共同完成招标文件的制作。之后，安徽省政府采购中心还组织上述部门人员对项目的商务条款和技术方案、技术参数进行再次审核。过后，上报省政法装备采购领导小组审议后按计划严密组织实施。

二是做细做实工作，严谨规范操作。历年政法专项资金装备采购项目采购的品种都很繁杂庞大，涉及面较广，而且所采购的装备对专业性、质量、售后服务等都有较高的要求。这就需要我们在实施过程中给予充分考虑，但每年这个项目留给我们的准备时间都不是很多，以 2009 年“安徽省政法转移支付资金装备及全省政法网续建项目采购”为例，安徽省政府采购中心 11 月 20 日才接到采购任务，要求我们在年底前要完成。即使如此，我们基于与政法各部门的沟通及往年对项目的要求，坚持用规范操作保证公平竞争，用实际效果体现采购效率，我们倒排时间表，对项目实行专人负责制，加强对项目实施全过程的协调和控制。加班加点，仅用 2 周时间即编制好采购文件，并顺利发标，在项目评审中为扩大影响邀请部分市财政及政法部门人员现场观摩。该项目于 2009 年 12 月 25 日顺利开标，项目进展顺利。

三是加强沟通协调，落实政策功能。采购中心加强和采购单位的沟通协调，加大国家相关政府采购政策功能宣传并严格贯彻落实到位。在招标文件中严格执行国家关于支持中小企业、支持民族品牌、支持自主创新、强制采购节能产品和优先采购环保产品等有关政策，也得到了采购单位和供应商的理解和支持。

【项目成果】

9 次政法专项资金装备政府采购的组织实施，既保证专款专用和装备质量又节约了资金、扩大了政府采购的影响。安徽省的做法也得到了财政部的肯定和基层政法部门的好评，供应商也给予充分肯定，安徽省专款管理工作每年都被财政部评为优秀。

1. 规模效应提高资金利用率。安徽省政法专项资金实行政府采购的三个“三年规划”中，第一个三年规划（2001 年～2003 年）平均节支率为 25%；第二个三年规划（2004 年～2006 年）平均节支率为 16%；2007、2008 年的节支率也达到了 17% 以上，极大地提高了资金利用率。

2. 集中采购实现了标准统一，专款专用。9 年 9 次的项目招标中，我们始终坚持两个原则，一是坚持实物配发，另一个就是注意采购设备的整体规划性。实现了在公、检、法、司等政法部门办公设备等通用货物配备标准的一致，受财政部委托，省财政厅政法处牵头部分省进行政法装备标准制定，多年的政法专项采购已成为他们制定装备标准的重要依据。同时，我们还注重了整体的规划，对于以后设备的更新与升级改造也具备非常强的适应性和衔接能力。如 2009 年的政法网续建项目，通过政府采购实现了项目的延续性和服务的完备性。另外，也实现了真正意义上的资金专款专用 。

3. 政府采购和售后服务体系不断完善。近年来，随着透明度的提高以及竞争的日益激烈，越来越多的供应商参与政法项目投标，给政府采购单位更多的选择空间。特别是 2009 年，随着政法项目采购规模和金额的进一步扩大，更多更先进的质优价廉的设备通过政府采购将装备到全省各地基层政法部门，这对于提高政法干警们的办事办案效率将发挥积极的作用。同时，我们利用规范、严谨的操作，从资质以及售后服务体系都对供应商们进行了认真的考察，在确认其保证产品质量的同时，也确保其履行售后环节的法律效力，为基层政法部门提供了完备的售后服务体系。中标供应也商对竞争获得的机会较为珍惜，增进了责任意识。

4. 扩大了政府采购规模和影响力。采购中心在各采购单位多年的合作沟通上，无论是从需求的沟通协作、产品的选择、还是从标书的细节完善上，都是水到渠成。采购中心规范的操作，优质的服务都让采购单位非常的放心和认可。同时，这样的成绩不仅是扩大了采购的规模，提高了服务政府行为的能力，更重要的是通过这样的一个过程，让更多的人理解和接受了政府采购这项事业，进而尊重我们所有政府采购工作人员的劳动付出。

【项目启示】

近年来，安徽省政府采购中心在实施政法专项资金装备项目采购的同时，从2007年开始，我们还开展了国家对安徽省小麦优势产区良种补贴项目采购，这些项目有一个共同点就是项目资金量大，采购单位是多个部门或各个地方，但都取得了较大的成功，政府采购的影响力得到了进一步扩大。

一要扩大采购规模和范围，提高政府采购影响力。我们要继续坚持扩面增量和提高质量相结合，加强对民生项目、涉农项目等各类专项资金项目的调查研究，使日益增多的金额大、影响力广的大项目成为扩大政府集中采购规模的重要支撑点，促进政府集中采购项目组织实施的经济效益和社会效益同步提高。

二要完善工作机制，加强沟通协作。采购中心要加强和各级财政部门、采购单位等各方面的沟通交流，加强工作交流，形成工作合力。同时，还要和供应商、社会媒体等各方建立起日常的联系沟通渠道，按照政府采购制度的要求，不仅要借助媒体充分公开政府采购信息，还要保证为采购过程的透明度提供必要条件，支持新闻媒体及社会各界进行报道、评议，监督政府采购依法进行。

三要加强队伍建设，切实提高采购执行能力。类似政法专项资金等采购项目虽然复杂，但却也最能够锻炼我们的采购队伍。因此，在采购队伍建设方面，我们要不断借此非常难得的锻炼机会，加强对采购队伍的培养，帮助他们在实践中锻炼提高，以提高其驾驭采购活动的能力。

四要贯彻执行政策功能，服务经济社会大局。借助这类社会影响力广，牵涉面大的政府采购项目，加大国家政府采购政策功能的宣传和贯彻执行力度，切实帮助采购单位和供应商加深对政府采购政策功能的理解和认同，积极建言献策，服务经济社会发展大局。

（作者单位：安徽省政府采购中心）

十二、2009年度地方政府采购机构设置及信息发布媒体

（一）部分省（自治区、直辖市、计划单列市）政府采购管理机构

一

地区	机构全称	办公地址	负责人	电话	传真	电子信箱	邮政编码
北京市	北京市政府采购办公室	北京市海淀区阜成路 15 号	李惠娟				100048
东城区	东城区政府采购办公室	北京市东城区东直门外新中街 2 号	翟　勤				100027
西城区	西城区政府采购办公室	北京市西城区太平桥大街 107 号	王　欣				100032
崇文区	崇文区政府采购办公室	北京市崇文区长青园 1 号楼	樊　英				100061
宣武区	宣武区政府采购办公室	北京市宣武区长椿街甲 24 号	李洪志				100053
朝阳区	朝阳区政府采购办公室	北京市朝阳区日坛北路 3 号	张　京				100020
海淀区	海淀区政府采购办公室	北京市海淀区西四环北路 9 号鑫泰大厦	刘　雁				100097
丰台区	丰台区政府采购办公室	北京市丰台区西四环南路 58 号	王亚丽				100073
石景山区	石景山区政府采购办公室	北京市石景山区古城北路	孙　静				100043
门头沟区	门头沟区政府采购办公室	北京市门头沟区滨河路 56 号	陈晓梅				102300
房山区	房山区政府采购办公室	北京市房山区良乡西门外南路	赵连生				102488
大兴区	大兴区政府采购办公室	北京市大兴区黄村东大街 35 号	唐胜明				102600
通州区	通州区政府采购办公室	北京市通州区梨园北街 15 号	李　军				101101

续表

地区	机构全称	办公地址	负责人	电话	传真	电子信箱	邮政编码
顺义区	顺义区政府采购办公室	北京市顺义区新顺南大街 17 号	张丽芸				101300
昌平区	昌平区政府采购办公室	北京市昌平区东环路	赵学军				102200
怀柔区	怀柔区政府采购办公室	北京市怀柔区南华大街 17 号	彭兴臣				101400
平谷区	平谷区政府采购办公室	北京市平谷区府前西街 18 号	王晓彦				101200
密云县	密云县政府采购办公室	北京市密云县鼓楼东大街 1 号	段玉枝				101500
延庆县	延庆县政府采购办公室	北京市延庆县新城街 8 号	刘银燕				102100
燕山	燕山政府采购办公室	北京市房山区燕房路 50 号	赵锦华				102500
经济开发区	经济开发区政府采购办公室	北京市亦庄经济开发区	李晓红				100076
天津市	天津市政府采购办公室	天津市和平区曲阜道 4 号	粟庆林	022 – 23123741	022 – 3311740	togp@ sina. com	300042
和平区	和平区财政局政府采购科	天津市和平区保定道 10 号	王富强	022 – 23197229	022 – 23197229	hpzhc@ yahoo. com	300040
河东区	河东区财政局政府采购办公室	天津市河东区大王庄西锦路 7 号	孙相群	022 – 24153950	022 – 24153950	hedongzfcg@ sina. com	300171
河西区	河西区财政局政府采购办公室	天津市河西区苏州道 6 号	臧宝幸	022 – 23278781	022 – 23278782	tjhxgp@ yahoo. cn	300202
南开区	南开区财政局政府采购办公室	天津市南开区南门外大街盛欣园 382 号	王　健	022 – 27315129 – 813	022 – 27315129 – 813	nkzc2007@ 126. com	300100
河北区	河北区财政局政府采购办公室	天津市河北区狮子林大街 284 号	张　颖	022 – 26296174	022 – 26296174	hbqzc@ 163. com	300143

续表

地区	机构全称	办公地址	负责人	电话	传真	电子信箱	邮政编码
红桥区	红桥区财政局政府采购办公室	天津市红桥区勤俭道区政府大院西配楼	张德新	022－86516611	022－86516602	hq－cgb@126. com	300131
塘沽区	塘沽区财政局政府采购办公室	天津市塘沽区营口道 468 号	王学霞	022－25866107	022－25866107	tgcb2005@hotmail. com	300450
汉沽区	汉沽区财政局协税科	天津市汉沽区新开中路 96 号	傅建国	022－25693949	022－25693949		300480
大港区	大港区财政局政府采购办公室	天津市大港区世纪大道 9 号	康　悦	022－63236539	022－63236539	dgzc518@sina. com	300270
东丽区	东丽区财政局预算科	天津市东丽区先锋路 9 号	李　罡	022－84375903	022－84376988	dlczzc@163. com	300300
西青区	西青区财政局政府采购办公室	天津市西青区杨柳青青远路 5 号	杨义明	022－27913240	022－27913240	tjgtw@126. com	300380
津南区	津南区财政局政府采购办公室	天津市津南区咸水沽镇红旗路	孙树森	022－28546607	022－28546607	zfcg_ tjjn@163. com	300350
北辰区	北辰区财政局综合科	天津市北辰区京津公路北医道 14 号	吴俊江	022－26811914	022－26811914		300400
武清区	武清区财政局政府采购办公室	天津市武清杨村雍阳东路 12 号	庞志伟	022－22173322	022－22173322	shenxian_ 84@126. com	301700
宝坻区	宝坻区财政局政府采购办公室	天津市宝坻区城关镇广川路 29 号	王民强	022－29241598	022－29241598	bdzfcg@eyou. com	301800
蓟县	蓟县财政局行政事业科	天津市蓟县新华大街 21 号	王元春	022－29141367	022－29141367	tjjxhysh@126. com	301900
宁河县	宁河县财政局政府采购办公室	天津市宁河县芦台镇光明路 62 号	刘金路	022－69592855	022－69592855	liujunjun2188@sina. com	301500
静海县	静海县财政局政府采购办公室	天津市静海县静文路 24 号	贺海军	022－28914407	022－28914407	jhzfcg@eyou. com	301600

续表

地区	机构全称	办公地址	负责人	电话	传真	电子信箱	邮政编码
经济技术开发区	经济技术开发区政府采购和投资管理中心	天津市开发区宏达街 19 号	吕 瑛	022 – 25201212	022 – 25202612	lvy@ teda. gov. cn	300457
保税区	保税区财政局基建科	天津市空港物流加工区管委会保税区财政局	张淑香	022 – 84906052	022 – 84906052	zhangsx@ adm. tjftz. gov. cn	300461
新技术产业园区	新技术产业园区财政局政府采购办公室	天津市南开区华苑产业区华天道 6 号	高 阳	022 – 83715902	022 – 83715902	czqc@ thip. gov. cn	300384
中新生态城	天津中新生态城财政局	天津生态城汉北路 7 号	段 喆	022 – 66328896	022 – 66328899	duanzh@ eco – city. net. cn	300467
河北省	河北省政府采购办公室	石家庄市桥西区华安街 14 号	曹建和	0311 – 018938	0311 – 028290	caojh@ hebcz. gov. com	050051
石家庄市	石家庄市财政局政府采购处	石家庄市长安区中山东路 216 号	李龙耀	0311 – 86688536	0311 – 86687632	hjj2233@ qq. com	050011
承德市	承德市政府采购办公室	承德市开发区雹神庙市财政局	梁淑萍	0314 – 2255610	0314 – 2255610	cdkb2008@ 126. com	067000
张家口市	张家口市财政局政府采购办公室	张家口市桥东区滨河东路 49 号	陈广维	0313 – 2020666	0313 – 2020666	cgw. 2100@ 163. com	075000
秦皇岛市	秦皇岛市政府采购办公室	秦皇岛市海港区和平大街 21 号	宋瑞军	0335 – 3035555	0335 – 3035555	qhdcgb@ 163. com	066000
唐山市	唐山市财政局政府采购管理办公室	唐山市路北区西山道 7 号	董雅娟	0315 – 2801159	0315 – 2822835	cgbymj@ 163. com	063000
廊坊市	廊坊市财政局政府采购办公室	廊坊市广阳区新华路 209 号	曹 宏	0316 – 2180430	0316 – 2180430	wangmingyan88256 @ sina. com	065000

续表

地区	机构全称	办公地址	负责人	电话	传真	电子信箱	邮政编码
保定市	保定市政府采购办公室	保定市北市区五四东路 366 号	马　强	0312 – 5056987	0312 – 5056987	wangri88@ tom. com	071000
沧州市	沧州市人民政府采购办公室	沧州市运河区解放西路 40 号	申学增	0317 – 2022310	0317 – 2021775	wo42119@ 163. com	061000
衡水市	衡水市政府采购办公室	衡水市桃城区永兴西路 819 号	刘风营	0318 – 2126615	0318 – 2162950	hsszfcg01@ sina. com	053000
邢台市	邢台市人民政府采购管理办公室	邢台市桥西区郭守敬北路 281 号	王少英	0319 – 2222075	0319 – 2222075	zhangss666888@ sina. com	054000
邯郸市	邯郸市政府采购办公室	邯郸市丛台区人民路 88 号	张永安	0310 – 3055765	0310 – 3055765	hdszfcgbgs@ sohu. com	056002
辽宁省	辽宁省财政厅	沈阳市和平区南京北街 103 号	孙中才	024 – 22821981			110002
沈阳市	沈阳市财政局	沈阳市沈河区北一经街 78 号	刘东伟	024 – 22873618			110014
大连市	大连市财政局	大连市中山区长江路 138 号	徐崇君	0411 – 82817474			116001
鞍山市	鞍山市财政局	鞍山市铁东区前进路 6 号	赵长臣	0412 – 2248236			114002
抚顺市	抚顺市财政局	抚顺市新抚区新华大街十七号	李　莉	0413 – 7760091			113008
本溪市	本溪市财政局	本溪市平山区平山路三号	宁　然	0414 – 2836561			117000
丹东市	丹东市财政局	丹东市元宝区锦山大街 36 号	李成珍	0415 – 2854860			118000
锦州市	锦州市财政局	锦州市古塔区解放路三段 27 号	王立仁	0416 – 3122773			121001
营口市	营口市财政局	营口市站前区渤海大街西 6 号	范作森	0417 – 2838518			115000
阜新市	阜新市财政局	阜新市海州区解放大街 36 号	崔　涛	0418 – 2828296			123000
辽阳市	辽阳市财政局	辽阳市白塔区中华大街 63 号	刘时泽	0419 – 2289115			111000
铁岭市	铁岭市财政局	铁岭市金沙江路 39 号	魏晓娟	0427 – 2837811			112000

续表

地区	机构全称	办公地址	负责人	电话	传真	电子信箱	邮政编码
朝阳市	朝阳市财政局	朝阳市双塔区珠江路3段54号	李世范	0410－2812218			122000
盘锦市	盘锦市财政局	盘锦市兴隆台区惠宾大街	娄　静	0421－3608118			124010
葫芦岛市	葫芦岛市财政局	葫芦岛市龙湾新区龙城街5号	刘德胜	0429－3156033			125201
大连	大连市政府采购管理办公室	大连市中山区长江路138号	丁连宇	0411－82816655	0411－82816655－8090	ccgp@dl.gov.cn	116001
吉林省	吉林省财政厅政府采购工作管理办公室	长春市人民大街3646号	李　铮	0431－88550621	0431－88550620		130021
长春市	长春市财政局政府采购管理办公室	长春市新民主大街809号	陈沪平	0431－88562910	0431－88562910		130061
吉林市	吉林市财政局政府采购管理办公室	吉林市船营区松江中路65号	崔宝金	0432－62049096	0432－62049096		132011
四平市	四平市财政局政府采购管理办公室	四平市英雄大街59号	张清涛	0434－3268269	0434－3268269		136000
辽源市	辽源市财政局政府采购管理办公室	辽源市人民大街524号	杨佳惠	0437－3252584	0437－3252584		136200
通化市	通化市财政局政府采购管理办公室	通化市滨江东路9号	杨　莉	0435－3652562	0435－3652562		134000
白山市	白山市财政局政府采购管理办公室	白山市幸福南大街9号	裴明春	0436－3325548	0436－3325548		137000

续表

地区	机构全称	办公地址	负责人	电话	传真	电子信箱	邮政编码
松原市	松原市财政局政府采购管理办公室	松原市宁江区长宁南街 19 号	刘明武	0438 －5075077	0438 －5075077		138001
延边州	延边州财政局政府采购管理办公室	延吉市光明街 88 号	徐志国	0433 －2876060	0433 －2876060		133000
长白山管委会	长白山保护开发区管理委员会财政与审计局政府采购工作管理办公室	长白山管委会池北区	李洪刚	0433 －5710193	0433 －5710193		133613
黑龙江省	黑龙江省政府采购管理办公室	哈尔滨市南岗区建设街 146 号	赵　谦	0451 －53001088	0451 －53650829	hljcg@ 126. com	150001
哈尔滨市	哈尔滨市政府采购管理办公室	哈尔滨市道里区友谊路 421 号	商立成	0451 －84853325	0451 －84853325	lrj81030877@ sina. com	150010
齐齐哈尔市	齐齐哈尔市政府采购管理办公室	齐齐哈尔市永安大街 108 号	杨　涛	0452 －2400543	0452 －2400543	yt88999@ 126. com	161005
牡丹江市	牡丹江市政府采购管理办公室	牡丹江市太平路 129 号财政局 116 室	张丁洲	0453 －6238442	0453 －6238442	mdjcgb@ 126. com	157000
佳木斯市	佳木斯市政府采购管理办公室	佳木斯市长安路 1778 号	董　爽	0454 －8668706	0454 －8225064	jmsds2007@ sina. com	154002
大庆市	大庆市政府采购管理办公室	大庆市行政服务中心三楼	庄永久	0459 －4671999	0459 －4671883	dqzfcg@ 163. com	163311
鸡西市	鸡西市政府采购管理办公室	鸡西市和平北大街 118 号财政局 2 楼	黄成祥	0467 －2353655	0467 －2353655	jxgmx@ 126. com	158100
鹤岗市	鹤岗市政府采购管理办公室	鹤岗市工农区东解放路 67 号	刘建华	0468 －3450339	0468 －3450339	whxqyjx@ 163. com	154001

续表

地区	机构全称	办公地址	负责人	电话	传真	电子信箱	邮政编码
双鸭山市	双鸭山市政府采购管理办公室	双鸭山市尖山区文化路 61 号	王光炎	0469 – 4275300	0469 – 4282792	syszfcg@ 163. com	155100
伊春市	伊春市政府采购管理办公室	伊春市伊春区永红小区 3 号楼	宋立祥	0458 – 3978070	0458 – 3978076	zhangyue_ 19780201 @ 163. com	153000
七台河市	七台河市政府采购管理办公室	七台河市桃山区学府路 111 号	宋修忠	0464 – 8688010	0464 – 8688010	qthcgb@ 163. com	154600
绥化市	绥化市政府采购管理办公室	绥化市祥和东街 43 号	李永喜	0455 – 8101260	0455 – 8101262	shcgb6600676@ 163. com	152054
黑河市	黑河市政府采购管理办公室	黑河市王肃街	裴安保	0456 – 8228580	0456 – 8228580	hhszfcgb@ 163. com	164300
大兴安岭地区	大兴安岭地区政府采购管理办公室	大兴安岭加格达奇区人民路 43 号	王玉玺	0457 – 2123272	0457 – 2123272	lyy0457@ 163. com	165000
江苏省	江苏省财政厅政府采购管理处	江苏省南京市北京西路 63 号	吴小明	025 – 83633058	025 – 83633054	jszfcg@ gmail. com	210024
南京市	南京市财政局政府采购管理处	南京市长江路 66 号	赵群力	025 – 51808860	025 – 51808860		210005
无锡市	无锡市财政局政府采购管理处	无锡市石皮路 8 号	李子元	0510 – 82793160	0510 – 82793160		214001
徐州市	徐州市财政局政府采购管理处	徐州市新城区昆仑大道 1 号	韩　松	0516 – 83731182	0516 – 83739293		221018
常州市	常州市财政局政府采购管理处	常州市龙城大道 1280 号	万薇薇	0519 – 85681829	0519 – 85681829		213022
苏州市	苏州市财政局政府采购管理处	苏州市三香路 998 号	李　琛	0512 – 68615855	0512 – 68615855		215004
南通市	南通市财政局政府采购管理处	南通市越龙路 38 号	褚作人	0513 – 85594207	0513 – 85594184		226001
连云港市	连云港市财政局政府采购管理处	连云港市新浦区海连中路 99 号	陆　翔	0518 – 85521497	0518 – 85521497		222002

续表

地区	机构全称	办公地址	负责人	电话	传真	电子信箱	邮政编码
淮安市	淮安市财政局政府采购管理处	淮安市健康东路 65 号	张　标	0517－83168062	0517－83168062		223001
盐城市	盐城市财政局政府采购管理处	盐城市亭湖区文峰路 41 号	季吕彬	0515－88365441	0515－88365441		224000
扬州市	扬州市财政局政府采购管理处	扬州市淮海路 108 号	王　琥	0514－87342525	0514－87346729		225000
镇江市	镇江市财政局政府采购管理处	镇江市正东路 141 号	韩年庚	0511－84403270	0511－84403270		212003
泰州市	泰州市财政局政府采购管理处	泰州市海陵南路 302 号	邱步道	0523－86888091	0523－86888091		225300
宿迁市	宿迁市财政局政府采购管理处	宿迁市人民大道 2 号	宋心考	0527－84363062	0527－84363081		223800
浙江省	浙江省财政厅政府采购监管处	杭州市环城西路 37 号	钱国兴	0571－87055741	0571－87055741	qianguoxing@ czt. zj. cn	310006
杭州市	杭州市政府采购领导小组办公室	杭州市中河中路 152 号	毛慧敏	0571－85085030	0571－85085030	maohuimin@ hz. cn	310009
温州市	温州市财政局政府采购监管处	温州市勤奋路 59 号	胡　钧	0577－88588506	0577－88588525	Hujun@ wztax. gov. cn	325005
嘉兴市	嘉兴市政府采购办公室	嘉兴市环城西路 2588 号	俞东方	0573－82031731、82031217	0573－82033317	jxscgb@ yahoo. com. cn	314000
湖州市	湖州市政府采购办公室	湖州市龙王路 258 号	屠培红	0572－2150003	0572－2150037		313000
绍兴市	绍兴市财政局政府采购监管处	绍兴市人民西路 333 号	俞乃锋	0575－85209806	0575－85209806		312000
金华市	金华市财政局政府采购监督管理处	金华市双龙南街 801 号	周祝生	0579－82468736	0579－82468734	zzs@ jhcs. gov. cn	321017
衢州市	衢州市政府采购办公室	衢州市柯城区白云街道三江东路 28 号	徐深义	0570－3055203	0570－3055203	xushenyi@ 163. com	324000

续表

地区	机构全称	办公地址	负责人	电话	传真	电子信箱	邮政编码
舟山市	舟山市财政局政府采购管理办公室	舟山市新城海天大道 681 号 5 号楼	蒋丽虹	0580－2282602	0580－2282592	zfcg@ zhoushan. gov. cn	316021
台州市	台州市财政局政府采购监督管理处	台州市开发区纬一路 66 号	许伶敏	0576－88206705	0576－88206705	tzzfcgjgc@ 163. com	318000
丽水市	丽水市财政局政府采购监管处	丽水市北苑路 190 号	管伟春	0578－2669335	0578－2669165		323000
安徽省	安徽省财政厅政府采购处	合肥市阜南路 238 号（230061）	孙学鹏	0551－5100290	0551－5100141	sxpzfcg@ yahoo. com. cn	
合肥市	合肥市财政局政府采购处	合肥市潜山南路 1 号（230071）	刘勇军	0551－3532068	0551－3532353	liuyongjun@ hefei. gov. cn	
淮北市	淮北市财政局政府采购科	淮北市人民路财政工行大厦	徐安东	0561－3053881	0561－3053881	xuanton881@ 163. com	235000
宣城市	宣城市财政局政府采购科	宣城市状元路 16 号	方桂贞	0563－3036073	0563－3023813	xcczfgz2007@ 126. com	242000
马鞍山市	马鞍山市财政局政府采购科	马鞍山市花雨路 3 号	陈　涛	0555－2364145	0555－2364145	mascgc@ mas. gov. cn	243011
宿州市	宿州市财政局政府采购科	宿州市淮河中路 168 号	金共银	0557－3905932	0557－3905932	grj@ 163. net	234000
阜阳市	阜阳市财政局政府采购科	阜阳市奎星路 14 号	崔　巍	0558－2261464	0558－2261464	fuyangcz@ sohu. com	236034
铜陵市	铜陵市财政局政府采购科	铜陵市财政局西四楼	朱长英	0562－2129043	0562－2835778	tlczhxj@ 163. com	244000
淮南市	淮南市财政局政府采购科	淮南市陈洞路金海大厦	沈维玲	0554－6667820	0554－6667413	298088400@ qq. com	232001
池州市	池州市财政局政府采购科	池州市池阳路 60 号	王立勋	0566－2035631	0566－2022820	mmgg_ 1495@ qq. com	247000
蚌埠市	蚌埠市财政局政府采购科	蚌埠市南山路 76 号	卢　勇	0552－2070726	0552－2070726	ahbbczjcgk@ 126. com	233000
黄山市	黄山市财政局政府采购科	黄山市财政局大楼	姜来久	0559－2355179	0559－2355179	hsszfcgk@ 163. com	245000
巢湖市	巢湖市财政局政府采购科	巢湖市姥山路市财政局	王继文	0565－2336081	0565－2336081	chwangjw@ 126. com	238000

续表

地区	机构全称	办公地址	负责人	电话	传真	电子信箱	邮政编码
六安市	六安市财政局政府采购办公室	六安市梅山南路政务中心 12 楼财政局	吴洪信	0564－3378262	0564－3378213	hxtalgdd@ sina. com	237000
滁州市	滁州市财政局政府采购办公室	滁州市开发区会峰大厦六楼	黄宁辉	0550－3216532	0550－3216532	czhnh5@ sina. com	239000
安庆市	安庆市财政局预算编制办公室	安庆市菱湖北路 32 号	刘敦本	0556－5288985	0556－5288993	wgc195808@ 163. com	246003
亳州市	亳州市财政局预算科	亳州市光明路	陈淑敏	0558－5119502	0558－5131719	quyunshan@ sohu. com	236800
芜湖市	芜湖市财政局资产调配科	芜湖市北京东路 257 号	王高华	0553－3122153	0553－3122113	526810549@ qq. com	241000
福建省	福建省财政厅政府采购监督管理办公室	福州市中山路 5 号	王仁渠	0591－87097833	0591－87097176	fjzfcg@ sina. com	350003
福州市	福州市财政局政府采购监督管理办公室	福州市乌山支路 34 号	欧阳锋	0591－87116758	0591－83334166		350001
莆田市	莆田市人民政府采购委员会办公室	莆田市荔城中大道机关事业楼 8 号	陈志强	0594－2675926	0594－2675926		351100
南平市	南平市政府采购委员会办公室	南平市光荣岭 4 号	陈献晨	0599－8852978	0591－8830139		353000
宁德市	宁德市人民政府采购委员会办公室	宁德市焦城区署前路 26 号	黄　勤	0593－2838116	0593－2821313	fjndzfcg@ 163. com	352100
漳州市	漳州市政府采购委员会办公室	漳州市芗城区平等路 72 号	王春亚	0596－2026322	0596－2023932	zzcgb@ tom. com	363000
泉州市	泉州市政府采购委员会采购办公室	泉州市丰泽区妙云街 160 号泉州市行政服务中心四楼	许文彬	0595－22135519	0595－22135521	qzczcgb@ 163. com	362000
龙岩市	龙岩市政府采购委员会办公室	龙岩市和平路新罗区 62 号	徐初纯	0597－2291068	0597－2291068	zgfjlyxcc@ sina. com	364000
三明市	三明市政府采购委员会办公室	三明市梅列区红岩新村 15 幢	荀国霞	0598－8224139	0598－8236965	sm8222443@ 126. com	365000

续表

地区	机构全称	办公地址	负责人	电话	传真	电子信箱	邮政编码
厦门市	厦门市政府采购管理办公室	厦门市湖滨北路 98 号财经大厦 1201 室	方文江	0592－5398218	0592－5398216	fwj@ xm. gov. cn	361012
山东省	山东省财政厅政府采购处	济南市济大路 3 号	刘仁民	0531－82669931			
济南市	济南市政府采购管理处	济南市经五路 169 号财税大厦	王传秋	0531－87949163	0531－87030156	jnsczjcgc@ 163. com	250001
青岛市	青岛市政府采购管理办公室	青岛市宁夏路 208 号	谢宜豪	0532－85855850	0532－85855838	qdzfcgb@ 126. com	266071
淄博市	淄博市政府采购办公室	淄博市张店区联通路 306 号	房景贤	0533－3887137	0533－2307046	zfcgzm@ tom. com	255000
枣庄市	枣庄市政府采购管理办公室	枣庄市新城区枣庄市财政局	刘善忠	0632－3256035	0632－3313055	sdzzlsz@ 163. com	277800
东营市	东营市政府采购办公室	东营市东城府前大街 122 号	袭祥珠	0546－8329771	0546－8329315	zfcg402@ 126. com	257091
烟台市	烟台市政府采购管理办公室	烟台市芝罘区玉溪路 17－1 号	任信美	0535－6688070	0535－6688095	yantaizfcgb@ 163. com	264000
潍坊市	潍坊市政府采购中心	潍坊市奎文区文化路 439 号	李元春	0536－8198311	0536－8198311	songlaizhong@ 126. com	261041
济宁市	济宁市财政局国库科	济宁市吴泰闸路 75 号	孙宗友	0537－2606058	0537－2606057	jngkk@ 163. com	272023
泰安市	泰安市政府采购管理办公室	泰安市温泉路中段泰安市财政局	李清明	0538－6220370	0538－6220370	tazfcg@ 126. com	271000
威海市	威海市政府采购管理办公室	威海市海滨北路 60 号	毕洁波	0631－5212818	0631－5212818	d212818@ 163. com	264200
日照市	日照市政府采购管理办公室	日照市黄海 2 路 13 号	刘　军	0633－8668097	0633－8668001	rzzfcglj@ 126. com	276826
莱芜市	莱芜市财政局国库科	莱芜市莱城区龙潭东大街 29 号	李　波	0634－8891125	0634－8891125	lwcuipeng@ 126. com	271100
临沂市	临沂市政府采购监督管理办公室	临沂市沂蒙路 161－1 号中银大厦	王经中	0539－8113015	0539－8113015	lyzfcg@ sina. com. cn	276000
德州市	德州市政府采购管理办公室	德州市德城区湖滨中大道 1268 号	许欣君	0534－2381893	0534－2381885	dzzfcg@ 163. com	253014

续表

地区	机构全称	办公地址	负责人	电话	传真	电子信箱	邮政编码
滨州市	滨州市政府采购管理办公室	滨州市滨城区黄河五路 357 号	高成明	0543－3187655	0543－3781653	bz_ zzfcg@ 163. com	256600
聊城市	聊城市政府采购管理办公室	聊城市东仓西路 119 号	侯志刚	0635－8681136	0635－8681158	lczmz@ tom. com	252000
菏泽市	菏泽市政府采购办公室	菏泽市中华西路 2626 号	曹海涛	0530－5613728	0530－5613729	caoht3339@ 163. com	274000
青岛市	青岛市财政局政府采购办公室	青岛市宁夏路 208 号	谢宜豪	0532－85855850	0532－85855838	qdzfcgb@ 163. com	266071
市南区	市南区政府采购办公室	青岛市宁夏路 208 号	白红日	88729927	88729927		266071
市北区	市北区政府采购办公室	青岛市延吉路 80 号 813 房间	肖　勇	5801361	5801361		266023
四方区	四方区政府采购办公室	青岛市鞍山二路 48 号	蓝　青	83771921	83771921		266033
李沧区	李沧区政府采购办公室	青岛市李沧区 308 国道 615 号 3 号楼 206 房间	齐　威	87632477	87632477		266100
崂山区	崂山区政府采购管理办公室	青岛市崂山财经中心	刘　冰	80996812	80996878		266101
城阳区	城阳区政府采购办公室	青岛市城阳区山城路 198 号	于　淯	7868840＼7868117	87868640		266109
保税区	保税区财政局结算中心	青岛市保税区太行山路 338 号	周　蕾	6766633	6766671		266555
开发区	开发区政府采购办公室	青岛市开发区武夷山路 302 号	沙主任	6881610	6888309		266555
胶南市	胶南市政府采购管理办公室	胶南市珠海路胶南机关办公中心 425	周效勇	85161875	5161722		266400
胶州市	胶州市政府采购办公室	胶州市兰州东路 28 号	魏升山	82206381	2288253		266300
即墨市	即墨市政府采购办公室	即墨市振华街 136 号	金志刚	8555029			266200
平度市	平度市政府采购办公室	平度市苏州路 27 号	刘增英	88339766	87364962		266800

续表

地区	机构全称	办公地址	负责人	电话	传真	电子信箱	邮政编码
莱西市	莱西市政府采购办公室	莱西市烟台路 98 号	张言哲	88483928	88483928		266600
河南省	河南省财政厅政府采购监督管理处	郑州市经三路 25 号	王书洲	0371－65808508	0371－65808411	Henancgc@ 126. com	450008
郑州市	郑州市人民政府采购控制办公室	郑州市兴华南街 39 号	金秀珍	0371－67180513	0371－67180513	Zhengzhoucgb@ 126. com	450052
开封市	开封市财政局政府采购办公室	开封市大梁路西段	张洪生	0378－3876034	0378－3876034	KFZFCGB@ 126. COM	475004
洛阳市	洛阳市政府采购管理办公室	洛阳市洛南新区财政大楼	华建西	0379－63221264	0379－63259707		471023
平顶山市	平顶山市政府采购办公室	平顶山市公园北街	刘祝明	0375－2627600	0375－2627597		467000
安阳市	安阳市财政局政府采购办公室	安阳市文峰大道东段	高建安	0372－5109207	0372－5109207		455000
焦作市	焦作市政府采购管理办公室	焦作市建设东路 88 号	温红霞	0391－3121299	0391－3121260		454002
鹤壁市	鹤壁市人民政府公共采购办公室	鹤壁市淇滨区九州路中段	董琳玮	0392－3314106	0392－3314106		458030
新乡市	新乡市财政局政府采购科	新乡市人民路 293 号	程天英	0373－3688565	0373－3688565	Czjzfcgk@ 163. com	453000
濮阳市	濮阳市财政局政府采购科	濮阳市古城路	任超群	0393－6666736	0393－6666735	Pyzfcg@ 126. com	457000
许昌市	许昌市政府采购管理办公室	许昌市建安大道东段	李　杰	0374－2676166	0374－2676008	Xcscgb@ 126. com	461000
漯河市	漯河市财政局政府采购科	漯河市黄山路 25 号	陈　会	0395－3150223	0395－3150223		462000
三门峡市	三门峡市财政局政府采购办公室	三门峡市崤山路西段	史秋香	0398－2608905	0398－2608915	Caigouban@ 126. com	472000
南阳市	南阳市财政局政府采购科	南阳市张衡路 396 号	秦晓红	0377－62376157	0377－62376157		473000

续表

地区	机构全称	办公地址	负责人	电话	传真	电子信箱	邮政编码
商丘市	商丘市政府采购管理办公室	商丘市归德南路 21 号	王九生	0370－2697337	0370－2697919	Sqscgb@ 163. com	476000
信阳市	信阳市财政局政府采购科	信阳市人防胡同 10 号	熊　琳	0376－6699783	0376－6699786		464000
周口市	周口市财政局政府采购办公室	周口市太昊路 266 号	刘　平	0394－8319550	0394－8319551		466002
驻马店市	驻马店市政府采购管理办公室	驻马店市文明路北段 99 号	沈国举	0396－2610823	0396－2610823		463000
济源市	济源市财政局政府采购科	济源市黄河大道 98 号	郑国强	0391－6639236	0391－6639236		454650
湖北省	湖北省财政厅政府采购管理处	武汉市中北路 8 号	魏承玉	027－67818899	027－87890028	hbszfcgc@ 163. com	430071
武汉市	武汉市政府采购办公室	武汉市解放大道 1499 号	吴　东	027－85730335	027－85730335		430016
黄石市	黄石市政府采购办公室	黄石市亚光新村金苑小区特 1 号	周汉桥	0714－6208278	0714－6208355		435000
十堰市	十堰市政府采购办公室	十堰市北京北路 89 号	何士东	0719－8102790	0719－8102790	Syzjb123@ tom. com	442000
荆州市	荆州市政府采购办公室	荆州市塔桥路 35 号	郑荆陵	0716－8253268	0716－8261806		434100
襄樊市	襄樊市政府采购办公室	襄樊市财苑路 5 号	梅亚芳	0710－3535306	0710－3535307		441021
宜昌市	宜昌市政府办公室	宜昌市发展大道 7 号	吕云胜	0717－6332462	0717－6343206	ycgb@ 163. com	443005
黄冈市	黄冈市政府采购办公室	黄冈市七一路 3 号	朱华刚	0713－8616543	0713－8616543		438000
孝感市	孝感市政府采购科	孝感市后湖西路	唐诗增	0712－2836013	0712－2836003		432100
咸宁市	咸宁市政府采购管理科	咸宁市咸宁大道 45 号	童　勤	0715－8273640	0715－8273640	xnyau@ yahoo. com. cn	437100
恩施州	恩施州政府采购办公室	恩施州舞阳大街一巷 21 号	伍学荣	0718－8221964	0718－8221964	hbescz@ 163. com	445000
荆门市	荆门市政府采购办公室	荆门市金虾路 30 号	黎清华	0724－2351224	0724－6032851		448000
鄂州市	鄂州市政府采购办公室	鄂州市滨湖西路 129 号	桂新元	0711－3388609	0711－3388608		436000

续表

地区	机构全称	办公地址	负责人	电话	传真	电子信箱	邮政编码
随州市	随州市政府科	随州市城南新区	江崇岗	0722－3596911	0722－3596912	szzfcgk@126. com	431300
仙桃市	仙桃市政府采购办公室	仙桃市仙桃大道29号	张咏梅	0728－3232666－5108	0728－3232666－5108	Yqcy123@163. com	433000
天门市	天门市政府采购办公室	天门市钟星大道18号	丁启明	0728－5334211	0728－5334211	tmliqiong@163. com	431700
潜江市	潜江市政府采购办公室	潜江市章华大道34号	孙　鹏	0728－6247233	0728－6247233		433100
神农架林区	神农架林区政府采购办公室	神农架林区财政局	邹道元	0719－3332189	0719－3332189		442400
湖南省	湖南省财政厅政府采购处	长沙市城南西路1号	黄　卫	0731－85165224			
长沙市	长沙市政府采购监督管理办公室	长沙市岳麓大道218号	孙勇江	0731－8666345	0731－8666346		410007
株洲市	株洲市政府采购管理办公室	株洲市黄河南路455号	王庆玲	0733－8681166	0733－8681200		412000
湘潭市	湘潭市政府采购管理办公室	湘潭市大湖路69号	刘子慧	0732－8276076	0732－8276064		411100
衡阳市	衡阳市政府采购管理办公室	衡阳市华新开发区解放大道30号	杜忠毅	0734－8867617	0734－8867617		421001
怀化市	怀化市政府采购管理办公室	怀化市迎丰中路376号	冯济柏	0745－2722768	0745－2722076		418000
邵阳市	邵阳市政府采购管理办公室	邵阳市大安街18号	傅华亮	0739－5393250	0739－5393249		422000
娄底市	娄底市政府采购管理办公室	娄底市长青中街石马路1号	孙伟清	0738－8285669	0738－8282475		417000
永州市	永州市政府采购监督管理办公室	永州市冷水滩沿江路36号	蒋绍意	0746－8369636	0746－8369636		425000

续表

地区	机构全称	办公地址	负责人	电话	传真	电子信箱	邮政编码
郴州市	郴州市政府采购管理办公室	郴州市郴州市七里大道 136 号	郭远宏	0735－2239772	0735－2239707		423000
岳阳市	岳阳市政府采购管理办公室	岳阳市龙舟路 1 号	周湘鳌	0730－8850162	0730－8850162		414000
益阳市	益阳市政府采购管理办公室	益阳市梓山西路 88 号	刘小平	0737－6102225	0737－6102298		413000
常德市	常德市政府采购管理办公室	常德市武陵区北正街	袁　志	0736－7265996	0736－7231158		415000
张家界市	张家界市政府采购管理办公室	张家界市市政府办公大楼 6 楼	谷占亚	0744－8389051	0744－8389031		427000
湘西自治州	湘西自治州政府采购管理办公室	吉首市人民北路 2 号	向华堂	0743－8711033	0743－8711033		416000
深圳市	深圳市政府采购监督管理办公室	深圳市福田区景田东路 9 号财政大厦	成放晴	0755－83938961	0755－83938675		510000
广西壮族自治区	广西壮族自治区财政厅政府采购监督管理处	南宁市桃源路 69 号财政大厦 7 楼	黄明锦	0771－5331586	0771－5331544		530021
南宁市	南宁市政府采购管理监督管理办公室	南宁市东葛路 129 号财政大厦	刘　艳	0771－2189102	0771－2189082		530023
柳州市	柳州市政府采购管理办公室	柳州市滨江东路 1 号 1 栋 4 楼	邹冬萍	0772－2830323	0772－2830320	lzzfcg@ vip. lz160. net	545001
桂林市	桂林市政府采购管理办公室	桂林市中山北路 23 号	许春燕	0773－2816067	0773－2816067	glzfcg@ 126. com	541001
梧州市	梧州市财政局政府采购监督管理科	梧州市文澜路 97 号	吴　江	0774－3866434	0774－3866434	wzcg123@ sina. com	543002
北海市	北海市财政局政府采购管理科	北海市北部湾西路 69 号	韦国猛	0779－3031432	0779－3039002		536000
防城港市	防城港市政府采购管理办公室	防城港市财政局	陈远光	0770－6102369	0770－2881150		

续表

地区	机构全称	办公地址	负责人	电话	传真	电子信箱	邮政编码
钦州市	钦州市政府采购办公室	钦州市银河大街财政局	黎　翔	0777－2895258	0777－2895258		535000
贵港市	贵港市财政局政府采购监督管理科	贵港市金港大道中段	周　鹏	0775－4560240	0775－4555290		537100
玉林市	玉林市政府采购管理办公室	玉林市建安街一号	吴冬玲	0775－2684925	0775－2684925		537000
百色市	百色市政府采购管理办公室	百色市财政局	罗玉英	0776－2849555	0776－2848963		533000
贺州市	贺州市政府采购管理办公室	贺州市贺州大道财政局	奉明友	0774－5135551	0774－5135553	Hzzfcg5503@163. com	542800
河池市	河池市财政局政府采购科	河池市新建西路 25 号	唐　锷	0778－2103396	0778－2284294		547000
来宾市	来宾市财政局政府采购中心	来宾市盘古大道	左　煜	0772－4233186	0772－4233186	govstock@ sohu. com	546100
崇左市	崇左市政府采购管理办公室	崇左市德天路中段	傅　洁	0771－7823980	0771－7823980		532200
海南省	海南省政府采购管理处	海口市滨海大道 109 号	陈　华	0898－68531659	0898－68503236	hnzfcg@163. com	570105
四川省	四川省财政厅政府采购监督管理处	成都市锦江区南新街 37 号	徐　晖	028－86723190	028－86723190		610016
成都市	成都市政府采购监督管理处	成都市青羊区金家坝街 5 号	马苍蓉	028－86648572	028－86648572		610015
自贡市	自贡市政府采购监督管理科	自贡市自流井区五星街	丁世平	0813－2107769	0813－2106062		643000
攀枝花市	攀枝花市政府采购监督管理处	攀枝花市东区炳草岗大街 5 号	陈　利	0812－3343951	0812－3343951		617000
泸州市	泸州市政府采购监督管理科	泸州市江阳西路 47 号 1 号楼 417 室	闵丽丽	0830－3196717	0830－2282871	lzsczgcgk@163. com	646000
德阳市	德阳市政府采购监督管理科	德阳市天山南路一段 196 号	刘昌用	0838－2511700	0838－2511700		618000

续表

地区	机构全称	办公地址	负责人	电话	传真	电子信箱	邮政编码
绵阳市	绵阳市政府采购监督管理科	绵阳市安昌路 35 号	张兴林	0816－2222023	0816－2222023		621000
广元市	广元市政府采购监督管理科	广元市利州区文化路 59 号	王　红	0839－3260642	0839－3261851		628017
遂宁市	遂宁市政府采购监督管理科	遂宁市城区遂州北路 169 号	曾国华	0825－2313824	0825－2313124	scsnzc@126.com	629000
内江市	内江市政府采购监督管理科	内江市东兴区星桥街 256 号	胡　莉	0832－2267522	0832－2267522		641003
乐山市	乐山市政府采购监督管理科	乐山市市中区春华路 608 号	李智洪	0833－2427703	0833－2427703		614000
宜宾市	宜宾市政府采购监督管理科	宜宾市翠屏区小北街 9 号	曾　君	0831－8228012	0831－8228012		
广安市	广安市政府采购监督管理科	广安市思源大道 2 号	杨　静	0826－2342519	0826－2334063		638000
南充市	南充市政府采购监督管理科	南充市市政新区二号楼	刘学东	0817－2666926	0817－2666105		637000
达州市	达州市政府采购监督管理科	达州市南外通达东路 200 号	王　矛	0818－2675041	0818－2675041		635000
巴中市	巴中市政府采购监督管理科	巴中市江北大道西段 49 号	廖桂林	0827－5811698	0827－5811698		636000
雅安市	雅安市国库科	雅安市雨城区沿江北路 71 号	司晋雅	0835－2623238	0835－2623238		625000
眉山市	眉山市政府采购监督管理科	眉山市眉州大道西二段 116 号	刘　洁	38166711	0833－38166711		620010
资阳市	资阳市政府采购监督管理科	资阳市雁江区新城路 99 号	唐定满	26632059	0832－26632087		641300
阿坝州	阿坝州政府采购监督管理科	阿坝州马尔康团结街 12 号	赵旭东	0837－2831010	0837－2825227		624000
甘孜州	甘孜州政府采购监督管理科	甘孜州康定县光明路 19 号	蒋浩明	0836－2834521	0836－2834521		626000
凉山州	凉山州政府采购监督管理科	西昌市航天大道东路金财大厦	刘家强	0834－3221831	0834－3222735		615000
贵州省	贵州省财政厅政府采购管理处	贵阳市中华北路 242 号	张羽振	0851－689291	0851－6893267		550004
贵阳市	贵阳市财政局政府采购管理处	贵阳市神奇路 8 号	兰瑞莲	0851－5806835	0851－5806835		550002

续表

地区	机构全称	办公地址	负责人	电话	传真	电子信箱	邮政编码
遵义市	遵义市财政局政府采购管理科	遵义市官井路 47 号	王成永	0852 – 8230131	0852 – 8264117		563000
铜仁地区	铜仁地区财政局政府采购科	铜仁市花果路 29 号	王　莲	0856 – 5222908	0856 – 5222908		554300
黔东南州	黔东南州财政局政府采购管理科	黔东南州北京东路	杨先祥	0855 – 8222553	0855 – 8222553	yxxgzqdn@ 126. com	556000
黔南州	黔南州政府采购管理委员会办公室	都匀市文峰路 23 号	王　锦	0854 – 8330115	0854 – 8330115		558000
黔西南州	黔西南州财政局政府采购科	黔西南州沙井街政府院内	姚　远	0859 – 3115993	0859 – 3222021	Gzyy131420@ qq. com	562400
六盘水市	六盘水市财政局政府采购科	六盘水市钟山区花渔路	任炳才	0858 – 8333182	0858 – 8324301		553000
安顺市	安顺市财政局政府采购科	安顺市政府大院内	李建华	0853 – 3282117	0853 – 3282117		561000
毕节地区	毕节地区财政局政府采购科	毕节市桂市路	陈业强	0857 – 8223964	0857 – 8223964		551700
云南省	云南省财政厅政府采购管理处	昆明市五华山	程　彪	0871 – 3637530	0871 – 3623173	ynszfcg@ 163. com	650021
昆明市	昆明市财政局政府采购监督管理处	昆明市永安路 43 号	杨玉玲	0871 – 3522761	0871 – 3544951	zhangli1980@ tom. com	650011
昭通市	昭通市财政局政府采购管理科	昭通市昭阳区迎丰路 50 号	侯　昆	0870 – 2158247	0870 – 2158247	ztcjhk@ 126. com	657000
曲靖市	曲靖市财政局政府采购管理科	曲靖市财政局	金学义	0874 – 3111036	0874 – 3111036	jnqjjxy@ 163. com	655000
玉溪市	玉溪市政府采购管理办公室	玉溪市财政局	张梅芳	0877 – 2024675	0877 – 2039820	zhuliping2188@ sohu. com	653100
保山市	保山市财政局政府采购管理科	保山市财政局	鲁云春	0875 – 2216045	0875 – 2216045	bsczjlyc@ 126. com	678000
楚雄州	楚雄州财政局政府采购管理科	楚雄市鹿城北路 25 号	李红波	0878 – 3122356	0878 – 3122356	cxcgb@ 163. com	675000

续表

地区	机构全称	办公地址	负责人	电话	传真	电子信箱	邮政编码
红河州	红河州财政局政府采购管理科	蒙自县凤凰路北段红河州财政局	刘玉蓉	0873 －3732517	0873 －3732517	251763936@ qq. com	661100
文山州	文山州财政局政府采购管理科	文山县开化镇普阳路州财政局	韦　波	0876 －2184204	0876 －2184204	wscgzx123@ 163. cm	663000
普洱市	普洱市财政局政府采购管理科	普洱市茶城大道 67 号	李亚萍	0879 －2165930	0879 －2165930	pesluokang@ 126. com	665000
西双版纳州	西双版纳州财政局政府采购管理办公室	景洪市勐泐大道 67 号	陈红梅	0691 －2122572	0691 －2122572	ynbncb163@ . com	666100
大理州	大理州财政局政府采购管理科	大理市龙山行政办公区	杨振宣	0872 －2316273	0872 －2316273	syh2316224@ sina. com	671000
德宏州	德宏州财政局政府采购管理科	德宏州财政局	刘向东	0692 －2104485	0692 －2104485	cgzx@ tom. com	678400
丽江市	丽江市财政局政府采购管理科	丽江市古城区香格里拉大道	和士军	0888 －5161514	0888 －5161514	ljcgzx@ sina. com	674100
怒江州	怒江州财政局政府采购管理科	怒江州泸水县六库镇	师尚军	0886 －3622743	0886 －3622743	1159116897@ qq. com	673100
迪庆州	迪庆州财政局政府采购管理科	迪庆州财政局	余永华	0887 －8229131	0887 －8229131	dqzzfcg@ 163. com	674400
临沧市	临沧市财政局政府采购监督管理科	临沧市财政局大楼	李　敬	0883 －2147839	0883 －2147839	xiao_ ling_ yun @ 126. com	677000
西藏自治区	西藏自治区政府采购管理办公室	拉萨市北京中路 101 号	周登慧	0891 －6284715	0891 －6284708		850001
拉萨市	西藏自治区拉萨市财政局国库科	拉萨市江苏路 32 号	王　君	0891 －6331769	0891 －6331769		850000
山南地区	西藏自治区山南地区政府采购办公室	山南乃东县泽当镇格桑路 20 号	美朵卓嘎	0893 －7835596	0893 －7835596		856000

续表

地区	机构全称	办公地址	负责人	电话	传真	电子信箱	邮政编码
昌都地区	西藏自治区昌都地区政府采购办公室	西藏自治区昌都地区西路大门24号	格桑尼玛	0895－4843032	0895－4843032		854000
甘肃省	甘肃省财政厅政府采购办公室	兰州市东岗西路696号	李有定	0931－8899991	0931－8899922		730030
兰州市	兰州市财政局政府采购办公室	兰州市中山路46号	崔生荣	0931－8105031	0931－8105031		730030
酒泉市	酒泉市政府采购办公室	酒泉市新城区广场东路财政大厦	万兴东	0937－2672409	0937－2672406	Wxd5999@163. com	735000
嘉峪关市	嘉峪关市政府采购办公室	嘉峪关市财政局	徐惠云	0937－6318398	0937－6318880	xgfh1989@sina. com	735100
金昌市	金昌市财政局政府采购办公室	金昌市财政局	潘有斌	0935－8213453	0935－8213453		737100
张掖市	张掖市政府采购办公室	张掖市民主西街	吴康宁	0936－8360304	0936－8360304	Zyzfcg1994@sina. com	734000
武威市	武威市政府采购办公室	武威市财政局	蔡登喜	0935－2253349	0935－2253349		733000
白银市	白银市政府采购办公室	白银市白银区人民路122号	牟克鹏	0943－8221502	0943－8221502	mingfei319@163. com	730900
定西市	定西市政府采购办公室	定西市安定区小北街11号	尚玲凤	0932－8221023	0932－8212943		743000
天水市	天水市政府采购管理处	天水市秦州区合作北路62号	郭玉琴	0938－8289186	0938－8214987		741000
平凉市	平凉市政府采购办公室	平凉市西大街61号	杨鸿莲	0933－8213295	0933－8213295	plzfg@126. com	744000
庆阳市	庆阳市政府采购管理办公室	庆阳市西峰区南大街62号	付兴奎	0934－8687921	0934－8687921		745000
陇南市	陇南市财政局政府采购办公室	陇南市武都区人民路286号	李　勇	0939－8235552	0939－8235552		746000
临夏州	临夏州财政局政府采购办公室	临夏市团结路23号	石建华	0930－6222647	0930－6222647		731100
甘南州	甘南州财政局政府采购办公室	甘南州财政局	才　老	0941－8225102	0941－8225102		747000

续表

地区	机构全称	办公地址	负责人	电话	传真	电子信箱	邮政编码
青海省	青海省财政厅政府采购监督管理处		何　勇	0971－6130145		heyongczt@ 126. com	810001
西宁市	西宁市政府采购监督管理处		林　琳	0971－6304026	0971－6304026	xnczll@ yahoo. com. cn	810008
海东地区	海东地区采管办（国库科）		卢秋云	0972－8612053	0972－8612053	qhhdzhfeng@ 163. com	810600
海西州	海西州政府采购管理办公室		尕　洛	0977－8223201	0977－8223201	461229799@ QQ. COM	817000
海北州	海北州采管办（国库科）		忠格吉	0970－8642631	0970－8642851	zhonggeji0324@ 163. com	810200
海南州	海南州采管办（国库科）		华　杰	0974－8510605	0974－8513214	qhhj494@ yahoo. cn. com	813000
宁夏回族自治区	宁夏回族自治区财政厅政府采购管理处办公室	银川市解放西街416号	齐天生	0951－5060345	0951－5069347	qts@ nxcz. govcn	750001
银川市	银川市财政局采购办公室	银川市行政中心财政局	罗广红	0951－6888836	0951－6888842	YCLM2007@ 163. com	750002
石嘴山市	石嘴山市财政局采购办公室	石嘴山市财政局办公楼	桑晓燕	0952－2218438	0952－2218438	sczj@ 163. com	753000
吴忠市	吴忠市财政局采购办公室	吴忠市财政局办公楼	李　彪	0953－2037121	0953－2037121	lb9991@ 123. com	751100
固原市	固原市财政局采购科	固原市行政中心一楼140室	师光明	0954－2088035	0954－2088035	wwz8035@ 163. com	756000
中卫市	中卫市财政局采购办公室	中卫市新区财政局办公楼	马建平	0955－7067887	0951－7067887	Zht12342003@ 163. com	753500
新疆维吾尔自治区	新疆维吾尔自治区财政厅政府采购管理办公室	乌鲁木齐市明德路16号	吴兰香	0991－2819763	0991－2815783		830002
伊犁哈萨克自治州	伊犁哈萨克自治州财政局政府采购管理办公室	伊宁市新华西路64号	蒋世谨	0999－8075070	0999－8022054		835000

续表

地区	机构全称	办公地址	负责人	电话	传真	电子信箱	邮政编码
乌鲁木齐市	乌鲁木齐市财政局政府采购管理办公室	乌鲁木齐市人民路 226 号	孟丽君	0991 - 2818578	0991 - 2818423		830002
新疆克拉玛依市	克拉玛依市政府采购管理办公室	克拉玛依市迎宾路 60 号	韩　文	0990 - 6239160	0990 - 6239160		834000
新疆石河子市	石河子市财政局政府采购办公室	石河子市开发区党政服务中心	许　明	0993 - 2068606	0993 - 2013361		832000
新疆塔城地区	塔城地区财政局政府采购管理办公室	塔城市文化路 26 号	古扎尔	0901 - 6249475	0901 - 6249476		834700
新疆阿勒泰地区	阿勒泰地区财政局政府采购管理办公室	阿勒泰市解放南路 8 号行署新楼	布力布丽	0906 - 2123930	0906 - 2123901		834700
新疆博尔塔拉蒙古自治州	博尔塔拉蒙古自治州财政局政府采购管理办公室	博乐市文化路 125 号	何　军	0909 - 2311586	0909 - 2312785		833400
新疆昌吉回族自治州	昌吉回族自治州政府采购管理办公室	昌吉市建国西路 39 号	叶建军	0994 - 2514903	0994 - 2522198		831100

续表

地区	机构全称	办公地址	负责人	电话	传真	电子信箱	邮政编码
新疆吐鲁番地区	吐鲁番地区财政局政府采购管理办公室	吐鲁番市文化路 678 号	邓泽玲	0995 – 8529370	0995 – 8531019		838000
新疆哈密地区	哈密地区财政局政府采购管理办公室	哈密市文化路 4 号	马春来	0902 – 2233397	0902 – 2263841		839000
新疆巴音郭楞蒙古自治州	巴音郭楞蒙古自治州财政局政府采购管理办公室	库尔勒市人民东路 35 号	包金喜	0996 – 2024012	0996 – 2023600		841000
新疆阿克苏地区	阿克苏地区政府采购管理办公室	阿克苏市北大街 43 号	何　东	0997 – 2123301	0997 – 2123301		843000
新疆克孜勒苏柯尔克孜自治州	克孜勒苏柯尔克孜自治州财政局政府采购管理办公室	阿图什市帕米尔路西三院	李钧芝	0908 – 4235166 – 7000	0908 – 4226619		845350
新疆喀什地区	喀什地区政府采购管理办公室	喀什市解放北路 92 号	艾山江	0998 – 5867000	0998 – 5867001		844000
新疆和田地区	和田地区财政局政府采购管理办公室	和田市迎宾路 18 号	邱海虎	0903 – 2023292	0903 – 2023292		848000

（二）部分省（自治区、直辖市、计划单列市）政府采购集中采购机构

地区	机构全称	负责人	隶属关系	办公地址	邮政编码	电话	传真
天津市	天津市政府采购中心	陈燕平		天津市河东区红星路 79 号	300161	022－24538281	022－24538300
辽宁省	辽宁省政府采购中心	段君明		辽宁省沈阳市和平区太原北街 2 号综合楼 A 座	110001	024－23447711	024－23447709
黑龙江省	黑龙江省政府采购中心	陈佩钢	省政府	哈尔滨市南岗区汉水路 379 号	150001	0451－87220785	0451－87220785
哈尔滨市	哈尔滨市政府采购中心	宝亚君	市财政局	哈尔滨市道里区经纬十二道街 52 号	150010	0451－84202987	0451－84202987
齐齐哈尔市	齐齐哈尔市人民政府物资采购中心	邓玉才	市财政局	齐齐哈尔市党政办公中心 6 号楼	161006	0452－2796924	0452－2796924
牡丹江	牡丹江市政府采购中心	孙敬辉	市政府	牡丹江市东二条路长安街 46 号	157000	0453－6298998	0453－6268068
佳木斯市	佳木斯市政府采购中心	解国本	市财政局	佳木斯市友谊路 159 号	154002	0454－8225340	0454－8246572
大庆市	大庆市政府采购中心	梁家祥	市政府	大庆市行政服务中心三楼	163311	0459－6378088	0459－6378088
鸡西市	鸡西市政府采购中心	王玉堂	市财政局	鸡西市鸡冠区东风路 88 号	158100	0467－2350824	0467－2350824
鹤岗市	鹤岗市政府采购中心	宁晓霞	市财政局	鹤岗市工农区东解放路 47 号	154001	0468－3450380	0468－3450380
双鸭山市	双鸭山市政府采购中心	田新义	市政府	双鸭山市尖山区八马路 252 号	155100	0469－4282793	0469－4207077
伊春市	伊春市政府采购中心	李恒军	市政府	伊春市伊春区永红小区 3 号楼	153000	0458－3906558	0458－3978286
七台河市	七台河市政府采购中心	井青山	市财政局	七台河市桃山区学府路 111 号	154600	0464－8688069	0464－8688069

续表

地区	机构全称	负责人	隶属关系	办公地址	邮政编码	电话	传真
绥化市	绥化市政府采购中心	赵国生	市财政局	绥化市祥和东街 43 号	152054	0455－8115666	0455－8115077
黑河市	黑河市政府采购中心	朱　志	市财政局	黑河市王肃街	164300	0456－8224523	0456－8224523
大兴安岭地区	大兴安岭地区政府采购中心	刘志波	地区财政局	大兴安岭加格达奇区人民路 43 号	165000	0457－2123272	0457－2123272
上海市	上海市政府采购中心	孙昭伦		上海市陆家浜路 1054 号 4 楼	200011	021－63186279	021－63186279
安徽省	安徽省政府采购中心	姜　毅		合肥市阜南西路 238 号安徽省财政厅综合服务楼 5 楼	230061	0551－5101606	0551－5101626
福建省	福建省政府采购中心	薛寿唐	福建省人民政府机关事务管理局	福州华林路 128 号屏东写字楼 14 层	350003	0591－87819286	0591－87819300
福州市	福州市政府采购中心	陈　春	福州市机关事务管理局	福州市鼓楼区乌山路 71－1 号	350001	0591－88083793	0591－8805175
莆田市	莆田市政府采购中心	李振邦	莆田市招投标中心	莆田市新市政府 7 号楼 4 层	351100	0594－2221219	0594－2221219
南平市	南平市招投标服务中心	陈予立	南平市政府行政服务中心	南平市亿发商贸城七号楼	353000	0599－8317266	0599－8317269
宁德市	福建省宁德市政府采购招投标中心	范理宝	宁德市财政局	宁德市闽东中路 26 号东侨科技楼三层	352100	0593－2837336	0593－2099010
漳州市	漳州市政府采购中心	何瑞清	漳州市纪委公共资源管理中心	漳州市芗城区新华南路 86 号	363000	0596－2026201	0596－2022787

续表

地区	机构全称	负责人	隶属关系	办公地址	邮政编码	电话	传真
泉州市	泉州市政府采购中心	王建晋	泉州市财政局	泉州市丰泽区妙云街 160 号泉州市行政服务中心四楼	362000	0595 - 22132299	0595 - 22132299
三明市	三明市人民政府采购中心	黄明道	三明市经济贸易委员会	三明市梅列区杜鹃新村 13 幢 105 - 106 室	365000	0598 - 8241447	0598 - 8241447
山东省	山东省省级机关政府采购中心	王　沛		济南市高新技术产业开发区伯乐路 190 号	250101	0531 - 67800509	0531 - 67800508
济南市	济南市政府采购中心	李深河		济南市奥体西路 157 号	250098	0531 - 66603117	0531 - 66603117
济宁市	济宁市政府采购中心	冯伟华		济宁市建设北路 147 号市直综合集中办公区 5 号楼	272000	0537 - 3202116	0537 - 3202126
莱芜市	莱芜市市级机关政府采购办公室	吕明星		莱芜市龙潭东大街 1 号	271100	0634 - 6286689	0634 - 6213300
临沂市	临沂市政府采购中心	王贤圣		临沂市市政府办公大楼 308 房间	276001	0539 - 8727306	0539 - 8727307
菏泽市	菏泽市政府集中招标采购服务中心	潘杰功		菏泽市中华西路 128 号	274000	0530 - 5613722	0530 - 5613719
河南省							
郑州市	郑州市政府采购中心	宋进伟		郑州市兴华南街 39 号	450052	0371 - 67180103	0371 - 67180103
洛阳市	洛阳市政府采购中心	李　静		洛阳市洛南新区财政大楼	471023	0379 - 63223338	0379 - 63223338
安阳市	安阳市政府采购中心	杨清风		安阳市文峰大道东段	455000	0372 - 5109181	0372 - 5109181
焦作市	焦作市公共资源交易中心	张　健		焦作市人民路阳光大厦	454002	0391 - 3569020	0391 - 3569020

续表

地区	机构全称	负责人	隶属关系	办公地址	邮政编码	电话	传真
鹤壁市	鹤壁市政府采购中心	方　力		鹤壁市淇滨区九州路中段	458030	0392－3326871	0392－3326871
新乡市	新乡市公共资源交易中心	翟桂利		新乡市人民路 115 号	453000	0373－3050525	0373－3050525
濮阳市	濮阳市政府采购中心	段俊娇		濮阳市人民路	457000	0393－6661009	0393－6661009
许昌市	许昌市政府采购中心	李吉甫		许昌市建安大道东段	461000	0374－2676199	0374－2676199
漯河市	漯河市政府采购中心	赵怀军		漯河市黄山路 25 号	462000	0395－3133819	0395－3133819
三门峡市	三门峡市政府采购中心	杨更生		三门峡市崤山路西段	472000	0398－2976616	0398－2976616
南阳市	南阳市政府采购中心	贾河清		南阳市张衡路 396 号	473000	0377－62376515	0377－62376515
商丘市	商丘市政府采购中心	杨身宇		商丘市归德南路 21 号	476000	0370－2697935	0370－2697935
信阳市	信阳市政府采购中心	杨东升		信阳市人防胡同 10 号	464000	0376－6699787	0376－6699787
周口市	周口市政府采购中心	李新涛		周口市太昊路 266 号	466002	0394－8319590	0394－8319590
驻马店市	驻马店市政府采购中心	牛　祥		驻马店市文明大道	463000	0396－2609299	0396－2609299
济源市	济源市政府采购中心	李东风		济源市黄河大道 98 号	454650	0391－6639130	0391－6639130
湖北省	湖北省政府采购中心	饶建国	省政府	武汉市中北路特 1 号	430071	027－87302472	027－87835105
黄石市	黄石市政府采购中心	程功奏	市政府	黄石市黄石亚光新村金苑小区特 1 号	435000	0714－6207939	0714－6207939
十堰市	十堰市政府采购中心	张　志	市行管局	十堰市北京中路 9 号	442000	0719－8118701	0719－8118701
荆州市	荆州市政府采购中心	李启华	市政府办	荆州市江津路 262 号	434000	0716－8278281	0716－8278285
襄樊市	襄樊市政府采购中心	邓广彦	市财政局	襄樊市襄城区南街 79 号	442021	0710－3528438	0710－3528256
宜昌市	宜昌市政府采购中心	尚　杰	市直机关事务管理局	宜昌市夷陵路 22 号	443000	0717－6089077	0717－6089068

续表

地区	机构全称	负责人	隶属关系	办公地址	邮政编码	电话	传真
孝感市	孝感市政府采购中心	张胜杰	市财政局	孝感市槐荫大道 311 号	432000	0712－2839510	0712－2827837
咸宁市	咸宁市政府采购中心	张丽华	市财政局二级单位	咸宁市咸宁大道 45 号	437100	0715－8273683	0715－8273640
恩施州	恩施州政府采购中心	吴绍明	州政府办	恩施市施州大道 58 号	445000	0718－8243379	0718－8243806
荆门市	荆门市政府采购中心	李生溢	市政府办	荆门市象山二路 20 号	448000	0724－6032861	0724－6032865
鄂州市	鄂州市政府采购中心	邓细平	市政府	鄂州市粮食局 6 楼	436000	0711－3259126	0711－3259012
随州市	随州市政府采购中心	周厚国	市政府直属	随州市青年路 216 号	441300	0722－3316269	0722－3316951
仙桃市	仙桃市政府采购中心	唐良军	市财政局	仙桃市仙桃大道 29 号	433000	0728－3232666－5151	0728－3232666－5151
天门市	天门市政府采购中心	张翠蓉	市财政局	天门市钟星大道 18 号	431700	0728－85339357	0728－85339357
潜江市	潜江市政府采购中心	刘升平	市财政局	潜江市章华大道 34 号	433100	0728－6297047	0728－6238550
神农架林区	神农架林区政府采购中心	孔燕林	区政府直管	神农架林区中国银行 5 楼	442400	0719－3338270	0719－3338270
湖南省							
怀化市	怀化市直采购中心	吴良冰	怀化市机关事务局	怀化市政府	418000	0745－2725538	0745－2725538
娄底市	娄底市采购中心	姜志宏	娄底市财政局	娄底市乐平街	417000	0738－8223725	0738－8223726
永州市	永州市直采购中心	罗基华	永州市政务中心	永州市冷水滩逸云路 1 号	425000	0746－8329385	0746－8329385
湘西自治州	湘西自治州采购中心	田昌月	湘西自治州政务中心	吉首市人民中路	416000	0743－8251079	0743－8222163

续表

地区	机构全称	负责人	隶属关系	办公地址	邮政编码	电话	传真
株洲市	株洲市政府集中采购中心	唐文星	株洲市招标局	株洲市中山路	421000	0733－8681378	0733－8681378
广西壮族自治区	广西壮族自治区政府采购中心	梁戈敏	广西壮族自治区招标投标管理局	南宁市纬武路 165 号	530022	0771－2816992	0771－2821953
南宁市	南宁市财政局政府采购中心	陆　勤	市政府	南宁市金湖路 59－1 号建设大厦 7、8 楼	530022	0771－5555268	0771－5555268
北海市	北海市政府采购中心	韦成文	市政府	北海市北海大道 13 号全景大厦 5 楼	536000	0779－3069259	0771－3069259
梧州市	梧州市政府采购中心	许贤信	梧州市东泰国有资产经营公司	梧州市北环路 88 号	543001	0774－2822337	0774－2839515
贺州市	贺州市政府采购招投标中心	何　平	市政府	贺州市江滨山四建委办公大楼二楼	542800	0774－8630083	0774－5137828
贵州省							
黔南州	黔南州州级政府采购中心	龚和平		黔南州图书馆四楼	558000	0854－8231387	0854－8231387
铜仁地区	铜仁地区政府采购中心	金　英		铜仁市场大江坪行政政务中心一楼	554300	0856－5250517	0856－5250517
黔西南州	黔西南州公信采购中心	刘　恳		兴义市瑞金路会计大楼三楼	562400	0859－3115992	0859－3115992
遵义市	遵义市政府采购中心	文　勇		遵义市人民路市政府三楼	563000	0852－3119990	0852－3119789
毕节地区	毕节地区政府采购中心	陈　旭		毕节市洪南路水电大楼四楼	551700	0857－8290130	0857－8290130

续表

地区	机构全称	负责人	隶属关系	办公地址	邮政编码	电话	传真
云南省	云南省招标采购局	高天森	省政府	昆明市大观路 170 号云南民族大厦四楼	650032	0871 –5300818	0871 –5301658
昆明市	昆明市市级机关事务管理局政府采购办公室	陈一凡	昆明市市级机关事务管理局	昆明市市政府大院内	650011	0871 –3100026	0871 –3135835
昭通市	昭通市政府采购中心	康戈权	昭通市财政局	昭通市昭阳区迎丰路 50 号	657000	0870 –2158640	0870 –2159484
曲靖市	曲靖市政府采购中心	梁雄鹰	曲靖市财政局	曲靖市财政局	655000	0874 –3117726	0874 –3117726
玉溪市	玉溪市政府采购工作处	文　虹	玉溪市财政局	玉溪市财政局	653100	0877 –2039820	0877 –2039820
保山市	保山市政府采购中心	姜　华	保山市财政局	保山市财政局	678000	0875 –2216983	0875 –2216983
楚雄州	楚雄州机关事务管理局政府采购中心	张光明	楚雄州机关事务管理局	楚雄市开发区太阳历大道 79 号	675000	0878 –3389886	0878 –3389886
红河州	红河州政府采购中心	张　瑞	红河州财政局	云南省红河州蒙自县凤凰路北段	661100	0873 –3729812	0873 –3729812
文山州	文山州州级政府采购中心	王彦山	文山州财政局	文山县开化镇普阳路 119 号州财政局二楼	663000	0876 –2184204	0876 –2184334
普洱市	普洱市人民政府采购中心	吴发昆	普洱市财政局	普洱市茶城大道 67 号	665000	0879 –2165932	0879 –2165932
西双版纳州	西双版纳州财政局政府采购中心	李　纳	西双版纳州财政局	景洪市勐泐大道 67 号西双版纳州财政局	666100	0691 –2126061	0691 –2122572
大理州	大理州政府采购中心	杨耀斌	大理州财政局	大理市龙山行政办公区	671000	0872 –2316224	0872 –2316224

续表

地区	机构全称	负责人	隶属关系	办公地址	邮政编码	电话	传真
德宏州	德宏州政府采购中心	张春梅	德宏州财政局	德宏州财政局	678400	0692 - 2121105	0692 - 2121105
丽江市	丽江市政府采购中心	唐作敏	丽江市财政局	丽江市财政局	674100	0888 - 5161378	0888 - 5161378
怒江州	怒江州政府采购中心	师尚军	怒江州财政局	怒江州泸水县六库镇	673100	0886 - 3622743	0886 - 3622743
迪庆州	迪庆州政府采购中心	周玉宝	迪庆州财政局	迪庆州财政局	674400	0887 - 8229131	0887 - 8229131
临沧市	临沧市财政局政府采购中心	杨秋铭	临沧市财政局	临沧市财政局大楼	677000	0883 - 2147841	0883 - 2147841
西藏自治区	西藏自治区政府采购中心	达瓦桑珠	自治区财政厅	西藏自治区拉萨市北京中路 101 号	850001	0891 - 6284207	0891 - 6284209
拉萨市	西藏自治区拉萨市政府采购中心	次达吉	市财政厅	西藏自治区拉萨市江苏路 32 号	850000	0891 - 6326149	
日喀则地区	西藏自治区日喀则地区政府采购中心	郝信斌	市财政厅	西藏自治区日喀则市山东路 100 号地区财政局	857000	0892 - 8837813	
山南地区	西藏自治区山南地区政府采购中心	刘军	地区财政局	西藏自治区山南乃东县泽当镇格桑路 20 号	856000	0893 - 7835970	0893 - 7835970
林芝地区	西藏自治区林芝地区财政局国库科	丹知尖错	地区财政局	西藏自治区林芝地区财政局	860000	0894 - 5822636	0894 - 5822636
那曲地区	西藏自治区那曲地区政府采购中心	边巴次仁	地区财政局	西藏自治区那曲地区那曲镇罗布热地路那曲财政局	852000	0896 - 3822789	0896 - 3822789
阿里地区	西藏自治区阿里地区政府采购中心	谢天芳	地区财政局	西藏自治区阿里地区狮泉河镇阿里财政局	859000	0897 - 2821288	

续表

地区	机构全称	负责人	隶属关系	办公地址	邮政编码	电话	传真
青海省	青海省政府采购中心	史生德			810001	0971－6124620、13519749204	
西宁市	西宁市政府采购中心	殷听设			810008	0971－6311051、13709752657	0971－6311051
海东地区	海东地区政府采购中心	赵海峰			810600	0972－8617527、13897328053	0972－8617527
海西州	海西州政府采购中心	李文雄			817000	0977－8226934、13909776595	0977－8226934
海北州	海北州政府采购中心	关玉平			810200	0970－8643578、18909709808	0970－8643943
海南州	海南州政府采购中心	高迎喜			813000	0974－8513214、13997348108	0974－8513214
黄南州	黄南州政府采购中心	辛东才			811300	0973－8722347、13909733300	0973－8722217
玉树州	玉树州政府采购中心	张路平			815000	0976－8829515、18997362005	0976－8829515

续表

地区	机构全称	负责人	隶属关系	办公地址	邮政编码	电话	传真
果洛州	果洛州政府采购中心	宋旭慧			814000	0975 - 8381471、13897156995	0975 - 8381471
宁夏回族自治区	宁夏回族自治区政府采购中心	张俊平	自治区政府	银川市进宁北街	750001	0951 - 5054425、13909512863	0951 - 5033040
银川市	市政府采购中心	周胜辉	市财政局	银川市玉皇阁北街4号	750004	0951 - 6081562、13995002355	0951 - 6093010
石嘴山市	石嘴山市政府采购中心	俞地良	市财政局	石嘴山市大武口区朝阳街32号	753000	0952 - 2027713、13639569666	0952 - 2027713
吴忠市	市政府采购中心	史仙蓉	市财政局	吴忠市市国资大厦3楼	751100	0953 - 2010601、13895439515	0953 - 2011093
固原市	市政府采购中心	马德功	市财政局	固原市市行政中心财政局	756000	0954 - 2088171、13895141516	0954 - 2088171
中卫市	市政府采购中心	王福才	市财政局	中卫市市新区财政局大楼	753500	0955 - 7067878、13519236108	0951 - 7067878
新疆维吾尔自治区	新疆维吾尔自治区政府采购中心	杜　强		新疆乌鲁木齐市中山路462号广场联合办公大厦（广场南侧）A座14楼	830002	0991 - 2842023	0991 - 2842023

（三）部分省（自治区、直辖市、计划单列市）级政府采购信息发布媒体

信息发布媒体

	媒体类型	媒体全称	信息发布量/周期
北京	网络	中国政府采购网（www. ccgp. gov. cn）	5301 条
		北京政府采购网（www. bj – procurement. gov. cn）	5301 条
天津	报纸	《中国财经报》、《政府采购信息报》、《经济日报》、天津《今晚报》	
	杂志	《中国政府采购杂志》	
	网络（网址）	中国政府采购网（www. ccgp. gov. cn）	6306 条
		天津市政府采购网（www. tjgp. gov. cn）	6306 条
河北	报纸	《中国财经报》	2134 条
	杂志	《公共支出与采购》	
	网络（网址）	中国政府采购网（www. ccgp. gov. cn）	2714 条
		河北省政府采购网（www. hebgp. gov. cn）	15136 条
辽宁	报纸	《辽宁日报》、《中国政府采购报》	
	网络	中国政府采购网（www. ccgp. gov. cn）	
		东北新闻网（www. nen. com. cn）	
		辽宁省政府采购网（www. ccgp – liaoning. gov. cn）	
		辽宁省政府采购中心网站	

续表

	媒体类型	媒体全称	信息发布量/周期
大连	报纸	《大连日报》	
	网络	大连市政府采购网（www. ccgp. dl. gov. cn）	
吉林	报纸	《中国财经报》	
	网络	中国政府采购网（www. ccgp. gov. cn）	
		吉林省政务大厅招投标信息网	
		吉林省公众信息网	
		吉林省政府采购中心网（www. jlszfcg. gov. cn）	
黑龙江	报纸	《中国财经报》	
	杂志	《中国政府采购》	
	网络（网址）	中国政府采购网（www. ccgp. gov. cn）	
		黑龙江政府采购网（www. hljcg. gov. cn）	
		中国招标周刊网（www. ctw. net. cn）	
江苏	网络（网址）	江苏政府采购网（www. ccgp – jiangsu. gov. cn）	9228条
浙江	报纸	《浙江日报》	每天
	网络（网址）	浙江政府采购网（www. zjzfcg. gov. cn）	每天
安徽	网络（网址）	安徽省政府采购网（www. ccgp – anhui. gov. cn）	13300条
福建	报纸	《中国财经报》	
	杂志	《中国政府采购》	
	网络（网址）	中国政府采购网（www. ccgp. gov. cn）	19129条
		福建省政府采购网（www. fjzfcg. gov. cn）	19129条

续表

	媒体类型	媒体全称	信息发布量/周期
厦门	网络（网址）	厦门市政府采购网（www. xmzfcg. gov. cn）	13015 条
山东	网络（网址）	中国山东政府采购网（www. ccgp – shandong. gov. cn/site/default. php）	19652 条（省地县合计）
青岛	报刊	《青岛日报》、《青岛财经日报》	2150 条
	网站	中国政府采购网（www. ccgp. gov. cn）	895 条
		青岛市政府采购网（www. sunp. gov. cn）	4900 条
河南	网络（网址）	河南省政府采购网（http//：www. hngp. gov. cn）	15000 条
湖北	广播电台	湖北广播电台及全省市州县广播电台	30 条
	电视台	湖北电视台及市州县电视台	90 条
	报纸	《中国财经报》、《政府采购信息报》、中央及省市报纸	90 条
	杂志	《中国政府采购杂志》	15 条
	网络（网址）	湖北政府采购网（www. ccgp – hubei. gov. cn）	10662 条
湖南	网络（网址）	湖南政府采购网（www. ccgp – hunan. gov. cn）	5636 条
广西壮族自治区	网站（网址）	中国政府采购网（www. ccgp. gov. cn）	常年
		广西财政网（www. gxcz. gov. cn）	常年

续表

	媒体类型	媒体全称	信息发布量/周期
海南	报纸	《海南经济报》（非指定，但常用）、《中国财经报》	每天
	杂志	《中国政府采购》	每月
	网络（网址）	中国政府采购网（www. ccgp. gov. cn）	每天
		海南省人民政府网（www. hainan. gov. cn）	
四川	网络	四川政府采购网（www. sczfcg. com）	33633 条
贵州	报纸	《贵州商报》	520 条
	网络（网址）	贵州省政府采购网（www. ccgp – guizhou. gov. cn）	1200 条
云南	报纸	《云南日报》	
	网络（网址）	云南省政府采购网（www. yngp. com）	7461 条
西藏	报纸	《西藏日报》、《西藏商报》、《拉萨晚报》	招标公告 34 次，预招标公示 30 次
	网络（网址）	中国政府采购网（www. ccgp. gov. cn）	招标公告 34 次，预招标公示 30 次
		西藏新闻网（www. chinatibetnews. com）	
甘肃	杂志	《财会研究》	
	网络（网址）	甘肃政府采购网（www. gszfcg. gansu. gov. cn）	2538 条
青海	报纸	《青海日报》	51 条
	网络	《中国财经报》	51 条
		中国政府采购网（www. ccgp. gov. cn）	312 条
		青海省人民政府网（www. qh. gov. cn）	51 条
		青海省经济信息网（www. qhei. gov. cn）	51 条
宁夏	网络（网址）	宁夏回族自治区政府采购网（http：//www. nxgp. gov. cn）	5600 条
		中国宁夏招标与政府采购网（http：//www. nxzfcg. gov. cn）	
新疆	网络（网址）	新疆政府采购网（www. xjzfcg. gov. cn）	1246 条

iTalk
融合创造价值
比手机还智能的
固定电话！

倡导健康节水新理念
北京大禹龙头科贸有限公司是专业生产节水产品的高新技术企业与专利试点单位，是中国五金制品协会、北京节能环保促进会、北京市工商业联合会、北京市商会会员单位。公司致力于传播节水科普知识，开发研究节水技术，推广普及节水产品。公司研制的“汗血马”牌系列产品是北京市推广产品，荣获优秀产品奖，2007列入天津市节水推广目录！广泛地应用于宾馆、饭店、公寓、学校、医院、党政机关办公楼、车站等公共场所及居民家庭用水终端。
大禹龙头
北京大禹龙头科贸有限公司
地 址:北京市宣武区陶然亭路12号
电 话:010-63524082
邮 箱:dayutap@163.com
网 址:www.dayutap.com QQ：593829608
大禹龙头

温都水城
国家AAAA级旅游景区
皇家温泉
水上娱乐
康熙行宫
酒店集群
滑雪滑草
游船垂钓
饕餮美食
购物游乐
中国·北京·温都水城
商务会议与休闲娱乐的完美融合
电话：8178 8888——销售部
地址：北京市昌平区北七镇温都水城
网址：www.81788888.com

智能科技领航者

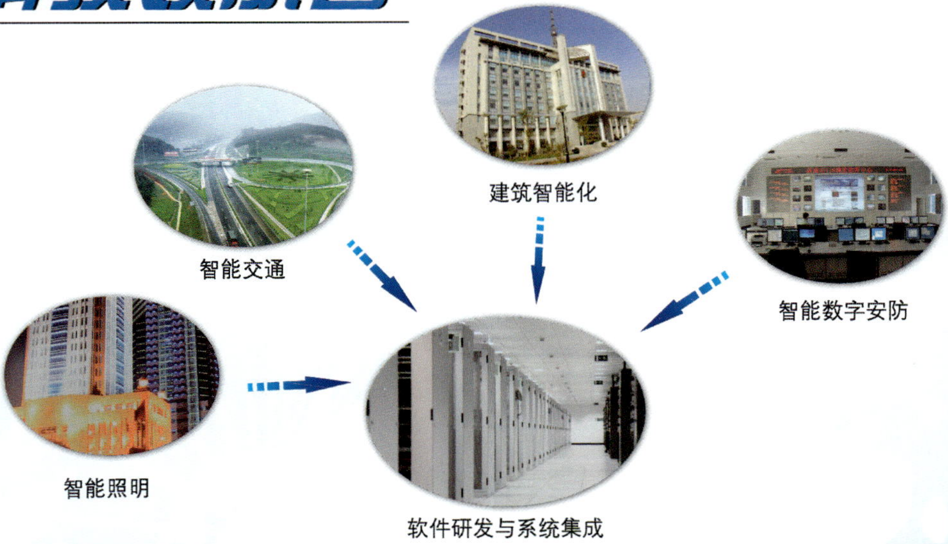

山东鲁光信息工程有限公司

SHANDONG LUGUANG COMMUNICATION ENGINEERING CO.LTD

山东鲁光信息工程有限公司建于1989年，是集建筑智能化、软件开发与系统集成、智能数字安防、智能交通、智能照明等综合业务于一体的军转民高新技术企业,公司具有建筑智能化工程设计与施工一体化壹级和安全技术防范工程设计施工壹级资质，并通过ISO9001国际质量体系认证，是首批获得认定的高新技术企业和软件企业，现为中国安防协会理事单位，先后荣获安防行业十年开拓奖、3111工程推荐优秀工程企业、中国十大安防工程及服务商和平安城市建设推荐优秀安防工程企业等多个奖项。企业拥有鲁光技术研发中心，先后承接山东省公共安全防范综合技术服务平台、智能化综合信息管理平台等多项国家科研课题，取得多项科研成果和专利技术，并已在全国千余项大型智能化工程中推广应用，受到政府、金融机构、公路交通、院校、企事业单位等广大用户一致好评，多个工程项目荣获“鲁班奖”、“优秀智能建筑工程金奖”。

鲁光科技园

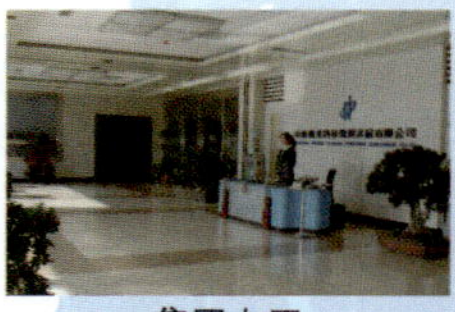
集团大厅

展厅

办公区

研发中心

生产线

多媒体会议室

济南奥体中心智能化系统工程

山东省博物馆智能化系统工程

地址：济南市高新区伯乐路117号鲁光科技园　电话：0531-81217888 81217666　传真：0531-86519900
邮编：250100　网址：www.sdluguang.com.cn　E-mail:sdlg@sdluguang.com.cn　客户服务热线：0531-86519800

2BV水环式真空泵
轴流泵
2BE水环式真空泵
双吸离心泵
真空机组

旺普太阳能
太阳能，让生活更美好！ Solar , Better Life!
家电下乡中标产品，享受国家13%的补贴　家电下乡三次中标企业
我们努力 / We strive to
将 太阳能 与 建筑 完美结合
旺普始终努力于太阳能的研究与利用，以雄厚实力和领先的技术致力于完美产品的打造，以最人性的服务，带给您最舒适的热水生活体验。
耀世而出
独创的“光波”技术，打造24h全天候热水生活
无氟环保健康桶，加厚保温锁热能
独创的旺普智能温控---安全防冻
采用智能恒温阀---出水温度始终如一
旺普太阳能
山东旺普新能源有限公司
邮箱：wangputyn.com
网址：www.wangpu.com.cn
电话：0538-6625777　6624666
地址：山东省泰安市市委市政府南邻

HUAYI LIGHTING
华艺照明
艺术品质 光耀百年
政府补贴
绿照工程
华艺照明
华艺灯饰照明股份有限公司创立于1968年，雄踞“中国灯饰之都”中国中山市古镇镇。历经二十多年的发展，坚持走“优质”、“专业”线路的“华艺”成为业界享有盛名的灯饰品牌。华艺以致力推出更多经典、环保、经济的灯饰照明产品，提升和改善人们的生活品质为使命，诚信经营，成就客户，追求共赢，回报社会。
节能
三基色节能灯
比白炽灯节能80%
高效
11W = 60W
持久
寿命
1只节能灯 = 8只白炽灯
华艺灯饰照明股份
HUAYI LIGHTING COMPANY LIMITED
全国免费服务热线:400-830-5666
www. huayilighting. com
国家体育场
NATIONAL STADIUM
国家体育场照明系统指定供应商
中国名牌产品
中国节能认证
地址:广东省中山市古镇镇岐江公路冈东路段华艺大厦
Add:Huayibuilding, Gangdong, Qijiang Highway, Guzhen, ZHongshan, Guangdong.
邮编(Post):528421
电话(Tel):+86-760-22348390 22358988
传真(Fax):+86-760-22349820 转 380

Newsmy
纽曼
纽曼 荣膺
中国驰名商标
钻石品质
金牌服务
硬盘先锋
掘金行动
亮剑
黑金版 移动硬盘
可选容量：
160G、250G、320G、500G
●精钢超薄机身设计，散热耐压，比铝材更坚硬
●超薄便携设计理念，高贵典雅，气质非凡
●中框固定,超强防震，数据安全
●金属表面蚀纹，黑色烤漆等多种先进工艺，极具手感和防滑功能
●超大容量、轻松携带重要资料，安全可靠
●安装简单，采用USB2.0高速接口，存取快捷，最高传输速度达480Mbps
精致钢艺设计
完美精致的外观
金属表面蚀纹
海量存储空间
超强防震功能
更多产品信息 http://www.newsmy.com
贵宾免费热线电话:400-890-9890

开启品牌之门
无线手机网
博报
佛教
奢侈品
财经
公益
科技
宽频
健康
科技
体育
彩铃
游戏
时尚
军事
音乐
教育
资讯
汽车
亲子
历史
高尔夫
科技
中医
房产
出国
传媒
爱玩
文化
世博
读书
知青
讲堂
彩信
论坛
娱乐
鳳凰網
ifeng.com
高端网民的首选门户
www.ifeng.com v.ifeng.com 3g.ifeng.com